U0450692

- 中央财政支持地方高校发展专项"俄罗斯远东智库建设"专项资金出版资助

- 教育部国别和区域研究中心"黑河学院俄罗斯研究中心"系列成果

- 黑河市自然与文明千里行项目成果

- 本书部分内容系 2018 年国家社科基金一般项目"隋唐时期黑水及其相关历史地理问题研究"(项目编号：18BZS122)阶段性成果

黑龙江流域暨远东历史文化丛书
丛喜权 王禹浪 谢春河 / 主编

黑龙江流域古代民族筑城研究

王禹浪 谢春河 王俊铮 王天姿 ◎ 著

中国社会科学出版社

图书在版编目（CIP）数据

黑龙江流域古代民族筑城研究/王禹浪等著.—北京：中国社会科学出版社，2019.11
ISBN 978-7-5203-5133-1

Ⅰ.①黑… Ⅱ.①王… Ⅲ.①黑龙江流域—古代民族—筑城—历史—研究 Ⅳ.①E291

中国版本图书馆CIP数据核字（2019）第202561号

出 版 人	赵剑英
责任编辑	安　芳
责任校对	张爱华
责任印制	李寡寡

出　　版	中国社会科学出版社
社　　址	北京鼓楼西大街甲158号
邮　　编	100720
网　　址	http://www.csspw.cn
发 行 部	010-84083685
门 市 部	010-84029450
经　　销	新华书店及其他书店
印　　刷	北京明恒达印务有限公司
装　　订	廊坊市广阳区广增装订厂
版　　次	2019年11月第1版
印　　次	2019年11月第1次印刷
开　　本	710×1000　1/16
印　　张	29.75
插　　页	6
字　　数	462千字
定　　价	138.00元

凡购买中国社会科学出版社图书，如有质量问题请与本社营销中心联系调换
电话：010-84083683
版权所有　侵权必究

渤海上京宫城午门西侧门道

渤海上京宫城午门遗址

渤海上京宫城第三殿址与第四殿址间连廊

渤海上京石灯幢与清代兴隆寺

吉林龙潭山山城西北门址

金上京皇城午门址

金上京南城墙西门址

克东县金代蒲与
路故城城墙

克东县金代蒲与
路故城南瓮门

莫力达瓦金界壕遗址

泰来县塔子城城门遗址

编委会

主　任：王　刚　贯昌福

编　委：(按姓氏笔画)

　　　　王　刚　王禹浪　丛喜权　刘涧南

　　　　[俄] 安德烈·扎比亚卡　杨富学　贯昌福

　　　　姜占民　孟繁红　崔向东　都永浩　周喜峰

　　　　黑　龙　彭传勇　谢春河　魏国忠　戴淮明

　　　　[日] 藤井一二

主　编：丛喜权　王禹浪　谢春河

目　录

绪论　黑龙江流域古代民族筑城的发展轨迹及其文化特征 …………（1）
　　一　黑龙江流域的概念、地理环境与特征 ……………………（1）
　　二　黑龙江流域古代民族筑城的发展轨迹概述 ………………（4）
　　三　黑龙江流域古代民族筑城所体现的文化特征 ……………（9）

第一章　黑龙江流域的自然地理环境与地貌特征 ……………（16）
　第一节　黑龙江（干流）流域 …………………………………（16）
　第二节　松花江流域 ……………………………………………（20）
　　一　松花江流域的地貌特征 ……………………………………（20）
　　二　松花江流域的主要支流 ……………………………………（22）
　第三节　嫩江流域 ………………………………………………（25）
　　一　嫩江地名的历史称谓及其名称的演变 ……………………（25）
　　二　嫩江流域的地理位置、范围及其主要支流 ………………（28）
　第四节　乌苏里江流域 …………………………………………（31）
　　一　乌苏里江流域的地貌特征 …………………………………（32）
　　二　乌苏里江流域的主要支流 …………………………………（34）
　　三　乌苏里江流域与三江平原 …………………………………（36）
　第五节　牡丹江流域 ……………………………………………（37）
　　一　牡丹江称谓的演变及其含义 ………………………………（37）
　　二　牡丹江流域的地貌特征 ……………………………………（39）
　　三　牡丹江流域的主要支流 ……………………………………（40）
　第六节　乌裕尔河流域 …………………………………………（42）
　　一　乌裕尔河的历史称谓及其含义 ……………………………（42）

二　乌裕尔河流域的地貌特征……………………………………（44）

第二章　黑龙江流域夫余王城研究……………………………………（49）
　第一节　夫余族称与王城研究综述………………………………（49）
　　一　夫余族称研究综述……………………………………………（50）
　　二　夫余地理分布与前期王城研究综述…………………………（54）
　　三　夫余后期王城研究综述………………………………………（63）
　第二节　北夷"索离"国与夫余的初期王城……………………（67）
　　一　宾县庆华遗址及巴彦王八脖子遗址发现经过………………（68）
　　二　巴彦县王八脖子遗址及宾县庆华堡寨遗址的文化内涵……（70）
　　三　北夷索离国及夫余初期王城的位置…………………………（74）
　第三节　"濊城"与两汉时期夫余王城研究……………………（78）
　　一　"濊城"的政权嬗代…………………………………………（78）
　　二　西团山文化与泡子沿类型的勃兴……………………………（82）
　　三　夫余王城地理位置及其城市文化特征………………………（86）
　　四　环护夫余王城的"邑落"与王城公共墓地…………………（92）

第三章　黑龙江流域三江平原汉魏古城群研究………………………（95）
　第一节　三江平原的地理环境及其行政区划……………………（95）
　第二节　三江平原汉魏古城群概述………………………………（97）
　第三节　三江平原汉魏古城群族属研究…………………………（104）
　　一　挹娄族称谓及其含义…………………………………………（105）
　　二　挹娄的地理分布与三江平原古族考古遗存…………………（108）
　　三　勿吉（沃沮）入主三江平原…………………………………（117）

第四章　黑龙江流域高句丽、渤海古城分布与研究…………………（120）
　第一节　黑龙江流域高句丽古城与"千里长城"起始段………（120）
　　一　黑龙江流域高句丽古城及其分布……………………………（121）
　　二　高句丽"扶余城"与"千里长城"起始段…………………（125）
　第二节　近三十年来渤海古城与历史地理研究综述……………（131）
　　一　渤海国五京及其下辖的州、县的地理位置…………………（131）

二　渤海国十府及其下辖的府、州、县的地理位置 …………（142）
第三节　黑龙江流域渤海古城及遗迹遗物的分布与研究 ………（147）
　一　渤海古城的初步研究 ……………………………………（147）
　二　渤海历史遗迹遗物研究综述 ……………………………（159）
　三　黑龙江流域渤海国重要的历史遗迹 ……………………（165）
　四　黑龙江流域渤海国重要的历史遗物 ……………………（178）
　五　牡丹江流域的渤海古城 …………………………………（194）
第四节　渤海上京城及其周边区域遗迹遗物研究 ………………（205）
　一　渤海上京龙泉府城址的形制与布局 ……………………（205）
　二　渤海上京城的考古发掘历程 ……………………………（217）
　三　近三十年来渤海上京城研究综述 ………………………（220）
　四　首届渤海上京文化研究学术研讨会侧记 ………………（236）
　五　渤海上京城及周边区域遗迹遗物的考察与新发现 ……（242）
第五节　俄罗斯滨海地区的渤海古城 ……………………………（259）
　一　俄罗斯滨海地区的渤海城址 ……………………………（259）
　二　俄罗斯滨海地区及黑龙江流域渤海古城的分布特征 …（273）

第五章　黑龙江流域辽金古城分布与研究 ……………………………（276）
第一节　黑龙江流域辽金古城历史地理问题研究综述 …………（276）
　一　辽金元明时期黑龙江流域筑城研究综论 ………………（276）
　二　辽金元明时期黑龙江流域筑城专题研究综述 …………（282）
第二节　黑龙江流域辽金古城分布与研究——以"金源地区"
　　　　为中心 ……………………………………………………（297）
　一　金朝国号与"金源文化"的概念 ………………………（297）
　二　女真族建立的金上京会宁府 ……………………………（305）
　三　黑龙江流域金源地区金代女真人的筑城分布 …………（314）
　四　黑龙江流域金源地区女真筑城出土的文物及其
　　　文化特征 …………………………………………………（319）
第三节　内蒙古呼伦贝尔市、兴安盟地区辽金古城 ……………（324）
　一　内蒙古呼伦贝尔市地区辽金古城 ………………………（324）
　二　内蒙古兴安盟地区辽金古城 ……………………………（326）

第四节　嫩江流域辽金古城的分布与初步研究 …………… (339)
　　一　嫩江流域辽金古城的分布与地理位置 ……………… (340)
　　二　嫩江流域辽金古城分布的主要特点 ………………… (361)
　　三　嫩江流域辽金古城出土文物概述 …………………… (364)
第五节　牡丹江流域辽金时期女真筑城分布研究 ………… (368)
　　一　牡丹江流域辽金时期女真筑城研究综述 …………… (368)
　　二　牡丹江流域辽金时期女真筑城的分布 ……………… (374)

第六章　黑龙江流域古代民族筑城与历史地理研究 ……… (386)
　第一节　江岸古城与唐黑水都督府地望考 ………………… (386)
　　一　唐黑水都督府研究综述 ……………………………… (386)
　　二　"江岸古城"发现的价值及萝北文化发展战略
　　　　转换的意义 …………………………………………… (395)
　第二节　金朝初期春水纳钵之地的考察
　　　　——兼考"冒离纳钵"与"莫力街古城"之谜 ……… (406)
　　一　金初的春水秋山及"冒离纳钵" …………………… (406)
　　二　"冒离纳钵"与莫力街古城之谜 …………………… (408)
　　三　《许亢宗奉使行程录》与《松漠纪闻》中的
　　　　"冒离纳钵"之谜 …………………………………… (415)
　第三节　伊拉哈古城与金初乌骨敌烈统军司地望新考 …… (418)
　　一　金初乌骨敌烈统军司的地望所在及其争议 ………… (419)
　　二　关于金初乌骨敌烈统军司地望的再讨论 …………… (426)
　　三　嫩江县伊拉哈古城为金初乌骨敌烈统军司治所 …… (434)
　第四节　黑河地区古代民族筑城初步研究 ………………… (441)
　　一　黑河地区的自然地理环境与地理空间 ……………… (441)
　　二　黑河地区古代民族筑城形制、遗存与研究综述 …… (443)
　　三　黑河地区的古代行政建制沿革与交通 ……………… (455)

后　记 ………………………………………………………… (463)

绪 论

黑龙江流域古代民族筑城的发展轨迹及其文化特征

一 黑龙江流域的概念、地理环境与特征

每条河流都有自己的流域，一个大流域可以按照水系等级分成若干小流域，小流域又可分成更小的流域等。而流域之间的分水地带称为分水岭，分水岭上最高点的连线为分水线，即集水区的边界线。处于分水岭最高处的大气降水，以分水线为界分别流向相邻的河系或水系。

如果我们将一个流域的地面集水区的整个水系，作为平面来观察的话，那么我们可以清楚地看到一幅犹如一棵大树的图案。即大树的主干犹如水系中的主流，而大树的分枝犹如水系的支流。当然，流域就是这些主流和支流的总称。一般来说，我们所指的流域，大多是对河流水系所流经的区域而言。

概言之，所谓的黑龙江流域，是指整个黑龙江水系所流经的区域。黑龙江是东北区域内最大的一条河流。黑龙江的主流有南北两个源头，其南源为额尔古纳河，源于海拉尔河，发源于大兴安岭的西坡。北源为石勒喀河，其上源为鄂嫩河（即斡难河），发源于蒙古北部的肯特山麓。南北两源在中国境内的黑龙江省漠河镇的洛古村汇合后成为黑龙江的主干流之源。黑龙江上中游干流为今天中俄两国的界河，而下游经至乌苏里江汇合后的黑龙江干流完全属于俄罗斯境内，并在今天俄罗斯的哈巴罗夫斯克边疆区的尼古拉耶夫斯克（中国称"庙街"）附近注入鄂霍茨克海的鞑靼海峡。

黑龙江的主干流全长5498千米，流域面积为184.3万平方千米，是中国境内的第三大河，其左岸最大支流是结雅河，满语原称精奇里江，为黄河之意。19世纪60年代沙俄强占了精奇里江口等地后，改名为结雅河。此河口处是黑龙江上游与中游的分界点。精奇里江发源于外兴安岭的南坡，在今俄罗斯阿穆尔州首府布拉戈维申斯克市附近注入黑龙江，全长1242千米，流域面积为23.3万平方千米。

松花江是黑龙江右岸的最大支流，松花江水系分为南北两支。南支发源于今吉林省长白山天池，全长2309千米，总流域面积为54.6万平方千米。松花江的重要支流有嫩江、乌苏里江、洮儿河、拉林河、呼兰河、牡丹江、倭肯河、汤旺河等，干流流经至今黑龙江省同江市附近的三叉口处与黑龙江合流。

松花江的名称来自女真语或满语，金代的松花江中上游曾被女真语称为"宋瓦江"或"宋嘎江"，元明两代则把整个松花江称为"宋瓦江"，清代满语则称为"松噶里乌拉"，为天河之意。显然，满语中的"松噶里"与金元女真语的"宋瓦""宋嘎"有语音相继的关系，当为同音异写的地名。然而，金元之际的宋瓦江则是一种复合地名语言，"宋瓦"为女真语，而"江"则为汉语。值得注意的是，宋瓦、宋嘎、宋哥、宋嘎里均与突厥语系中的"腾格里"音近，说明阿尔泰语系的蒙古语支与通古斯语族有着相通相混的语音融合现象。金代还曾在松花江中下游的胡里改路附近设有"哥扎宋哥屯谋克"建制。1977年3月，在黑龙江省依兰县远连河乡晨光村出土了一颗金代官印，即"哥扎宋哥屯谋克"印，隶属宋哥屯猛安管辖。"哥扎"即亲军之意，"宋哥"当与"松噶里"音近，可能是金代松花江称谓之佐证。①

嫩江是松花江最大的支流，也是松花江水系的北支。发源于大兴安岭伊勒呼里山的南麓，由北向南流，在今黑龙江省肇源县三岔河村附近注入松花江。全长1369千米，流域面积为28.3万平方千米。主要支流有讷谟尔河、诺敏河、雅鲁河、甘河、绰尔河等。此外，在嫩江流域尚有

---

① 黑龙江省文物考古工作队：《黑龙江古代官印集》，黑龙江人民出版社1981年版，第31页。

一些无尾河,如乌裕尔河、双阳河等,这些河流一般在中水的年份均不流入嫩江干流,尾端流注于沼泽地,形成闭流区。面积大约在2.56万平方千米。今天齐齐哈尔市附近的扎龙自然保护区就是由于这些闭流河而形成的闭流区。

嫩江古称难水或难河,又称捺水或那河,金代女真语称恼温江,20世纪80年代初佳木斯市文物管理站曾征集到一方金代官印,称为"恼温毕拉谋克之印",清代又有诺尼江之称,诺尼在蒙语中意即碧绿之意。

洮儿河又称他漏河,发源于内蒙古自治区科右前旗大兴安岭南麓西坡的高岳山。在吉林省大安市韩屯西北转而东流,尾端进入月亮泡,通过月亮泡水库的哈尔水闸注入嫩江。河流全长约300千米,流域面积约1.1万平方千米,主要支流有蛟流河。

牡丹江又称胡里改江,是松花江下游右岸较大的支流,发源于吉林省长白山牡丹岭,流经镜泊湖后北流,在今黑龙江省依兰县西侧注入松花江,全长为726千米,流域面积为3.7万平方千米。

乌苏里江是黑龙江下游一条较大的支流,也是中俄的一条界河。发源于中俄两国,分为东西两支。东支发源于俄罗斯滨海边疆区锡霍特山脉南端西麓,西支发源于中国黑龙江省吉林省交界老爷岭的北麓,即今绥芬河与穆棱河的分水岭。乌苏里江全长为890千米,总流域面积为18.7万平方千米。它的重要支流有穆棱河、松阿察河、挠力河等。其中松阿察河发源于东北亚第一大淡水湖——兴凯湖。

由此可见,所谓黑龙江流域的概念是:以今天黑龙江主干流为主,凡是流入黑龙江的诸水系所流经的区域,均属于黑龙江流域。它的范围:根据其水系的分布,大致是北至外兴安岭,南至长白山天池的分水岭,东至鄂霍茨克海的鞑靼海峡,西至蒙古草原东部。凡黑龙江所流经的山川、平原、湿地、草地、湖泊、海湾皆属于黑龙江流域的研究范畴。

总之,黑龙江流域地域辽阔、江河纵横、山地绵亘、森林茂盛、沃野数千里,物产极为丰富,是古代东北亚各族繁衍、生息、壮大、发展的最理想的场所之一。无论是远古文明,还是古代文明及当代文明,生活在黑龙江流域的人们都以其博大的胸怀和独特的方式接纳了外来文化,并创建了令世人惊叹的黑龙江流域文明,黑龙江流域古代民族的筑城文明即是其中至关重要的组成部分。

二 黑龙江流域古代民族筑城的发展轨迹概述

秽貊筑城是黑龙江流域甚至整个东北地区古族筑城文明的起源。夏家店下层的石城文化伴随着东北古族的迁徙进入辽东，成为秽貊族修筑山城的技术起源。① 秽貊，又称濊貊、穢貊、秽貉等，是我国东北历史上的古代民族之一。一般认为，秽貊族主要是由秽族和貊族，并杂糅良夷、白夷、发、古朝鲜等众多东北古族融合而成。此后在秦汉时期逐渐分化成以松花江上游为中心的夫余族和以浑江、鸭绿江流域为中心的高句丽族。在今辽东山地，分布着许多青铜时代秽貊族的石筑山城。这些山城依山而建，设施完备，并已形成较为成熟的山城筑城形制。此外，位于松花江流域的吉林市东郊古城群中发现的西团山文化因素则证实这些古城与秽族所建之"秽城"密切相关，应属于秽族的筑城遗存，亦是黑龙江流域可以确定的最早的筑城文明。

夫余族是我国东北地区较早建立王国政权的古代民族，在东北古代历史上占据十分重要的地位。夫余族建立的夫余国曾占地2000余里，有户8万，特别是东汉时期盛极一时，是当时东北亚强大的王国之一。夫余延续国祚近800年，曾与汉、勿吉、鲜卑、高句丽等民族发生过密切的联系，后期在慕容鲜卑三燕政权、勿吉、高句丽等周边邻国的打击下逐渐走向衰落，直至最终灭亡。由于考古调查未能发现更多的夫余一般筑城，因此，学术界对夫余筑城的研究基本上只是对其王城的探索。夫余的前身是活跃于乌裕尔河、嫩江、松花江流域的"北夷"索离国，索离王子东明南下秽地建立了夫余国后，始有夫余国及其夫余族之称谓。通过学术界30余年来对索离国及夫余国王城的探索可得出如下推论，即黑龙江省宾县庆华堡寨城址、巴彦县王八脖子城址以及吉林省吉林市东郊的南城子古城、东团山古城，不仅在出土遗物的年代上符合夫余的年代，其古城形制也与文献中关于夫余"以圆栅为城""作城栅皆圆，有似牢

---

① 王禹浪、王俊铮、王天姿：《东北古代民族筑城源流及文化特征述论》，《地域文化研究》2018年第6期。

狱"的记载吻合，故可基本确定为不同时代的夫余王城。这种圆形土城的筑城形制开创了黑龙江流域古代民族圆形筑城的先河，夯土筑城的形制和建筑方法则无疑是深受中原土筑城址影响的结果。如今，属于秽人、夫余人修筑的城池主要分布在吉林市、哈尔滨市、长春市所辖的松花江流域诸多支流的山区半山区的丘陵和山地上，多以圆栅为城，留存的遗址圆形结构，城内外分布着许多穴居坑。这种类型的城池分布范围甚广，东部可达双鸭山地区，北部可达黑河地区，南部则到达清原龙岗山脉，西部则接近松辽大平原地区。虽不能说明这些分布的城池都属于夫余时期所建，但从夫余国存续的时间近800年之久的现象上分析，受夫余筑城文化影响的可能性是存在的。如牡丹江东部地区的挹娄人长期受夫余人统治，其筑城显然就有夫余筑城的特点；松花江以北、黑龙江以南的小兴安岭山地则是夫余人先民所居之地，筑城文化当属一脉相承的关系。而松花江以南、以西地区长白山山脉的张广才岭、老爷岭、龙岗山地区的筑城则是因为晚期夫余王城西迁近燕或南迁近汉的缘故，筑城形制往往会出现一些变异，其中必不可少地融入了汉代筑城与鲜卑筑城的特点。

作为满族先民源流的肃慎族，早在青铜时代也已修筑了城址。《新唐书·地理志》引贾耽《道里记》记载：渤海王城即上京龙泉府"西南三十里有古肃慎城"。《钦定满洲源流考》在卷八《疆域》之《肃慎四至》《肃慎城肃慎县》中考释肃慎城则位于渤海上京城附近的宁古塔一带。① 晚清著名东北史地学家曹廷杰的《东三省舆地图说·肃慎国考》云："据《山海经》及《晋书》肃慎国在不咸山北，贾耽谓渤海王城临呼尔罕海，其西南三十里有古肃慎城，今东京城西南三十里有古城基，当即肃慎国也……"② 笔者以为，今渤海上京龙泉府之西南三家镇三家子村附近的由三道城垣环绕的古城很可能为古肃慎城③。肃慎在两汉时期称挹娄，开创了黑龙江流域第一个古代民族筑城文明的时代，黑龙江地区三江平原汉魏时期挹娄古城群的出现就是重要的历史见证。这批古城群在考古学文

---

① （清）阿桂等：《钦定满洲源流考》，《疆域》卷八，《肃慎四至》、《肃慎城肃慎县》，中西书局光绪三十年版（1904）。
② 曹廷杰：《曹廷杰集》，丛佩运、赵鸣岐编，中华书局1985年版，第168页。
③ 王禹浪、王文轶：《东北古代史研究》，黑龙江人民出版社2014年版，第275页。

化上是属于双鸭山市滚兔岭文化发展为凤林文化的产物，同时还受到南部图们江和绥芬河流域团结文化的影响。根据黑龙江省文物考古研究所主持的"黑龙江七星河流域汉魏遗址群聚落考古计划"及其历年相关的考古调查可知，三江平原地区的汉魏古城群是以乌苏里江流域的七星河流域为中心，共发现筑城址113处、遗址313处[①]，加上临近的佳木斯、七台河等地区发现的近百座城址和数百处遗址。由于一些城址坍毁严重，故暂定其为古遗址，因此据不完全统计，三江平原汉魏时期筑城址数量当在数百座之多。其中，七星河流域友谊县凤林村的古城址规模宏大、形制复杂、出土文物精美、考古文化十分丰富，中心七城区中疑似宫殿的遗址是迄今所见我国古代半地穴式房址面积最大的。因此，许多学者认为凤林古城遗址可能是挹娄王城。凤林古城隔着七星河与宝清县炮台山古城遥遥相对，这是一座接近漫圆形的依山势而修建的三重城垣山城。发现于炮台山山城顶部的据说是北斗七星式的祭坛遗存，说明该城的性质可能与祭祀相关。除此之外，在三江平原地区还有双鸭山保安村2号城址、佳木斯前董家子古山寨城址等次级中心城址。三江平原汉魏古城群的发现表明这一时期的挹娄族已迈过早期国家的门槛，并开创了灿烂的城邦文明，使之达到黑龙江流域古代历史上重要的筑城文化的高峰。魏晋南北朝时期，来自图们江、绥芬河流域的沃沮族在高句丽的打击下不断北迁至三江平原，沃沮人驱逐了土著的挹娄族，建立了强大的勿吉王国，并在挹娄人修筑的古城群的基础上融入了图们江流域的筑城文化。三江平原汉魏古城群以圆形筑城为多，还有少量长方形或不规则形筑城，其城垣多为土筑，这种筑城形制与夫余筑城类似，可能是受挹娄人西邻的夫余人的筑城文化的影响。

高句丽政权存在近7个世纪的时间，历经中原王朝的两汉、三国两晋南北朝、隋、唐，其统辖区域囊括了我国辽河以东的辽宁省东部、吉林省东南部，以及汉江流域以北的朝鲜半岛地区，但其统治中心始终在黑龙江流域以南的鸭绿江流域。松花江流域只有上游的小部分地区在高

[①] 黑龙江省文物考古研究所：《七星河：三江平原古代遗址调查与勘测报告》，科学出版社2004年版，第32页。

句丽的统治区内，大部分在今吉林市辖区，即吉林市、蛟河、永吉等地，以吉林市龙潭山山城、东团山山城、官地山城等为代表。

公元698年，粟末靺鞨首领大祚荣在图们江流域布尔哈通河与海兰江交汇处的城子山山城（史称东牟山）建立了渤海政权。天宝末年，渤海第三代国王大钦茂自显州（中京显德府）迁都至牡丹江畔的上京龙泉府。期间虽短暂徙都东京龙原府，但终渤海之世，牡丹江流域的上京城长期作为渤海国的政治、经济、文化中心。渤海国在以牡丹江流域、图们江流域、鸭绿江流域为中心的中世纪创造了辉煌的文明，史称"海东盛国"。渤海的繁荣大大促进了黑龙江流域古代筑城文明的发展，特别是将图们江、黑龙江、鸭绿江流域推向都市文明和城镇化的高峰。目前在我国境内的渤海国筑城数量超过200余座，朝鲜和俄罗斯远东滨海边疆区也有60余座渤海筑城。渤海早期仍延续着靺鞨族和高句丽族的山地筑城的传统，渤海国早期的王都东牟山城所在地的延吉城子山山城、"勿汗州兼三大王都督"所在地的镜泊湖城子后、重唇河、城墙砬子三座山城规模宏大，如城子后山城周长超过5000米，是渤海早期筑城文化的标志。大钦茂自显州迁都渤海上京后，其平原筑城显著增加，并出现了繁荣辉煌的都市文明。渤海上京龙泉府、中京显德府、东京龙原府是渤海的三大都城，其建制深受唐都长安城和洛阳城的影响，均为套城形制。渤海不仅继承了高句丽的山地筑城传统，城址形制和城墙修筑技艺与高句丽十分相似，而且开始大量建造平原城，其规模宏伟。平原城均坐落在水陆要冲、交通要道，城垣多为夯土板筑，城墙设有城门、瓮城、角楼等防御设施，城址平面以方形和长方形为主，另有少量城址依地形修筑成不规则形、近似椭圆形、多边形等。城址内官衙、亭台楼阁、回廊、道路、寺院、府邸、生活设施、水井、作坊、民宅等设施齐备。古城中出土的大量青砖、莲花纹瓦当、瓦头、牡丹花纹方砖、布纹板瓦、筒瓦等建筑饰件都充分说明了渤海国的都市化、城镇化的发展都达到了空前的水平。渤海国都城上京龙泉府及百余座山地和平原筑城使黑龙江流域进入了继三江平原汉魏古城群后又一灿烂的都市文明阶段，上京城所开创的黑龙江流域的都市文明，犹如一颗耀眼的繁星，深刻影响了该流域的古代城市文明的发展进程。无疑，伴随着这些筑城的出现，包括黑龙江流域在内的东北地区古代水陆交通网络也已经形成。自渤海国之后，东北古族的平原筑城在黑龙江流域乃至东北地区广为兴起，山地筑城则逐渐居于次要地位，这反映了以平原定居为特征的农业文明的发展和政权出现了相对稳定的局面。值得注意的是，渤海国早期为了防御黑水靺鞨的袭扰，仿效高句丽人，在镜泊湖附近凭借险要的地形修建了长城防御设施，今天发现于镜泊湖畔的牡丹江边墙就是充分利用当地盛产的玄武岩石块垒砌而成。

公元 10 世纪以后，兴起于我国东北地区的古代民族契丹族和女真族，先后入主中原，建立了统治半壁中国、疆域极为辽阔的大辽帝国和大金帝国。东北地区作为辽金王朝的发祥之地和都城之所在，辽朝上京临潢府、中京大定府、东京辽阳府及其所管辖的上京道、中京道、东京道，金朝上京会宁府及上京路、东京路、咸平路、北京路等均位于东北地区。契丹和女真统治者在东北地区修建了近千座古城，其中有些古城沿用了渤海筑城。辽代一方面沿用了渤海筑城，另一方面则强迁渤海遗民于辽阳、辽西、燕山南北地区，遂导致了这些地区筑城的发展，而黑龙江流域大量渤海城址则被废弃。金代则在渤海、辽代筑城的基础上进一步发展，并在黑龙江流域兴建了许多女真族筑城。女真筑城亦分山地筑城和平原筑城，以方形和长方形的平原筑城为主，城墙上附设有城门、瓮城、马面、角楼等，古城的防御性较渤海时期有所增强。金上京城则代表了这一时期黑龙江流域古代民族都市文明的巅峰。金源内地则在金上京都市文明的辐射下形成了繁荣密集的城市群，仅以金上京为中心的阿什河流域及哈尔滨地区周边已发现和认定的女真筑城就已达 170 余座。以松花江干流为主的左、右两岸的大、小支流，如乌裕尔河、呼兰河、木兰河、阿什河、柳板河、蚂蜒河、拉林河、运粮河、马家沟河、何家沟河等均分布着大量金代筑城，并形成了星罗棋布的筑城文化网络。这种发达的城市文明不断向外部扩展，不仅在嫩江、牡丹江、洮儿河流域留下了筑城文化的深刻烙印，甚至远播至北达黑龙江以北的结雅河、布列亚河流域，南逾长白山山地进入辽河平原，东达绥芬河、穆棱河、乌苏里江流域，直至俄罗斯远东地区的黑龙江口及滨海边疆区，西至蒙古高原地区和蒙古国的三河源地区。辽金契丹、女真筑城形制复杂、数量众多、遍及黑龙江流域的山川河流、湖泊、平原、草原、湿地及其沿海地区。在这一时期，大城与小城、方城与圆城、石城与土城、山城与平原城均被整合于契丹、女真筑城群的体系之中。不仅如此，金代为防御其西部阻卜等部族的袭扰，修筑了自今齐齐哈尔市的嫩江之滨，直至今内蒙古河套地区的金长城，全长5000千米。金长城又称"金界壕""边堡"等，由主墙、护城壕、副壕、马面、烽燧、边堡、屯兵城组成，形成中国北方民族为防御北部蒙古族袭扰的军事防御体系。

  元代建立后，包括黑龙江流域在内的东北全境被划入辽阳行省，辽阳行省内先后设辽阳路、沈阳路、广宁路、大宁路、东宁路、开元路（后析出水达达路）等诸路予以管辖。元代黑龙江流域筑城主要沿用辽、金筑城，并未开创新的筑城时代，只是在行省制度下勉强延续着辽金时期的筑城。在辽代鹰路、金代站铺的基础上沿着松花江、黑龙江设置了海西东水路城站的交通大动脉。为了便于自元大都至黑龙江口的征东元帅府的管辖，沿途设置了数个军民万户府和重要的交通驿站。然而，元代的东北筑城文化已趋于衰落。明代对东北全境的统治是比较短暂的，随着明廷撤置奴儿干都司，势力收缩至辽河流域后，广袤的东北地区被女真各族控制。黑龙江流域筑城文明逐渐陷于衰落和停滞阶段。

三 黑龙江流域古代民族筑城所体现的文化特征

  秽貊族筑城沿袭了辽西夏家店下层文化石城传统，在辽东地区流行山地石城。但由于目前尚未发现明确的黑龙江流域的秽貊族（主要是秽族）筑城，对今吉林市"秽城"的探索仅仅发现了西团山文化元素，对其筑城的研究尚处于起步阶段，因此还难以从更加宏观的视角对黑龙江流域秽貊筑城予以综合论述。

  夫余筑城多为圆形土筑，这种源自嫩江、松花江流域的圆形土筑城址在宾县庆华堡寨、巴彦王八脖子等夫余先世索离国城址中得以充分体现，并随着夫余南下秽地而被复制到了松花江流域上游的南城子古城、东团山古城。南城子古城被土筑城垣所围，城墙南北各设城门一座。东团山山城亦为圆形土筑城墙。这种圆形、土垣的筑城形制是夫余筑城的典型特征。这些城址均临河而筑,宾县庆华堡寨城址与巴彦王八脖子城址均位于少陵河沿岸,南北相对;南城子古城和东团山古城则濒临松花江干流,两城近相毗连,呈现出平原城与山地城为一体的复合式王城格局。

三江平原汉魏古城群是黑龙江流域古代筑城史上第一个黄金时代,近几十年的考古调查表明,在三江平原的双鸭山、佳木斯、七台河等地区分布着汉魏时期筑城址数百座。三江平原汉魏古城群在地理分布上呈现出如下特点:其一,主要分布在小三江平原的松花江以南地区,包括佳绥高平原、完达山低山丘陵、倭肯河低山丘陵三个自然地理区;其二,主要分布在大河流干流及其支流流域,具体说来是安邦河及其支流柳树河、七星河、挠力河、倭肯河四大流域;其三,主要分布在完达山与平原交界处的丘陵、山前台地、沿河台地、河漫滩上,平原中的孤山、残丘和高岗上亦有分布;其四,遗址往往成群分布,大小相间,高低错落,有防御设施的遗址多分布在山地与平原交界处,平原遗址则不见或罕见防御设施。[①] 三江平原汉魏古城群分为山地筑城和平原筑城,受三江平原地理环境所限,山地筑城并非如夏家店下层文化石城、秽貊和高句丽山城等修筑在陡峻险的山地之上,而是修筑在平原中的低山丘岗之上或山地与平原的结合部。三江平原汉魏古城多为土筑城墙,仅有少量土石混筑或石筑城墙。城墙为挖掘壕沟所产生的土方堆累而成,城墙设有城门、马面和角楼,可知这些古城堑壕、城垣及相关防御设施齐备。值得注意的是,凤林古城中心的 7 号城区围以带有马面和角楼的城墙,城墙外亦有壕沟,但无城门,推测 7 号城区性质应类似宫城,宫城内王族需架桥出入。古城群根据城墙形制可分为单垣、双垣、连垣及多垣筑城,平面形状又可分为圆形、椭圆形、方形、不规则四边形、连体形等,其中以单垣圆形或单垣椭圆形城址最为多见。在规模上亦有大、小之别,最大的凤林古城周长达 6330 米,最小的古城周长尚不足百米。这些古城聚群分布,在同一流域存在多个古城群,每个古城群中均为若干小城拱卫一

---

① 高波主编:《东北三江流域古代城址——佳木斯地区汉魏时期城址》,黑龙江教育出版社 2011 年版,第 55—56 页。

座规模较大的区域性中心城址。凡此种种，足见三江平原汉魏古城形制之复杂。规模最大的九城连环相套相连的中心城址凤林古城即为连垣连体不规则形大型土筑平原城址，炮台山古城则为多垣椭圆形山地筑城址。这些古城内外有数十个至数百个不等的地表坑，形状有圆形、椭圆形、长方形、方形等，应为人类居住址遗迹。

高句丽筑城创造了东北古代最辉煌的山地筑城文明，现已在我国发现高句丽时期山城170余座，平原筑城10余座，以高句丽王都地区和辽东半岛最为密集。但由于黑龙江流域中仅今吉林市地区位于高句丽统治区内，高句丽筑城数量较少，全部为山城，分布在背山面河的水陆要冲。山城内居住址、瞭望台（点将台）、蓄水池、水井、仓储等军民生活设施齐全，如吉林龙潭山山城。

高句丽灭亡后，渤海一方面继承了高句丽山地筑城的传统，另一方面则大量修筑土筑平原城，渤海时期平原城数量首次超越了山城，开创了黑龙江流域古代新的筑城文明。目前在我国境内发现的渤海筑城数量超过了200座，朝鲜和俄罗斯远东滨海边疆区也有近60座渤海筑城。渤海古城主要分布在地势平坦、交通便利、山河相依的大河附近，在我国分布在如下三个地区：今黑龙江省牡丹江流域镜泊湖附近的宁安盆地、吉林省延边朝鲜族自治州布尔哈通河与海兰江流域、珲春市附近的图们江与珲春河流域，大体上主要分布在北部黑龙江流域的牡丹江流域和南部的图们江流域，上述区域正是渤海三大都城——上京龙泉府、中京显德府（包括东牟山）、东京龙原府所在的建制区域。除我国外，俄罗斯远东滨海边疆区南部绥芬河流域、盐楚河流域以及朝鲜咸镜北道北青郡地区亦是渤海筑城的重要分布区。由此可见，渤海古城几乎尽占了长白山周边山脉水系之间最肥沃的土地，如三江平原、宁安盆地、珲春河平原、布尔哈通河和海兰江流域的河谷平原、绥芬河平原等，这些地区气候温和、土质肥沃、交通便利，是渤海重要的农耕文化区和城市文明的分布地域。渤海古城的形制大致可分为平原城、山地城和江防要塞式筑城。平原城主要建筑在牡丹江中游和下游的河谷平坦地带，是渤海居民的主要生产生活区，形状有如下几种：套城，主要是京都、府州级别的古城；长方形古城和方形古城数量最多，多修建在河谷平原上，一般为府、州、县级别的古城；多边形古城；近似椭圆形古城；不规则形古城；梯形古城等。这些非方形古城多是因地势地形而筑。山地城则基本继承高句丽山城文化，修筑在险要山口与河流谷口处的山顶上，占据水陆要冲，扼守交通要道，平面多呈不规则状。位于宁安东京城镇北约5千米处的胜利村城堡是一座典型的渤海江防要塞式筑城。城堡坐落在牡丹江右岸的临江绝壁上，城堡东距胜利村1.5千米，西距上京龙泉府10千米。绝壁上有两座东西向排列并相连的城堡，城堡东、西、南三面挖有护城壕，墙体均为三重环护，体现出极强的防御色彩。① 渤海古城规模与其行政建制等级有着严格的界定，一般来说京城规模较大，但不超过都城。都城外城周长在15千米以上，京城则一般为4千米至6千米，府一级古城周长为3千米至4千米，州一级古城周长为2千米至3千米，县一级古城周长为1千米至2千米甚至更小。除此之外，还有一些周长仅数百米的军事卫戍性质的小城堡。渤海山城城墙多为土石混筑，已很少见到类似高句丽全部用石块垒砌的城墙。平原城则几乎均为夯土版筑城墙，城墙上设有瓮门、角楼和马面。值得注意的是，一些渤海平原筑城侧重于东北方的防御，城址东北方的城墙不仅较其他地段城墙更加加固厚重，且城外还建有与城墙分离的防御掩体，这应与防御黑水靺鞨有关。另外，城墙外还往往存在城壕、单独墙体等防御设施，特别是在城门外修筑与古城城墙分离的墙体。古城内有建筑遗址、仓储遗址、瞭望台、蓄水池、水井等设施，一些规模较大的古城则效仿唐代城址，街道布局严谨合理，平整如棋盘。随着渤海生产力的发展和佛教的传播，渤海古城内开始出现颇具规模的手工业作坊和佛寺遗址。如俄罗斯克拉斯基诺渤海古城便反映了绥芬河下游及临近的图们江下游地区渤海农业、手工业、建筑业的发展，特别是陶器、瓦、佛像及小型青铜与铁质器物的制作技术已十分精良。渤海上京城、克拉斯基诺古城内寺庙建筑址的发现则印证了佛教在渤海的传播。渤海筑城开始大量使用砖瓦，古城内常见灰色布纹瓦、灰色莲花纹瓦当，上京、中京等都城遗址还出土了文字瓦以及精美的琉璃瓦和琉璃瓦当，平原城内更是出土大量渤海时期砖瓦。渤海早期筑城

---

① 王禹浪、于彭：《论牡丹江流域渤海古城的分布》，《哈尔滨学院学报》2014年第8期。

主要受到了高句丽和靺鞨族筑城文化的影响，中后期则明显受到了唐代的深刻影响。渤海筑城正是融合上述多种文化的结果。总之，渤海古城不论从数量、规模还是建筑风格、建筑技艺、文化特征等方面，均较高句丽古城有了极大的发展。渤海的筑城已逐渐与成熟的"京府州县"行政制度结合在一起，辉煌的都市文明、快速的城镇化进程、发达的城市交通网络都随着渤海的强盛而不断发展，集中表现在渤海都城宫殿衙署建筑修筑得更加雄伟和富丽，琉璃瓦得到了广泛应用。

辽金时期继续延续着渤海国的筑城文明发展，特别是金朝建立后，以按出虎水（今阿什河）流域为中心的金源地区的政治、经济、文化都得到了迅猛的发展，尤其是阿什河流域中下游地区城市的发展达到了空前繁荣的阶段，并形成了以金上京城都市文明为核心的金源文化，并深刻影响和辐射着金源地区外围的嫩江流域、黑龙江流域、牡丹江流域、辽河流域等。根据考古调查所知，在今哈尔滨阿城区即金上京城的周边地域，包括今五常、双城、宾县、尚志、呼兰、肇州、肇源、肇东、方正、木兰、巴彦、通河、依兰、佳木斯、七台河、牡丹江，以及吉林省的扶余、榆树、九台、舒兰、长春、敦化、延吉等市县共发现金代古城400余座，仅在金上京城的周边还分布着众多的女真人筑城，其周长在1.5千米—4千米的筑城就不下100余座。其数量之多，规模之大，出土文物之丰富都令人难以置信，足见当时女真人所创造的城市文化的繁荣程度。辽金时期黑龙江流域筑城的地理分布大致有如下三个特征：其一，山地森林地带的筑城分布显得稀少而又分散。在小兴安岭山地的南部与东南部的张广才岭、老爷岭、完达山等地森林区，包括阿什河上游地区的森林地带，都零散地分布着一些女真人修筑的山城。这些山城的规模很小，相互之间的距离较远。女真人把修筑的山城大都选择在山川隘口或水陆交通的要道。其二，平原、丘陵与江河湖泊的沿岸筑城分布稠密而又相对集中，如肥沃的松嫩平原、三江平原、牡丹江流域、乌苏里江流域等。其三，由于政治统治中心的作用，导致女真人的筑城以金上京为核心。由于金上京作为都城的统治地位，以金上京城为中心所形成的一系列城市交通网、诸如驿站、接待各国往来的客栈、各级行政机关、政令往来与传送、商品经济的流通，以及女真贵族的封地、皇家狩猎场、佛教圣地、山陵、祖庙、太庙，还有猛安、谋克户、军事堡垒、商业城镇、集市和榷场等，都处在金上京城的控制之下。辽金时期女真筑城几乎全面继承了渤海山地和平原的筑城传统，城墙结构与城防设施均一脉相承，但在防御性上较渤海有了较大的发展。筑城形制分为山城和平原城，平面布局呈如下形状：方形或长方形筑城最为常见，一般都修建在平原、丘陵或靠近江、河、湖畔的平坦地带，属于京、路、府、州县或猛安、谋克的筑城，也是女真人严格按照宋代的营造法式进行的筑城；不规则形筑城，城垣沿着不规则的山势走向修筑；梯形筑城，因筑城时四边城垣中有一边城垣与其他三面城垣不相等，迫使两侧城垣向内收敛，所以导致筑城的形制成为梯形；山地森林筑城，一般修筑在山川隘口之地，没有固定形制，城垣均依山势而修，多分布在金源地区的东部山区和小兴安岭与张广才岭的山地，是女真人控制东部地区的胡里改人等其他部族的军事防御或戍守性质的筑城；带腰垣的筑城，即在城址正中建造一道城垣，目前仅有金上京城和呼兰河流域的孟家乡团山子城址；还有靴状筑城、圆形或椭圆形筑城等。总结起来主要是如下三种筑城形制：方形筑城包括所有带四个直角的筑城，如梯形筑城、带腰垣筑城等；圆形或椭圆形筑城，包括所有不带直角略呈圆形或近似圆形的筑城；山城。由此可见，东北古代民族筑城的所有主要类型——大城与小城、石城与土城、方城与圆城、山城与平原城均已被整合在辽金时期的女真筑城体系中。元明时期主要沿用了前代筑城，但并未开创新的筑城时代，黑龙江流域古族筑城文明已趋于衰落。

综上所述，黑龙江流域古代民族的筑城史自秽族、索离、夫余筑城至清，在长达两千多年的历史长河中不绝如缕，几乎未有间断。索离、夫余圆形土城和三江平原汉魏古城群则证实东北古代民族已在很早时期迈入文明社会，创立了早期国家，开创黑龙江流域古代历史上灿烂的城邦筑城文化。夫余筑城主要集中在对夫余王城地望的考证上，对夫余王城形制、布局的关注相对较少，至于除夫余王城以外的夫余普通筑城的研究，则囿于考古学材料的缺失而难以开展，因此对夫余筑城的考古调查是今后学术界主要的研究方法和研究方向。无论是肃慎筑城、夫余筑城、挹娄筑城、勿吉筑城，其城址的特点都具有鲜明的地域特色。靺鞨人建立的渤海国不仅继承了夏家店下层石城文化以及高句丽的石城修筑传统，还承袭了肃慎早期、夫余筑城，以及中原汉唐时期都市文明的筑城设计理念与技术，开始大量修筑土筑的平原城，并进入复杂而庞大的京城设计与建设的历史阶段，建设了辉煌的渤海上京龙泉府。渤海国的筑城被以后的由契丹、女真、蒙古建立的辽、金、元三朝所沿用，特别是辽、金两代的契丹、女真筑城全面继承了渤海国的筑城文化。渤海国的上京龙泉府城址、金上京会宁府城址都是黑龙江流域古代都市文明的重要标志。渤海国和金朝的筑城成为黑龙江流域民族筑城史上大都市文明的高峰。元明以后，黑龙江流域的筑城时代逐渐陷入沉睡。直至近代，随着西方列强势力的入侵和中东铁路的修建，黑龙江流域近代工业化城市文明开始出现。

目前学术界对黑龙江流域古代民族筑城的研究已取得了较为丰硕的成果，但还需填补空白，力求突破和进一步深化，并从横向地域性视野和纵向历史视野加以综合考察，梳理出黑龙江流域古代民族筑城史的发展脉络和文化特征。

第一章

黑龙江流域的自然地理环境与地貌特征

第一节 黑龙江（干流）流域

黑龙江是东北亚区域内最大的一条河流，也是世界第六条大河、中国第三条大河，更是穿越寒地的一条中国与俄罗斯的界江。所谓的黑龙江流域，就是指整个黑龙江水系所流经的区域。黑龙江的干流有南北两个源头，其南源为额尔古纳河，源于海拉尔河，发源于大兴安岭的西坡。其南源的另外两大支流：一为克鲁伦河，发源于蒙古国乌兰巴托以东的不尔罕（肯特山）山南麓，流经中蒙边境后，注入呼伦池，流出的湖水与海拉尔河相汇；二为哈拉哈河，发源于中国境内的大兴安岭中部，沿着中蒙边境线流入中蒙的界湖——贝尔湖，流出的湖水称为乌尔逊河，河水西流注入呼伦池。黑龙江的北源，为石勒喀河，其上源为鄂嫩河（即斡难河），发源于蒙古北部的肯特山北麓。黑龙江干流始自漠河洛古河村附近的石勒喀河口，亦即其上游起点。

黑龙江全长 5498 千米，流域面积为 184.3 万平方千米。黑龙江源头段部分为蒙古国内河，涉及蒙古国的东方省、苏赫巴特尔省、肯特省、东戈壁省、中央省。其上中游为今天中俄两国的界河，其分界点为结雅河口，流域包括中国内蒙古自治区、黑龙江省、吉林省、辽宁省，俄罗斯后贝加尔边疆区、阿穆尔州、犹太自治州、哈巴罗夫斯克边疆区、滨海边疆区。其下游自乌苏里江汇合后的黑龙江干流则完全属于俄罗斯境内，并在今天俄境的尼古拉耶夫斯克（中国称之为"庙街"或"特林"）附近注入鄂霍茨克海的鞑靼海峡。

黑龙江上游河段地处大兴安岭北麓，流经茂密的落叶松林覆盖的大兴安岭余脉与阿马札尔岭松树遮蔽的山坡之间的山谷。逐渐向东南方向流淌后，地势渐次开阔，两岸仅有小兴安岭的余脉和丘陵分布。中国黑河市和俄罗斯阿穆尔州首府布拉戈维申斯克扼守在黑龙江上游和中游的分界点处，两城遥相呼应，相距最近处不过 700 米，是中俄 4300 千米漫长边境线上唯一的一对"双子城"。黑河市则成为中俄边疆线上最大的城市，亦是唯一的地级市。黑龙江左岸最大支流结雅河在俄罗斯布拉戈维申斯克市东南汇入黑龙江。干流经逊克县后又纳左岸第二大支流布列亚河。结雅河和布列亚河冲积形成了开阔的平原，又因其被外兴安岭（俄罗斯称斯塔诺夫山脉）及其余脉谢列姆贾山、图拉纳山、布列亚山所环绕，故称之为"结雅—布列亚盆地"。干流右岸则是小兴安岭起伏的山峦和丘陵。黑龙江因纳左岸之结雅河、布列亚河，右岸之公别拉河、逊比拉河等支流，水流量大增，但河道却逐渐狭窄，特别是嘉荫—萝北段，河道犹如一把锋利的尖刀将小兴安岭切出一道狭长的口子，遂形成了三段江峡风光，即龙门峡、金龙峡、金满峡，统称为"龙江小三峡"。金龙峡又包含了龙头峡、龙腾峡、龙凤峡三段。"龙江小三峡"成为黑龙江流域干流风光最绮丽秀美的山水画廊。在同江市附近纳松花江，受锡霍特山脉走势影响，转而向西北流淌，江面更加开阔壮丽，与乌苏里江汇合后，在汇合口附近形成了多座江心岛屿，如著名的黑瞎子岛（即抚远三角洲）等。在黑龙江干流中游与下游的分界点附近右岸，系三江平原的东北部延伸，地势平坦，其左岸则坐落着俄罗斯远东联邦区第二大城市——哈巴罗夫斯克，该市主城区地形呈"三山夹两沟"，市区内自东北向西南的三条主街道——谢雷舍夫大街、穆拉维约夫—阿穆尔斯基大街、列宁大街均位于河道左岸三条平行分布的山岗之上，山岗呈东北—西南走向，一直延伸至江岸，形成了阿穆尔崖（Амурский утёс）的景观。黑龙江下游全部在俄罗斯哈巴罗夫斯克边疆区境内，依次流经哈巴罗夫斯克、特罗伊齐克、阿穆尔斯克、共青城、乌里奇地，在尼古拉耶夫斯克附近注入鄂霍茨克海的鞑靼海峡。黑龙江下游全长 1400 多千米，有阿姆贡河、乌米尔河、阿纽伊河等支流汇入。下游河道行进在两岸低矮山峦之间，其右岸多为锡霍特山脉余脉。由于地势平缓、水流充沛，流速减慢，在沿河道两侧形成了无数个湖泡沼泽，江汊交错纵横，至入海口附近时，其三角洲与大海已几乎融为一体。

黑龙江左岸的最大支流是结雅河，原称精奇里江，为满语黄河之意。19世纪60年代，沙俄强占了精奇里江口等地后，更名为结雅河，此河口处是黑龙江上游与中游的分界点。精奇里江发源于外兴安岭的南坡，在俄境布拉戈维申斯克附近注入黑龙江，全长1424千米，流域面积为23.3万平方千米。

松花江是黑龙江右岸的最大支流，全长2309千米，总流域面积为54.6万平方千米，其干流流经至今黑龙江省同江市附近的三叉河口处与黑龙江合流。松花江的重要支流有嫩江、乌苏里江、洮儿河、拉林河、呼兰河、牡丹江、倭肯河、汤旺河等。嫩江是松花江流域中最大的支流，也是松花江水系的北支，发全长1369千米，流域面积为28.3万平方千米，主要支流有讷谟尔河、诺敏河、雅鲁河、甘河、绰尔河等。此外，在嫩江流域尚有一些无尾河，如乌裕尔河、双阳河等，这些河流一般在中水的年份均不流入嫩江干流，尾端流注于沼泽地，形成闭流区。面积大约在2.56万平方千米。乌苏里江是黑龙江下游的一条较大的支流，也是中俄两国的一条界河，全长890千米。它的重要支流有七星河、穆棱河、松阿察河、挠力河等。其中松阿察河发源于东北亚第一大淡水湖，即兴凯湖。

黑龙江流域的地貌特征是：平原区主要分布在松花江与嫩江合流后的南北，其北部与大小兴安岭东西两翼的丘陵山地相接，南部则与辽河平原相连，并构成了东北亚地域最大的平原区。此外，在黑龙江下游与松花江、乌苏里江三江汇合口的地方又形成了黑龙江流域的第二大平原，即三江平原。在上述两大平原内的边缘地带，由于有闭流河的存在，长期以来还形成了大片的湿地和沼泽区。除此之外，在结雅河与黑龙江交汇口以下的黑龙江中游沿岸，也分布着面积较小的河谷平原。这三大平原区构成了黑龙江流域最肥沃的土地，同时也是黑龙江流域古代文明的聚集区。松嫩平原孕育了夫余和大金帝国文化，三江平原则孕育了勿吉与靺鞨的黑水文明。除上述平原外，在今牡丹江中游流域的海浪河谷地与宁安盆地也是黑龙江最肥沃的土地之一，并孕育了渤海文化。而黑龙江上游的山地则培育了鲜卑、室韦文化。

黑龙江流域的北部横亘着外兴安岭山脉，从外兴安岭南麓流下的诸水从左翼注入黑龙江，流域的西部由南至北是大兴安岭山脉，大兴安岭北麓东麓的诸水分别注入黑龙江上游右翼和嫩江的右翼。黑龙江流域的南部则是以长白山为界，此山北麓的诸水皆入松花江，此流域的东部则是锡霍特山脉，其西麓诸水皆入乌苏里江后注入黑龙江，黑龙江流域的东北为黑龙江入海口及鄂霍茨克海的西部海岸。面对黑龙江之地，正是萨哈林岛①。黑龙江流域的中部则分布着小兴安岭、张广才岭、老爷岭等山脉。

从河流特征的分类看，黑龙江的诸水系属于永久性河流，一年之中不会产生断流现象，由于河床低于地下水的层面，即使是降水偏少，也会得到地下水的补充。黑龙江流域的山地，无论是长白山还是大小兴安岭的山区，其地下泉水都特别丰富。有些泉水即使在零下40摄氏度的严寒天气里也流淌不止。黑龙江流域属于外洋性流域，即河流最终流出大陆，注入太平洋。一般来说，这种江河流域的地域气候特征比较湿润。

黑龙江流域的地质和气候特点与辽西地区完全不同，辽西地区的河流多为断续性河流，受降雨的因素影响较大。由于河床远远高于地下水的位置，地下水无法补充河流，从而经常出现断流的现象。每当降雨量增大，地下水升高超过河床时，河流的断流现象才能结束。此种流域的地质与气候特征是沙化和干燥。有时站在河床上，可以听到鹅卵石下面的暗流流淌的声音。

由此可见，黑龙江流域的概念是以今天黑龙江干流为主，凡是流入黑龙江的诸水系所流经的区域，均属于黑龙江流域。它的范围根据其水系的分布，大致是北至外兴安岭，南至长白山天池的分水岭，东至鄂霍茨克海的鞑靼海峡，西至蒙古国和内蒙古的东部。凡黑龙江所流经的山川、平原、湿地、草地、湖泊、海湾皆属于黑龙江流域的流经范围和研

---

① 萨哈林岛在中国史书上称库页岛，日本文献则写作唐太或桦太。

究范畴。因此，黑龙江流域文明的分布客观上存在跨越国境的特点。

第二节　松花江流域

一　松花江流域的地貌特征

松花江是黑龙江右岸的最大支流，全长 2309 千米，总流域面积为 54.6 万平方千米。发源于长白山主峰白云峰下天池，其干流向西北流淌，在吉林省前郭尔罗斯蒙古族自治县平凤乡与嫩江汇合后折而向东北流淌，至拉林河口进入黑龙江省。流经至今黑龙江省同江市附近的三叉河口处与黑龙江合流。

松花江正源发源于海拔 2744 米的东北屋脊长白山主峰白云峰下的天池。自天池流下的西流松花江全长 958 千米，流域面积 7.34 万平方千米，占松花江流域总面积的 14.33%。它供给松花江 39% 的水量。在它的上游又有两源：南源头道江、北源二道江，均发源于长白山。北源二道江的上游有五道自西向东排列的白河，其中二道白河源出长白山天池，是松花江的正源，今安图县二道白河镇即因此而得名。两源在吉林省靖宇县两江口相汇以后始称松花江。松花江上中游河谷狭窄，水量大，落差大，水力资源丰富。

松花江自两江口北流，至桦甸县老金厂乡松江沟屯，在右岸有山麻河汇入流向西北，至桦甸县金沙乡福安屯，在左岸有大支流辉发河汇入之后，进入丰满水库库区，先后为桦甸、蛟河、永吉界水。该河段较大支流如辉发河、蛟河等。辉发河辽代称"回跋"，金代作"晦发""回怕"，是西流松花江最大的支流，发源于辽宁省清原满族自治县龙岗山脉南部，海拔 520 米，流经梅河口市、辉南县，于桦甸市金沙乡许家店流入松花江。蛟河俗称嘎呀河，明代称"秃都河"，清代作"退搏""推包"，均属满语羊鸨之意。蛟河发源于蛟河市前进乡秃顶子山西侧，流向西南，在蛟河县城西郊右岸有拉法河汇入，左岸则有小蛟河，于池子乡水屯东注入松花江。丰满水库以上河段为长白山北麓和张广才岭西麓相结合的山地丘陵，多茂密植被，水流较快。自吉林市丰满水库以下，地势渐次开阔，特别两岸山势低缓绵延。明代辽东都指挥使、骠骑将军刘清先后三次到今吉林市造船运粮，并在丰满水库以下不远处的松花江边山崖的石壁上刻字留念，即阿什哈达摩崖石刻，吉林从此得名"船厂"。松花江进入吉林市区后，受地形影响，松花江河道如八卦般呈 S 走势，故吉林市又有"八卦城"之美称。围绕该河道走势，吉林市区恰有龙潭山、小白山、朱雀山、玄天岭，号为左青龙、右白虎、前朱雀、后玄武，蔚为奇观。吉林市区也沿江而立。自吉林市郊区九站以下，地势更加开阔，江面宽阔，流速缓慢，出现众多江汊和沙洲。在乌拉街附近的沙洲，冬季时节更是被雾凇装点得美轮美奂。从沐石河口流向西北，先后为扶余、德惠、农安与前郭县界水。沐石河口下游左岸有大支流饮马河汇入。至此松花江已完全流入松嫩大平原。

松花江在前郭尔罗斯蒙古族自治县平凤乡与嫩江汇合后折而向东北流淌，水流量剧增，但因地势开阔平坦而江面开阔、流速缓慢。纳拉林河后进入黑龙江省哈尔滨市辖境。壮阔的松花江在今哈尔滨老城区北部静静流淌，并在其北岸形成了大片湿地和江心岛。著名的旅游景区太阳岛即是松花江江心大型岛屿之一。并在哈尔滨市区东北部先后纳右岸阿什河、左岸呼兰河。两大支流与松花江干流形成了水陆通衢的水运交通大十字路口。继而经过巴彦、木兰、方正、通河等市县，纳少陵河、蚂蜒河等较大支流，河道右岸为大青山余脉，北岸小兴安岭余脉，河道时而较为狭窄。自通河县下行约 70 千米，进入东流松花江有名的"三姓"浅滩区，浅滩区长约 27 千米。支流蚂蜒河河谷区隔开了大青山和张广才岭，形成了大量山脉的分界线。在依兰附近纳第二大支流牡丹江，进入更加开阔平坦的三江大平原。先后经汤原、佳木斯、桦川、绥滨、富锦、同江等市县，汤旺河、倭肯河、梧桐河、都鲁河等支流注入。松花江三江平原段是其整个流域水量最充沛、地势最平坦的河段，形成了密集交织的江汊河道和星罗棋布的沙洲岛屿，多浅滩，最终在同江市三汊河口附近汇入黑龙江。

二 松花江流域的主要支流

松花江主要支流概述如下。①

嫩江：松花江最大支流，是黑龙江省主要河流之一。嫩江发源于大兴安岭伊勒呼里山南麓，由北向南流经嫩江、鄂伦春、讷河、莫力达瓦、富裕、甘南、齐齐哈尔、泰来、杜尔伯特、大安、镇赉、肇源等县（市、旗），在三岔河口汇入松花江，全长1370千米。河源至嫩江县城为上游，河谷狭窄，两岸多林区，产落叶松、樟子松、杨、桦等木材；嫩江县城至莫力达瓦达斡尔族自治旗驻地为中游，其下至三岔河口为下游，中下游河谷宽阔。

拉林河：又名"涞流水""兰棱河"。松花江干流右岸较大支流，拉林河发源于张广才岭南部的别石碴子山，大致自东南向西北行，流经五常、舒兰、榆树、双城、扶余等县（市），在双城市多口店附近汇入松花江。其多数河段为黑龙江、吉林两省界河。全长448千米。干流在溪浪河口以上为上游，属于山区，河槽深狭，比降较陡；溪浪河口至卡岔河口为中游，河道比降渐缓，河谷逐渐开阔。卡岔河口至入松花江河口为下游，河宽多蛇形。

牤牛河：松花江右岸二级支流。位于黑龙江省南部五常县境内。发源于张广才岭老秃顶子山，流经冲河、龙凤山、光辉、卫国、常堡等乡镇，在背荫河镇附近注入拉林河。全长240千米，流域面积5289平方千米。

冲河：松花江右岸三级支流。位于尚志市南部、五常县东南部。发源于张广才岭西麓，在尚志市境内自东向西行，过黑鱼汀进入五常县境内，在冲河镇南注入牤牛河。全长70千米，流域面积950平方千米。金代"冷山"即在冲河流域。

运粮河：俗称"金兀术运粮河"，别名"苇塘沟"，今亦称"库扎河"。松花江干流右岸支流。位于黑龙江省南部双城市与哈尔滨市境内。无源河，是金代初期开凿的人工运河。运粮河东起阿城市西部白城村西，

---

① 主要参考百度百科词条"松花江"。

从双城市周家镇境内穿过，流经双城市新兴、五家镇与哈尔滨市红旗、榆树乡，成为双城与哈尔滨两市的界河，向西延伸到哈尔滨市道里区新江村西下坎附近注入松花江。全长96.5千米，流域面积415平方千米。

阿什河：松花江干流南岸支流。发源于大青山南麓，自东向西流经尚志、阿城两市交界的西泉眼河附近折向西北，流经五常、阿城、哈尔滨3市县，在哈尔滨市东郊注入松花江。全长257千米。流域总面积3545平方千米。

蜚克图河：松花江干流南岸支流。位于黑龙江省南部。金称"匹古敦木水"，明代始称今名。"蜚克图"，满语，意为"间隙"或"休息站"。清代曾于此设蜚克图驿站。发源于大青山山脉吊水湖岭北坡，流经宾县西北部和阿城市东北部，在宾县老山头靠山屯西注入松花江。全长100千米，流域总面积1108平方千米。

枷板河：松花江干流南岸支流。位于宾县境内，史称"枷板站河"。源头有三股支流，即元宝河、石洞河、朝阳河，皆发源于张广才岭余脉大青山，由南向北行，流经常安、宾安等乡镇，在新甸镇民兴屯北注入松花江，是宾县境内主要河流之一。全长54千米，流域面积954平方千米。

蚂蜒河：又称蚂蚁河，松花江右岸较大支流。发源于张广才岭西坡，流经尚志、延寿、方正3个市县，至方正县境北端于通河县城对岸注入松花江。全长341千米，一面坡以上为上游区，属山岳地带，多为林区；一面坡至延寿县城为中游区，多为丘陵地带；延寿县城以下为下游区，属冲积平原。主要支流有大亮子河、东亮珠河等，流域总面积10721平方千米。

牡丹江：松花江干流右岸最大支流。位于黑龙江省东南部。发源于长白山脉白头山之北的牡丹岭，流经吉林省东北部和黑龙江省宁安、牡丹江、海林、林口、依兰等县（市），在依兰县城西注入松花江。河源至镜泊湖为上游，全长726千米，黑龙江省境内长382千米。主要支流有海浪河、五林河、乌斯浑河、三道河等。流域总面积37023平方千米，黑龙江省境内流域面积28543平方千米。

倭肯河：松花江右岸较大支流。发源于完达山脉阿尔哈山，流经七台河、勃利、桦南、依兰等市县，在依兰县城东约 1 千米处注入松花江。全长 450 千米。桃山以上为山地丘陵区，河谷狭窄，金沙河汇入后稍开阔。流至勃利县倭肯镇以后进入开阔的平原区。流域总面积 11015 平方千米。

安邦河：松花江右岸支流。位于黑龙江省东部。发源于完达山支脉分水岗，自南向北流经双鸭山、集贤、桦川 3 个市县，在桦川县新城乡境内注入松花江。全长 167 千米，流域总面积 2589 平方千米。

呼兰河：松花江干流左岸较大支流。呼兰河发源于小兴安岭山脉西侧的炉吹山，流经铁力、庆安、绥化、望奎、兰西、呼兰 6 个市县，在呼兰县南部的张家店附近注入松花江。全长 523 千米。

通肯河：又作"通铿河"。松花江左岸二级支流。位于黑龙江省中部。发源于小兴安岭西南麓，由东向西折向南流经北安、海伦、拜泉、明水、青冈、望奎等市县交界，在青冈、望奎、兰西 3 县交界处注入呼兰河。全长 346 千米，流域总面积 10339 平方千米。

少陵河：松花江干流北岸支流。位于黑龙江省中部。金称"率水"（又作"帅水"），清称"硕罗河"或"绰勒河"。发源于小兴安岭余脉青峰岭，流经木兰县西北部和巴彦县中部，在巴彦县姜家店附近注入松花江。全长 135 千米，流域总面积 2468 平方千米。

木兰达河：大木兰达河。松花江干流北岸支流。位于木兰县境内。木兰县因此河得名。发源于木兰县北部的小兴安岭南麓，有两个源头，一出摩云顶子，一出青峰岭南麓，汇合后西流折向南，在木兰县临江村附近注入松花江。全长 110 千米。流域总面积 1706 平方千米。

汤旺河：松花江左岸主要支流。发源于小兴安岭西坡南麓，有东西汤旺河两源，以东汤旺河为主流。两流汇合由北向南流经伊春、铁力、汤原 3 个市县，于汤原县城西南约 5 千米处注入松花江。全长 509 千米。流域总面积 20838 平方千米。

梧桐河：松花江干流左岸支流。位于黑龙江省东北部。辽称"主隈水"，金称"秃答水"，清称"武屯河""乌屯河"，清末始称"梧桐河"。发源于小兴安岭支脉小白山，流经鹤岗市北部和鹤岗市与萝北县交界及汤原县东部，在梧桐河农场场部东注入松花江。主要支流有西梧桐河、鹤立河等。全长207千米，流域总面积4763平方千米。

都鲁河：松花江左岸支流。位于黑龙江省北部萝北县境内。古称"脱伦河""图勒河""图鲁河"。"图鲁"，蒙古语，"白肚鳟鱼"之意。发源于小兴安岭东坡，由北向东南流经萝北县境西部，在萝北、汤原两县交界注入松花江。全长245千米，流域总面积1798平方千米。

蜿蜒河：松花江左岸支流。位于黑龙江省东北部绥滨县境内。发源于绥滨县西部沼泽地，由西向东横贯全县，在二九〇农场场区东北部注入松花江。由于河道蜿蜒曲折，故名。全长92.4千米，流域面积1036平方千米。

第三节　嫩江流域

一　嫩江地名的历史称谓及其名称的演变

嫩江，在不同的历史阶段见著于史书的名称不尽相同。嫩江最早的称谓被称为"弱水"，出自于《后汉书》和《三国志》，在这两部书中的《东夷传》中出现了"弱水"这一神秘的地名："夫余在长城之北，去玄菟千里。南与高句丽，东与挹娄，西与鲜卑接，北有弱水，方可二千里……"今天学术界普遍认为，夫余北界的弱水，即今天之嫩江与东流段松花江直到黑龙江的下游。这一观点最早由东北史地学者李健才先生在其所著的《东北史地考略》中提出。① 此后的"弱水"在《魏书》中则称为"难河"或"捺河"，其实"弱、难、捺"均为同音异写。《北史》中也将嫩江记载为"难河"，《新唐书·室韦传》则写成"那河"或"他漏河"。其实《新唐书》所记载的"他漏河"实际上并非是指今天的嫩江，而是把嫩江下游与洮儿河合流处相混淆后误将"那河"记为"他漏河"。《新唐书》中之所以把嫩江称为"那河"，则是来自《魏书》或《北史》中将嫩江记述为"难河"或"捺河"，因为"难""捺""那"古音皆通。金代则称之为"恼温必拉"，即"恼温河"意即碧绿之水。

---

① 李健才：《松花江名称的演变》，《学习与探索》1982年第2期。后收录于氏著《东北史地考略》一书，吉林文史出版社1986年版。

1982年8月，黑龙江省桦川县悦兴乡马库力村出土了一颗金代官印，印文为："恼温必罕合札谋克印"，其中的"必罕"实为"必拉"的转写，"合札"则为亲军（近卫军）之意。① 此印之所以远在嫩江以东数百千米之外出土，说明了官印为可携带移动之物，或许因战乱等特殊原因，恼温必罕合札谋克携带此印从嫩江下游，顺松花江逃亡至此。

除此之外，在《辽史》和《金史》中还经常把嫩江下游、松花江东流段、洮儿河下游称之为鸭子河。这是因为这一带的三水汇聚地区，是野鸭、大雁、天鹅等迁徙的飞禽春天驻足的地方。因此辽金两朝皇帝把这一地区作为自己的"春水捺钵"之地，即春季猎捕野鸭和大雁、天鹅及摆设头鱼宴的地方，《金史·地理志上》中对此地专称为"㚓剌春水之地"。

《元史》称嫩江为"纳兀河""恼木连""讷吾江"。"恼木连"中的"木连"实际就是蒙古语中的"木伦"的转写，其意为"河"。而"纳兀""讷吾"就是"恼温"的同音异写。今天的黑龙江省境内嫩江侧畔仍然有讷河市之地名称谓，以及嫩江上游之左岸支流依然有讷谟尔河的地名。从语音学上观察，"讷兀河、讷河、讷谟尔"的地名语音皆为一音之转，且地名出现的语区又相邻。较为有趣的是《大明一统志》称嫩江则与女真语中嫩江的称谓相合，即称嫩江为"脑温江"，"脑温江"实际上就是"恼温江"。明朝之所以运用蒙古语借用女真语的汉字音译写法，说明嫩江流域在长期的民族融合中蒙古语与女真语有着深刻的相互借鉴和融入的现象。尤其在地名语言中多采用了女真语的音译和意译，即把嫩江表音为脑温江；而译意则为碧绿之江或碧绿之河。

清朝对嫩江的称谓则主要是依据成书于康熙，历经雍正、乾隆、嘉庆年间重修的《嘉庆重修大清一统志》。据《大清一统志·嫩江》载："嫩江，在齐齐哈尔城西五里，古名难水，亦曰那河。明时曰脑温江，又名呼喇温江。源出伊拉古尔山，南流汇诸小水。绕墨尔根城西，又南经齐齐哈尔城西。凡西来之诺敏、绰尔、雅尔诸河皆汇入焉。"《大清一统志》中所云的嫩江"又名呼喇温江"则有误，可能把今日之呼兰河的古

---

① 刘忠波：《恼温必罕合札谋克印》，《北方文物》1986年第4期。

称张冠李戴了。除此之外,清朝康熙年间安徽桐城人方式济在被贬谪到黑龙江卜魁城(今齐齐哈尔)后,与其父一起精研经学,并对黑龙江流域和嫩江流域做了大量的实地考察,详细记述了边陲的山川、民族分布、物产、资源和历史沿革等,最后撰写成《龙沙纪略》一书。该书称嫩江为"诺尼江"。清朝乾隆时期钦定,并由阿桂等人主编的《满洲源流考》一书,正式将"嫩江"之名称列出。清朝嘉庆年间,西清来到黑龙江,寄寓在齐齐哈尔城南的万寿寺内。西清在五年为吏和教书的过程中,广泛收集有关地方山川掌故,并将其一一记述下来,后撰写成《黑龙江外记》。在此书中对嫩江也有记述:"嫩江古名难水,亦曰难河,见《北史》,又名那河,见《唐书》。《明史》谓之脑温江。然《新唐书》有那河,或曰他漏河之语。考他漏河一作淘儿河,即今之拖尔河,其源流千里,并在蒙古境内,至齐齐哈尔西南,始与嫩江合,则《新唐书》误也。"① 显然西清对嫩江名称的记述是参照了《嘉庆重修大清一统志》的观点,其中对他漏河并非是嫩江的辩误,也是对《嘉庆重修大清一统志》的重复。所不同的是,他利用了当时地方表音的形式,即淘儿河与拖尔河,就是今天的洮儿河。还需提及的就是清朝末年屠寄在测绘《黑龙江舆地图》时,对嫩江流域的地名,尤其是嫩江地名的由来也是根据《嘉庆重修大清一统志》对嫩江的记载,把历代嫩江的称谓标注在《黑龙江舆地图》的嫩江河流旁。屠寄把辽代、元代、明三朝对嫩江的称谓又作了必要的补充。

对于"嫩江"究竟是满语还是蒙古语的含义问题,学术界有着不同的观点。众所周知,无论嫩江在古代有多少种汉字的表音形式,其实都是对东北少数民族历史地名的注音,就汉字本身来说已是毫无意义。目前学术界对于"嫩江"的"嫩"字的原义,有两种解释,一是具有"碧、绿"之义,二是具有"妹妹"之含义。日本著名汉学家白鸟库吉先生在其著作《东胡民族考》中指出:"蒙古语谓脑温为碧,诺尼音同,今呼嫩江,嫩江或脑温江乃碧河之义也。"白鸟库吉先生认为"嫩"即为

---

① (清)西清:《黑龙江外记》,卷一,黑龙江人民出版社1984年版。

"碧""绿"的意思。① 夏家骏先生在其《"松花江"释名》一文中则赞成白鸟库吉的说法,认为"松花江""嫩江""呼兰河"均以水色成分命名。"松花江"为"白江","呼兰河"为"赤河","嫩江"为"碧绿的江"。② 清人曹廷杰撰写《东三省舆地图说》中,在其《嫩江、陀喇河、喀鲁伦河、黑龙江考》一文中载:"嫩江一作妹妹江又名诺尼江,古名难水亦曰那河。"曹廷杰即认为嫩江为"妹妹"江。③ 季永海先生曾发表《松花江、嫩江、呼兰河考释——与夏家骏同志商榷》一文,综合整理了历史上有关"嫩江"各个不同历史时期的沿革,运用满语语言学发音深入地分析了"嫩江"的含义,认为"嫩江"应为"妹妹江"。④

综上所述,我们已经知道嫩江的古代称谓,在时间上远远超出了我们现在已知的民族语言地名的范围。嫩江早在两汉时期即已经出现,在《三国志》和《后汉书》中被写成"弱水",以后又出现了多种不同的表音文字。如:难水、那水、那河、捺水、掩滤水、讷河、讷吾水、讷兀河、讷谟尔河、脑温江、脑温必拉、恼温必罕、恼温水、诺尼江,等等。这些对嫩江古称的标音文字,充分说明了嫩江地名在历史上各个古代民族运用汉字对其表音是有所不同的。至于对嫩江古代称谓含义的上述两种解释,我们赞成白鸟库吉和夏家骏先生的解释,即嫩江一词的本意就是"碧绿之江",是以水色而命名。

二 嫩江流域的地理位置、范围及其主要支流

嫩江发源于黑龙江省境内的大兴安岭支脉伊勒呼里山,此山在清代则写成伊拉古尔山。嫩江的水流方向大致为由北向南流经黑龙江、吉林、内蒙古三省,其干流全长 1490 千米,流域面积达 28.3 万平方千米。如果把乌裕尔河流域所造成的松嫩平原北部的广袤湿地,以及洮儿河流域下游的泡泽湿地的面积都计算在嫩江流域面积的话,那么嫩江流域的面积

---

① [日]白鸟库吉:《东胡民族考》,方壮猷译,商务印书馆1934年版,第25页。
② 夏家骏:《"松花江"释名》,《地名知识》1981年第4、5期合刊。
③ 曹廷杰:《曹廷杰集》,丛佩远、赵鸣岐编,中华书局1985年版,第172页。
④ 季永海:《松花江、嫩江、呼兰河考释——与夏家骏同志商榷》,《中央民族学院学报》1982年第6期。

远不是如此。

实际上，嫩江发源地的左右两岸支流，分别源于小兴安岭和大兴安岭。大兴安岭平均海拔在1200米左右，多高山峡谷。小兴安岭的平均海拔为800米，其地形相对平缓。大、小兴安岭的两大山系被嫩江水源的伊勒呼里山所连接，因此伊勒呼里山实际上是大、小兴安岭的接合部或可称之为大、小兴安岭的桥梁山脊。伊勒呼里山不仅是连接大、小兴安岭的山岭，更为重要的是，它又是黑龙江与嫩江、海拉尔河水系的分水岭。其山脉全长约300千米，平均海拔在1000米以上。山脉的最高峰为大白山，海拔达1528.7米，也是大兴安岭与小兴安岭山地中海拔最高的山峰。

自嫩江的发源地开始，到今天的嫩江县所在地的嫩江段止，为嫩江干流的上游地区。在嫩江发源地的左右两岸，均是大兴安岭北端主脉的伊勒呼里山脉。在众多高耸的山峰之间，向东南倾斜的河谷中流淌着嫩江水源地的大小河流。由于这里处在大、小兴安岭山脉接合部的兴安岭山地的茂密森林区，水源充沛、河床狭窄，河体的坡度较大，水流湍急。当进入嫩江县城附近的嫩江河床受到甘河下游流域与嫩江左岸较为平缓的丘陵地带的影响，嫩江在这里开始较为平缓而曲折地向南流淌。嫩江县城的嫩江对岸就是甘河注入嫩江的河口，这是嫩江上游流域右岸的最大支流。甘河发源于大兴安岭山脉东侧山麓，主要支流有克一河、吉文河、阿里河、奎勒河等。其中阿里河发源于伊勒呼里山南侧。甘河流域大部分处于山地之中，原始森林密布，草木茂盛。甘河在阿里河河口以上的河段，两岸高山耸峙，山高谷深，河谷狭窄。自柳家屯河段以下，河水进入冲积性平原，河道渐宽，河水流速减缓，直至汇入嫩江。在阿里河发源地的嘎仙洞内保存有北魏时期鲜卑人凿刻的纪念鲜卑祖先的祭文。甘河既是古代民族从呼伦贝尔草原通往嫩江上游的重要通道，同时也是划分嫩江上游与中游地区的分界河流。

由嫩江县城到内蒙古莫力达瓦达斡尔族自治旗的尼尔基镇则为嫩江的中游段。两岸整体地貌是山地到平原的过渡地带。两岸多低山丘陵，地势较上游段平坦，两岸不对称，特别是左岸，河谷很宽。中游段支流较少，除右岸有较大支流甘河汇入干流外，其余均为一些小支流或小山溪。

从尼尔基镇到三岔河口之地为嫩江的下游段,江道长587千米。此江段进入广阔的松嫩平原地带,江道蜿蜒曲折,沙滩、沙洲、江道多呈网状,两岸滩地延展宽阔,最宽处可达十余千米,滩地上广泛分布着泡沼、湿地。嫩江下游河网密度大,右岸有诺敏河、雅鲁河、绰尔河、洮儿河等大支流汇入嫩江,左岸有乌裕尔河,其广大地区基本属于内陆闭流区,有大片沼泽、连环湖和湿洼地、盐碱地等。

嫩江左岸的地形相对较为平坦,门鲁河、科洛河等发源于小兴安岭西坡,缓缓流入嫩江。其地势起伏,相对右岸而言则为平坦,属于嫩江上游左岸的丘陵与平原的过渡带。

嫩江右岸支流众多,河网密布,水能资源丰富。嫩江的左岸支流主要有门鲁河、科洛河、讷谟尔河、乌裕尔河。嫩江右岸的支流主要有那都里河、古里河、多布库尔河、欧肯河、甘河、诺敏河、阿伦河、雅鲁河、绰尔河、洮儿河、霍林河。

门鲁河发源于小兴安岭北段西麓,在门鲁河种畜场附近注入嫩江,全长142千米。科洛河源自小兴安岭北段西麓,向西流横贯嫩江县南部,西流汇入嫩江,全长342千米。科洛河上游流经山地丘陵;下游河谷宽阔,河道弯曲,流经火山台地,有火山,形成火山群。下游土地肥沃,易于农耕。

讷谟尔河是嫩江左岸的较大支流,发源于小兴安岭西麓北安市双龙泉附近。自发源地从东南向西北穿过讷谟尔山口后转而向南,流经五大连池市,并在讷河市西南约40千米处注入嫩江。讷谟尔河,简称讷河,河流全长588千米。讷谟尔河,属山区半山区性长流河,流域地形多变,河道复杂,河流两岸除了茂密的河柳、沼泽地,便是一望无际的松嫩大平原。

嫩江右岸的阿伦河,发源于大兴安岭的博克图腰梁子附近,河长318千米,流域面积6757平方千米。主要流经呼伦贝尔市阿荣旗境内和黑龙江省甘南县,以及齐齐哈尔市郊西北部,在齐齐哈尔市额尔门沁村附近注入嫩江。

雅鲁河,发源于大兴安岭博克图附近,河长398千米,主要流经呼伦贝尔市牙克石市和扎兰屯市、齐齐哈尔市碾子山区,在黑龙江省龙江县东注入嫩江。支流有济沁河、罕达罕河、阿木牛河、卧牛河等。雅鲁河下游经常移动改道,形成了许多旧河道、牛扼湖和沼泽地,并有沙砾层分布,河漫滩广阔。

绰尔河,位于黑龙江省西南部发源于大兴安岭顶部石门子附近。河流东南流至内蒙古自治区扎赉特旗进入松嫩平原区,河道阔展,水流缓慢,至泰来县境内注入嫩江。河口区曲流发育,水道多乱流,沿河两岸沼泽广布。

洮儿河是嫩江右岸最大支流。古称他漏河、太鲁河、淘儿河等,源出内蒙古大兴安岭阿尔山东南麓高岳山。东南流经科右前旗、乌兰浩特市、洮南市、镇赉县,在大安市北部注入月亮泡后流出汇入嫩江,长553千米。洮南以下为洮儿河的下游段,多为沙丘与沙岗,低洼地和沼泽地。两岸多河柳灌丛,涨洪时,河水出槽,汪洋一片,并与月亮泡水面连成一片。月亮泡是辽金两代皇帝捺钵的重要去处。

霍林河,位于吉林省西北部、内蒙古自治区东部,发源于内蒙古自治区扎鲁特旗北部的大兴安岭后福特勒罕山北麓。流经内蒙古科右中旗和吉林省通榆县、大安市、前郭尔罗斯蒙古族自治县等地,并在前郭尔罗斯库里泡附近注入嫩江,全长590千米。

第四节　乌苏里江流域

乌苏里江,金代称阿里门河,元明时期称阿速江,清始称乌苏哩江。"乌苏哩"满语意为"乌苏里乌拉",有"天王""水中的江""东方日出之江"的含义。乌苏里江是黑龙江中下游结合部右岸的较大支流,历史上曾经是中国的内陆河。清咸丰十年(1860),沙俄通过《中俄北京条约》,割去中国乌苏里江以东40万平方千米的领土,乌苏里江遂成为中俄界河。乌苏里江干流源于我国黑龙江省密山市,自南向北流,左岸分别流经我国虎林市、双鸭山市辖县饶河县,在佳木斯市辖境的抚远县东北处,于俄罗斯哈巴罗夫斯克(伯力)附近汇入黑龙江。其整个流域涵盖黑龙江东部的穆棱市、鸡西市、鸡东县、密山市、虎林市、七台河市、双鸭山市、友谊县、宝清县、饶河县、抚远县等十多个县市以及俄罗斯滨海边疆区的大部、哈巴罗夫斯克边疆区的南部。

乌苏里江全长890千米，有东西两个发源地，其东源发源于俄罗斯境内的锡霍特山脉西侧，由刀毕河与乌拉河汇合而成；其西源则发源于兴凯湖的松阿察河。两源汇合后，由南向北流淌。乌苏里江沿途自上而下的左岸依次有中国一侧的穆棱河、七虎林河、阿布沁河、挠力河、别拉洪河等主要河流汇入，右岸依次有俄罗斯一侧的刀毕河、乌拉河、伊曼河、比金河、霍尔河等主要河流汇入。从松阿察河河口以下至黑龙江口492千米的河段，为中俄的边境界河，其余398千米则在俄罗斯境内。靠近乌苏里江流域右岸的俄罗斯境内乌苏里斯克市，就是以这条河流命名的城市。遗憾的是，我国靠近乌苏里江流域的城市或村镇均没有以乌苏里江命名的地名，而饶河县仅仅是依据乌苏里江流域的重要支流挠力河的谐音而命名的。乌苏里江流域面积约为187万平方千米，在中国境内的面积为61460平方千米，其地貌特征主要为平原地形，约占50%，山区与丘陵区依次占29%和21%。①

一 乌苏里江流域的地貌特征

从地貌上看，乌苏里江干流穿行于中国的完达山脉与俄罗斯锡霍特山脉之间的广阔而平坦的山谷平原。其余大部分河段或处于低矮的平原之上，或穿行于低洼的沼泽湿地之中。乌苏里江右岸的俄罗斯境内山峦起伏绵延不断，左岸属我国一侧，地形地貌复杂，既有兴凯湖盆地平原，也有完达山脉的山谷丘陵，还有三江平原的湿地，从整个乌苏里江流域的地貌特征看，大致可分为上、中、下游三部分。

上游地区为兴凯湖盆地或称兴凯平原，主要位于虎林、密山、鸡西、鸡东这一地区，其地势西北高、东南低，为低山、丘陵和平原的混合区。虎林市北部为完达山地的南缘，西部则是老爷岭的西缘，兴凯湖平原则是被俄罗斯境内锡霍特山脉的锡尼山、中国境内的老爷岭余脉的太平岭、老秃顶子山、完达山所围绕。在我国一侧的乌苏里江流域上游地区的较大支流就是穆棱河，此河发源于鸡西、七台河、牡丹江三市三角地带的

---

① 曲春晖：《乌苏里江水文概况》，《黑龙江水专学报》1999年第2期。

肯特山和老爷岭的主峰，缓缓东流，在虎林市东北注入乌苏里江上游并与松阿察河、俄罗斯境内的伊曼河汇合，形成了乌苏里江上游地区三河相聚的地方，这一带地势较低洼，由三河冲刷而成的兴凯湖平原是最肥沃地区之一。虎林市北部为完达山脉余脉，地势高、起伏大、坡度陡，随山势渐缓，河谷渐宽；虎林市南部及其东南部地区为兴凯湖平原，地势低洼平缓，因而水流缓慢，众多河流密布其中形成综合交错的河道网，土壤肥沃，便于灌溉。穆棱河与松阿察河河段是在低平的虎林盆地东缘流动，穿行于低洼、沼泽湿地之中。[①] 该河段有乌苏里江的源流——松阿察河、刀毕河、乌拉河以及穆棱河注入。穆棱河由西南向东北流经穆棱、鸡西、鸡东、密山、虎林等县市，最终于虎林市虎头镇南注入乌苏里江。东岸刀毕河与乌拉河发源于西南东北走向的锡霍特山脉的峡谷之中，刀毕河自南向北流，注入东南西北流向的乌拉河后横穿锡尼山脉汇入松阿察河，并与伊曼河共同汇入乌苏里江上游。

乌苏里江流域的中游地区主要为完达山山地，该河段位于虎林市北部以及饶河县南部境内，乌苏里江中游河段穿行于我国完达山脉和俄罗斯境内的锡霍特山脉之间的山谷中，左岸主要由发源于西南—东北走向的完达山脉的七里沁河（又称七虎林河），由源头自西向东横贯虎林市全境，在大王家村附近注入乌苏里江左岸。乌苏里江右岸则由发源于锡霍特山脉的阿库里河汇入。中游地貌特征主要由于乌苏里江干流与众多支流穿行于完达山与锡霍特山脉之间，构成了众多的山谷川地与河谷平原。

乌苏里江下游地区左岸由三江平原湿地构成，主要位于双鸭山市饶河县北部以及佳木斯市抚远县境内。下游流域的地貌特征是：河流相互交错，沼泽众多，湖泊星罗棋布，岛屿点缀其中，并与江心洲相连成片。乌苏里江下游流域属于中国的江中岛屿有数十个之多，其中最著名的是珍宝岛和七里沁岛。在注入黑龙江的河口处还有巨大的沙洲横亘其间，东侧为乌苏里江干流，西侧为抚远水道。乌苏里江下游河道贴近县城的东侧缓缓北流，河床就此渐渐变宽，对面是锡霍特山脉的余脉贴近乌苏里江干流，俄罗斯的比金镇就坐落在饶河县城的对岸，比金镇的地名来

[①] 密山县志编纂委员会：《密山县志》，中国标准出版社1993年版，第16页。

自发源于锡霍特山脉的比金河，比金镇就坐落在比金河注入乌苏里江右岸的河口处。饶河县城西南是完达山脉的森林、山地与丘陵，西北与北部则是一望无际的草原、湿地、沼泽、平原、岛屿和乌苏里江的沙洲。乌苏里江下游与黑龙江、松花江交汇形成三江平原的核心地带，并由此形成了广袤的三江平原。乌苏里江流域下游左岸的主要河流有发源于完达山北坡的挠力河、别拉洪河，挠力河流经三江平原后与乌苏里江右岸的比金河、霍尔河等河流相汇，江面平铺、烟波浩渺。

二 乌苏里江流域的主要支流

兴凯湖是乌苏里江源头的最大水源地，流域沿途汇集了大小174条支流和无数的泡泽湿地，所以乌苏里江流域的水源十分充足。兴凯湖是黑龙江流域中最大的湖泊，乌苏里江流域的最大特点就是它具有如此巨大储水量的大湖。乌苏里江的主要支流在中国一侧较大的支流有穆棱河、七虎林河、挠力河等，俄罗斯境内有乌拉河、伊曼河、比金河等。乌苏里江主要支流从南向北依次为：松阿察河，为乌苏里江的西源。"松阿察"为满语，意为"盔缨"。河流发源于兴凯湖，自西南向东北流经密山市和虎林市，与俄罗斯境内的乌拉河汇合后为乌苏里江。松阿察河也是中俄两国界河，河流全长209千米，河宽20—50米不等，流域总面积为2943平方千米。小穆棱河是乌苏里江左岸支流，位于黑龙江虎林市南部，发源于八五六农场场区内，自西向东流经虎林市义和乡、忠诚乡等地，在八五八农场场部东注入乌苏里江，全长127千米，流域面积为756平方千米。穆棱河是乌苏里江左岸最大支流，发源于老爷岭山脉东坡穆棱窝集岭，由西南向东北流经穆棱、鸡西、鸡东、密山、虎林等县市，在虎林市虎头镇南汇入乌苏里江，全长834千米。穆棱河的主要支流有大石头河、亮子河（发源于东宁县，全长70千米）、黄泥河（发源于鸡东县，全长77千米）、锅盔河（发源于那丹哈达岭山脉的煤窑西山西侧，自北曲折向南，全长98千米）、裴德河（发源于那丹哈达岭南侧，全长132千米）等，穆棱河流域总面积为18427平方千米。七虎林河是我国境内乌苏里江左岸支流，主要流经黑龙江省东部虎林市，虎林市因此河而得名。清代称为"稀忽林河"，清末改称"七虎林河"。"七虎林"满语意为"沙鸥"。发源于完达山脉老龙背和老岗山，全长262千米，河床较宽，平均约为30米，流域总面积2926平方千米。阿布沁河是乌苏里江左岸支流，发源于完达山山脉的神顶山南侧，由西向东流经阿北、新政等乡，注入乌苏里江，全长145千米，河床平均宽30米，流域总面积为1627平方千米。独木河是乌苏里江西岸支流，发源于完达山山脉的神顶山东侧，自源头向东南行，至独木河林场转东流再折向东北，在公司屯附近注入乌苏里江，全长75千米，河宽8—16米，流域面积712平方千米。挠力河是乌苏里江左岸下游地区较大支流，古称"诺雷河""诺罗河"。"挠力"，满语意为"流荡不定的河"。该河发源于那丹哈达岭北麓，流经宝清、富锦、饶河3县（市），在饶河县东安镇南部注入乌苏里江，全长596千米，流域总面积23988平方千米，拥有较多二级支流，如：七里沁河（又称"里七里沁河"或"七里星河"，发源于完达山山脉神顶山北侧，自源头向北行，流经宝清县境内后折向西北，为宝清、饶河两县交界河，在宝清、饶河、富锦3县市交界处注入挠力河，全长64千米）、宝石河（满语称"依瓦鲁河"，它的上游称"大板石河"，又俗称"百石河"。发源于锅盔山，自西向东南折向东北，在万金山乡方胜村附近注入挠力河。全长68千米）、大索伦河（发源于完达山山脉黄大顶子西侧，自南向北行，在东升乡东部注入挠力河，全长99千米）、蛤蟆通河（发源于完达山山脉蛤蟆顶子北麓，在东升乡北部注入挠力河，全长150千米）。七星河是乌苏里江左岸二级支流，发源于宝清县岚棒山南侧，流经宝清、双鸭山、友谊、富锦4市县交界，在宝清县炮台亮子注入挠力河，全长189千米，流域总面积3985平方千米，流域内密集地分布着大量汉魏古城遗址。外七星河是乌苏里江左岸支流，发源于富锦市南境，与七星河相连，在菜嘴子附近注入挠力河，是富锦市境内主要河流之一，全长175千米，流域总面积6520平方千米。别拉洪河是乌苏里江下游支流，又名"别拉雅河"。"别拉洪河"的满语意思为"大水漫地之河"，发源于富锦市北部，自西向东北流经同江、饶河、抚远3县（市），在抚远东部的别拉洪亮子处注入乌苏里江。河流全长170千米，流域面积4393平方千米。

三　乌苏里江流域与三江平原

由乌苏里江、黑龙江、松花江三条大江浩浩荡荡汇流、冲积而成的低平原的沃土，即著名的三江平原。三江平原位于我国黑龙江省东部，北起黑龙江，南抵兴凯湖，西邻小兴安岭、张广才岭，东以乌苏里江为界，西、南各有群山环绕，中有松花江横贯其中。所含行政区域包括今佳木斯市、鸡西市、鹤岗市、双鸭山市、七台河市，以及所属的 21 个县、市。三江平原区域内共有 52 个国有农场和 8 个森工局。总面积约 10.89 万平方千米，总人口约 862.5 万人。耕地、林地、牧场荒地各约占 1/3，农、林、牧业生产潜力很大，因而具有重要的经济发展空间，也是我国目前最为重要的商品粮发展基地之一，有"昔日北大荒，今日北大仓"之称。狭义的三江平原是松花江、黑龙江和乌苏里江汇流冲积而成的沼泽化低平原，面积 4.25 万平方千米。广义的三江平原亦包括完达山脉以南的乌苏里江及其支流与兴凯湖共同形成的冲积——湖泊沼泽化低平原在内，面积 8800 平方千米，亦称为穆棱—兴凯平原。

乌苏里江两岸被原始植被覆盖，郁郁葱葱，其秀丽和独特的自然风貌，是我国内地江河所无法比拟的。江右岸山岳连绵，峭壁陡立，山水相映，别是一番旖旎风光。乌苏里江流域不仅风光秀美，其自然资源也十分丰富。土地广袤而肥沃，山中蕴藏着浩瀚无垠的森林，平原则犹如大海，一碧万顷。由于乌苏里江流域人烟稀少，位置得天独厚，森林、草原、沼泽广布，水草丰盈，为珍禽异兽营造了栖息、觅食、活动、繁殖的良好场所，成为鸟类迁徙繁殖的重要地域。在乌苏里江流域的鸟类有二百多种，其中不乏世界濒危鸟类，如丹顶鹤、白鹳、海东青、鸳鸯、金雕，还有黑琴鸡、红嘴鸥、天鹅、鹭鸶、野鸭等。每年春天有成千上万的飞禽从此经过或到此栖息，黑压压地压满了江面，从江面腾起时遮天蔽日，日过量达几十万只，场面十分壮观。乌苏里江两岸的湿地灌木丛中的鸟蛋俯拾可得。这一带不仅是珍禽荟萃的地方，还是异兽麇集之地。这里栖息着虎、熊、鹿、貂、貉、野猪、狍子等一百五十多种珍禽异兽，盛产貂皮、狐狸皮、猞猁皮、麝鼠皮等，曾有"榛打獐子瓢舀鱼，野鸡飞到饭锅里"之说。乌苏里江流域水产品极为丰富，胖头鱼、鳌花、鳇鱼、鲟鱼，以及乌苏里江生产的东珠等都闻名于世。还有特产大马哈鱼，最大的长达二尺，重达七八公斤。大马哈鱼在鱼汛期数量极多，据《黑龙江志稿》载：每年秋天自海逆水而上，入江驱之不去。

总之，乌苏里江流域特殊的地理环境与地貌特征，孕育了丰富的物产、水产、林产，为早期人类的活动和繁衍生息提供了极为便利和丰富的物质条件。肃慎先民及其后继者，利用这里的自然条件创造了渔捞、狩猎、采集和原始的农业、畜牧业及手工业的地域文化与文明。

第五节　牡丹江流域

牡丹江流域位于黑龙江省东南部和吉林省东部的敦化地区，为松花江第二大支流，发源于吉林省长白山牡丹岭的寒葱岭北麓，流经吉林省敦化市，向北流入镜泊湖的南端，流经宁安市、牡丹江市区、海林市、林口县之后出境进入哈尔滨辖区的依兰县，于依兰城西注入松花江。松花江汇入黑龙江，最后流入鄂霍茨克海。牡丹江全长725千米，流域面积为37600平方千米，江面平均宽度为175米，最宽处300米以上，深度平均3米，最深处达5米。牡丹江总落差为1007米，蕴藏了丰富的水资源。以今天牡丹江干流为主，凡是流入牡丹江的诸水系所流经的区域，均属于牡丹江流域。它的范围，根据其水系的分布，大致是西至张广才岭，东至乌苏里江流域，南至长白山天池的分水岭，北至松花江一带。凡牡丹江所流经的山川、平原、湿地、草地、湖泊等，皆属于牡丹江流域的研究范畴。

一　牡丹江称谓的演变及其含义

牡丹江在唐代被称为"忽汗河"，亦称"奥娄河"，金代称"活罗海川"，元代称"胡里改江"或"忽吕古江"，明代又称"忽儿海河""火儿阿江"，清初"毕尔腾湖"（即镜泊湖）以上称"勒富善河"，下称"瑚尔哈河"，或异书作"虎儿哈河""湖尔哈河""呼儿哈河""胡尔哈河"等。"牡丹江"之名最早见于清末文献《吉林通志》："牡丹江自其发源之处言之也，至宁古塔以下曰瑚尔哈。……源出敦化县西南老岭，长白山北径三百余里之干山也，重阜修岩，联峰接势，水出其北，东北流……受诸水汇为巨泽，曰毕尔腾湖，所谓镜泊湖也。……牡丹江自发源至入镜泊湖无异名。镜泊湖之北曰北湖头，水自其处东北流始名瑚尔哈河。"可知此时的牡丹江并非指今天之整条牡丹江而言，而仅指其上游，即从发源地至镜泊湖流段。"毕尔腾湖"（即镜泊湖）以上称"勒富善河"，下称"瑚尔哈河"。清末下游依然称之为"瑚尔哈河"，而"勒富善河"则改称"牡丹江"。至早在清末民初，牡丹江整个干流都被称为牡丹江。"忽汗""活罗海""胡里改""忽儿海""火儿阿""瑚尔哈"等称谓均为"牡丹"的同音异写。

关于牡丹江的含义，一般认为"牡丹江"即满语"穆丹乌拉"的意转，意为"弯曲的江"。《嘉庆重修大清一统志》和《盛京通志》则以其为蒙古语分别释为"羊羔"和"愿"之意。牡丹江流域一直为肃慎族系的活动区域，使用的是阿尔泰语系的满—通古斯语，其称谓很难与蒙古语发生关系。赵振才从图腾崇拜的角度认为其名称含义与龙蛇、凤鸟有关，是古代以龙蛇、凤鸟为标识的氏族部落留下来的水名。① 赵先生的观点颇有意味，只是就目前来看，牡丹江流域尚未发现有崇尚龙蛇、凤鸟的文化遗存。黄锡惠认为，"牡丹"及其一系列同音异写，均是满语"呼尔罕"（hurhan）的音转，汉义为"大围网"，是反映满族先民早期渔猎生活的地名。② 牡丹江流域出土了大量石网坠、陶网坠等捕鱼用具，大小不一，其中大者如盆，小者如扣，而网坠就是用来挂在网上拦在河的两岸或下在河中捕鱼的，而鱼钩则发现较少，可见牡丹江流域先民的捕鱼方式当以下网围捕为主，正应了"大围网"之义，先民以此呼之，恰是对日常劳作生活的一个鲜活写照。但这种说法仅仅是对考古学材料的一种牵强解读。笔者以为，牡丹江为"弯曲的江"的解释应是合理正确的，因为这种含义完全符合牡丹江干流大 S 形的走向特点。如从牡丹江市区进入鹤大高速，一路沿着牡丹江河道向南行进，受牡丹江河流走向的影响，较为笔直的高速公路必将数次穿行于牡丹江大 S 形的河道上。这充

---

① 赵振才：《牡丹江、瑚尔哈河名称的由来》，《黑龙江文物丛刊》1982 年第 1 期。
② 黄锡惠：《"牡丹江"考释》，《黑龙江史志》1996 年第 1 期。

分反映了牡丹江干流九曲回肠一般"弯曲"的特点。

二 牡丹江流域的地貌特征

牡丹江流域东部横亘着属长白山系的老爷岭，为长白山支脉，呈西南—东北走向，西抵镜泊湖和牡丹江中游谷地，东北部与肯特阿岭相接，东部至穆棱河谷，延伸至牡丹江、宁安、穆棱、鸡西、东宁、绥芬河等市县。山体主要由新生代玄武岩组成，海拔600—1000米，山体被放射状分布的水系所切割，形成熔岩岭脊、方山、尖山和残丘地形。老爷岭山高谷深，台坡陡立，悬崖绝壁众多，地形险峻，但岭脊顶部相对缓坦。河谷多形成较为深峻的峡谷。西部是张广才岭。张广才岭属长白山山脉，北起松花江畔，南接长白山，东与完达山相连，西缘延伸到吉林省境内，张广才岭以东为牡丹江水系，以西为阿什河、拉林河水系。主脊以东绝大部分在海林市境内，主脊以西部分由南而北分别在五常、尚志、方正县（市）境内。张广才岭山势高峻，地形复杂，既有悬崖绝壁，又有深谷陡坡，为黑龙江省最突出的高山峻岭。主脊向两侧，逐渐由中山降为低山和丘陵。地貌属于流水侵蚀山地，山体大部分由海西期花岗岩、白岗质花岗岩组成。南部是牡丹江的发源地——长白山牡丹岭。牡丹岭在吉林敦化市西南，为长白山西歧之脉，是牡丹江与松花江上游的分水岭，牡丹江就发源于此。总体来看，牡丹江流域上游地貌多剥蚀丘陵、剥蚀侵蚀山地和熔岩山地，中下游则为河谷冲积平原，流域范围内有多处河谷盆地。

牡丹江流域上游干流奔行在张广才岭和老爷岭之间，河谷狭窄，在上游和中游衔接部位的城子后山下形成了镜泊峡谷的风光。镜泊峡谷俗称"牡丹江小三峡"，紧邻火山口国家森林公园，这里保存着大片完整的火山熔岩沉积层，玄武岩地质发育良好，绵延起伏，十分壮观。牡丹江流至这一地区后，部分水流转入地下，成为暗河，地上河流则在狭窄崎岖的玄武岩沟壑中奔涌，形成"小三峡"的壮美奇观。在第四纪冰川后期，牡丹江河道的冰川融水携带着大量冰碎屑、岩石碎屑等物质，沿着冰川裂隙，以滴水穿石的功力作用于玄武岩层，年深日久遂逐渐形成了类似舂米石臼的冰臼地貌。这种地质在镜泊峡谷中十分常见。在宁安南部，牡丹江干流被火山熔岩流堵塞，形成镜泊湖。镜泊湖是白垩纪时，在断陷湖盆的基础上，经火山熔岩堰塞河床而形成，是我国最大的火山熔岩堰塞湖，也是仅次于瑞士日内瓦湖的世界第二大高山堰塞湖。镜泊湖古称泊沱湖，唐初称"阿卜湖""呼尔海金""忽汗海"，金代叫"毕尔腾湖"。一般认为，明清以后，因其湖面清平如镜而称镜泊湖，并沿用至今。它以其别具一格的湖光山色和朴素无华的自然之美著称于世，1982年被国务院批准为国家首批44个重点风景名胜之一。可能是渤海早期"勿汗州兼三王大都督"驻地、始建于渤海并为后代沿用的城子后、重唇河山、城墙砬子三座山城就位于镜泊湖和镜泊峡谷周边的险要地带。① 吊水楼瀑布以下至桦林为牡丹江中游，河谷渐宽，形成多个河谷盆地，其中海浪河盆地与宁安盆地是牡丹江流域最肥沃的土地，同时也是牡丹江流域古代文明的聚居地，渤海上京龙泉府就坐落在宁安盆地的中央，在唐代已形成辉煌的都市文明。桦林以下为下游，河谷再次变窄，在依兰县长江屯以下进入平原区，形成了依（依兰）勃（勃利）盆地，最终在依兰县城以东注入松花江。牡丹江是松花江右岸最大的支流。牡丹江市位于牡丹江中游西岸，是牡丹江流域的中心城市，同时也是黑龙江省东南部地区的政治、经济、文化中心与交通枢纽，滨（哈尔滨）绥（绥芬河）、牡（牡丹江）图（图们）、牡（牡丹江）佳（佳木斯）三条铁路和鹤（鹤岗）大（大连）、绥（绥芬河）满（满洲里）两条高速公路在此交汇。

三　牡丹江流域的主要支流

牡丹江两岸支流分布较均匀，多数短而湍急，主要有黄泥河、小石河、沙河、珠尔多河、蛤蟆河、海浪河和乌斯浑河。

黄泥河是牡丹江一级支流，因河水中含泥量较大而得名。黄泥河发源于吉林省敦化市黄泥河镇张广才岭山脉东大砬山，自西向东流经敦化市黄泥河镇和秋梨沟镇，在秋梨沟镇横道河子入牡丹江。河长82.4千米，流域面积670平方千米，有流域面积20—100平方千米的支流8条。流域

---

① 王宏北、王禹浪：《"勿汗州兼三王大都督"官印初探》，《北方文物》1996年第2期。

内上游植被较好,生长有红松、落叶松、白桦、柞木等天然林木,森林覆盖率为75%。沿河两岸大部分是开阔平坦的草甸子和沼泽地,秋梨沟以下河段为玄武岩U形深谷,河床稳定。

小石河是牡丹江一级支流,发源于吉林省敦化市翰章乡张广才岭山脉新开岭西,由西向东流经敦化市翰章乡、江南镇,在市区东北部汇入牡丹江。河流总长54.7千米,流域面积259平方千米。小石河上游植被良好,保存有大量的原始森林。水量充沛,水质良好,河床稳定。

沙河是牡丹江的一级支流。发源于吉林省敦化市大石头镇烟筒砬子屯北,从东南向西北流经敦化市的大石头、大桥、沙河沿、官地4个乡镇,在西崴子水电站下游600米处汇入牡丹江。河流总长186.5千米,流域面积1849平方千米,有流域面积20平方千米以上的支流19条。其中,二道河最大,流域面积341平方千米。沙河上游群山葱翠,重峦叠嶂,植被茂盛。两岸大部分为平坦开阔的草甸子或沼泽地。1970年,在大石头镇沙河沿岸曾出土一具生存于7万年前更新世晚期的完整猛犸象化石,全长11米,头长1.3米,牙齿如茶杯大小,现存于吉林省博物馆。中游沙河沿镇沙河岸边有孙船口古城遗址,为渤海时期所建,辽金沿用。古城承担着确保"旧国"与上京龙泉府之间水上通道安全的职责。

珠尔多河是牡丹江的一级支流,"珠尔多"系满语"渡口"的意思。发源于吉林省敦化市额穆镇张广才岭山脉老爷岭西南。流经额穆镇,在敦化市黑石乡丹南村西北入牡丹江。河流总长80.1千米,流域面积1750平方千米。有流域面积20平方千米以上的支流11条。珠尔多河源头,地处长白山北麓张广才山脉老白山(原名老爷岭),海拔高度为1696.2米。老白山山高路险,人迹罕至,保存着较完整的天然原生植被和多种生物群落,是吉林省珍稀濒危植物和珍禽异兽传宗接代、繁衍生息的物种资源基因库。

海浪河位于海林市西南部,是牡丹江中游左侧的一级支流,发源于张广才岭,自西南流向东北,途经海林市的长汀镇、新安镇、海林镇、海南乡,于牡丹江市西郊的兴隆镇附近汇入牡丹江,河流全长213千米,流域面积为5251平方千米。金、元称"孩水",明称"海兰河""孩浪河",清初称"海郎必剌",民国以后称"黑林河""海林河"。海浪,为"孩""海兰""黑林"的音转,满语"榆树"之意。

二道河子是牡丹江左岸一级支流,发源于张广才岭南麓,流域面积730平方千米,河流全长75.5千米,天然落差640米。流域内雨量充沛,多年平均降雨量在630毫米左右,大部分集中在6—8月。二道河子为山区性河流,上游为深山区,大部分为森林覆盖,下游为农业区。

乌斯浑河是牡丹江的一级支流,发源于宝山乡大楚山东麓,由南至北流经宝林、龙爪、中兴、林口、古城、建堂、刁翎七个乡镇,在刁翎镇东岗子村西约2千米处注入牡丹江。全长约141.12千米,乌斯浑河全长共分三段,源头段称楚山河,上游段称鲶鱼河,下游段为乌斯浑河。满文意思即"凶猛的河流",以其水深流急而得名。

牡丹江流域内高山大川,沟谷盆地,江河湖沼,丘陵平原,各种地貌相间分布,并且气候比较温和,属湿润气候区,年降水量600毫米以上,自然物产非常丰富,是我国东北古代民族繁衍、生息的理想场所之一。在这里居住的古今人民以其勤劳勇敢、质朴无华、顽强不息的生存精神不断地开发着这片广袤而神奇的领域,创造了丰富多彩的牡丹江流域文明。

第六节　乌裕尔河流域

在北安市的东部与伊春市的西部之间,横亘着一道由南到北长达数百千米的山脉——小兴安岭山脉。确切地说,在北安市的东南和伊春市的西北、铁力市的正北方的小兴安岭的一座山峰就是北安市的三河源的地方——三景山。所谓的三河之源,就是北安市东南区域内的三条重要的河流,即乌裕尔河、南北河与通肯河都发源于三景山这同一山峰。

一　乌裕尔河的历史称谓及其含义

乌裕尔河位于松嫩大平原的北部,是东北地区最大的内陆无尾河。乌裕尔是个古老而神秘的历史地名,在历史上又写成"呼雨儿""呼雨哩""呼裕尔""蒲峪路河""乌雨儿""胡羽尔""乌雨尔""瑚裕尔"

"乌羽尔""灰亦尔""普一""富裕尔""蒲峪""凫臾""扶余""符俞"等不同的称谓。然而，在上述的有关乌裕尔河称谓的汉字书写形式中，实际的乌裕尔河名称见诸史料中的只是"呼雨儿""呼雨哩""呼裕尔""蒲峪路河""乌雨儿""乌雨尔""瑚裕尔""乌羽尔""普一""富裕尔"等，而把后来的东北古代民族称谓和城名与乌裕尔河名称联系起来的名称有"蒲峪""凫臾""扶余""符俞""俞人""蒲与""夫余"。"符"为扶余的快读，慢读为"夫余"。其中有关"夫余"的族名最早见之于《史记》卷129《货殖列传》：燕国"北邻乌桓、夫余"以及《后汉书》卷85《东夷传》，王充撰《论衡·吉验篇》等历史文献中。有的学者认为：《逸周书·王会篇》所附的《商书·伊尹朝献》中的"正东符娄"的"符娄"也是夫余的同音异写之称谓。"凫臾"之名则是在《尔雅·释地》中注释的九夷之一的第五夷。明朝人在《字汇补》中则明确指出："凫臾，东方国名，即夫余也。"因此有的专家就把"夫余"的正统或原始名称确定为"凫臾"，并将"凫臾"的"凫"字引申考证或推断为一种水鸟，也就是现在东北地区松嫩平原和乌裕尔河流域湿地中常见的野鸭子，进而得出结论"凫臾"可能就是古代民族对野鸭子的图腾崇拜。

1990年7月28日《吉林日报》刊载了新华社的一则消息："黑龙江省齐齐哈尔文管部门最近发现了一件青铜时代的小陶靴，在外侧雕刻着嫩江流域盛产的'凫'（野鸭子），内侧刻着鲤鱼。"这只青铜小陶靴上的"凫"和"鱼"是否就能说明凫臾（夫余）人的图腾符号呢？齐齐哈尔市附近新石器时代和青铜时代的遗址，大多分布在靠近昂昂溪地区的乌裕尔河注入扎龙自然保护区的沙岗东侧，这里濒临乌裕尔河下游湿地，如果这支青铜时代的小陶靴真的能够诠释河流或民族的称谓的话，那么就可以推断"凫臾"很可能就是乌裕尔河这个古老的地名的最早称谓。

由此可见，"蒲峪""凫臾""扶余""符俞""蒲与""夫余""符"为扶余的快读，慢读为"夫余""秽"等；出现在历史文献中的民族名称或国名都早于"呼雨儿""呼雨哩""呼裕尔""蒲峪路河""乌雨儿""乌雨尔""瑚裕尔""乌羽尔""灰亦儿""普一""富裕尔"乌裕尔河的地名。如果前述的凫臾或夫余等族名、国名先于乌裕尔河的地名存在的话，那么在解释乌裕尔河称谓的含义时就需要特别的谨慎。因为，即使上古文献或古代历史文献中较早地记录了"夫余"等民族称谓，但是这一族名是否与乌裕尔河的地名有十分密切的关系则是缺乏直接的证据。因此，目前对于乌裕尔河的含义被普遍解释成为满语的"涝洼"或"低洼"之意的说明，未免有些牵强。因为，乌裕尔的地名在金代已经存在，被写成蒲峪，而元代则写成"灰亦尔"，元代在蒲峪路军民万户府之下设置有"灰亦尔千户所"、明代则写成"浦儿"，在乌裕尔河设置有"浦儿卫"。金代的蒲峪路则就设在今天克东县城靠近乌裕尔河的左岸的侧畔。至于"夫余""凫臾"等国名或族称出现的时间则更早，甚至在距今两千多年前就已经存在了上述的称谓。然而，满语则是1635年后形成的清朝官方语言，利用晚于上述历史文献中出现的"蒲峪""夫余""凫臾"的族名、国名或地名长达上千年之久的满语；来考证早于满语或满族上千年的地名来源与含义，实属于本末倒置且违背逻辑的悖论。所以，笔者认为不能轻易地理解"乌裕尔"就是涝洼或低洼的含义。虽然，从音韵学的角度看，"乌裕尔"与"蒲峪""夫余""凫臾""符娄"之间的确存在同音异写的关系，但是，从历史地理学、考古学、文献学、语源学等方面考察，乌裕尔与"蒲峪""夫余""凫臾"作为地名显然有着极为神秘的色彩和图腾的意义。因为所谓的"凫臾"很可能就是相关的古代民族对其图腾之一的野鸭子的某种崇拜，尽管现在看来这种说法不过是一种推论，尚需要学术上的进一步论证。不过，"蒲峪""夫余""凫臾"的语源甚古，已经是不争的事实。

二 乌裕尔河流域的地貌特征

乌裕尔河发源于小兴安岭西侧，是东北大平原北部嫩江左岸的最大无尾河流，其流域面积23110平方千米。在地理百科中是这样描述乌裕尔河的概况的：乌裕尔河发源于小兴安岭西麓，"经北安、克东、克山、拜泉、依安、富裕等6县，于富裕县雅州附近折而南流，尾闾逐渐消失在齐齐哈尔市以东、林甸县西北的大片苇甸、湿地之中，变成潜伏状的广阔沼泽地。它原为齐齐哈尔市境内、嫩江东部的一条支流，近一二百年

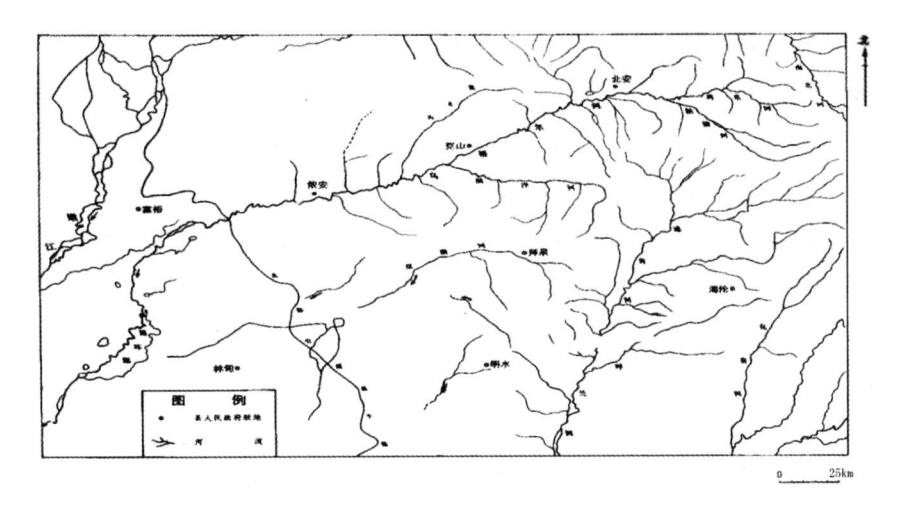

图1—1 乌裕尔河内流区水系示意图

由于河口淤塞，成为黑龙江省唯一的一条内陆河，也是中国第二大内流河。全长587千米，流域面积2.3万多平方千米，上游属上溪性河流特征，有明显的河床，下游河水排泄不畅，失去河床，河水四溢，形成广阔无垠的沼泽，著名的湿地——扎龙自然保护区。乌裕尔河的主要支流有轱辘河、鸡爪河、闹龙河、鳌龙沟、润津河等"。目前许多介绍乌裕尔河流域的河道变迁时都把《百科全书》的上述解释作为定说："近一二百年由于河口淤塞，成为黑龙江省唯一的一条内陆河，也是中国第二大内流河。"经笔者核对和查阅乾隆二十五年（1760）编制出版的铜版刊行的《大清一统舆图》第83页、《全国图书馆文献缩微复制中心》2003年十月发行版得知，乾隆年间的乌裕尔河在《大清一统舆图》中被标注为"胡羽尔毕拉"和"乌羽尔鄂谟"，这条河流在地图上明确的显示发源于小兴安岭西麓的胡羽尔色钦，流入温托昏鄂谟和察汗鄂谟的沼泽湿地就消失了，根本没有注入嫩江的痕迹。清代的察汗鄂谟与温托昏鄂谟就是今天扎龙自然保护区和杜尔伯特附近的连环湖，这充分说明在清代乾隆年间，乌裕尔河就已经是一条无尾河或称无终河，是一条完全独立的内陆河。所谓"近一二百年由于河口淤塞，成为黑龙江省唯一的一条内陆河"的说法很不准确，至少在距今250年前乌裕尔河是不注入嫩江的一条内陆河流。

乌裕尔河则与上述起源于北安地区小兴安岭山地三景山地域的通肯河、南北河一样，也是由此发源。然而乌裕尔河的流经方向，则既不是向北也不是向南流淌，而是顺着小兴安岭的西部山地由东向西横穿过松嫩平原的北部平野。由于小兴安岭的山地是由东向西倾斜，乌裕尔河流域周边地域也大体上随小兴安岭的山势而呈现出东高西低的特点。加之乌裕尔河流域的右岸也处在或接近延伸到北安、依安、克东的小兴安岭的北部山地和丘陵地势，也造成了乌裕尔河流域右岸较之左岸的地势要略高一些，因此形成了乌裕尔河流域左岸的湿地要比右岸更为发达和明显。

乌裕尔河的源头有两条重要的河流，即东轱辘滚河与西轱辘滚河，这两条河流都发源于三景山地区并西流，在流经北安市赵光农场所属的东新二屯的地方相汇合，由此西流的干流被称作乌裕尔河。东、西轱辘滚河犹如一柄剪刀在此形成三角地带，地势由此开始降低，一路流经赵光农场所属的六队、一队、九队，穿过乌裕尔河二桥进入北安市郊区的城郊镇与克东县所属的地域相接，右岸则纳入发源于北部的小兴安岭山地的长水河与闹龙河。需要特别指出的是，在乌裕尔河纳入闹龙河之前，乌裕尔河流经乌裕尔河二桥地方时，右岸又纳入乌裕尔河另一水源的鸡爪河与乌裕尔河。饶有兴趣的是，这条鸡爪河的上游被称作鸡爪河，而下游地区则被称作乌裕尔河。虽然东轱辘滚河与西轱辘滚河，以及鸡爪河都被称作是乌裕尔河的发源地，但是在地图上看真正称作乌裕尔河的名称则是始于鸡爪河的下游。在许多正式出版的黑龙江省地图和东北三省地图上，标注乌裕尔河的上源时往往只标注鸡爪河而不标注东、西轱辘滚河，因此有许多人都忽视了这一点。关于东西轱辘滚河的名称也是个非常有趣的地名，"东"与"西"轱辘滚河，如果去掉"东""西"二字的方位名词，那么剩下的就是实际的河流称谓，即轱辘滚河。"轱辘滚"究其何意？目前尚无人考证，"河"乃是汉语汉字的实写。笔者以为，"轱辘滚"之称谓很可能属于东北民族历史地名语言的汉字表音地名文字，其含义决不能从汉字的角度去理解这个地名语词的词组。因为，这种地名的汉字系统往往只是表音而不是表意。经检索东北古代民族的女真系统的历史残留的名词语言词组，在女真语里有一个词组很接近

"轱辘滚"这个地名名词——女真语的"固伦"或写成"库伦"等,固伦在女真语里的汉译的意思就是"国"的含义。而在满语中"固伦"又有"国家""尊贵""天下"的含义。"轱辘滚"快读的原始发音就与女真语和满语中的"固伦"语音相近,如果从历史语源背景或语境的角度追溯的话,女真语和满语都是不断地融合了黑龙江流域乃至东北地区的诸多的少数民族的语言后,才形成的女真语或满语。从这个意义上说,北安市乌裕尔河上源的东、西轱辘滚河的"轱辘滚"一词可能具有"国"或"国家"或"尊贵"的含义。

北安市处在乌裕尔河上游地区,其地理特征主要是以海拔300—500米左右的山地为主,随着乌裕尔河由东向西流淌,地势也随之降低。乌裕尔河流经北安的地貌可以分为四种:其一,是乌裕尔河流域冲击低洼的河谷类型,乌裕尔河流域及其支流的河谷地带,地势低平,起伏很小,属于河流冲击性的漫滩一级阶地。其二,属于冲积和洪积状平原类型,大多分布在乌裕尔河的二级阶地上,其地势平缓且稍有起伏,易于农耕。其三,是剥蚀堆积和丘陵类型,呈馒头状或脉状分布。其四,属于小兴安岭山脉西坡低山丘陵区。

从北安经过克东、克山,到达依安境内则属于乌裕尔河流域的中游地区,这一地区的地势较为平坦,属于松嫩平原北部的浅丘陵地区,在乌裕尔河流经的河谷滩地多湿地沼泽。河岸两侧则是起伏的草原地貌和大片的黑土地,易于农田耕作。在克东县的乌裕尔河畔保存有一座金代的蒲峪路古城,克山县城西侧的乌裕尔河的左右两岸各有一条河流注入乌裕尔河。克山、克东、依安三县正处在乌裕尔河流域的中游地区。

乌裕尔河由依安县继续西流经富裕县南流至齐齐哈尔市昂昂溪东侧,最后消失在桦甸西侧的扎龙自然保护区。这是乌裕尔河流域的下游区域,其地势逐渐走低进入了松嫩平原。由乌裕尔河下游所造成的湿地面积最为壮观,这里是东北亚大陆中最为肥美的大湿地。以齐齐哈尔市为中心的地区共有三条较大的河流在此相汇:一是嫩江右岸发源于大兴安岭东麓的大秃顶子山的雅鲁河;二是嫩江左岸的乌裕尔河在齐齐哈尔东侧形成大片湿地;三是嫩江由北向南形成嫩江的干流的下游地区,因此乌裕尔河流域的下游地区的水源十分充沛，并形成古代的交通枢纽和古代居民的聚集区。以昂昂溪文化为代表的新石器时代遗址，主要是分布在乌裕尔河流域下游的扎龙自然保护区西侧的沙岗地带。

从乌裕尔河流域的整体上观察，北安市与克东县以东的丘陵和小兴安岭山地，是处在乌裕尔河流域的上游地区，因此河流的相对落差较大，水流较为湍急。乌裕尔河全程都是由东至西流向，自发源地至依安县段为山丘区，坡度较缓，河谷宽约2千米。由北安市东部的东胜乡往东沿着曲折的乌裕尔河河道的右岸，地势逐渐增高并由丘陵向山区过渡。河岸两侧有明显的二级台地，在台地之下是宽阔的乌裕尔河冲击形成的河谷低地和广袤的苔原湿地。乌裕尔河从这里走出小兴安岭山地进入松嫩平原的北部一直向西奔向嫩江。

乌裕尔河在依安以下进入广阔的平原区，河谷宽达10千米，其中的依安水文站处，中高水位时最大水面宽680—4000米，从北安市到依安县，属于乌裕尔河的中游地区，这一带的乌裕尔河流域的河谷滩地更加广阔，并出现了较大的湿地，而两岸的二级台地越发明显，台地两岸的低丘陵区和广袤起伏的黑土地十分辽阔。

乌裕尔河下游之尾部（滨洲铁路以北）为浩瀚的九道沟苇塘，无明显的河道，大小湖泡沼泽星罗棋布，地势低平，肉眼观察不到有水流的状态，上游来水在当年之内流不出本区。滨洲铁路以南多为闭流的湖泡沼泽区。从依安县经齐齐哈尔到南部的桦甸市是目前保存最为理想的扎龙湿地，可以说扎龙自然保护区如果失去了乌裕尔河的注入，这片湿地将不复存在或至少会走向衰退。在乌裕尔河下游地区由于湿地发达，耕地面积不多，其经济形态主要以狩猎和渔捞为特征。由扎龙自然保护区再向南就是杜尔伯特蒙古族自治县，杜尔伯特北接扎龙自然保护区，在其境内分布着大片的泡泽和湿地。实际上，这里就是乌裕尔河流域无终河向南延伸的尾部。如果从地理环境上看，与其说杜尔伯特的地貌主要受嫩江流域的影响，还不如说是乌裕尔河流域或水系的渗透区。

第二章

黑龙江流域夫余王城研究

第一节 夫余族称与王城研究综述

夫余，又作扶余、扶馀、凫臾，是我国东北地区较早建立政权的古代少数民族，在东北古代历史上占据极其重要的地位。"夫余"之名始见于《史记·货殖列传》，其文曰："（燕）北邻乌桓、夫余，东绾秽貊、朝鲜、真番之利。"夫余曾占地两千里，有户八万，特别是东汉时期盛极一时，成为当时东北亚最强大的国家，《三国志·乌丸鲜卑东夷传》记载："汉时，夫余王葬用玉匣，常豫以付出玄菟郡，王死则进取以葬。……今夫余库有玉璧、珪、瓒数代之物，传世以为宝，耆老言先代之所赐也。"有注曰："其（指夫余，笔者按）国殷富，自先世以来，未尝破坏。"这足见其国家殷富，国力强盛。夫余延续国祚近八百年，曾与汉族、勿吉、鲜卑、高句丽等民族发生了密切的联系，后期在慕容鲜卑前燕政权、勿吉等周边邻国的打击下走向衰落，最终灭亡。在漫长的历史时空里，夫余民族创造了丰富的物质和精神文化，成为中华民族文化遗产中的重要组成部分，不仅在《三国志》《后汉书》《晋书》《论衡》《资治通鉴》等古代文献典籍中留下了记载，经过考古工作者数十年的考古发掘，夫余的考古学遗存也渐渐明晰起来，如辽宁西丰西岔沟，吉林的榆树老河深、永吉学古东山、东辽石驿彩岚、桦甸西荒山、吉林市帽儿山等遗址和墓葬均可认定为与夫余有关之遗存。对可能是夫余族源北夷"橐离国"的考古学文化，如白金宝文化、汉书文化、西团山文化、望海屯类型等的探索也取得了长足的进步。夫余的研究现已迈入了一个全新的阶段。

夫余族称的含义长期以来在学术界聚讼不休。夫余在历史上还曾多次迁徙，其政治中心亦因此不断迁移，因此对夫余王城的研究也一直是学术界一个较为热门的话题。传统上学术界将夫余王城分为前期王城和后期王城两个阶段。另有日本学者池内宏提出夫余三次迁徙说，认为夫余初居阿勒楚喀，后东迁沃沮，为第一迁；后在晋朝帮助下回迁阿勒楚喀，是为第二迁；"西徙近燕"则为第三迁①。由于夫余早期王城已被基本确定在松花江上游一带，因此池内宏的观点早已为学界否定。近来姜维东、赵振海在扬弃日人池内宏观点的基础上，提出了夫余王城四迁说，即夫余初居今吉林市郊，后为慕容燕所破而迁至沃沮，此为第一迁；后在晋东夷校尉扶持下回迁故土，此为第二迁；为外族所迫"西徙近燕"为第三迁；最后被勿吉灭亡，投降高句丽，被安置在高句丽境内，此为第四迁②。笔者以学界公认的夫余王城分前、后两个时期为准。笔者将在本节对上述诸问题的研究现状予以梳理和综述，为学术界提供一个清晰的学术史发展脉络。

一　夫余族称研究综述

夫余族称在历史上出现很早，始见于《史记·货殖列传》。《尔雅·释地》《字汇补》作"凫臾"，梁章钜的《三国志旁证·东夷传》作"扶馀"，关于高句丽、渤海的古代文献中则有"扶余城""扶余府"等称谓，至今吉林省仍有扶余市。因此，夫余族称的含义成为长期以来困扰着学术界的问题。关于夫余族称含义，前人的研究成果已很丰富，黄斌、刘厚生③、董学增④、赵欣⑤等学者也已对夫余族称含义的多种说法进行

---

①　[日]池内宏：《夫余考》，《满鲜史研究》，1951年5月号，第111页。（译文王建译，刘凤翥校，《民族史译文集》第13辑，1985年。

②　姜维东、赵振海：《高句丽夫余城再考》，《辽源龙首山山城及相关遗迹学术研讨会论文简编》2015年。

③　黄斌、刘厚生：《夫余国史话》，远方出版社2006年版。

④　董学增：《夫余称谓的由来考辨》，《辽宁省博物馆馆刊》2009年。

⑤　赵欣：《千百年来"夫余"其名多论争，古往今来"夫余"解义皆不同——谈古夫余族与"夫余"地名》，《中国地名》2011年第10期。

过梳理。笔者在前人综述基础上，结合近年最新的研究成果，对这一问题再作一简要综述。

综合来看，笔者归纳总结了如下十一种说法。

其一，符娄说。《逸周书·王会篇》附《商书·伊尹朝献》云："伊尹受命为四方令，曰：'臣请正东符娄……'"南宋学者王应麟《周书王会补注》谓："符是夫余，娄是挹娄，或符娄即夫余。"金毓黻先生在《东北通史》中亦认可夫余之来源"或谓古之符娄"①。此说无论从年代还是地理分布上均与夫余不符，夫余族在《逸周书·王会篇》所反映的商周时代恐尚未形成，且商周正东方向也并非夫余族的分布地域。

其二，濊说。晚清地理学家何秋涛在《逸周书王会篇笺释》中首次提出夫余族称源于秽人之"秽"，夫余是《逸周书·王会篇》中"符娄"之"符"的快读，"秽"则是夫余二字的和音。董学增在认可何说基础上进一步认为，"秽"又作"濊"，"濊"字从水字旁，应是指近水的民族，濊族即夫余因临水而得名。他赞同王绵厚先生对"濊水"的考据，认为今松花江最古的名称应称濊水或濊貊水，西团山文化主人为土著濊人，因此，濊人即后来的夫余人应是因此水而得名。②夫余作为秽貊族系的重要一支，其族称含义必与秽貊族称有一定的关系，关于这一问题仍需做进一步论证。

其三，鹿说。此说为日本学者白鸟库吉提出，他从文献中记载的"夫余居于鹿山"和渤海国特产"夫余之鹿"入手，结合通古斯语称鹿为 buyu，断定鹿山就是 buyu 山，认为夫余应读作 buyu，是鹿的意思。③

其四，东夷番余说。李德山、栾凡提出夫余是两个民族的合称，即"番余"。番族和余族均原居于鲁西南，两族比邻而居，而因被灭国而逐渐迁徙到东北地区，并融合为一个民族——夫余族。④

其五，东夷於族说。有学者认为夫余国是东夷族中一支名"於"

---

① 金毓黻：《东北通史》（上编），五十年代出版社 1981 年版。
② 董学增：《夫余称谓的由来考辨》，《辽宁省博物馆馆刊》2009 年版。
③ ［日］白鸟库吉：《濊貊民族の由来を述べて、夫馀高句丽及び百济の起源に及ぶ（讲演旨）》，《白鸟库吉全集·第三卷·朝鲜史研究》，岩波书店 1970 年版，第 515—518 页。
④ 李德山、栾凡：《中国东北古民族发展史》，中国社会科学出版社 2003 年版，第 139 页。

的部落所建,夫余国因"於"与"余"音相近而得名。但此说并未能解释夫余中的"夫"字是何意。① 此说和番余说均反映了东北古族起源于东夷起源的学术观点。古代东夷民族与东北古族关系密切,这已是学术界不争的事实,但不能简单机械地将东北古族称谓的发音去比照东夷古族,力图在东夷族称群中寻找能与其发音相对或相近的古族称谓,且关于二者的关系还需做进一步深入探讨,而不可一概将其均追溯至东夷古族。

其六,貊说。张卫东、杨军认为,在汉字上古音中,夫余之"夫"读音如蒲、如薄,与发(读如泼或拨)、貊、亳等字读音可通,"余"读音通娄、闾,夫余作为少数民族语词,其意义很可能是"貊人"。②

其七,夫余山说。金岳认为夫余是貊人余族,被燕国击散后败走夫余山,即今哈达岭,夫余因夫余山而得名。③ 此说与乌桓族称源于乌桓山,鲜卑族称源于大鲜卑山如出一辙。

其八,乌裕尔河说。赵欣对该观点的主要论据作了较详细阐释:"索离国原在乌裕尔河流域,该河在金代称蒲与,夫余即是蒲与或乌裕尔的同音异写。根据以上两种说法,'秽'与'夫余'皆源于乌裕尔河之名。乌裕尔河是黑龙江省最大的内陆河,位于嫩江中游东侧、黑龙江省西部,发源于小兴安岭布伦山的南麓,从嫩江东侧平原上迂回穿过,流经北安、克东、克山、依安、富裕等地区,《金史》称之为蒲与路河,蒲与又写做'蒲峪'、'蒲一';《盛京通志》称之为呼裕尔河。'蒲峪'是女真语,意思是涝洼地。该称谓恰当地反映了当地的地理特征。金代曾以乌裕尔河为中心,多次派遣官员为蒲与路节度使。'蒲与'因近音简化成了'夫余',仍保留有'涝洼地'之意。美国的一位叫做贾德·戴蒙的人类学家说,夫余人就是布里亚特人,在公元前四、五世纪从贝加尔湖移居东北。按此说法,夫余人亦是近海移民,因此其取河流名为族名的可能性也是存在的,但这一说法尚未得到有力的证据来证实。今天的扶余亦是古夫

---

① 金岳:《东北貊族源流研究》,《辽海文物学刊》1994年第2期。
② 张卫东、杨军:《夫余族名的音与义》,《黑龙江民族丛刊》2010年第6期。
③ 金岳:《东北貊族源流研究》,《辽海文物学刊》1994年第2期。

余的中心,地势低洼,降水量充沛,若言其取自于女真语的'乌裕尔'似乎亦有些道理。"①佟冬主编的《中国东北史》也持此观点。②

其九,扶桑树说。傅朗云、杨旸等学者认为:"我国古代神话,说东方有一种神树叫扶桑木,或叫榑木,叶和实可食,皮可做皮服。历史记载,松嫩平原上有一种树,很像神话里的扶桑木,而且树干上附一种盐,可供食用,古代吴、越人把盐字读作馀。当古代吴、越人的一部分辗转进入东北地区后,他们称松嫩平原上那种树为扶木,那种树盐为扶馀,后来用'扶馀'一词称呼食用树盐的人,这些人恰恰又是凫臾族。"③但这一说法并未对夫余之"夫"作出解释。不仅如此,关于古越人迁徙到松嫩平原的历史尚缺乏任何实质性证据,这种从神话学角度对族称含义所进行的论证可以说完全是一种主观臆断。

其十,鸟鱼图腾说。《尔雅·释地》"九夷之五为凫臾",《字汇补》:"凫臾,东方国名,即夫余也。"傅朗云等学者认为"凫臾"之"凫"即野鸭子,"因其族人善制一种小弓箭,便于射水鸟等飞禽。此种弓箭在东北地区渐渐有名,同貊人的强弓,即貊弓一样,被中原人所重视,称制作这种弓的人为臾人。臾,古弓名,见《考工记》"④。因此夫余族是一个以野鸭子为图腾、善制弓箭的渔猎民族。周向永从早期民族图腾崇拜的视角解析了夫余的含义,认为夫余之"夫"就是古文献中记载的夫不鸟之"夫",也就是《集韵》所说的鸤鸠,是我国史籍所载商代前后北夷或东北夷的宗主徽帜。夫余之"余",则是入盟于夫不鸟部族中的一个以禺鱼为图腾的氏族。⑤1990年7月28日《吉林日报》第4版报道了齐齐哈尔发现青铜时代小陶靴,这件陶靴是目前我国发现的年代最早、个头最小的陶靴。在左脚小陶靴外侧,雕刻着嫩江流域盛产的凫,即野鸭子,内侧刻着鲤鱼。嫩江流域是夫余先世分布的范围,出土的这件反映夫余

---

① 赵欣:《千百年来"夫余"其名多论争,古往今来"夫余"解义皆不同——谈古夫余族与"夫余"地名》,《中国地名》2011年第10期。

② 佟冬主编:《中国东北史》(第1卷),吉林文史出版社2006年版,第340页。

③ 傅朗云、杨旸:《东北民族史略》,吉林人民出版社1988年版,第36页。

④ 同上。

⑤ 周向永:《夫余名义考释》,《社会科学战线》1996年第1期。

先世文化的遗物，对于诠释"夫余"一词的含义，提供了难得的实物资料。

其十一，吴国公子夫的余部说。此说为赵欣于 2011 年提出的新说。《世本八种·秦嘉谟辑补本·世本》记载："夫余氏。吴王子夫概王奔楚，其子在国，以夫余为氏，潜夫论。"《通志·氏族略》："夫余氏，吴公子夫概奔楚，余子在吴者，以夫余为氏。"作者据此指出吴国公子夫投奔楚国后，他留在吴国的子弟即公子夫的余部即以"夫余"自称，并逐渐演化成了一个族称。另据《三国志》卷三十记载，夫余国"国有故城名濊城，盖本濊貊之地，而夫余王其中，自谓亡人，抑有以也"。该记载与上述所述相合，夫余族系是吴王子夫之余部，因此自称为"亡国之人"是合情合理的。这说明在吴国灭亡后，公子夫余部迁徙到濊貊之地，在此繁衍生息，以"子夫余部"自称，后简化成"夫余"。① 值得注意的是，此说与夫余为扶桑树之说有相通之处，都有吴地居民北迁东北的相关内容。

关于夫余族称含义的研究业已进行了近百年，至今不但没有定论，甚至未有一个相对较为学界认可的主流观点，这反映了有关夫余族称研究所面临的困境和争议之大。学术界目前多从"夫余"汉字字面意思对其进行训诂和考据。然而笔者以为，夫余族称与大多数东北古族的族称一样，均应是一种对少数民族语言的汉字标音，并无实际含义。我们应试图从古族的历史语言学角度入手，结合夫余的民族源流、生产生活方式和文化，加以综合论证。

二　夫余地理分布与前期王城研究综述

《三国志·魏志·东夷传》记载："夫余在长城之北，去玄菟千里，南与高句丽，东与挹娄，西与鲜卑接，北有弱水，方可二千里，户八万。"《后汉书·东夷传》记载："夫余国，在玄菟北千里。南与高句丽，东与挹娄，西与鲜卑接，北有弱水。地方二千里，本濊地也。"《晋书·

---

① 赵欣：《千百年来"夫余"其名多论争，古往今来"夫余"解义皆不同——谈古夫余族与"夫余"地名》，《中国地名》2011 年第 10 期。

东夷传》:"夫余国,在玄菟北千余里,南接鲜卑,北有弱水。地方二千里,户八万。"据上述征引文献可知,夫余位于玄菟郡以北一千(余)里的地方,这里应是夫余王城距离玄菟郡的里程。夫余国疆域东、南、西三面分别与挹娄、高句丽、鲜卑接壤,北部则有弱水。对"弱水"的探索是学术界的热点话题,说法不一。白鸟库吉、张博泉等认为弱水即黑龙江。① 李健才认为夫余"北有弱水"是指今东流松花江的西段,而挹娄"北极弱水"则是指通河以东的第一松花江和黑龙江下游。② 林沄认为弱水在古代文献中均指西流之河,即今第二松花江西流。③ 李东在认可林沄"第二松花江西流说"的同时,提出"弱水"还可能指嫩江上游一带,因为这一地区是夫余源头之一的索离国文化分布地区。④ 朱国忱等则考据"弱水"应是一个较为模糊的概念,指今三江平原以挠力河为主的湿地沼泽区。⑤ 近年冯恩学考证,认为乌裕尔河是西流之内流河,符合"弱水"的特征,应为夫余北界之弱水。⑥

在对夫余地理分布的考订上,傅斯年先生在《东北史纲》中认为:"今吉林省长春、农安、扶余等地皆本土也。……《魏志》所谓'于东夷之域最平敞'者,明其当今吉林西境,黑龙江南境,或兼及洮南一带之大平原。其曰'多山陵广泽者'明其兼有吉林省中部之山泽或兼及兴安岭之南端。……不曰辽东,足证其区域括有今松花江东岸之地。"⑦ 金毓黻的《东北通史》引丁谦之语:"夫余部第地,在今吉林以西,凡长春双城五常宾州及伯都讷阿勒楚喀等城皆是",认为"此说大略得之"。⑧ 张博泉先生认为夫余的活动地域应在今东流松花江以北的松嫩平原,中心

---

① [日]白鸟库吉:《弱水考》,《史学杂志》(第七编第11号)1890年版;张博泉:《夫余史地丛说》,《社会科学集刊》1981年第6期;张博泉:《夫余的地理环境与疆域》,《北方文物》1998年第2期。

② 李健才:《夫余的疆域与王城》,《社会科学战线》1982年第4期;李健才:《东北史地考略》,吉林文史出版社1986年版。

③ 林沄:《夫余史地再研究》,《北方文物》1999年第4期。

④ 李东:《夫余国研究》,吉林人民出版社2006年版,第59—60页。

⑤ 朱国忱、赵哲夫、曹伟:《关于弱水与大鲜卑山》,《东北史研究》2014年第1期。

⑥ 冯恩学:《夫余北疆的"弱水"考》,《中国边疆史地研究》2015年第4期。

⑦ 傅斯年:《东北史纲初稿》,岳麓书社2011年版,第106页。

⑧ 金毓黻:《东北通史》(上编),五十年代出版社1981年版,第86页。

在今黑龙江省克东县一带，其南界自今张广才岭西沿拉林河及嫩江下游东西一线上，西至大兴安岭东麓，北达黑龙江畔，因此无论吉林市还是农安县均不在夫余疆域范围内。① 李健才先生认为夫余疆域以今吉林市所在的西流松花江流域为中心，南至浑江、辉发河上游的分水岭一带，北抵"弱水"即东流松花江，东至张广才岭，西到今吉林省西部白城地区。② 傅朗云、杨旸认为夫余在最强盛的时候，其地理分布东至松花江沿岸，西至今沈阳一带，南至鸭绿江，北部已进入今黑龙江省和内蒙古境内。③ 三江认为东汉时期夫余以嫩江、拉林河为界与鲜卑相接，夫余南之高句丽，并非朱蒙所建高句丽国，而为汉高句丽县。④ 孙进己、冯永谦认为夫余前期政治活动中心在今辽宁西丰和吉林辽源地区，东汉时始到达今农安和吉林市地区。⑤ 薛虹、李澍田主编的《中国东北通史》和李治亭主编《东北通史》认为，汉魏时期夫余的地理分布应在"弱水"即东流松花江以南地区，南界在玄菟郡北界即今开原附近，东南至辉发河上游与高句丽为界，东界在张广才岭或稍偏西，西界在双辽—长岭—开通一线。夫余疆域主要是以农安为中心的吉长地区。⑥ 蒋秀松、朱在宪认为夫余占有松辽平原北部和松嫩平原南部。⑦ 李德山、栾凡主张东北汉晋时期的夫余起源于今山东地区的东夷部落，并认为夫余西界当在今吉林省洮儿河和呼林河（即今霍林河，笔者按）下游地区；东与挹娄交界于今张广才岭一带；北部弱水不论是指第一松花江、东流松花江还是黑龙江，其北界当不出今黑龙江省中南部地区；南部与高句丽接壤于辉发河一线。

---

① 张博泉：《汉玄菟郡考》，《吉林大学社会科学学报》1980年第6期；张博泉：《东北地方史稿》，吉林大学出版社1985年版，第74页；张博泉：《夫余的地理环境与疆域》，《北方文物》1998年第2期。

② 李健才：《夫余的疆域与王城》，《社会科学战线》1982年第4期；李健才：《东北史地考略》，吉林文史出版社1986年版。

③ 傅朗云、杨旸：《东北民族史略》，吉林人民出版社1988年版，第37页。

④ 三江：《汉魏夫余史地考略》，《北方文物》1988年第1期。

⑤ 孙进己、冯永谦：《东北历史地理》，黑龙江人民出版社1989年版，第260页。

⑥ 薛虹、李澍田主编：《中国东北通史》，吉林文史出版社1993年版，第136页；李治亭主编：《东北通史》，中州古籍出版社2003年版，第83页。

⑦ 蒋秀松、朱在宪：《东北民族史纲》，辽宁民族出版社1993年版，第31页。

这一区域正位于今松辽平原北部。① 佟冬主编《中国东北史》认为夫余占有松花江中游广大地区。② 李东的《夫余国研究》一书认为这一时期的"玄菟郡"在时间上当为位于今辽宁省新宾县的第二玄菟郡时期，应以新宾为坐标向北一千里去寻找夫余国的分布地域，而这地区正是今吉林省吉林市一带。与挹娄的交界之处应该是张广才岭，与高句丽接壤于今浑江、辉发河上游的分水岭一带，与鲜卑则交界于嫩江下游与第二松花江的交汇流域处以及科尔沁沙地东部边缘地带。③ 王禹浪的《神秘的东北历史与文化》认为夫余族地望在辽东之北境，还进一步阐述："在今天朝鲜半岛南部韩国的公州附近也有'夫余'市地名，或许就是夫余国被灭亡后南迁的一支所留下的历史地名语言。这种现象至少说明了，作为东北亚古代民族之一的夫余族，其活动范围是极为广泛的。"④

揆诸众家之言，学术界夫余国地理分布大致形成了如下两种代表性观点：一种观点认为夫余主要活动在今东流松花江以北的松嫩平原，以张博泉先生为代表；另一种观点认为夫余疆域以今吉林市所在的西流松花江流域为中心，南至浑江、辉发河流域，北抵东流松花江，东至张广才岭，西到今吉林省西部一带，以李健才为代表。杨军则指出：夫余原居住地与乌桓相邻，在今大兴安岭中段东麓，可能在南起绰尔河流域、北达甘河流域、东至嫩江河谷的范围内。⑤ 这与夫余先世索离文化地理分布大致相合。李健才先生的观点则在近二三十年间得了学术界多数学者的认可，成为学术界的主流意见。但程尼娜认为张博泉先生的观点并不能被完全否定，她认为："目前学界多将其（指松嫩平原，笔者按）划入橐离文化圈，认为夫余人建城形制是源于橐离人。然而，这些都是考古调查材料，并没有进行科学考古发掘，对上述遗址的年代还没有清楚的认识，夫余文化是否存在区域性？在对夫余文化的考古学内涵和分布

---

① 李德山、栾凡：《中国东北古民族发展史》，中国社会科学出版社2003年版，第139、142页。
② 佟冬主编：《中国东北史》（第1卷），吉林文史出版社2006年版，第520页。
③ 李东：《夫余国研究》，吉林人民出版社2006年版，第50—62页。
④ 王禹浪：《神秘的东北历史与文化》，黑龙江人民出版社2011年版，第56—57页。
⑤ 杨军：《夫余始迁时间地点考》，《黑龙江社会科学》2010年第1期。

地域得出清晰认识之前,还不能完全将松嫩平原排除出夫余文化范围。"①

有关夫余王城的历史文献资料十分稀少,可谓寥若晨星。主要见于《资治通鉴》卷九十七《晋纪十九》"穆帝永和二年(346)春,正月"条:"初,夫余居于鹿山,为百济所侵,部落衰败,西徙近燕,而不设备。"学术界多以此为据,认为夫余初都之地为"鹿山",后受百济(实应为高句丽)所迫而"西徙近燕",因此夫余王城大致有"初居鹿山"和"西徙近燕"两个历史阶段。两汉时期夫余王城显然应在"初居鹿山"这个阶段。

对夫余前期王城的探索其实即探索"鹿山"地望。"鹿山"之"鹿"通"夫",即"夫山",系"夫余之山"的简称,这一说法已基本成为学术界通识。那么"鹿山"在何处?早在20世纪上半叶,日本学者对这一问题进行了研究,梳理出今浑江下游的古卒本夫余之地、朝鲜咸镜南道咸兴、农安、昌图四面城等观点。② 池内宏的《夫余考》从夫余盛产黄金为出发点,提出"鹿山"在黑龙江阿勒楚喀。③ 长期以来,我国学者则普遍将夫余前期王城定位在农安。这主要是源自于《新唐书·渤海传》"扶馀故地为扶馀府"、《辽史》"东京龙州黄龙府,本渤海扶余府"等相关记载。成书于晚清的地方志文献《吉林通志》谓"扶余府,今长春府,农安县境",故学术界长期以来将农安作为渤海扶余府即夫余王城"鹿山"之所在。著名东北史学家金毓黻亦认为:"盖夫余国初都于今吉林农安县附近,正为辽金时代之黄龙府,其后为高句骊所侵,不得已而西南徙……"④ 李德山等学者亦主张农安应是夫余的第一座王城,也是主要王城,第二座王城则尚难以确定,但其时间、规模都不会超过农安。⑤ 除此之外,夫余前期王城地望还有吉林省扶余市、吉林省辽源市、辽宁省西丰城子山山城等观点,如孙进己、冯永谦编著《东北历史地理》认为夫余初建国之地在今辽宁西丰西岔沟及吉林辽源等地,高句丽大武神王五

---

① 程尼娜:《夫余国与汉魏晋王朝的朝贡关系》,《求是学刊》2014年第4期。
② [日]和田清:《东亚史研究(满洲篇)》,东洋文库1955年版,第22、54页。
③ [日]池内宏:《夫余考》,《满鲜史研究》,1951年5月号,第111页。
④ 金毓黻:《东北通史》(上编),五十年代出版社1981年版,第170—171页。
⑤ 李德山、栾凡:《中国东北古民族发展史》,中国社会科学出版社2003年版,第143页。

年（22），此夫余被高句丽所灭，部分族众北迁至今农安和吉林市等地。①

进入20世纪80年代后，学术界对夫余前期王城的探索可谓取得了突破性进展，一系列新的考古发现——吉林省吉林市东郊南城子古城、东团山山城、龙潭山山城，以及帽儿山墓地的发现和发掘，使吉林市一时间聚焦了几乎所有治夫余史学者的目光，引发了学术界对夫余前期王城空前的大讨论。揭开这一学术大讨论序幕的是已故著名东北历史地理学家李健才先生。他否定今哈尔滨阿城地区为夫余王城的旧观点，首次提出夫余前期王城应位于今吉林市附近："现在把夫余前期的王城推定在今吉林市龙潭山城或东团山城及其南麓的南城子，不但和'初，居于鹿山……西徙近燕'等文献记载相附，而且还和'盖本濊貊之地，而夫余王其中'的记载相附。"② 随后，武国勋在李氏文论的基础上，更加全面系统地论证了此说，认为农安地理环境特征与夫余国"居于鹿山""多山陵广泽""尸之国南山上"的文献记载不符，而南城子古城形制近圆形，城内夹砂粗褐陶与汉文化泥质灰陶并存，周围地貌多丘陵等，作者因此指出："我把'南城子'的外围这一狭长地区，划为前期夫余王城的'都城'地区，'南城子'是'宫城'所在。"③ 李健才首次将夫余前期都城明确确定在了今吉林市一带，武国勋则正式提出吉林市东团山及南城子古城就是夫余前期王城，南城子为宫城。随后，马德谦先后发表《谈谈吉林龙潭山、东团山一带的汉代遗物》④《夫余文化的几个问题》⑤ 两文，认为夫余出现于西汉初期，龙潭山、东团山一带的汉文化遗存为夫余的文化遗存，但此时尚未明确提出龙潭山、东团山为夫余前期王城。数年之后，他撰写了《夫余前期国都的几个问题》一文，赞同了关于夫余前期王城在吉林市东团山、龙潭山一带的意见，并对国都由王城、外郭区、

---

① 孙进己、冯永谦：《东北历史地理》，黑龙江人民出版社2013年版，第178—179页。
② 李健才：《夫余的疆域与王城》，《社会科学战线》1982年第4期；李健才：《东北史地考略》，吉林文史出版社1986年版，第24页。
③ 武国勋：《夫余王城新考——前期夫余王城的发现》，《黑龙江文物丛刊》1983年第4期。
④ 马德谦：《谈谈吉林龙潭山、东团山一带的汉代遗物》，《北方文物》1987年第4期。
⑤ 马德谦：《夫余文化的几个问题》，《北方文物》1991年第2期。

防卫城构成的形制进行了分析，认为南城子古城应为王城，东团山至龙潭山之间应为外郭区，龙潭山是防卫城。① 董学增认为吉林市东团山至龙潭山山麓长达2.5千米的临江岗地是夫余前期王城所在，南城子为宫城。② 而后他进一步综合论证了吉林市作为夫余前期王城的文献学和考古学依据。③ 他与孔艳春又从吉林市城史纪元的角度，认为吉林市的建城史应始于公元前108年夫余王国建都于东团山南城子。④《中国文物地图集·吉林分册》从古城和墓葬所反映的历史文化信息入手，论证了吉林市一带是夫余国前期的中心。⑤

在吉林市东郊究竟何座古城为夫余前期王城的认识上，学术界又出现了分歧，集中在对龙潭山山城的定性上。魏存成在《高句丽遗迹》中认为："吉林龙潭山山城自青铜时代西团山文化始一直是第二松花江流域的文化中心。西团山文化之后便是汉代文化，夫余政权前期的王城便在此地。"⑥ 翟立伟等认为东团山、南城子古城地域狭窄，不适宜居住，龙潭山山城应为夫余前期王城。⑦ 张福有亦认可将夫余前期王城锁定在吉林市龙潭山一带，因为这里除了相关城址和遗物外，还发现了帽儿山墓地，其方位与文献中所谓夫余国"尸之国南山"大致相符。⑧ 黄斌、刘厚生认为吉林市龙潭山山城至东团山山城说符合夫余前期王城在"玄菟郡北千里"的记载，高句丽占领该地后仍称其为夫余城，该地域有丰富的汉代夫余文化遗存和高句丽遗迹遗物。⑨ 李东详述了东团山南城子和龙潭山山城的形制，赞同其作为夫余王都的性质。并特别论述"鹿山"为龙潭山

---

① 马德谦：《夫余前期国都的几个问题》，《博物馆研究》1995年第3期。
② 董学增、仇起：《夫余王国论集》，吉林市文物管理处，2003年。
③ 董学增：《再论吉林市"南城子"是古秽城、夫余王国前期王城》，《东北史研究》2006年第2期。
④ 董学增：《关于确定吉林市建城地点与年代的论证意见》，《博物馆研究》2006年第4期；孔艳春：《吉林市建城历史考略》，《东北史地》2008年第6期。
⑤ 国家文物局主编：《中国文物地图集·吉林分册》，中国地图出版社1993年版。
⑥ 魏存成：《高句丽遗迹》，文物出版社2002年版，第110页。
⑦ 翟立伟、仇起：《吉林市龙潭山山应为夫余国前期都城》，《江城论坛》2002年第6期。
⑧ 张福有：《"黄龙府"考辨》，载于辽宁省辽金契丹女真研究会主编《辽金历史与考古国际学术研讨会论文集》（上），辽宁教育出版社2012年版。
⑨ 黄斌、刘厚生：《夫余国史话》，远方出版社2005年版，第111—114页。

山城更为确切，原因在于龙潭山较东团山范围大、山势险要、地理位置更加明显，且龙潭山在地理位置上与南部山地连绵成一体，极具屏障之势，并与西部第二松花江共同将东团山南城子合围其中，凸显王都防御的重要性。[①] 薛虹、李澍田[②]、李治亭[③]也都赞同这一说法。秦丽荣等认为以龙潭山为主体，包括东团山、帽儿山和龙潭山火车站在内的"三山"地区为夫余全盛时期的故都。[④] 董学增则否认龙潭山古城为夫余王城，因为在实地考察中并未发现夫余考古学遗存，该城应为高句丽山城。[⑤] 张福有认为夫余初期王城在吉林市龙潭山一带，是由龙潭山、东团山、三道岭子山城（又称九站南山城）构成的三位一体"山城拱卫"格局。[⑥] 但吉林市沙河子乡三道岭子山城是否为夫余时期修建还有待商榷。

近年王绵厚、王禹浪、李彦君等学者对夫余前身北夷"索离国"及夫余初期都城进行了有益的新探索，值得学界关注。王绵厚认为宾县庆华古城的文物特征及年代与文献记载的汉和汉以前的夫余分布区大体相当，推测该古城是"北夷橐离国"故地的王城。[⑦] 王禹浪、李彦君则认为巴彦县王八脖子山遗址可能就是夫余初期建国的前身橐离国所在地，其最南方的宾县庆华堡寨为夫余初期王城。[⑧] 还需特别指出的是，2010年夏季，王禹浪先生对以黑龙江省北安市为中心的乌裕尔河流域进行考察时，发现了一种采集自乌裕尔河上游一带和北安市郊区的乌裕尔河畔的特殊石器——石耜。"据初步统计共发现和采集到15件之多。石耜为青石质，通体磨光，有的石耜是双面刃，有的石耜单面刃，但都有明显的刃部。耜身中部和上部都各带有一道突起的石箍，既便于使用者把握，又可借

[①] 李东：《夫余国研究》，吉林人民出版社2006年版，第62—71页。
[②] 薛虹、李澍田主编：《中国东北通史》，吉林文史出版社1993年版，第137页。
[③] 李治亭主编：《东北通史》，中州古籍出版社2003年版，第84页。
[④] 秦丽荣等：《吉林市龙潭山文化内涵新考》，《博物馆研究》2013年第2期。
[⑤] 董学增：《夫余王国前期王城所在地及高句丽扶余城考辨》，《东北史研究》2010年第1期。
[⑥] 张福有：《夫余后期王城考》，吉林文史出版社2016年版，第19—21页。
[⑦] 王绵厚：《东北古代夫余部的兴衰及王城变迁》，《辽海文物学刊》1990年第2期。
[⑧] 王禹浪、李彦君：《北夷"索离"国及其夫余初期王城新考》，《黑龙江民族丛刊》2003年第1期；王禹浪：《"索离"国及其夫余的初期王城》，《黑龙江民族丛刊》2013年第1期。

以捆绑棍棒作为复合工具。它们精巧实用，具有起土和砍、刨等多项用途，是迄今所知松嫩平原和乌裕尔河流域所特有的农业生产工具，其出土地集中在北安市以东地区的乌裕尔河流域的上游右岸地区。"其年代约在春秋战国至两汉。令人惊奇的是，在松花江畔的吉林市西团山文化遗存中也发现了年代相合、形制几乎完全一样的石耜，这说明相距如此遥远的两地很可能存在某种联系，这种联系又很可能与橐离国和夫余国的关系有关。①

然而，虽然吉林市东郊古城群及墓葬为学术界探索夫余前期王城提供了极其珍贵的线索，也有一些学者对此问题持质疑甚至反对态度。张博泉先生就从十个方面提出了反对意见，② 很有代表性。三江也提出了质疑，认为年代下限已进入汉代的今吉林市西团山文化面貌，受汉文化影响发生了很大改变，东汉时期又部分被老河深文化取代，与夫余国"自先世以来，未尝破坏"的历史事实不符；吉林市一带属汉代疆域，不可能允许少数民族政权的存在；汉魏挹娄地理分布未越过小兴安岭，不可能与夫余接界。③ 孙进己在《东北民族史研究（一）》中认为夫余最初建国地点应在辽宁西丰城子山古城："关于夫余最初建国的地点，据《汉书·地理志》，'（燕）北隙乌桓、夫余，推定在燕之北，乌桓之东'。据《魏书·高句丽传》'朱蒙……弃夫余……东南走……至纥升骨城'。夫余应在纥升骨城（今桓仁五女山城）之西北。因而推定在今西丰西岔沟。……据《辽宁史迹资料》载，在西丰县凉县镇南十五里有城子山古城，与西岔沟甚近，围绕此城，近年发现一种青铜文化，名凉泉文化类型，疑此即早期之夫余城。"④ 刘宁对将吉林市东郊古城群作为夫余前期王城提出了商榷意见，认为南城子规模与夫余国的国力强盛不符，也未发现宫殿遗址，南城子古城三道围垣说明该城很可能是作为守卫帽儿山

---

① 王禹浪：《乌裕尔河流域的历史与文化——以北安市为中心》，《哈尔滨学院学报》2011 年第 7 期。
② 张博泉：《夫余的地理环境与疆域》，《北方文物》1998 年第 2 期。
③ 三江：《汉魏夫余史地考略》，《北方文物》1988 年第 1 期。
④ 孙进己：《东北民族史研究（一）》，中州古籍出版社 1996 年版，第 180—181 页。

墓地的军事卫城或祭祀场所,类似"陵邑"的性质。① 王洪峰亦认为,对吉林市郊古城群性质的认定还需进行更多的考古发掘工作,"以上诸城中的某城能够出土如耳杯玉器之类的高等级文物,抑或发现有瓦顶建筑及堪称'宫室'的建筑群,则王城已可定谳,但目前尚无法确指。"② 张兆国在认可夫余"西徙近燕"之地应为开原、昌图的基础上,认为夫余"鹿山"应在今东辽河上游的吉林哈达岭一带。③

总之,对夫余前期王城的探索与研究虽已取得重大进展,但疑点尚存,我们仍应慎重论证和定性吉林市一带的古族遗存,不应轻易断言,做出结论性论断。诚如王禹浪先生所言:"一座已经迷失了近1600年的王城和神秘的夫余族文化,在没有确凿的文字记录被确认以前,无论如何都不能下最后结论。"④

三 夫余后期王城研究综述

所谓夫余后期王城,即夫余受外族入侵而自初居之地鹿山"西徙近燕"之地,这里所说的"燕"应是慕容鲜卑所建立的三燕政权。

关于夫余后期王城的地望,由于史籍记载阙如,史学界争论颇多,至今尚未有定论。综合来看,大致有如下几种观点。

其一,吉林省农安说。20世纪上半叶日本学者池内宏提出了这一观点⑤。东北历史地理学家曹廷杰在《东三省舆地图说》中考订后认为:"扶余府黄龙府即今农安城无疑。"扶余府所在为夫余故地,即夫余后期王城。李健才的《东北史地考略》一书对夫余后期王城位于农安的观点进行了系统论述⑥,在学术界产生了很大的影响,至今仍有不少学者赞同

---

① 刘宁:《夫余历史与文化探索》,东北师范大学硕士学位论文,2011年。
② 王洪峰:《关于夫余和夫余王城的几点想法》,《辽源龙首山山城及相关遗迹学术研讨会论文简编》2015年版。
③ 张兆国:《东北夫余的活动中心及有关问题》,《东北师大学报》(哲学社会科学版)1983年第4期。
④ 王禹浪:《神秘的东北历史与文化》,黑龙江人民出版社2011年版,第59页。
⑤ [日]池内宏:《夫余考》,《满鲜史研究》,1951年5月号,第111页(译文载于《民族史译文集》第13辑,王健译,刘凤翥校,1985年)。
⑥ 李健才:《东北史地考略》,吉林文史出版社1986年版,第17页。

此说，如李治亭①、都兴智②等。尽管学界对夫余后期王城的探索仍是莫衷一是，但农安说似是主流观点。

其二，辽宁省西丰城子山山城说。此说最早由李文信在《辽宁史迹资料》③中提出，但未做详细论证。时隔近三十年后，王绵厚在《东北古代夫余部的兴衰和王城变迁》一文中首次对这一论点进行详细论证。④2008年，周向永在《西丰城子山山城始建年代再考》又做了进一步论证，肯定了李文信和王绵厚的观点。⑤

其三，辽宁省昌图四面城说。这一观点由金毓黻提出，他在《东北通史》中写道："至所谓西徙近燕者，愚谓即后来高句骊之夫余城，唐征高丽，薛仁贵所拔之扶余城，即是处也。盖夫余国初都于今吉林农安县附近，正为辽金时代之黄龙府，其后为高句骊所侵，不得已而西南徙，居于今四面城（在今昌图县北四十里）即为后来之夫余城，通鉴所谓西徙近燕，即指此也。"⑥

其四，吉林省四平一面城说。谭其骧主编的《〈中国历史地图集〉释文汇编·东北卷》认为："案《辽史·地理志二》称，'通州安远军节度。本扶馀国王城，渤海号扶馀城，太祖改龙州，圣宗更今名。'据此则辽之通州应为《通鉴》所记西徙近燕之夫余王城故址所在，其地今为吉林省四平市西侧之一面城古城，参看辽图说明书通州条。"⑦

其五，吉林省柳河罗通山城说。这一说法由王绵厚提出，他在《高句丽古城研究》一书中认为："罗通山城应是松花江上游通向高句丽集安和北上'夫余'腹地的重要大型中晚期山城。从其地望和遗物看，可初定为高句丽继承夫余后期王城之'夫余城'，并可能为后代沿用过。"⑧

---

① 李治亭主编：《东北通史》，中州古籍出版社2003年版，第84页。
② 都兴智：《辽金史研究》，人民出版社2004年版，第193页。
③ 李文信：《辽宁史迹资料》，辽宁省博物馆（内部资料），1962年版。
④ 王绵厚：《东北古代夫余部的兴衰和王城变迁》，《辽海文物学刊》1990年第2期。
⑤ 周向永：《西丰城子山山城始建年代再考》，《东北史地》2008年第2期。
⑥ 金毓黻：《东北通史》（上编），五十年代出版社1981年版，第170—171页。
⑦ 谭其骧主编：《〈中国历史地图集〉释文汇编·东北卷》，中央民族学院出版社1988年版，第32页。
⑧ 王绵厚：《高句丽古城研究》，文物出版社2002年版，第108页。

其六，吉林长春宽城子古城说。此说见于董玉瑛《宽城子初探》及王兆明《关于"宽城子"古城的初步探索》。①

其七，辽宁省开原说。该说在学术界亦有一定影响力，代表性学者是刘兴晔。他综合考据和梳理成书于清代乾隆年间的《满洲源流考》、清代及民国的《开原县志》、晚清史学家景方昶的《东北舆地释略》、朝鲜李朝史学家丁若镛的《渤海考》等诸文献，以及明代在开原边外设兀良哈三卫之一的福余卫等史实，认为夫余后期王城即位于开原附近。② 值得注意的是，开原市至今仍有夫余大队、夫余村、夫余小学、夫余街、夫余公园等地名。

其八，吉林省辽源市龙首山山城说。辽源龙首山位于辽源市区东部的龙首山上。山城东、南、西三面地势开阔，北面则连接起伏的群山，东辽河自东向西绕城而去。山城城垣以龙首山山势叠土修筑而成，呈椭圆形。古城周长约1200米，西墙保存较好，东、南、北面城垣破坏较为严重。古城西北角和西南角尚能辨别角楼痕迹。门址发现两处，北门位于北墙西段靠近西北角楼处，西门位于西墙中段偏南位置。城内出土新石器时代、青铜时代、汉代、高句丽、渤海、辽金、明清各时期遗物，尤以高句丽文物为多。③ 近年张福有等学者对夫余后期王城亦进行了较为深入的研究，提出了辽源龙首山山城新说。他从《新唐书》记载的"扶馀故地为扶馀府"这一线索入手，从探究夫余故地的角度研究夫余后期王城的地望。但他认为："《新唐书》此段文中的'扶馀故地为扶馀府'，恐怕不是'夫余府即夫余故地'之意，而是在夫余故地中设夫余府之意。"他进而提出了符合夫余后期王城的三个条件：第一，依"鹿山"之制，夫余王城不应是平地城；第二，夫余王城应是规格较高的土筑山城；第三，依据夫余的前期王城即吉林龙潭山山城周围，有由东团山山城、三道岭山城（九站南山城）构成的三位一体"山城拱卫"格局，推测夫

---

① 董玉瑛：《宽城子初探》，《博物馆研究》1985年第2期。

② 刘兴晔：《夫余国后期王城》，见于新浪个人博客：http://blog.sina.com.cn/s/blog_4a5dd17c0102y3og.html。

③ 王禹浪、王宏北编著：《高句丽渤海古城址研究汇编》，哈尔滨出版社1994年版，第70—72页。

余后期王城也应是这种三位一体的"山城拱卫"格局。综合上述三个条件，他否定了农安说，而在吉林市之西，辽源的龙首山山城符合上述条件。在龙首山山城周围，也有由工农山山城、城子山山城构成的三位一体的"山城拱卫"格局。在三位一体"山城拱卫"格局周围，亦即以辽源为中心、半径50千米的范围内，有一个范围不大而分布密集的土城群，共计有22座古城。不仅如此，在这一古城群附近，还有东辽县石驿彩岚和西岔沟两处规模较大的夫余墓地，成为这一地区作为夫余后期王城的重要佐证。[①]

自张福有先生首提夫余后期王城位于辽源龙首山山城后，学术界对此十分关注。2015年5月，辽源市特别召开了"辽源龙首山山城及相关遗迹学术研讨会"，邀请了众多东北史地领域专家学者，对夫余后期王城、渤海扶余府、辽代黄龙府等诸问题进行研究。张氏此说在学术界有一定影响力，王丽萍[②]、于海民[③]、邢春光[④]、薛紫心、古源[⑤]等学者均表示赞同。孙颢从陶器角度简述了龙首山山城的文化内涵，认为龙首山山城出土陶器形制及组合形式与夫余文化基本一致，为探索龙首山山城作为夫余后期王城的可能性提供了考古学依据。[⑥] 但王洪峰就此次会议多数学者认可的龙首山说提出了质疑意见，他认为今辽源距慕容燕都城即今朝阳过远，并非"近燕"；慕容燕虏获夫余人口众多，除辽源龙首山等三城外，还应注意寻找村落遗址；"西徙近燕，而不设备"表明夫余人有可

---

① 张福有：《"黄龙府"考辨》，载辽宁省辽金契丹女真研究会主编《辽金历史与考古国际学术研讨会论文集》（上），辽宁教育出版社2012年版；张福有、孙仁杰、迟勇：《夫余后期王城考兼说黄龙府》，《东北史地》2011年第2期；张福有：《辽源龙首山山城及相关遗迹考略》，《辽源龙首山山城及相关遗迹学术研讨会论文简编》2015年版。

② 王丽萍：《夫余后期王城地理位置研究》，《辽源龙首山山城及相关遗迹学术研讨会论文简编》，2015年。

③ 于海民：《夫余王国刍议》，《辽源龙首山山城及相关遗迹学术研讨会论文简编》2015年版。

④ 邢春光：《扶余后期王城之我见》，《辽源龙首山山城及相关遗迹学术研讨会论文简编》2015年版。

⑤ 薛紫心、古源：《试论"夫余后期王城"西迁定位发展与研究（提要）》，《辽源龙首山山城及相关遗迹学术研讨会论文简编》2015年版。

⑥ 孙颢：《辽源龙首山城出土陶器及相关问题（提要）》，《辽源龙首山山城及相关遗迹学术研讨会论文简编》，2015年。

能利用旧城，应注意在龙首山山城等城址中寻找前代修筑遗迹。① 笔者以为，张福有龙首山说的论点不无道理，但推测成分较大，特别是关于后期王城形制与前期王城的关系上论据明显不足。

夫余是我国东北历史上较早建立政权的古代民族，并作为秽貊族系的重要组成部分，然而关于其族称含义、王城的数量和地望均未有准确说法。近百年来学者们对夫余族称含义的解读形成了十余种观点，至今仍众说纷纭。而20世纪80年代以来吉林市龙潭山山城、东团山山城、南城子古城及帽儿山墓地的发现和发掘工作为学术界探索夫余"初居鹿山"的前期王城提供了极其珍贵和有价值的线索。但夫余"西徙近燕"的后期王城则至今未有发现可靠的考古学材料。总体说来，学术界关于夫余族称含义和夫余王城的研究仍处于争鸣之中，今后还有赖于进一步深入研究和更多的考古发现。

第二节　北夷"索离"国与夫余的初期王城

自19世纪末以来，大凡治中国东北史的中外学者，在研究和考证夫余族源及其夫余王国的初期王城的同时，无不涉及"北夷索离国"（又写作"橐离国"或"高离国"）的地望问题。然而，遗憾的是，人们在为夫余初期王城定位的同时，却往往只注意到夫余王城"初居鹿山"和"北有弱水"的记载，而"橐离国"的地望则几乎被忽略了。其实确定"北夷索离国"的地望是非常必要的，因为它涉及夫余与"高离""高丽""高句丽"族源等一系列与中国东北早期历史地理的重大问题。多年来，人们一直对"北夷橐离国"与地望所在有一种朦胧之感。

长期以来，我们一直围绕着古代的"弱水"，即今第一松花江两岸之地寻找北夷索离国与早期夫余王城的蛛丝马迹。经过近20年的反复实地考察，利用考古调查资料校雠历史文献，初步推定为哈尔滨市所辖的松花江中游左岸与少陵河交汇处的巴彦县王八脖子山遗址，可能就是夫余

---

① 王洪峰：《关于夫余和夫余王城的几点想法》，《辽源龙首山山城及相关遗迹学术研讨会论文简编》，2015年。

初期建国的前身"北夷橐离国"的所在地。

在这处遗址的正南方，松花江右岸的蜚克图河的上游，今宾县境内的庆华堡寨就是夫余初期的王城遗址，而以往确定吉林市东团山与西团山为夫余前期王城故址的观点，则与我们考证的夫余初期王城并不矛盾。因为我们所求证的是索离国王子东明王南渡过掩㴲水后的初都之所，而与夫余前期王城有着本质的不同。

一　宾县庆华遗址及巴彦王八脖子遗址发现经过

（一）宾县庆华遗址发现经过

1981年春季，笔者率领的松花江地区文物普查队，在宾县境内进行文物普查时发现了这些遗址。

由于当时没有发现渤海及辽、金时期的文化遗存与遗物，且发现的古城又呈椭圆形，城垣上无马面和角楼的形制，所以将此古城年代初步推定为"早期堡寨"遗址。由于地处宾县新立乡庆华村附近，随即命名为庆华堡寨遗址。

1983年，笔者撰写了《松花江地区1981年文物普查简报》，并发表在1983年《黑龙江文物丛刊》（即《北方文物》的前身）第3期上，首次向学术界公布了庆华堡寨遗址的基本情况。

当时我们在宾县的庆华堡寨遗址附近，共发现三处堡寨遗址，唯独庆华堡寨遗址古城的面积为最大，笔者推定其文化类型当与同仁文化相近。

1984年的夏秋之交，在哈尔滨举行的全国金史学术研讨会刚刚结束不久，笔者即组织了与会的部分专家学者又一次踏察了宾县庆华堡寨遗址。当时参加调查的学者有李健才先生、王绵厚先生、孙进己先生、王承礼先生等。笔者借机向参加实地踏查的学者作了详细的介绍，许多学者都对庆华堡寨提出了自己的推测。其中吉林省博物馆研究员武国勋先生所提出的观点最为新颖，认为庆华堡寨遗址很可能就是夫余的早期王城遗址。并欣然命笔题写了"夫余王城"的墨书。后来武国勋先生在《北方文物》1983年第4期又发表了《夫余王城新考——前期夫余王城的发现》一文，其中之一就是夫余以"筑圆栅为城"的特征，庆华堡寨符合这一条件。并认为原确定吉林省吉林市龙潭山山城及东团山古城为夫余早期王城的观点，似乎有偏南之嫌。另外，对于《晋书》中所提到的夫余王城在玄菟郡北千里的地理方位与里数不符，也提出了不同看法，因为，玄菟郡大致定位在辽宁省浑河流域沈阳、抚顺市境内，由此向北或东北的吉林市只有300余公里，而不足千里。实际上这一质疑动摇了初期夫余王城为吉林说的观点。然而，武国勋先生将初期夫余王城推定在吉林市南城子古城的结论，则仍然没有摆脱夫余前期王城为今吉林市一说的束缚。

1985年4月，黑龙江省文物考古工作队根据我们的考古调查的发现，对宾县庆华堡寨遗址进行了复查，并于同年8月29日至9月28日进行了考古发掘。主持发掘的是黑龙江省考古工作队的金太顺、谭英杰、李砚铁、赵虹光等人。

1987年，由金太顺、赵虹光同志根据1985年对庆华堡寨遗址的发掘收获执笔撰写了《黑龙江宾县庆华遗址发现简报》一文，并公开发表在《考古》杂志1987年第7期上，简略地报告了这次考古发掘的经过及其发掘收获，并附有详细的考古绘图。

90年代初期，日本北海道大学文学部教授菊池俊彦先生在研究东北亚地域古代历史文化的课题中，十分重视庆华堡寨遗址的发现。1995年2月25日，日本北海道大学图书刊行会出版了菊池俊彦先生的《东北亚古代文化的研究》。书中菊池先生多次引用了庆华堡寨遗址的考古调查和发掘资料，并将庆华堡寨的考古文化类型与黑龙江流域的白金宝文化、同仁文化以及望海屯类型的考古文化，牡丹江上游的莺歌岭文化上层进行了广泛而深刻的比较研究，推定由白金宝文化序列到同仁文化序列的文化类型——应属于靺鞨文化系的一种考古文化。这是利用庆华堡寨的考古学文化与历史文献记载的靺鞨文化进行比较研究的新突破。

2000年8月，由黑龙江教育出版社出版的《东北古族古国古文化研究》（中册、王绵厚著）一书的《东北古代夫余部的兴衰及王城变迁》一文中，明确将庆华堡寨遗址考证为：汉代南迁松花江上游"秽城"以前夫余的先世——"北夷橐离国"故地的王城。

王绵厚先生将东汉王充所著的《论衡》一书中提到的北夷橐离国王

子东明"南渡掩㴲水"定位在今拉林河流域。这是截至目前，关于"北夷橐离国"的最新推断，也是唯一明确推断北夷橐离国具体位置的新观点。

（二）巴彦县松花江乡富裕村王八脖子山遗址与发现经过

1982年，笔者率领松花江文物普查队在巴彦县境内进行文物普查时所发现。这处遗址的面积很大，近20万平方米，遗址中有两座古城，是目前黑龙江省境内发现的青铜时代—早期铁器时代的面积最大的遗址，遗址靠近少陵河与松花江的交汇处。

1993—2001年，巴彦县文物管理所闫志林、李彦君同志多次对该遗址进行了反复调查，采集了两千余件各类文物标本。其中有石器、骨器、青铜器、玉器、陶器、铁器等文物；文化遗存异常丰富，目前这些标本依然保存在巴彦县博物馆内。《北方文物》1995年第1期刊登了由李彦君、刘展同志执笔的《巴彦王八脖子山遗址调查简报》，第一次公布了这处遗址的地理位置、分布情况及文化内涵，认为此遗址可能与黑龙江流域的白金宝文化有关，初步将其推定为具有黑龙江流域特色的青铜文化时代类型。

不久，李彦君同志又在1996年的黑龙江省《文化导报》上发表文章，对其进行了报道。90年代末，笔者与李彦君同志合作对这处遗址出土的文物又进行了认真的梳理和研究，一致认为巴彦县王八脖子山遗址的文化要早于宾县的庆华堡寨遗址，其中的共同点和差异性引起了我们的高度重视，并开始了对其文化面貌进行文献检索和历史定位。

二　巴彦县王八脖子遗址及宾县庆华堡寨遗址的文化内涵

（一）巴彦县王八脖子山遗址

王八脖子山遗址位于巴彦县松花江乡富裕村南1.5千米处，松花江左岸的二级台地上。由于地势犹如一只乌龟的脖颈，故当地农民俗呼为"王八脖子"，遗址因而得名。遗址的总面积达20万平方米。台地高出江岸20余米，形成坡度45°，遗址的地表已被开辟为耕地。遗址距离松花江约1.5千米，右侧是自北向南流淌的少陵河。少陵河发源于小兴安岭南麓，又称"硕罗水"，即金代的"帅"水。松花江南岸即是宾县的满井乡及乌河的古城遗址。王八脖子山遗址面积呈东西分布，台地南部与西南部各有15×20平方米和50×30平方米，近乎椭圆形的城垣遗址，并与台地的遗址形成一个整体。台地上部较平坦，地势为西南高、东北低。整个遗址的地表上陶片、石器、骨器遍地皆是，俯拾可得。采集的石器共计有200余件，陶片2000余件。

从巴彦王八脖子山遗址采集大量的标本来看，这一文化遗存具有其独特属性。在松花江中游流域形成了一个新的文化内涵。该遗址的陶器既有白金宝文化的特点，也与庆华遗址有相似之处。其中白金宝文化的篦纹陶大量使用，以及横桥状板耳器都与白金宝文化有着极其密切的关系。该遗址的骨甲片、横桥耳陶器、重唇罐、锯齿沿罐、陶豆、鬲、压制石镞、彩陶等又与宾县庆华堡寨遗址有着明显的继承关系。该遗址的重唇附加堆纹罐等皆属靺鞨文化系统，并与黑龙江省东部三江平原早期铁器时代文化遗存有联系，陶支坐、锯齿状口沿罐以及横桥装饰耳罐是其考古文化的特点之一。

总之，从打制石器、压制石器、磨制石器到铁器和青铜器饰件的发现，证明该遗址的文化面貌是多源的，从新石器到青铜时代，一直延续到早期铁器时代的持续性和共生性是其本身的特征之一。遗址的规模证明该部落群是一个文化特征鲜明、人口众多的集中聚居区，具有一种酋邦或邦联的核心属性和功能。依据考古调查所知，巴彦县王八脖子类型的文化遗存主要分布在今巴彦县与呼兰区交界的少陵河流域。北部可达绥化地区的泥河，沿通肯河及呼兰河之上游地区，并与乌裕尔河流域相接。其西界可达呼兰河流域，东界达木兰县境内的蒙古山城。然而，其集中的地区则是少陵河与松花江合流处的王八脖子山遗址，遗址沿松花江北岸向两翼延伸，该遗址的上限应早于宾县庆华堡寨遗址。

（二）宾县庆华堡寨遗址及周边环境

庆华堡寨遗址位于中国黑龙江省宾县县城东南约7千米，新立乡庆华村北山岗的南坡上。遗址的南侧有一条常年流淌的小河，河的南岸就是庆华村。庆华村的南侧便是连绵起伏、横亘东西的张广才岭山麓。因山在村之南，故又有"南山"之称。此南山之阳便是哈尔滨阿城区的松峰山和老母猪顶子山，亦即金代完颜部的发祥地，海沟河与按出虎水源之地。山之阴便是宾县与松江铜矿所在地，此山盛产金、银、铜、铁等矿藏。在庆华村之南的山地中与阿城和宾县交界处，曾出土了两把青铜短剑和大批积石墓，山区中还有众多的椭圆形的城寨。

庆华堡寨遗址附近的河流，发源于南山，穿过遗址后经过古城堡寨流向西北，经二龙山水库注入蜚克图河，在宾县境内老头山附近注入松花江。遗址北距松花江右岸仅20余千米。能见度好时，站在古城堡上可眺望松花江的江面。庆华堡寨的遗址分布面积较大，主要分布在古城西侧和南侧的山坡上。尤以古城之南侧临近小河两岸的山坡地最为集中，每到春季农耕时，各种陶片、红衣陶、黑陶、夹砂陶片、陶塑、石球等遍地皆是，随处可见。整个遗址的面积达18万平方米，遗址最高耸的地方则是一座人工堆砌的椭圆形的古城遗址。古城周长650米，共有东、南、北三座城门，以东侧城门地势最为险要，濒临断崖。古城墙底部与城门附近分布着许多碎石，可能是砌筑城门和墙体基础时所用。古城内的正中央有人工堆砌的土丘，高达近4米。土丘附近的夹砂陶片和各种陶片非常丰富，城堡北、西、南三面皆有堑壕，无马面和角楼。乡村公路从古城的东墙下穿过，公路濒临断崖。

1985年，黑龙江省考古工作队（现改称文物考古研究所）对遗址进行了小面积考古发掘工作。共开掘5×5米的探方七个，2×30米的探沟两条，清理出房址两座，灰坑窖穴各一处，发掘总面积约300平方米。根据已经发表的发掘简报得知：F1的房址已经遭到严重的损毁，仅存居住面和灶的残部，已经无法判明其房址的结构和形状。在居住面上还出土了少量的红衣陶片。F2的房址位于开掘探沟北壁的东部城垣下。房址的上部被城墙破坏，其结构不详。房址内为半地穴式，平面呈方形，边长3×4米。房址的居住面平滑坚硬，似被火烧烤过，地面呈红褐色。在靠近房址内偏东南处，有两块石头，石块下有直径约1米、深0.2米的锅底形灶坑，坑内堆积有大量的烧土和炭屑等。房址的居住面上还发现有几片夹砂褐陶片、两片彩陶片以及陶猪的雕塑。

在发掘的窖穴中出土了许多陶器，有夹砂敛口瓮、双耳罐、实把鬲、板状器耳、柱状器耳、彩陶钵、红衣陶壶、木炭及大量烧土块。在灰坑中则发现了少量的夹砂陶片和彩陶片。

总之，从考古发掘的遗物总体特点上看，器物共有 300 余件，其中以陶器居多，少量的有铜器、铁器和骨器，玉器则少见。

陶器以夹砂陶为主，约占总数的 55%，其次为彩陶，占总数的 22%，红衣陶则占 18%。除此之外，还有少量的泥质陶。其中的彩陶器物群多为瓮、罐、盆、钵、鬲、碗等，皆为泥质陶，均为手制。彩陶的纹饰多为三角几何纹、菱形纹、方格纹，并且有几种纹饰组合在一起的复合形纹饰。这种彩陶纹饰在黑龙江流域的历史文化遗存中尚属罕见，它的文化内涵值得我们深思。

值得我们注意的是，陶猪、陶马、陶狗等陶塑的发现也是饶有兴趣的问题之一。说明当时居民不仅已经驯养家畜，而且已经将这些家畜作为一种文化形态表现出来，并造出生动活泼的形象而加以欣赏，这实在是难能可贵的。另外，遗址中出土的铁器和铜器虽然为数不多，但是由于发掘的面积有限，所以还很难推测出其生产生活的具体发展水平。仅就目前而言，已不难看出庆华堡寨遗址的年代已经进入了早期铁器时代。无论这种铁器的来源是不是自身冶炼和生产的，或是交换而来，都说明了铁器与铜器在巴彦王八脖子山和庆华堡寨遗址中出现的重要意义。

黑龙江省考古工作者推断庆华堡寨遗址年代大致在战国时期至西汉末年，是比较科学和可信的，笔者同意其结论性的观点。值得强调的是，上述的巴彦王八脖子山遗址与庆华堡寨遗址的分布状态和发展走向，基本上是沿着小兴安岭南麓靠近呼兰河以东的山地与松花江河谷平原，并以巴彦县少陵河为中心，越过松花江，沿着张广才岭西麓的山地与松嫩平原东部地区阿什河、拉林河流域，一直向南进入吉林市的松花江上游的山地而分布着。

从年代上看，基本上只是由北向南的渐进发展趋势。20 世纪 90 年代，将今拉林河上游五常市沙河子镇西山发现的石板墓、吉林市西团山文化、宾县庆华堡寨、巴彦王八脖子山、阿城大岭发现的青铜短剑墓地文化联系在一起，这是一种很值得探讨的南北纵向的区域文化发展线索。

然而，在相当于战国时代至汉代末年的松花江中游两岸，即今巴彦、宾县境内发现的上述考古文化遗存究竟是属于哪一个民族文化的遗存呢？这就是本文将要继续深入探讨的核心问题。

三 北夷索离国及夫余初期王城的位置

截至目前，中国学者最新的论述和推断的北夷索离国的考古文化遗存及其地望者，大致有如下四种观点：第一，以黑龙江省考古学界的学者所推断的"白金宝文化"可能与夫余建国前的早期文化——橐离（索离）文化相关。第二，是王绵厚先生提出来的宾县庆华堡寨的考古文化遗存应为"北夷橐离国"的文化。第三，魏存成先生在其所撰《夫余、高句丽族源传说考》一文中所推断的北夷橐离国文化与地望，当在"松嫩平原的北部，不会越过小兴安岭。东明南渡的大水，很可能是嫩江或东流松花江。这也就是说，东明开始立都称王，建立夫余政权的王城应在嫩江或东流松花江之南"①。笔者对魏存成先生的推断深表赞同。第四，李健才先生力主吉林市东团山与西团山附近为夫余前期的王都之所的观点，依据是比较充分合理的。但是，我们认为吉林市附近的夫余王城可能不是南渡弱水（掩㴲水）的初期王都之所，而是夫余的前期王城的可能性较大。

我们认为，在我国历史文献中记载有关夫余、高句丽的族源传说中，尤以王充《论衡·吉验篇》中的记载比较可信。由此而后的《魏略》《三国志》《后汉书·夫余传》《梁书·高句丽传》《好太王碑》《冉牟墓墨铭》《魏书·高句丽传》《三国史记》《三国遗事》等文献大多是在演义王充《论衡》中的夫余族源的传说（详见魏存成先生的考证）。在王充《论衡·吉验篇》中有关夫余的族源传说的记载，有如下几个关键的环节，值得我们深入思考和研究。

其一，北夷橐离国（索离国，高离国）的名称与概念具有地名化石功能。

其二，北夷橐离国的方位与王子东明南逃后渡掩㴲水路线的方向相符合，并在北夷的范围内初都夫余，故北夷内又有夫余国。这个北夷之说，是从中原王朝统辖区域内的玄菟郡的北部方向。

---

① 魏存成：《夫余、高句丽族源传说考》，载《高句丽渤海研究集成》（卷一），哈尔滨出版社1997年版。

众所周知，所谓的"北夷橐离国"又写成"高离、索离"，显然这是对同一名词（地名或族名）的不同字体的同音记录。其中将"橐离"与"高离"又与"索离"相通是饶有趣味的。这里的"橐"字发 tuo 音，而"索"则发 suo 音，如从当代中原汉音角度是很难理解的，为何"索"音与"橐"音相通。如果我们继续深入探讨王充《论衡》中所记录的那个"橐离"国的地名的话，那么我们是否能够在松花江中游左右（北）与某个地方找到与"索离"音近的地名呢？

无独有偶，我们上述介绍的巴彦县王八脖子山遗址，实际上正处在自古以来就叫作"硕罗水"的河口附近。在元、明、清三朝的许多历史文献中，都将其记录成"索棱水"或"硕罗水"等。现在则定成"少陵河"。

这个"硕罗水"的地名与古代"索离国"的地名并非偶然的巧合。实际上正与巴彦县所发现的王八脖子山遗址文化属性相吻合。这是启发我们将这处遗址与北夷橐离国相联系的最主要的线索之一。实际上我国东北地区的地名中，所保留的古老的民族名称和古地名的案例是屡见不鲜的。此其一。

巴彦县王八脖子遗址的文化类型，大致沿今少陵河（古称硕罗河）两岸分布着。其中以靠近松花江与河口处遗址最为集中，并且是黑龙江省目前为止发现的最大的史前文化遗存。从遗址面积和地表散落的遗物密度数量上看，应该是北夷索离国的中心，亦即可能是橐离国与索离国的王都之所。此其二。

根据目前从地表上采集的文物标本上看，这处遗址既不完全等同于白金宝文化，也不等同于同仁文化。既有团结文化的相似性，也有西团山文化的特征，它是介于这几种考古文化之间的一种复合型文化。纵观西汉初年的东北各族文化的活动范围，唯有夫余的活动范围涉及的最为广泛。其建国历史源流最悠久，王朝延续的年代最长，所以夫余考古文化的特征应该是一种多源体的复合文化特征。巴彦县王八脖子山遗址的年代被推定在春秋与西汉之间，因为它与文化内涵中的许多器物类型又与松花江对岸的庆华城堡寨中出土的文化相类似。由于此遗址出土了大量的早期石器和陶器，所以其相对年代要早于庆华堡寨遗址。这与由北夷索离国的一部分由北向南渡过掩瀌水，而建立北夷夫余国的记载相吻合，而在它们二者之间存在的差异则说明了文化移动后的必然变异。此其三。

历史文献中所记的"掩瀌水""施掩水""掩滞水""奄利水"，实际上均为同一条河。即今天的嫩江与东流段松花江及黑龙江下游，这是西汉时期古人对东北水系的地理概念。掩、淹、难、捺、弱均为同音异写，古代的难河、弱水均指这条水。因此掩瀌水应该主要就是指今日的东流段的松花江。这是西汉时期松花江的名称。今巴彦王八脖子山遗址正处在松花江北岸，而隔江相对的南岸就是庆华堡寨文化遗址。庆华堡寨遗址与巴彦王八脖子山遗址的考古文化，有着十分密切的关系，且有许多异同。庆华堡寨文化明显晚于松花江北的巴彦王八脖子山遗址。这两处遗址隔江相对，一南一北形成对峙局面，且中间有"奄利"大水相隔，符合王充《论衡》的记载。此其四。

《后汉书》《三国志》《晋书》的《东夷传》都对夫余的方位、地望、地理环境的记载尤为详细。如"夫余在长城之北，去玄菟千里，南与高句丽，东与挹娄，西与鲜卑接，北有弱水，方可二千里。户八万，其民土著，有宫室、仓库、牢狱。多山陵广泽，于东域之域最为平敞"。

玄菟郡在今沈阳至抚顺一带，其北千里正相当于今日宾县的庆华堡寨遗址附近。以宾县庆华堡寨为夫余初都王城，文献中的"夫余四至"与文献正合。而北有弱水，即今日之松花江，西接挹娄，当指今依兰以东之地域，南与高句丽接，西与鲜卑接，均与文献记载一一相合。

另外，文献中在记载夫余人居住的地理环境时，即记录了"多山陵广泽"，又记载了"于东夷之地最为平敞"的复杂地势。今庆华堡寨的东、西、南、北四周地势，既有山林丘陵，也有广阔的湿地、沼泽和平野。这一地理环境，正是以庆华遗址为中心向南向西的拉林河、阿什河流域以及在第二松花江以东的地理环境特征，这一区域广布着山林、浅山区及丘陵。而松花江、拉林河、阿什河流域水系十分发育，沼泽星罗棋布，遍及河流中下游与沿江沿河之两岸。此其五。

在巴彦和庆华堡寨遗址中还发现了大量的陶塑猪、狗、马等，这与夫余人的国中之官职"马加、狗加、猪加"的记载相符。此其六。

在今宾县、阿城、五常沿张广才岭西麓丘陵地带与松嫩平原东部相接处的浅山区内的拉林、阿什河流域两岸与山丘上，多分布着椭圆形的山城，这与夫余人筑城的"圆栅之制"相一致。此其七。

在这一区域内除有椭圆形山城外，在阿城的山地、五常的拉林河畔、双城的平野都出土了青铜短剑、积石墓及石板墓，此与夫余葬俗相合。此其八。

综上所述，我们认为今巴彦县的少陵河即古之索离河、硕罗河，当为"橐离国""索离国"之地名的化石遗存。少陵河与松花江合流处的所谓黑龙江最大的史前文化遗址——巴彦王八脖子山遗址，可能就是古之北夷橐离国的王都之所。这处遗址南临松花江之大水，即东明王南逃时所迁的"掩㴲水"。隔松花江之南岸的宾县庆华堡寨的大型遗址或许就是东明王南渡松花江后的"因都王夫余之地"的所在地。至此之后，夫余初都之地的北界弱水，即指今松花江而言。需要说明的是，夫余初都之所的南方应有"鹿山"，"夫余初居于鹿山"，"尸之国南山上"。今庆华堡寨大型遗址的正南方是起伏的张广才岭，至今仍称之为南山。在此南山发现了出土青铜短剑的积石墓。

我们认为庆华堡寨为夫余初都之所，而今吉林市的东团山南城子古城址则为夫余的前期王城。夫余建国前后达数百年，如何来划分其历史分期？当存在许多未解之谜。我们认为至少应将夫余的初都之所与前期王城之城严格地区分加以寻找，方能在种种谜团中对夫余初都之所有新的注释。

此外，在王充《论衡》中所记的"国有都城名秽城，盖本秽貊之地，而夫余王其中，自谓'亡人'"记载是有区别的。所谓的"因都王夫余之地"，当指初都之所，而秽城当是与秽人所居之地有关，秽貊城是因久居秽貊水的族团有关。所谓的秽貊，实际上就是粟末水，亦即今天的吉林市境的第二松花江。因此确定今吉林市龙泽附近与东团山与西团山的文化遗存当为古之秽城之地，亦即夫余从初都之所由北向南沿张广才岭西麓和松嫩平原东部逐渐向吉林市迁徙，最后定都于秽城，是为夫余的前期王城。这与李健才先生和武国勋先生的考证是一致的。

我们认为，目前应该引起人们注意的是，从小兴安岭南麓少陵河至松花江南岸的宾县庆华古城,沿张广才岭西麓山地与松嫩平原的结合部,已经出现了一种由北向南,年代逐渐递减的一种历史文化的共同遗存现象,这一文化现象的主要特征是:其一,磨光的石器、玉器、骨器与少量的铁器、铁簇、铁钁、小件青铜器等并存。其二,以圆栅为城,凭险据守。古城近乎椭圆形,当为夫余人所特有的"圆栅之制"。其三,遗址上的文物标志十分丰富,巴彦王八脖子山、宾县庆华、五常西山、吉林西团山的考古文化类型中以陶器最为发达,有彩陶、磨光红陶与黑陶,器型有:直领陶壶、柳叶型石簇有鞑鞨罐、板桥状耳罐,有鬲、杯、陶塑等。其四,巴彦王八脖子山、宾县庆华、五常西山与吉林西团山文化中的骨器与骨角器较发达。以巴彦王八脖子山、宾县庆华遗址最为发达和丰富。

第三节　"濊城"与两汉时期夫余王城研究

夫余国源出"北夷"索离国,其先世主要活动在以今齐齐哈尔为中心的嫩江流域。其建国时间大概在战国时代,初都之地在今黑龙江省宾县庆华堡寨遗址。① 大约在秦汉之际南下"濊地",最终在西汉初年进入"濊国"核心地带,占据"濊城",导致濊国与夫余国在今吉林市一带的政权嬗代。

一　"濊城"的政权嬗代

"濊地""濊城"皆因濊族聚居地而得名。秽族常与"秽貊"并称出现。秽貊又称濊貊、穢貊、秽貉等,是我国东北历史上的古代民族之一。关于濊族之记载较早见于《逸周书·王会解》:"稷慎大麈,秽人前儿,良夷在子。""稷慎"即肃慎。"大麈""前儿""在子"皆系东北古族贡献方物之名。《逸周书》注云:"前儿若弥猴立行,声似小儿。"推测

---

① 松花江地区文物管理站(王禹浪执笔):《松花江地区一九八一年文物普查简报》,《黑龙江文物丛刊》1983年第3期;王禹浪、李彦君:《北夷"索离"国及其夫余初期王城新考》,《黑龙江民族丛刊》2003年第1期。

"前儿"可能为娃娃鱼。又如《吕氏春秋·恃君》"非滨之东，夷秽之乡"之载，高诱注："东方曰夷，秽，夷国名。"《山海经·大荒东经》："有蔵国，黍食，使四鸟，虎豹熊罴。"《三国志·魏志·东夷传》载："其印文言'濊王之印'，国有故城名濊城，盖本濊貊之地……"可知濊族已建立名为"濊国"的政权组织，并被中原王朝赐以"濊王之印"。《后汉书·东夷传》《三国志·魏志·东夷传》记载了夫余国"本濊地也"，以及"东夷濊君南闾"降汉等史实。另外，明确与濊人相关的出土文物如朝鲜平壤出土之"夫租薉君"银印①、我国大连市普兰店区张店汉城出土之"临秽丞印"封泥②等，为研究濊人史实提供了珍贵的实物线索。

中华人民共和国成立后，考古工作者发现了吉林市西团山文化。该文化曾长期被学术界误认为肃慎族文化。③ 随着研究的日益深入，学术界逐渐走出了对西团山文化族属错误认识的误判时代，其族属为濊人的观点获得了普遍认可。④ 截至目前，已知西团山文化遗址和墓地百余处，主要集中在今吉林市、长春一带，黑龙江省南部拉林河流域的五常市沙河子镇也发现了西团山文化石棺墓地。⑤ 西团山文化石器以磨制石器为主，其中铲、锄、耜、刀、镰、石杵、磨盘、磨棒等农业用具大量出土，反映西团山文化农业较为发达。石器中以直背弧刃双孔半月形石刀、长方形棒状石斧最有特点。陶器均为手制褐色或灰褐色夹砂素面陶，以鼎、鬲、豆、罐、壶、甑、瓮等器形为主，还有网坠、纺轮等工具及陶猪等艺术品。陶器以筒腹锥足鼎、发裆撇足鬲、横桥耳壶最有代表性。较为发达的三足器显然与燕国文化的渗入有关。豆形器则与图们江、绥芬河流域的团结文化存在相似性，反映了秽族与沃沮族的亲缘关系。青铜器主要

---

① 佟柱臣：《"夫租薉君"银印考》，载于中国考古学会编《中国考古学会第六次年会论文集》(1987年)，文物出版社1990年版。
② 郭富纯、赵锡金主编：《大连古代文明图说》，吉林大学出版社2010年版，第157页。
③ 薛虹：《肃慎与西团山文化》，《吉林师大学报》1979年第1期。
④ 董学增：《再论先秦时期吉林西团山文化的族属是秽人的一支——驳林明棠先生的肃慎说》，《北方民族》2006年第1期；武国勋：《古代东北亚濊貊族综论（前编）》(上)，《东北史研究》2010年第4期。
⑤ 刘展、周实：《黑龙江省五常市沙河子镇西山石棺墓的考古调查》，《北方文物》1999年第1期。

为小型武器和小件装饰物，如箭镞、短剑、鸣镝、铜纽扣、鱼钩、镜形饰、泡形饰、镂孔心形饰、联珠形饰、铜片手镯、包铜片木梳等。吉林市泡子沿前山遗址还采集到铜斧石范，表明西团山文化群体已能够铸造青铜器。目前在吉林市西团山、土城子、两半山、长蛇山、猴石山、泡子沿前山、舒兰黄鱼圈珠山等遗址发现了大量半地穴式居住址，多修建在向阳山坡或人工改造后的山坡台地。在猴石山遗址人工削成的第三、四阶居住址台地斜坡上发现了保护居住址的石墙。在西团山文化东部边界地带的蛟河市池水乡八垧地、红旗村、转山子西山、转山子北山、张家屯、红旗村、罗锅地等地山梁上还发现了数十座平面圆形或椭圆形的土筑城垣。① 这种圆形堡寨在舒兰、伊通、东辽等地也有发现，如舒兰溪河乡小城子山堡寨环山临崖而建，土筑城垣长约 400 米，城内 30 多个长方形和近圆形的浅坑中出土了西团山文化的陶罐、陶壶等陶片。② 西团山文化以石棺墓为主要墓葬形制，在吉林市西团山与骚达沟、桦甸西荒山、磐石吉昌小西山、永吉星星哨以及黑龙江省五常市沙河子镇西山等处发现了大量西团山文化石棺墓地。早期以板石立砌的箱式石棺墓为主，中期开始流行块石垒砌的石块棺，晚期除继续沿用块石垒砌外，出现了土圹墓和瓮棺墓。③ 西团山文化与以宾县庆华堡寨、索离沟遗址为代表的庆华类型在诸多方面存在联系，同时也受到南部汉文明的强势辐射。

《三国志·魏志·东夷传》云"（夫余）国有故城名濊城，盖本濊貊之地"，遂知"濊城"为夫余国所占据。"濊城"易主显然源于夫余国的南下。"濊城"即"濊国"王城，今吉林市一带长期活动着以西团山文化为考古学遗存的濊人，"濊城"即位于此，这一地区也为两汉时期夫余王城所沿用。上文已对族属为秽人的西团山文化进行了阐述，可知西团山文化有较为发达的农业，这既是松嫩平原优越自然地理条件造就的结果，也与南部汉文化农耕区的影响有关，发达的豆形器也是汉文化输入夫余国的产物。但早期西团山文化居址大多位于能够有效躲避河患和战乱的

---

① 董学增：《吉林西团山文化六十年研究成果概述》，《博物馆研究》2009 年第 1 期。
② 吉林省文物志编委会编：《舒兰县文物志》，内部出版，1985 年，第 21 页。
③ 文志：《西团山考古史料》，载吉林市郊区政协文史资料研究委员会编《吉林市郊区文史资料》（第三辑），1988 年，第 18—19 页。

山坡地带，后期才逐渐转移至平坦的河谷二级台地上。大量小件青铜武器、小件装饰物及铜斧石范的发现，表明西团山文化人群已掌握小型青铜器铸造冶炼技术，其铜矿来源很可能是其南部龙岗山脉的今抚顺市清原县一带或稍远的千山山脉，这一带盛产铜矿，抚顺市清原县红透山至今仍是重要的铜矿产地。今辽东地区的浑江、浑河、辉发河等河流名称皆系"秽貊水"的音转，正是秽族或秽貊族活动的地名活化石。吉林市东部蛟河市一带系"秽地"东界，数十座圆形或椭圆形土城是濊族防御外族、管控东部疆界的城堡群，表明濊族已能够组织人力，修筑规模较大的城堡防御体系，这是濊族文明化的重要标志。在西团山文化石棺墓群中，吉林市骚达沟发现了高等级的山顶大棺墓，[①] 桦甸西荒山墓地则发现了出土青铜短剑的大墓，[②] 以及五常市西山石棺合葬墓，均应系首领墓葬，反映了西团山社会的分化和特权人物的出现。汉朝还对秽国首领颁赐"濊王之印"，该印绶与云南省晋宁石寨山滇国墓地出土之"滇王之印"金印、日本福冈出土之"汉委（倭）奴国王"金印的性质一样，均系汉朝册封和笼络周边属国的见证。凡此种种，皆表明"濊国"不仅真实存在，并且已进入具备国家雏形的阶级社会，还是对汉朝统治东北发挥重要作用的政治实体。范恩实认为濊国"基本上是子虚乌有"[③]，这一说法显然难以成立。夫余国统治中心也由此转移至"濊城"，即西团山秽人文化的中心——今吉林市一带。吉林市东团山古城、南城子古城、马家屯遗址、龟盖山遗址等文化层上层则为汉文化和族属为夫余族的泡子沿类型，下层则均叠压着西团山文化遗存。故濊国王城之"濊城"即在以今东团山、南城子古城为中心的吉林市东郊沿江一带。西团山文化与泡子沿类型的年代学和地层学关系，正是"濊城"政权嬗代的反映。

---

① 吉林省博物馆、吉林大学考古专业：《吉林市骚达沟山顶大棺整理报告》，《北方文物》1985年第10期。

② 吉林省文物工作队、吉林市博物馆：《吉林桦甸西荒山屯青铜短剑墓》，《东北考古与历史》1982年第1期。

③ 范恩实：《夫余兴亡史》，社会科学文献出版社2013年版，第73—81页。

二　西团山文化与泡子沿类型的勃兴

夫余国于汉初立都今吉林市一带后，逐渐形成了一种新的考古学文化类型，取代了本土的西团山文化，"学术界对这种考古学文化已使用'文化三'、'泡子沿类型'、'老河深二期文化'、'东团山文化'、'帽儿山文化'等多种多样的名称，但通常'泡子沿类型'用得最多"①。泡子沿类型得名于吉林市龙潭区泡子沿前山遗址，后用于指代西团山文化上层、受汉文化强烈影响的汉代夫余国文化。

西团山文化的式微与泡子沿类型的兴起，二者相辅相成。这一点在吉林市泡子沿遗址中表现得尤为明显，该遗址下层为西团山文化层，上层为泡子沿类型文化层。如在泡子沿前山东南山头的南坡下数第四阶台地的F3、F4（图2—1、图2—2），下层出土了带对称乳状耳、圆锥状三足的陶鼎F3②:3等西团山文化遗存，上层则出土了方唇或圆唇、宽折沿、侈口、鼓腹、竖颈、带环状横耳的陶壶F4①:10、F3①:1，圆唇、直口、口沿外有一圈叠唇、竖颈、鼓腹、平底的陶罐F4①:7。② 这种西团山文化与泡子沿类型前后相继、共存于同一居址的现象表明"当时有些夫余人直接沿用了西团山文化人的居住址"③。又如有学者所言："通过对泡子沿遗址的发掘，使我们第一次找到'文化三'的地层堆积及晚于西团山文化的地层根据。"④ 在吉林市地区墓葬形制的演变中，也能发现西团山文化石棺墓向泡子沿类型木椁墓过渡的线索。在吉林市北郊大屯乡猴石山遗址发掘的79西M18石棺墓中，棺盖以五块石板组合而成，棺首、尾各用一石板立置，石棺两壁用不规则石块垒砌，棺底以八块石板平铺。79西M19石棺盖石为九块略呈长方形的石板拼接而成，棺首、尾各用一石板立砌，石棺两壁用不规则石块垒砌，棺底则用四块大石板平铺。以上两石棺内均用黄褐色胶泥抹成长方形泥框。引人注目的是，石棺四壁与泥框之间的空

---

① 李钟洙：《夫余文化研究》，吉林大学博士学位论文2004年，第45页。
② 吉林市博物馆：《吉林市泡子沿前山遗址和墓葬》，《考古》1985年第6期。
③ 李钟洙：《夫余文化研究》，吉林大学博士学位论文2004年，第64页。
④ 张立明：《吉林泡子沿遗址及其相关问题》，《北方文物》1986年第2期。

间可能用于放置木椁（图2—1、图2—2）。① 至夫余国时期，吉林市帽儿山（图2—3）、榆树老河深已出现较为成熟的土圹木椁墓。

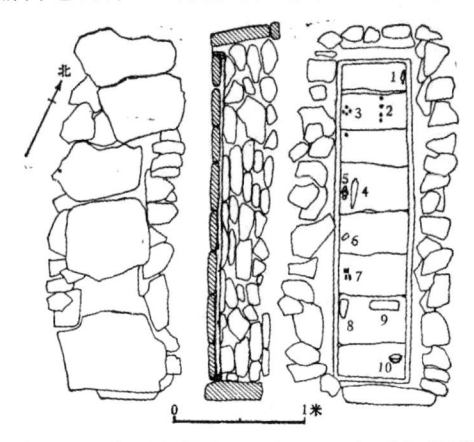

图 2—1　猴石山墓地 79 西 M18 平、剖面图②

1. 铜刀；2. 铜扣；3. 铜坠饰；4. 石剑；5. 铜镂空菱形饰；6. 石镞；7. 白石管；8、9. 石斧；10. 陶碗

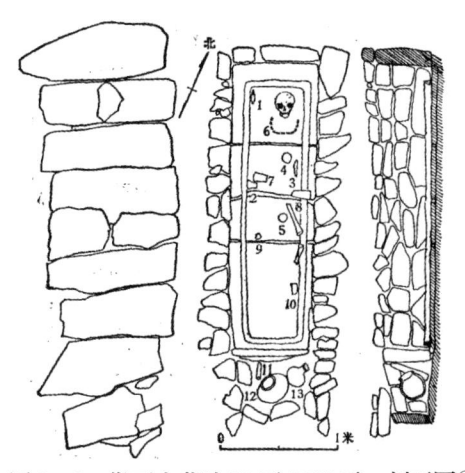

图 2—2　猴石山墓地 79 西 M19 平、剖面图③

1. 铜矛；2. 铜斧；3. 铜刀；4、5. 铜镜；6. 白石管；7. 石铲；8、10、11. 石斧；9. 石刮削器；12. 陶罐；13. 陶壶

---

① 吉林省文物考古研究所、吉林市博物馆：《吉林市猴石山遗址第二次发掘》，《考古学报》1999 年第 3 期。

② 采自《吉林市猴石山遗址第二次发掘》，《考古学报》1999 年第 3 期。

③ 同上。

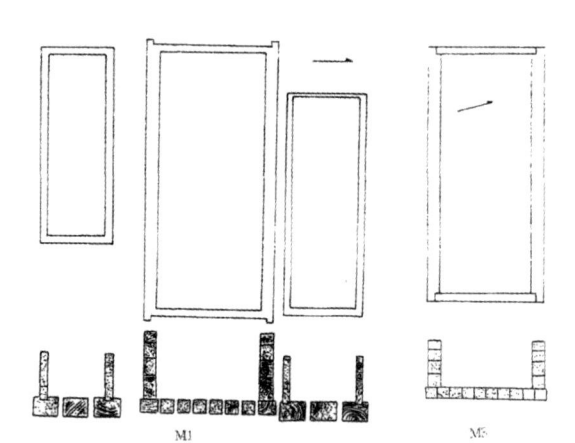

图 2—3　帽儿山墓地 M1、M2 平、剖面图①

西团山文化大约至西汉中期被泡子沿类型取代，高领环耳壶、侈口竖颈筒形罐、柱把豆等代表性器物开始大量出现。这些器物特征与庆华堡寨出土器物及嫩江流域的汉书二期文化有诸多相似之处，如汉书二期文化竖颈陶壶多为直领，且不带环耳，在庆华类型中，直领开始变为斜领，出现了环状耳。宾县庆华遗址的发掘简报将 T3②:1 定性为陶罐，其实，这种器物与索离沟遗址出土的高领环耳陶壶（西 G②:2、西 T1②:12）为不同式的同类器物，也应归入陶壶一类（图 2—4）；泡子沿类型陶豆与庆华类型的陶豆亦存在明显的相似性（图 2—5）。上述现象正是夫余国自"北夷"索离国南下的实物依据。与此同时，西团山文化高领环耳陶壶也与泡子沿类型陶壶存在明显的渊源关系（图 2—4）。以鼎、鬲组合为代表的西团山文化三足器传统趋于消亡，仅在农安田家坨子遗址中发现了陶鼎（图 2—5）。

---

① 采自李钟洙《夫余文化研究》，吉林大学博士学位论文，2004 年。

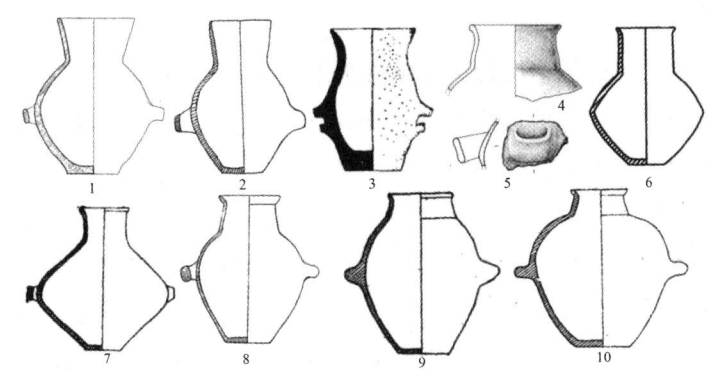

图2—4　西团山文化、庆华类型、汉书二期文化、泡子沿类型陶壶①

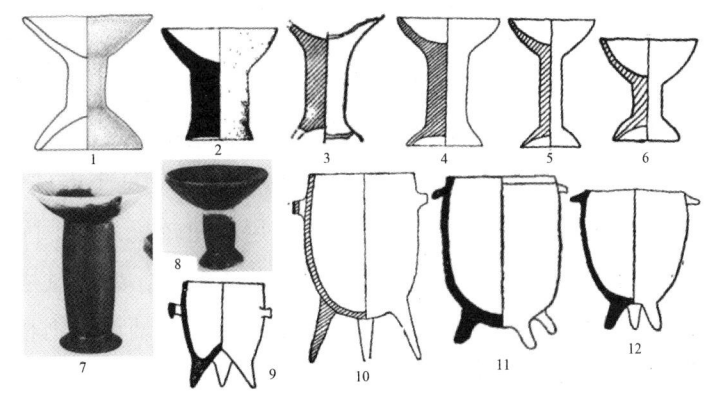

图2—5　庆华类型、泡子沿类型陶器（1—8. 陶豆　9. 陶鬲　10—12. 陶鼎）②

---

① 1. 西团山Ⅳ: 8（采自《吉林西团山石棺墓发掘报告》）；2. 骚达沟49JSM4: 517（采自《吉林市骚达沟石棺墓整理报告》）；3. 庆华T3②: 1（采自《黑龙江省宾县庆华遗址发掘简报》）；4、5. 索离沟西G②: 2、西T1②: 12（采自《黑龙江省宾县索离沟遗址发掘简报》）；6. 后土木采集；7. 长蛇山62F3③: 58（采自《吉林长蛇山遗址的发掘》）；8. 泡子沿F3①: 1（采自《吉林市泡子沿前山遗址和墓葬》）；9、10. 老河深Ⅲ式6: 23、Ⅰ式74: 9（采自《榆树老河深》）。

② 1. 索离沟西T1②: 7（采自《黑龙江省宾县索离沟遗址发掘简报》）；2. 庆华T4②: 24（采自《黑龙江省宾县庆华遗址发掘简报》）；3. 泡子沿F3①: 17（采自《吉林市泡子沿前山遗址和墓葬》）；4. 老河深Ⅰ式3: 1（采自《榆树老河深》）；5、6. 学古东山73K3、75K1（采自《吉林永吉县学古东山遗址试掘简报》）；7、8. 东团山采集（采自《东北史地》2010年第6期）；9、长蛇山63T8④: 21（采自《吉林长蛇山遗址的发掘》）；10. 猴石山79F5: 38（采自《吉林市猴石山遗址第二次发掘》）；11、12. 田家坨子F1: 8、F1: 2（采自《吉林农安田家坨子遗址试掘简报》）。

三 夫余王城地理位置及其城市文化特征

两汉时期夫余王城以今吉林市南城子古城为中心，一些学者将其定性为宫城是很有道理的。南城子古城位于吉林市丰满区江南乡永安村东团山西南麓的山前平坦台地上。东南距帽儿山约 1 千米，西滨第二松花江。古城平面呈圆形，周长约 1050 米（不包括西部与东团山相接部分）城垣系黄土叠筑，仅存部分东南墙，现残高 5 米左右，顶宽 1 米余。西南墙、西北墙现已不存，但墙基遗迹仍大部分隐约可见。古城西部以东团山和松花江为天然屏障。城有南、北二门，南门宽 16 米，基本保持原状；北门已遭到破坏，现宽 44 米。城内南部地势略高，靠近南门处有一长方形高地，东西宽 73 米，南北长 150 米，高出城内地面 1—1.5 米（图 2—6）。城内现为农田，遍地散落陶片和少量残砖碎瓦。陶器遗物多见泥质灰色和褐色大、小方格纹陶片、夹砂粗褐色陶环状耳、外挂铅黑色陶衣陶豆、夹砂粗褐色陶豆等。这种黑陶衣陶豆仅见于南城子遗址。还偶见各式红褐色花纹砖。① 南城子古城沿用时间较长，新中国成立以前，考古学家还曾在城内采集到鱼尾形、兽头形鸱吻，盛唐风格的变形卷草纹花砖，鸱吻其质地与形制与渤海上京龙泉府遗址出土物相似。学术界多以该城为渤海涞州城。②

20 世纪初，日本考古学家、人类学家鸟居龙藏就曾对今吉林市东郊滨江古城群进行过踏查。他在名著《满蒙古迹考》"长春与吉林"一节写道："余于山上尽量游览，由此再下红叶隧道，达山麓，由此乘汽车而回。见松花江岸有一独立小邱，停车调查，确系堡寨之迹。于其下田中，发现石器、土器（笔者按，日语"土器"即陶器）等。此小邱乃与石器、土器有关系之堡寨也。此处之石器时代遗迹颇多。又自此地发现高句丽时代（或名渤海）之古瓦。此等小邱滨松花江，殆自古为紧要之地。"③ 文中之"独立小邱"即位于吉林市江南乡永安村的东团山，散布石器和

---

① 董学增：《"南城子"古城址》，载于氏著《夫余史迹研究》，吉林文史出版社 2011 年版。
② 文志：《吉林市郊区历史沿革》，载于吉林市郊区政协文史资料研究委员会《吉林市郊区文史资料》（第三辑）1988 年。
③ ［日］鸟居龙藏：《满蒙古迹考》，陈念本译，商务印书馆 1933 年版，第 71 页。

陶器的"其下田中"则正是南城子古城。据德国普鲁士文化遗产图书馆藏《州属旧界并磨盘山等处地舆全图》，"东团山"一名至晚至晚清即已出现。[①] 鸟居将东团山与南城子定性为"有关系之堡寨"，可谓对这一区域古城遗存性质首次较为科学的定位。20世纪40年代前后，考古学家李文信先生对吉林市城郊史迹进行过一次专业的实地踏查和文物采集，在学术史上具有极为重要的意义。1946年，李文信在《历史与考古》沈阳博物馆专刊第一号发表了《吉林市附近史迹及遗物》一文，首次详细罗列了吉林市郊古代遗迹遗物，"皆出土于龙潭山车站至东团山子间铁道两侧"，并进行了初步研究。1973年，吉林市文物部门曾在此发现陶俑1件、铜铃1件。21世纪初曾多次对东团山和南城子古城进行考古发掘，南城子古城内遗址主要有半地穴式房址、圆形或方形窖穴、灰坑，夫余陶器基本组合为高领环耳壶、侈口竖颈筒形罐、柱把豆、盆等。陶质以夹砂褐陶和泥质灰陶为主。[②] 南城子古城等遗址中发现的大量豆形器与《后汉书·东夷传》记载之夫余人"食饮用俎豆"相吻合。其国民"会同拜爵洗爵，揖让升降"的行礼之风显然是受到了汉代礼仪文化的深刻影响。值得注意的是，东团山古城探沟内曾出土板瓦等汉文化建筑构件，可能与汉朝节制夫余国的行政建制有关。

2015—2017年，吉林省文物考古研究所对东团山遗址平地城（即南城子古城）进行了连续三年的考古发掘，考古人员不仅确认了城址城墙的存在，明确了南城墙年代、结构及建筑方式等问题，并发现了在筑造方式及城墙土质上与南城墙明显不同的西南城墙残段，其年代显然不属于同一时期。2017年对其进行发掘时，在叠压于城址南城墙之上的地层及遗迹中出土了年代下限不晚于东汉时期的遗物，因此可以确认南城墙的该城址的始建年代不晚于东汉时期。在城址内发现了大型夯土台基、

[①] 华林甫：《德国库藏晚清吉林舆图的初步考释——德藏晚清吉林舆图研究之一》，《社会科学战线》2017年第4期。

[②] 吉林省文物考古研究所：《田野考古集萃：吉林省文物考古研究所成立二十五周年纪念》，文物出版社2008年版。

大礅堆、础石等大型建筑遗迹，并出土了典型的夫余文化遗物。① 近年最新的考古发现表明，吉林市东团山平地城址的确存在与两汉时期夫余王城年代与文化特征相合的遗存。

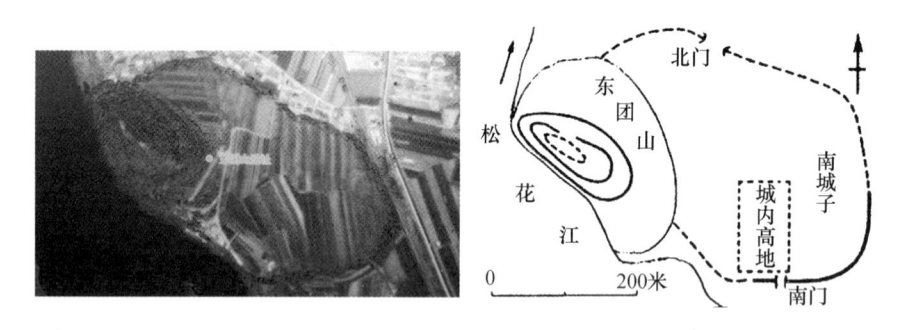

图 2—6　东团山山城与南城子古城卫星图与平面图②

南城子宫城以东团山山城、龙潭山山城为军事卫城。东团山是一座海拔仅 50 余米的圆形小山，山城有三重围垣。该城与南城子古城紧相毗连，扼守松花江航道，发挥着瞭望台和制高点的作用。龙潭山山城位于吉林市东郊龙潭山上，山势陡峻挺拔，最高峰"南天门"海拔 388.3 米。山城依山势修筑而成，平面呈不规则多边形，城墙用黄土和碎石混合而筑，仅西侧一段为纯黄土筑成，山城周长约 2396 米。城西、东、北三面的凹状处各设有一门，其中西门为正门。一般认为作为正门的西门位于龙凤寺山门坡下，今人所修盘山公路山腰处，该处城墙豁口残宽达 24 米。事实上，这处豁口并非山城西门。清代民间传言，龙潭山山势迤逦起伏，蜿蜒若龙行于林莽之间，有帝王风水之兆。清帝闻之，命吉林将军派八旗兵将将古城墙拦腰截断，遂形成今日偌大的城墙豁口。③ 考古发掘亦证实，山城西门位于断岭豁口处以南二三十米处。东门位于"南天门"瞭望台以北，东墙中部偏南处。北门位于俗称"龙潭"或"水牢"

---

①　周长庆、张博宇：《考古确认吉林东团山遗址存在不晚于东汉的城墙》，新华社长春 12 月 15 日电，http：//www.jl.xinhuanet.com/2017-12/16/c_1122118194.htm。
②　卫星图翻拍于吉林市博物馆"吉林城市发展史"陈列；平面图采自《夫余国史话》。
③　来自吉林市龙潭山遗址公园内解说碑。

的蓄水池西北岗地。根据相关考古发掘收获和笔者的实地调查可知，三门形制基本一致，城门两侧城墙有所错位，使门道形成一个转角，进而形成曲尺状的瓮门结构。这表明城门朝向与城墙走向一致，与一般横断墙体而修建的城门有所区别，这无疑大大提高了城门防御性。三座城门均以大块石垒砌包裹土石混筑的墙体，城门两侧有石块墙基和立柱础石。立柱础石上的柱洞为方形，非门枢，说明山城城门门板并非以门枢为圆心的旋转式城门。值得注意的是，三座城门门道两柱础石之间均有石块垒砌的沟槽，东门还有一块较大石块立于正中，表明三座城门均应系升降式门板，城门关闭时，门板正好卡于门道中央的沟槽内。但也存在另一种可能，门道沟槽为门槛遗存，门道中央块石为门槛挡石。山城中部偏东南侧曾发掘了多座辽金时期大型建筑基址，出土的檐头板瓦纹饰具有金代早中期风格。[①] 山城四面各突出地方均设有平台，以南平台为地势最高，俗称为"南天门"。（图2—7）山城内出土了大量青铜时代、两汉、高句丽、渤海、辽金等不同历史时期的遗物，表明此城沿用了相当长的时间。[②] 城门、大型建筑基址等遗迹虽为高句丽和辽金时期遗存，但城内出土的汉代陶片等遗物则表明山城应系两汉时期夫余国始建，后为高句丽和辽金王城沿用。因此，龙潭山山城显然才是真正的防御卫城，如逢战时，夫余国王及贵族由南城子古城转移至山城内躲避。南城子古城与东团山山城、龙潭山山城彼此呼应，相互配合。2011年7月，吉林省文物考古研究所对吉林市龙潭山南麓的鹿场遗址进行了抢救性发掘，出土了青铜时代、汉、高句丽、渤海等各时期遗物，地层及灰坑出土遗物绝大部分为陶器，器型有罐、盆、壶、甗、豆、盅等。陶质以泥质陶为主，细砂陶次之。陶色多为褐陶，还有灰陶、黑皮陶等。陶片普遍为素面，纹饰陶片有方格纹、垂帐纹、弦纹、波浪纹、戳点纹等。[③] T1④层

[①] 吉林省文物考古研究所：《2014年吉林省文物考古研究所考古发掘收获》，《东北史地》2015年第1期。

[②] 王禹浪、王宏北编著：《高句丽渤海古城址研究汇编》，哈尔滨出版社1994年版，第82—83页。

[③] 吉林市文物考古研究所、吉林市文物处、吉林市博物馆：《吉林市龙潭山鹿场遗址发掘简报》，《北方文物》2014年第1期。

出土的部分陶罐有汉文化特征，垂帐纹陶片则与帽儿山墓地出土陶罐纹饰颇为相似。这表明，地处两汉时期夫余王城核心地带的鹿场遗址也应包含了夫余国的文化遗存。

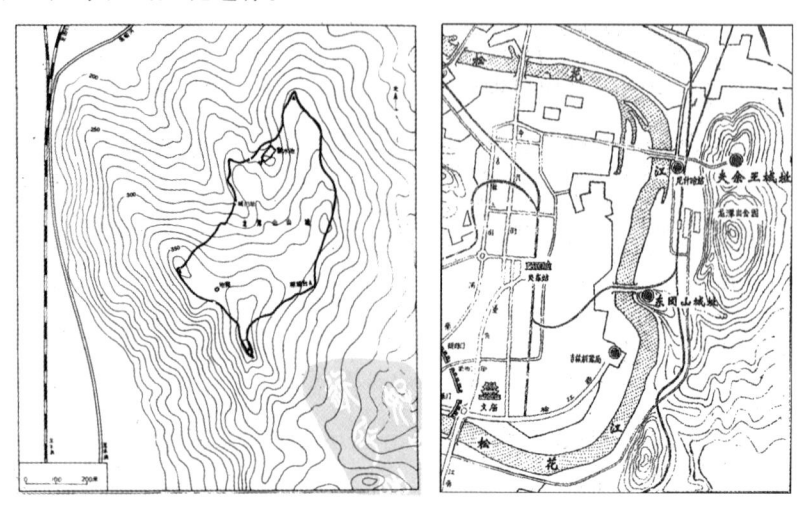

图 2—7　吉林市龙潭山山城与夫余王城平面图①

由此可见，两汉时期夫余王城依然延续着夫余国在立都于宾县庆华堡寨建国初期"圆栅为城"的传统。然从蛟河、舒兰等地西团山文化的秽人筑城来看，"圆栅为城"似乎是东北地区北部一些古代民族共有的筑城特征，反映了夫余人与秽人之间可能存在一定的亲缘关系。关于"圆栅为城"，张博泉与林沄还有一番争论。张先生以《后汉书·东夷传》记载为据，认为学术界"在分析中没有从汉城和夫余城的城制是栅城还是土城加以区别"，夫余国"其城为圆形，是由栅而筑"，而非以土筑为城，故南城子是汉族筑城。② 林先生认为《后汉书》对《三国志》的援用加工歪曲了陈寿原意，《三国志》"作城栅皆员，有似牢狱"的记载"强调了无论筑城还是建栅，都像牢狱一样是圆形的"，"我们没有理由反而相信晚出的《后汉书》"。③ 林先生的观点更加令人信服。圆形的南城子古

---

① 龙潭山山城平面图采自《吉林省文物志》；夫余王城平面图采自《夫余国史话》。
② 张博泉：《夫余的地理环境与疆域》，《北方文物》1998年第2期。
③ 林沄：《夫余史地再探讨》，《北方文物》1999年第4期。

城确系夫余王城无疑。

其实,"以栅为城"亦是夫余族系重要的筑城特征,源出夫余的高句丽国亦是如此。朝鲜文献《三国史记·高句丽本纪》云高句丽建国初期"未遑作宫室,但结庐于沸流水上居之","结庐"很可能就是以栅结庐。高句丽征服沃沮后,曾在今吉林省延边地区建"栅城",陕西西安出土之唐代《李他仁墓志》载:"于时公栅州都督兼总兵马,管一十二州高丽,统三十七部靺鞨……"说明唐朝在高句丽栅城故地设栅州,以李他仁为栅州最高行政长官。①《新唐书·渤海传》云渤海国东京龙原府"亦曰栅城府"。栅城后来虽已修筑城池,并为唐代栅州、渤海栅城府沿用,但这一系列地名反映了高句丽在该地区曾"以栅为城"的史实。据李健才等学者考证,栅城即今延边朝鲜族自治州珲春市杨泡乡杨木林子村附近的萨其城。② 不仅如此,在中国和朝鲜半岛的一些高句丽山城城墙上均存在方形柱洞,其中集安丸都山城、新宾黑沟山城、大连大黑山山城等城墙柱洞数量均多达20个以上。这些柱洞主要用来插立木栅,与城墙共同构成山城防御体系。③ 这种城墙上树立木栅的筑城特征为高句丽山城所特有,也是"以栅为城"的反映。

两汉时期夫余王城以南城子古城为平地城,以附近的东团山古城和龙潭山古城为军事防卫城。这应系东北地区古代历史上由平地城与山城组成的复合型都城的首例,深刻影响了后世高句丽政权的王城形制。高句丽历史上的都城——桓仁下古城子与五女山城、集安国内城与丸都山城、朝鲜平壤清岩里土城(或安鹤宫)与大城山山城④,均是平地城与山城共同构成的复合型都城。

---

① 王禹浪、魏国忠:《渤海史新考》,哈尔滨出版社2008年版,第122—124页。
② 李健才:《珲春渤海古城考》,《学习与探索》1985年第6期。郭声波认为旧栅城在龙井市城山子土城,东栅城则为珲春温特赫部城(详见郭声波在2016年长春召开的"新时代的历史地理学暨东北历史地理研究"学术研讨会上所主题报告《唐代东北边疆政治地理的圈层结构》)。
③ 赵俊杰:《再论高句丽山城城墙内侧柱洞的功能》,《考古与文物》2012年第1期。
④ 魏存成先生认为:"关于与大城山城相结合的平原城,是清岩里土城还是安鹤宫,现在学术界看法不一,据有关学者对两城址出土瓦件时代特征等迹象的分析,是清岩里土城的可能性要大些。"(魏存成:《高句丽、渤海文化发展的考古学观察》,载《边疆考古研究》第14辑,2014年)

四 环护夫余王城的"邑落"与王城公共墓地

作为夫余国王城的南城子、东团山古城周边还存在多处夫余人聚落。如：泡子沿前山遗址，位于吉林市龙潭区胜利桥东北侧的山岗地带，部分居住址直接沿用西团山文化房址，F2、F4出土了具有汉文化特色的泥质绳纹陶片、铁锛、铁钁等；① 学古东山遗址，位于永吉县乌拉街镇东北，出土大量汉式陶器和铁器；② 田家坨子遗址，位于农安县小城子乡，出土陶器以泥质红褐陶为主，陶鼎、竖颈陶壶、带把陶杯等器型特征与汉书二期文化有诸多相似之处；③ 蛟河县池水乡新街古城与松江乡福来东古城，均呈圆角方形，新街古城东侧还有一"U"形小城，古城内出土了红褐色和灰褐色夹砂陶片，器型有陶豆柱、柱状耳、环状耳、圆锥状足等，与泡子沿类型特征一致；④ 榆树老河深遗址，位于榆树市大坡乡后岗大队老河深村，遗址在村南500米处的一片开阔岗地西部，遗址旁叠压着从汉代至北朝、隋朝的不同时期墓葬，汉代墓葬又打破西团山文化房址，老河深墓葬形制以土圹木椁墓为主，其族属涉及濊、夫余、鲜卑、勿吉、靺鞨等诸多古代民族，是一处文化面貌相当复杂、遗存十分丰富的聚落址和公共墓地；⑤ 等等。《三国志·魏志·东夷传》云"其邑落皆主属诸加"，吉林市泡子沿、永吉学古东山、农安田家坨子、蛟河新街与福来东古城、榆树老河深等夫余国聚落皆系被诸加统辖的重要"邑落"。范恩实对榆树老河深墓地中层的墓葬情况所反映的夫余国"邑落"人群构成进行了研究，认为："南区最高等级者，大致相当于邑落首领的诸加，同区中、小墓葬为其依附者；北区、中区次高等级者属于邑落贵族——豪民；大部分中、小墓葬属于国人；至于M12等墓葬，则属于奴隶阶层。"⑥ 这

---

① 吉林市博物馆：《吉林市泡子沿前山遗址和墓葬》，《考古》1985年第6期。
② 吉林市博物馆：《吉林永吉县学古东山遗址试掘简报》，《考古》1981年第6期。
③ 吉林大学历史系考古专业：《吉林农安田家坨子遗址试掘简报》，《考古》1981年第6期。
④ 董学增：《吉林蛟河县新街、福来东古城考》，载于氏著《夫余史迹研究》，吉林文史出版社2011年版。
⑤ 吉林省文物考古研究所：《榆树老河深》，文物出版社1987年版。
⑥ 范恩实：《夫余兴亡史》，社会科学文献出版社2013年版，第184—186页。

为我们探索两汉时期夫余国社会结构提供了重要参考。老河深等夫余"邑落"作为卫星城环绕在夫余王城周边区域，也形成了夫余国文化的区域性特征。

在两汉时期夫余王城东南部，还有王城的公共墓地——帽儿山墓地。帽儿山因形似草帽而得名，位于吉林市丰满区江南乡裕民村附近，海拔270.5米，东坡较陡，西坡平缓。东部为连绵的山岭。墓地以帽儿山为中心，北起龙潭山南麓，东至西山、帽儿山和南山的南坡，西至松花江，南至南山南坡和陵园下西北坡的建华村。这一区域内还有龟盖山、偏脸山等小山，整个地形为丘陵地貌。据考古发掘和钻探可知，帽儿山墓地面积约15平方千米，目前已知在山梁、岗地、山坡上和山坡下台地分布着4000余座夫余国时期的墓葬，推测整个墓地墓葬总数应超过一万座，自北向南分为龙潭山、西山、帽儿山、南山四大墓区。1980年，吉林市博物馆为配合吉林市送配电工程公司在帽儿山的基建活动，抢救性地发掘了三座墓葬。1989—1997年间，吉林省文物考古研究所在吉林市博物馆、吉林市文物管理处的配合下，对帽儿山墓地进行了调查、勘探和发掘，又发掘共计200余座墓葬。根据发掘材料可知，帽儿山墓地的墓葬形制有土圹墓、土圹木椁墓、土圹火葬墓、土圹积石墓、土圹石圹墓等类型，其中土圹木椁墓数量最多，内部以青膏泥填充。其余少量石构墓葬显然与吉林市土著的西团山文化石棺墓密切相关，可能是与夫余国共处的濊国遗民墓地。考古发掘共计出土文物4000余件造型精美、品种丰富的文物：陶器有盆、罐、豆、壶、纺轮等，主要为夹砂褐陶和泥质灰、褐陶；铁器有镢、铧、锥、矛、剑、环首刀、削刀、箭镞、甲片、马衔等；铜器有权杖、泡饰、车辖、车軎、铜镜等；金银器也出土较多，有金牌饰、金泡饰、金管饰、金片饰、鎏金马镫、银指环、金银耳饰等；另外还有丝织品漆器、木器及玛瑙珠、玛瑙管等玉石器。新莽"货泉"钱币的出土说明帽儿山墓地一部分墓葬时间已至两汉之际。[①] 帽儿山墓地

---

① 张立明：《吉林帽儿山汉代木椁墓》，《辽海文物学刊》1988年第2期。刘景文：《吉林市帽儿山古墓群》，《中国考古学年鉴》，文物出版社1990年、1991年版。董学增：《帽儿山古墓群——我国汉魏时代最大的墓地》，载于政协吉林市委员会编《中国历史文化名城吉林市》，吉林人民出版社1999年版。

出土的金银饰品、红玛瑙珠等分别与《三国志·魏志·东夷传》载之夫余人"以金银饰帽",盛产"赤玉""美珠"且"珠大如酸枣"相符合。"赤玉"很可能就是红玛瑙。以土圹木椁墓为主体的墓葬形制以及丰富的随葬品正是夫余人"厚葬,有椁无棺"的真实反映。不过,无论吉林市帽儿山墓地还是榆树老河深墓地,均未发现夫余人"杀人殉葬,多者以数百"的考古学证据。至今也尚未发现以金缕玉衣为葬具的夫余王陵,但应不出吉林市周边一带。

多数学者都认为,位于夫余王城南城子古城东南方向的帽儿山墓地的发现,印证了夫余国"尸之国南山上"的记载。其实,《三国志·魏志·东夷传》所记载的"尸之国南山上"的对象是因嫉妒而被杀的男女,是文曰:"男女淫,妇人妒,皆杀之。尤憎妒,已杀,尸之国南山上,至腐烂。女家欲得,输牛马乃与之。"这表明,所谓"尸之国南山上"并非正常埋葬,而是陈尸郊外,直至腐烂。家人如要索回尸体需用牛马抵赎,则说明这种惩治嫉妒之风的习俗已被制度化。邵蔚风认为:"帽儿山为贵族及正常死亡的国民公共墓地,又距城区较近,怎么能随意暴尸?然而,就在王国都城'正南方',现北华大学校址对面的高山,其方位对照文献分毫不差,且又是王城遗址之外荒凉的山麓,的确是理想的刑罚所在,相信这才是文献记载的'尸之国南山'。"① 该说法有一定道理。从帽儿山墓地的情况来看,这一区域与陈尸荒野的埋葬形式显然迥然有别,但又与"国南山"同处于一个区域,表明王城南郊均是处理死者的区域,只是因死亡原因不同而出现了正常埋葬的帽儿山墓地和暴尸野外的南山墓地两个不同区域。

总之,无论从历史文献所载之两汉时期夫余国疆域及其中心、夫余国筑城形制与丧葬习俗,还是考古发掘成果,今吉林市东郊沿江古城群都是最优选项,当为两汉时期夫余王城无疑。

---

① 邵蔚风:《夫余问题初探》,《东北史地》2004年第5期。

第三章

黑龙江流域三江平原汉魏古城群研究

第一节 三江平原的地理环境及其行政区划

三江平原又称三江湿地或三江低地，位于东北大平原的东北部。三江平原与东北大平原之间被长白山脉的张广才岭和松花江左岸的小兴安岭山脉相隔。这两大平原之间被松花江水道所贯通。所谓的三江平原，实际上就是由黑龙江、松花江、乌苏里江冲击而形成的平原。

我们现在习惯把完达山以南到兴凯湖地区的穆棱河—兴凯湖平原划为三江平原的南部地区。三江平原的北部地区则是黑龙江中游和下游的结合部的右岸，以及由松花江下游左岸和诸支流水系冲刷而成的低地、湿地、丘陵和平原所构成。实际上系松花江和黑龙江两江汇合后的三角洲所构成。这里土质肥沃、水源充沛、地势平坦、交通方便，易于人类的繁殖和农业的开发。三江平原的西部则是以佳木斯市以西地区的倭肯河与牡丹江流域为限，这里虽然是多山地丘陵，但是从倭肯河发源地的七台河市附近的平原和谷地一直向这一地区延伸。东部则是依乌苏里江左岸为限。乌苏里江的发源地有二：一为俄罗斯境内锡霍特山山脉南段西麓，二为中国与俄罗斯的界湖兴凯湖东岸的松阿察湖，浩瀚的兴凯湖则成为乌苏里江最重要的水源地之一。如果从中国与俄罗斯两国的界河段算起，乌苏里江长达近500千米，几乎贯通松花江右岸以南地区的三江平原东部。在我国境内乌苏里江的重要支流有穆棱河、内七星河、外七星河、松阿察河等，这些支流是构成三江平原湿地或三江平原腹地的最重要的水系。尤其是挠力河与挠力河的重要支流，即内、外七星河所流经地域，均属于三江平原地区的核心区域。宝清县、友谊县、集贤县、双鸭山市、饶河县、建三江农垦管理局等都在这一区域内。由此可见，三江平原的范围大致是北起黑龙江，南至兴凯湖周边，西起小兴安岭、张广才岭、老爷岭，东达乌苏里江。在这一广阔的地域内分布有众多的河流、山脉、湿地、丘陵、森林和平原。在三江平原的内陆地区主要的河流有黑龙江中游右岸的嘉荫河、鸭蛋河、梧桐河、鹤立河、阿凌达河、松花江下游、嘟鲁河、蜿蜒河、敖来河和白龙泡、串通泡、大架泡等大小泡沼。

这一地区的河流有乌苏里江、挠力河、内七星河、外七星河、安邦河、倭肯河、蜿蜒河、嘟噜河、瓦里河、松阿察河等，山脉有阿尔哈倭山、那丹哈达岭、老爷岭、完达山、小兴安岭东麓、老爷岭、张广才岭的余脉等。三江平原地区诸水系的流动方向均流向东北，并流入黑龙江的下游。如果从空中俯瞰三江平原的地形特征，犹如一只倒躺着的鼓腹罐，底座朝向西南、嘴向东北。内、外七星河与挠力河则位于三江平原的海拔较低，周围地势渐渐抬高起伏的丘陵与浅山区，再过渡到山地的地区。

从行政区划上看，三江平原地区包括佳木斯市、鹤岗市、双鸭山市、七台河市、鸡西市、建三江农管局等所属的20余县（市），以及哈尔滨市所属的依兰县。此外，还包括众多的农场管理局系统和林场等行政设置。

三江平原地势低平，降水集中，河流缓慢的径流此地。土质特征表现出冻融后的粘重特性，致使地表长期过湿积水过多，形成了大面积沼泽水体和沼泽化的植被，构成了独特的一望无际的沼泽景观。三江平原地区的农业种植主要以水稻、大豆为主，动植物资源十分丰富。动物主要有国家一级保护鸟类丹顶鹤、东方白鹤、白头鹤等许多珍贵鸟类。三江平原的渔捞业也很发达，如有著名的大马哈鱼，三罗五花鱼（辽王朝摆头鱼宴不可缺少的美味），在此地还居住着历史上一直以渔捞为生的少数民族——赫哲族。植被主要分为森林、草甸和沼泽三大类型，桦树为三江平原具有代表性质的树木，木材黄白色，纹理致密顺直，坚硬而富有弹性，其高可达20多米，胸径1米，桦树皮被历来此地生活的人们所利用，如利用桦树皮制造各种工艺品，还可以造船，并且现在仍被当地少数民族所利用。从外部区位条件看，三江平原位于整个东北亚地区的腹地，北部与东部与俄罗斯远东地区相接，西部与松嫩平原相连，南部与牡丹江、绥芬河流域地区为邻。

无论从平原的盆地的肥沃地貌，还是与周边毗邻地区上观察；三江平原无疑都是一个极有可能产生古代文明的地区之一。数十年来，在三江平原地区众多的考古发现已经充分地证明了这一地区是黑龙江流域古代文明的早期发祥地。三江平原是北大荒的意识和观念，正在我们的记忆中渐渐地淡去。兴凯湖畔的新开流遗址、宝清县劝农二道岭遗址、饶河小南山遗址、倭肯河畔依兰县的倭肯哈达遗址、桥南遗址等，都说明了三江平原地区的历史与文化，以及古代文明早在七千年前就已经十分发达和繁荣。近三十年来，三江平原考古发掘工作取得了重大进展，发掘了大量的历史古城、古墓葬、古遗址等历史遗迹。许多学者已经开始将三江平原地区的这些古遗址与历史文献所记载的古代民族的线索有机地结合起来并加以科学的考证。无疑这些考证和研究都是非常有益的探索。

第二节 三江平原汉魏古城群概述

从20世纪70年代开始，黑龙江地区的考古工作者在三江平原地区发现了大量汉魏时期筑城遗址，这些古代筑城遗存表明，该地区在汉魏时期就已出现繁荣的城邦文明，是黑龙江流域古代文明步入早期国家的标志。汉魏之际，双鸭山地区滚兔岭文化的中心由安邦河流域转移至七星河流域，形成了新的凤林文化。三江平原汉魏古城群主要是凤林文化的遗存。1998年，经国家文物局批准，黑龙江省文物考古研究所启动了"黑龙江七星河流域汉魏遗址群聚落考古计划"，这次考古计划旨在重建七星河流域的汉魏文明。该计划以友谊县凤林城址、宝清县炮台山城址、双鸭山保安2号（畜牧队）城址为重点发掘对象。

友谊县凤林古城（图3—1）位于七星河北岸山岗之上，呈不规则形，共有9个城区，总周长6330米，总面积达120万平方米，是七星河流域遗址群中规模最大、形制最复杂的城址，是该地区聚落群的中心聚落。

其中七城区为中心城区，呈正方形，周长490米，城墙四角均有角楼，四面城墙中部各有一马面，未见有城门，推测以吊桥出入。1998—2000年，考古工作者对凤林城址七城区进行了三年的持续发掘，共揭露面积达3300平方米，清理半地穴式房址36座，其中最大房址面积达670平方米，20个柱洞，为目前国内发现的最大的半地穴式房址。另有灰坑48个，解剖城墙1段，出土陶器、石器、骨角器、铁器、铜器、玛瑙串等文物1400余件。[①] 凤林文化即因凤林古城而得名。

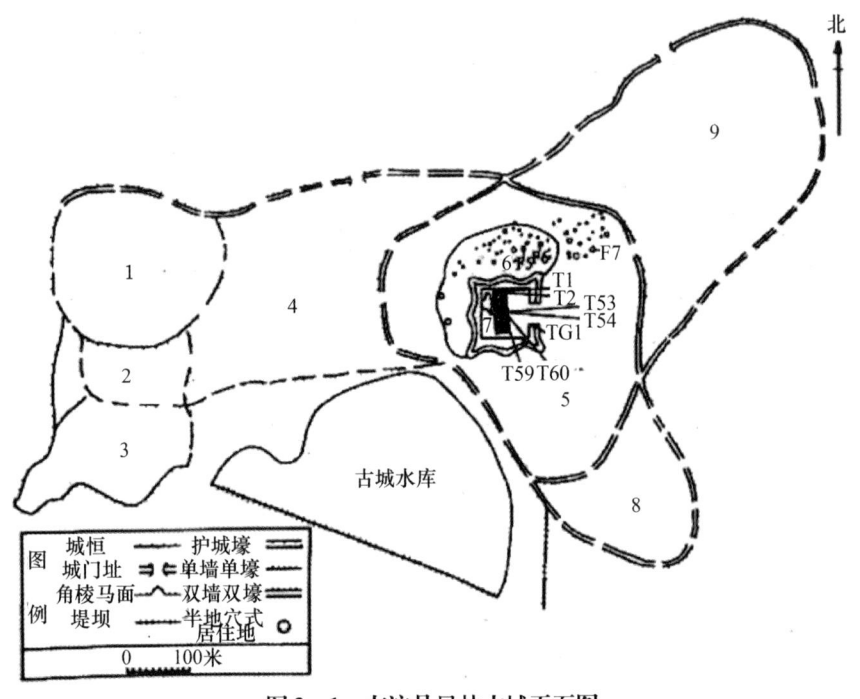

图3—1　友谊县凤林古城平面图

（采自黑龙江省文物管理委员会：《黑龙江友谊县凤林古城址的发掘》，《考古》2004年第12期，第51页）

---

① 靳维柏、王学良、黄星坤：《黑龙江省友谊县凤林古城调查》，《北方文物》1999年第3期；黑龙江省文物考古研究所：《黑龙江友谊县凤林城址1998年发掘简报》，《考古》2000年第11期；黑龙江省文物考古研究所：《黑龙江友谊县凤林城址二号房址发掘报告》，《考古》2000年第11期。

宝清县炮台山城址图3—2位于七星河南岸炮台山上，与凤林古城隔河相望，为七星河流域同期古城中规模最大的山城址。炮台山古城有围垣三道，由人工将山体修筑成三层台阶状，顶部城址为圆角长方形，内有8个天坑，象征北斗七星及北极星。2000年6—7月，对该城址东、南山脚下进行了试掘，揭露面积580平方米，清理半地穴式房址1座，出土陶器、石器、骨角器、铁器、铜器等遗物约50件。①

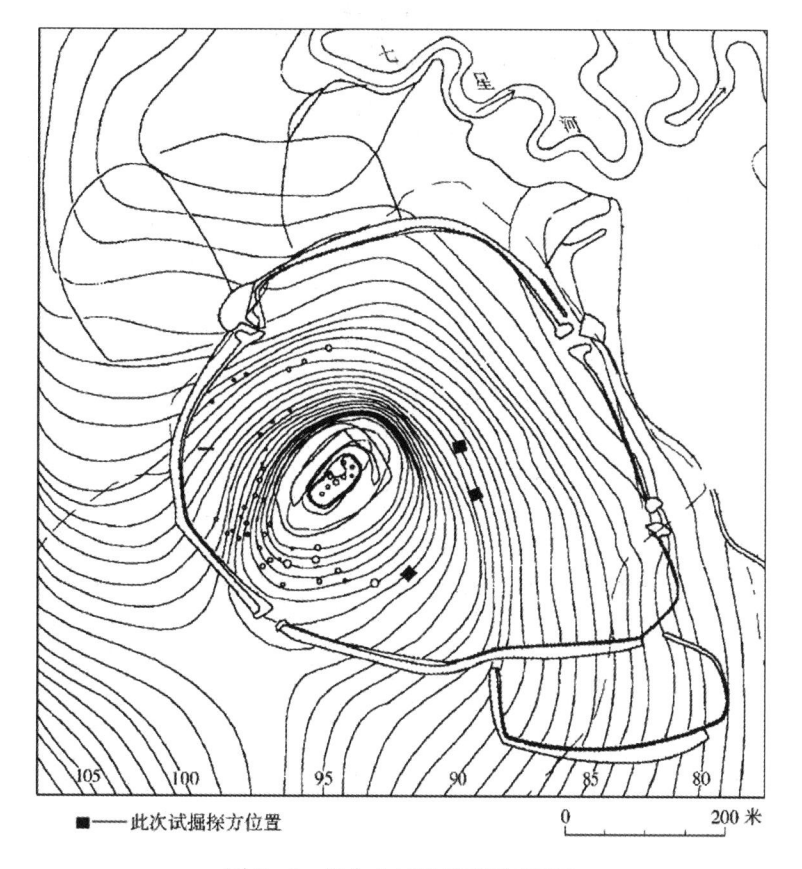

图3—2 炮台山城址平面示意图②

---

① 黑龙江省文物考古研究所：《黑龙江宝清泡台山汉魏城址试掘简报》，《文物》2009年第6期。

② 同上。

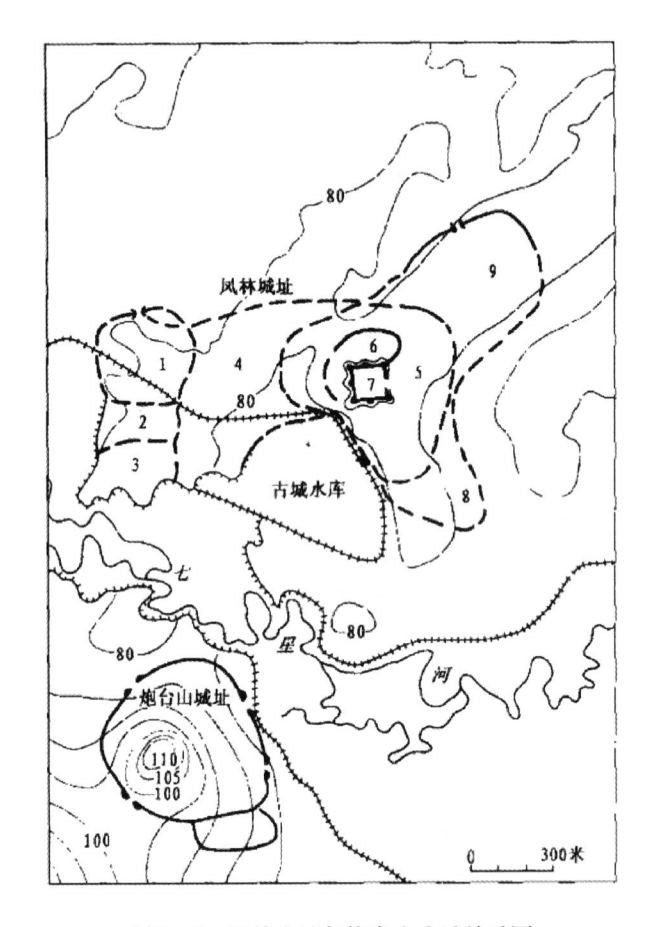

图 3—3　凤林古城与炮台山古城关系图

(采自黑龙江省文物考古研究所:《黑龙江友谊县凤林城址 1998 年发掘简报》,《考古》2000 年第 11 期,第 25 页)

双鸭山市保安 2 号城址位于七星河南岸二级台地之上,平面呈不规则长方形,周长 733 米。城墙四角及中部有角楼、马面共计 13 个,城门位于东北部城墙。1999 年 5—6 月,对该城址进行了发掘,发掘面积约 340 平方米,共清理半地穴式房址 3 座,解剖城墙 1 段,出土陶器、石器、骨角器、铁器、铜器等遗物约 100 件。①

---

① 黑龙江省文物考古研究所:《黑龙江双鸭山保安村汉魏城址的试掘》,《考古》2003 年第 2 期。

通过数年的考古调查，最终形成大型报告《七星河：三江平原古代遗址调查与勘测报告》①。我们在综合发掘报告和研究成果的基础上，对七星河流域汉魏遗址群的文化特征作如下归纳。

其一，关于七星河流域考古编年与序列，早期为滚兔岭文化，其年代为两汉时期，晚期为凤林文化，其年代为魏晋时期。其二，七星河流域共发现汉魏遗址 426 处，主要分布在七星河流域中游两岸，其中上游 40 处，中游 309 处，下游 77 处，中游占遗址总数的 72.5%。相同规模、相同性质、不同规模、不同性质的遗址有成群分布的现象，可大致分为兴隆聚落群、长胜聚落群、仁合聚落群、老古山聚落群、永富聚落群、太和聚落群、巨宝山聚落群、肖会聚落群、东悦聚落群等。其三，在 426 处汉魏遗址中，有城址 113 处、遗址 313 处，包括居住址、防御址、祭祀址、瞭望址、要塞址等，可见聚落群有功能的划分。其四，七星河流域汉魏聚落群有小型、中型、大型和超大型之分，表明当时的七星河流域聚落群已进入复杂社会。属于全流域的要塞聚落和祭祀聚落的存在，也表明全流域战争和祭祀活动的出现，进而表明已存在国家管理机器。诚如考古计划负责人许永杰所言："如果以聚落考古的方法来检验，七星河流域汉魏居民的社会发展阶段，就应达到了国家。如果以国家作为文明确立的标志，七星河流域的汉魏居民就已经跨入了文明社会的门槛。"②

在对凤林文化内涵及其所反映的发展阶段的研究上，在 20 世纪 90 年代末，干志耿先生便较早地对三江平原汉魏聚落遗址群的年代、发展阶段、凤林古城与炮台山古城的内涵、铜鍑文化分布的东端、三江平原古代建制及意义和价值等多方面进行了综合论证。③ 干志耿先生又与殷德明

---

① 黑龙江省文物考古研究所：《七星河：三江平原古代遗址调查与勘测报告》，科学出版社 2004 年版。
② 许永杰：《关于探索黑龙江文明起源的几个问题》，《北方文物》2001 年第 1 期；许永杰、赵永军：《七星河流域汉魏遗址群聚落考古的理论与实践》，载于《庆祝张忠培先生七十岁论文集》，科学出版社 2004 年版；许永杰：《黑龙江七星河流域汉魏遗址群聚落考古计划》，《考古》2000 年第 11 期。
③ 干志耿：《三江平原汉魏城址和聚落址的若干问题——黑龙江三江考古千里行随笔》，《北方文物》1999 年第 3 期。

先生于 2000 年合作撰写《城市布局与建筑史上的奇观——七星河畔发现"北斗七星"祭坛遗址表明华夏文化在汉魏时已传播至三江平原》一文，对炮台山古城祭坛遗址的形态和内涵进行了论证，指出炮台山城址"是三江平原汉魏时期东夷民族建立文明古国最具代表性的特质文化和精神文化的主要标志"，"是目前我国发现的以天文星座为形象的城市核心建筑布局的首例"，这说明华夏文化在汉魏时期已传播到三江平原七星河畔。① 2001 年，两位先生又提出"亘古荒原第一都"的说法，并论证其科学价值："从上千处不规范的汉魏城址和聚落址群的基础上萌生了严格的、规范的京都城址、宫殿址和祭坛址，标志着社会发展、城市萌生、文明发端、国家出现的初级阶段，然而是质的飞跃，这不能不说是三江平原和东北亚极边地区有史以来首次出现了以一个城市为中心的、包容周围村社的雏形国家，即城邦国家及其文化历史的表证。这也不能不说是汉魏时期三江平原的东北极边地区原住民族创造的地区性统一城邦国家这种国家初级阶段的模式。"② 这一论述可谓十分深刻。他们又发表《黑龙江流域"亘古荒原第一都"——凤林古城及炮台山"七星祭坛"的价值与意义》一文，对凤林古城和炮台山"七星祭坛"遗迹的价值和意义予以了详细论证。③ 王学良先生主编的四册《黑龙江省双鸭山市文物资料汇编》收录了双鸭山地区文物工作者的考古笔记、资料、发掘报告、研究文章以及国内外专家对双鸭山古族遗存的研究成果，其中"综合研究和文献资料篇"一册被命名为"黑龙江历史第一都"，可视作对"亘古荒原第一都"概念的认可和呼应。田禾系统梳理和研究了凤林文化的特征、分布及渊源，认为凤林文化是魏晋时期分布在三江平原地区一支颇具地方特色的土著文化。其文化主体是在多方面继承了当地的滚兔岭文化，同时吸纳了部分外围的团结文化和同仁文化的少量因

---

① 实玮：《城市布局与建筑史上的奇观——七星河畔发现"北斗七星"祭坛遗址表明华夏文化在汉魏时已传播至三江平原》，《中国文物报》2000 年 9 月 27 日第 1 版。

② 实玮：《亘古荒原第一都——试谈三江平原"挹娄王城"的发现及其价值》，《中国文物报》2001 年 1 月 31 日第 7 版。

③ 干志耿、殷德明：《黑龙江流域"亘古荒原第一都"——凤林古城及炮台山"七星祭坛"的价值与意义》，《学习与探索》2001 年第 5 期。

素，经过这三种文化的杂糅相成，导致了这支文化走向成熟和繁荣，最终迎来了三江平原早期国家文明的到来。① 赵永军认为："凤林文化是在继承本地区前期文化——滚兔岭文化的基础上，向南、北分别吸取周邻地区团结文化、蜿蜒河类型的因素，同时又发生了明显改进与嬗变，而发展成为一种内涵广阔、面貌复杂的文化遗存。"② 张国强等将凤林文化分为早、晚两期，凤林文化早期与滚兔岭文化相似，以保安村城址为代表；凤林文化晚期以凤林古城为代表。他们认为，凤林文化主要来源于滚兔岭文化，并在形成过程中受到其南部团结文化的强烈影响，还吸收了部分高句丽文化。③ 黄星坤将凤林城址所反映的文化置于滚兔岭文化的论述中，他系统阐述了凤林城址、炮台山祭坛遗址及凤林文化的内涵，认为："王城的诞生体现了强权政治的出现，萌发了国家文明的雏芽！"④ 殷德明先生回顾了凤林古城、炮台山古城的内涵以及对其发现、研究的历程。⑤ 著名天文考古学家伊世同从天文学的角度对凤林古城和炮台山祭坛遗址进行了缜密阐述，可知两城隔河而建、北斗七星状祭坛等都反映了三江平原古族的天文学意识。⑥ 王乐文也认为，以友谊县凤林城址命名的凤林文化，是滚兔岭文化的直接继承者，同时又明显包含了南部团结文化的因素。⑦

---

① 田禾：《凤林文化浅析》，《北方文物》2004年第1期。
② 赵永军：《黑龙江东部地区汉魏时期文化遗存研究》，《边疆考古研究》（第3辑），科学出版社2005年版。
③ 张国强、霍东风、华阳：《凤林文化刍议》，《北方文物》2006年第2期。
④ 黄星坤：《浅谈"滚兔岭文化"》，《牡丹江大学学报》2007年第5期。
⑤ 殷德明：《从"北斗七星"祭坛的发现到"亘古荒原第一都"的提出》，载王学良主编《黑龙江省双鸭山市文物资料汇编·黑龙江历史第一都》，双鸭山市文物考古资料汇编编委会2008年。
⑥ 伊世同：《荒原古都祭斗坛——东北三江平原遗址的天文考古》，载王学良主编《黑龙江省双鸭山市文物资料汇编·追寻远古》，双鸭山市文物考古资料汇编编委会2008年版。
⑦ 王乐文：《挹娄、勿吉、靺鞨三族关系的考古学观察》，《民族研究》2009年第4期。

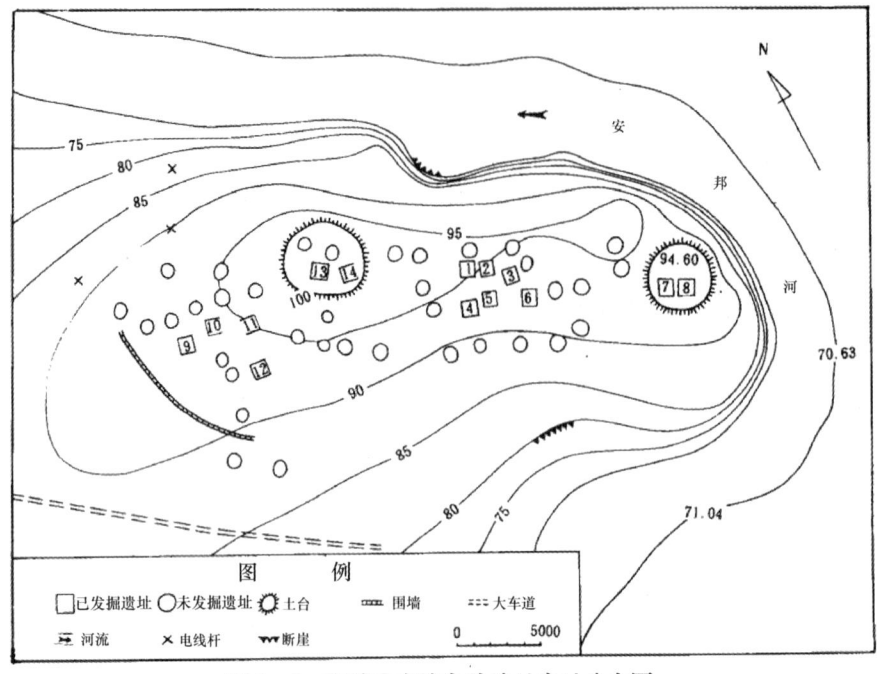

图 3—4 双鸭山市滚兔岭遗址房址分布图

(采自黑龙江省文物考古研究所:《黑龙江省双鸭山市滚兔岭遗址发掘报告》,《北方文物》1997年第2期)

第三节 三江平原汉魏古城群族属研究

在凤林文化及七星河流域汉魏古城群族属的研究上,学术界多数学者认为其应是挹娄族筑城,并为勿吉沿用。三江平原汉魏古城的形制、文化内涵及其所反映出的社会发展阶段表明,此时的挹娄族已经进入早期国家阶段。

肃慎在两汉时期称挹娄。"挹娄"一词初见于曹魏时期鱼豢所著史书《魏略》:"挹娄,一名肃慎氏。"关于挹娄的地理分布,《后汉书·东夷传》记载:"在夫余东北千余里,东滨大海,南与北沃沮接,不知其北所极。"《晋书·东夷传》亦记载:"在不咸山北,去夫余可六十日行,东滨大海,西接寇漫汗,北极弱水。"挹娄在地理分布上大体承袭肃慎故地,并有所扩大，大致在长白山以北，牡丹江中下游，松花江、黑龙江、乌苏里江三江汇合之处的三江平原，核心区域在牡丹江中下游及七星河、挠力河流域。

一 挹娄族称谓及其含义

"挹娄"一词初见于曹魏时期鱼豢所著史书《魏略》，书云："挹娄，一名肃慎氏。"《三国志》《后汉书》《晋书》等正史文献均为挹娄立传，对其风土、分布等有所记载，为今人了解挹娄史实提供了极为重要的参考。

在挹娄是自称还是他称的问题上，学术界鲜有涉及，唯有程妮娜对此进行了研究。她认为，根据《三国志》的记载，魏明帝青龙四年（236）挹娄朝贡曹魏，因言语不通需"重译入贡"，而只有夫余、沃沮、高句丽等民族有可能充当翻译，如此才能实现挹娄与中原的交流。"挹娄"并非该民族自称，而是夫余人对这一族群的称呼，即他称。[①]

通过对历史文献的研读和分析，学术界对挹娄族称谓及其含义进行了长期的探索，形成了诸家之说。笔者对目前学术界所见观点进行了粗略统计，大致有以下几种观点。

其一，"穴居人"说。最早对挹娄族称含义进行解读的是成书于清乾隆年间由大学士阿桂等所撰之《满洲源流考》，该文献记载："今满洲语谓岩穴之穴为叶鲁，与伊录音相近，可知当时命名之义。而音转传讹，历代逐有互异。"可知清人以为"挹娄"乃"岩穴"之意。这一说法对后世影响甚大，至今仍在学术界占有重要位置。杨保隆便认为，汉族人因其开洞穴而居便用其语言称之为"挹娄"，久而久之便以挹娄来称呼肃慎族人了[②]。蒋秀松、朱在宪合著之《东北民族史纲》[③]，薛虹、李澍田主编的《中国东北通史》[④]，李治亭主编《东北通史》均认为挹娄意为

[①] 程妮娜：《汉至唐时期肃慎、挹娄、勿吉、靺鞨及其朝贡活动研究》，《中国边疆史地研究》2014年第2期。
[②] 杨保隆：《肃慎挹娄合考》，中国社会科学出版社1989年版。
[③] 蒋秀松、朱在宪：《东北民族史纲》，辽宁教育出版社1993年版，第45页。
[④] 薛虹、李澍田主编：《中国东北通史》，吉林文史出版社1993年版，第191页。

"穴居人",因满语"穴"与挹娄音相近,且该称谓含义与挹娄人穴居的居住方式相合。① 郝庆云、魏国忠也赞同挹娄族称为"穴居人"之意。② 赵展认为,用通古斯语族南支的语言来表示肃慎"冬则穴居",应为"洞穴在住的人",因此挹娄含义为"住洞穴的人"。③

其二,"邑落"说。傅朗云、杨旸认为挹娄与肃慎既不同音,也不同义。挹娄是医巫闾的谐音,在秦以前,医巫闾山区曾生活着一个原始部族,医巫闾山是神人医和巫居住之所,叫医巫结庐之地,因此挹娄称谓是源自地名邑村、邑堡。刘节《好太王碑考释》一文以为挹娄一词在东北古代少数民族语言中有多种译法,如燕娄、邑勒、鸭卢等。傅朗云等据此认为,今鸭绿江即古代鸭卢江或邑娄江,南北朝时期燕娄城实为汉代邑娄城。今吉林省永吉县有伊勒们河,可能是挹娄族活动过的地方。挹娄人在春秋战国时期不断自辽西向东北方向迁徙,到达肃慎故地后与玄夷后裔倭人融合,成为汉代我国历史文献中所载之挹娄。④ 张国庆也持上述观点,认为汉代辽东邑娄城,即南北朝时燕娄城、金代沈州挹娄县、明代懿路千户所等,皆是挹娄族名在地名上的反映。⑤ 何光岳反对"穴居"说,赞同傅氏、张氏的观点,并进一步阐释:"娄的名义,即猪獾,也叫貗,这系邑娄人的图腾崇拜,食猪肉,衣猪皮,身上涂有厚厚的猪油以御寒。这便是娄人、邑娄人的习俗。邑娄之义,或即娄人的城邑的倒装语。"⑥ 李德山认为挹娄即虞娄,即隋唐时期黑水靺鞨之虞娄部,并就此进一步论述:"'医巫闾'作为山名,当由挹娄族的族名而得,'闾'同'娄','医巫'两字的急读或反切则就是'虞'音。由于'虞'与

---

① 李治亭主编:《东北通史》,中州古籍出版社 2003 年版,第 81 页。
② 郝庆云、魏国忠:《论肃慎族系在中国历史发展中的作用》,《满语研究》2001 年第 2 期。
③ 赵展:《对肃慎及其后裔的考证》,《中央民族大学学报》(哲学社会科学版) 2013 年第 4 期。
④ 傅朗云、杨旸:《东北民族史略》,吉林人民出版社 1983 年版,第 54—55 页。
⑤ 张国庆:《略谈东北地区源于古代少数民族名称的地名》,《黑龙江民族丛刊》1988 年第 1 期。
⑥ 何光岳:《女真源流史》,江西教育出版社 2004 年版,第 11 页。

'挹'可一音之转，故史家由'虞'而转署为'挹'。"① 尹郁山认为"挹娄"一词来源于"邑落"一词的本义和谐同音转写，是西汉时期"邑落人"内服中原时的自称。② 哈斯巴特尔亦认为挹娄与汉语"邑落"的发音十分接近，进而考证了"邑落"有"箭"之意，为"邑落"说的引申。

其三，"箭人"说。喻权中、麻晓燕通过考证肃慎系统族源神话，考证出"肃慎"族称具有"箭人"之意。《满洲源流考》中记载挹娄即满语音"叶鲁"，意为岩穴。挹娄还音近"亦勒"，意为网。皆因其似箭射中后的窟窿。而满语"箭"的语音正是"捏鲁"，因此可知挹娄为"箭人"之意。③ 哈斯巴特尔在考证满族"牛录"表示政治组织的同时，还有"箭"的意思。通过进一步详考蒙古语、满语的发音，在结合古代文献对挹娄善射生产习俗记载和"夷"字义——手中拿着大弓的人的分析基础上，认为挹娄应为"猎人"之义，邑落的词源即是"箭"。④

其四，"伊虑"说。崔向东对北镇医巫闾山的名称来历进行了考证，认为其名称来源于当地古老的东夷部族"伊虑"，"伊虑"古族在西周时期不断向北迁徙，逐渐形成"挹娄"古族。"伊虑""挹娄"实为同一族称的不同汉字表音。⑤ 何光岳亦说："医巫闾又作医无闾，与无虑、无娄、符娄音通。医巫闾山在辽西走廊之西，急读则为挹娄，后迁肃慎故地，建立挹娄国，后融入于靺鞨。"⑥

其五，"东人"说。张甫白（博泉）认为挹娄是肃慎的同名异译，挹

---

① 李德山：《东北古民族与东夷渊源关系考论》，东北师范大学出版社1996年版，第329页。
② 尹郁山：《友谊凤林、兴隆山、长胜三处汉魏时期遗址足迹考》，载王学良主编《黑龙江省双鸭山市文物资料汇编·黑龙江历史第一都》，双鸭山市文物考古资料汇编编委会2008年版。
③ 喻权中、麻晓燕：《肃慎系统族源神话的历史考察》，《黑龙江民族丛刊》1999年第1期。
④ 哈斯巴特尔：《试析肃慎、挹娄、女真的族称关系》，《黑龙江民族丛刊》2000年第3期。
⑤ 崔向东：《医巫闾山名称来源及"伊虑"族属迁徙考释》，《社会科学辑刊》2014年第6期。
⑥ 何光岳：《南蛮源流史》，江西教育出版社1988年版，第269页。

娄即虞娄，其语出自郏娄，同肃慎均为"东""东人"之意。①

其六，其他说法。民国时期学者金毓黻在其《肃慎、挹娄、勿吉三系语义考》一文中认为挹娄为通古斯—满语"三"的意思。②刘节认为挹娄即沃沮，后改称勿吉、靺鞨，挹娄、沃沮、勿吉、靺鞨均为同一族称的同音异写。③亦有说法认为挹娄为通古斯语"鹿"之意，但何光岳根据金光平、金启琮合著的《女真语言文字研究》认为此说不确，二者发音实相差甚远。④

除此之外，台湾学者唐德刚认为"挹娄人"即"阿留人"（ALEUT），阿留申群岛便是因居住着阿留人而得名，"阿拉斯加"之得名可能也与阿留人东进有关。⑤但其未对族称含义进行探讨。

二　挹娄的地理分布与三江平原古族考古遗存

关于挹娄的地理分布，《后汉书·东夷传》有记载："在夫余东北千余里，东滨大海，南与北沃沮接，不知其北所极。"《晋书·东夷传》亦记载："在不咸山北，去夫余可六十日行，东滨大海，西接寇漫汗，北极弱水。"学术界据此对挹娄的地理分布进行了长期探索。

张云樵考订挹娄的地域分布范围与肃慎略同，南至长白山，北至松花江、黑龙江、乌苏里江汇流处，西至张广才岭，吉林省东部亦为挹娄人活动范围。⑥薛虹等认为，挹娄南以长白山与高句丽相接，北至松花江、黑龙江、乌苏里江汇流处，东极日本海，西以张广才岭（或稍西）与夫余相连。⑦温玉成认为，挹娄初居依兰一带，随着其逐渐强大，其分

---

① 张甫白：《肃慎·挹娄·女真考辨》，《史学集刊》1992年第1期。
② 金毓黻：《肃慎、挹娄、勿吉三系语义考》，《东北集刊》1941年第1期。
③ 刘节：《古史考存》，转引自张甫白《肃慎·挹娄·女真考辨》，《史学集刊》1992年第1期。
④ 何光岳：《女真源流史》，江西教育出版社2004年版，第8页。
⑤ 唐德刚：《从挹娄·阿留·阿伊努之史足迹看一个中日亚美民族文化圈》，《传记文学》1997年第11期。
⑥ 张云樵：《吉林满族的渊源及衍变考略》，《社会科学战线》1992年第2期。
⑦ 薛虹、李澍田主编：《中国东北通史》，吉林文史出版社1993年版，第192页。

布范围南自黑龙江省的三江平原，北至俄罗斯鄂霍茨克海沿岸。①李治亭主编《东北通史》认为夫余中心在今吉林省农安、长春、吉林市及辉发河流域，其"东北千余里"应在今牡丹江、松花江汇合处。"大海"为今日本海。北沃沮北界为老爷岭，南与北沃沮接，两族大致以吉林老爷岭为界。西接之寇漫汗在今松花江东流段至嫩江间。弱水即黑龙江下游。据此可知挹娄四至大致如下：张广才岭以西，老爷岭以东，牡丹江中下游、松花江、黑龙江、乌苏里江汇流处及其下游。②张兆国从文献记载、考古发现等多个角度分析认为，黑龙江省七星河流域即是挹娄民族的主要分布地域。③范忠泽认为挹娄族分布地域，具体应包括张广才岭东西、老爷岭以西、牡丹江中下游以及松花江、黑龙江、乌苏里江三江汇流地带和下游。④周喜峰认为挹娄的分布地域为东临大海，南部、西部、西南部及西面分别与沃沮、夫余及寇漫汗国相邻，具体来说包括了张广才岭以东以西的广大区域、老爷岭以西、牡丹江中下游以及松花江、黑龙江、乌苏里江三江汇流地带及其下游的地理范围内。⑤郭威、李忠芝根据历史文献认为挹娄的地理分布在今松花江下游、黑龙江和乌苏里江流域，东至日本海，北至俄罗斯远东地区。⑥王禹浪认为肃慎、挹娄、勿吉地理分布的中心在牡丹江流域的中游地区和三江平原地区。⑦高波主编的《东北三江流域古代城址——佳木斯地区汉魏时期城址》一书将文献和考古发掘两方面相印证，以佳木斯市桦南县小八浪遗址的年代为例，认为挹娄人正是汉魏时期三江平原的主人。⑧赵展依据历史文献和渤海时期的《张建章墓志铭》中"明年秋抄达忽汗州，州即挹娄故地"之语，可知挹娄

---

① 温玉成：《从"殷人东渡"说到"挹娄人"》，《海交史研究》2000年第2期。
② 李治亭主编：《东北通史》，中州古籍出版社2003年版，第81—82页。
③ 张兆国：《三江平原七星河流域的古代民族》，《黑龙江史志》2008年第11期。
④ 范忠泽：《肃慎女真族系历史演变、地理分布及对鹤岗地区的影响》，《黑龙江史志》2009年第3页。
⑤ 周喜峰：《论肃慎女真族系研究在中外民族史研究中的地位和作用》，《满族研究》2010年第2页。
⑥ 郭威、李忠芝：《肃慎、挹娄与魏晋南北朝的朝贡关系》，《才智》2010年第7期。
⑦ 王禹浪：《神秘的东北历史与文化》，黑龙江人民出版社2011年版，第130页。
⑧ 高波主编：《东北三江流域古代城址——佳木斯地区汉魏时期城址》，黑龙江教育出版社2011年版。

分布于牡丹江流域，为肃慎故地。①

总而言之，挹娄地理分布大致在长白山以北，牡丹江中下游，松花江、黑龙江、乌苏里江三江汇合之处的三江平原，核心区域在牡丹江中下游及七星河、挠力河流域。大体上承袭肃慎故地，又有所扩大。

对挹娄地理分布的研究不仅仅要依靠文献记载，对其考古学遗存的发掘和研究更是至关重要的研究方法。

李文信于20世纪50年代最早论述了挹娄遗存。他认为依兰县倭肯哈达洞穴遗址可能是魏晋时期挹娄民族的物质文化遗存。② 从20世纪70年代开始，黑龙江地区的考古工作者在三江平原地区发现了大量汉魏时期的古城、古遗址、古墓葬等。这些古代遗存证明了该地区在汉魏时期就已出现繁荣的文明，是黑龙江流域古代文明的重要发源地。密集的古代遗址如满天星斗般播撒在这片肥沃富饶的黑土地上，使北大荒的观念成为过去时。我们认为，目前在三江平原发现的蜿蜒河类型、同仁文化、滚兔岭文化、海青文化、凤林文化等考古学文化，以及分布在三江平原腹地七星河流域、安邦河流域、挠力河流域等地的地堡群文化，很可能就是肃慎的后裔挹娄人的文化遗存。

1974年，黑龙江省考古工作队对鹤岗市绥滨县蜿蜒河遗址进行了考古发掘，蜿蜒河类型因此而得名。这次考古发掘成果的报告《黑龙江省绥滨县蜿蜒河遗址发掘报告》在32年后由杨虎执笔、发表于《北方文物》2006年第4期。据此考古报告可知，蜿蜒河遗址发掘面积共计203平方米，遗址以房址为主，属于两个不同时期的文化遗存。F1房址同于同仁文化二期类型，其年代相当于中原的魏晋南北朝时期。F2房址为典型的蜿蜒河类型。F2房址为半地穴式，出土喇叭口球腹罐、青铜饰牌等文物，其年代与俄罗斯波尔采文化相近，大致相当于中原两汉时期。从遗址地层及年代上可知两处房址有前后继承关系，应为挹娄、勿吉、靺鞨的考古学遗存。③ 林沄先生最先系统论述了蜿蜒河类型的内涵，指出其

---

① 赵展：《对肃慎及其后裔的考证》，《中央民族大学学报》（哲学社会科学版）2013年第4期。
② 李文信：《依兰倭肯哈达的洞穴》，《考古学报》1954年第8期。
③ 杨虎：《黑龙江省绥滨县蜿蜒河遗址发掘报告》，《北方文物》2006年第4期。

应是挹娄的考古学文化遗存。① 王禹浪提出了不同意见,认为蜿蜒河文化类型很可能是靺鞨—女真文化的遗存。② 由于蜿蜒河类型与俄罗斯波尔采文化面貌接近,因此也将其二者合称为"蜿蜒河—波尔采文化"。波尔采文化是俄罗斯远东早期铁器时代文化,主要分布在小兴安岭以南的黑龙江中游和下游的哈巴罗夫斯克边疆区境内,因距库克列沃村 4 千米的波尔采遗址而得名。由被誉为俄罗斯"远东考古学之父"的奥克拉德尼科夫院士发现。杰烈维扬科院士是主要研究者,他在 70 年代初认为波尔采文化的族属应为挹娄,其代表性器物喇叭口球腹壶与日本虾夷人的喇叭口球腹壶相似,二者关系密切,因此波尔采文化族群还应参与日本虾夷人的形成。③ 杨虎、林秀贞分别阐述了蜿蜒河类型和俄罗斯波尔采文化的特征,并从分布、文化面貌、年代、经济形态等方面做了对比和归纳,但在其族属问题上,作者认为还应慎重考虑和论述其族属是否属于挹娄。④ 张泰湘认为苏联境内的波尔采文化无论从地域上还是时间上都是挹娄人的物质文化遗存。波尔采文化多分布于沿河地带,居住形式为半地穴式房址,没有门道,每个房址里几乎都有烧焦的黍粒,说明农业已较为发达。铁器增多,并出土有斧、矛、甲片、鱼勾、箭头、带卡等。从陶器上可看出与乌里尔文化具有明显的继承性。波尔采文化的时间段为公元前 6 世纪至公元 4 世纪,分三期。我国境内的绥滨蜿蜒河遗址相当于波尔采二期末至三期初。⑤

戚玉箴、孙进己认为与肃慎和挹娄有关的考古学文化应在牡丹江中游去寻找。在今松花江以东的广大地区,分布着两系古代文化,均与肃慎、挹娄有关。一是莺歌岭下层—莺歌岭上层—东康文化,或称"牡丹江类型文化";二是新开流—小南山—海青(乌里尔)—蜿蜒河(波尔

---

① 林沄:《肃慎、挹娄和沃沮》,《辽海文物学刊》(1986 年创刊号)。
② 王禹浪、刘加明:《三江平原地域族体考古文化研究综述》,《黑龙江民族丛刊》2013 年第 2 期。
③ 冯恩学:《俄国东西伯利亚与远东考古》,吉林大学出版社 2002 年版,第 428、441 页。
④ 杨虎、林秀贞:《试论蜿蜒河类型与波尔采文化的关系》,《北方文物》2006 年第 4 期。
⑤ 张泰湘:《从最新考古学成就看历史上的肃慎、挹娄人》,《东北师大学报》1982 年第 5 期。

采）文化，或称"三江类型文化"。这两系文化有共性而又有一定的区别，其分布情况是前者偏于西南，后者趋向东北。两系文化应同属肃慎—挹娄文化，其差别则反映了同一族系内部不同部落群的差异。前者应是肃慎本部文化，后者或是挹娄的文化。① 这体现了作者认为肃慎与挹娄同时存在、各自分立的观点，现已不为学术界主流所接受。薛虹、李澍田在《中国东北通史》中认为抚远海青遗址、宝清八五二农场遗址、宁安东康、海浪河遗址、依兰倭肯哈达遗址、绥滨蜿蜒河遗址等均为挹娄遗存。②

1984年，考古工作者在双鸭山市发掘了滚兔岭遗址。滚兔岭遗址位于双鸭山市与集贤县交界的滚兔岭上，安邦河在遗址东侧缓缓流过。滚兔岭遗址是黑龙江东北部三江平原西南部聚落遗址群中一处规模较大的遗址。据1984年的发掘报告可知，滚兔岭发掘面积达1500平方米，清理方形半地穴式房址14座，分大、中、小三种规格。房址底面经过加工，十分坚硬。有些房址沿四壁下部发现有排列密集的小柱洞和沟槽，可知房屋曾立有木柱或木板。房址中部有火灶遗迹。房址多数未见门道。发掘遗物以陶器为大宗，均为手制夹砂陶，以褐色为主，红衣陶次之。纹饰以素面为主，另有锯齿状附加堆纹、凹弦纹、凸弦纹等。器形均为平底器，有瓮、罐、壶、碗、钵、杯等，在一些罐和杯的颈腹部之间安有一斜向上翘的角状把手。石器中有穿孔刀、镞、刮削器、磨盘、磨棒等生产工具，还有环、管饰等装饰品。还有刀、镞、凿等铁器，还见甲片、扣环等遗物。③

贾伟明、魏国忠最先详细论证了滚兔岭遗址的内涵，他们通过研究挹娄邻族的地理分布，逐步圈定挹娄的活动地域，进而与考古遗存相结合，指出滚兔岭文化应是挹娄人的遗存。④ 赵永军对该文化的基本内涵、

---

① 戚玉箴、孙进己：《肃慎和挹娄的考古文化》，《学习与探索》1984年第5期。
② 薛虹、李澍田主编：《中国东北通史》，吉林文史出版社1993年版，第192页。
③ 黑龙江省文物考古研究所：《黑龙江省双鸭山市滚兔岭遗址发掘报告》，《北方文物》1997年第4期。
④ 贾伟明、魏国忠：《论挹娄的考古学文化》，《北方文物》1989年第3期。

特征、分期、谱系等进行了梳理和分析。① 黄星坤从时间上、地望上分析了滚兔岭文化的族属，应为挹娄系。又对出土器物进行类型学分析，进一步认定滚兔岭文化与波尔采文化同属挹娄系，应合为一体，统称为挹娄系文化。该文化上溯肃慎，下及勿吉。② 王乐文赞同滚兔岭文化为挹娄遗存，并认为以海林市东兴遗址为代表的东兴文化，在本质上应为滚兔岭文化的一个地方类型或变体，因此也应将其视为挹娄文化。他细致梳理了滚兔岭文化、凤林文化、蜿蜒河类型、团结文化、同仁文化、东兴文化等三江地区汉唐时期的古代文化，将汉唐时期三江地区的文化格局制成表格，学术价值较高。但作者以为，蜿蜒河—波尔采文化与滚兔岭文化从陶器等文化特征看，二者差异显著，应是南北并存的两个不同的考古学文化，因此蜿蜒河—波尔采文化恐并非挹娄文化，而应是靺鞨先世文化遗存。③

王乐文对比研究了滚兔岭文化、蜿蜒河—波尔采文化和乌里尔文化三者之间的关系。他通过对滚兔岭文化因素进行分析，提出黑龙江沿岸的乌里尔文化和经松嫩平原西来的角状把手等文化因素与滚兔岭文化的形成密切相关。乌里尔文化是滚兔岭文化的重要源头。滚兔岭文化虽与蜿蜒河—波尔采文化关系密切，但本质上属于截然不同的两个考古学文化。他们之间可能是对立的关系，若同意滚兔岭文化是古代挹娄的遗存，就不能同时把蜿蜒河—波尔采文化也视为挹娄的物质文化。④ 范恩实则指出，学术界普遍将滚兔岭文化视为汉魏之际挹娄文化遗存，"不过是在错误的道路上越走越远"，因为族群范围与考古文化常常不相吻合，以及文献所载挹娄尚处于前酋邦阶段。因此，他认为挹娄分布地域内两汉时期诸考古学文化，即东康类型、东兴文化、桥南文化、滚兔岭文化、蜿蜒河类型，尽管彼此间存在一定差异，但均应被视作挹娄遗存。⑤ 刘晓东认

---

① 赵永军：《试论滚兔岭文化》，《北方文物》2006年第1期。
② 黄星坤：《浅谈"滚兔岭文化"》，《牡丹江大学学报》2007年第5期。
③ 王乐文：《挹娄、勿吉、靺鞨三族关系的考古学观察》，《民族研究》2009年第4期。
④ 王乐文：《试论滚兔岭文化的两个问题》，《北方文物》2011年第1期。
⑤ 范恩实：《靺鞨兴嬗史研究——以族群发展、演化为中心》，黑龙江教育出版社2012年版，第83—84页。

为同一民族的文化遗存可能包含不同的考古学文化，因此牡丹江以西、松花江、黑龙江北岸、乌苏里江以东的这一区域内的波尔采—蜿蜒河、滚兔岭、东兴、同仁一期等个考古学文化均应将其归入挹娄文化遗存。①程妮娜综合考虑了文献记载与考古学材料，认为蜿蜒河类型族属为北部挹娄，滚兔岭文化族属为南部挹娄。②

综合学者们对蜿蜒河类型和滚兔岭文化族属等问题的研究来看，学术界普遍将这两种汉魏时期的三江平原文化类型作为挹娄遗存，王乐文是持质疑态度的代表学者，他以两种考古学文化在类型学上差异显著为据，认为两种文化应为对立的关系，不可能属于同一族群，而蜿蜒河类型应是靺鞨先世文化，并非挹娄遗存。

魏晋时期，滚兔岭文化中心由安邦河流域转移至七星河流域，形成了新的以三江平原汉魏古城群为基本特征的凤林文化。学术界基本认可该文化为挹娄族遗存。三江平原汉魏古城群所反映的凤林文化，标志着三江平原满族先民挹娄族所创立的早期国家的诞生和城邦文明的开始。其中规模最大、九城环套相连的凤林古城应是满族先民挹娄族的王城所在。城址中央发现的目前国内所见最大的半地穴式房址很可能就是挹娄人的"王宫"，与凤林古城隔七星河相望的炮台山古城则应是挹娄人祭祀天神及北斗七星的祭坛。

然与此同时，亦有学者在认可凤林文化属于挹娄族遗存的同时，反对将其定性为王城。尹郁山认为凤林遗址的主人先是挹娄人，后是勿吉人，但认为凤林古城并非都城，因为凤林城址出土文物并不明确具备文明要素，是在"邑落"基础上建立起来的"城镇"，七号城区也并非王宫，而应是聚会之所。③李秀莲也持上述观点，她认为凤林古城城墙最大的问题是没有城门，王是社会等级出现的产物，王需要人来护卫，不会居于"瓮中"。没有城门的城很可能是氏族部落的"仓库"，此时的凤林

---

① 刘晓东：《挹娄、靺鞨关系的考古学讨论》，《北方文物》2013年第1期。
② 程妮娜：《汉至唐时斯肃慎、挹娄、勿吉、靺鞨及其朝贡活动研究》，《中国边疆史地研究》2014年第2期。
③ 尹郁山：《友谊凤林、兴隆山、长胜三处汉魏时期遗址足迹考》，载王学良主编《黑龙江省双鸭山市文物资料汇编·黑龙江历史第一都》，双鸭山市文物考古资料汇编委员会2008年版。

古城仍是部落社会。① 在对炮台山祭坛遗址的定性上，也存在不同说法。尹郁山认为炮台山不是祭天台，而是挹娄人从事"星祭"的"祭星台"②。陈景和从不宜用"天坑"来象征星宿、"天坑"与实数不符、满族的星祭观念与道家大相异趣等五个方面，论证了炮台山古祭坛是满族先世挹娄人的星祭坛，而不是后世道家的"七星祭坛"③。在学术界引起巨大反响的"黑龙江七星河流域汉魏遗址群聚落考古计划"虽然曾历时数年，参与学者众多，但其报告《七星河：三江平原古代遗址调查与勘测报告》却对七星河汉魏聚落群的族属语焉不详，采取了回避的方式，这也许反映了计划的参与者在这一问题上的慎重态度，看来其族属是挹娄人的说法并非定论。然而计划的负责人许永杰、赵永军却在《七星河流域汉魏遗址群聚落考古的理论与实践》一文中指出，七星河流域汉魏遗址群应与北沃沮人的活动有关④，提出了新的看法。张碧波、庄鸿雁认为凤林古城的文化内涵、地理位置均与挹娄不符，否认其是挹娄文化遗存，根据文献记载，指出凤林古城应是《晋书》中的寇莫汗国，即《魏书》中的豆莫娄国，直至公元 8 世纪并入渤海国，其主体民族应为夫余族。⑤ 刘晓东认为凤林文化年代为魏晋时期，相当于勿吉—靺鞨文化的勿吉早期阶段⑥。乔梁通过分析滚兔岭、凤林等考古学文化，认为由考古学资料所反映的情况以及历史地理考据的知识来看，将滚兔岭文化视作挹娄的遗存具有一定的合理成分，但就考古学资料所反映的现象来看，凤林文化与滚兔岭文化之间的联系似乎并非前赴后继那样简单或直接的关系，两者尚难于视作同一族群集团先后阶段的物质文化遗存，也就是凤

---

① 李秀莲：《黑龙江流域国家文明的演进历程初探》，《学术交流》2012 年第 3 期。
② 尹郁山：《友谊凤林、兴隆山、长胜三处汉魏时期遗址足迹考》，载王学良主编《黑龙江省双鸭山市文物资料汇编·黑龙江历史第一都》，双鸭山市文物考古资料汇编编委会 2008 年版。
③ 陈景和：《浅识炮台山星祭坛与满族祭祀》，《满族研究》2009 年第 2 期。
④ 许永杰、赵永军：《七星河流域汉魏遗址群聚落考古的理论与实践》，《庆祝张忠培先生七十岁论文集》，科学出版社 2004 年版。
⑤ 张碧波、庄鸿雁：《关于黑龙江流域文明的几个问题的思考——从凤林古城址族属说起》，《北方文物》2010 年第 1 期；张碧波、庄鸿雁：《三江平原古城古国文明探考》，《黑龙江民族丛刊》2009 年第 1 期。
⑥ 刘晓东：《挹娄、靺鞨关系的考古学讨论》，《北方文物》2013 年第 1 期。

林文化并非挹娄族遗存。① 王禹浪等认为滚兔岭文化晚期、凤林文化晚期、炮台山文化晚期均已进入勿吉阶段，应是勿吉人的考古学遗存。②

佳木斯地区挹娄筑城的考古调查成果也十分丰富。自 1978 年佳木斯市文物管理站建立以来，截至目前，文物工作者已在佳木斯地区发现了汉魏时期文化遗存 509 处，其中城址 94 处，主要分布于佳木斯市郊区南部、桦川县西南部和桦南县。高波主编的《东北三江流域古代城址——佳木斯地区汉魏时期城址》一书对佳木斯地区 94 座汉魏挹娄城址的地理分布、形制、结构、城址特征、遗物等均作了概述说明，学术价值极高，是学术界研究汉魏古城群和古代挹娄文化不可缺少的重要资料。在这 94 座挹娄筑城中，以位于佳木斯市郊区四丰乡前董家子村的前董家子古山寨城址（图3—5）最为重要，该城"是佳木斯地区汉魏时期的核心城址，是目前已知东北地区海拔最高，保存最好，建制齐全的古城址，是研究中国古城建制及古城文化发展的一个重要标志。"③ 佳木斯市博物馆贺春艳将其命名为前董家子古山寨文化，认为该筑城文化的族属应为挹娄。④

除双鸭山、佳木斯地区外，三江平原其他地区也有发现了一些挹娄筑城。2011 年 10 月，文物部门在七台河市金沙新区二队西南约 0.5 千米的山上发掘出挹娄城址，并发掘出陶器、石磨、铁刀、动物骨等大量文物，专家称，城址及文物表明，这里是满族祖先挹娄人的肇兴之地，挹娄人此时已形成有组织的农业社会。金沙新区二队西南挹娄城址的出现，为七台河地区古遗址文化聚落分布、区域类型、文化谱系等研究提供了新的资料。由此，七台河的历史或可上溯到两千年前。⑤

---

① 乔梁：《关于靺鞨族源的考古学观察与思考》，《吉林大学社会科学学报》2014 年第 2 期。

② 王禹浪、刘加明：《三江平原地域族体考古文化研究综述》，《黑龙江民族丛刊》2013 年第 2 期。

③ 高波主编：《东北三江流域古代城址——佳木斯地区汉魏时期城址》，黑龙江教育出版社 2011 年版，第 81—82 页。

④ 贺春艳：《对黑龙江省佳木斯市前董家子古山寨文化内涵的初步认识》，《吉林省教育学院学报》2014 年第 3 期。

⑤ 解洪旺、文天心：《挹娄城址发现陶器等文物——七台河历史或可上溯到 2000 年前》，《黑龙江日报》2011 年 10 月 26 日第 9 版。

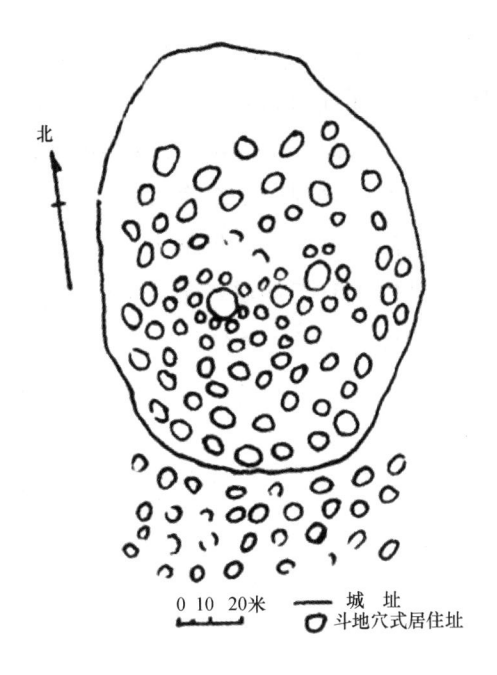

0 10 20米　　———城　址
　　　　　　　⊙斗地穴式居住址

图 3—5　前董家子古城平面图①

满族先民挹娄人创造的灿烂筑城文化作为黑龙江流域古代文明的第一个高潮，其所反映的早期国家雏形和文明社会，不仅在改变世人对黑龙江古代文明的认识上具有关键性的意义，更是研究早期族群由氏族社会向文明社会过渡的重要标本。

三　勿吉（沃沮）入主三江平原

勿吉是南北朝时期在我国东北地区强盛一时的重要民族，曾占领北沃沮，袭扰高句丽，驱逐夫余国，地域范围不断扩张。隋唐时期发展为靺鞨（靺羯）七部，其中靺鞨粟末部建立了"海东盛国"渤海国、靺鞨黑水部后裔女真完颜部建立了大金帝国，大清帝国的建立者建州女真也与勿吉—靺鞨古族存在一定的亲缘关系。勿吉在隋唐及其后历代王朝先后被写成靺羯、靺鞨、兀惹、乌惹、兀的改、兀者、斡拙、吾者、如者、乌稽、窝集等。

---

① 黑龙江省地方志编撰委员会：《黑龙江省志·文物志》，黑龙江人民出版社 1994 年版。

勿吉之名始见于北魏，大致在隋代消失于历史文献之中。《魏书·勿吉传》对勿吉的历史面貌进行了系统记述，主要涉及了勿吉的风土人情及其朝贡中原王朝的历史。传云："勿吉国，在高句丽北，旧肃慎国也。邑落各自有长，不相总一。其人劲悍，于东夷最强。言语独异。常轻豆莫娄等国，诸国亦患之。去洛五千里。自和龙北二百余里有善玉山，山北行十三日至祁黎山，又北行七日至如洛环水，水广里余，又北行十五日至太鲁水，又东北行十八日到其国。国有大水，阔三里余，名速末水。其地下湿，筑城穴居，屋似冢形，开口于上，以梯出入。其国无牛，有车马，佃则偶耕，车则步推。有粟及麦穄，菜则有葵。水气醎凝，盐生树上，亦有盐池。多猪无羊。嚼米酝酒，饮能至醉。妇人则布裙，男子猪犬皮裘。初婚之夕，男就女家执女乳而罢，便以为定，仍为夫妇。俗以人溺洗手面。头插虎豹尾。善射猎，弓长三尺，箭长尺二寸，以石为镞。其父母春夏死，立埋之，冢上作屋，不令雨湿；若秋冬，以其尸捕貂，貂食其肉，多得之。常七八月造毒药傅箭镞，射禽兽，中者便死，煮药毒气亦能杀人。国南有徒太山，魏言'大皇'，有虎豹黑狼不害人，人不得山上溲污，行迳山者，皆以物盛。"随后还记述了北魏延兴、太和、景明、兴和年间勿吉多次遣使朝贡北魏的相关史实。

有关勿吉的地望，《魏书·勿吉传》记述："去洛五千里。自和龙北二百余里有善玉山，山北行十三日至祁黎山，又北行七日至如洛瓌水，水广里余，又北行十五日至太鲁水，又东北行十八日到其国。国有大水，阔三里余，名速末水，延兴中，遣使乙力支朝献。乙力支称，初发其国，乘船溯难河西上，至太沵河，沉船于水，南出陆行，渡洛孤水，从契丹西界达和龙。"近百年来学术界对此已多有研究，我们认为对勿吉地理分布的探讨应对其南下灭夫余前和南下夫余故地两个阶段予以分别考察。勿吉南下灭夫余前，其早期居地与挹娄地域大致相合。沃沮北上驱逐挹娄，占据挹娄故地，建立了强大的勿吉国，并袭用了挹娄王城凤林城，成为新的勿吉国王城。因此凤林文化、炮台山文化晚期应属于勿吉遗存。黑龙江中下游的绥滨同仁遗址、萝北团结砖厂墓地以及绥芬河流域的东宁团结遗址等遗存也应是勿吉族的考古学文化。黑龙江流域的其他相关遗迹还有哈尔滨黄家崴子①、宾县老山头②、望奎厢兰头③、海林河口四期与振兴四期④、海林渡口二期⑤。干志耿、孙秀仁先生合著的《黑龙江区域考古学》还将绥滨四十连、哈尔滨黄山南北城址、呼兰河左岸八方前、通江、桦川长发屯、逊克西碇子等遗址列入勿吉—靺鞨考古学遗存。⑥ 北魏年间，勿吉沿今松花江南下，驱逐夫余人，其地域向南及西南有所扩大，占据了部分夫余国故地和秽貊族分布的地区，致使夫余国"西徙近燕"⑦。

勿吉的前身即是活动于图们江、绥芬河流域的沃沮人，在西汉时期即已形成。三国时期曹魏毌丘俭率军讨伐高句丽，致使高句丽王宫北逃沃沮，《三国志·东夷传》云："毌丘俭讨句丽，句丽王宫奔沃沮，遂进师击之。沃沮邑落皆破之，斩获首虏三千余级，宫奔北沃沮。"我们以为，高句丽对沃沮的征服和统治引发了沃沮人不断北迁至今三江平原，并驱逐了当地土著挹娄人，建立了强大的勿吉国，历史文献遂以勿吉取代了沃沮的族称。"勿吉"即是"沃沮"的同音异写。以三江平原双鸭山凤林古城为代表的凤林文化吸收了其南部沃沮族团结文化的因素，这正是沃沮北上灭挹娄、入主凤林古城的考古学证明。⑧ 因此，三江平原汉魏古城群及其他同时期文化面貌接近的考古学文化晚期族属应系勿吉族。

---

① ［苏联］热列兹涅柯夫、孙秀仁译：《阿什河下游河湾地带考古调查收获》，《黑龙江文物丛刊》1983年第2期。
② 赵善桐：《黑龙江宾县老山头遗址试掘简报》，《考古》1962年第3期。
③ 绥化地区文物管理站：《呼兰河中游考古调查简报》，《黑龙江文物丛刊》1982年第2期。
④ 黑龙江省文物考古研究所、吉林大学考古学系：《河口与振兴》，科学出版社2001年版。
⑤ 黑龙江省文物考古研究所、吉林大学考古学系：《黑龙江海林市渡口遗址的发掘》，《考古》1997年第7期。
⑥ 干志耿、孙秀仁：《黑龙江古代民族史纲》，黑龙江人民出版社1987年版，第208—209页。
⑦ 《资治通鉴》卷九七《晋纪十九》"穆帝永和二年（346）春正月"条："初，夫余居于鹿山，为百济所侵，部落衰散，西徙近燕，而不设备。"
⑧ 王禹浪、魏国忠：《渤海史新考》，哈尔滨出版社2008年版，第124页。

第四章

黑龙江流域高句丽、渤海古城分布与研究

第一节 黑龙江流域高句丽古城与"千里长城"起始段

高句丽是从北扶馀分离出来的一支古代族群，与北扶馀同属于秽貊族系，早在先秦时期就聚居于浑江流域。西汉武帝东征古朝鲜，灭卫氏政权，置四郡，在玄菟郡设高句丽县。公元前1世纪中叶，朱蒙率松花江流域的"北扶馀"一支南迁，至沸流水，即今富尔江和浑江，于西汉建昭二年（前37）建立隶属于"玄菟郡"内的民族政权，即最早的"卒本扶馀"。高句丽政权始创，至公元668年为唐所灭，在中国历史上存续了七百余年，是中国东北区域性民族中建立地方政权延续时间最长的民族之一。在其政权的整个发展过程中，与周邻民族和中原政权发生了多次冲突和战争。高句丽政权的西进和东扩及来自中原势力强大军事威胁是攻防战争连年不断及筑城防御的历史动因。

高句丽政权建立之初，势力限于浑江流域。东汉时期，其政权发展较快。《后汉书·高句丽传》记："高句丽，在辽东之东千里，南与朝鲜、秽貊，东与沃沮，北与夫余接。地方二千里，多大山深谷，人随而为居。"它以今桓仁、集安、通化地区为中心，西边占据了今新宾一带，北到辉发河流域和第二松花江上游，与夫余相接，东至今延边地区，南至清川江，与乐浪为邻。4世纪初，高句丽占领乐浪、带方，势力向南发展

到了大同江、载宁江流域，开始与朝鲜半岛南部的百济、新罗争雄。至 5 世纪初，高句丽终占据辽东之地。与此同时，高句丽向北发展，410 年，其势力到达吉林省之夫余故地，与后来从松花江下游南下的勿吉族相邻。之后，高句丽而又将南面作为主要发展方向，475 年，长寿王率兵攻破百济都城汉城，迫使百济迁都熊津（今韩国公州），高句丽的势力到达汉江流域。至此，高句丽政权的区域范围达到了极限。

在高句丽民族政权疆域内，即鸭绿江两岸广大地区，具体包括西至辽河、北至第二松花江中游地区和今延边地区、东至朝鲜半岛中部的汉江流域、南至黄海沿岸，长白山中部山脉成东北—西南走向，纵横其中，多高山曲谷，河流水系发达，分布着"两江"（鸭绿江、浑河）、"两河"（太子河、苏子河）和朝鲜汉江等几大水系。早在先秦时代，世居"高山曲谷"的"高夷"、秽与貊等土著民族就构筑"围壕"或"石垣"；在高句丽于西汉前期在浑江流域立国前，"箕子朝鲜"和"卫氏朝鲜"政权开始营城筑垒，但尚未形成规模性筑城建筑体系；从高句丽立国建筑五女山城伊始，伴随着疆域的西进和东扩，在鸭绿江两岸地区大规模构筑以山城为主要特征的古城，形成了都城与邑城、山城与平地城相结合，以护卫都城和抵御中原势力为主的鸭绿江左右两岸筑城防御体系。这种筑城防御体系，以山城为防御要点，边境沿线呈线式分布，纵深沿河谷两侧山脉纵式分布，都城周围呈环形分布，既吸取了中原夯土城池与长城相结合的筑城防御军事思想，又把东北区域性土著民族构筑石城的筑城文明发展到了极致，其王城——五女山城、国内城、丸都山城等遗迹已被列入世界遗产，成为东北筑城军事文明的璀璨亮点。

一 黑龙江流域高句丽古城及其分布

高句丽在其疆域极盛期，其国界曾北达松花江上游流域，包括松花江上游及其支流蛟河、辉发河、伊通河等流域，即今吉林省吉林市、蛟河市、辉南县、农安县等地区。上述地区高句丽古城情况综录如下。

1. 辉南县钓鱼台古城。位于吉林省辉南县板石河乡西南 2 千米的山岗顶端，北距朝阳镇约 25 千米。古城东、南紧临三通河。三通河自东南而来，半绕古城向北流去，最后注入辉发河。钓鱼台是一座自西向东延伸的袋状山岗,中部被朝阳镇至大椅山的公路截断,其东部酷似一座方台,故称之为钓鱼台。古城即位于钓鱼台山顶之上。1986年5月、7月,辉南县文物普查队先后两次对古城进行了调查和测绘,采集到一批高句丽时期遗物,初步认定该城为高句丽时期古城。古城平面呈长方形,依山岗顶端形状修筑有南、西、北三面城墙,东面以悬崖为天然防御,其下为三通河。山城周长仅210米,城墙系土石混筑,西墙长60米,南、北墙长均为45米,墙顶端宽1.5米,墙基宽4米。南墙中部有1.5米宽的开口,应为入城的门道。北墙、西墙外部各有一条2.5米宽、1米深的护城壕,在西墙外15米处有一道与西墙平行的石墙,现已遭破坏。

在南墙外山坡耕地里和当地农民取土断面中,采集到大量陶片。这里采集的陶片与城内陶片一致,有泥质灰陶、夹砂灰褐陶和夹砂红褐陶,还有少量夹砂粗褐陶。泥质灰陶多为展沿壶,在肩腹之间有桥状横耳,器型有甑和胎质较薄的罐、钵等,均为轮制,火候较高。夹砂灰褐陶和夹砂红褐陶器型多为侈沿鼓腹罐,平底、轮制,罐肩部饰有垂帐纹,个别罐有桥状耳。夹砂粗褐陶器型一般较小,多见大口罐,平底,部分为手制,烧造火候较低,口沿种类丰富,可能反映了时代延续较长的特点,反映出高句丽中晚期陶器的明显特征。钓鱼台古城从形制上看应为军事性质城堡。[1]

2. 蛟河市横道河子南山山城。位于蛟河市漂河镇横道河子南山上,当地民众称其为高丽城。山城地处群山之间,北面和西北面濒临漂河,与二道漂河在南山东北角汇合后,从古城北麓折而向西注入松花湖。山城随山势用山皮土迭筑而成,平面呈簸箕形。城墙外侧高0.5—2.5米,内侧高约0.8米,顶宽1.5—2米。东墙和南墙长度均为276米,西墙长447米,周长998米。从山势和城墙豁口处判断山城可能有东、西两门。南墙西段制高点有一平台,城址东北角和西北角亦各有一平台,当为角楼一类防御设施。[2]

---

[1] 王禹浪、王宏北编著:《高句丽渤海古城址研究汇编》(上编高句丽卷),哈尔滨出版社1994年版,第45—46页。

[2] 同上书,第77—78页。

3. 蛟河市拉法小砬子山城。位于蛟河市拉法乡东部、拉法河左岸小砬子山上。小砬子山由七座山峰组成，小砬子山城即位于西北侧三座山城中海拔481米的一座山峰的西坡，亦即小砬子群峰中的西北部，这里距拉法河最近，西坡山脚直抵河岸。山城充分利用地形，南北两山脊稍经加工修整成南北城墙，东墙以山峰为壁，只有西墙为人工建造。经打探沟查明，西墙是用烧坯垒砌，外用山皮土覆盖，烧坯长、宽、厚分别约为3.5厘米、20厘米、10厘米，垒砌5—10层不等，中间低洼处层数较多，两侧较高处层数渐次减少。城墙周长414米。城墙西北、西南、东南分别有一个瞭望台。西墙顶部凹凸不平，距西北角约30米处的一段最为低洼，低于西北角楼约5米，可能为门址。整个山城地势为东高西低，平面呈不规则梯形。①

4. 蛟河市六家子东山山城。位于蛟河市新站镇六家子村东山上，民主河在山下由北向南流过。六家子东山为老爷岭余脉，共有4座山峰，北部山峰为主峰，山城依山势建于主峰顶上，四面高而中间低，平面呈椭圆形。城内西高东低，东、南、西三面以山脊为壁。北墙沿山脊用土石混筑城墙，墙体最高处10.2米，最低处4.6米，顶端最宽处3.6米，最窄处3米。山城南北径为65米，东西相距45米。西南部有门道址，宽约7米。城内采集到一片黄褐色夹砂陶片，烧制火候较低，无法辨认器型。②

5. 吉林市龙潭山山城。位于吉林市东郊的龙潭山上，山势陡峻挺拔，最高峰"南天门"海拔388.3米。山城依山势修筑而成，平面呈不规则多边形，周长约2396米。城墙用黄土和碎石混合而筑，仅西侧一段为纯黄土筑成。山城西、南、北三面的凹状处各设有一门，其中西门位于今盘山公路山腰处以北。公路通过处为清代所开，谓之"断岭"，残宽近24米。南北两门为便门，在山城四面各突出地方均设有平台，其中以南平台为最高，俗称为"南天门"。山城内出土了大量青铜时代、高句丽、渤

---

① 王禹浪、王宏北编著：《高句丽渤海古城址研究汇编》（上编高句丽卷），哈尔滨出版社1994年版，第78—79页。

② 同上书，第79页。

海、辽金时期的遗物，说明此城沿用时间较长。①

6. 吉林市东团山山城。位于吉林市东郊江南乡永安村、松花江右岸。东团山为一座海拔仅50余米的圆形小山，紧临松花江。东团山山城有3道围垣，外城、中城城垣尚保存较好，内城城墙在1949年以前因国民党军队修筑碉堡而破坏殆尽。外城东西长230米，南北宽115米；中城东西长170米，南北宽62米；内城根据山顶平台推测，东西长约63米，南北宽约15米。城墙为山皮土羼杂花岗岩碎石构筑而成。城内曾采集到青铜时代、汉代、高句丽、渤海、辽金时期遗物。该城扼守松花江航道，与龙潭山山城呈掎角之势。②

7. 吉林市三道岭子山城。位于吉林市沙河子乡三道岭子大砬子山上。该山海拔272米，东南为山间盆地，隔松花江与东团山、龙潭山相望。北临松花江。西面和西北面为高山丘陵。该山扼守吉林盆地北口，紧邻松花江水道，地理位置险要。山城位于大砬子山西北坡，城墙系土石混筑，呈L形。城墙周长258米。③

8. 吉林市架子山山城。位于吉林市金珠乡安达木村南的架子山山顶。架子山西接南砬子陡壁，距松花江仅0.5千米许，倚半面山主峰，南连猴石山峰峦。山城扼守江面，还可俯瞰江西广阔平原。山城依山而筑，城墙用山皮土迭筑而成。城址分内、外二城，城门面向西南。外城周长300余米。城外北部顺山坡自上而下有6个穴居坑，每个坑直径3米，深约1米，彼此间隔6米许。推测该城为高句丽时期所建。④

9. 吉林市三家子古城。位于吉林市大屯乡柳树村三家子屯东约700米，其北有牛河自西向东流去，城址所在地势平坦。由于多年翻耕开垦，城址破坏严重，仅存东墙残段，长约10米，高1米许。据当地民众反映，该城原为正方形，边长各约30米，高2米。城内曾采集到汉代绳纹陶片、

---

① 王禹浪、王宏北编著：《高句丽渤海古城址研究汇编》（上编高句丽卷），哈尔滨出版社1994年版，第82—83页。
② 同上书，第84页。
③ 同上书，第85—86页。
④ 同上书，第86—87页。

铁镤残片，推测为夫余所建，后为高句丽沿用。①

10. 吉林市天太古城。位于吉林市龙潭乡天太村杨树林子屯西0.5千米处，龙潭山鹿场沿山路去天太村的山岭东侧山头。西北距龙潭山制高点约800米。城墙为土筑，由两个小城组成一个长方形，群众称其为头城、二城，南北向。头城设门址二，西门宽9米，东门宽12米；二城门址二，南门宽12米，北门宽10米。头城与二城之间无门相通。城墙周长518米，墙基残宽2—3米。1983年文物普查时发现该城。②

11. 吉林市官地城址。位于吉林市龙潭山西南、松花江右岸约25米处的漫岗上。城墙多已无存，仅西北角保存尚好。经考古调查可知，南北墙长约200米，东西墙长约380米，总长约1160米。门址无法确定。城内外遍布西团山文化、汉文化、高句丽、渤海、辽金时期陶片。③

以上高句丽山城多为山城，有少量平原城。几乎无一例外全部位于交通要道的重要节点，特别是吉林市地区高句丽古城较为集中，当知该地区系高句丽区域性管理中心之一。

二 高句丽"扶余城"与"千里长城"起始段

隋唐时期，高句丽与中原王朝关系较为紧张，多次发生大规模的战争。为此，高句丽荣留王高建武在高句丽疆域西部修建了一条东北起于扶余城、西南至渤海之滨的重要防御设施，谓之千里长城。

高句丽扶余城是高句丽政权控制其西北部疆域的战略重镇。关于高句丽扶余城的文献记载十分匮乏，且多是与高句丽千里长城联系在一起，主要见于《旧唐书·高丽传》《新唐书·高丽传》和朝鲜古代文献《三国史记》的记述中，现兹附如下。

> 《旧唐书·高丽传》："贞观二年，破突厥颉利可汗，建武并上封域图。五年，诏遣广州都督司马长孙师往收瘗隋时骸骨，毁高丽所

---

① 王禹浪、王宏北编著：《高句丽渤海古城址研究汇编》（上编高句丽卷），哈尔滨出版社1994年版，第86—87页。
② 同上书，第87页。
③ 同上书，第83页。

立京观。建武惧伐其国,乃筑长城,东北自扶余城,西南至海,千有余里。"

《新唐书·高丽传》:"太宗已禽突厥颉利,建武遣使者贺,并上封域图。帝诏广州司马长孙师临瘗隋士战胔,毁高丽所立京观。建武惧,乃筑长城千里,东北首扶余,西南属之海。"

《三国史记》:"荣留王十四年,唐遣广州司马长孙师临瘗隋时战士骸骨,祭之;毁当时所立京观。春二月,王动众筑长城,东北至扶余城,西南至海,千有余里,凡十六年毕功。"

上述文献均简略记载了高句丽修建千里长城的历史背景。唐太宗攻破了强大的北方邻国突厥,俘获突厥首领颉利可汗,唐朝基本解决了北方边疆问题,继而将战略目标转向东北方的高句丽政权。高句丽荣留王建武在唐朝的高压态势下,修建了规模宏大的千里长城,用以抵御唐朝对高句丽的军事行动。千里长城的起点扶余城遂成为高句丽战略防御的军事要地。

除此之外,在唐丽战争史料中也有关于高句丽扶余城的只言片语。在唐征高句丽期间,唐军将领李勣、薛仁贵在扶余城与高句丽守军展开激战,战况惨烈,文献对其记述如下:

《旧唐书·高丽传》:"仁贵乘胜领二千人进攻扶余城,诸将咸言兵少,仁贵曰:'在主将善用耳,不在多也。'遂先锋而行,贼众来拒,逆击大破之,杀获万余人,遂拔扶余城。扶余川四十余城,乘风震慑,一时送款。"

《新唐书·高丽传》:"(乾封)三年二月,勣率仁贵拔夫馀城,它城三十皆纳款。……(泉)男建以兵五万袭扶余,勣破之萨贺水上,斩首五千级,俘口三万,器械牛马称之。"

《资治通鉴》卷二〇一:"(总章元年)二月,壬午,李勣等拔高丽扶余城。薛仁贵既破高丽于金山,乘胜将三千人将攻扶余城,诸将以其兵少,止之。仁贵曰:'兵不必多,顾用之何如耳。'遂为前锋以进,与高丽战,大破之,杀获万余人,遂拔扶馀城。扶馀川中四十余城皆望风请服。……泉男建复遣兵五万人救扶馀城,与李勣等遇于薛贺水,合战,大破之,斩获三万余人,进攻大行城,拔之。"

上述文献均是在唐丽战争的背景下提及了发生在扶余城的战事。三部文献对此次战事的记载情况略同,但也有些许差异。《旧唐书》和《新唐书》对唐军攻陷扶余城后投降的城池数量的记载有所出入:《旧唐书》云"扶余川四十余城……一时送款",《新唐书》则记载"它城三十皆纳款"。另外,关于泉男建与李勣再战扶余城的河流名称,《新唐书》作"萨贺水",《资治通鉴》作"薛贺水"。由于"萨""薛"二字读音差异较大,但字形相近,故推测应是《资治通鉴》在编撰或后世传抄过程中出现错误。以往学者在运用文献对相关问题进行研究时,往往对上述细节差异关注不够。特别是据文献可知,萨贺水(薛贺水)与扶余城关系极为密切,应是扶余城附近的一条大河,但至今尚未有学者对该地名予以考据。对萨贺水(薛贺水)的考据为最终确认扶余城的地理位置无疑具有极为重要的意义,这条线索长期以来为学界所忽略了。以上文献虽均记载了扶余城的一些情况,但无任何关于其地望的明确说明,只有"萨贺水"(薛贺水)这一线索,遂成为学术界一个争论不休的问题,特别是在对高句丽千里长城的研究中,对长城起点"扶余城"的探索无疑显得极为重要。对高句丽扶余城的历史地理学考察不仅关乎千里长城的研究,也与夫余王城、渤海扶余府等问题关系密切。

迄今为止,学术界关于高句丽扶余城的地望考证甚多,总结起来大致有如下几种。

其一,辽宁省昌图四面城说。为金毓黻先生在《东北通史》中提出。他认为高句丽扶余府与夫余后期王城当在一处,位于今辽宁铁岭昌图县四面城遗址。[①] 谭其骧主编《〈中国历史地图集〉释文汇编·东北卷》依据《太平寰宇记》所引用的《北蕃风俗记》的记载:"渤海扶余府置于夫余故地,本夫余王城。高句丽灭夫余后,于其地置扶余城。唐高宗征高丽,薛仁贵拔扶余城,即此。后入于渤海,改扶余府。"亦赞同金毓黻

---

① 金毓黻:《东北通史》(上编),五十年代出版社1981年版,第170—171页。

先生提出的四面城说。①

其二，吉林省柳河罗通山城说。此说为王绵厚先生提出，他认为真正的高句丽扶余城应为夫余最后灭亡后降入高句丽时，即"西徙近燕"的后期王城，亦即后来的渤海扶余府。②姜维东、赵振海新近提出了夫余四迁说，认为第三迁址即是今农安，第四迁址为高句丽安置扶余遗族的地点，即高句丽扶余城。在扶余城的地望上，他们倾向于柳河罗通山城，原因在于辽源、柳河、西丰一线均为安置夫余族的最佳地段，定位在罗通山城却是一种合理推断，但还应通过考古学证据加以佐证。他们认为："确定高句丽扶余城的考古学证据，当以寻找夫余族王、侯墓葬为主。由于夫余第三迁是主动迁徙，可以肯定其宗庙、王墓均得到妥善安置，不致沦落敌手。其亡国后，也是整体迁入高句丽，除了战争破坏外，其王墓也应再度迁徙，这也是在吉林、农安均未发现王墓的原因，夫余王墓以玉棺为特征，虽国家衰败，一迁再迁，但这种以玉棺为特征的高级墓葬还是比较容易辨识的。今后，应密切关心辽源、柳河一带的墓葬是否存在玉棺，考古部门应组织考古工作者做相应的探测，以尽早了解这一千古之谜。"③夫余"其王葬用玉匣"是判断夫余王墓最重要的依据，这也是寻找夫余后期王城的重要线索之一。

其三，辽宁省西丰城子山山城说。持此观点者为孟祥忠、梁振晶、周向永等学者。孟祥忠等认为："西丰城子山山城是唐代李世民所破之扶余城，除从方位、规模的推断外，就是现存山城西侧面的'外围城'和向西伸延而出的土筑城墙是高建武所筑之高句丽长城"。④梁振晶对这一问题则有非常明确的论述："扶余城农安说是很难站住脚的。……事实上迄今从未在农安发现高句丽任何遗物和遗迹，扶余城指何？而铁岭西丰

---

① 谭其骧主编：《〈中国历史地图集〉释文汇编·东北卷》，中央民族学院出版社1988年版，第108页。

② 王绵厚：《高句丽古城研究》，文物出版社2002年版，第108页；王绵厚：《扶余城、扶余府与扶余传再考论》，《辽源龙首山山城及相关遗迹学术研讨会论文简编》，2015年。

③ 姜维东、赵振海：《高句丽夫余城再考》，《辽源龙首山山城及相关遗迹学术研讨会论文简编》，2015年。

④ 孟祥忠等：《西丰城子山山城考》，《沈阳文物》1993年第2期。

县凉泉乡城子山山城不仅为高句丽山城，在城内有多处建筑遗址，并存有高句丽的瓦当等典型高句丽特点的遗物，证明此山城非同一般，当为高句丽时期之扶余城。城子山山城所居地理环境也与《旧唐书·薛仁贵传》：'拔南苏、木底、苍岩三城，仁贵乘胜领二千人进攻扶余城，遂拔扶余城。扶余川四十余城，乘风震惧，一时送款'的情况相符。说明了以扶余城为首有40余山城组成一个防御群体，故扶余城为千里山城北端的防御中心当之无愧，千里长城始于扶余城理所当然。"① 周向永也赞同此说。②

其四，吉林省吉林市龙潭山山城说。李健才先生认为唐代高丽长城"东北自扶余城"的扶余城，不是指高丽的扶余城，而当是指在今农安的扶余后期王城故城："高丽即高句丽的扶余城（即北扶余城），亦即夫余初居鹿山的初期王城，在粟末靺鞨的东南，与粟末靺鞨邻近，是高句丽防御勿吉亦即后来粟末靺鞨南下的北部边防重镇，在今吉林市龙潭山山城，而东团山山城和九站南山城则为其卫城。把高丽的扶余城推定在其他各地者，不但没有考古资料的证实，而且也和高丽扶余城在高丽之北、粟末靺鞨东南并与粟末靺鞨相邻的文献记载不符。"③ 随后，李先生再次撰文，对高句丽扶余城及千里长城相关问题进行了进一步阐述和论证。他重申高丽的扶余城即夫余前期的王城，在今吉林市龙潭山到东团山之间一带，而高丽千里长城东北端的扶余城是指夫余后期王城即今农安，而不是高丽的扶余城。④ 李先生此说较有新意，他将高句丽扶余城与千里长城起点之扶余城区别开来，认为是两座不同城址。然笔者以为，高句丽作为一个拥有成熟行政建制的地方政权，不太可能存在两座不同城址共用一个名称的现象，这种两城共用一名的情况极不利于高句丽的战时管理。文献中也并无相关史实的记载，李先生此说应是推测。

其五，吉林省辽源龙首山山城说。此说为唐洪源新近所提，他在认

---

① 梁振晶：《高句丽千里长城考》，《辽海文物学刊》1994年第2期。
② 周向永：《西丰城子山山城始建年代再考》，《东北史地》2008年第2期。
③ 李健才：《唐代高丽长城和扶余城》，《民族研究》1991年第4期；李健才：《东北亚史地论集》，兰州大学出版社2010年版，第81页。
④ 李健才：《再论唐代高丽的扶余城和千里长城》，《北方文物》2000年第1期。

可辽源龙首山山城为夫余后期王城的基础上，认为辽源龙首山山城无论地理位置还是出土遗物，均能证明其即为高句丽扶余城，渤海扶余府也位于此。①

其六，辽宁省开原说。刘兴晔详考文献，认为高句丽扶余城应在开原。② 王禹浪先生曾在《神秘的东北历史与文化》一书中也认可高句丽千里长城东北起自辽宁开原，言外之意，即认为高句丽扶余城应位于今辽宁开原一带。③

其七，日本学者和田清还总结了日本学术界的四种说法，分别是佟佳江（今浑江）下游卒本夫余之地、朝鲜咸镜南道咸兴、农安和四面城说。和田清已明确表示反对前两种观点。④

冯永谦先生在《高句丽千里长城建置辨》一文提出唐代扶余城其实并不存在，他认为："其实这里根本就没有扶余城。《旧唐书》作'东北自扶余城，西南至海'，这句话的用词，所指是比较明确的。正因为如此，这里边就已经有了问题，其用词欠妥。后来欧阳修重新写《新唐书》时，对高句丽长城的起点嫌《旧唐书》用词表达不够确切，就作了修改，不再使用其原文，而是说高句丽的千里长城'东北首扶余，西南属之海'，这样一改，长城起止点的两端，就都用了不明指的词语，其内涵也就因之不一样了。……当欧阳修作《新唐书》时，看到高句丽长城的起点并非是扶余城，而是远在他地，中间还有很大距离，若指'扶余城'为长城起点就不够准确了；并且此时夫余早已为勿吉所灭，夫余已不存在，长城起点仅是在夫余故地，而故地的涵意则是较大范围的地面。这样一来，长城起点再用专指名词，尤其说是'扶余城'就更不妥了，因此《新唐书》即改写成'东北首扶余'。"⑤ 冯先生的论述令人难以信服，千里长城作为高句丽晚期统治者耗费大量人力物力、耗时十六年修建的

---

① 唐洪源：《辽源市龙首山山城考》《辽源龙首山山城及相关遗迹学术研讨会论文简编》，2015年。
② 刘兴晔：《夫余城开原说》，见于新浪个人博客：http://blog.sina.com.cn/ljzbk123456。
③ 王禹浪：《神秘的东北历史与文化》，黑龙江人民出版社2011年版，第124—125页。
④ ［日］和田清：《东亚史研究》（满洲篇），东洋文库1955年版，第22、54页。
⑤ 冯永谦：《高句丽千里长城建置辨》，《社会科学战线》2002年第1期。

战略防御体系，没有明确的城池作为起始点似乎不太可能。即使欧阳修在对历史进行记述时将"扶余城"省略为"扶余"，但这并不能说明"扶余"所指由城变为了一个宽泛的地域，古代地名省略"城"字但指代不变的例子不胜枚举。冯先生此说完全是一种臆测。

事实上，无论西丰城子山山城、柳河罗通山城，还是新近为学界关注的辽源龙首山山城，其地理位置均相距不远，大体上处于临近的同一地域。笔者近年已认可营口附近应是高句丽千里长城的西南端终点。如若以此为基点测量至上述诸城的直线距离，唯有辽源龙首山山城与营口的距离最接近唐里一千里。因此，笔者倾向于辽源龙首山山城之说。但该问题还有待于进一步探讨。

由于该问题相当复杂，聚讼不休，笔者暂且将千里长城起点扶余城及其起始段纳入黑龙江流域予以讨论。

第二节　近三十年来渤海古城与历史地理研究综述

渤海国是由粟末靺鞨人建立的少数民族政权，在历史上被誉为"海东盛国"。渤海国的疆域随着其国力的强盛而不断扩大，由最初的"地方二千里"扩展到"地方五千里"。其辖地西北至室韦，东北至黑水靺鞨，西接契丹，东迄日本海，南与新罗以泥河（今朝鲜龙兴江）为界，包括现在我国东北大部、朝鲜半岛北部和俄罗斯滨海地区等广袤地区。

一　渤海国五京及其下辖的州、县的地理位置

（一）渤海旧都的地理位置

关于渤海旧都的地理位置。《新唐书·渤海传》记载："渤海，本粟末靺鞨附高丽者，姓大氏。高丽灭，率众保挹娄之东牟山，地直营州东二千里，南比新罗，以泥河为境，东穷海，西契丹。筑城郭以居，高丽逋残稍归之。"最早提出渤海旧都为敦化敖东城一说的是曹廷杰，他依据《新唐书·渤海传》"天宝末，钦茂徙上京，直旧国三百里忽汗河之东"的记载，考察距离上京龙泉府址东 150 千米的只有敖东城，便将旧都认定为敖东城。其后，中外学者一度基本认可此说。李强对敖东城为渤海旧

都说提出了质疑,他在《渤海旧都即敖东城置疑——兼对敖东城周长的考订》一文中指出:"不论是从敖东城的形制上,还是从城内采集的文物上,或是城墙夯土中包含的遗存上看,都不能证明该城是渤海早期所建,既然不是渤海早期所建,那当然也就不是渤海的旧都。"①侯莉闽、李强在《渤海初期通往日本陆路部分的研讨》一文中从敖东城的形制、出土的遗物、文物、所在的地理位置、风水等方面进一步论证了敖东城不是渤海的旧都,认为永胜遗址最符合渤海旧都的条件。②刘忠义在《渤海旧国都城位置新探》一文中从永胜遗址出土的遗物、地理位置、陵墓、"二十四块石"等方面论证永胜遗址应为渤海旧都。③20世纪90年代末,韩国学者宋基豪提出渤海旧都应在永胜遗址和城山子山城,李健才支持此观点,并在《渤海初期都城考》一文中予以论证。④似乎学界一致认为渤海旧都位于敦化境内,王禹浪等经过实地考察并结合考古学、历史地理学、文献学等多学科领域,形成了《渤海东牟山考辨》一文,文中指出:"渤海的东牟山就是今延吉市东约10千米处的城子山山城,亦即大祚荣建立的震国所在地。"⑤

(二)上京龙泉府及其下辖的州、县的地理位置

《新唐书·渤海传》记载:"以肃慎故地为上京,曰龙泉府,领龙、湖、渤三州。"对渤海古城地理位置进行实地考察并作描述的是清初被流放至宁古塔的流人。这些流人包括方拱乾、张缙彦、张贲、吴兆骞、吴振辰、杨宾。他们的考察对象为渤海上京城。在他们的著作中都有对渤海上京龙泉府地理位置的描述。方拱乾的《绝域纪略》载:"有东京者,在沙岭北十五里"。⑥张缙彦的《宁古塔山水记·东京》载:"由沙岭而

---

① 李强:《渤海旧都即敖东城置疑——兼对敖东城周长的考订》,《东北亚历史与文化》,1990年。

② 侯莉闽、李强:《渤海初期通往日本陆路部分的研讨》,《北方文物》1994年第4期。

③ 刘忠义:《渤海旧国都城位置新探》,《高句丽渤海研究集成》,哈尔滨出版社1994年版。

④ 李健才:《渤海初期都城考》,《北方文物》2002年第2期。

⑤ 王禹浪、都永浩:《渤海东牟山考辨》,《黑龙江民族丛刊》2000年第2期。

⑥ (清)方拱乾:《绝域纪略》,上海书店1994年版。

东十数里,有古城石垒"。① 张贲的《白云集》载:"宁公台西南六十里曰沙领,领东十余里,有古城焉,土人相传曰东京,盖金祖故都是也。"② 吴兆骞的《秋笳集》载:"城临马耳河,在宁古塔镇西南七十里。"③ 吴桭臣的《宁古塔纪略》载:"石壁之上,别有一朗岗,即宁古镇城进京大路。一百里至沙岭,第一站,有金之上京城,临马耳河,宫殿基址尚存。"④ 杨宾的《柳边纪略》载:"宁古塔西南六十里沙阑,南有旧城,大与今京城等。"⑤ 然而,由于客观条件的限制,他们并没有意识到他们的考察对象即为渤海上京龙泉府。首先将东京城确定为渤海上京龙泉府城址的是清乾隆年间的大学士阿桂。阿桂奉敕编撰的《满洲源流考》中记载:"天宝末,渤海大钦茂徙上京,直旧国三百里忽汗河之东。按渤海旧国在长白山东北,今又东徙三百里,在忽汗河之东,实与今宁古塔城相近。呼尔哈河源出吉林界色齐窝集中,诸河汇为一大河,东注镜泊,又东绕宁古塔城旁古大城及觉罗城之南,复东北折入混同江。唐贾耽所云渤海王城临忽汗海者,盖即镜泊。盛京通志云宁古塔城旁古大城,或即上京旧址。"其后,曹廷杰、景方昶等人也对上京龙泉府作了考证。

关于上京龙泉府下辖的龙州的地理位置。关金泉、魏学臣在《渤海上京龙泉府地区古城考》一文中谓:"龙州为上京龙泉府首州,位于上京城周围附近,居三州之中,沿所为大牡丹古城。"⑥ 关于上京龙泉府下辖的湖州的地理位置。金毓黻认为镜泊湖附近的城墙砬子古城可能是湖州。孙进己在《东北民族史稿》中也认同城墙砬子山城为湖州故址。⑦ 朱国忱、刘晓东、傅尚霖在《忽汗河、奥娄河、湄沱湖与湖州——兼论忽汗

---

① (清)张缙彦:《宁古塔山水记》,黑龙江人民出版社1984年版,第10页。

② (清)张贲:《白云集》,载于金毓黻《渤海国志长编》,社会科学战线杂志社1984年版。

③ (清)吴兆骞:《秋笳集》,上海古籍出版社1993年版,第234页。

④ 姜维公主编:《中国边疆研究文库·初编·东北边疆卷8:柳边纪略、龙沙纪略、宁古塔纪略(外3种)》,黑龙江教育出版社2014年版,第137页。

⑤ 姜维公主编:《中国边疆研究文库·初编·东北边疆卷8:柳边纪略、龙沙纪略、宁古塔纪略(外3种)》,黑龙江教育出版社2014年版,第11页。

⑥ 关金泉、魏学臣:《渤海上京龙泉府地区古城考》,《延边大学第二次渤海史学术讨论会论文集》,1992年。

⑦ 孙进己:《东北民族史稿》卷三,1977年。

海为忽汗河、湄沱湖非兴凯湖》一文中认为："就其所在的地理位置和环境条件而言，南湖头古城可能是湖州。"① 关金泉、魏学臣也认为湖州位于南湖头古城。关于上京龙泉府下辖的渤州的地理位置。金毓黻认为在牡丹江与海浪河汇流处的龙头山古城。关金泉、魏学臣也认为渤州位于龙头山古城。陶刚等人对位于牡丹江市桦林镇南城子村、牡丹江右岸的南城子古城进行了考察，并形成了《牡丹江市郊南城子调查记》一文，文中指出："南城子古城可能是渤海上京龙泉府所辖的勃州。"② 刘晓东、罗葆森、陶刚在《渤海国渤州考》一文中从南城子附近的山川旧称、上京城的形制规模、出土遗物与遗迹三个方面对南城子古城为渤州说进行论证。③ 孙秀仁、朱国忱不认同渤州位于南城子一说，他们在《渤海国上京京畿南北交通道与德里镇》一文中称："南城子不是渤海渤州，渤海渤州当于海浪河流域求之。"④

关于龙州下辖的县的地理位置。《辽史·地理志》记载："龙州下辖八县，永宁、丰水、扶罗、长平、富利、佐慕、肃慎、永平。"朱国忱在《渤海龙州三县考》一文中认为位于今宁安县城东乡土城子村的土城子古城为长平县。⑤ 陈青柏、黄井林、张庆国在《渤海龙州下辖的肃慎、永宁、富利三县的古城址考》一文中认为肃慎县位于黑龙江省宁安县杏山乡上屯村的上屯古城址，永宁县位于黑龙江省宁安县城东乡土城子村的土城子古城址，富利县位于黑龙江省宁安县宁西乡大牡丹村的大牡丹古城址。⑥ 郑英德、云樵在《渤海诸城考》一文中指出永宁县当在上京龙泉府附近，肃慎县在上京龙泉府西南三十里处，富利县在宁安县城东北二

---

① 朱国忱、刘晓东、傅尚霖：《忽汗河、奥娄河、湄沱湖与湖州——兼论忽汗海为忽汗河、湄沱湖非兴凯湖》，孙进己主编：《高句丽渤海研究集成》，哈尔滨出版社1994年版。
② 陶刚：《牡丹江市郊南城子调查记》，《黑龙江省文博学会成立纪念文集》，1980年。
③ 刘晓东、罗葆森、陶刚：《渤海国渤州考》，《北方文物》1987年第1期。
④ 孙秀仁、朱国忱：《渤海国上京京畿南北交通道与德里镇》，《黑龙江民族丛刊》1994年第3期。
⑤ 朱国忱：《渤海龙州三县考》，《求是学刊》1986年第5期。
⑥ 陈青柏、黄井林、张庆国：《渤海龙州下辖的肃慎、永宁、富利三县的古城址考》，《高句丽渤海研究集成》，哈尔滨出版社1994年版。

十里的古城。①

（三）中京显德府及其下辖的州、县的地理位置

《新唐书·渤海传》记载："其南为中京，曰显德府，领卢、显、铁、汤、荣、兴六州。"中京显德府故址位于吉林省延边朝鲜族自治州和龙市西古城已被学术界公认。最早记录西古城城址的是延吉边务帮办吴禄贞的《延吉边务报告》，然而，吴禄贞并没有意识到西古城为中京显德府故址，而是误认为其为金代城址。②其后，鸟山喜一等人对西古城城址进行了考察，于1944年在他的《渤海中京考》一文中首次公开提出西古城城址为渤海中京显德府故址说。③其后，斋藤优在其《间岛省海兰平原的渤海遗迹》一文中也公开提出了西古城城址为渤海中京显德府故址说。④随着学术界对于西古城的中京显德府身份认可之后，新的问题又出现了，即中京显德府是否与显州同治。较早提出渤海中京显德府与显州同治的是李健才、陈相伟，他们依据《新唐书·地理志》和《辽史·地理志》中的记载，在《渤海的中京和朝贡道》一文中指出："这两条史料明确指出，显州是天宝中的王都所在，也就是中京显德府的府治所在。"⑤宋玉彬等人在《渤海中京显德府——西古城城址研究简史》一文中也主张显州与中京同治。⑥郑英德、云樵在《渤海诸城考》一文中认为显州在西古城附近的河南屯古城。⑦

关于中京显德府下辖的卢州的地理位置，主要有西古城说、延吉县龙井说、海兰江流域说、吉林安图说、船口山城说。和田清、王承礼等人认为卢州在今龙井市附近。孙进己在《唐代渤海之五京》一文中认为

---

① 郑英德、云樵：《渤海诸城考》，《四平师院学报》（哲学社会科学版）1981年第4期。

② 吴禄贞：《光绪丁未延吉边务报告 延吉厅领土问题之解决》，吉林文史出版社1986年版。

③ ［日］鸟山喜一：《渤海中京考》，张生镇译，《历史与考古信息·东北亚》2004年第1期。

④ ［日］斋藤优：《间岛省海兰平原的渤海遗迹》，《考古学杂志》第40卷第1号，1954年。

⑤ 李健才、陈相伟：《渤海的中京和朝贡道》，《北方论丛》1982年第1期。

⑥ 宋玉彬、王志刚、全仁学：《渤海中京显德府故址———西古城城址研究简史》，《边疆考古研究》，2004年。

⑦ 郑英德、云樵：《渤海诸城考》，《四平师院学报》（哲学社会科学版）1981年第4期。

卢州位于今和龙西古城。① 郑英德、云樵在《渤海诸城考》一文中称："此城恰在西古城子东边一百三十里处，因此，船口山城可能是卢州治所。"② 陈相伟在《吉林省十座渤海、辽代州城的考证》（提纲）一文中指出："卢州当为今开山屯之船口山城。"③ 李正风在《龙井英城古城——渤海卢州考》一文中认为位于吉林省龙江县东盛涌乡英城村的英城古城为卢州故址。④ 关于中京显德府下辖的显州的地理位置，主要有苏密城说、敖东城说、西古城说、大城子古城说、马圈子古城说。孙进己在《唐代渤海之五京》一文中认为马圈子古城为显州治所。⑤ 关于中京显德府下辖的铁州的地理位置，主要有和龙县城说、獐项古城说、仰脸山城说。郑英德、云樵在《渤海诸城考》一文中认为铁州在今和龙县城，汤州。⑥ 陈相伟在《吉林省十座渤海、辽代州城的考证》一文中指出："獐项古城在西古城西南约20余华里，虽与距京六十华里有出入，但其方位和特产出铁以及众多的渤海遗迹、遗物分析，当是渤海铁州故址所在。"⑦ 孙进己在《唐代渤海之五京》一文中认为安图县仰脸山城为铁州故址。⑧ 关于中京显德府下辖的汤州的地理位置。郑英德、云樵在《渤海诸城考》一文中指出："今延吉县桃源公社太阳大队屯东一里有一座古城……该城恰在西古城子西北一百里，所以可能是汤州治所。"⑨ 关于中京显德府下辖的荣州的地理位置。郑英德、云樵在《渤海诸城考》一文中指出："延吉县长安公社河龙大队屯内有一座古城……该城距西古城子

---

① 孙进己：《唐代渤海之五京》，《东北民族史研究（一）》，中州古籍出版1994年版。
② 郑英德、云樵：《渤海诸城考》，《四平师院学报》（哲学社会科学版）1981年第4期。
③ 陈相伟：《吉林省十座渤海、辽代州城的考证（提纲）》，《高句丽渤海研究集成》哈尔滨出版社1994年版。
④ 李正风：《龙井英城古城———渤海卢州考》，《延边大学第二次渤海史学术讨论会论文集》1992年。
⑤ 孙进己：《唐代渤海之五京》，《东北民族史研究（一）》，中州古籍出版1994年版。
⑥ 郑英德、云樵：《渤海诸城考》，《四平师院学报》（哲学社会科学版）1981年第4期。
⑦ 陈相伟：《吉林省十座渤海、辽代州城的考证（提纲）》，《高句丽渤海研究集成》哈尔滨出版社1994年版。
⑧ 孙进己：《唐代渤海之五京》，《东北民族史研究（一）》，中州古籍出版1994年版。
⑨ 郑英德、云樵：《渤海诸城考》，《四平师院学报》（哲学社会科学版）1981年第4期。

东北一百五十里，故也许是荣州治所。"① 孙进已在《唐代渤海之五京》一文中认为荣州位于今延吉敦化城子山山城，敖东城应为荣州三属县之一。② 关于中京显德府下辖的兴州的地理位置。郑英德、云樵在《渤海诸城考》一文中指出："在安图县二道白河公社西北十二里宝（报）马屯有一座古城……该城恰在西古城子西南三百里，故可能是兴州治所。"③ 孙进己在《唐代渤海之五京》一文中认为兴州在今白山市境内。④

关于卢州下辖的县的地理位置。《辽史》卷三十八《地理志二》记载："卢州，玄德军，刺史。本渤海杉卢郡，故县五：山阳、杉卢、汉阳、白岩、霜岩，皆废。户三百。在东京一百三十里。"孙进己在《唐代渤海之五京》一文中认为山阳为卢州的首县，位于西古城子；杉卢县位于河南屯古城。⑤ 郑英德、云樵在《渤海诸城考》中指出山阳、杉卢、汉阳、白岩、霜岩五县在今延吉市、延吉县和朝鲜咸境北道境内。⑥ 关于显州下辖的县的地理位置。《辽史》卷三十八《地理志二》记载显州有"常乐、永丰、鸡山、长宁"四县。郑英德、云樵在《渤海诸城考》中谓："常乐或许是首县，在西古城子和河南屯古城附近，其余三县当在今和龙县境内。"⑦ 关于铁州下辖的县的地理位置。《辽史》卷三十八《地理志二》记载铁州有"位城、河瑞、苍山、龙珍"四县。郑英德、云樵在《渤海诸城考》一文中认为位于西古城西南的獐项古城可能是铁州四县之一。⑧ 关于汤州下辖的县的地理位置。《辽史》卷三十八《地理志二》记载汤州有"灵峰、常丰、白石、均谷、嘉利"五县。郑英德、云樵在《渤海诸城考》一文中认为汤州下辖的五县应在今延吉县和安图县境内。⑨ 关于荣州下辖的县的地理位置。《辽史》卷三十八《地理志二》

---

① 郑英德、云樵：《渤海诸城考》，《四平师院学报》（哲学社会科学版）1981年第4期。
② 孙进己：《唐代渤海之五京》，《东北民族史研究（一）》，中州古籍出版1994年版。
③ 郑英德、云樵：《渤海诸城考》，《四平师院学报》（哲学社会科学版）1981年第4期。
④ 孙进己：《唐代渤海之五京》，《东北民族史研究（一）》，中州古籍出版1994年版。
⑤ 同上。
⑥ 郑英德、云樵：《渤海诸城考》，《四平师院学报》（哲学社会科学版）1981年第4期。
⑦ 同上。
⑧ 同上。
⑨ 同上。

记载荣州有"崇山、沩水、绿城"三县。郑英德、云樵在《渤海诸城考》一文中认为荣州下辖的三县应在今延吉县和汪清县境内。① 关于兴州下辖的县的地理位置。《辽史》卷三十八《地理志二》记载兴州有"盛吉、蒜山、铁山"三县。郑英德、云樵在《渤海诸城考》一文中指出兴州下辖的三县应位于安图县和朝鲜两江道境内。②

(四) 东京龙原府及其下辖的州、县的地理位置

《新唐书·渤海传》记载："秽貊故地为东京，曰龙原府，亦曰栅城府，领庆、盐、穆、贺四州。"东京龙原府位于今吉林省珲春市三家子满族乡的八连城已为学术界公认。金毓黻最早提出东京龙原府位于珲春八连城说，他指出："今珲春八连城（一作八叠城），其内有子城，附近更有诸小城，故有八连城之名，是应渤海东京龙原府之所在。"③ 后经斋藤优等人考察，将八连城定为东京龙原府所在地。④ 李健才在《珲春渤海古城考》一文中指出："以八连城为渤海东京龙原府遗址可谓无疑。"⑤ 孙进己在《唐代渤海之五京》一文中认为渤海早期东京龙原府建于城墙砬子山城，渤海后期东京龙原府建于珲春八连城。⑥

关于东京龙原府下辖的庆州的地理位置。郑英德、云樵在《渤海诸城考》一文中认为庆州位于吉林省珲春县境内。⑦ 李健才在《珲春渤海古城考》一文中认为："温特赫部城是渤海庆州及其所领龙原县的所在地。"⑧ 温特赫部城位于八连城东南五六里处。孙进己在《唐代渤海之五京》一文中指出："定庆州及渤海后期东京龙原府于今珲春县城西十余里的三家子乡八连城。"⑨ 关于东京龙原府下辖的盐州的地理位置。郑英德、云樵在《渤海诸城考》一文中指出："盐州治在珲春县以南一百四十里的

---

① 郑英德、云樵：《渤海诸城考》，《四平师院学报》（哲学社会科学版）1981年第4期。
② 同上。
③ 金毓黻：《渤海国志长编》，社会科学战线杂志社1982年版。
④ ［日］斋藤优：《半拉城と他の史蹟》，东京：半拉城址刊行会1978年版，第17—19页。
⑤ 郑英德、云樵：《渤海诸城考》，《四平师院学报》（哲学社会科学版）1981年第4期。
⑥ 孙进己：《唐代渤海之五京》，《东北民族史研究（一）》，中州古籍出版1994年版。
⑦ 郑英德、云樵：《渤海诸城考》，《四平师院学报》（哲学社会科学版）1981年第4期。
⑧ 李健才：《珲春渤海古城考》，《学习与探索》1985年第6期。
⑨ 孙进己：《唐代渤海之五京》，《东北民族史研究（一）》，中州古籍出版1994年版。

地方，当在波谢特湾畔。"① 奥克拉德尼科夫在《苏联远东考古学新发现》一文中指出："渤海时代的盐州。曾在哈桑湖地区岩杵河口、现今克拉斯基诺村附近，有过大的行政和经济中心。那里有称为盐州的州中心和海港。"②《中国历史地图集》指出盐州位于今俄罗斯波谢特湾北岸克拉斯基诺附近的下岩杵河即颜楚。③ 关于东京龙原府下辖的穆州和贺州的地理位置。郑英德、云樵在《渤海诸城考》一文中指出穆州在今朝鲜会宁；贺州在今汪清县境内。④ 李健才在《珲春渤海古城考》一文中指出："沙齐城当为渤海东京龙原府所辖穆州或贺州州治的所在地。"沙齐城在八连城东北四十里。⑤ 孙进己在《唐代渤海之五京》一文中认为船口古城应为穆州所在，城墙砬子山城应为贺州所在。⑥

关于庆州下辖的县的地理位置。《辽史》卷三十八《地理志二》记载庆州有"龙原、永安、鸟山、壁谷、熊山、白杨"六县。郑英德、云樵在《渤海诸城考》一文中认为庆州下辖的六县在吉林省珲春县境内。关于盐州下辖的县的地理位置。《辽史》卷三十八《地理志二》记载盐州有"海阳、接海、格川、龙河"四县。郑英德、云樵在《渤海诸城考》一文中指出海阳县和接海县在波谢特湾附近；格川县在八连城以南，盐州治以北；龙河县为盐州首县，在盐州治附近。关于穆州下辖的县的地理位置。《辽史》卷三十八《地理志二》记载穆州有"会宁、永岐、顺化、美县"四县。郑英德、云樵在《渤海诸城考》一文中指出会宁、永岐、顺化、美县都在今朝鲜咸镜北道。关于贺州下辖的县的地理位置。《辽史》卷三十八《地理志二》记载贺州有"洪贺、送诚、吉理、石山"四县。郑英德、云樵在《渤海诸城考》一文中指出贺州下辖的四县应在汪清县境内，吉理是贺州首县。⑦ 孙进己认为洪贺、送诚、吉理、石山四县

---

① 郑英德、云樵：《渤海诸城考》，《四平师院学报》（哲学社会科学版）1981年第4期。
② ［苏］奥克拉德尼科夫：《苏联远东地区考古学新发现》，载于《苏联考古文选》，文物出版社1980年版。
③ 谭其骧主编：《中国历史地图集》，中国地图出版社1982年版。
④ 郑英德、云樵：《渤海诸城考》，《四平师院学报》（哲学社会科学版）1981年第4期。
⑤ 李健才：《珲春渤海古城考》，《学习与探索》1985年第6期。
⑥ 孙进己：《唐代渤海之五京》，《东北民族史研究（一）》，中州古籍出版1994年版。
⑦ 郑英德、云樵：《渤海诸城考》，《四平师院学报》（哲学社会科学版）1981年第4期。

应位于城墙砬子山城附近的通肯山城、营城子古城、沙河子山城。①

（五）南京南海府和西京鸭渌府及其下辖的州、县的地理位置

《新唐书·渤海传》记载："沃沮故地为南京，曰南海府，领沃、晴、椒三州。高丽故地为西京，曰鸭渌府，领神、桓、丰、正四州。"南京南海府和西京鸭渌府的地理位置存在着争议。关于南京南海府的地理位置，有"咸兴说""镜城说""白云山城说""北青说"。金毓黻指出："今朝鲜咸镜道北青郡附近有渤海古城，其地南濒海，疑为南京南海府之所在。"②朝鲜学者李俊杰在《关于咸境南北道一带渤海遗物的调查报告》一文中指出咸境南北道一带为南京南海府。朝鲜学者金宗赫进一步指出咸镜南道北青郡的青海城址为南京南海府故址。现今学术界基本认同朝鲜咸镜南道北青郡的青海土城为南京南海府故址。③关于西京鸭渌府的地理位置，多数学者认为西京鸭渌府位于浑江市临江镇一带，④也有人指出西京鸭渌府位于集安市。关于西京鸭绿府所在地学术界观点尚未统一。

关于南京南海府下辖的沃州的地理位置，沃州是南京南海府的首州，郑英德、云樵在《渤海诸城考》一文中认为沃州在朝鲜新昌附近。关于南京南海府下辖的晴州的地理位置，郑英德、云樵在《渤海诸城考》一文中认为晴州在新昌西北一百二十里处。《中国历史地图集东北地区资料汇编》定晴州在朝鲜咸兴西北的旧津里。关于南京南海府下辖的椒州的地理位置，郑英德、云樵在《渤海诸城考》一文中认为椒州在朝鲜咸兴。孙进己的《唐代渤海之五京》认为："椒州当在泥河（今龙兴江）西北地。"关于西京鸭渌府下辖的神州的地理位置，郑英德、云樵在《渤海诸城考》一文中认为神州在临江附近地区。关于西京鸭渌府下辖的桓州的地理位置，郑英德、云樵在《渤海诸城考》一文中认为桓州在集安县城。关于西京鸭渌府下辖的丰州的地理位置，主要有长白镇说、仰脸山城说、南惠山镇说和抚松县说、榆树川古城说。文星、晨旭、玉华在《抚松县

---

① 孙进己：《唐代渤海之五京》，《东北民族史研究（一）》，中州古籍出版社1994年版。
② 金毓黻：《渤海国志长编》，社会科学战线杂志社1982年版。
③ 韩亚男：《渤海南京南海府考——以城址考古为中心》，《东北亚研究论丛》，东北师范大学出版社2016年版。
④ 韩亚男、苗威：《渤海西京鸭渌府考》，《中国边疆史地研究》2015年第1期。

发现唐代渤海国丰州城遗址》一文中指出："而今考古结果已经证明今浑江市临江区的临江古城是渤海国的神州城，那么抚松县松郊乡的新安古城，作为渤海国的丰州城也是完全可信的。"① 孙进己在《唐代渤海之五京》一文认为位于靖宇县东南榆树村西南的榆树川古城为丰州故址。② 关于西京鸭渌府下辖的正州的地理位置，郑英德、云樵在《渤海诸城考》一文中认为正州在富尔江流域，桓仁、新宾一带。③

关于沃州下辖的县的地理位置。《辽史》卷三十八《地理志二》记载沃州有"沃沮、鹫岩、龙山、滨海、升平、灵泉"六县。郑英德、云樵在《渤海诸城考》中谓："沃沮县治当在新昌附近，其余五县治当在新昌周围地区。"关于晴州下辖的县的地理位置。《辽史》卷三十八《地理志二》记载晴州有"天晴、神伤、莲池、狼山、仙岩"五县。郑英德、云樵在《渤海诸城考》中谓："天晴县治在新昌附近，狼山、仙岩二县当在今狼林山脉地区，其余二县治当在周围地区。"《中国历史地图集东北地区资料汇编》定天晴县于朝鲜咸兴西北之旧津里，莲池县于莲花山，狼山县于狼林山附近。关于椒州下辖的县的地理位置。《辽史》卷三十八《地理志二》记载椒州有"椒山、貂岭、澌泉、尖山、岩渊"五县。郑英德、云樵在《渤海诸城考》中谓："椒山县治在咸兴附近。岩渊县治在新昌西南一百二十里，在泥河即今龙兴江北岸。其余三县治在咸兴周围地区。"关于神州下辖的县的地理位置。《辽史》卷三十八《地理志二》记载神州下辖"神鹿、神化、剑门"三县。郑英德、云樵在《渤海诸城考》中谓："首县神鹿治所当在临江附近地区，神化、剑门二县当在临江周围地区。"孙进己在《唐代渤海之五京》一文中称："唯一可能为渤海神州属县的是河南屯遗址。该遗址位于临江东南十里，遗址内发现城址，城墙残长五十米。"关于桓州下辖的县的地理位置。《辽史》卷三十八《地理志二》记载桓州有"桓都、神乡、淇水"三县。郑英德、云樵在《渤海诸城考》中认为桓都县治

---

① 文星、晨旭、玉华：《抚松县发现唐代渤海国丰州城遗址》，《吉林文物》1986年第22期。
② 孙进己：《唐代渤海之五京》，《东北民族史研究（一）》，中州古籍出版1994年版。
③ 郑英德、云樵：《渤海诸城考》，《四平师院学报》（哲学社会科学版）1981年第4期。

在集安城附近，淇水在今朝鲜大同江流域，神乡县在桓都县与淇水县之间。关于丰州下辖的县的地理位置。《辽史》卷三十八《地理志二》记载丰州有"安丰、渤恪、隰壤、硖石"四县。郑英德、云樵在《渤海诸城考》中认为丰州下辖的四县应位于仰脸山城附近。关于正州下辖的县的地理位置。《辽史》卷三十八《地理志二》记载"统县一：东那县，本汉东耐县地，在州西七十里。"郑英德、云樵在《渤海诸城考》中认为东那县在富尔江流域，桓仁、新宾一带。

二 渤海国十府及其下辖的府、州、县的地理位置

（一）长岭府及其下辖的州的地理位置

《新唐书·渤海传》记载："曰长岭府，领瑕、河二州。"关于渤海长岭府的地理位置，有额城、北山城子、英额门以北、海龙附近等说法。池内宏等人认为长岭府位于梅河口市山城镇的山城子。[①] 孙进己也支持梅河口说。李健才等人考证后，认为渤海长岭府应位于苏密城，他在《桦甸苏密城考》一文中指出："苏密城是辉发河流域最大的渤海古城……苏密城不是渤海中京显德府的遗址，而应是唐代营州道上的重镇——长岭府的遗址。"[②]

关于渤海长岭府下辖的瑕州的地理位置。孙进己在《唐代渤海国的十府》一文中指出："瑕州为长岭府首州，应为府治所在，当亦在东丰县山城子。"[③] 关于渤海长岭府下辖的河州的地理位置。《满洲源流考》载："又相《一统志》，开元东北五百里有稳图河，源出坊州北山，北流入松花江。所谓坊州疑即河州矣"。孙进己在《东北民族史稿》一书中也定河州于坊州。坊州在何地？孙进己的《明坊州考》认为坊州在今海龙城。[④]

---

① 转引自孙进己：《唐代渤海国的十府》，《东北民族史研究（一）》，中州古籍出版社1994年版。

② 李健才：《桦甸苏密城考》，《黑龙江文物丛刊》1983年第2期。

③ 孙进己：《唐代渤海国的十府》，《东北民族史研究（一）》，中州古籍出版社1994年版。

④ 孙进己：《东北民族史稿：卷三》，1977年油印稿。

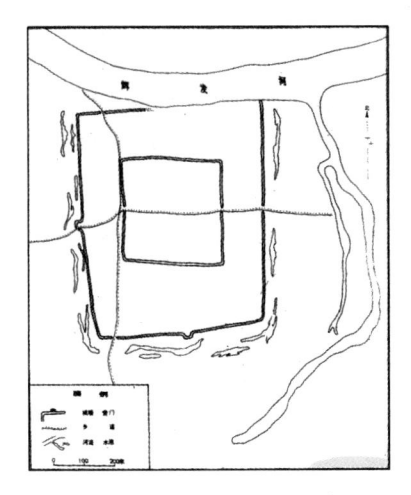

图 4—1 苏密城平面图①

（二）扶余府及其下辖的州的地理位置

《新唐书·渤海传》记载："扶余故地为扶余府，常屯劲兵捍契丹，领扶、仙二州。"关于扶余府的地理位置，有通州说、宽城子说、农安说。金毓黻在《渤海国志长编》认定辽代的通州为扶余府故地，他指出通州"当在今农安城西南百里之外求之，则长春县之西南隅，怀德、梨树等县地，应有当耳"。② 郭毅生在《辽代东京道的通州与安州城址的考察》一文中认为通州位于吉林省四平市的一面城。③ 董玉瑛认为扶余府在宽城子（今吉林省长春），他在《宽城子初探》一文中指出："笔者疑宽城子就是渤海的扶余府城，它的存续时间，从唐代渤海到辽的前期，自保宁七年（975年）后就荒废了。"④ 孙进己在《唐代渤海国的十府》一文中认为扶余府在今吉林省农安县。⑤

关于扶余府下辖的扶州、仙州的地理位置。孙进己在《唐代渤海国的十府》一文中认为扶州与扶余府同地，在农安县城；仙州位于长春宽

---

① 吉林省地方志编纂委员会：《吉林省志·文物志》，吉林人民出版社1991年版。
② 金毓黻：《渤海国志长编》，社会科学战线杂志社1982年版。
③ 郭毅生：《率宾府、恤品路和开元城》，《历史地理》第2辑，1982年。
④ 董玉瑛：《宽城子初探》，《博物馆研究》1985年第2期。
⑤ 孙进己：《唐代渤海国的十府》，《东北民族史研究（一）》，中州古籍出版社1994年版。

城子。①

（三）鄚颉府及其下辖的州的地理位置

《新唐书·渤海传》记载："以扶余故地为鄚颉府，领鄚、高二州。"关于鄚颉府的地理位置。金毓黻认为在长春、农安及扶余府之北。津田左右吉等人认为鄚颉府在哈尔滨一带。沙尔库诺夫等人认为鄚颉府在黑龙江下游。郑英德认为鄚颉府在吉林昌图北面的八面城，鄚颉府下辖的高州在怀德、梨树县一带。孙进己在《唐代渤海国的十府》一文中指出鄚颉府在吉林省梨树县城楞子北城。②

关于鄚颉府下辖的鄚、高二州的地理位置。孙进己在《唐代渤海国的十府》一文中指出鄚州与鄚颉府同治，应在今吉林省梨树县城楞子北城；高州应位于今长春。

（四）定理府及其下辖的州、县的地理位置

《新唐书·渤海传》记载："挹娄故地为定理府，领定、潘二州。"关于定理府的地理位置，主要有乌苏里江下游说、苏昌说、土城子。金毓黻在《渤海国志长编》中谓："定理府应在龙泉府之东，黑水部之东南，近人以乌苏里江下游当之，差为得实。"③ 郑英德认为定理府为俄罗斯滨海地区的苏昌，他在《唐代渤海定理府考》一文中指出："定理府在安远府（兴凯湖东岸）以南，直至日本海，治所在今苏昌。"④ 关于定州及其下辖的定理县的地理位置，郑英德指出："定州治和定理县治当在苏昌。"⑤ 孙进己在《唐代渤海国的十府》一文中称："如土城子非渤海城则此城当为渤海定理府址。如土城子为渤海城址，疑此为定理府址潘州。"关于定州的所在地，孙进己又谓："当与府在同地，今依兰县境。"关于潘州的所在地，孙进己认为在牡丹江下游。⑥

（五）安边府及其下辖的州的地理位置

《新唐书·渤海传》记载："安边府辖安、琼二州。"关于安边府的地

---

① 孙进己：《唐代渤海国的十府》，《东北民族史研究（一）》，中州古籍出版社1994年版。
② 同上。
③ 金毓黻：《渤海国志长编》，社会科学战线杂志社1982年版。
④ 郑英德：《唐代渤海定理府考》，《学术研究丛刊》1980年第2期。
⑤ 同上。
⑥ 孙进己：《唐代渤海国的十府》，《东北民族史研究（一）》，中州古籍出版社1994年版。

理位置，有奥耳加说和宝清说。谭其骧、田汝康在《"新土地的开发者"，还是入侵中国的强盗?》一文中认为安边府位于俄罗斯滨海地区的奥耳加。①郑英德在《唐代渤海安边府考》一文中认为安边府与安州同在俄罗斯滨海地区的奥耳加。②孙进己依据《吉林汇征》和《文化大革命期间出土文物》的记载推定安边府与其下辖的安州同在今宝清县挠力河下游古城。③

（六）率宾府及其下辖的州的地理位置

《新唐书·渤海传》记载："以率宾故地为率宾府，领华、益、建三州。"关于渤海率宾府的地理位置。曹廷杰认为渤海和辽代的率宾府都位于双城子（乌苏里斯克），他在《东三省舆地图说》中谓："率宾、苏滨、恤品即今绥芬河也，其府路故基即今双城子地方无疑。"以后的学者大都认同其说。张泰湘反对曹廷杰的观点，于1972年对绥芬河上游进行考古调查后认为东宁大城子古城为率宾府所在地，他在《唐代渤海率宾府辨》一文中指出："综观前人诸说，定双城子古城为唐渤海率宾府故址均无确凿证据；从古城形制，出土文物多属金代文物、遗迹，若定为金代恤品路路治尚有可能。那么，唐渤海率宾府故址应在什么地方呢？笔者1972年在绥芬河上游进行考古调查时，在东宁县城东八里发现一座规模颇大的古城，当地群众称之为大城子。"④郭毅生与张泰湘的观点相悖，他在《率宾府、恤品路和开元城》一文中主张大城子古城不是渤海的率宾府，位于俄罗斯双城子（今乌苏里斯克）的克拉斯诺雅古城应为渤海率宾府所在地。⑤后经考古调查，学术界大多认同张泰湘的观点。

孙进己在《唐代渤海国的十府》一文中指出华州与率宾府同治，应位于东宁大城子古城；益州应位于东宁县土城子，建州应位于双城子

---

① 谭其骧、田汝康：《"新土地的开发者"，还是入侵中国的强盗?》，《历史研究》1974年第1期。
② 郑英德：《唐代渤海安边府考》，《学术研究丛刊》1980年第2期。
③ 孙进己：《唐代渤海国的十府》，《东北民族史研究（一）》，中州古籍出版社1994年版。
④ 张泰湘：《唐代渤海率宾府辨》，《历史地理》第2辑，1982年。
⑤ 郭毅生：《率宾府、恤品路和开元城》，《历史地理》第2辑，1982年。

(俄罗斯乌苏里斯克)。①

（七）东平府的地理位置

《新唐书·渤海传》记载："拂涅故地为东平府，领伊、蒙、沱、黑、比五州。"关于东平府的地理位置。金毓黻认为东平府在黑龙江省密山县（今密山市），他在《渤海国志长编》卷十四谓："拂涅为勿吉七部之一，在安居骨部之益东。或谓安居骨即按出虎水，为金代发祥之地，其益东则应在今宁安迤东，黑水部之南；或谓宁安东京城一名佛讷和城，佛讷即拂涅之对音，古拂涅部当在此。然渤海已于此地置上京，且唐称为肃慎故地矣，则东平府必不在此。以余度之，当在龙泉府之东北，其今密山县兴凯湖西岸一带之地乎？"②郑英德也认为东平府位于兴凯湖西岸一带。丹化沙在《渤海历史地理研究情况述略》一文中称："东平府似在率宾府以北今兴凯湖南岸迤东地区，所领沱州与湖有关。"③孙进己在《唐代渤海国的十府》一文中称："东平府决不能在兴凯湖之地，而应在今拉林河为是。"④

（八）铁利府及其下辖的府的地理位置

《新唐书·渤海传》记载："铁利故地为铁利府，领广、汾、蒲、海、义、归六州。"关于铁利府的地理位置。郑英德在《渤海国部分府州新考》中谓："铁利府即铁利故地应在今黑龙江下游流域以南、今兴凯湖以北的地区，东面直至今日本海。"⑤孙进己在《唐代渤海国的十府》中谓："应位于今嫩江以东、呼兰河以西、松花江以北之地。"关于铁利府下辖的州的地理位置，孙进己在《唐代渤海国的十府》一文中指出："大约均在今嫩江以西至呼兰河流域等地。"⑥

（九）怀远府及其下辖的州的地理位置

《新唐书·渤海传》记载："越熹故地为怀远府，领达、越、怀、纪、

---

① 孙进己：《唐代渤海国的十府》，《东北民族史研究（一）》，中州古籍出版社1994年版。
② 金毓黻：《渤海国志长编》，社会科学战线杂志1982年版。
③ 丹化沙：《渤海历史地理研究情况述略》，《黑龙江文物丛刊》1982年第1期。
④ 孙进己：《唐代渤海国的十府》，《东北民族史研究（一）》，中州古籍出版社1994年版。
⑤ 郑英德：《渤海国部分府州新考》，《学习与探索》1983年第2期。
⑥ 孙进己：《唐代渤海国的十府》，《东北民族史研究（一）》，中州古籍出版社1994年版。

富、美、福、邪、芝九州。"郑英德在《渤海国部分府州新考》一文中认为："怀远府必定是在安远府即今兴凯湖东岸以东一带，直至日本海。"①孙进己在《唐代渤海国的十府》一文中认为怀远府及其首州达州位于吉林省怀德县秦家屯古城附近；怀远府下辖的越州在辽宁昌图县八面城附近；富州和美州在辽宁昌图县境内。②

（十）安远府及其下辖的州的地理位置

《新唐书·渤海传》记载："安远府，领宁、郿、慕、常四州。"郑英德在《渤海国部分府州新考》一文中谓："可以断定安远府在今兴凯湖东岸一带。"③孙进己在《唐代渤海国的十府》中认为安远府及其首州宁州应位于今吉林省长岭县；郿州应位于宁州之北。

由上述综述，我们发现了两点问题。第一，关于五京十府的地理位置的研究的不平衡性，五京十府中，学术界侧重于对五京地理位置的研究；五京中，学术界更侧重于对上京、中京、东京地理位置的研究。第二，关于渤海国五京十府的地理位置基本明晰，然而，五京十府下辖的州、县的地理位置还是不够明确，这有待于学者们进一步研究、探讨。

第三节　黑龙江流域渤海古城及遗迹遗物的分布与研究

一　渤海古城的初步研究

（一）黑龙江流域渤海古城分布及其形制

1. 黑龙江流域渤海古城分布及其地理环境之关系

自然地理环境是人类生存的前提和基础，人的生存和发展都离不开这个自然基础。黑龙江流域幅员辽阔，水源充沛，崇山峻岭矗立其间，茂密的森林、平原沃野、江河湖海为黑龙江流域的渤海人提供了丰富的物产。7—10世纪的渤海人在此地立国筑城，繁衍生息，创造了黑龙江流

---

① 郑英德：《渤海国部分府州新考》，《学习与探索》1983年第2期。
② 孙进己：《唐代渤海国的十府》，《东北民族史研究（一）》，中州古籍出版社1994年版。
③ 郑英德：《渤海国部分府州新考》，《学习与探索》1983年第2期。

域最早的都市文明。渤海上京龙泉府成为当时黑龙江流域，乃至东北亚地区最大的文明都会。

　　黑龙江流域的渤海古城主要分布在黑龙江省的东南和东部，以及与其相连的俄罗斯哈巴罗夫斯克边疆区和滨海边疆区，即黑龙江干流的中下游地区（包括穆棱河、绥芬河流域）。另外，作为注入黑龙江的重要水系松花江和牡丹江流域，也是黑龙江流域渤海古城的重要分布区域。从今天的行政区域来看，已发现的渤海古城多集中在今牡丹江市、鸡西市、密山市、虎林市、俄罗斯的哈巴罗夫斯克和滨海地区以及吉林省的长春市、吉林市、辽源市、通化市、白山市等。从古城的分布区域中我们基本上可以了解渤海国东部、北部和西部的势力范围，印证并补充了史料记载的渤海疆域"南比新罗，以泥河为境，东穷海，西契丹。"（《新唐书·渤海传》）学者们一般认为，"渤海的强盛时期，西境到达了辽河东岸及昌图、梨树、农安、乾安、哈尔滨一线，与契丹、室韦相邻。北部则控制了黑水靺鞨部，整个黑龙江中下游皆为渤海占有，一直延伸到鄂霍茨克海岸。东部，濒临日本海。"这样看来已发现的黑龙江流域的渤海古城的分布区就是渤海在其疆域的北部、西部和东部的势力分布图，处在边缘的古城的连线基本就是渤海的边境线。

　　黑龙江流域地形复杂多样，山脉河流湖泊众多。如从地形地貌上来看，黑龙江流域的渤海古城主要分布在张广才岭以东的老爷岭山地，乌苏里江以西的完达山山地以及吉林省的吉林哈达岭和牡丹岭等山地。《管子·乘马》中有关于城池地理位置的选择，"凡立国都，非于大山之下，必于广川之上。高勿近旱而水用足，下勿近水而沟防省，因天材，就地利"。渤海古城多分布于山地和江河险要之地，可凭天险地利加强防御能力。而且这一区域内的三江平原、宁安盆地、兴凯湖、镜泊湖和松花湖对渤海国的社会生产有着重大意义。

　　迄今为止，关于渤海国西境的问题学界存在着争议。史籍中只说西临契丹，没有明确的界定疆域。目前，通过考古发掘也没有在张广才岭东麓以西的松嫩平原发现能够被学者们所公认的渤海古城遗址。除了考古没有发现外，可能也与契丹、室韦的势力存在有关，契丹等北方民族具有居无定所的特点，抢掠是其生活来源。所以即使这一地区曾经属于渤海国的势力范围，松嫩平原适合生活生产，但地域十分广阔，无险可守，在这么广大的区域筑城防御，以渤海数十万之众，去控制这一地区，可能力不从心。这一问题有待以后进行专门研究。

2. 黑龙江流域渤海古城的类型及其形制

(1) 平原城和山城

目前黑龙江流域已经发现的渤海古城有100余座，根据所处的自然地理环境，我们通常把它们分为平原城和山城。分布在土地肥沃利于农业生产的平原地区的古城，称之为平原城，这些古城大都是区域性的政治、经济、文化中心，处在交通便利和发达的商业贸易区。分布在具有重要战略意义的山地隘口和山丘之上的古城，称之为山城。在山城和平原城周围是作为扼守战略要地的军事要塞和堡垒，为这些中心城市提供着安全保障。

黑龙江流域渤海的平原城主要以宁安盆地的上京龙泉府古城、绥芬河河谷平原的东宁大城子古城、桦甸盆地中的渤海苏密城等为代表。平原城大多是仿照唐朝的京、府、州建制的古城样式修建，而渤海的山城则主要是体现了渤海人的筑城特点。位于地势险要的山地隘口、江河交汇处的军事要塞，几乎都是处于高山峻岭或易守难攻之地。山城作为军事要塞和防御工事，是东北民族筑城的重要特征。其一，山城多是在两山之间筑墙或背险峰筑墙，不拘泥形式，所以其形制各异。其二，利用天然条件，山城的修筑是根据自然环境来建造的。如城墙砬子山城南、东、北三面环水，且高出水面近一百多米，因此只在西面山体上依山筑墙。建筑材料大多就近取材，有石筑、土石混筑、夯土修筑等多种墙体。其三，山城中大多发现有穴居坑。

渤海上京龙泉府古城地处宁安盆地中部，西面是张广才岭、东面是老爷岭、北面是锅盔山，牡丹江在张广才岭和锅盔山之间的狭长地带中，由北向南穿流而过，在今依兰县汇入松花江。古城南临镜泊湖，渤海时称为忽汗海。渤海人在通往上京龙泉府的江河两侧的水路要冲之地修筑了几十座山城和要塞。其中主要有林口县境内的乌斯浑河古城、五道河子古城、勃利县的古城村古城，鸡东县的锅盔山山城，穆棱市的小四方山山城和粮台山古城，东宁的城子沟山城和红石砬子山城，环绕在宁安上京城周围的海林市和牡丹江市更是存在为数众多的古城。南面的镜泊湖周边，要塞和山城林立。比较典型的是城墙砬子山城，另外在渤海上京城的西北海浪河流域，有一条长近数十千米的土石混筑的长城墙体，在镜泊湖城墙砬子山城的湖之对岸的江山娇林场的东部山坡上，有一条面向北方的防御性墙体。

（2）早期古城和中后期古城

黑龙江流域的渤海古城从其分布、规划和修筑特点上看，大致按照渤海政权在唐玄宗天宝年间从中京显德府迁至上京城为线，可以分为早期和中后期两种类型。敦化城山子山城、延吉城子山山城、马圈子山城、黑石山城、石湖山城等属于渤海早期城址。渤海上京城、东宁大城子等属于中后期古城。

渤海的早期古城具有两大特点：其一，分布集中、规模小，规划布局不统一等特点。渤海建立之初，并未能立即对所占地区实行有效统治，出于巩固政权，确保东牟山城的安全，其早期的城池多集中修筑在牡丹江上游地区。其建筑规模都很小，这一时期修筑的各个城址规划布局也不统一，其平原城就有长方形、正方形和半月形多种。城市的多样性正是这一时期的特点。其二，在修筑城池的过程中，是平原城和山城相结合。可以按照敖东城和城山子山城，黑石古城、石湖古城和通沟岭山城的分布区域划分，平原城修筑于牡丹江冲积平原中，有的选择依山临水之地，面积较大，并建有防御设施，是每一个区域的政治经济活动中心，而与其相近的高山或险要之地另外筑一山城，是为了加强这一区域的安全和防卫而筑。除此之外，牡丹江沿岸还建有不少小型的堡垒。平原城和山城相结合的这一特征，说明渤海的建城特点明显带有高句丽人建城的遗风。

渤海中后期古城中有代表性的古城如渤海上京城、珲春八连城、和龙西古城、大城子古城等，和早期相比，也具有两大特点：其一，分布区域广，城市规模大。经历建国之初，至大仁秀时，渤海国疆域广阔，基本确定了五京、十五府、六十二州的行政区划格局，古城建筑与府州建制相对应。城市规模在不断扩大。这些变化体现了渤海国由弱至强，政治经济社会各种制度基本完善。其二，规划布局统一，仿效隋唐长安城的特点尤为明显。上京城外部轮廓基本为长方形,且为南北向。宫城、皇城与城内居民不相混杂,各成一区,城内有若干东西向和南北向的道路,上京城基本呈对称图形,并仿照中原城市建有寺庙,但是上京城内未发现有市。珲春八连城、和龙西古城等也基本如此。这反映了渤海国在政治、文化和社会生活上是仿效唐朝的。但是这些中后期城址的修筑依然保留了民族特色,有的平原城仍然带有渤海早期城址的防御性特征。

(3) 黑龙江流域渤海古城的形制

为了更好地了解渤海古城的形制特点,便于总结和探索古城的种种特征和背景,现根据渤海古城其不同的形制进行归纳和分类。平原城形制普遍比较归整,而渤海山城由于因地势而筑,形制复杂多样。黑龙江流域的渤海古城大致有以下几种类型:

其一,正方形古城或略呈方形的古城。这是渤海古城比较常见的形制,通常都是修筑在平原地区。如,苏密城内城及牡丹江的南城子古城都属于略呈方形的古城。

其二,长方形古城。这是渤海古城很常见的形制,这一类型古城分布的地域与正方形古城基本相同,在数量上长方形古城也很多。

其三,回城或套城。指有内城和外城的古城,规模大些的京府一级的渤海古城都属于这一类。

其四,凸形古城。如上京城和东宁大城子古城就是这一形状。

其五,半月形古城。敦化马圈子古城北墙呈直线,西南东三墙围成一半月形。

其六,圆形或椭圆形。吉林敦化城山子山城基本呈椭圆形。

其七,不规则形的古城。这类古城因受地势影响较大,一般修筑在丘陵和山地,城垣沿着不规则的地势修筑,所以呈不规则形状。如长春的宽城子,城垣之形,颇不规则。镜泊湖西岸的城墙砬子山城的平面也呈不规则的长方形。

其八,簸箕形山城。其主要特征是:山城的城垣沿着近乎环形的山脊合抱。山城的三面为山峰耸立,中部的山峰往往是山城的最高点,两翼的山脊渐低,三峰耸立之地均向最低处的山口倾斜,整个山城形如簸箕状。

其九，筑断山谷式山城。这种山城依托两侧高不可攀的山峰做屏障，将两山间的山谷两侧用石头砌筑。

其十，一面坡式山城。即选择一面坡式的山地形势，利用高山上的陡峭悬崖做屏障，其余的三面随山坡倾斜之势筑墙相连，山城内地势从陡峭处向三面平缓的方向倾斜，城门则设在山坡下的谷口并与泄水洞同置一处。

另外，早年日本学者在发掘八连城时在城外发现木栅痕迹，似绕城而立木栅，形成木栅城垣。[①] 作为东京龙原府城址的八连城因此而有栅城府之名。

在黑龙江流域，这几种类型的山城多分布于宁安盆地以北、以东和东北方向，渤海人在险要山地与河流要冲处修筑了大量的各种类型的山城。

3. 黑龙江流域渤海古城的建筑材料及其城市布局

黑龙江流域渤海古城除了类型众多以外，在古城墙的砌筑方法、城墙材料和古城墙结构方面也是种类繁多，有的方法极具地方特色。

（1）黑龙江流域渤海古城的建筑材料和方法

其一，土筑城墙。夯土堆筑的城墙。往往采用夯筑技术，为了使城墙坚固，在墙体中间的土层中常掺杂有碎石碎瓦。

其二，以石砌墙。用较大的归整的方形或长方形石块为材料，交错叠压砌筑成横剖面为上窄下宽的梯形，通常这种墙地下筑有地基。渤海上京城的宫城墙就是采用这一方法修筑。这也是渤海山城常用筑墙方法之一。用不规则的石块叠压，往往利用山脊间的缝隙砌筑而成，这类筑墙方法常用在筑断山谷式的山城。

其三，"水旱沙"法，以石块、沙砾和泥土筑成。以石条、石块为基堆筑，用水灌沙砾和泥土，使沙土充实石块中。渤海上京宫城内的墙址多用此法。

---

① 王培新：《20世纪前半期珲春八连城考古述评》，《边疆考古研究》（第11辑），科学出版社2012年版，第231—247页；王禹浪、刘述昕：《黑龙江流域渤海古城的初步研究》，《哈尔滨学院学报》2007年第12期。

其四，土石混筑。以石为基，其上筑土夯之墙体两侧为石砌，中间附以土筑。土石混筑这种方法在渤海城墙修筑中很常见，上京城外城墙就是综合使用这几种方法筑成。包骨墙，即土包石而筑。利用较大的石块砌成单列的石墙后，在其上面再堆土加固。这三种建筑方法，我把它们统称土石混筑。

其五，土、石、木混筑结构，用石块砌成墙基后，用圆木横排，其上再用黏土夯实，这样筑起的城墙十分坚固。

总之，渤海的古城无论是平原城还是山城，其城墙的建筑材料和方法的采用，一般都是多种砌筑方式并存，根据古城的级别和城周围的可利用材料，就地取材，体现了其灵活的特点。

渤海古城还有许多独具特色的附属建筑。古城脚下多掘有壕沟、护城河或护城壕。城墙上或建有角楼或有马面，有的还筑有箭楼，有的墙上还筑有女墙。在城墙开门处多采用瓮门。山城的城体上往往有竖立滚木擂石的柱洞。山城的城门多修在谷口处，在城门外侧多筑有几道交错的石砌墙体，又称拦马墙。渤海山城通常在城墙内、外侧铺砌马道。城门的结构多采用内外不同的瓮门形式，城门处往往是山谷的谷口或地势低洼之处，所以城门又常是山城的泄水口，并修有排水沟。

（2）黑龙江流域渤海古城的布局

其一，渤海平原城和古城大多建在靠近水源之处，渤海上京城临近忽汗河（牡丹江）而建，镜泊湖周边也建有十余座古城和堡垒。靠近水源筑城可以方便城中用水，亦可凭借自然环境"依大河以为固"。渤海古城的城墙多筑女墙，并且一般设有一座或几座角楼。

其二，较大的渤海古城，通常有内城外城之分。外城为居民区或者驻兵防御，内城多是渤海政权的各级官衙，这类古城通常是京府州的治所。

其三，渤海古城中通常有瞭望台，一般都选在城里最高点，通常采用土石堆砌而成，在山城中常在城内选一山峰，铲平山顶，后用土石夯平。在一些大型的渤海古城中还常发现，城中靠近城门筑一平台，俗称将台。

其四，渤海古城中常发现有较大的凹坑，平面呈圆形或椭圆形，地面部分有墙垣。被传说为"水牢",渤海上京城内城东区就有一直径38—42米、深1—2米的"水牢"遗迹,推测其用途是储藏粮食、水源之用,其用途或许可根据地势高低来区分,高处储粮,低处存水。

其五,渤海古城中常发现有不同数量的水井,除此之外,山城中通常掘有蓄水池,多修筑于山城低洼处,便于积聚高处流下的雨水和地下的泉水。池壁和池底用石块砌成,底部还渗有河沙,可以起到过滤水源保持水源储备的功能。

其六,渤海古城及其周围还分布有寺庙、墓葬等。

其七,渤海山城和要塞的城墙上或城墙附近地势较高处还常见有大小不同的圆形穴居坑。小的直径约3米,大的直径10余米,且数量一般在十数个或者数十个。

其八,渤海山城门外的缓坡上还常见有石砌的"拦马墙",这种墙体长短不一,交错分布。渤海山城有的还建有翼墙,即在山城城墙的外侧及两侧山脊上加筑一道城墙并与山城的墙壁相连接。这两种墙体能起到阻碍、延缓敌人进攻的作用。

(二)从黑龙江流域渤海古城的分布看渤海国的行政建制与城镇化

1. 渤海国的行政建制

渤海宣王大仁秀即位后,实现了对海北诸部的统治,疆域空前的广大,地方五千里,众数十万,渤海全国范围划分五京、十五府、六十二州,京府州县的行政建制遍及渤海国各地。从已知的黑龙江流域渤海古城来看,今宁安和敦化周边地区古城分布尤为密集,而这两地正是渤海的上京和旧国所在地。放眼整个渤海古城分布,今和龙、珲春和鸭绿江畔的集安以及今朝鲜境内的泥河(今龙兴江)等渤海古城分布密集的区域,就是渤海五京以及主要府州的所在地。通过这些京府州县的设置,渤海实现了对全境的有效统治,而今屹立于黑龙江流域以及其他地区的古城,就是渤海国行政辖区的一种象征。

在渤海建国以后,渤海的上京龙泉府作为都城的时间最长。唐天宝末年,大钦茂将王都从中京显德府北迁至上京龙泉府,历经30余年,大钦茂又于唐贞元初年迁都东京龙原府,794年,第五代王大华玙将都城迁回上京,直到926年渤海灭亡,上京龙泉府在长达162年左右的时间内一直是渤海王国的政治、经济、文化中心。现以黑龙江流域内的渤海古城为例，对渤海国的行政建制进行分析。总体来看，黑龙江流域的渤海国的行政建制有如下几个特点：

第一，京府州县制和首领制并存。这与渤海国社会发展不平衡有关，渤海国统治下的不同的社会集团（族群），具有不同的多种经济结构和生产、生活方式，这一客观存在必然导致相应的行政建制和管理体制与之相适应。有些府州有名无实，渤海国早期的社会组织以氏族部落制度为基础，把奴隶主和贵族冠以都督和刺史之名。"无州县馆驿，处处有村里""部曲奴婢无姓者，皆从其主"，正是渤海早期实行首领制的真实写照。渤海国古城的分布较为集中，地区分布极不平衡。有的地区基本没有或者很少有古城，可能就是与上述两种制度同时并存有一定关系。

第二，行政建置和军事管制并存。渤海国除了设置京府州县外，在各京府州县之间还专门设有交通驿站及戍边的城堡和村寨，反映出具有浓厚的地方基层组织的特色。在黑龙江流域发现的大量军事性山城和面积非常小的城堡要塞，说明了军事管制与行政建制并存的特点。

第三，京府制并行。渤海国五京中的上京、中京、东京都曾经作过都城，同时依京置府同郭而治京府之民，如渤海上京既是都城又是龙泉府所在。中京设有显德府，东京设有龙原府等。

2. 黑龙江流域渤海国的城镇化

渤海国建立后，积极向唐朝、高句丽等先进的民族文化学习，并从政治、经济、社会制度、社会生产等多方面进行变革，迅速由边疆原始落后形态向中原封建制形态发展转变。渤海的城镇化就是这些转变的体现，而现存众多的渤海古城则是渤海国城镇化发展的有力依据。

城镇化，是指城镇的数量的增加和城镇规模的扩大，导致人口在一定时期内向城镇聚集，并不断将城镇的物质文明和精神文明向周边扩散。城镇化基本可以代表一国的社会和经济发展水平，表现为经济文化的繁荣和交往的频繁。

一般说来渤海国城镇和城镇化的产生有以下两种因素。其一，战争和巩固政权的需要。大祚荣带领族人由营州迁到"东牟山"，为了防御唐朝政权的攻击，保护财产和族人的安全，巩固新的靺鞨政权，在今延边地区修筑了一定数量的城堡,且这些城堡多分布在敦化的西方和西南方向,择山峰与河流之险而筑,防御性较强。在渤海国政权逐渐稳定和封建制经济逐步发展以后,在较大的城镇周围就会有交换和贸易发生,这样才能够真正地称其为城市或城镇,而不是单纯意义上的"筑城以卫君"的"城"了。其二,从经济快速发展和商品贸易、交通等需要出发,渤海国的城镇化也在快速增长。在渤海国政权稳固后,领土不断扩展,并先后占有了黑龙江、鸭绿江、图们江等流域地区,地域辽阔和多样的地貌以及各种民族的分散都给渤海国统治者带来了许多不便,因此渤海国的城镇化也是政治上的必然趋势。

渤海立国之初,采取了因地制宜的方法和手段,对民众的治理采取了多种形式,因此,中原隋唐制度和高句丽王国的管理制度,都成为渤海国对其民实施管理的方法。渤海国可能将原有的靺鞨社会组织形式——邑落稍微改变,以大邑落为府,小邑落为州,分别置都督和刺史进行管治。我们在黑龙江流域发现了至少140多座渤海古城,但是其中属于渤海早期的古城数量很少。因此,城镇的产生和发展是与经济结构和生产方式有着密切关系的。渤海早期统治下的人民基本是原始的家族式的有限生产,并不能真正引发城镇的诞生。渤海上层统治集团深刻了解封建化的过程所带来的社会发展,他们受过大唐文明的洗礼和熏陶,目睹了中原王朝的强大和文明程度。大祚荣率领靺鞨族众从营州迁至靺鞨故地时,必然带来了汉族地区先进的生产技术和生产工具,这些都为渤海国能在经济落后的地区,快速地完成封建制变革打下基础。经济结构和社会生产的转变真正引发了城镇化进程。

随着封建制度的逐步建立、生产技术和劳动工具的改进,渤海国的社会生产力明显提高,生产的发展、人口的增长,使渤海国的城镇化也达到空前的繁荣。渤海国的城镇化的发展主要表现在如下几个方面。

(1) 城镇数量的增加和规模的扩大

渤海国早期,大多数地区的生活风貌正如日本史书《类聚国史》中所记载:"其国延袤二千里,无州县馆驿,处处有村里,皆靺鞨部落"。渤海国的早期城镇只在东牟山周边有几座古城,且规模不大。这和目前仅在黑龙江流域就发现的一百多座渤海古城形成了鲜明的对照。渤海政权中后期，修筑的古城不单数量多，而且规模较大。渤海上京城周长有15千米，是当时东北亚地区较大的古城之一，和龙西古城、珲春八连城也都具有相当规模。

（2）各具特色的城镇网络的形成

渤海国的社会经济受自然环境的制约，农业、手工业、畜牧业和渔猎业多种经济门类并存，同时存在多种经济成分。《新唐书·渤海传》记载："俗所贵者，曰太白山之菟，南海之昆布，栅城之豉，扶余之鹿，莫颉之豕，率宾之马，显州之布，沃州之绵，龙州之䌷，位城之铁，卢城之稻，湄沱湖之鲫。果有丸都之李，乐浪之梨。"从史书关于渤海国物产的记载可知，渤海的各个地区的不同城镇有不同的特色产业。

其一，农业。西部和南部的高句丽故地，以及渤海腹地的松花江流域、牡丹江流域和松嫩平原，是主要的农业经济区。铁器在农业生产中得到广泛使用，在吉林延边地区、黑龙江宁安渤海上京龙泉府遗址均出土了铁铧、铁镰、铁锸等农业生产工具，说明了渤海国的农业生产已具相当水平。铁制农具的使用提高了生产力水平，为渤海国的强盛打下了经济基础，也是渤海国城镇兴起的一个重要原因。

其二，手工业。这是渤海社会经济的重要部门之一，不仅满足渤海人的日常消费，而且是渤海国对外贸易的主要物品。上京龙州（宁安一带）以出产䌷而驰名。显州和沃州的绵麻布也很有名气。这些丝绸织品是朝贡、贸易的物品之一。陶瓷业十分发达，掌握了烧制釉陶的技术并生产出仿唐三彩的陶器，被称为"渤海三彩"。宁安的下城子古城附近发现了渤海窑址，并列成排，共20余座。

其三，畜牧业。肃慎族系向来以善养猪而著称，尤以"扶余之豕"最有名。"率宾之马"是马匹的优良品种，马不仅是军事、生产、交通所需，而且是进贡物品，也是渤海国向中原和周边各国输出的主要物品。率宾地区大概是今绥芬河下游地区。

其四，渔猎和采集业。在山区和江湖两岸及海边的靺鞨人主要从事渔猎和采集，从渤海遗址出土了多种捕鱼工具和较大的网具。渤海向唐朝奉献的贡品有鲸鱼眼，可以说明渤海渔民已经能够捕鲸。狩猎取得的多种动物，主要为了满足衣食需要，补充农牧的不足。山林居民采集的山珍、药材和蜂蜜,也是主要的交易物品,长白山人参闻名于唐朝和日本。

(3) 商业与交通的繁荣和发达

渤海国的多种经济形态并存的结构,客观上促进了商品交换和城市经济的发展和繁荣,渤海王室贵族追求中原封建式宫廷生活,这些因素推动渤海城镇化发展进程。渤海对外贸易空前的活跃,与周边国家、民族的贸易往来都是前所没有的。这种交流不仅促进了商品经济的发达,同时也促进了渤海国与周边交往的交通的发达。

其一,商业贸易。渤海的京府州县是各地商业活动的主要城镇,其中上京、东京、中京是渤海贸易交换最为发达的商业中心城镇,据学者们考证,在渤海上京龙泉府曾设有商市,30年代末由日本学者出版的《东京城》发掘报告,以及20世纪六七十年代调查上京城时,发现了外城区有两处遗物、遗迹比较集中的地方。出土有渤海国的铁权、铜镜、软玉雕件、石砚、陶砚、陶印和各种铜、铁饰件等。近年,在其附近还发现有重数十斤的古代烧酒锅的外圈,这说明附近可能还有酿酒作坊。这两处遗址可能就是渤海上京城内的商贸市场。在渤海上京城内还出土过日本古钱,其他古城内还出土过唐朝的"开元通宝"。据史书记载,朝贡中原的使团达150多次,与此同时与日本的贸易也逐年频繁,据不完全统计,日本与渤海国之间的往来使团次数达34次之多,人数已达数千人。

其二,交通路线。城镇的建立促进了交通的发展,而交通的发展也给城市(镇)增添了活力,推动了城镇化的进程。频繁的对外交往和贸易往来,促使渤海的水陆交通迅速发达。其主要交通路线有五条:朝贡道、营州道、契丹道、日本道和新罗道。这五条主要的交通路线都是以渤海上京龙泉府为起点通往各地,在每一条交通路线上均设置有驿站,在渤海国区域内发现了不少的建筑遗址,这些遗址大多分布在古城之间的交通要道上,学者们认为这类遗址应该是渤海国的交通驿站遗址。这五条交通路线成为贯穿渤海国与周边往来的大动脉,而交通沿线的城市(镇)成为渤海国人口密集、经济繁荣的地区,有力地促进了渤海国的城镇化发展。

(4) 城镇布局和设施的完善

以上京龙泉府为例，它是当时东北亚地区最大的城市之一。上京城外城周长15千米，并且由外城、内城和宫城三城相套构成。内城与宫城坐落在外城居中偏北处，渤海上京城基本仿照唐朝的长安、洛阳城而建，外城存在着明显坊、市分区，共有主街五条，城门已经发现了至少十座。内城是渤海王国百司官衙的所在地，建有官衙、点将台、校场等。内城北侧建有御苑，为人工修筑的回廊、亭台、楼阁和水池、莲花泊、八角琉璃井，这是目前已知的保存较为完好的中世纪皇家园遗址，渤海上京城中人工湖泊和园林的修建，体现了中原传统文化和传统建筑的特点，这种在古城内修建的人文与自然景观，不仅是渤海贵族统治阶级的享乐之处，而且标志着最初意义上的军事城堡向城市多功能意义上的转变。此外，上京城还有比较完备的引水、排水系统。城内用水分两个系统，一是宫廷、官衙生活用水，一般凿渠引水进城；二是居民生活饮用水，上京城内发现不少渤海时期的井，有的井壁全用条石修筑砌成。在黑龙江流域还发现不少渤海寺庙遗址，并出土了舍利和石灯幢。

总之，渤海国的建立，对黑龙江流域产生了极其深远的影响。白山黑水此后相继成为女真和满洲的兴起之地，上京龙泉府是当时东北亚地域最大的古城之一，渤海政权在黑龙江流域修建了一百多座古城，促进了这一地区的城镇化和封建化的进程。对辽金两朝的影响甚大，许多渤海国修建的古城相继被辽、金所沿用。渤海国时期，黑龙江流域的城镇化对这一地区的农业、手工业、商业以及交通的发展产生了巨大的推动和作用。历经千年风雨，渤海国政权早已消亡，但渤海国古城的残垣断壁依然沉睡在白山黑水之间。

二 渤海历史遗迹遗物研究综述

（一）国内外黑龙江流域渤海国遗迹遗物研究状况

1. 国内研究状况

公元926年，随着契丹人对渤海上京城的一场大火，记录渤海国的一切文字、典籍付之一炬。现存的渤海史料中有关渤海国历史遗迹、遗物的记载十分有限，直接出自唐人之手和渤海国的原始资料更是寥若晨星。

因此，唐至五代时期保留下的苏鹗撰写的《杜阳杂编》、杜佑的《通典》以及《旧唐书》《新唐书》《新五代史》《旧五代史》等文献成为研究渤海国历史弥足珍贵的史料。

渤海国灭亡后，渤海国的历史渐渐远离了人们的视野，直至被后人所遗忘。辽宋时期编辑的《契丹国志》，金代的《松漠纪闻》《大金国志》，宋人的《三朝北盟汇编》《文苑英华》《册府元龟》等书，均有对渤海国史的零星记录。元明时期所编修的《辽史》《金史》《元史》《文献通考》《续文献通考》刊渤海国的历史地名和州县，渤海的人物和后裔也有一些著录。清朝初年，一些学者误认为渤海上京城遗址为金代的旧都，并以"东京城"的名称出现在许多清人的笔记、杂咏之中。如：《白云集》《盛京通志》《柳边纪略》《扈从东巡日录》《满洲源流考》《宁安县志》等书有对渤海国上京城遗物遗迹的相关记载。清朝中晚期，有关东北地方史志书也对渤海国的历史与遗迹遗物有了记述，并对渤海国的历史人物、历史地理开始了系列研究。如：《清朝文献通考》《清朝续文献通考》《满洲源流考》《奉天通志》《盛京通志》《吉林通志》《黑龙江志稿》《吉林旧闻录》《吉林外记》《宁古塔纪略》《黑水先民传》等书。

20世纪30年代，著名东北史学者金毓黻先生对渤海国史研究做了许多开创性的工作，尤其是对渤海国历史资料进行了重新整理和分类，并编著有《渤海国志长编》（简称《长编》）。① 在《长编》卷二十中，金毓黻先生对渤海国的文字、音乐及渤海国上京城的遗址遗物皆有所考证，并收录了诸多的珍贵史料。从清初到清末，对于渤海史的研究一直停留在对文献的考据上，而金毓黻先生是集渤海国史料学之大成的学者，其集中收集了许多有关渤海国历史研究的新的考古发现。

20世纪70—90年代，由于黑龙江流域边疆考古工作的展开，掀起了渤海国史研究的高潮。因而在研究渤海国问题上，学术界由对渤海史料的研究，逐渐转变为注意结合考古资料的探讨。1980年《黑龙江省文博学会成立纪念文集》中收录的由张泰湘、吴文衔、魏国忠合作撰写的论

---

① 金毓黻：《渤海国志长编》，社会科学战线杂志社，1982年。

文《唐代渤海国文化初探》,是一篇与考古资料相结合论述渤海文化的佳作。作者在这篇文章中意在阐述渤海文化为靺鞨族文化的继承,同时又吸收了汉文化和其他各族文化,创造了一种带有地方特色的渤海文化,他们称其为"海东文明"。并指出渤海文化的繁荣是兼容并蓄,多种文化相互借鉴、吸收、创造的结果,而绝非单一的文化所能造就的。这为渤海文化源流问题的探讨提供了新的思路。

李殿福的《渤海考古》从考古学角度对渤海国文化遗存进行了概括和论述,并从渤海国的宫殿建筑、佛教寺庙建筑、乡村建筑、陵墓建筑等建筑形式,以及石质造型艺术、陶质造型艺术、金属造型艺术等诸多方面展开论述。① 这种全面的概括方式一方面做到了用翔实的考古资料来说明渤海国的建筑技术,另一方面又结合历史文献对遗物遗迹和渤海国文化进行了深入探讨,从某种意义上再现了部分渤海国文化的真实面貌。此外,对渤海国文化遗存分类论述的文章也相继出现,如刘滨祥、郭仁的《渤海瓦当的分类与分期研究》②,魏存成的《渤海建筑》③,何明的《浅谈唐代渤海的佛教》④ 等。但是如张殿甲《浑江地区渤海遗迹与遗物》⑤ 这样以地域性为代表的研究性文章却很少见,也就是说按地域分析渤海国遗物遗迹的研究方法在这一阶段十分少见,可能是学者们忽视了对这一问题的研究和介绍,或者说是因为当时对渤海国的遗迹遗物研究没有得到应有的重视。

这一时期有关渤海国热点问题的文章大量出现。如对渤海二十四块石遗迹研究、渤海国的文字探讨等。李殿福的《渤海二十四块石建筑的性质》⑥,傅庆满、黄林启的《二十四块石调查记》⑦,孙秀仁的《渤海国二十四块石之谜解析》⑧ 等,均提出了对二十四块石用途的不同见解。由

---

① 李殿福:《东北考古研究(二)·渤海考古》,中州古籍出版社1994年版。
② 刘滨祥、郭仁:《渤海瓦当的分类与分期研究》,《北方文物》1995年第3期。
③ 魏存成:《渤海的建筑》,《黑龙江文物丛刊》1984年第4期。
④ 何明:《浅谈唐代渤海的佛教》,《博物馆研究》1983年第3期。
⑤ 张殿甲:《浑江地区渤海遗迹与遗物》,《博物馆研究》1988年第1期。
⑥ 李殿福:《渤海二十四块石建筑的性质》,《吉林文物》1984年第12期。
⑦ 傅庆满、黄林启:《二十四块石调查记》,《渤海史学术讨论会论文集》。
⑧ 孙秀仁:《渤海国二十四块石之谜解析》,《北方文物》1993年第4期。

于渤海文字资料的缺乏，因而对渤海文字的研究主要集中在已发现的贞惠、贞孝公主墓志研究和发现的大量渤海文字瓦的研究上，这类文章有王承礼的《唐代渤海国〈贞孝公主墓志〉研究》①，罗继祖的《渤海贞惠贞孝两公主墓碑》②，以及李强的《渤海文字瓦研究》③等。

20世纪90年代至21世纪初，随着考古学成果的不断涌现，国际上对渤海国历史的高度重视，以及我国东北史研究工程的开展，渤海国历史研究出现了空前繁荣的局面。无论是研究的课题还是文章的数量，或者是专著都十分丰富。例如：已故王承礼先生所著的《渤海简史》④和⑤孙玉良先生的《渤海史料全编》，尤其《渤海史料全编》是继金毓黻先生之后对渤海史料整理编辑的又一力作。这部书的特点就是把渤海史料的上限追溯到渤海国的先民肃慎时期，甚至把两汉时期的挹娄也都包括进来，增加了渤海国先民的历史史料。不仅如此，更为可贵的是把20世纪50年代以后的中国、朝鲜、俄罗斯的一些考古资料也都囊括书中。在体例上更加明晰，按照年代进行重新梳理，还根据最新研究成果编辑了渤海历史的详细年表。孙进已先生编辑出版了《高句丽渤海史研究集成》，把近一百多年的国内外有关渤海史研究成果（截止到1995年），全部编入集成。⑥王禹浪、王宏北先生编著出版的《高句丽渤海古城址研究汇编》首次把分散在俄罗斯、朝鲜半岛北部，以及中国东北地区的渤海古城资料汇编成书，并在书中把他们的研究成果一并发表出版，为国内外渤海史研究的学术界提供了非常重要的原创性史料⑦。在渤海国史研究方面，还有朱国忱、朱威合作编著出版的《渤海遗迹》⑧，以魏国忠先生等人撰写的重要著作《渤海国史》于2006年8月由中国社会科学出版社出

---

① 王承礼：《唐代渤海国〈贞孝公主墓志〉研究》，《博物馆研究》1984年第2期。
② 罗继祖：《渤海贞惠贞孝两公主墓碑》，《博物馆研究》1983年第3期。
③ 李强：《渤海文字瓦研究》，《博物馆研究》1982年第3期。
④ 王承礼：《渤海简史》，黑龙江人民出版社1984年版。
⑤ 孙玉良编著：《渤海史料全编》，吉林文史出版社1992年版。
⑥ 孙进已主编：《高句丽渤海研究集成》（6册），哈尔滨出版社1994年版。
⑦ 王禹浪、王宏北编著：《高句丽渤海古城址研究汇编》，哈尔滨出版社1994年版。
⑧ 朱国忱、朱威：《渤海遗迹》，文物出版社2002年版。

版，这是代表我国20世纪渤海史研究最高学术水平的重要著作。① 需要特别引起学术界注意的是，这一时期我国学者王承礼、李东源、林树山、王德厚、姚凤、宋玉彬、顾学成等人，在翻译俄罗斯、日本、朝鲜、韩国学者有关渤海史研究著述方面成绩斐然，为我国学术界渤海史研究做出了重大贡献。

2. 国外研究状况

因渤海国疆域的部分地区以及文化和贸易交流曾深入日本、俄罗斯、朝鲜、韩国等国家的部分地区，因而这些国家的学者出于各自的目的对渤海国史的研究也做了大量工作，并发表和出版了许多具有影响力的文章和著作。

(1) 日本渤海史研究

日本从20世纪初期便开始了对渤海史的研究。1907年，白鸟库吉于东京城采集到大量的砖瓦，断定为渤海遗物。此后内藤湖南，在《日本满洲通交略说》的讲演词中论述了日本与渤海国的邦交，对渤海的历史和地理也作了简单介绍。这篇演讲词的内容虽有错误，但却掀起了日本研究渤海国史的热潮。

此后日本有关渤海史的研究著作迭出，"二战"以前最具影响力的是鸟山喜一的《渤海史考》（1914）。在这部著作中鸟山不仅涉及了渤海的疆域问题、政治制度等，还详细论述了渤海的民族盛衰及其文化。这部著作观点深刻，成为日本渤海史研究中的开山力作。②

20世纪三四十年代，日本在中国东北地区进行了大面积的考古发掘，包括对渤海上京城遗址的发掘，出土了大量的珍贵文物，并以原田淑人、驹井和爱共同执笔的考古报告书《东京城》的发表，开启了渤海史的研究进入文献和考古资料相结合的新阶段。③

围绕渤海的文化问题，日本涌现出多部著作：原田淑人的《满蒙的文化》，三上次男的《渤海国的兴亡及其文化》《唐代文化在满洲的传播

---

① 魏国忠、朱国忱、郝庆云：《渤海国史》，中国社会科学出版社2008年版。
② [日] 鸟山喜一：《渤海史考》，东京奉公会，1914年。
③ [日] 原田淑人、驹井和爱：《东京城——渤海国ヒ京龙泉府址の发掘调查》，东亚考古学会1939年版。

与渤海国》，日本与渤海交往的《日满古代国交》。日本的研究者们更加注重渤海与新罗、日本的交往，扩大了研究范围，使渤海史的研究处于东亚的国际环境中，如滨田耕策的《唐代渤海与新罗的争长事件》。20 世纪 80 年代后，日本的渤海史研究的主要研究者有：藤井一二、石井正敏、新妻利久、酒寄雅志、滨田耕策、小岛芳孝等。

（2）朝鲜渤海史研究

20 世纪 60 年代前后，朝鲜学者朴时亨在朝鲜的《历史科学》第 1 期上发表了《为了渤海史的研究》一文，明确提出了要重视渤海史的研究，"社稷延续二百数十年的渤海史是高句丽的继承国，是我国历史上的重要的王朝之一"。此文一出，几乎成了朝鲜研究者的公式，一切研究都是本着把渤海史纳入 "古朝鲜、夫余、高句丽、渤海" 这样一个体系中去的。如在 1979 年朝鲜科学院历史研究所所编的《朝鲜全史》中把渤海史列为其国史的一部分。① 同年，朴时亨完成了《渤海史》的出版发行。② 此外，朝鲜学者朱荣宪在其《渤海文化》中从考古学的角度，结合渤海的墓葬、城址、器物认为，渤海文化继承了高句丽的文化，是 "我国民族文化遗产的重要组成部分"。③

（3）韩国渤海史研究

韩国的渤海史学者有李龙范、李佑成、李钟明等。李龙范在《渤海的成立及其文化》④ 文中，在第一个标题即提出 "高句丽遗民创立渤海国"，认为 "大祚荣以高句丽遗民为主体力量，吸收靺鞨之众，收复失土，开创新的国家"。总而言之，韩国的观点与朝鲜的基本一致，他们的提法是 "渤海及统一新罗时代论"。目前，较为有影响的韩国学者有韩圭哲、宋基豪等。

（4）俄罗斯渤海史研究

早在 19 世纪初期，一些俄国学者就关注渤海史的研究。19 世纪中

---

① ［朝］朝鲜科学院历史研究所：《朝鲜会史》，延边大学朝鲜问题研究所译，延边大学出版社 1988 年版。
② ［朝］朴时亨：《渤海史》，朝鲜科学院 1979 年版。
③ ［朝］朱荣宪：《渤海文化》，朝鲜科学院 1971 年版。
④ ［朝］李龙范：《韩国史》，第三卷汉城探求堂 1981 年版。

期,瓦西里耶夫在《满洲志》中即确认东京城遗址为渤海上京城遗址。19世纪后期,沙皇俄国加强对我国东北领土的扩张,并加强了对远东地区的历史研究与考古调查,掀起了俄国渤海史研究的高潮。十月革命后,包诺索夫考察了渤海的上京城,并撰写了《关于东京城遗址的初步调查报告》,不但详细地介绍了古城的全貌,而且还介绍了渤海国的其他遗存。20世纪50年代,远东考古勘察队成立后,对渤海古城、滨海边区进行了大范围的勘察。奥克拉德尼科夫的《滨海遥远的过去》[①]、沙弗库诺夫《渤海国及其俄罗斯远东部落》是这一时期的代表作,为研究渤海的北部疆域和文化遗存提供了重要的考古资料。[②]

三 黑龙江流域渤海国重要的历史遗迹

(二) 黑龙江流域渤海国二十四块石遗址

《吉林大学人文科学学报》1958年第3期上发表的《敦化县二十四块石遗址调查记》一文,成为最早公开发表和研究渤海二十四块石的专题文章。[③] 该文的发表,引起了学术界的普遍关注,对于渤海二十四块石的争论文章层出不穷。学术界针对渤海二十四块石的用途展开了讨论,并产生了许多观点。如临时祭坛础石说、渤海王室之纪念建筑说、宫殿说、官衙说、驿站说,等等。目前关于渤海二十四块石为驿站说的观点逐渐被学术界接受。尤其是在二十四块石的断代问题上,学术界取得了共识,断定其为渤海国时期的遗址是毫无疑问的。主要根据有三:其一,二十四块石遗址上发现的瓦片和陶片,均具有渤海国时期遗物的特征;其二,二十四块石遗址分布的地域基本上都属于渤海国的辖区内,且多在渤海国都通往四方的交通要道上;其三,在二十四块石的遗址附近很少发现其他时代的遗物,其文化面貌比较单一。

---

① [苏联] А. П. 奥克拉德尼科夫:《滨海遥远的过去》,莫润生译,商务印书馆1982年版。

② [苏联] Э. В. 沙弗库诺夫:《渤海国及其俄罗斯远东部落》,宋玉彬译,东北师范大学出版社1997年版。

③ 吉林大学历史系敦化文物普查队第二小组:《敦化县二十四块石遗址调查记》,《吉林大学人文科学学报》1958年第3期。

所谓二十四块石遗址，是因其遗址上有序地排列着三行大石块，每行八块，故称二十四块。根据考古调查表明，二十四块石属于房屋建筑所用的柱础石遗物，其表面平整，四周为不规则形。迄今为止，发现的渤海二十四块石基址共有十三处：黑龙江省境内三处、吉林省境内七处（图们市两处，汪清县一处，敦化市四处：腰甸子、海青房、官地、江东）、朝鲜咸镜北道三处（会文里、松坪里、东兴里），其中属于黑龙江流域的渤海二十四块石共七处，其他五处均属图们江流域。[①]

黑龙江牡丹江流域的二十四块石，主要分布在黑龙江省宁安市境内（渤海上京龙泉府所辖地区）和吉林省敦化市（渤海旧国中京显德府的境内）。黑龙江省宁安市境内的渤海二十四块石，即湾沟遗址、庆丰遗址、房身沟遗址。

湾沟渤海二十四块石遗址：位于黑龙江省宁安市镜泊乡湾沟村东约 1.5 千米处的高台上。二十四块础石保存基本完好。遗址背靠山峰，北距渤海上京龙泉府遗址 50 千米，南临松工河约 300 米。该遗址二十四块石共分 3 行排列，行距为 3 米，每行由八块石组成。按照石块排列长度计算，该遗址东西长 9.3 米，南北宽 7.8 米。二十四块石的石材为玄武岩汉称火山岩，平面呈四角或六角形，台面平整，直径为 50—65 厘米。遗址上的二十四块石建筑在高约 1 米的台基上，台基的正南面修有台阶遗迹。其上出土了多种渤海国时期的遗物，有渤海布纹瓦、青砖、陶罐残片、红烧土等，均为渤海时期的遗物。

庆丰渤海二十四块石遗址：位于黑龙江省宁安市镜泊乡庆丰村内。东邻山脚，西濒房身沟。遗址破坏较为严重，二十四块础石仅余下二排的五块。在遗址附近盖有多处民房，在础石旁出土了灰色布纹瓦，为渤海时期遗物。

房身沟渤海二十四块石遗址：位于黑龙江省宁安市镜泊乡房身沟屯北 250 米处。共遗留有础石十七块，均呈东西纵向排列。遗址长近 10 米，宽约 8 米，横向行间距为 3 米。

黑龙江流域松花江水系的吉林省敦化市境内，共有二十四块石遗址

---

① 王志刚：《考古学实证下的二十四块石》，《边疆考古研究》（第 8 辑），2009 年。

四处：腰甸子遗址、海青房遗址、官地遗址、江东遗址。

腰甸子渤海二十四块石遗址：位于吉林省敦化市大山嘴子乡腰甸子东北角，背靠山麓，约300米，南濒牡丹江约400米，附近有古城堡和渤海建筑址。现存有础石二十二块，排列三行。北列有石八块，长9.4米，中列七块，其中有两块残，南列七块，长9.5米，二十四块石宽7.8米。

海青房渤海二十四块石遗址：位于吉林省敦化市林胜乡政府东南约一千米处。二十四块石按三列八块整齐排列。北列长约10米，中列长约10米，南列长约10米，宽约8米，排列规整。纵向行间距为0.6米，横向行间距为3米。

官地渤海二十四块石遗址：位于吉林省敦化市官地村东大路的南面，现为一农户院内。西濒牡丹江支流，遗址临河，西南有渤海时期石湖古城。二十四块石仅存有二十二块，缺少第一排第八块和第三排第三块，其余保存完好。遗址南北长约10米，东西长约9米，纵向行间距0.3米，横向行间距约3米。

江东渤海二十四块石遗址：位于吉林省敦化市城内东南一高地上，南濒公路，北临牡丹江300米。现存础石二十三块，第二排第五块缺失。遗址长约10米，宽约8米。础石体积较大，顶面直径1米左右，每排两端础石均刻有深3.5厘米、宽40厘米的沟槽。

从黑龙江流域已发现的渤海二十四块石遗址的特征上分析，可以概括出如下几个特点。

其一，从地理形势上看，渤海二十四块石遗址大都分布在靠山临水、交通便利的地方，这种依山临河的特点，主要是考虑到便于生活和退守。

其二，从行政区划上看，渤海的二十四块石遗址基本上没有离开过渤海国的上京龙泉府和中京显德府的辖区，这可能是五京之间或主要京城之间的特殊建筑，如果联系到图们江流域所分布的渤海二十四块石遗址的话，那么渤海国的这类建筑大致与渤海的三京，即上京、中京、东京有关。

其三，从建筑结构上看，渤海二十四块石的建筑结构，均为三行八排，其长度和宽度均在10×8米之间。巨大的柱础石能够承受大屋顶厚重的砖瓦重压，说明这类建筑依然是仿照唐朝的宫殿式或官衙式的建筑风格,并且在渤海国时期已经成为一种建筑定式被固定下来。

其四,从出土文物和遗址的文化性质上看,渤海二十四块石遗址应属于渤海国国王巡行的行宫或皇家专用的交通驿站和高级客馆。渤海二十四块石遗址很少出土生活用具或生产用具,以及与军事相关的武器。由于这类遗址的面积较小,且范围也很有限,更不属于官衙治所。但就其建筑的规模和大量使用大型砖瓦的特征来分析,这类遗址职能与国家最高权力中心的皇家场所有关。

（三）渤海国时期的边墙遗址

边墙,亦称边壕或"小长城"等。黑龙江流域的渤海国边墙共两段:一是分布在今牡丹江市的市郊;二是分布在镜泊湖附近。渤海国的边墙附近往往分布有渤海遗迹。

牡丹江市郊区一带的边墙,早在1931年就有人进行过调查和记录。边墙在牡丹江右岸,当地人称之为"东边墙"。牡丹江市北郊的边墙,东南距市中心约25千米,当地今称"边墙岭"。此地山峦属于张广才岭东麓余脉,边墙自江西村西沟北山主峰起,蜿蜒起伏向西北延伸,经新峰南岭、蛤蟆塘碰子、三道关、岱王碰子、二人石南岭等,终于西大碰子北坡,全长58千米。边墙所经之地为海拔500—600米的山峦和沟谷。修筑的方法为就地取材。边墙的东、西两端多以土筑,石筑较少,而中段石筑较多,并间以土筑。沟谷中的土墙今残高1.8—2米、基宽5—7米、顶宽0.5—1.5米。一般墙体向内侧凹进40—60米,呈弧形,两端有类似马面的弯度。墙体内侧有距离不等的圆形土坑,大小不一,直径3—5米、深1米。另外,还有石壁圆坑,可能是蓄水池。另外,边墙上还发现十几座马面,马面均设在墙体的北面。边墙附近地区也发现一些遗物。调查者认为,该边墙是渤海时期为防御北方黑水靺鞨南犯而修筑的。

镜泊湖一带的渤海国边墙,又称江山娇古城墙。1990年被黑龙江省人民政府定名为"镜泊湖边墙"。镜泊湖边墙发现于1964年,当时黑龙江省博物馆派员在镜泊湖地区调查了城墙碰子对面的湖岸山地的镜泊湖边墙。1981年黑龙江省文物考古工作队又对此段边墙进行了复查,调查报告发表于 1989 年的《北方文物》第 3 期。① 其地理位置在宁安市镜泊湖东岸、江山娇林场东山北坡上。其西端起自镜泊湖中段的小孤山，总长度为 7500 米。主要建筑特点是：墙体以土石混筑，墙体北侧附设有马面，马面的间距为 50×80 米，共有大小不等的 28 个马面。

（四）渤海居住遗址

目前，考古工作者把渤海国遗址的考古发掘的重点放在对渤海国都、京、府一级的城市上，却忽视了对渤海国乡村遗址的发掘。或许这是我们了解渤海国都城之外的渤海人生活方式的一个很大的缺憾。20 世纪 70 年代以来中国境内吉林、黑龙江两省一些地区发现渤海时期居住址六十处以上，其中发掘或清理的约有四十座。如果将俄罗斯滨海地区南部和朝鲜北部地区发现的渤海时期居住址及其相关遗迹计入，则可达百余处，发掘清理的也有五十余座。

1. 1993 年至 1996 年，为配合重点工程莲花水库和水电站建设，黑龙江省文物考古部门组织了对水库淹没地区的考古发掘工作。莲花水库在牡丹江下游流段，属于山区，多有河溪、沟谷平原和小型盆地，适于古代人类居住。水库淹没区涉及牡丹江市郊之柴河与海林、林口等相关乡镇村屯。这里距上京龙泉府 200 千米左右，经过考古发掘证实这里的渤海文化遗存极为丰富。

1993 年发掘莲花水库淹没区渡口遗址，发现早于渤海时期的鞋蝎房址三座，为方形半地穴式；渤海时期居住址四座，平面为方形，地面筑屋。两者显然有继承嬗递关系。发掘海林三道乡的振兴遗址、② 河口遗址③及鹰嘴峰第 2 号遗址等，皆发现有渤海居住遗迹。这三处遗址都是前渤海和渤海时期的聚落遗存，遗址面积很大。尤其是鹰嘴峰第 3 号遗址，文化层一般在 2 米左右，有的地方超过了 3 米。发现渤海房址十余座，都是石块砌筑的曲尺状的火炕，一般有两条烟道。振兴遗址的居住址是方

---

① 吕遵禄：《镜泊湖周围山城遗址的调查》，《北方文物》1989 年第 1 期。
② 黑龙江省文物考古研究所、吉林大学考古学系：《黑龙江省海林市渡口遗址的发掘》，《考古》1997 年第 7 期。
③ 黑龙江省文物考古研究所、吉林大学考古学系：《黑龙江河口遗址发掘简报》，《考古》1996 年第 2 期。

形半地穴式，较为少见。

2. 城山子山城渤海村落遗址：位于敦化市西南 12.5 千米处的贤儒镇附近，在山城附近发现了属于渤海时期的房址数座。房址分布于山城东部山坡上，房屋遗址呈矩形，长约 6 米、宽 4 米，房屋内没有发现遗物。

3. 俄罗斯滨海地区的夹皮沟河谷，有渤海墓葬、寺庙遗址，以及渤海陶器的发现，证明附近应为渤海乡村居民的居住地。

4. 黑龙江省宁安市石灰厂渤海乡村遗址：1988 年，黑龙江省考古工作者在宁安市石灰场渤海进行了考古发掘。这处遗址是一个多层遗存，即从新石器时代、早期铁器时代、渤海时期三种文化层相互叠压。渤海文化层位于最上层。遗址为一处灰坑，没有发现住宅遗址。

5. 1995—1996 年，在海林市二道乡细麟河遗址，发现了长方形的渤海时期的居住址。

6. 俄罗斯滨海地区发现和发掘的渤海时期居住址较多，有村落、城堡两种类型。20 世纪 80 年代末，在滨海地区康斯坦丁诺夫卡 1 号村落遗址中发现了被认为是渤海时期的一种新型房址。房址为半地穴式，有基炕，内外结构和供暖系统的炉灶及火炕等也较特殊。

7. 新戈尔杰耶夫卡古城址中的渤海房址是地面建筑，平面呈长方形，面积约为 20 平方米，并发现几个柱洞。居住址中有火炕和炉灶，火炕烟道呈曲尺状。

由此可见，渤海居民址大多存在如下几个特征：半地穴式；屋顶采用斜坡式；室内多有火炕；房屋面积较小，一般为 15—20 平方米。

（五）寺庙建筑遗址

近年来，黑龙江流域渤海国的寺庙遗址和有关佛教文化的遗物被大量发现，说明渤海国时期的黑龙江流域的佛教文化曾经繁盛一时。从目前发现的佛教文化遗址的分布特点上看，其遗址主要集中在渤海国的京、府、州城邑的人口密集区。属于渤海国的金、铜、鎏金等各种质地不同大小的佛像也大量出土。这说明了渤海国时期佛教的普遍存在。例如，在渤海国上京城遗址中发现的大石佛、石灯幢，以及各种尺寸的金佛和铜佛等佛教艺术品，不仅反映出渤海精湛的工艺水平，也反映出渤海佛教艺术的繁荣。

黑龙江流域陆续发现的若干佛教寺庙遗址，出土了大批精美文物，其中有影响力的是上京兴隆寺、俄罗斯滨海地区的马蹄山寺庙、杏山寺庙等。

上京城寺庙：上京龙泉府是渤海国的政治、经济、文化的中心，这里的建筑气势宏伟壮观。在发掘上京城城址时，发现十余处的佛寺，其寺庙的密集程度十分罕见。这些寺庙遗址大体是沿着朱雀大街东西两侧分布，对称于宫城、皇城，这些寺庙占据了城内重要位置。以朱雀大街第二列里坊内的寺庙为例，此处的寺庙为主殿、配殿、回廊相结合的格局。主殿内有倒"凹"字形的佛坛，在佛坛上列有九个佛座，而佛座上的佛像已失。佛座的塑像应为"一佛、二弟子、二菩萨、二天王、二供坛菩萨"。[①]

兴隆寺位于上京龙泉府外城南部，俗称"南大庙"，因院内有大石佛和石灯幢，因而也被称作石佛寺。"兴隆寺"是清初在寺庙原址的基础上修建而成，经考证，这处遗址被确定为渤海时期所建。清朝咸丰年间又重新修整。该寺庙的大雄宝殿的殿基东西长52米，南北宽30.7米，上面础石整齐。兴隆寺今存有五重佛殿，即马殿、关帝殿、天王殿、大雄宝殿、三圣殿。在三圣殿内现存渤海时期一尊石佛造像，佛像座高2.35米，连同座石有3.3米。经过千余年风雨的侵蚀，石佛依旧保存较好。在兴隆寺院内还保存有渤海石灯幢一座。石灯幢与石佛南北相对，间距14.5米，由12块玄武岩组成，通高5.51米，造型优美，雕工技术精湛。需要说明的是，关于渤海时期的寺庙原貌虽已无从考证，但从保留下来的渤海时期的大石佛像，以及雕工精湛的石灯幢和一些相关的渤海造像石刻上看，渤海时期的寺庙当是一座气势宏伟的以大石佛为主的寺院建筑。

在渤海上京的内城东侧，今渤海镇土台子村南的渤海寺庙遗址中出土了许多的雕砖佛像和陶塑佛像，以及铜铸佛像。并出土了一套精美的舍利函，用各种材质层层包装的舍利函，反映出渤海时期的绘画、丝绸、

---

① 魏存成：《渤海考古》，文物出版社2018年版，第117页。

琉璃制品、金银制品手工艺技术的精湛。① 在这处渤海寺庙附近还发现了白庙村的一处渤海寺庙址，并出土了陶塑的佛像及陶香炉等渤海遗物。②

据张庆国、李济莹详细调查，仅在渤海上京城内就有渤海寺庙十三处，他们据此撰写了《渤海上京寺庙遗址调查》，刊发在《东北史研究动态》2001 年第 2 期。据此文，我们对渤海上京城内寺庙遗址的分布简要作概述如下。

兴隆寺西寺院址：在渤海上京龙泉府城内孔雀大街（中央大街）西侧，与兴隆寺、渤海寺庙遗址东西相对。经考古工作者实地测量，此遗址东西长 34 米，南北宽 25 米，台基高出地面约 1 米。遗址上有柱础石 12 块，均没经过加工。础石间距为 1.5—2 米。遗址上的渤海砖瓦残片甚多，在附近的耕地中还出土了白灰块铜佛、泥塑陶佛等。

水塔寺庙遗址：位于渤海镇的水塔北侧约 50 米处，破坏较严重。根据地表渤海遗物的分布范围，推测该寺庙遗址东西长约 25 米，南北宽约 20 米，台基高出地表为 1.2 米。遗址上发现础石二块，并分布有渤海时期的残瓦片等。

双庙子村寺庙遗址：该寺庙遗址与水塔寺遗址东西相对。从地表暴露的迹象分析，此处的渤海寺庙遗址的平面结构有些与众不同。其平面形状为凸形，这在渤海寺庙遗址中较为少见。分布在地表的础石有加工痕迹，经加工的础石直径在 45—50 厘米，没经加工的础石在 65—75 厘米，础石排列整齐。在寺庙遗址的中央位置有一圆形的直径为 2.5 米的平整石块，可能是佛坛基础石座。这处寺庙遗址东西长约 50 米，南北宽约 30 米，是一处较大的渤海寺庙遗址。

双庙子北寺庙遗址：位于渤海上京城内的双庙子村正北 300 米处的耕地中。这处寺庙遗址破坏严重，但寺庙遗址的轮廓清晰，占地面积约 600 平方米，其上有础石 11 块，排列不整齐，有经过加工的痕迹，渤海时期的残砖碎瓦较多。

---

① 宁安县文管所、渤海镇公社土台子大队：《黑龙江省宁安县出土的舍利函》，《文物资料丛刊》第 2 辑，1978 年；朱国忱、朱威：《渤海遗迹》，文物出版社 2002 年版，第 227 页。

② 魏存成：《渤海考古》，文物出版社 2008 年版，第 118 页。

土台子村寺庙址：土台子村位于渤海上京宫城东侧御花园的东侧，有趣的是在土台子村的东北、东南、西北、西南四角处各有一处渤海时期的寺庙遗址。土台子村东南角寺庙址东西长约45.5米，南北宽约25米，高出地面1.05米。遗址上存有础石四块，一块经加工，图形直径0.70米，并有少量的渤海残瓦片的分布。

土台子村西南寺庙址：位于土台子村西南角，遗址东西长约22米，宽约16米，高出地面约1.05米。多数础石为不规则形，直径在0.6—1米，础石间距为1—1.40米。在遗址西侧东西向发现砌筑墙基一道，可能是寺庙围墙基础。1975年4月在该寺庙遗址西30米处出土了舍利函。

土台子村东北寺庙址：位于土台子村东北角，遗址东西长约50米，南北宽35米，高出地面约1.90米，础石不规整。遗址上遍布渤海砖瓦，其中指甲纹板瓦较多，采集到"国"字文字瓦一块，铁钉一个，烧焦变形的瓦片一块。

土台子村西北角寺址：位于土台子村西北角，遗址东西长约48米，南北宽约30米，高出地面约2米。该寺庙遗址没发现础石，推测可能是离村较近被农民搬走。在遗址偏北处，村民早年挖菜窖时发现地层有人工堆砌的痕迹，分为土层和石层交替叠压，石层厚10厘米，土层厚5厘米。遗址上渤海时期的布纹瓦及残砖随处可见，采集到渤海布纹檐瓦一块。

白庙子村寺庙址：位于白庙子村内。1997年在遗址附近出土了渤海时期的舍利函，在舍利函出土位置西侧6米处有一排较规整的基石，有长条石，有圆形础石，这些基石排列有序，并经过精细加工，遗址占地面积约为900平方米。

白庙子村西南角寺庙址：位于白庙子村西南角，遗址南北长约22米，东西宽约15米。遗址上的础石大小不等。一般都在0.6—0.8米中间，础石间距1.2—2米，础石多数未经过加工。此寺庙遗址北高南低，南部高出地面1.65米，北侧高出地面约2.40米，遗址上发现有琉璃瓦，疑为皇家寺庙遗址。

外城北垣东侧门寺庙址：位于渤海上京外城北垣东侧城门西侧，距北城垣约50米。由于耕地将遗址破坏严重，其分布范围和布局很难查清。地表上有础石裸露，并散布有大量的布纹瓦残片。

外城北垣西侧门寺庙址：位于渤海上京城外城北垣西侧门西北处，遗址东西长约20米，南北宽约15米，高出地面约1.2米。遗址上暴露出础石十块，间距不等，础石有加工和没加工的，直径在0.3—0.5米之间，采集到渤海文字瓦一块。

此外，在俄罗斯滨海地区尚存多处渤海国寺庙遗迹。在斯拉维扬区夹皮沟河谷地发现两处渤海寺院址：马蹄山寺庙址和杏山寺庙址。[①]

马蹄山寺庙址：位于斯拉维扬区夹皮沟河右岸马蹄山的平顶上。马蹄山寺是一座屋顶呈金字塔结构的双重或可能是四重四面坡的瓦顶建筑物。南北长6.2米，东西长7.3米。寺庙外面有玄武岩石板砌成的装饰性墙壁，上面覆有陶质嵌面，其外面饰有植物纹，还有一些圆孔。寺门前保存有三级台阶，长1.2米，宽0.45米，都为长方形玄武岩砌成。寺庙的庭院就位于马蹄山面积不大的平顶之上。在北面和东面砌有石墙，南面和西面是陡壁。在门楼西侧近2米的地方有一处半地穴式的住房。房内有一块不大的灰烬遗址，散落着很小的木炭和骨头残块，及一些陶片和铁器残件。住房的四壁由苇束编成，外面有黏土涂料。马蹄山寺庙发现的文物有陶器残片，瓦片、装饰墙壁用的陶质嵌面残片。一块生铁车辕的残部，一只无饰纹的扁平青铜手镯、小管珠等。

杏山寺庙址：它建立在不高的人工台地上，位于马蹄山寺不远的杏山北面平缓的山坡上。寺庙台基每边长约8.5米。墙基由玄武岩石板砌成。在寺庙西北有三层用玄武岩砌成的石阶。在穿堂过道的两边有十五块础石的残存。由此推测寺庙的构架是由二十二根柱子支撑的，这些柱子都是立在础石上。其中十根柱子平行地立在过道一边，另一边十根柱子也同样立在穿堂过道上，正对两门中间各立有一根柱子。大火烧过的杏山寺，使得许多遗留物带有明显的火烧痕迹，尤其带有一些清晰的用细绳捆绑的苇束印痕，彩色壁画也被保留了下来。杏山寺庙址内发现的文物较多，直壁杯、陶罐、小陶碟，均着绿色彩釉的瓷器以及三尊残佛像和一些零星的佛像残件，鸱吻、各式渤海瓦当，铁钉、铁条及一些不

[①] 冯恩学：《俄国东西伯利亚与远东考古》，吉林大学出版社2002年版，第545—546页。

明用途的铁器残件等。

克拉斯基诺寺庙：寺庙位于俄罗斯滨海边疆区哈桑区克拉斯基诺古城西北区域，寺庙修筑于高约0.1米，面积约132平方米（12×11米）的平台之上。平台用灰色沙壤土夯实而成，周围砌有两排玄武岩石块。石质砌面是庙宇地面的基础。寺庙屋顶由30个立柱支撑，5排立柱，每排6个，立柱的间距约为1米。庙宇面积为72平方米，庙宇对角线呈正方向，庙宇门道位于西南面。台基四周散布着碎瓦堆积，瓦堆中出土有铁钉，大量的碎瓦见于平台外面的东南部、西北部。根据瓦的分布情况以及存在角瓦等因素来看，庙宇应为四坡顶。寺庙屋顶的坡面伸展到了平台的边缘，即从墙底到坡檐的伸展距离约1米，庙宇的屋脊显然是西北—东南走向，贯穿建筑物的屋顶中央。在平台上，门址前出土的瓦砾中发现了手制鸱尾陶器，用于装饰屋脊。在门址高台处出土了一尊青铜佛像，这里应是摆放神像的供台。庙宇屋顶铺瓦，使用仰瓦、覆瓦、角瓦、帽檐瓦等形制。瓦当装饰有莲花纹、浮雕花瓣纹等。①

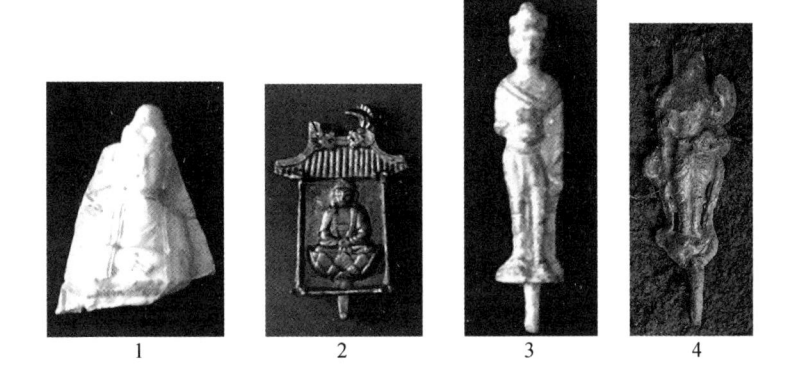

图4—2　克拉斯基诺古城出土佛像

来源：1. 2. 3. 王俊铮拍摄于俄罗斯符拉迪沃斯托克滨海国立博物馆，2018年9月3日；4. http：//dostoyanieplaneti.ru/3771 – kraskinskoe – gorodishche。

---

① А. Л. Ивлиев, В. Н. Болдин. Исследование краскинского городища и археологическое изучение Бохая в Приморье. Россия и АТР. 2006. №3. С. 7 – 9.

(六) 桥梁遗址

渤海的桥梁建筑水平也同样精湛,有着较高的水平。在渤海上京龙泉府城西、城北发现五处渤海国的桥梁遗址坐落在牡丹江的江西、上官、半场、下官、胜利等处的江面上。上官石桥址位于距离上京龙泉府城北三千米的江面上,因其桥身已不见,仅留下七个巨大桥墩,被称作七孔桥。其余四处桥址与上官石桥基本相同,飞跨江面,气势恢宏,可见当时城市的繁荣程度、百姓的密集程度和水陆交通的繁荣程度,这些都再一次认证了渤海国的繁荣景象。

七孔桥位于今渤海镇北上官村以西,现存七个较明显的石头堆桥墩址,七孔桥由此而得名。桥身全长160米,桥墩间距17—20米,石块坍塌范围20—30米,呈椭圆形,东西约30米、南北约20米。石块散落水中,有的桥墩高出水面,有的隐约可见。在桥南岸曾发现渤海时期的带有绿釉的瓦当若干。三百多年前,七孔桥址和五孔桥址保存尚好,部分桥墩没有完全坍塌,还保留构筑桥梁的部分木柱。清朝张贲记:"大河绕城,而东有记桥,乱石横亘水中。"① 杨宾记录得更为详细。他说:上京城里虽然没有人居住,但"望远之,犹有王气。城东十余里,有两石桥,桥九洞,今石虽记,柱尚在"。② 所谓"有两石桥"当指今称的七孔桥和五孔桥。

七孔桥当时是以石木构筑的,桥墩石砌,桥架、桥面为木构。砌筑桥墩的石块大小不一,大者达千斤以上。因石块坍塌,砌法不详。水面以上桥身系木构,也因早已不存无法知其详。因桥体附近江面南北宽约200米、江水最深处约10米,水流流速较快、冲击力较大,故构筑此类桥梁,只有在枯水季节施工才会比较方便。五孔桥在七孔桥以东的牛场村附近,与七孔桥遗址情况相近。

(七) 砖瓦窑遗址

杏山窑址:位于黑龙江省宁安县城西南50余公里的杏山公社境内。

---

① (清)张贲:《白云集》,载于金毓黻:《渤海国志长编》,社会科学战线杂志社1984年版。

② 姜维公主编:《中国边疆研究文库·初编·东北边疆卷8:柳边纪略、龙沙纪略、宁古塔纪略(外3种)》,黑龙江教育出版社2014年版,第11页。

窑址西靠山丘、北临公路及牡丹江。西行 37 公里就是渤海国的忽汗海，今称镜泊湖。东行偏北 15 公里可直达渤海上京龙泉府。这里交通便利，窑土丰厚。所发现的渤海窑址，几乎均建在河岸的一级台地上，临近河道便于运输。窑址西南约 500 米处的山脚下，有渤海时期的城堡。可能是戍守窑址或监视管理渤海窑厂的衙门机构。

目前，在这一地区已探明的渤海时期的窑址有二十余座，且基本保存完整。渤海的窑址由烟筒、烟道、窑室、火膛、火口等组成。二十多座砖瓦窑址排列整齐，火口均朝南，烟道出口则设在窑的北端，窑与窑之间的距离为 1.3 米。窑的整体建造结构呈长方形，平面呈平底袋状，属于"方框"窑。窑壁一般砌一层砖坯，再抹上几层草拌泥。窑室北壁留有排烟口，与窑室外的烟筒相通。烟筒呈"小"字形，烟筒内壁抹有草拌泥。窑内设置有砖瓦坯的平面窑床，是一个比火膛高出 0.4 米的台基。窑床长 2.35 米，宽 1.55—1.8 米，深 1.13 米。火口在窑的南端，略敞，高 0.45 米，长 0.5—1 米。①

杏山窑址在发掘过程中发现了大量的砖瓦遗物，还有一些文字瓦，文字瓦上有一些没见过的文字。杏山窑址的发现解释了上京城修建中的大量砖瓦来源问题，并为我们提供了了解渤海建筑所使用的烧造砖瓦的技术信息。此外，在渤海窑址以东约 1.5 千米处，即今赴镜泊湖公路经过的牛场村以下的牡丹江边还发现有渤海窑址。这里除了砖瓦窑外，主要是烧制陶器的窑址。发掘窑址时对其附近进行调查，发现窑址附近残砖断瓦非常多，有的堆积如小山丘，厚达数米。有些砖瓦形制、纹饰和规格较为特殊，在上京城等地也未曾发现。除有些文字瓦外，还发现少量涂有白色涂料的筒瓦残块，可能是一种釉瓦未经二次焙烧。窑址附近数里范围内，特别是其南部沿低山一带，曾发现几处渤海墓葬。有的墓葬前放置方形砖或宝相纹砖等，当与这一窑址有关。窑址以西约 2 千米的上屯村南，有一座古城址。早年已夷为耕地，但墙迹仍隐约可见。古城址南临山丘，东西为平地，北面临近牡丹江。这里可能是渤海时期通向

---

① 黑龙江文物考古研究所：《渤海砖瓦窑址发掘简报》，《北方文物》1986 年第 2 期；魏存成：《渤海考古》，文物出版社 2008 年版，第 123—124 页。

旧国、中京等的必经之地。经研究和比较，这座古城址应是上京龙泉府所领龙州属县之一的肃慎县城旧址。①

四　黑龙江流域渤海国重要的历史遗物

（一）釉陶与瓷器

从渤海国墓葬、遗址、遗迹的考古发掘中出土了大量的陶、瓷器制品。主要有罐、瓶、坛、壶、盘、盆、瓮、碗、颤、杯、鼎、盅、三足器、陶砚、陶印等。按不同时期划分，渤海国陶器分为早期和晚期，早期陶器多以红褐、灰褐或黄褐色陶器为主；而晚期陶器多为灰陶，个别陶器则现出黄褐色和红褐色。显然，这种不同火候的陶器是由于渤海国的烧窑技术，以及陶器的制作技术所决定的。如果按照制作技术划分，渤海陶器可划分为手制陶器、慢轮修整陶器和轮制陶器三种类型。这也是代表着渤海陶器发展的三个不同的历史阶段。釉陶则大多为渤海晚期的作品，这种渤海国的釉陶技术主要受唐三彩影响，并对辽三彩产生了深刻的影响。渤海瓷器制作工艺也是值得注意的。在历史文献中虽然对渤海的紫瓷盆有过赞誉，但至今考古工作者还没有发现这类瓷器。

在已经发现的渤海釉陶的器物中，我们可以了解到渤海的釉陶具有火候高、陶质坚硬、胎质纯正、多呈白色的特点，并与早期陶器有明显区别。早期陶瓷含砂较多，火候低，质地松软，制作方法多为手制慢轮修整。颜色多以红褐、灰褐或黄褐色为主，器形以双唇长腹罐为典型器物。釉陶颜色单一，以酱色居多，器物的釉色多为两种或三种颜色。其中以绿色居多，兼有蓝、白、储黄、紫褐等色。有学者称其为渤海三彩。渤海釉陶的色泽光鲜，造型多样，多出土于宫殿、寺庙和大型墓葬中。

鸱尾：鸱尾装饰在屋顶主脊的两端，是装饰性建筑饰件。目前发现三件较为完整的鸱尾。一件发现于俄罗斯滨海地区的杏山寺庙遗址中，另两件发现于渤海上京龙泉府宫殿址中。鸱尾为陶制，表面施有绿釉，形象如同水中蛟龙。以杏山寺遗址发现的鸱尾为例，鸱尾高 80 厘米，宽 30 厘米，长 75 厘米，壁厚 1.5—3 厘米，中空而壁厚。鸱尾的嘴、眼、

---

① 朱国忱：《渤海龙州三县考》，《求实学刊》1986 年第 5 期。

须、牙均为浮雕状。鸱尾的尾部高高翘起，饰有卷草纹。虾眼、曲鼻、叭牙、颊须，构成鸱尾独特的水中蛟龙翻腾跃起的姿态，形象生动，活灵活现。

三彩兽头：兽头作为装饰性建筑饰件，在渤海上京龙泉府、中京显德府、东京龙原府多有发现。一种是三彩兽头，另一种是素面无釉的青灰陶兽头。三彩兽头多为手制、陶质，表面施有紫、深绿、黄绿、浅绿等多种釉色。双目微凸，嘴大张，舌尖上翘，牙齿外露，鼻后有两竖耳，面目狰狞，个体大小有异。

涂釉陶器：在上京龙泉府宫城遗址中发现蓝色釉陶碗残片，颜色鲜艳透明，近乎深蓝色。在渤海上京龙泉府的官衙府遗址中还出土了一白瓦盆，底部里外均涂有透明的白釉。白釉瓦盆的底部稍稍鼓起，壁薄平滑，并向四周扩展。在杏山寺遗址中还出土了陶塑佛像残件，一件椭圆形陶牌和釉陶鼎残件。釉陶鼎残件内外壁均施有绿色彩釉，外壁塑有鸟兽像，平底，兽脚作为足撑。

釉陶熏炉：在上京龙泉府附近的渤海三灵坟墓地，还出土了一件釉陶熏炉。熏炉为黄绿色釉，造型敦厚匀称，十分精美。

泥质陶砚：在渤海上京龙泉府的宫城遗址的考古发掘中，还出土了刻有人像的圈足灰陶砚。这说明渤海国的文字书写和记录，均采用中原古老的记事方式，是渤海文字记录的重要工具。

紫瓷盆：在唐朝人苏鹗所撰写的《杜阳杂编》中，记载了渤海国曾经向唐朝进贡一件宝物—紫瓷盆："紫瓷盆，容量半解，内外通莹，其色纯紫，举之则若鸿毛。上嘉其光洁，遂处于仙台密府，以和药耳。后王才人掷玉环，误缺其半叔，上犹叹息久之。"唐武宗对渤海国进献的紫瓷盆喜爱甚深，用以和仙丹密药，可见渤海紫瓷盆的精美程度。

紫瓷罐：在渤海上京龙泉府的宫殿区还出土过紫色瓷罐，其釉色晶莹剔透。在器物的底部和接近底部的腹壁处不施釉。这件器物虽与上述文献中渤海紫瓷盆不同，既没有"举之则若鸿毛"的程度，更不是周身施釉，但是其出土可以印证渤海国烧造紫瓷盆的可能性。

青釉瓷碗：渤海的上京龙泉府遗址中还出土了十件渤海瓷器。在这十件瓷器中有九件是瓷碗，其中一件保存较好，白釉泛青，浅腹，薄胎，敞口圆唇，平底圈足，口径为15.9厘米，底径6.8厘米，高4.8厘米，接近碗底处未施釉。

紫黑釉瓷碗：渤海上京龙泉府出土，周身呈紫黑色，胎质为瓷，颜色接近紫褐色。

玻璃制品：在渤海上京龙泉府和许多古城遗址中均有所发现，但数量相对较少。其中渤海上京龙泉府遗址中出土了舍利函，在舍利函中发现有琉璃瓶，制作十分精巧。另外，在渤海的墓葬中也有各色玻璃料珠的发现。

（二）砖、瓦

砖：在黑龙江流域的渤海遗址中，如宫殿、城址、寺庙、墓葬等建筑遗址，均发现有大量渤海国时期使用的砖、瓦残件。渤海国的砖按火候烧制情况可分为两种：红砖和青砖。红砖发现的数量少，火候低，质地较青色的砖酥软。考古发掘出土的红砖主要用于坟墓的修造，其形状有长方形、等边三角形、梯形等。如在贞孝公主墓的甬道和墓室内，墓顶部及其附近，采到红色方砖、长方砖、坡面砖、尖砖、齿形砖等。渤海国的青砖较为普遍，砖呈青灰色，火候高而质地较硬，可分为花纹砖和普通青砖两类。花纹砖以宝相花纹砖最为精美，主要发现于渤海上京城宫殿城址中。宝相花纹砖中间有一大朵美丽的宝相花牡丹花纹方砖四角围绕着大宝相花刻有四朵小宝相花，小宝相花之间又以侧视的宝相花枝叶相连。构图典雅，显得雍容华贵，富丽堂皇。宝相花的枝叶、花瓣均采用高浮雕式的雕刻手法，花、枝、叶十分逼真，表现出渤海工匠精湛的手工技术。宝相花纹砖为方砖，每边长为40厘米。在宫殿城址的发掘中，我们发现这些砖保存较好，依旧坚硬，反映其制作的高品质。宝相花纹砖的制作式样与唐砖有很大的相似之处。普通青砖以长方形较为常见，长31—37厘米，宽16—17厘米，厚4—5厘米。饰有细绳纹、忍冬纹、山丹花纹、莲瓣纹等。

瓦：在渤海建筑遗址中使用较为广泛，瓦的种类很多，比较常见的有板瓦、筒瓦、瓦当、滴水檐头。此外还有长条瓦、帽檐瓦、平瓦、仰瓦、角瓦、覆瓦、花样瓦、鞍状瓦等。板瓦和筒瓦前后等宽。板瓦的一端往往带有水波压纹、手印纹、戳印圆点纹等纹饰。板瓦的另一端则无纹饰。筒瓦除内壁带有与板瓦相同的布纹外，没有其他纹饰。无论是板瓦还是筒瓦的表面均为素面，内侧则有布纹。这种烧瓦的技术一直影响到辽金元时期。较为特殊的是，放于屋檐部位的板瓦瓦头中间戳印圆点纹，在圆点之间加进了交叉十字，这种板瓦是滴水瓦头的前身。一般筒瓦前端没有瓦当，只有在檐头筒瓦前端带有瓦当。渤海国的瓦当为圆形，瓦当的主题纹饰为莲花纹。此外，在渤海国的板瓦和筒瓦上面，还发现了不少戳印的汉文文字。因此，考古工作者又将渤海的瓦称为"文字瓦"。需要说明的是，无论是渤海的板瓦、筒瓦或是瓦当，除了青灰色以外，还有专供皇家使用的琉璃瓦。不过，这种琉璃瓦主要发现于渤海的京城的宫殿区或御花园，以及一些专供皇家使用的场所。

渤海的文字瓦对研究渤海文化有很重要的意义，尤其是为渤海的文字研究提供了宝贵的资料，弥补了文献资料的不足。金毓黻先生曾把渤海的文字瓦收集到一起，归纳为七类。由此可以看出，渤海人通用汉字，并且在烧制砖瓦的手工匠人当中使用汉字的现象已经十分普遍。如果对照渤海国的贞惠、贞孝公主墓志中所使用的规范的汉唐文字的话，说明在渤海国无论是上层统治阶级，还是下层阶级都能够精通汉文。汉字汉文当是渤海人的国文和国语，我们还可以从保留下来的大量的渤海人仿效唐代汉体诗歌中，也能够领会渤海人的汉化程度与汉文水准。

渤海的瓦当发现较多的是莲花纹瓦当，这些瓦当根据莲瓣细节的不同可以分为不同样式。具体样式可参见刘滨祥、郭仁的《渤海瓦当的分类与分期研究》。① 莲花瓦当纹饰为四瓣到七瓣莲纹，中央为莲蓬的各式变形。在莲瓣间饰有下层莲瓣的造型，构图为由上往下看的透视图。轮廓清晰，花样繁而不杂，给人以高雅脱俗之感。

有些筒瓦和瓦当施釉，绿釉、紫釉、黄釉，与唐朝同种工艺有一定的差距。

（三）铜器

渤海国的铜器制作工艺较为发达，广泛应用到社会生活的各个层面。铜器制品也多种多样：生产工具、生活用具、宗教用物、装饰饰品、建

---

① 刘滨祥、郭仁：《渤海瓦当的分类与分期研究》，《北方文物》1995年第3期。

筑构件等。

渤海双人骑马铜饰：在吉林市永吉县大海猛遗址处发现一件渤海双人骑马铜饰，制作精美，是骑马人的佩饰。现存于吉林市博物馆。这件铜饰为青铜质地，造型为二人共骑一马。马的颈部和尾部被拉长，身长与四肢极短小，鬃毛被夸张放大。马背上骑有二人，一人头戴如鸟飞翔状的帽子，骑马者双臂抓住鬃毛，双腿并立。另一人较前者矮小许多，未戴帽，站于前者的后面。这二人姿态安详，不似一般骑士，而马从四肢短小来看不似奔跑而似飞行。这种别致的造型在俄罗斯远东地区的博朗湖墓地、①沙伊金城址（赛加古城）②均有类似的发现。

铜铃、铜牌饰：渤海国的铜铃，铜牌饰在墓葬中多有发现，尤其是在靺鞨、女真人的墓葬中也多有发现，因而被称为靺鞨—女真系铜带饰。③铜铃、铜牌饰多为青铜质地，在渤海墓葬中大量发现，以杨屯上层墓葬为例，发现铜牌饰53件，其中长方形牌饰30件，圆形牌饰23件。在女真人的墓葬里有散存的铜牌饰和铜铃，还有组合在一起的铜铃和铜牌饰，而在渤海墓葬中仅发现散存的，而不见二者的组合。铜铃、铜牌饰二者之间的关系及其发展和演化成为学术界探讨的焦点之一。铜铃一般很质朴，很少饰有花纹，多为素面，空心圆球形。六顶山墓葬群出土的铜铃呈长圆形，饰有"凸"弦纹和"凹"弦纹。海林北站征集的三件渤海铜铃④很有特点：钟形铜铃俩件久一件呈钟形，铃口椭圆，铃身上饰有四朵莲花八瓣纹，铃高10厘米，另一铜铃较小，高4.5厘米，铃身上没有纹饰；球形铜铃一件，呈圆球形，铃高3厘米，内含两枚不规则的铁质铃球。铜带饰依据其形态的不同可分为三种：长方铜带饰、圆带饰、特异形方带饰。其中以长方带饰居多。渤海上京龙泉府附近虹鳟鱼场的

---

① [苏联] В·В. 叶夫休科夫等：《从考古资料看女真文化》，《远东问题》1983年第3期。
② [苏联] Э·В. 沙弗库诺夫：《12—13世纪女真——兀的改文化及远东通古斯民族的起源问题》，莫斯科1990年版。
③ 王培新：《靺鞨—女真系铜带饰及相关问题》，《地方文物》1997年第1期。
④ 李砚铁：《海林站征集的几件渤海时期文物》，《北方文物》1999年第2期。

渤海墓葬群中，也出土了与黑龙江流域靺鞨墓葬中发现的同样的青铜牌饰①，这说明渤海国居民的主要民族成分的确与黑水靺鞨有关。

铜镜：目前，能够确认的属于渤海国时期的铜镜共计有十余面，其中按照纹饰来划分，有素面镜、水波纹镜、菱花海兽葡萄纹镜、龙纹镜等。《中华龙纹镜》收录了渤海国的三面龙纹镜：一面单云龙纹镜，两面单龙纹镜。②

（1）单云龙纹镜：青铜质地，1988年发现于吉林省农安县。八瓣葵花形，圆钮，素缘。直径13厘米。一云龙绕钮盘曲，张口戏珠（圆钮）鬃毛飘动，身躯雄健，脊鳍似火焰，爪锋尖利，足蹬四朵祥云，气势雄浑。与唐龙纹镜相比有自己的特点，如尾部的盘曲，若珍珠式的鳞甲，肢、尾上鳞甲线状排列，无肘毛。

（2）单龙纹镜：共有两面，其中一面发现于黑龙江省原阿城市，青铜质地，圆钮溅久缘上刻有"都右院官"四字及女真押记，直径12.8厘米。一龙绕钮盘曲，龙头在钮上，屈颈昂首，张口瞠目，须发飘摆。龙躯周围有火焰珠和龙纹。龙躯强健，气韵生动，粗犷豪放，带有明显的渤海国时期和唐代特点，铜镜上的刻款属于金代沿用后嵌刻上去的。

（3）水波纹铜镜：发现于黑龙江省五常市。青铜质地，直径11.5厘米，厚0.35厘米，重145克，铜镜背面有牡丹花和波涛纹饰。牡丹花与水波纹都是渤海国崇尚的纹饰。

（4）瑞兽莺鸟镜：1981年发现于渤海上京遗址内城外侧距地表半尺深的地方。镜呈菱花形，青铜质地，直径8.5—10厘米，重100克。圆钮，中心纹饰由同向排列的双兽和双莺组成，兽形似奔马，莺鸟衔花枝，边缘饰有花卉，蜂蝶。此类铜镜曾在唐中宗时期墓葬中出土过。

（5）正方形铜镜：在宁安虹鳟鱼场渤海墓葬中出土一面正方形铜镜，十分少见。铜镜为素面，直径11厘米，厚0.2厘米，圆钮，镜缘微凸。

铜印：渤海国的官印所见甚少，其中有两方渤海国时期的官印实物

---

① 黑龙江省文物考古研究所：《黑龙江宁安市虹鳟鱼场基地的发掘》，《考古》1997年第2期。

② 刘国仁：《中华龙纹镜》，黑龙江人民出版社2003年版。

已经不知去向，目前只能从历史文献记载中掌握一些线索。①

（1）勿汗州兼三王大都督印：据《宁安县志》记载，1911年宁安县镜泊湖畔城墙砬子山城内，曾出土一方铜印，"狮柄大如盌，并有人见印有朱文曰：'勿汗州兼三王大都督'十数字"。金毓黻先生对此进行考证："唐封渤海诸王曰渤海国王（初封渤海郡王）忽汗州都督。《宁安县志》所记印文必有误，忽汗一作勿汗。余疑印文为渤海国王兼忽汗都督印十一字也。"② 由于印件与印文都没有保存下来，文献上对"三王"也没有过记述，因而此印得到学者们的怀疑，是否真存有"三王"尚需考证。王禹浪、王宏北先生结合考古资料在《"勿汗州兼三王大都督"官印初探》③一文中，对这颗官印进行了深入的探讨，并提出了渤海国早期建国的移动和地名的乔迁、旧国与忽汗海、勿汗州三大王等值得学术界注意的问题。

（2）渤海大王印：《渤海国志长编》卷二十《余录》记载："谨案：余闻吉林有陆军团长徐清泉，为水竹村之族弟。民国十一年驻防东京城，购得一印，文曰'渤海大王'四字……余又闻此印出于东京城西发户附近。"史书上记载仅有"渤海郡王""渤海国王"而不见"渤海大王"，如若此印真实存在，则对渤海初期的历史应重新考证。

（3）天门军之印：发现于上京宫城南门东侧耕地中。印为铜质，5.3×5.3厘米，正方形，印纽扁平，中穿一圆孔，呈桥状。正面印文汉字篆书"天门军之印"，印背楷书小字"天门军之印"印文笔画工整有力，并与唐代官印篆字风格相同，当为渤海国官印无疑。

在渤海上京城内还发现有一方此类铜印，印文尚没有释读出来。另外，在渤海上京城内还发现刻有"王""内""宗"等字样的私印。

鱼形青铜信符：俄罗斯滨海地区尼古拉耶夫斯克遗址曾发现一件鱼形青铜信符，为青铜质地，长5.6厘米，宽1.8厘米，厚0.5厘米，头略大，嘴突出，正面有鱼鳞状纹饰，背面刻有"左晓卫将军"、"聂利计"

---

① 金毓黻：《渤海国志长编》，《社会科学战线》杂志社1984年版。
② 可参考黑龙江省文物考古工作队编：《黑龙江古代官印集》，黑龙江人民出版社1982年版，第6—7页。
③ 王宏北、王禹浪：《"勿汗州兼三王大都督"官印初探》，《北方文物》1996年第2期。

八个汉字。沙弗库诺夫认为这个鱼形信符为渤海遗物。① 中国学者对此进行重新考证，并提出了不同见解，认为"据金毓黻先生研究，渤海仿唐朝卫制，称'左右晓卫'为'左右熊卫'或'左右熊卫'根本没有'左右晓卫'这种称呼。可见，此鱼符不可能是渤海国制造，当然也不可能是渤海国颁发的"，② 那么，这枚铜牌符究竟是不是唐廷颁发给靺鞨人，或渤海国所属的黑水靺鞨人的呢？还有待于今后的深入研究。不过，近年来俄罗斯的学者又重新对这处遗址进行了考古学年代鉴定，该遗址的确属于渤海国的历史遗迹是毫无疑问的，这对中国学者推断这枚鱼形青铜牌符不是渤海遗物的观点提出了挑战。

童子骑鸟铜像：1960 年在渤海上京城遗址内发现了一童子骑鸟铜像，③ 发现者将其送交给当时的文化部门，现藏于黑龙江省宁安市文物管理所。该铜像通高 3.5 厘米，头部宽 0.8 厘米，底部宽 2.2 厘米，保存完好。童子像正面形象为一童子的左侧面，童子的头转向左侧，故左侧面所见为完整的正面像。面目丰满，垂髫发，发顶有一用来悬挂的环，已破损。眉目细长，通额鼻，嘴部磨损较甚。有护颈，颈部不外露。屈双膝骑于鸟背上，左手抚鸟颈，鸟体型较大，形似天鹅。背面为童子的右侧面，其后脑因磨损已经不能清晰看见发式，右手下垂。此像系双面合范铸造而成，做工比较细致，对人物的五官、手足及衣褶、鸟羽间隙都有刻画。因此物出于渤海国上京城遗址内，故推断为渤海国时期的遗物。

铜佛像：在黑龙江流域的渤海遗址中出土的铜佛像为数最多，其中尤以渤海国上京龙泉府遗址出土最为丰富，这说明黑龙江流域以渤海上京为中心的佛教的盛行与发展。阴淑梅在《宁安市渤海上京城发现的铜佛像》一文中详细介绍了上京城内出土的 7 件渤海的铜佛像：立式六手鎏金铜佛、立式鎏金铜佛、立式小铜佛、坐式鎏金铜佛、坐式鎏金小铜

---

① ［苏联］Э. В. 沙弗库诺夫：《苏联尼古拉耶夫遗址出土鱼形青铜信符》，《北方文物》1991 年第 1 期。

② 姚玉成：《俄罗斯尼古拉耶夫斯克遗址出土鱼形青铜信符考实》，《北方文物》1993 年第 3 期。

③ 刘欣鑫：《渤海上京城发现的童子骑鸟铜像》，《北方文物》2007 年第 1 期。

佛（2件）蹲式鎏金铜佛，① 这些铜佛像分别出土于不同年代，现分别藏于黑龙江省博物馆和渤海上京博物馆。

（四）铁器

在对黑龙江流域渤海国遗址的考古发掘中，出土最多的是铁器。各种铁制品在各类渤海的历史遗迹中，以不同的形态展现在世人面前。这说明了铁器的使用已经普遍深入到渤海国日常社会生活的各个层面。其中包括建筑用材，铁钉、铁户枢；兵器用具：铁刀、铁甲、铁盔、铁箭镞；农业生产工具有：铁镰、铁镑、铁凿、铁锯、铁锄、铁釜、铁斧等；生活用具有：三足铁锅、铁香炉；装饰用品有：铁镯、铁耳环等。铁刀，是渤海墓葬中发现最多的铁器陪葬品。这些铁刀大多为长条形，平脊平刃或平脊直刃，前窄后宽，刀尖上翘，长10—20厘米。刀柄上留有明显的木锈痕迹。在黑龙江省海林市二道河子乡渤海墓葬中还发现铁甲片和铁镯。铁户枢则出土于渤海国上京龙泉府城正南门址附近，为长方形并带有花纹。

（五）金银器、玉、玛瑙

金银器、玉器和玛瑙制品，是渤海国贵族和平民最青睐的奢侈品之一。金银制品多见于渤海大墓中，如：金带、金耳环、金戒指、金钗等。1975年，在渤海上京城内土台子村南发现了渤海国的舍利函，舍利函由石函、铁函、铜函、漆函、银函、银瓶、玻璃瓶九层套合而成。漆函残破较为严重，从残片上看漆函制作十分考究，表面用银丝嵌成美丽的花鸟图案。银函造型精巧，高8.5厘米，宽7.5厘米。银函由多层丝织品包裹，底部垫有紫、黄、杏黄等颜色鲜艳的绸、罗、纱一类的丝织品。顶部刻有"祥云"，四壁为"天王"天王披甲戴胄，手执各式兵器，脚踏"二怪"，形象生动，刀法纯熟。在银函里面装有银质桃形瓶，瓶里套装有玻璃瓶，翠蓝色，小巧玲珑，瓶壁薄如蛋壳，内有"舍利子"五粒。舍利函一般放置于佛塔的塔基或称"地宫"内。在吉林省敦化六顶山渤海贞惠公主的墓葬中出土一件圆形金杯，金杯用粗0.2厘米的黄金丝制成。此外，渤海上京城内虹鳟鱼场渤海墓地出土了银耳环、银镊耳勺、

---

① 阴淑梅：《宁安市渤海上京城发现的铜佛像》，《北方文物》2007年第2期。

银链等。银镊耳勺一端为镊子，一端为耳勺，造型奇特，长约10.4厘米。

渤海墓葬中还发现有玉璧。如贞惠公主墓发现一块玉璧，玉璧由温润的玉石磨制而成，扁平圆形，正中有一大孔。宁安虹鳟鱼场墓地也有玉璧发现，遗憾的是残损约二分之一，外径10.2厘米，内径4.5厘米，厚0.3厘米。吉林市杨屯渤海墓地发现四块玉璧。玉璧作为贵族朝聘、祭祀、丧葬的礼器和装饰品深受渤海人喜爱，也反映出渤海工匠的工艺水平。

玛瑙在渤海墓葬中发现不多，多为小件装饰品，黑龙江省海林市北站渤海墓中发现一件，扁圆形，中间有穿孔，红色略带透明，直径1.2厘米，孔径0.25厘米。在史书上记载渤海的"玛瑙柜""紫瓷盆"都曾是贡品，曾得到唐廷的喜爱。

(六) 雕刻工艺

渤海国留下的雕刻作品虽有限，但可以反映出渤海工匠高超的雕刻水平。这些作品大到石灯幢、大石佛，小到高仅为8厘米的石雕。大的粗犷豪放，小的细腻生动，皆代表着渤海国特有的文化特征。

清初张贲在《白云集》中写道："城南（上京龙泉府古城）有古寺……前有石浮屠，八角形。"此处提到的古寺是位于上京龙泉府城南的清代兴隆寺内尚存有一件渤海时期遗物，即为石灯幢。

石灯幢：又称石灯塔、石浮屠、石香炉、石灯笼等，其主要功用是渤海人礼佛时的燃灯用物。渤海上京城内的石灯幢，由十二块玄武岩雕筑而成，庄严宏伟，工艺精湛，堪称渤海雕刻艺术的精品之作。石灯幢通高6.3米，攒尖式，由石托、灯室、叠轮、幢座四部分组成。石灯幢底部为底石，底石上是莲花幢座，幢座上立着一个花瓣向上盛开的莲花石托，石托承载着灯室，灯室为八角形，镂空，十六孔，为敬佛上香之所。灯室之上有幢盖，呈八角伞形，其八角与灯室八面相对称。幢顶之上是相轮，相轮为四轮重叠，相轮下刻联珠。石灯幢上下结构均衡，给人以平衡高雅的美感。据推测，石灯幢可能为渤海第十四代王大玮偕时期的作品，为渤海晚期之作。

大石佛：渤海上京龙泉府城内今存一组清代寺庙建筑，即兴隆寺，俗称南大庙。寺内保存有一渤海国时期的石佛造像。兴隆寺为清代康熙年间在原来的渤海国寺庙遗址上兴建而成的,因佛像巨大,被人们称为大石佛,是黑龙江流域目前发现的古代历史上最大的石佛。大石佛存于兴隆寺最后一重佛殿三圣殿内。大石佛身披袈裟,身躯高大,面容丰满,盘坐在莲花台上。石佛像座高2.35米,连同座石高约3.3米。据清朝康熙年间张贲著《东京记》中记载:"城南(渤海上京城)有古寺,镂石为大佛,高丈有六尺,风雨侵蚀,苔鲜斑然,而法相庄严,镂凿工巧。"并咏诗曰:"古佛高寻丈,危岩依石成。发增苔鲜绿,珠共雪霜明。砆坐终无恙,低眉尚有情。圆澄方说法,早晚自东迎。"如此可见,现存大佛身高较前矮了许多。依据传说佛头曾断裂坠地,而后"有好事者装而复之"。又有"新乡张司空琢而小之。今高六尺,而石座又三尺余"现已证实无误。"(石佛)颈部有折断裂痕,鼻端微损。"① 由张贲的诗中看出,大佛依山而建,千百年的沧桑使古佛头部长满碧绿的苔藓,但佛珠还同霜雪一样雪亮。另有诗咏曰:"金刹忽开南市陌,毗卢百尺嶙峋碧。莲花刀削大华峰,想象庄严如满月。"(此诗系1659年即顺治十六年夏,方拱乾流放宁古塔,看见古佛而留下的最早的咏佛诗句)历史沧桑的变化,使大石佛造像几经修复,渤海国时期的原貌虽已逝去,但渤海国时期的庄严法相依然存留。

石狮:石狮历来被认为是唯我独尊的瑞兽,有避邪守卫之用,因而石狮的造像多见于渤海贵族墓葬、宫廷、寺院门庭的守护之处。蹲坐式石狮流行于盛唐,并达到顶峰。渤海人从唐人那里学会了雕刻石狮的工艺技术。现今在黑龙江流域发现的石狮造像有:吉林六顶山贞惠公主墓内二尊,三灵坟一号墓内一尊,上京龙泉府正南门东侧门址的北侧两尊石狮头,金上京历史博物馆院内两尊。

(1)渤海贞惠公主墓石狮:1949年出土于吉林敦化六顶山渤海国贞惠公主墓内。两尊石狮为一雄一雌,体态大小相仿。雄狮高0.64米,雌狮高0.6米,体态较雄狮略小。两尊石狮张口吐舌作狮吼状,雄劲有力,扬头裂眦,凝视前方。给人以雄浑健魄之感,反映出渤海工匠高超的雕

---

① 李兴盛:《"东京"古佛沧桑录》,载于《高句丽渤海研究集成·渤海卷三》,哈尔滨出版社1994年版。

刻艺术。

（2）三灵坟石狮：三灵坟位于渤海上京龙泉府城北约 6 千米处，在三灵坟的 1 号墓内发现一蹲坐石狮。此处的石狮与贞惠公主墓出土的石狮略有不同。石狮面向前方，微张嘴咬紧上齿，胸部较平，鼻凸于胸，颈部与背肩屈曲度较大，刀法娴熟质朴。

（3）上京龙泉府石狮头：这两尊石狮的头部与前者略有不同，石狮形象更加生动逼真。两件石狮头大小相同。圆眼，阔口，鼻孔粗大，颚下有短毛。在造型上更突出狮子的牙齿，为咬合状。狮身的尾部较尖，朝上的一面还有插孔，可能原是固定在大殿台基的某处，以显示王权的威严，并非为守墓避邪之物。

（4）金上京历史博物馆院内石狮子：这两尊石狮子为蹲坐像，高约 70 厘米，整体形象与贞惠公主墓地发现的渤海石狮子基本相同，尤其是腿部所表现出有力度的筋骨道道凹痕，更鲜明地表现了渤海匠人的特殊雕刻工艺。这两尊石狮究竟是何时何地从何处运来，已经无从查考。但它们所表现出的唐人和渤海的风格却非常的明显。目前，这两尊石狮子依然摆放在金上京博物馆院内的正门两侧。

八宝琉璃井：八宝琉璃井位于上京龙泉府宫城中部，第二殿址的左侧。井身用玄武岩砌成，井口呈八角形，精巧别致。相传为国王和贵族们饮水之用。《白云集》中说："别有小城，似宫禁，左右石井二，白石甃砌八角形。"可见当时存有古井二口，而今仅存一口。据载在井中曾出土铁砧两块、古镜两面、银牌一面。

石龟趺：出土于 20 世纪 70 年代，在渤海上京龙泉府城内的渤海镇小学校址的地基中发现。发现时龟趺深埋地下，除身上驮有的碑身、碑额不见之外，其余保存完好。龟砆通高 0.91 米，底部垫有扁平的玄武岩石块，通高为 1.4 米。石龟引颈、昂首前视，颈长 0.76 米，龟砆的背上有放置碑身的凹槽，碑身已失。从槽内尚存的残断石碑推测，碑身厚约 29 厘米，碑身宽约 16 厘米。石龟砆的四脚踏于一个二层底座之上，为一整块玄武岩雕刻而成，重约 4 吨。有人推测龟趺上的碑身应为渤海国子监的"国学文"碑，而此处的渤海镇小学可能就是渤海国国子监故址。在龟砆出土的周围的深沟里，探得大量的渤海建筑石块，当为渤海的建筑址。

碑碣：渤海国的石碑发现甚少，在黑龙江流域共发现两通。渤海国贞惠公主墓志铭碑的发现，为渤海史的研究起到了十分重要的推动作用。贞惠公主的墓志铭碑碑高95.5厘米，宽48.5厘米，厚29厘米。碑呈圭形，碑身上刻有七百二十五字的碑文，用楷书刻写而成。碑文周边阴刻蔓草纹，碑首阴刻浅浅的卷云纹，纹饰简单但简洁有力。

在俄罗斯的滨海边疆地区有渤海时期碑碣的遗物。在南乌苏里斯克古城发现一块长方石板，上面阴刻有突厥文，铭文是渤海率宾府的名称。

另外，在《柳边纪略》《东京记》等书中均记载渤海上京龙泉府宫址前有"下瞰台城，儒生盛于东观"等字样的国学碑，但碑碣已失。《柳边纪略卷四》记载："前宁古塔将军安珠瑚，于福儿河即呼尔哈河，得一碑，仅五行七字。首行曰：上顺国，次曰不，次曰字，曰归，次曰佃。"①

（七）壁画

由于有关渤海国的史料甚少，而在渤海国的墓葬和遗址中发现的壁画则显得弥足珍贵。渤海的壁画作品现今发现较少，但从发现的范围来看涉及甚广，包括宫殿、寺庙、墓葬。发现的题材仅限于图案画和人物画两种。至于金代的渤海遗民擅画的"松石小景"以及渤海后裔的画马作品都不得见。就发现的渤海壁画来说大多是残块，保存较完整的仅限于贞孝公主墓的十二侍卫像，但是贞孝公主墓地的壁画不属于黑龙江流域的渤海遗址范围，因此谨以此壁画作为了解黑龙江流域渤海国壁画的参考。

渤海国贞孝公主墓位于今延吉市海兰江支流的山岗上。考古工作者在贞孝公主墓甬道的左右墙壁和墓室的东、西、北三面墙壁上，共绘有十二幅人物壁画。这十二个人物均为侍从和门卫，按职位可分为门卫、侍卫、乐伎、侍从、内侍五类。人物刻画生动逼真，色彩饱满艳丽，线条流畅自然。从作品的绘画特点和人物的造型来看颇具唐风。② 贞孝公主

---

① 孙玉良编著：《渤海史料全编》，吉林文史出版社1992年版。
② 延边朝鲜族自治州博物馆：《渤海贞孝公主墓发掘清理简报》，《社会科学战线》1982年第1期。

墓中的十二个人物画像，向世人展示了渤海国人的风貌，从衣着、发式到习俗，以及后宫侍从的形象，为我们留下了珍贵而生动的资料，弥补了文献资料的不足，填补了渤海国绘画的空白。可以推测，在渤海国都城的渤海上京龙泉府遗址附近，肯定也存在着渤海国的壁画墓，贞孝公主墓虽然不属于黑龙江流域，但其壁画却代表着黑龙江流域渤海墓壁画的水平。

目前，在黑龙江流域发现的渤海国壁画，可以确定的有两处：一是三灵坟渤海壁画墓，二是俄罗斯边疆地区杏山寺壁画。三灵坟渤海壁画墓位于宁安县三灵乡，渤海上京龙泉府北偏西四千米处的牡丹江左岸，墓地与渤海故城隔江相望。该墓葬为大型石室壁画墓。墓室和甬道的顶部、底部抹有较厚的白灰层，在墓室的四壁、顶部及甬道两侧的白灰层上面绘有彩色壁画。① 壁画在内容上可划分为花卉和人物两类。墓室的壁画大多损坏，但保存下来的花卉图案为连续的团花，花朵较大，图案设计匀称、美观大方，色泽艳丽。在甬道南端东西两侧绘有武士像。墓室的内壁上绘有人物像，大多为女性，面部丰腴，体态婀娜，与贞孝公主墓壁画中的侍女图像有很大的相似之处。这些侍女仆人生前服侍主人，在主人故去后依然把其画像绘于壁画之上，以此来显示墓主人的高贵奢华的生活。这种不绘制墓主人的墓葬壁画形式与高句丽墓葬壁画有着很大的区别。高句丽墓壁画题材广泛，内容丰富，反映出墓室主人生前娱乐的场面。而渤海墓葬壁画内容题材单一，又不见墓室主人的形象而注重生前侍从的刻画。在制作方法上，高句丽壁画采用直接起稿的方式，而渤海壁画为针刺过稿。在人物的形象上，渤海人与高句丽人有着明显的不同。渤海男人大多头戴展脚幞头，身着圆领袍服，腰系革带，足蹬黑靴麻履，面容丰腴。高句丽的男人形象为传统的高句丽人的风俗，头插鸟羽或戴有乌纱笼冠。身穿短襦肥裤、足蹬尖头黑履，面容清秀，留有胡。可见渤海人在着装和生活习惯与方式上更趋同于唐人形象。此外，高句丽的壁画墓的绘画往往直接描绘在花岗岩石上，而渤海的壁画墓的

---

① 王震中、沙振宇、丹化沙：《黑龙江省的几处文物遗址》，《文物参考资料》1957年第11期。

绘画则是绘制在白灰膏泥上。

在俄罗斯滨海边疆地区有多座渤海寺庙遗存，其中杏山寺庙的墙壁上绘有彩色壁画。杏山寺毁于一场大火，也使得一些遗迹得以保存。杏山寺在黏土墙皮上又涂以一层薄薄的细灰泥。在墙壁的外面又涂以一层象牙色的颜料。壁画就绘在这层颜料上。此外彩色壁画"状若组合花纹。花纹中既有云雷纹成份，又有编织纹的成份"①。

(八) 钱币

关于渤海国货币问题，在学术界一直存有争议。渤海王国是否曾铸造过货币和使用过货币形成了两种不同的观点，即肯定和否定的态度。这两种态度的争论主要与关于渤海货币使用情况的文献和考古资料的不足有关。持否定态度的人主要依据是资料和实物的不足，出土的渤海国时期货币极其稀少，因而断定渤海国使用的货币数量并不多。持肯定态度的人也因为资料不足不能形成突破，大多的仅仅是猜想而已。如魏国忠的《渤海钱币之猜想》指出渤海国以"实物货币为主，金属钱币为辅，存在其自铸钱币的可能性"。② 在这篇文章中，魏国忠指出了长久以来一直被学术界混淆的概念"钱币"与"货币"的不同。他指出"钱币只是货币的形式之一，货币的外延则比钱币大得多。所以，没有钱币绝不等于没有货币。"这种观点应该引起人们的注意，货币不仅包括钱币也包括实物货币，这种货币是不以金属或纸制形式存在的。而在渤海的货币研究中，越来越多的学者注意到渤海国使用过实物货币这种特殊事实，因而再把金属铸币混淆货币的概念就会引起思想的混乱。

在渤海墓地和遗址中出土的渤海钱币十分稀少，因此，它已经成为渤海国历史学术研究领域中的空白。从目前的考古发现上观察，除了在一些渤海国的墓葬和遗址中发现有少量的唐代"开元通宝"外，就是极为罕见的日本钱"和同开珎"。例如：石场沟渤海墓地，位于黑龙江省牡丹江市桦林地区，1984年考古工作者对石场沟渤海墓地进行了第二次发

---

① [苏联] Э. В. 沙弗库诺夫：《苏联滨海边区的渤海文化遗存》，《东北考古与历史》1982年第1期。
② 魏国忠：《渤海钱币之猜想·东北民族史研究（二）》，中州古籍出版社1994年版。

掘，在此次发掘中，"M16出1枚唐'开元通宝'"，对于这枚"开元通宝"钱的质地和尺寸及保存情况虽然没有说明，但"质地精良，轮廓深峻"已经描述得非常清楚。① 除此之外，在宁安渤海上京龙泉府宫城遗址清理过程中，在宫城南墙西侧的房址内也出土了一枚唐"开元通宝"钱，直径2.5厘米，质地较好，文字清楚。正面的"元"字第二笔左挑，"通"字的字旁三撇相连，背面有月牙纹。② 在渤海国早期城址也发现了唐开元通宝钱。

此外，由于渤海墓葬中发现的钱币稀有，有必要提及另一处"开元通宝"的出土，以求资料全面。1985年，考古工作者在清理珲春县凉水镇庄荣村北渤海墓葬中出土一枚"开元通宝"，该墓地距离图们江约1千米。"在延边地区的渤海墓葬中出土唐代货币还是首次"，③ "开元通宝"，出于第四号墓的副室东南角的第一层骨殖下，钱面和背面均严重磨损和锈蚀，背面尤甚。但钱面边廓依稀可见，方形孔穿四侧铸有直读"开元通宝"四字。钱径2.32厘米，穿径0.8厘米，厚0.09厘米，重1.7克。"宝"字较大与唐初"开元"钱有明显差异，应为唐代中、晚期货币。

除了上述在渤海墓葬和城址中发现的开元通宝钱币外，日本学者早年在发掘渤海上京龙泉府遗址时，曾经出土了日本钱"和同开珎"。关于这枚日本钱的发现过程，目前还存在很大的争论。

综上所述，黑龙江流域渤海遗址和遗物的发现绝不仅仅局限于上述的介绍。除了考古学不断的新发现外，还有相当一部分渤海国的遗迹遗物尚有待于我们重新认识，或者说是有待于对渤海国历史遗物认识的提高。许多关于靺鞨考古学文化中渤海因素的再认识，是需要未来黑龙江流域长期研究和积累的重要课题之一。笔者曾先后撰写了黑龙江流域渤海历史文化的遗迹与遗物的系列文章，即《黑龙江流域渤海古城的

---

① 谭英杰、赵虹光：《黑龙江中游铁器时代文化分期浅论》，中国考古学会编：《中国考古学会第七次年会论文集（1989）》，文物出版社1992年版。
② 赵虹光：《渤海上京龙泉府城址调查发掘工作的回顾》，《北方文物》1988年第2期。
③ 呼国柱：《延边珲春渤海墓葬出土"开元通宝"》，《吉林文物》1985年第18期。

初步研究》①《黑龙江流域渤海墓葬的初步研究》②《黑龙江流域渤海国历史遗迹遗物初步研究》③ 共三篇文章，其目的就是希望学术界，能够从流域的角度去审视渤海国的历史文化的分布，从这些历史遗迹与遗物的分布中和出土物的特点上找出渤海文化的某些特征及其历史源流的蛛丝马迹。

五　牡丹江流域的渤海古城

（一）牡丹江上游渤海古城的分布

牡丹江上游的渤海古城主要分布于吉林省敦化市境内，多为渤海早期山城址、少量的平原城。位于牡丹江上游的渤海古城主要有石湖古城、黑石古城、马圈子古城、通沟岭山城、通沟岭要塞、南台子古城、大甸子古城、孙船口古城、腰甸子古城、背荫磁子城堡、帽儿山山城、西北岔山城。

石湖古城：位于敦化市官地镇八棵树村西南0.5千米处，建于地势平坦的山间盆地的平原上。古城东南15千米为腰岭子山，西南2千米为沙河，河的右岸有一石潭，俗称为石湖，古城因此而得名。古城呈方形，城墙为土筑，每边长470米，总长1880米。东、南两墙残高约1.5米，西、北两墙分别是0.8—2米，残宽6—9米。南墙的中部有6米宽的缺口，墙基两边有块石垒砌的痕迹，应为门址。北墙西北角有一宽约5米的缺口，可能为北门。城墙外有护城壕围绕南、东、北三面。西墙外地势略高，无城壕迹象。古城南0.5千米处，有一小块台地，上有土城围绕的小城一座，长47米、宽43米，略呈方形。石湖古城是敦化县境内发现的最大的渤海时期的平原城遗址。王承礼等人于20世纪50年代末，考察了石湖古城，并断定为渤海城址；"根据城郭方形系渤海城制之通例（如

---

① 王禹浪、刘述昕：《黑龙江流域渤海古城的初步研究》，《哈尔滨学院学报》2007年第12期。

② 王禹浪、孙军：《黑龙江流域渤海墓葬的初步研究》，《哈尔滨学院学报》2007年第11期。

③ 王禹浪、树林娜：《黑龙江流域渤海国历史遗迹遗物初步研究》，《哈尔滨学院学报》2008年第9期。

珲春八连城、宁安东京城渤海上京龙泉府址），附近并有渤海'二十四块石'建筑遗址，因此我们认为石湖古城应该是渤海国的古城址"。①

黑石古城：坐落于敦化市黑石乡政府所在地北侧的牡丹江冲积平原上。古城西临牡丹江，江水由南向北，然后由城西北角折而东流。古城所处地势略高，其西、北两侧面水，古城东侧有一山岗。古城平面呈长方形。东、西两墙长360米，南、北两墙宽300米，周长1320米，城垣大部分已损坏，城墙残高3米。古城四角各有一个角楼。东、西两墙各有4个马面，北墙有3个，南墙有2个，共计13个马面，马面的间距约50米，均为夯土版筑。城墙有用土坯砌成的痕迹，南墙中部有瓮城。"采集到渤海灰色布纹瓦、红褐色细泥陶片，以及白瓷片和青色釉缸胎瓷片。这处古城当系渤海遗址，辽金亦曾沿用。"②

马圈子古城：位于敦化市大浦柴河村西约4千米的河套平地上，柴河村原名马圈子，马圈子古城因而得名。古城的西、南、东三面被富尔河环绕，北侧面临开阔的平地。古城平面略呈方形，西墙长约317米，南墙长约198米，东墙长约209米，北墙长约208米。城墙有马面3个，四角有角楼，古城的东北角及西北角均筑有附加的城墙和堡垒状的设施。古城内采集到陶片、铜钱、铁车釧、铁锅残片、残石磨等遗物。"初步认定是渤海国早期的遗存。"③

通沟岭山城：位于敦化市官地镇老虎洞村的东山上，古城所在的山岭俗称为通沟岭，故有通沟岭山城之称。山城南部为悬崖峭壁，其下是沙河。通沟岭山城三面环水、一面连山，最高处海拔为602米。古城东、北、西三面有墙，南部临悬崖不筑墙体。东墙南北长500米；北墙随山脊起伏而筑，长约600米；西墙南北长约500米；古城周长近2000米。有东、西、北三座城门，东、西二门已被大火烧，残宽约7米。北门为瓮城结构，现保存完整。古城的东南、东北、西北三处存较大的土筑台基向外突出。城墙上设有9个马面。据王承礼先生考证："通沟岭山城亦应

---

① 王承礼：《吉林敦化牡丹江上游渤海遗址调查记》，《考古》1962年第11期。
② 同上。
③ 同上。

为平原城之卫城，虽然没有发现标志时代的典型器物，但是根据附近石湖古城的材料推断，此城也应是渤海的遗存。"①

通沟岭要塞：位于敦化市沙河桥乡岭底村西山上。岭底村就坐落在通沟岭下，东临沙河，河水从东南向西北流，在村北转弯后流向东北。岭底村的西侧山脊呈西北—东南走向，通沟岭要塞就坐落在山脊的南段。要塞东侧为河岸的峡谷通道，西侧为崇山峻岭，由此向东北行2.5千米处为通沟岭山城，通沟岭要塞与通沟岭山城形成了统一的防御体系。依据通沟岭山城的断代，推断通沟岭要塞很可能为渤海时期所筑。

南台子古城：位于敦化市黑石乡南台村北750米左右的牡丹江右岸的江崖上。古城的西北濒临牡丹江，江水从西北向东南泄下，流至古城西北边缘处，折向东北流。古城东侧有一条无名小河由南向北注入牡丹江，南台古城恰好设在两水汇合处，其地势十分险要，扼守着牡丹江与小河汇合口处。古城的平面呈不规则形，墙体随台地走势而筑。东墙临河崖、地势险要，残墙若隐若现，约长155米；西墙长108米。城墙外侧有一条城壕；北侧临江（河）崖处未设墙体。南台子古城属于江防要塞式的戍守城堡，其年代暂定为渤海时期所建。

大甸子古城：位于吉林省敦化市官地镇大甸子村北的牡丹江北岸。古城在江弯地带，江水从石砬子西侧由北向南流淌至砬子西南方后，又急转向东致使砬子前方的牡丹江北岸形成了东西狭长的凸显台地，城垣随着台地的地势呈东西狭长状。城墙贴石砬子边缘处起筑，墙体沿江边由北向南延伸。目前的城垣只有西墙和南墙，全长残长约600米。古城东端直抵江岸无东墙；北墙以高山为屏，未筑墙；南墙有两处马面遗址。为渤海时期城址。

孙船口古城：位于敦化市沙河沿镇孙船口村北。沙河经沙河沿镇所在地由南向北流去，流至孙船口村后又折向西北，古城就坐落在河流转弯处的左岸。古城南墙长120米，西墙长170米。东、北两墙已被河水冲毁。古城为渤海时期所建。

腰甸子古城：位于敦化市大山嘴子乡腰甸子村北300米的马鞍山上，

---

① 王承礼：《吉林敦化牡丹江上游渤海遗址调查记》，《考古》1962年第11期。

南距牡丹江1500米。古城南面山坡陡峭，北面较为平缓，城墙随山势呈不规则形。古城直径33米，周长98米。城墙的东北角有一豁口应为城门址。古城东南方400米处，有渤海时期的"腰甸子二十四块石"建筑址，当为渤海时期所建。

背荫砬子城堡：位于敦化市额穆镇桦树林子村西1.5千米的背荫砬子山上。背荫砬子坐落于珠尔多河右岸，珠尔多河从西北向东南流去，在背荫砬子山脚下受到山崖的阻挡，形成一道弯曲的河道沿山根向东南泄下。珠尔多河是牡丹江的一级支流，发源于吉林省敦化市额穆镇张广才岭山脉老爷岭西南，流经额穆镇在敦化市黑石乡丹南村西北注入牡丹江。古城建在山顶部，城内较平坦。城墙呈不规则形，平面呈圆形，周长286米。城墙北临悬崖无墙，城址建于渤海，辽金沿用。

帽儿山山城：位于敦化市额穆镇西北岔村东北1千米的帽儿山上。帽儿山海拔750米，主峰类似草帽的形状，故名帽儿山。珠尔多河上游的主流在山的南麓，由西向东流，在山的西麓又有一条支流由北向南流注入珠尔多河，二水汇合后构成一个夹角，帽儿山就在这个夹角之间。古城位于平缓的山坳间，城垣平面呈方形。北墙长约200米，东墙残长150米，南部临悬崖无墙。古城西距张广才岭25千米，处于东西交通要冲。据《额穆县志》记载："帽儿山下有古城二，隔二水，为掎角之势，明季佛多和寨当即此地。"古城建于渤海时期，辽、金、元、明沿用。

西北岔山城：位于敦化市额穆镇西北岔村东南800米的南山上。珠尔多河在山的北侧由西向东流过。山城的城墙由山脊向北沿着山坡蜿蜒起伏依山势修筑。山城的城墙为土筑，叠土而成。在城墙较大的转折处设置有马面。现存城墙周长为1185米。古城可能建于渤海，辽、金沿用。

(二) 牡丹江中游渤海古城的分布

牡丹江中游的渤海古城主要分布在黑龙江省牡丹江市、宁安市、海林市，以及镜泊湖的周边地区。位于牡丹江中游的渤海古城主要有上京龙泉府古城址、牛场古城、大牡丹古城、城墙砬子山城、城子后山城、重唇河山城、龙头山古城、南城子古城、九千米山城、兴农古城、石场山城、古井城村古城、南湖头古城、东崴子古城、东沟古城、向前屯古城、土城子古城、杏花村古城、宁古台山城、胜利村城堡、卡路山山城。

上京龙泉府城址（略）

牛场古城：位于渤海上京龙泉府故址北2千米处的牡丹江右岸的冲积平原上。古城平面呈长方形，东西宽100米，南北长约160米，周长520米。古城地势呈北高南低，城墙北侧辟有城门。古城内有许多渤海时期的砖瓦和玄武岩建筑材料。《牡丹江中下游考古调查简报》一文认为："古城大致与东京城时期相当，也是渤海人遗留的城防建筑。"文中所谓"与东京城时期相当"的句子，当指渤海上京龙泉府遗址，此处描述有误。①

大牡丹古城：位于宁安市城区西南、宁西乡大牡丹村东南500米处的牡丹江左岸的台地上。古城平面呈长方形，地势北高南低。北墙长约240米，南墙长约280米，东墙长约220米，西墙长约200米，周长1000米。古城内设有套城和附设墙体，套城位于古城东南角，由三道城墙套筑而成，东墙外侧加筑三道城墙，北墙外有护城壕遗址。古城的地表出土有许多渤海时期的布纹瓦和筒瓦。"根据这些建筑材料的遗存和城建布局，我们初步认为大牡丹古城，是渤海人遗留的古城。"②

城墙砬子山城：位于镜泊湖风景区中部西岸的两座高耸的山峰之间。山城的东、南、北三面被镜泊湖水环绕，西侧则是连绵不断的张广才岭。山城平面呈不规则形，周长约3100米。山城所处的地势南高北低，东墙由石块砌筑而成，东墙北段辟有门址。西墙地处缓坡地带，外侧筑有两座类似马面的平台建筑。山城的北墙以叠土筑成，城垣高3—4米，北墙西段有较大的类似马面的建筑址。北城墙外侧筑有护城壕。南墙为石块垒筑，南墙中部有一瓮门址。城墙砬子山城控制着镜泊湖的南部，其地理位置十分险要。据《宁安县志》记载：1911年，宁安县镜泊湖城墙砬子出土一方铜"狮印"，"狮柄大如盌，并有人见印有朱文'忽汗州兼三王大都督'十数字"，惜下落不明，印文亦未存留。学者们根据此条记载判断城墙砬子山城当为渤海时期所筑。

---

① 黑龙江省文物考古研究所：《牡丹江中下游考古调查简报》，《考古》1960年第4期。
② 同上。

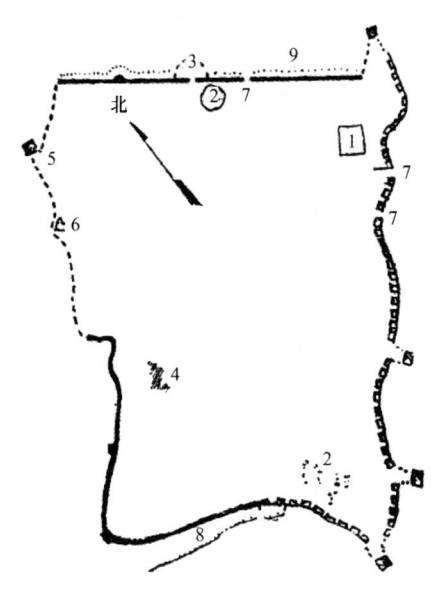

第四章 黑龙江流域高句丽、渤海古城分布与研究 / 199

图4—3 城墙砬子山城平面示意图①

1. 土方城址；2. 土坑；3. 瓮城址；4. 现代废墟；5. 石台；6. 山峰；7. 缺口；8. 慢道；9. 护城壕。

城子后山城：位于镜泊湖瀑布东北约3千米的山顶上。山城的东、北、西三面均为悬崖峭壁。山城地势呈北高南低状。城址平面呈不规则形，城墙沿山脊修筑，周长3590米。城墙南侧沿牡丹江岸修筑，城墙的东、西两侧筑有高大的类似马面的平台建筑。城内有一道腰墙，全长800米。腰墙两端靠近断崖处有类似马面性质的平台，腰墙中部辟有瓮门。城子后山城为渤海早期山城，辽、金、东夏沿用。

重唇河山城：位于镜泊湖北段西岸的重唇河畔的山顶上。山城依山势而筑，坐落在两山之间。平面呈不规则形，周长约3000米。山城东部为悬崖峭壁，北侧为开阔的湖面。城墙的砌筑方法有三种：土石混筑法、石块垒砌法、以石块贴在城墙表面而内侧则用碎石混砌。城墙上辟有三处门址，分别为西南门、东南门和北门。"重唇河山城在结构上比较单一，不见瓮城、马面等设施，具备渤海时期的建城特点，城内未见遗物。"②

---

① 吕遵禄：《镜泊湖周围山城遗址的调查》，《北方文物》1989年第1期。
② 同上。

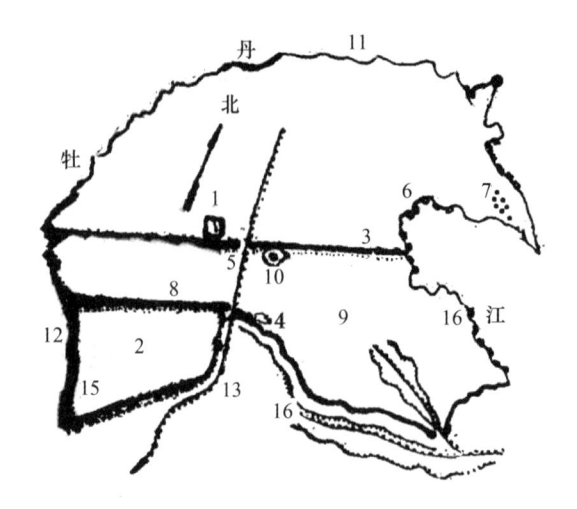

图 4—4　城子后山城址平面示意图①

1. 土方城址；2. 瓮城；3. 石臼；4. 土坑；5. 缺口；6. 石堆；7. 居住坑；8. 铜印出土地点；9. 测标点；10. 古井址；11. 悬崖；12. 峭壁沟谷；13. 道路；14. 土墙；15. 石墙；16. 护城壕。

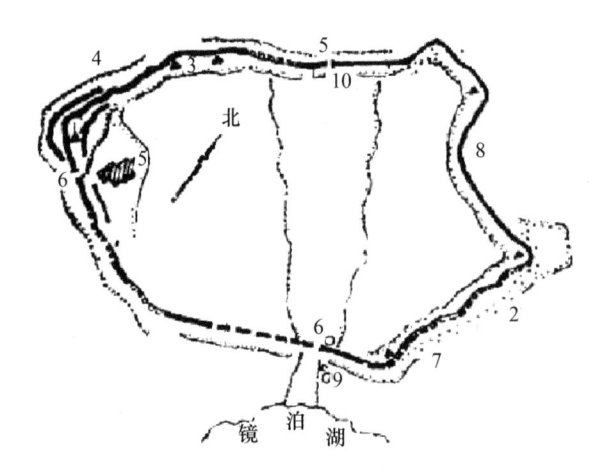

图 4—5　重唇河山城平面示意图②

1. 三重墙址；2. 悬崖；3. 山峰；4. 内外环道址；5. 近代废墟址；6. 门址；7. 石墙；8. 土墙；9. 土坑；10. 现代居住址。

---

① 吕遵禄：《镜泊湖周围山城遗址的调查》，《北方文物》1989 年第 1 期。
② 同上。

龙头山古城：位于牡丹江市沿江乡小莫村正北，海浪河与牡丹江交汇口处的三角地带上。龙头山古城的南、北、东三面临水，海浪河与牡丹江环绕其城。北面隔海浪河与对面山岭上的渤海时期山城遥遥相对。古城南北两侧无城墙，西南部城垣依山势修筑而成。城垣为土石混筑，平面呈扇形。龙头山古城位于牡丹江中游的水陆交通要冲，地理位置非常重要。

南城子古城：位于牡丹江市桦林镇南城子村南侧勒勒河左岸的丘陵台地上。南城子古城东濒勒勒河，北侧隔博力甸子与板院河相接，西近牡丹江与板院河交汇处，古城南部为起伏的丘陵和山峰。南城子古城控制着沿牡丹江的南北交通，扼守着出入东西的水路要冲。南城子古城平面呈南北向的长方形，南北长 580 米，东西宽 450 米，周长 2060 米。城垣高约 2 米，基宽 8—10 米。古城东南 5 千米处有桦林石场沟墓地，其所属年代应与南城子古城相同。根据出土文物及规模看，南城子古城应为州级建制。然而，学术界对于南城子的建制存在分歧。陶刚的《牡丹江市郊南城子调查记》[1]、刘晓东的《渤海国渤州考》[2] 等文认为，南城子古城当为渤海国时期的渤州。赵虹光的《黑龙江省牡丹江市郊桦林石场沟墓地》则认为南城子古城为黑水靺鞨的渤利州。[3]

九千米山城：位于海林市长汀镇九千米山的山顶上。九千米山城坐落在海浪河中游左岸的山崖上。山城的东、北、西三面被张广才岭的余脉环绕，南部濒临海浪河。海浪河发源于张广才岭东麓，在此地汇合后冲击出富饶的新安盆地。城垣依山势而筑，平面呈不规则形，周长 1.5 千米。城墙东侧与北侧墙体有三处酷似马面性质的建筑。山城的最高处有一方形凹坑，可能是一座较大的居住址。城内有山泉水井。城内出土有布纹瓦、手摇磨盘、灰色陶器残片等遗物。九千米山城地势险峻，应为渤海时期的军事城址。

兴农古城：位于海林市北部三道乡牡丹江左岸兴农村北 2 千米处的

---

[1] 陶刚：《牡丹江市郊南城子调查记》，《黑龙江省文博学会成立纪念文集》，1980 年。

[2] 刘晓东、罗葆森、陶刚：《渤海国渤州考》，《北方文物》1987 年第 1 期。

[3] 赵虹光：《黑龙江省牡丹江市郊桦林石场沟墓地》，《北方文物》1991 年第 4 期。

台地上。古城的东、北两侧被牡丹江水环绕，西侧及西南部被三道河子穿流而过。古城坐落在三道河子与牡丹江的交汇的夹角地带。古城平面略呈正方形，东西长183米，南北长180米，周长726米。古城内出土有灰色布纹瓦残片、灰陶片和夹砂红褐陶片等遗物。兴农古城的地理位置十分重要，是牡丹江中下游的重要隘口。《黑龙江海林市兴农渤海时期城址的发掘》一文认为："古城是在文王大钦茂于唐王朝天宝末年迁都上京以后建筑的。"[1]

石场山城：位于海林市石河乡采石场西1千米处的海浪河左岸的山顶上，海拔446米。此地西接海浪河中游的新安盆地与九千米山城遥遥相对。这一带山高林深，悬崖峭壁林立，地势极其险要。山城依山势修筑，墙体为土石混筑和石块砌筑。山城平面呈不规则形，周长约800米。

古井城村：位于宁安市沙兰镇北10千米的古井村北2.5千米的山丘上，古城向北可直通海林县新安盆地，与九千米山城相通。城内地势西高东低，平面呈不规则形，周长685米。东城垣上辟有城门，城门为瓮门结构。古城北依群山，南临宁安盆地，是宁安盆地与新安盆地结合的要冲所在。为渤海时期所建。

南湖头古城：位于牡丹江市镜泊湖风景区南部，西、东、北三面濒临镜泊湖区，山城墙体依山势修筑，墙体为石块及土石混筑而成。古城平面呈不规则长方形，周长432米。古城内出土有灰色布纹瓦等遗物，初步推断为渤海时期所建。

东崴子古城：位于宁安市三陵乡西北莲花河东岸东崴子村附近的台地上。古城地近牡丹江，南临莲花河，东南距渤海上京龙泉府故址约10千米。古城平面呈长方形，周长约500米，城垣为土石混筑及夯土版筑。城内出土有柱础石及灰色布纹瓦等遗物，为渤海时期所建。

东沟古城：位于宁安市三陵乡北3千米处牡丹江左岸支流的台地上，地近东沟屯，故名东沟古城。古城南侧临近三灵屯渤海贵族墓地，西距东崴子古城仅3千米。古城周长1000米。古城内出土了文字瓦及柱础石等遗物。为渤海时期所建。

---

[1] 赵永军：《黑龙江海林市兴农渤海时期城址的发掘》，《考古》2005年第3期。

向前屯古城：位于宁安县石岩镇南 2.5 千米牡丹江右岸的台地上，地属向前屯，故名向前屯古城。古城西濒牡丹江，西南距上京龙泉府约 20 千米。古城为土石混筑。古城内出土有灰色布纹板瓦、筒瓦、文字瓦、陶片、石臼、门础石等遗物，为渤海时期所建。

土城子古城：位于宁安市城东乡马莲河左岸的土城子村附近。古城平面呈长方形，周长 1000 米。城墙为土石混筑，距离上京龙泉府 6.5 千米。城内出土有灰色布纹瓦及陶器残片等遗物，为渤海时期所建。

杏花村古城：位于宁安市卧龙乡杏花村东蛤蟆河右岸的山丘顶上。蛤蟆河发源于杏花村东部及东南部的老爷岭，在杏花村南由东向西北流经宁安市注入牡丹江。古城呈正方形，周长 1200 米。城垣南、北两墙壁有城门。城内出土有灰色布纹瓦及灰色陶片。为渤海时期所建。

宁古台山城：位于海林市旧街乡龙头山村北约 100 米的椭圆形山丘上。地处海浪河中游新安盆地东南隅，西距清代宁古塔将军旧城址仅 1 千米。宁古台是一座突兀于地面的椭圆形山丘，坡度平缓，地势西高东低。宁古台上的城垣周长 400 米，山崖边缘有土筑城垣，西侧无城垣。城垣外侧有两道护城壕，间隔 30 米。出土文物甚少，初步推断为渤海时期所建。

胜利村城堡：位于东京城镇北约 5 千米处的牡丹江右岸的临江绝壁上。绝壁上有两座相连的城堡，呈东西向排列。城堡东距胜利村 1.5 千米，西距上京龙泉府故址 10 千米。城堡的东、西、南三面掘有护城壕，城堡的墙体均为三重环护。城堡的建筑年代可能早于渤海，疑为渤海沿用。

卡路山山城：位于牡丹江市西南郊区沿江乡卡路村卡路山的顶端。南临海浪河，与海浪河、牡丹江汇合口处的龙头山古城隔河相望。山城依山势修筑，墙体为土石混筑。山城平面呈不规则形，周长约 800 米。城墙东南侧辟有一门址，城内有穴居坑及山泉井，可能为渤海时期所建。

（三）牡丹江下游渤海古城的分布

牡丹江下游的渤海古城主要分布于黑龙江省的林口县。位于牡丹江下游的渤海古城主要有五道河子古城、乌斯浑河古城、建堂乡土城子古城、古城镇古城、大山头古城、三道通古城、烟筒砬子渤海建筑址。

五道河子古城：位于林口县五道河子注入牡丹江的三角地带的丘陵上。西北距五道河子屯 3 千米，东临牡丹江左岸，距牡丹江 300 米。古城由一大一小两座方形城池组成，两城相接的周长为 397 米。较大的古城内北侧有两处长方形隆起的建筑址，南侧有一眼被废弃的枯井。地面上散布有灰色布纹瓦及灰色陶罐残片，疑为渤海时期所建。

乌斯浑河古城：位于牡丹江市林口县刁翎镇东岗子村南部牡丹江与乌斯浑河汇合口处的台地上。古城的西侧、东侧与北侧三面环水，西临牡丹江右岸、东临乌斯浑河左岸，北濒牡丹江与乌斯浑河的交汇点。古城的墙体随江、河切割成的地势修筑，大部墙体已被冲刷殆尽。城墙每隔 30—40 米筑有马面，城墙四角筑有角楼。城墙西侧与南墙外侧筑有护城河，古城周长 2700 米。城址内地表上有几处凸起的房屋建筑址，遗址上散布有青砖、花边瓦沿及布纹瓦和筒瓦等遗物。疑为渤海时期所建，辽金沿用。

土城子古城：位于林口县建堂乡乌斯浑河支流与乌斯浑河交汇的三角地带。古城平面呈长方形，周长 400 米。古城北侧与东侧濒临乌斯浑河，西近乌斯浑河支流。西北距乌斯浑河古城约 35 千米，东南距古城镇古城遗址 45 千米。疑为渤海时期所建。

古城镇古城：位于林口县城北约 15 千米的乌斯浑河与亚河的交汇口处。古城呈不规则形，周长约 1200 米。墙体为土筑。古城内出土有布纹瓦等遗物。疑为渤海时期所建。

大山头古城：位于林口县五林镇南部五林河注入牡丹江近处的大山头山顶端。山城呈不规则形，周长 600 米。南临牡丹江市郊区的南城子古城，古城为土石混筑。可能为渤海时期所建。

三道通古城：位于林口县三道通乡所在地牡丹江右岸的台地上。古城东侧、南侧被牡丹江水环绕，西侧为山地丘陵地带。古城北距乌斯浑河古城 30 千米，东距建堂乡土城子古城 30 千米，南距兴农古城 80 千米。古城平面呈不规则形，周长 2900 米。古城城垣上设有 25 座马面，城垣东北、北、西、西南掘有深阔的护城壕。古城的西北与东南临江处各辟有一门，为瓮门结构。古城的建筑基址上散布有灰色、红褐色布纹筒瓦及板瓦。地表上散布有印纹硬质黑陶及带闪纹的硬质光面陶片。

烟筒砬子渤海建筑址：位于四道河子北0.5千米，烟筒砬子屯东北0.5千米的山峦上。地处张广才岭东坡，牡丹江下游左岸河谷地带。烟筒砬子建筑址南100多千米处有南城子古城。"推测烟筒砬子渤海建筑址的始建年代不会早于上京城和南城子古城。"①

从牡丹江流域古城的分布来看，位于牡丹江中游的渤海古城数量最为庞大，可见牡丹江中游地区是渤海人的主要聚居区和活动区。从牡丹江流域出土的瓦当来看，牡丹江上游敦化一带的瓦多为红褐色或黑褐色，红褐色居多。瓦面多施以绳纹或斜方格纹，凹面施有布纹。与高句丽时期的板瓦相似，瓦当多为圆瓦当，边廓凸起，内饰乳钉和十字花瓣两种纹饰。牡丹江中下游的瓦当颜色纯青，质地坚硬。在板瓦一端施有指按纹或连珠纹。瓦面绳纹或斜方格纹等纹饰已不见。这时期的瓦当多作莲花瓣，花瓣作盛开状，线条细而有力，边缘凸棱已减低，与唐代京城西安一带出土的瓦当样式相仿佛。由此可知，牡丹江上游的渤海古城多数渤海早期，牡丹江中、下游的渤海古城多属渤海中晚期。

第四节　渤海上京城及其周边区域遗迹遗物研究

一　渤海上京龙泉府城址的形制与布局

（一）渤海上京龙泉府城址

渤海上京龙泉府遗址坐落在黑龙江省牡丹江市渤海镇牡丹江右岸，南临我国东北著名的堰塞湖风景区——镜泊湖。周围群山环抱，牡丹江蜿蜒曲折由北向南，流经在这个富饶的盆地。这里气候宜人，土质肥沃，易于农耕，地近日本海，是8—10世纪初东亚地区历史上少有的保存较好的古代都市遗迹之一。至今渤海上京龙泉府遗址的外城、内城、宫城以及宫殿等遗迹仍依稀可辨。渤海上京城在历史上曾有渤海王城、忽汗城、忽汗王城、天福城等不同称谓。

---

① 刘滨祥：《浅谈烟筒砬子渤海建筑址出土物的性质和年代》，《北方文物》1994年第3期。

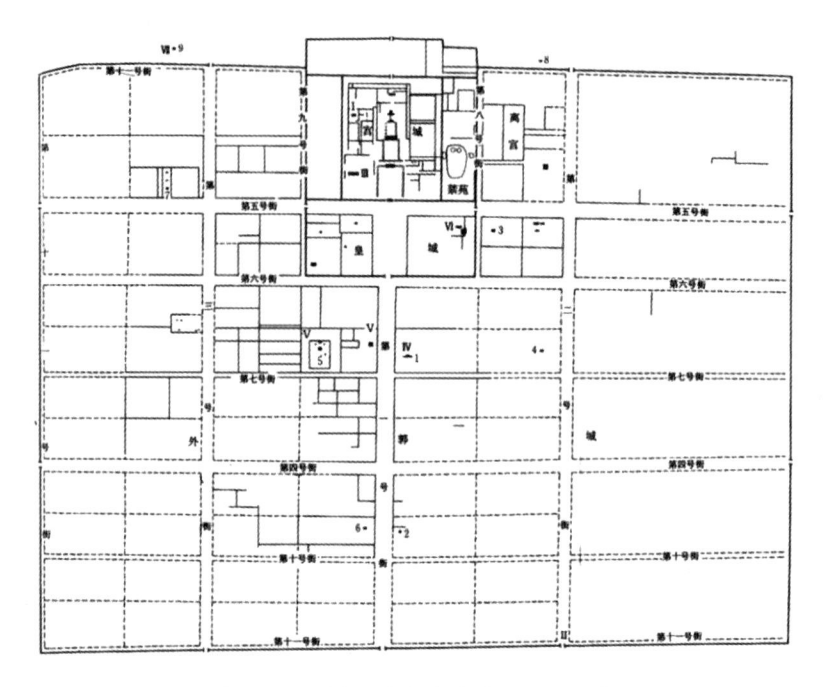

图4—6　渤海上京龙泉府遗址平面图①

据《新唐书·渤海传》称："天宝末，钦茂徙上京，直旧国三百里，忽汗河之东。"由此可知，渤海国迁都上京时间当为唐天宝末年，即公元755年前后。渤海国在此地建都的时间则应早于公元755年。其营筑时间早于辽上京临演府、辽中京大定府、金上京会宁府、辽金时期东京辽阳府四座京城约两个世纪。最早发掘渤海上京城址主要是宫殿住的是旅居哈尔滨的俄罗斯学者包诺索夫，他的发掘工作主要是在1931年至1932年间进行的。1939年，他根据这次发掘撰写了《关于东京城遗址调查的初步报告》。1933—1934年，日本学者原田淑人等发掘渤海上京城址，并于1939年出版了《东京城》。1963—1964年，中国和朝鲜联合考古队再次对渤海上京城进行了调查和发掘，其收获和成果反映在朝鲜1971年出版

---

① 中国社会科学院考古研究所：《六顶山与渤海镇——唐代渤海国的贵族墓地与都城遗址》，中国大百科全书出版社1997年版。

的《渤海文化》和 1997 年中国出版的《六顶山与渤海镇》① 两书中。1981 年、1984 年、1990 年，黑龙江省文物考古工作者对渤海上京宫城的一些遗址进行了复查性清理和发掘。这次发掘的重点是宫城南门址及部分城墙、第 1 号宫殿址及其廊房址等。1990 年，又发掘了上京内城官衙址，均有新的发现。20 世纪 80 年代的发掘材料发表简报两篇，即《渤海上京宫城第一殿东西廊房址清理发掘简报》《渤海上京宫城 2、3、4 号门址发掘简报》② 等。

渤海上京城址保存较好，是由外城（郭城）、内城（内苑）、宫城组成，规模宏大。内城（内苑）、宫城在外城北部的中间。关于上京城占地面积的实测图，最早刊发于《宁安县志》。此后，1939 年出版的《东京城》也将发掘时的测绘图发表。20 世纪 60 年代，中朝联合考古队发掘上京城址时也曾进行实测，成果发表于 1971 年出版的《渤海文化》。80 年代清理和复查性发掘过程中也进行过实测。其后，渤海上京遗址博物馆又进行过几次测绘，但成果均未发表。

1. 上京城外城遗址

上京龙泉府的外城平面呈长方形，东墙长约 3360 米、西墙长约 3400 米、南墙长约 4584 米、北墙长约 4946 米、周长近 16300 米。四面墙平均每面墙长度约为 4075 米，周长略多于 16 千米。由此可知，上京城占地面积是 16—16.4 平方千米。但有学者在深入研究后认为，渤海上京城"占地面积为 32 平方千米"。③

上京外城垣保存较好，坍塌基部宽约 14—18 米、上宽 1—3 米、平均高 3.5 米左右，部分墙段残高超过 3 米。根据对现存墙垣的观察，墙垣由土石混筑为主。

上京城的规划布局是以唐长安城为基本模式，其最基本或核心的规划是采取中轴线对称的手法展开的。西面的城墙不是完全取直修筑，北

---

① 中国社会科学院考古研究所编著：《云顶山与渤海镇——唐代渤海国的贵族墓地与都城遗址》，中国大百科全书出版社 1997 年版。
② 黑龙江省文物考古研究所：《渤海上京宫城第一殿东西廊房址清理发掘简报》、《渤海上京宫城 2、3、4 号门址发掘简报》，《文物》1985 年第 11 期。
③ 李殿福：《渤海上京永兴殿考》，《北方文物》1988 年第 1 期。

墙则向北突出一部分，平面呈凸字状。其他三面城墙虽无北墙那样的外凸或内凹部分，但从整体上看也不是垂直的。南墙虽直，但由西向东略偏南，东墙由北向南则略向西内收，所以两墙交会处不成90度。西墙由南向北至西北角前亦略内收（向东偏），加之北墙西端不直，与西墙交会处亦不成直角。

上京城最突出的一个特点是北部向外凸出一部分，而这一部分又有南折墙段，因而使上京城形成7个向外的交角，即北部5个、南部2个。上京城北部向外凸出一部分，不仅扩大了宫城北侧的苑囿范围，整个向北凸出部分东西长近1000米、南北宽平均约200米，占地约20万平方米。它的东西向宽度大体与宫城及其两侧内苑宽度一致，这似乎表明三者是经统一规划后安排确定的。这种规划与设计不仅合理，而且巧妙利用了自然地势，使城的形制接近于唐长安城。同时，也有利于宫城北部的防卫和安全。上京城的外城墙外有城壕痕迹，城墙上没有马面设施，但城的转角处修筑有角楼。

（1）外城城门

从目前的城址保存情况看，渤海上京城的外城共有十至十二座城门，其中主要门址应为十座，与其主要的五条大街相对应。关于渤海上京城有几处门址的问题，清初以来的记录各不相同。《盛京通志》谓周围"三十里，四面七门"但也有谓"四面八门"的。20世纪30年代以来，国内外学者对上京城进行过多次调查，包诺索夫是较早提出四面十门说的学者之一。这十门，即南北各三，东西各二。

外城北墙上有三门（指主要门址，与重要大街相通），中门在外城向外（北）凸出部分城墙中间，通内苑和宫城北门。外城北墙上的东门和西门，纵向与贯通东西二城区的大街相连。这三座城门的大体位置，北墙西门在城西北角以东1080米处，即今白庙子屯以北的外城墙上。由于早年坍塌，门道堆积堵塞，凹低于城垣，保存状况与西门相似。外城北墙中门如前所述。外城北墙之东门在城东北角，是通内苑宫城的重要门道，原有东沙公路通过，现已清理出来。东京城至沙兰公路改在东内苑东侧，把一些遗迹压在路下。北城中门已于1997年进行了清理，材料未发表。

上京外城南墙上亦有三门。由城西南角向东约 1040 米是外城南墙之西门，相当于长安城的安化门。由城西南角向东南 2100 米左右，是南墙中门。西门与中门间距约 1000 米。由城西南角向东约 3050 米是南墙东门，再往东约 1500 米至外城之东南角。东门与中门间距约为 950 米，比西门和中门间距短百米。由此可以看出，上京城区中轴线略偏西，东城区比西城区面积更大些。南墙东门西移开设可能与城之东南角开辟苑池有关。

外城西墙开设二门。其北门在城西北角以南约 1040 米处，现有一溪口。南门在西南角以北 1130 米左右，门址保存状况较好。这两座城门间距约有 1200 米，大于南北城墙各门相去之间距。外城东墙有二门，北门在城东北角以南约 900 米，南门在东墙南段，但这段城墙有几处较低洼的地方，已确定为门址，尚有待于发掘。

外城门址已清理发掘两处，南墙中门清理于 20 世纪 30 年代，材料发表于《东京城》。南墙东门址清理于 1964 年，虽然正式报告没有发表过，但朝鲜出版的《渤海文化》已将有关材料公布（1997 年开始清理发掘的外城北墙中门，材料未发表）。由《渤海文化》发表的材料可得知其大略，作者认为这是第一种形式城门的代表。发掘证实，这座城门由左右连接门房和中间一个门道组成，阔五间，进深三间，即左右门房各两间，门道一间。其东西长 12.3 米、南北宽 6.1 米。门道长 6.1—6.4 米，宽 5.4—5.5 米。门道两边门房台基铺有一排长约 6.4 米、宽约 0.75 米的土衬石，上有两行厚约 30—35 厘米的长方形地栿，地栿上立排叉柱。这门道实际宽度约为 4 米。门道两侧的门房建在石砌的长方形台基上，南北长 6.4—6.5 米、东西宽 3.6 米。上有柱础石两排，靠近门一侧沿台基部设置土衬石一排，石面上并列两条地栿，上有柱石两块。

（2）外城的街道与里坊

上京城的中轴线是其主干道，即朱雀大街。这是渤海上京城外城的主干道，也是东、西两城区的分界线。除此之外，城内还有主要大街四条，分别纵横贯穿于南北和东西城区内。

上京城的中心大街（即朱雀大街）尚有部分遗迹残存，据勘查资料，街宽约 110 米，南北长 2000 米。北起内城南门，止于外城中门（即正南门）。渤海上京城的中心大街是由土石混筑，曾经在遗址上大量出土鹅卵石和石板及石块。外城主要有五街，除朱雀大街以外，还有四街。四条主要大街并不完全同朱雀大街交叉。东西走向的两条大街与朱雀大街平行。这两条大街在朱雀大街两侧的东西城区里，贯通南北，是东、西城区的纵向中心大街。东大街位于东城区，朱雀大街的东侧。南起外城南墙东门，向北直通外城北墙东门，街宽50—80米。西大街位于西城区，朱雀大街的西侧，南起外城南墙西门，北到外城北墙西门。上述两条大街南北两端连接外城南北四门，大街长度与其所在城区南北距离相等。西大街与东大街的宽度基本相等。

外城东、西向共有两条主要大街，分别辟在外城区南部和北部，横贯外城的东、西，是上京城内最长的两条大街。城区南部大街称为南大街。它由东向西横穿城区，是外城南部城区的主要交通干道。城区北半部的大街称为北大街，是外城区内北部的主要交通干道。上京城外城除了上述五条主要大街外，还有七条重要的街道，共计十二条街道。其中南北走向的七条，东西走向的五条。除中心大街外其他街道宽度在30—40米之间。

关于上京城的里坊建筑，《东京城》一书曾做过推测：认为每城区为四十一坊，东西两区共计八十二坊，并对里坊的规模也作了测算。近年来，黑龙江的考古工作者推测，渤海上京城的大坊占地约360×490米，小坊占地250×490米。里坊之间除有街道相隔外，还有坊墙。有的坊墙为石砌，有的系土筑，有的可能是篱垣。

上京城内还设有商市，《东京城》发掘报告已经提出，并确定了上京城东、西两市的所在地。这种商业市场，也是仿效长安城设计的，相当于唐朝长安城的东市和西市。20世纪六七十年代调查上京城时，发现外城区有两处遗物、遗迹比较集中的地方。东城区一处分布范围包括今渤海镇北部，土台子村水渠以南偏东，即6号大街以东、南大街以北，北大街以南，东大街以西的区域。60年代初，这一带地面突兀，遗物较多，各种纹饰和厚薄不等的陶片、金属残块和工艺品残件等出土较为集中。而与之相对应的朱雀大街以西也有一处类似的出土渤海各种遗物较多的遗址，大体在第8号大街以西，西大街以东，南大街以北，北大街以南地区。这一区域发现不少遗物，其中有三种不同规格的铁权，以及铜镜、软玉雕件、石砚、陶砚、陶印和各种铜铁饰件等。尤其是在其附近还发现重数十斤的古代烧酒锅的外圈，① 这说明商市附近还有酿酒的作坊。

此外，上京城还有较完备的引水、排水和绿化系统。城内用水分两个系统：一是宫廷、官府生活用水，一般凿渠引水进城；二是饮用水，取之于井。上京城发现多处渤海时期的井，在井内还发现有不少的文物。

（3）八宝琉璃井

八宝琉璃井位于上京龙泉府宫城中部，第二殿址的左侧。井身用灰白玄武岩砌成，井口呈八角形，故有八宝琉璃井之称。相传为渤海国王和宫廷贵族们饮水之用。据《白云集》："别有小城，似宫禁，左右石井二，白石瓷砌八角形。"可见当时存有古井两口，而今仅存一口。据载井中曾出土铁砧两块、古镜两面、银牌一枚。

此外，近年在外城东区又发现一眼渤海国时期的水井，其所用工料甚至超过宫城里的"八宝琉璃井"，在井中发现不少渤海时期的重要遗物。这眼井在土台子村东，西去内苑东墙300米左右，离村南舍利函发现地约200米。其井壁全部用凿琢工整的条石砌成，四壁上下垂直，井口各边长约1.5米，从地表到井底石层深约5米。此井的挖掘方式不是直上直下掏洞，而是四面开掘，从东、西、北三面挖进三四米深，南面一直挖到石棚，修成一条宽约3米的通道，其坡度约35度。到达石棚后，开始用规整条石砌筑井壁。条石加工精细，对缝严密。到地面井口时，条石也凿出口，卡合对角，十分坚固。有空隙的地方则用小石块贴补后，再充土填实，使井水不外渗。井底石棚被凿成约一米见方的不规整圆坑，其下至今仍有清泉涌出，水量充足。井中清理出遗物数件。其中两口三足铁锅，一口放在井底岩层上，锅里放着一玄武岩石块；另一口发现于井底上部约50厘米处的泥沙层中。此外，还发现一件大型铁户枢和一件铜钵。陶罐发现七件，均完整，分为素面、轮制、泥质黑灰陶、泥质灰陶和夹砂黑衣陶等五种类型。

---

① 丹化沙：《渤海上京近年发现的重要遗迹和遗物》，《辽海文物学刊》1988年第2期。

2. 上京城内城遗址

内城或称为子城、皇城，建在宫城以南，平面呈长方形，东、西、南三面有城墙。北面有大街与宫城相连。内城西墙长约454米、东墙长约450米、南墙长约1045米、北墙长约1050米。渤海上京内城区占地面积为48万平方米包括横街久可分为东西两区，皆有围墙。东西两区相对，间距200米，两区之间是一宽阔的广场型大街，北与横街宫城相连，过横街即至宫城南门，向南则直通内城南门。这条大街两侧是东、西两城区的临街墙垣，大街南北长约370米、东西宽210米，占地面积约8万平方米，是宫城、内城通往外城朱雀大街的必经街道。

内城是渤海王国的百司所在地。其集中分布在内城东西两城区内。两城区面积相仿，约占全城区面积的2/3，两条街（横街、天街）约占1/3。两城区各有墙垣围绕，自成体系。渤海国的中央政府的官衙建筑遗址主要在这两区内。

（1）内城的官衙址。20世纪60年代初期发掘的渤海国上京城的官衙址主要在内城东区的北部。根据遗址有明显的叠压关系，渤海的官衙遗址大体可推断为前后两期建筑，后期建筑系利用前期建筑基址重建。遗址所保留下的台基平面为东西向长方形建筑，其东西长31米、南北宽11.5米、高0.24米。台基系土筑，但台基的四边铺垫有石块，大小不等。后期建筑官衙时，利用了原有的台基。前期建筑的官衙遗址，东西长约27.1米、南北宽约8米。正面为10间，进深为3间。台基上保存有五排础石，外缘础石之间保留部分墙基，厚约20厘米。墙面墁有白灰，有的地方残存有朱绘痕迹。建筑物的规模很大，中间没有发现立柱痕迹，扩大了房屋内部的有效活动空间。后期减柱利用了前期的台基，但从某些遗迹看范围略大。

（2）内城"点将台"遗址。渤海上京内城西区残存一些建筑遗址，有的建筑遗迹的台基比较高大。如内城西区东北的"点将台"遗址，是内城现存最高的建筑址，临近天街和横街，距离宫城正南门较近。点将台遗址在内城西区东北部，与宫城第3号门址隔横街南北斜对。这处遗址呈覆斗状，底边南北长约22米、上宽约17米，平面近方形。它北近横街，东临天街。可能与宫城安全保卫有关，有人推测可能是渤海右监门军驻地之一部分。"点将台"以西一直到内城西区，残存一些建筑物。西墙附近有一处面积较大的建筑址，其上尚存几块大型础石，说明原建筑物有一定的规模。点将台以南也有不少建筑址、残垣等。

（3）"水牢"遗址。上京城内城东区的遗迹很多，但大部分已遭破坏。内城的东区有一处较为特殊的遗址，当地群众俗称为"水牢"。水牢遗址设在内城东区西南部，北去横街约 300 米，西距大街约 30 余米。所谓"水牢"可能是因其遗址凹陷呈圆形而得名。实际上，水牢遗址是一个较大的凹坑，平面呈椭圆形，直径 38—42 米、深 1—2 米，地面留有墙垣痕迹。城垣高出地面约 1.5 米、宽约 6 米，由墙外计算其直径约 42 米。墙垣的里侧有缓坡，从坑底到地表约 2 米。围墙的东北处有一缺口，宽约 12 米，似乎为一处门址。

（4）上京禁苑园林址。上京龙泉府一带可以确认的禁苑遗址共有五处，城外近郊有两处，城内有三处。上京城外北部的"禁苑"是渤海上京城近郊最大的禁苑遗址，相当于唐长安城北部的上林苑。上京城外西部的禁苑址，横跨牡丹江两岸。在牡丹江的河通小岛上，还建有楼台亭榭等建筑。上京城北部的禁苑范围，西起牡丹江畔，东抵马莲河入牡丹江口，北濒牡丹江，南至上京城，占地数十平方千米。今渤海上京城北部的"渤海泡"，又称"玄武湖"，就是渤海时期所修筑的人工湖。在渤海泡里有两座亭榭址，俗称"团山子"，即渤海国时期的禁苑池内的遗迹。在这处遗址中曾发现大量的渤海国时期的琉璃瓦、宝相花纹砖、渤海方砖等遗物。在渤海泡东岸还保留有大面积的渤海建筑遗址，遗址上渤海国时期的布纹瓦随处可见。

上京城内的禁苑共有三处，分别位于渤海上京城宫城的北、西、东三面。考古工作者将其称之为北内苑、西内苑和东内苑。

东内苑在上京宫城东侧，是保存最好又具典型特征的渤海国皇家园林遗址。它与渤海宫城仅一墙之隔（二者之间的墙垣有很长一段是夹墙）。东内苑北部今存有三道东西向石墙，其中南面一堵石墙很高大，墙体厚重坚固，应是东内苑的北墙。在这道石墙以南区域里有宫殿址、池泊址、假山、亭榭址等。东内苑遗址东西宽约 210 米，南北长约 520 米。

东内苑内保存下来的最大的遗址是池泊，约占整个东内苑面积的

1/7。亭榭、假山、岛屿、宫殿楼阁和回廊等，皆以苑池为中心。苑池平面呈椭圆形，南北长，东西窄，酷似长安大明宫的蓬莱池。近年来，考古工作者发现在池苑的岸坡上有石块垒砌的护坡。池底则铺有厚厚的一层细沙，显然是修筑池苑时铺垫的。苑池内水中亭榭遗址保存较好，尤其是西亭榭遗址，至今保存础石十二块，都是用较为平整的玄武岩制成。东部亭榭遗址，保留有础石二十二块。苑池南部有一圆形土堆，可能是人工堆土筑成的岛屿。

苑池北岸三四十米处有一座面积较大的宫殿及回廊址。在亭址附近及其以西的建筑址遗址上，仍然散布着绿釉花边的渤海板瓦和筒瓦，及小型绿釉莲花纹瓦当和绿黄釉鸱尾残块。

苑内遗迹中最明显的是人工堆筑的假山，今存残迹比宫城墙垣要高。两座假山分别位于苑池北的东、西两岸，暂按其所在位置称之为"东筑山"和"西筑山"。

（5）"驸马府"遗址。上京外城东区北部，即今土台子村北原有一座较大的建筑址，当地群众俗称为"驸马府"。它在东内苑以东约200米处，南临土台子村。这一带原是渤海"东大寺"区域。

3. 上京城宫城遗址

上京龙泉府的宫城遗址，又称皇城，当地人俗称为紫禁城，位于上京城内城的北部，这里是渤海国都城最豪华宏伟的建筑中心。渤海国的建筑精华大多集中在这里。宫城南北长约720米、东西宽约620米、周长约2680米。宫城的墙垣全部用玄武岩砌筑，墙垣残基宽8—10米、上宽2米、残高平均3米左右。经过局部清理证实，宫城墙垣修筑十分科学，有坚固的地基，墙基的地下部分最深处达2米，呈凸字形，接近地面部分宽约5米，其上再筑石墙，收至3.5米左右。墙垣基础深2米，已超出当地的冰冻线约1.8米，基本不受寒暑气温变化的影响，而且也可承受较大的外力作用。宫城四角建有角楼，西北角特别明显。角楼下有巨大的石块铺垫。城墙外有护城河，剖面呈梯形，可能是环城开掘。

宫城的东、西、南、北各有门址。现已清理发掘的南墙有门四座左侧东门编为第1号门址，是70年代末清理出来的。右侧西门编为第2号门址。第2号门址以西有一门，编为第3号门。第1号门址以东有一假门址，有门的外部设施，但不开辟门道，编为第 4 号门址。宫城正南门址为紫禁城的午门，俗称五凤楼。

宫城遗址大体可划分为四个区域，即中部、西部、东部和北部。

中部以宫殿建筑群为中心的区域，南起宫城正南门，北至第 5 号宫殿址。宫殿的东、西两侧以廊房及墙垣围绕。其南北长约510米、东西宽约210米。在廊房外侧筑有石墙，并与其他宫殿区相隔离。东、西廊房之外的石墙外分为宫城的东区和西区。从第 5 号宫殿址及其以南的石墙向北，至宫城北垣属于宫城北区。宫城的东区则存有水池、墙垣、亭榭、建筑址，以及四合院式的建筑遗迹等。

（1）宫城午门址。宫城正南门的午门遗址俗称五凤楼，经考古工作者的清理，发现了两处门址，即午门箭楼台基东、西两侧的第 1 号门址和第 2 号门址。第 1 号门址以东约 80 米处，有一假门址。第 2 号门址以西约 70 米处，也有一处门址。午门楼的台基呈覆斗状，东西长 42 米、南北宽 26 米、高约 5.2 米，是渤海上京城内现存最高大的建筑物。有趣的是，在午门一致的台基中央并没有发现城门遗址。午门的台基修筑的十分坚固，均采用玄武岩石块砌筑，石墙的中间则填充碎石、卵石和黄茹土层填充夯实。有些墙体则在外侧砌两层毛石后，再砌筑规整玄武岩条石。在午门的台基底边，铺设向墙体外侧延伸一层石条，约向外延伸 1.4—1.6 米。

台基面积约1000平方米，其上排列着南北七排，东西十列的柱础石。共有础石66块，柱础石东西间距3.7—4米、南北间距3.5米左右。部分柱础石加工精细，凿出圆唇履盆座久直径73—96厘米、厚40—60厘米。台基两侧门道内侧连接无门的台基，外连门墩。午门台基东西两侧各向外凸出一部分，南北长 12 米。台基东西两侧边缘各有南北排列的三个深洞，间距约 3 米，与之对应的门墩上也有三个大小相同的柱洞喃北约 0.6 米、东西约 0.4 米、深 4 米左右，这就是"永定柱"洞，两条门道共有十二个柱洞。在南北长 1 米的门洞内，设置城门两道，门道上存有两道石门槛和两块"将军石"。第一道门（南门）南去门洞口约 4.9 米，第二道门（北门）距离第一道门约 2.8 米。门道用玄武岩石板铺砌而成。

宫城正南门的午门城楼是一种类似箭楼的建筑。两侧的城门应为过梁式门道，其上应有其他建筑，并与箭楼相连。从无门城楼台基和两侧的门墩有永定柱推知，渤海上京的宫城午门楼上可能原有重要的宫阙建筑。

（2）城内的宫殿遗址：由南向北的宫殿址，按照考古发掘的编排序号分别为1—5号宫殿址。

第1号宫殿址是上京宫城中最重要的宫殿建筑之一，它可能就是《辽史·突吕不传》中的永兴殿。第1号宫殿是当时永兴宫的主殿——永兴殿。第1号宫殿址规模较大，东西长约56米，南北宽27米，平均高约3.15米。台基地部基础坚实，地面部分为土石夯筑，砌有毛石层，其外再包砌一层青砖。台基南面的西侧上殿街道附近保留有青砖砌面，残存七层，高约40厘米。砖为长方形，青灰色，长32厘米、宽16厘米。1号殿址南北两面残存三处台阶道遗迹，北面一处，南面两处。北面阶道位于殿址的中间，南面阶道分别处在台基东西两侧。阶道为石筑，长约5米、宽约3.5米。殿址南面正中无台阶道，这与殿前辟设广场、午门台基下不开中央南门相呼应。1号殿址的东西两侧附筑漫道，漫道与回廊相接，并可通往宫殿区两侧的廊房遗址。在1号殿址上依然保留着完整的柱础石，柱础石为东西五排，每排应有础石12块，台基上共有础石60块。

第2号宫殿址位于第1号宫殿址北侧约140米处，东西长约160米、南北宽约30米、台基残高约2米。2号殿址因清末有人在殿址东侧建砖瓦窑而遭破坏。从保留的部分础石情况看，其面积与1号殿址基本相同。2号殿址有回廊和殿前广场遗迹，回廊分南、东、西三面围绕，殿前广场居中。

第3号宫殿址位于第2号宫殿址以北约80米处。台基东西长约45米、南北宽25米、高约2米，是一座面阔七间、进深四间的宫殿建筑。它的建筑规模较第1、2号宫殿址要小。3号宫殿址台基上的柱础石大部分保存下来，现存有础石四十一块，分作五排成东西向排列，南面两排础石共二十二块，这两排础石半数以上都经过细致的加工，有圆形础石面。中间一排础石仅存四块，分别在殿址东西两侧各两块。北面两排柱础石共计十五块。

第 4 号宫殿址位于第 3 号宫殿址以北 27 米处。3 号与 4 号殿址之间有回廊及中间通道相连。4 号宫殿址台基东西长约 35、南北宽约 20 米。其上现存础石五十一块，面积略小于 3 号殿址。4 号宫殿址建筑规模虽小，但其结构布局却比较复杂，说明与第 1、2 号宫殿址的功用可能有所不同。4 号宫殿址是由正殿和东、西两侧的配殿组成，即以三殿堂左、中、右横向相连形式组成。中间的正殿面积较大，东西长约 22 米、南北宽约 15 米。它左右的配殿为面阔三间、进深三间的建筑。4 号宫殿址的外侧围筑回廊。正殿有三间殿堂，中间面积较小，东西两间略大。居中的室内北侧靠近西壁处，有一东西向的长方形玄武岩砌成的台基，东西长 2.7 米、南北宽 1.5 米、高出地面 0.3 米。台基上铺垫黄茹土和细沙并夯实抹平，表面抹一层厚约 6 厘米的白灰层，可能是土床。正殿中央居室同东西两侧房间有门相通。在 4 号殿址西偏北处，发现一座建筑址，东西长 27 米、南北宽 15 米，为面阔九间、进深五间的建筑。其外围也有步廊，但该建筑址不在宫殿址的中轴线上，又没有台基。房间形式与 4 号殿址相似，也分左、中、右开间，中间小、两侧大，室内有火炕等遗迹。室外发现水沟遗迹，附近还有鱼、猪、牛等动物骨骼。遗迹和遗物迹象表明，这处建筑址可能与皇家膳房有关。

第 5 号宫殿址虽位于宫殿的中轴线上，但不属于宫城中区，而属于宫城的后宫区。5 号殿址在第 4 号殿址北约 100 米处。第 5 号殿址保存完好，台基东西长 38 米、南北宽 20 米、高约 1 米，是面阔 8 间、进深 5 间的建筑。台基上柱础石为东西 6 排，每排 12 块，共计 72 块。5 号宫殿址两侧有回廊，曾在该殿址中发现白灰地面遗迹。5 号殿址西偏北约 20 米处有一座建筑址，东西长 20 米、南北宽 12 米，础石保存较好，并与地面齐平。较为特殊的是，5 号宫殿址及西侧房屋建筑址均被一道石墙围绕，自成一体，并与前述的宫殿区及宫城的东、西相隔离。

二　渤海上京城的考古发掘历程

渤海国上京龙泉府俗称东京城，位于今黑龙江省宁安市渤海镇地处牡丹江中游东京城盆地内的冲积平原，张广才岭和老爷岭怀抱四周。在上京城南约 20 千米处是著名的镜泊湖，牡丹江经张广才岭和老爷岭向东缓缓流去。这里不仅依山傍水，物产丰饶，而且还居水陆交通要道。755年，渤海国三世王大钦茂自中京迁至上京，在此执政三十年后，在785年又迁都东京龙原府。到渤海第五世王大华玙时复迁到渤海上京龙泉府，自此直到926年渤海国灭亡为止，渤海上京城一直作为其王都所在。渤海国灭亡之后，渤海上京便逐渐走向了衰落，渐渐从人们的视野中消失。以至"后人把渤海上京误认为金上京会宁府址，直到曹廷杰调查此城和黑龙江省阿城县金上京古城后，明确指出渤海镇之古城为渤海上京遗址"①。

对于渤海上京城的研究主要依靠考古发掘工作，这一工作引起东北亚各国学者的关注并积极参与其中。目前学术界把渤海上京城考古的四个阶段：第一阶段，日本"东亚考古学会"在1933年5月和1934年5—6月对渤海上京城进行大规模的调查与发掘，并于1939年出版了题为《东京城》的报告书。由于调查、发掘是出于政治目的，使学术性大打折扣。特别是在宫殿区发掘过程中不按考古程序，随意动土，对遗址本身造成了永久性的破坏。但不能否定的是，《东京城》报告至今仍是研究渤海文化，特别是研究渤海上京城遗址方面不可忽视的重要参考文献。第二阶段，1964年6—10月，中国社会科学院考古研究所与朝鲜社会科学院联合对渤海上京城进行了较大规模的调查、钻探和发掘。这次调查考古发掘，弄清了外郭城和宫城的形制、范围，城内街道坊市以及宫殿、官署、寺庙等建筑物的分布，从而对渤海上京城的整体规划、布局有了比较清楚的认识。其中，中朝联合考古队还选择了各种有代表性的遗迹进行了发掘。特别是在勘探和发掘的基础上，重新实测绘制的上京城全城平面图，不仅为研究渤海都城本身提供了可靠的依据，而且为中国朝鲜、韩国和日本等东亚各国古代都城制度的比较研究提供了重要的参考资料。1997年，中国社会科学院考古研究所出版的《六顶山与渤海镇》一书，是对这次考古工作成果的全面而系统的报告。第三阶段，1981年至1984年，由黑龙江省文物考古工作队、牡丹江地区文物管理站、宁安县文物管理所组成联合考古队，对渤海上京龙泉府的宫城南门址、第一

---

① 郑永振、李东辉、尹铉哲：《渤海史论》，吉林文史出版社2011年版，第227页。

殿址、长廊、墙址等进行了清理发掘。并取得了突破性的进展：第一，发现宫城正门是一座在中部高大台基上置殿，台基下无门道，门道设在台基两侧（1、2号门）的一种门、殿结合式建筑；第二，发现并发掘了宫城正南门两侧的3、4号门址，发现并勘探了上京城宫城的环城沟壕遗址。从而确定了宫城的独立地位；第三，通过发掘，发现第一号宫殿址两侧廊庑遗址的遗迹现象与日本学人的《东京城》报告并非完全一致。第四阶段，20世纪90年代后期至今，以黑龙江省文物考古研究所、吉林大学考古学系、牡丹江市文物管理站联合组队，对渤海上京宫城为主的各类遗存进行的系列勘探与发掘为代表。这次考古工作主要是对外城第11号门址、内城夹墙址、第8号路基址、塔基址、外城北垣中央门址以及宫城2—5号宫殿址的发掘。这次发掘，计划性强，设计科学，操作规范，成果尤为显著。①

渤海上京城作为渤海国重要的都城，不仅是渤海国的政治中心，更是它的文化中心。因此，有学者认为："上京文化作为一种都城文化，是渤海社会文化的重要组成部分，集中反映了渤海国家和民族文化的发展水平。渤海文化的许多内容和形式，诸如渤海的社会制度、政治体制、哲学、伦理和宗教等思想、教育、科技、文学、艺术生活与习俗，文化交流等都可以在上京城找到踪影。"② 此外，渤海国与周边政权交流非常频繁，除了政治交涉之外，更多的是文化交流以及商贸往来，在这里东北亚各国文化相互交融，突显出渤海国在中外交流中的"枢纽"作用。所以，对渤海上京城的研究不但是对渤海国自身文化的探讨，更是对古代东北亚各国文化交融与互动状况的整体把握，其重要意义由此可见。另一方面而言，最近三十年随着东北亚各国的崛起与发展，对于东北亚问题的研究也备受关注。学者们希望通过对古代东北亚世界对抗、交流和融合的研究，为当今东北亚各国、各地区间的广泛合作提供历史的借鉴。这就使得近三十年来渤海国史的研究成为国际型的热点课题，最明

---

① 详见李陈奇、赵虹光《渤海上京城考古的四个阶段》，《北方文物》2004年第2期；刘晓东：《渤海文化研究——以考古学发现为视角》，黑龙江人民出版社2006年版，第58—62页。

② 刁丽伟：《渤海上京文化研究的回顾与思考》，《满族研究》2010年第4期。

三 近三十年来渤海上京城研究综述

（一）渤海上京城建制、布局研究

李殿福在《渤海上京永兴殿考》①中认为，渤海上京龙原府的全城建筑，不仅规模宏大，就其宫城、王城、外郭城的设备、街道、坊市的规划都非常讲究；就其形制看，与隋唐两朝都城长安的规划甚为相似。而其中的"永兴殿"就是上京城宫城内的正殿址，是渤海国王"中朝"场所，是处理朝政的地方。

姜华昌在《渤海上京龙泉府与唐长安建筑布局的比较》②中认为，唐朝长安城与渤海上京城无论在选址、整体布局都有很大的相似性。其原因在于渤海政权是隶属于唐朝，同时注重学习唐朝的政治、经济、文化。但是另一方面，它们的形制、规模以及宫殿群的多少是不同的。这是由于两城所处的地理位置和气候条件以及生产力水平的不同所决定的。

刘晓东、魏存成在《渤海上京城主体格局演变——兼谈主要宫殿建筑的年代》③中认为，渤海上京城主体格局的演变大体可分三期。第一期，格局与中京相同，即宫城、皇城连为一体，内城之外，设有郭城，整个都城建制可以称两重城制；第二期，把原来南北分设皇城、宫城的整个内城，扩充为宫城；第三期，把郭城扩建为皇城，其都城建制仍为三重城制。

方学凤在《比较：渤海上京城与唐长安城》④中认为，渤海上京城与唐长安城的共同特点包括：1. 渤海上京的外城与唐长安城的外城都呈东西向的长方形；2. 由外郭城、内城、宫城三大部分组成；3. 都以南北朱

---

① 李殿福：《渤海上京永兴殿考》，《北方文物》1988年第4期。
② 姜华昌：《渤海上京龙泉府与唐长安建筑布局的比较》，《北方文物》1988年第2期。
③ 刘晓东、魏存成：《渤海上京城主体格局演变——兼谈主要宫殿建筑的年代》，《北方文物》1991年第1期。
④ 方学凤：《比较：渤海上京城与唐长安城》，《延边大学学报》（哲学社会科学版）1993年第3期。

雀大街为中轴线，把外城分为东西两半区；外郭城北墙中心段都向北突起，形成凸形；而二者的不同点在于：1. 长安城采用夯土筑城，渤海则是土石混合筑成；2. 上京龙泉府和长安城的内城和宫城的位置及规模不同；3. 外城内的大道与里坊的数量、规模、大小各异；4. 城门的位置与数量不同；5. 宫殿的规模、布局、形制、数字也相异；6. 外郭城北墙中段向北突起部分的形制、规模、布局不相同；7. 御花园的规模，位置、布局也各不相同。

张铁宁的《渤海上京龙泉府宫殿建筑复原》[①]主要根据已发表的考古资料对渤海上京城的宫殿建筑进行复原。作者最后指出，渤海上京主要采用了将主要大殿置于全宫几何中心的设计手法，而这种手法可以追溯到隋唐东都洛阳宫。

井上和人、吴丽丹在《渤海上京龙泉府形制新考》[②]主要探讨了渤海上京龙泉府形制，并认为上京龙泉府的形制中蕴含了平城京因素。

刘晓东、李陈奇在《渤海上京城"三朝"制建制的探索》[③]中认为，渤海上京城存在"三朝"制建制；渤海的"三朝"制建制仿自唐长安城；渤海上京城宫城正南门、1号殿、2号殿这三者构成了渤海上京城"三朝"制建制的主体建筑，这组建筑并非渤海第三代王大钦茂初建上京城时所建，而是渤海第十一代王大彝震"拟建宫阙"时的配套建筑，即出现在渤海上京城的最终完善与定型时期。

刘晓东在《渤海文化研究——以考古学发现为视角》[④]中认为，现存的上京城平面布局，应该从三重城垣层层相环的角度来考察，即郭城呈东西长、南北窄的长方形，它从东、南、西三面环住了皇城；皇城居郭城北部正中，略向北凸出一小部分，呈南北长、东西窄的纵向长方形（其东北角向内略有收入，乃地形所致），它从东、南、西、北四面环住了宫城；宫城居皇城中部略偏北，与皇城形制相同，亦为南北长、东西

---

① 张铁宁：《渤海上京龙泉府宫殿建筑复原》，《文物》1994年第6期。
② 井上和人、吴丽丹：《渤海上京龙泉府形制新考》，《边疆考古研究》，2005年。
③ 刘晓东、李陈奇：《渤海上京城"三朝"制建制的探索》，《北方文物》2006年第1期。
④ 刘晓东：《渤海文化研究——以考古学发现为视角》，黑龙江人民出版社2006年版，第92—99页。

窄的纵向长方形。这种布局的出现一方面继承了传统都城的特点；另一方面和自身的情况有关。1. 从平面布局上看，渤海上京城采取中原都城的宫城、皇城、郭城三重城垣层层相环方式，宫城居皇城中部偏北，皇城居郭城北部正中。2. 从营建时序上看，上京城宫城基本是中京西古城的照搬，始建于三世王大钦茂世；皇城是东京八连城第二重城规划的进一步实施，始建于六世王大嵩璘世；郭城则是三重城总体布局的最后实现，完成于十一世王大彝震世。3. 从渊源关系上看，渤海上京城有其自身的发展序列，平面总体布局仍基本仿照唐长安城，但由于势力强弱、等级高低，以及由此引起的制度等方面的区别，而使上京城的规模和某些设计又不得不受到相应的限制。4. 从上京城始建、扩建、最终完善的整个过程来看，与中原都城的一般发展过程大致相符。

王禹浪、刘述昕在《黑龙江流域渤海古城的初步研究》[①]中指出，渤海上京城外城周长20多华里，由外城、内城和宫城相套构成。内城与宫城坐落在外城居中偏北处，渤海上京城基本仿照唐朝的长安、洛阳城而建，外城存在着明显坊、市分区，共有主街五条，城门已经发现了至少十座。内城是渤海国百司官衙的所在地，建有官衙、点将台、校场等。内城北侧建有御苑，为人工修筑的回廊、亭台、楼阁和水池、莲花泊、八角琉璃井，这是目前已知的保存较为完好的中世纪皇家园遗址。渤海上京城中人工湖泊和园林的修建，体现了中原传统文化和传统建筑的特点，这种在古城内修建的人文与自然景观，不仅是渤海贵族统治阶级的享乐之处，而且标志着最初意义上的军事城堡向城市多功能意义的转变。

王禹浪、树林娜的《黑龙江流域渤海国历史遗迹遗物初步研究》[②]一文系对渤海国的上京城遗址，包括上京城外城遗址、上京城内城遗址、上京城宫城遗址、边墙遗址、居住遗址以及寺院遗址进行了系统的梳理。并指出上京城的规划布局是以唐长安城为基本模式，其最基本或核心的规划是采取中轴线对称的手法展开的。西面的城墙不是完全取直修筑，

---

① 王禹浪、刘述昕：《黑龙江流域渤海古城的初步研究》，《哈尔滨学院学报》2007年第12期。
② 王禹浪、树林娜：《黑龙江流域渤海国历史遗迹遗物初步研究》，《哈尔滨学院学报》2008年第9期。

北墙则向北突出一部分，平而呈"凸"状。其他两面城墙虽无北墙那样的外突或内凹部分，但从整体上看也不是垂直的。南墙虽直，但由西向东略偏南，东墙由北向南则略向西内收，所以两墙交会处不成90度。西墙由南向北至西北角前亦略内收（向东偏），加之北墙西端不直，与西墙交会处亦不成直角。上京城最突出的一个特点是北部向外凸出一部分，而这一部分又有南折墙段，因而使上京城形成七个向外的交角，即北部五个、南部两个。上京城北部向外突出一部分，不仅扩大了宫城北侧的苑囿范围，整个向北突出部分东西长近1000米、南北宽平均约200米，占地约20万平方米。它的东西向宽度大体与宫城及其两侧内苑宽度一致，这似乎表明二者是经统一规划后安排确定的。这种规划与设计不仅合理，而且巧妙利用了自然地势，使城的形制接近于唐长安城。

楚福印的《渤海国之上京城考》[①]就渤海上京城的地理环境、上京城的历史沿革、上京城的发现和认可、上京城的建筑布局进行论述。最后作者认为，渤海国的文化是中华民族文化的重要组成部分，是盛唐文化与东北地区古老民族文化相融合的具有特定时代性、地域性、民族性的历史文化。渤海上京城是这种文化大融合的典型代表，是渤海历史文化精髓的物化载体，它真实地反映了唐代建筑的风格和特点。为研究我国唐代城市规划及都城建筑的形制提供了重要的实物凡例和参考佐证。

李霞的《渤海上京城城门复原研究》[②]首先从宏观角度分析渤海的城市及其城防，阐明了渤海城市及其城防的地域性特色。在此基础上，将其置于东亚文化圈大范围中，分别从宏观和微观角度审视它与唐长安、新罗、日本、高句丽等国家及地区的城市与城防的异同。在介绍城门遗址遗存状况的基础上，根据城门道个数将上京城城门进行分类，分别探讨各类城门的形制特征，确定其形象的基本轮廓。

赵哲夫在《渤海上京的礼制建筑》[③]一文中认为根据唐朝的礼制建筑推断，渤海上京城的"水牢"和"点将台"应为渤海国的"太社"与

---

① 楚福印：《渤海国之上京城考》，《黑龙江史志》2008年第17期。
② 李霞：《渤海上京城城门复原研究》，硕士学位论文，哈尔滨工业大学，2008年。
③ 赵哲夫：《渤海上京的礼制建筑》，《黑龙江省文物博物馆学会第五届年会论文集》，2008年。

"太庙"。

徐冉的《渤海上京宫城第三、四宫殿复原研究》[①]一文首先基于客观自然地理气候条件,引入相关东北民居,结合相应的考古调查结果,分析渤海居住建筑的地域性特色。在此基础上,将渤海最高等级的居住建筑——寝殿建筑置于东亚文化圈大范围中,分别从宏观和微观角度审视渤海寝殿建筑与中、日、韩现存宫殿寝殿建筑的异同,再根据渤海出土的几座寝殿建筑遗址状况,确定渤海寝殿建筑的平面布局与建筑形态的基调。其次,分析研究第三、四宫殿院落布局与建筑形制。在介绍遗址遗存状况的基础上,结合唐代宫城布局的特点,分别从几何、视线设计的角度分析第三、四宫殿殿庭布局和场地铺装。在此基础上,通过对"工"字殿形制的研究,主要探讨了第三宫殿正殿、第四宫殿主殿以及"十"字形廊庑的形制特征,确定其形态的基本轮廓。接着研究第三、四宫殿各建筑单体的尺度构成,从而确定其构架各部分的营造尺复原值和取材等级。最后在前面分析的基础上,以遗址的考古发掘成果为据,参考唐、辽代建筑和韩国相关寝殿建筑的做法,运用历史的观点进行横向、纵向多方位的动态解析,对第三、四宫殿建筑各单体建筑进行具体复原设计,分析其中的地域性特色。

赵虹光在《渤海上京城宫殿建制研究》[②]中认为,宫殿形制方面,渤海上京城由郭城、皇城、宫城三部分组成。宫城位于该城的北中部,在中轴线上自南向北所建的五座宫殿,分别由殿、廊和墙、门等围成各自相对独立的四个宫殿区。在营建时序方面,第一宫殿区的南墙依宫城正南门的门墩而建;第3号门的门墩与城墙为一体建筑;该门北侧"内瓮"建筑的南部依城墙而建,其西北角压在第1号宫殿西廊西南角的础石上。这些建筑的营建时序为,先建宫城正南门、第3号门及城墙;次建第1号宫殿和附属的东、西廊;第4号门和3号门北侧的"内瓮"建筑最晚。宫殿建筑特点方面,渤海上京宫城的建筑理念和宫殿设置,主要源于唐

[①] 徐冉:《渤海上京宫城第三、四宫殿复原研究》,硕士学位论文,哈尔滨工业大学,2009年。

[②] 赵虹光:《渤海上京城宫殿建制研究》,《边疆考古研究》,2009年。

长安城及洛阳城的宫城。从城内宫殿的分布位置上看，第 1 号宫殿相当于唐大明宫含元殿，同是面阔十一间的建筑。第 2 号宫殿相当于唐大明宫宣政殿，却为面阔十九间的宽体建筑，实属高规格。第 1 号宫殿是举行大朝会的地方，要接待唐及各地方藩国的使臣，建得稍有节制免招非议。第 2 号宫殿为宫城内中心的正殿，是渤海国王称尊之处。由于渤海属地方藩国，受国力资源、地理环境、整体布局、自身特点等方面原因所限，故不能将其建得和大明宫内的宫殿那样恢宏大气。另外在建筑技能、工艺水平等方面亦略显差强，因此只能增加宫殿的宽度，显得比唐宫中与其位置、功能相当的宫殿规格要大。在"三朝制"方面，渤海宫城正殿第 2 号宫殿与唐代洛阳宫中朝区正殿乾阳殿和大明宫正殿宣政殿在宫城内的位置和布局、形制等方面大同小异。乾阳殿、宣政殿即所谓古之"中朝"或"旧朝"。因而第 2 号宫殿是上京宫城的中朝之地则毋庸置疑。在作为寝区的第 3、4 号宫殿的周边围墙四角划出对角线，第 3 号宫殿恰好位于该区的中心点上，位置亦相当重要，是处理日常政务的地方，其位置、功能与唐大明宫内朝的紫宸殿相同，是渤海上京城的内朝之处。

赵虹光在《渤海上京城建制研究》[①] 中认为，渤海上京城的规划设计、整体布局、建筑规模、宫殿设置等是由三种因素有机结合构成，缺一不可。一是地理环境。渤海上京城遗址地处平坦开阔的东京城盆地中部，是一座风景秀丽的平原城。上京城四面环山，东有老爷岭，西是张广才岭，南部是由这两处高岭延伸出数条支脉所形成的山地，北部与宁安盆地隔山相邻。城址三面临水，由镜泊湖而出的牡丹江流经上京城南、北部，城东约 5 千米处有马莲河自南向北汇入牡丹江。老爷岭、张广才岭等山脉环绕该盆地，牡丹江、马莲河绕城流过。上京城有了这些天然屏障，再加之坚固城墙及护城河等，使其城防体系更加完善，易守难攻。二是学习借鉴。这是渤海建筑上京城的基础和重要的范本，可以因地制宜、适当修正。隋唐长安城的布局，区划整齐，平面呈长方形，宫城置于郭城北部正中，北连禁苑，南接皇城。宫城、皇城之外为里坊区，设

---

① 赵虹光：《渤海上京城建制研究》，《北方文物》2009 年第 4 期。

东、西二市。宫殿布局是中轴线上的建筑高大华丽，中轴线两侧的建筑低矮简单。上京城正是秉承这一原则而建，亦是由郭城和其内中轴线北部的皇城、宫城三重组成。三是民族传统。这是渤海文化在建筑上的传承和基石。渤海城址、都城的形制、规模、布局除具有唐代城址的特征外，其产生、发展、演进还有着可遵循的自身文化发展轨迹。此外，作者还指出上京城以方格网街道系统为主，区划整齐，实行市里制度，采用中轴对称的平面布局。宫殿等重要建筑皆位于中轴线上，空间布局灵活，多层次，均衡对称。承重与围护结构分工明确，单体建筑构件，标准化，模数制。作为承托宫殿建筑的台基，弥补中国古代建筑单体建筑不甚高大雄伟的欠缺。

陈涛、李相海的《渤海上京龙泉府城门建筑初探》① 该文对渤海上京龙泉府的城门建筑的分布、形制及其特点进行了研究，通过对上京龙泉府城门建筑考古发掘资料的整理与总结，将上京龙泉府城门建筑按照规模和形制进行了分类，总结了其特点及其分布情况，探讨了两种类型城门与古代东亚都城布局及礼仪制度的关系。在文中还对这两种类型的城门建筑的形制进行了分析，并与唐和高句丽的城门建筑进行了比较研究。

赵虹光的《渤海上京城研究补遗》② 主要以考古发现的上京宫城宫殿区所展现的规划布局理念和宫殿之间相互对应的位置关系为依据，结合相关的历史文献为佐证，把宫城内的宫殿建筑分为早、晚两期，由此确定不同时期"三朝"制的宫殿归属；上京城的居住类建筑在位置、类型、功能等方面均有所不同，通过分析研究并参考相关文献，将其区分出殿堂、厅堂、余屋等三类建筑；通过对上京城出土的瓦当进行类型学分析、排序，探索其内在的发生、发展、演变规律，揭示出其文化内涵。

王禹浪、王俊铮于2016年10月下旬考察渤海上京城遗址时发现了宫城三号殿址与四号殿址之间的"王"字构造。"三号殿址与四号殿址之间用廊庑相连，值得注意的是，相连的廊庑中部向东西两侧各扩展出一个区域，类似耳室，俯瞰三号与四号殿址之间的廊庑庭院，俨然一个'王'

---

① 陈涛、李相海：《渤海上京龙泉府城门建筑初探》，《华中建筑》2009年第7期。
② 赵虹光：《渤海上京城研究补遗》，《北方文物》2010年第4期。

字,而这一'王'字正位于宫城外朝与后宫的接合部。近百年来尚未有人发现这一奇妙的建筑设计。据文献记载可知,公元762年,唐代宗遣使赴渤海正式承认渤海为国,册封大钦茂为渤海国王,加封正一品检校太尉。自此,渤海王由郡王晋升为国王。'王'字庭院的建造正是渤海国业已进入王国阶段的重要佐证,反映了渤海政治地位的历史性转变,也体现了渤海国王对唐朝册封的认可和接受。渤海国王通过对王宫建筑的精巧设计和布局,予以彰显其尊贵地位,是一种王权的象征。"①

(二) 渤海上京城周边历史地理、交通研究

刘晓东在《渤海上京城附郭县再考》②中认为,渤海上京城附郭二县当为长平、永宁二县,且长平当居永宁之前,为左长平、右永宁。

孙秀仁、朱国忱在《渤海国上京京畿南北交通道与德理镇》③中认为,渤海上京京畿南线交通道主要有两条:一条是由上京南行,经镜泊湖西岸,循松乙沟西去,越哈尔巴岭,至今春阳乡红云村,并可由此去渤海中京与东京;另一条是由上京南行循镜泊湖岸,经牡丹江上游的几处二十四块石至渤海"旧国"之地。渤海上京京畿北线交通道主要有两条。主要的一条是先由上京北行,经渤海德理镇(今牡丹江南城子古城)出牡丹江口的上京黑水道(亦即渤海黑水道)。辅以往来于海浪河东西向开阔谷地,并可翻越张广才岭西至拉林河源、西北至蚂蜒河源的一条。

杨雨舒在《渤海国上京龙泉府地理环境概述》④中认为,上京龙泉府地理环境的特点是:地处荒远;地形周围山环水绕、中间平坦开阔;气候冬季寒冷漫长、夏季短促温暖且降水集中;土壤肥沃;野生动植物及水产等资源丰富而矿产资源相对缺乏;交通非常便利。上京龙泉府的地理环境尽管存在着一些不利于城市发展的因素,如冬季寒冷、矿产资源缺乏等,但从总体上看,对该城市的建都、发展与繁荣还是十分有利的,

---

① 王禹浪、王俊铮:《牡丹江、延边地区渤海历史遗迹考察》,《黑河学院学报》2016年第6期。

② 刘晓东:《渤海上京城附郭县再考》,《北方文物》1990年第2期。

③ 孙秀仁、朱国忱:《渤海国上京京畿南北交通道与德理镇》,《黑龙江民族丛刊》1994年第3期。

④ 杨雨舒:《渤海国上京龙泉府地理环境概述》,《北方文物》1997年第2期。

其作用具体体现在：第一，在上京龙泉府建都方面的作用；第二，在上京龙泉府政治、经济、文化发展与繁荣方面的作用；第三，在上京龙泉府城市建设方面的作用。

尹铉哲在《渤海国交通运输史研究》① 中认为，渤海上京城是一座规划周密、布局完整的城市，有四通八达的街道11条，其中南北向5条，东西向5条，"环城路"1条。这11条道路是根据上京城的整体设计和统一规划而设计。除了环绕外城城墙内的一条道以外，其余10条均笔直伸展，贯通相对的城门或城墙，以棋盘状把全城分成了几个区域。此外，当时环绕京城不太长的江段上竟有5座依次飞架的桥，足以证明渤海国京城居民之稠密，水陆交通之繁盛。

(三) 渤海上京考古研究

陈显昌的《渤海上京龙泉府遗址》② 一文，首先介绍了渤海上京龙泉府的兴衰过程，755年大钦茂迁都于此，经过半个多世纪的建造，发展成为一座繁荣的城市，后渤海国灭亡后逐渐变成废墟，直到民国期间才被人发掘，断定为渤海国都城。然后又详细地介绍了上京龙泉府外城址、内城址和宫城，外城址介绍了外城墙、街坊、寺庙、石灯幢和石佛，内城介绍了内城墙和禁苑，宫城介绍了宫墙、宫殿、八角石井，此外还介绍了城郊的古墓和古桥遗址和上京龙泉府发现的历史遗物，有陶器、铁器、铜器、石器品和佛像，其中以建筑材料最丰富。

黑龙江省文物考古工作队《渤海上京宫城第2、3、4号门址发掘简报》③ 一文介绍了1979年宁安县文物管理所为了加固门壁，清理了午门址，1982—1983年又发掘清理了午门址和宫城南墙址（编号为2—4号门址）的3座门址，2号门位于午门台址西侧，3号门位于2号门以西57米，4号门址位于午门东侧70米；据推测2号门为渤海国上层统治者出入所用，3号门为运输及宫廷其他人员出入所用，4号门为了与三号门对称，推测为假门。

---

① 尹铉哲：《渤海国交通运输史研究》，华龄出版社2006年版，第89页。
② 陈显昌：《渤海上京龙泉府遗址》，《文物》1980年第9期。
③ 黑龙江省文物考古工作队：《渤海上京宫城第2、3、4号门址发掘简报》，《文物》1985年第11期。

赵虹光的《渤海上京宫城内房址发掘简报》① 主要汇报了1981年到1984年发掘的宫城内房址，认为从房内出土的陶器及房址的地层关系，推断该房址应为渤海上京宫城内晚期建筑遗存。这次出土的器物，如铁器盖、漆器残片等，在一定程度上反映出当时较高的手工业生产水平。从锤、钉、车棺及灶内出的坩埚等遗物推测当时的房主人是从事手工业劳动的。另外，从出土的手摇磨、插等，似乎又说明房主在从事手工业劳动的同时，还要进行必要的农业生产及加工。再者，从房子附近发现的大量铠甲片、链，而且房址又建在进出宫城的主要城门旁，并在其内还设置"内重门"可推知，渤海晚期战事较频繁，该门是重点防御的地方。

刘晓东的《渤海上京城第一宫殿东、西廊庑遗址发掘清理简报》② 一文介绍了在1981年发掘了第一宫殿西侧廊庑，1982年发掘了第一宫殿东侧廊庑，西侧廊庑发掘已经基本结束，本文则详细叙述了西侧廊庑的础石排列、墙与立柱、廊内地面、基础结构，出土遗物多是砖、瓦、铁钉等建筑材料，发掘还发现东西两廊的是相对应的。

付彤的《浅议渤海故地出土的开元通宝》③ 一文介绍了在1981—1984年在对渤海上京龙泉府发掘时，在宫城南墙西侧房址内出土了一枚"开元通宝"钱，初步断定为旧开元第二期，认为渤海国没有自己的货币，流行的货币主要是高句丽传下来的和同唐王朝贸易获得的。

孙秉根在《渤海上京龙泉府遗址考古主要收获》④ 中主要回顾渤海上京城的考古重要发现，包括外郭城南垣东门遗址、宫殿西区寝殿遗址、皇城东区官署遗址、东半城1号佛寺遗址、城北9号佛寺遗址、出土的主要建筑材料。

---

① 赵虹光：《渤海上京宫城内房址发掘简报》，《北方文物》1985年第1期。
② 刘晓东：《渤海上京城第一宫殿东、西廊庑遗址发掘清理简报》，《文物》1985年第11期。
③ 付彤：《浅议渤海故地出土的开元通宝》，《中国钱币》1991年第3期。
④ 孙秉根：《渤海上京龙泉府遗址考古主要收获》，《建筑历史与理论》第6、7合辑1994年。

朱国忱、金太顺、李砚铁的《渤海故都》① 一书。该书以洋洋 50 万字的篇幅，详细介绍了上京龙泉府这座著名古都遗址的概况及重要的遗迹遗物、渤海国自建立到定都上京龙泉府的事迹，重点探讨了上京龙泉府的兴衰历程及遗址状况，是国内学术界第一部以渤海国京城为研究对象的专著，堪称是一部集大成之作。

中国社会科学院考古研究所编著的《六顶山与渤海镇》② 是唐代渤海贵族墓地与都城遗址的田野考察报告集，内容包括 1963—1964 年通过大规模勘探、发掘所获的考古资料，第一篇报道的是吉林省敦化县六顶山 20 座渤海国墓葬的资料，详细介绍墓葬的形制、结构、葬俗、葬具、随葬器物及其出土情况等。编后有简明扼要的结语，对墓葬的时代、墓主人的身份、地位等，作了科学的、实事求是的论述。第二篇主要报道黑龙江省宁安县渤海国上京龙泉府遗址考古调查、发掘的资料，对上京城的建制和布局，各种建筑物的形制、结构和内涵，以及出土的文化遗物作详细的介绍，并附宁安县大朱屯两座渤海国墓葬的考古发掘材料。

刘晓东、赵虹光的《渤海国上京龙泉府外城正北门址发掘简报》③ 主要报告对渤海国上京龙泉府外城正北门址发掘，此次发掘属于渤海国上京宫城遗址发掘规划的一部分，表明正北门的建筑形制既有别于同时代其他都城的城门，又不同于渤海上京已发掘的主要城门。但在城门结构的具体做法上，又与中原有颇多相通之处，反映渤海政权在对唐文化学习借鉴的同时，根据自己的需要又有所创新。发掘中出土了大量建筑构件和少量生活用品。

徐学毅的《关于渤海历史考古的两个问题》④ 一文，首先列举近些年国内一些学者有关渤海国建筑面积和周长，并对其进行了认真分析，在当时渤海上京城的周长次于长安和洛阳，是当时亚洲的第三大城市。又

---

① 朱国忱、金太顺、李砚铁：《渤海故都》，黑龙江人民出版社 1996 年版。
② 中国社会科学院考古研究所编著：《六顶山与渤海镇》，中国大百科全书出版社 1997 年 11 月。
③ 刘晓东、赵虹光：《渤海国上京龙泉府外城正北门址发掘简报》，《文物》2000 年第 11 期。
④ 徐学毅：《关于渤海历史考古的两个问题》，《北方文物》2001 年第 2 期。

介绍了吉林省和龙市八家子镇河南屯渤海古墓的墓葬分布及出土的器物，对郭文魁提出的墓葬主人是渤海王世子提大都利行提出了疑问，认为应该是靺鞨大首领多蒙固。

朱国忱、朱威的《渤海遗迹》①一书主要对渤海上京的宫殿和廊庑址、禁苑园林址、上官衙址、佛教建筑址、桥梁址与窑址、居住址等考古发现做了整体介绍。

赵哲夫、李陈奇、赵虹光的《黑龙江宁安市渤海上京龙泉府宫城第三宫殿遗址发掘》②一文介绍了2000年7—10月对渤海上京城第三宫殿遗址进行的全面发掘，共发掘面积2930平方米，地表下第二层即为渤海文化层，第三宫殿为一组建筑，由正殿和殿左、右及北中部与第四宫殿相接的廊组成，对正殿、殿北中间与第四宫殿相接的廊做了详细的介绍，通过对第三点遗址的发掘，对渤海上京龙泉府的建筑时序有了进一步的认识，散水有两种类型，推断第三宫殿在始建之后有可能有较大的维修、改建和增筑过程。第三宫殿的整体装饰是上京龙泉府目前已知最为繁缛的。根据出土绿釉瓦和灰瓦的比例，可推定第三宫殿的屋顶为灰芯绿边的"剪边"形制，装饰有三彩的鸱吻和兽头，檐头筒瓦的图案为莲花纹，柱脚装饰绿釉覆盆。殿阶基的前部装饰着雕花阶沿石和三彩的殿阶螭首。

李陈奇、赵虹光：《渤海上京城考古的四个阶段》③ 主要概括了渤海上京城自20世纪30年代至21世纪初的70年考古工作，将其划为四个不同阶段，第一阶段是1933年、1934年日本趁侵略中国东北之机，对渤海国上京龙泉府进行了大规模的调查与发掘，1939年出版了东京城的报告书。第二阶段是1964年中国社会科学院考古研究所与朝鲜社会科学院联合对渤海上京城进行了较大规模的调查和发掘，基本搞清了龙泉府的形制、范围、规划和布局等问题。第三阶段1981年至1984年，由黑龙江省文物考古工作队、牡丹江地区文物管理站、宁安县文物管理所组成联合考古队，对渤海上京龙泉府的宫城南门址、第一殿址、长廊、墙址等进

---

① 朱国忱、朱威：《渤海遗迹》，文物出版社2002年版，第87—148页。
② 赵哲夫、李陈奇、赵虹光：《黑龙江宁安市渤海上京龙泉府宫城第三宫殿遗址发掘》，《考古》2003年第2期。
③ 李陈奇、赵虹光：《渤海上京城考古的四个阶段》，《北方文物》2004年第2期。

行了清理发掘。第四阶段是指自 1997 年开始,由黑龙江省文物考古工作队牵头,对渤海上京宫城为主的各类遗存进行了勘探与发掘,其发掘的资料大部分已经发表。

黑龙江文物考古研究所《渤海上京龙泉府出土的几件文物》[①] 一文介绍了渤海镇现居住村民在生产生活过程中发现的铜佛像、铜鱼、陶砚,铜鱼的形状与渤海上京地区广泛分布的冷水性鱼极为相似,陶砚其造型与唐代的辟雍砚相似。

阴淑梅的《宁安市渤海上京城发现的铜佛像》[②] 一文介绍了渤海上京渤海遗址发现的铜佛像,选取七件做了描述,主要有立式、坐式、蹲式三种姿势,渤海的佛像与山西大同云岗北魏龛佛和洛阳龙门石窟内壁上的"千佛"有相似之处。

刘欣鑫的《渤海上京发现的童子骑鸟像》[③] 一文介绍了 1960 年在渤海上京城址内发现一座童子骑鸟铜像,铜像高 3.5 厘米,头部宽 0.8 厘米,底部宽 2.2 厘米,屈双膝骑于鸟背之上,左手抚鸟颈,鸟体形较大,行似天鹅,虽为渤海上京城址出土,但从童子像的风格来看,应为金代文物。

徐秀云《渤海上京城遗址简介》[④] 一文介绍了渤海上京龙泉府是亚洲,也是世界中世纪历史上著名的古代都城遗墟之一。它是我国东北及内蒙古地区历史上"四大古都"之中,时代最早,规模最大的古都城址,就其保存之完好也是国内仅见的。位于黑龙江省宁安市境内的上京龙泉府是它的都城,渤海国是唐代东北地区政治、经济、文化中心,具有重要的科学、历史、政治研究价值,1961 年被国务院公布为首批全国重点文物保护单位。

魏存成的《渤海考古》[⑤] 一书中第一章第三节收集了《东京城》《六

---

① 黑龙江文物考古研究所:《渤海上京龙泉府出土的几件文物》,《北方文物》2005 年第 3 期。
② 阴淑梅:《宁安市渤海上京城发现的铜佛像》,《北方文物》2007 年第 2 期。
③ 刘欣鑫:《渤海上京发现的童子骑鸟像》,《北方文物》2007 年第 1 期。
④ 徐秀云:《渤海上京城遗址简介》,《博物馆研究》2007 年第 1 期。
⑤ 魏存成:《渤海考古》,文物出版社 2008 年版。

顶山与渤海镇》等考古发掘重要资料,对渤海上京城宫城、宫城附属区、皇城、郭城进行了集中的详细介绍,并大量的引入绘图,全面系统的整理了这些遗物、遗迹,为了解和研究渤海上京城提供了很大的便利。

王世杰的《渤海上京发现的泥佛像》[①] 一文介绍了在渤海上京城内发现的两件坐式泥佛像,不同质地的佛像中泥佛像发现较少。

黑龙江省文物考古研究所《渤海上京城》[②] 一书由绪论、正文和结语三部分组成,计11章40节,附录四、后记与英俄日韩文提要各一,线图460幅,彩图412幅,洋洋30余万言。该书全面系统翔实地研究介绍1998—2007年间,渤海上京城宫殿址、门址等遗迹的最新发现、最新成果,有一定意义上的突破性进展。发掘面积约近4.5万平方米,出土各种文物标本万余件,修复成器的约有千余件,大大充实与丰富了渤海文物库存。第一次用考古学手段究明了中国古代宫城建筑的格局。是迄今为止有关渤海上京城的内容最为丰富、资料最为翔实的考古学报告,在研究渤海的历史、政治、经济、文化及其与中央政权的关系等方面具有极高的学术价值,对中国古代都城制度的研究亦有着重大意义。

李陈奇、赵哲夫编著的《海曲华风:渤海上京城文物精华》[③] 著录范围为历年渤海上京城及周边征集、采集和发掘出土之文物精品。《海曲华风:渤海上京城文物精华》一方面可以弥补《渤海上京城》图片之不足,为专业研究提供更全面而翔实的第一手考古资料;另外面对一般读者,可通过图片形式初步了解渤海历史,提高文化遗产保护意识。

赵磊的《渤海上京莲花瓦当的修复》[④] 一文,作者介绍了两种对渤海莲花瓦当的修复方法,一种是对器形整体比较完整,仅有小部分残损而需要修补的采用砂模翻制的方法。另一种是对于瓦当残了大部分需要将其恢复原形的,采用蜡模翻制的方法。

许鸿雁《渤海上京城外的重要渤海遗址》[⑤] 一文介绍了渤海上京城外

---

① 王世杰:《渤海上京发现的泥佛像》,《北方文物》2009年第2期。
② 黑龙江省文物考古研究所:《渤海上京城》,文物出版社2009年版。
③ 李陈奇、赵哲夫编著:《海曲华风:渤海上京城文物精华》,文物出版社2010年版。
④ 赵磊:《渤海上京莲花瓦当的修复》,《北方文物》2011年第4期。
⑤ 许鸿雁:《渤海上京城外的重要渤海遗址》,《牡丹江大学学报》2011年第10期。

和干苑、七孔桥、虹鳟鱼场墓地、三陵（灵）王陵区，和干苑遗址本是渤海国修筑城墙、宫殿开采这里的玄武岩形成的一个大坑，后作为王族的人工湖，渤海国灭亡后荒废，现在在这里建立了旅游景点。渤海上京龙泉府西、北两面被宽达数百米的牡丹江围绕，为了方便与北部西部的联系，修建了五孔桥和七孔桥。在渤海上京城附近的虹鳟鱼场墓地发掘连续进行了四年，共发掘墓葬323座，祭坛7座，揭露面积10000多平方米，出土文物2000多件，被评为1995年中国十大考古新发现之一。渤海三陵王陵区在上京龙泉府遗址以北偏西约5千米的牡丹江北岸，东西长约1000米，南北宽约500米，现已发掘三陵王两座墓葬，三陵坟2号墓是渤海大型石室壁画墓，是1991年中国十大考古新发现之一。

宋玉彬、刘玉成《渤海上京瓦当的类型学考察》[1] 一文依据渤海上京历次发掘公布的基础性田野材料，借助类型学原理，将渤海上京瓦当纹饰构图分为三个部分，即主题纹饰、间饰和当心纹饰，在开展类型学考察时，以主题纹饰的形制特征作为瓦当冠名的分类标准；在每一类具体命名的瓦当中，以相同主题花纹瓣数、相同间饰形制作为区分"型"的双重标准；以主题纹饰"花肉"、当心纹饰的构图差异作为区分"亚型"的标准依据主题纹饰的不同，将渤海上京的瓦当分为3类加以命名："倒心形"莲纹瓦当、莲蕾纹瓦当、花草纹瓦当。依据纹饰的细部差异，区分出43种亚型。其中"倒心形"莲纹瓦当40种、莲蕾纹瓦当1种、花草纹瓦当2种。

赵虹光在《渤海上京城考古发掘随笔》[2] 中主要回顾了十余年来对渤海上京城发掘的经过，并总结在发掘过程中存在的不足，指出城址中所存留的大型遗迹绝大部分是地面建筑，结构较为复杂，在废弃堆积中有些迹象较难辨认，如果处理不当就会对重要遗迹造成不可弥补的损失。

赵湘萍在《渤海上京城发现的鹰纹铜带銙》[3] 中主要研究渤海上京城发现的鹰纹铜带銙的造型和渊源，并认为这种带銙的发现，为研究渤海

---

[1] 宋玉彬、刘玉成：《渤海上京瓦当的类型学考察》，《东北史地》2011年第5期。
[2] 赵虹光：《渤海上京城考古发掘随笔》，《北方文物》2012年第2期。
[3] 赵湘萍：《渤海上京城发现的鹰纹铜带銙》，《北方文物》2012年第2期。

的礼制、装饰风格和文化交流,提供了新的资料。

(四) 其他方面的研究

陈春霞、东青的《清初宁古塔流人对渤海上京城遗址的调查与著录》① 主要列举了方拱乾、张贲、吴兆骞父子及杨宾的调查与著录,他们认为清初流人虽对渤海上京城遗址进行过多次实地调查和较为详细地著录,但限于当时的诸多客观条件,以致未能正确地识别出他们所著录的"东京城"或"火茸城"等就是渤海上京城遗址。

王禹浪、孙军在《黑龙江流域渤海墓葬的初步研究》② 中指出,黑龙江流域渤海墓葬或墓葬群都是围绕着渤海国的五京及其重要城市附近所处的江河流域有规律的分布。从黑龙江流域整体来看,渤海墓葬主要集中在牡丹江流域和绥芬河流域,尤其在牡丹江流域的分布最为密集,说明以渤海上京为中心地域的渤海居民的人口是最多的。

梁启政的《金毓黻之渤海上京研究与东京城访古》③ 介绍了金毓黻对渤海上京研究及同日本东亚考古学会调查与发掘渤海上京遗址的经过,并探讨了他参与同日本东亚考古学会一同对渤海上京遗址所进行的实地考古调查与发掘的背景及其访古所取得的成果和不足。

孙慧的《渤海国诗歌初步研究》④ 一文,主要以诗歌为媒介,勾勒出渤海上京城的文化繁盛以及其与唐朝、日本的文学往来。

刁丽伟在《渤海上京文化研究的回顾与思考》⑤ 中认为,渤海上京文化作为一种都城文化,是渤海社会文化的重要组成部分,集中反映了渤海国家和民族文化的发展水平。渤海文化的许多内容和形式,诸如渤海的社会制度、政治体制、哲学、伦理和宗教等思想、教育、科技、文学、艺术生活与习俗,文化交流等都可以在上京城找到踪迹;渤海国以上京

---

① 陈春霞、东青:《清初宁古塔流人对渤海上京城遗址的调查与著录》,《北方文物》1995年第4期。
② 王禹浪、孙军:《黑龙江流域渤海墓葬的初步研究》,《哈尔滨学院学报》2007年第11期。
③ 梁启政:《金毓黻之渤海上京研究与东京城访古》,《北方文物》2008年第2期。
④ 孙慧:《渤海国诗歌初步研究》,硕士学位论文,大连大学,2009年。
⑤ 刁丽伟:《渤海上京文化研究的回顾与思考》,《满族研究》2010年第4期。

城为中心，开辟了对外交通的朝贡道、营州道、契丹道、新罗道、日本道等，成为东北亚地区唐文化传播的重要桥梁和纽带。7—10世纪末，唐代中原地区的先进文化对上京文化、渤海文化乃至东北亚区域文化的形成和发展，都产生了深远的影响。而上京文化、渤海文化，也进一步丰富了唐代中原文化和以中国北方民族文化、朝鲜文化、日本文化等为中心的东北亚文化。此外，对渤海上京文化研究中的研究对象定位问题、研究范畴问题、民族属性问题以及挖掘渤海上京文化中民族精神等提出思考。

四　首届渤海上京文化研究学术研讨会侧记

2012年7月21日至22日由牡丹江师范学院举办历史学院承办的"中国·首届渤海上京文化研究及遗产保护管理学术研讨会"在黑龙江省牡丹江师范学院学术报告厅召开。来自黑龙江、吉林、辽宁、北京等地数十名渤海历史与考古的专家学者参加了本次研讨会。

开幕式由牡丹江师范学院副校长刘小辉先生主持，校长张金学致开幕词，主要介绍牡丹江师范学院的历史沿革以及近几年来该校在渤海上京文化研究中的努力与成果，以及成立渤海上京文化研究中心暨首届学术研讨会的意义。国家文物局培训处王大民处长代表国家文物局做了重要的发言，并对"首届渤海上京文化研究及遗产保护管理学术研讨会研讨会"召开的价值和意义做了充分的肯定与鼓励。

开幕式结束后进入学术研讨期间，上半场会议由吉林大学东北历史与疆域研究中心主任魏存成教授主持。魏存成教授在发言中，主要分析韩国学者在渤海史研究上的特点，并且倡议国内渤海史研究需要有一种国际视野，高校、文博系统、研究机构应当各自发挥优势，形成基本的学术格局。北京大学考古专家文博学院齐东方教授对近几年来渤海考古工作取得的成果给予了充分的肯定，认为以后的渤海考古以及渤海史研究须具有一种"中心意识"与"国际视野"，只有这样才能把这个学科推向一个新的高度。渤海考古学作为一门"乡土"科学，地缘因素起了很大的作用，位于渤海上京城遗址的牡丹江师范学院应当充分利用这一优势，把渤海史研究作为重点课题加以研究是十分必要的。延边大学渤海史研究所所长郑永振教授向与会的专家学者展示了最近在朝鲜民主主义人民共和国会宁一带的渤海考古的新发现和主要收获。众所周知,在朝鲜半岛的北部留存有大量的高句丽、渤海时期的遗迹,由于政治原因中国国内考古工作者鲜有机会到现场发掘和调查。而近几年来,延边大学利用自身的优势实现了与朝鲜考古界同行合作进行有关渤海历史与文化的考古调查和发掘,并取得了非常重要的第一手考古资料。吉林省考古所所长宋玉彬研究员介绍了中国、俄罗斯、日本、朝鲜、韩国关于渤海史研究的信息与动态,尤其是客观地分析了近几年来中国、日本、朝鲜、韩国、俄罗斯在渤海史研究方面的学术分歧。中、朝、俄三国在渤海史研究上拥有得天独厚的地域优势;日本拥有厚重的历史积淀;朝鲜与韩国拥有浓厚的民族主义"寻根情结"。目前韩国对于渤海史研究具有较高素质的团队,并逐渐加大对俄罗斯滨海地区的研究力度,在东北亚历史财团的支持下,涉足领域已从渤海城址扩展到渤海寺庙址、墓地、村落址。中、俄、日、朝、韩关于渤海研究的分歧主要有:高句丽和渤海的政权归属——地方政权与独立国家之争;高句丽与渤海之间的文化承续关系;中日学者关于渤海都城营建时序之分歧。中国学者应加强使命感与责任感,正确地应对国际学术分歧。黑龙江省考古研究所渤海上京工作站站长赵哲夫研究员,介绍了渤海上京1998年到2011年的考古新发现,主要包括渤海2号宫殿基址,第3、4号宫殿基址群,第5号宫殿基址,外郭城正南门、正北门基址,皇城南门基址,第一号街基址,城墙建筑结构等,利用PPT播放了渤海上京城郭城正南门详细的测绘图,及皇城正南门和廊庑发掘时的图片,图片还展示了一件西廊庑出土非常珍贵的玉摆件以及印有花纹纹饰和文字砖等许多珍贵的图片。黑龙江省博物馆副馆长刘晓东对渤海王陵及一些相关的问题进行了解释与说明。目前发现的渤海王陵主要有渤海早期都城附近的六顶山墓地,渤海中晚期都城上京城城附近的三陵坟墓地,渤海中期都城中京西古城附近的河南屯墓地,和最新发现的龙头山墓地渤海人的墓区,这一发现促使渤海王陵的探讨再次成为学术界关注的焦点,刘晓东教授认为现在对于渤海王陵的探索不在于确定哪座墓葬是王陵或某王之陵,现阶段的探索不可能超越现阶段现有的材料,目前在没有更多新材料出土的情况下,如果一定要确认也是不现实的。刘晓东寄希望于学术界的严谨讨论，更寄希望于田野工作的不断扩展以及文字资料的进一步出土，从而把渤海王陵问题研究进一步深入。东北师范大学傅佳欣教授根据近些年的考古新发现、新证据，列出了一些有关于渤海新的研究或能进一步深入研究的问题，如贞惠公主陪葬之"珍陵"与"珍陵台"的关系；渤海疆域内民族多样性；渤海遗物所见文化交流；渤海上京城布局、营建顺序、改扩建、浓缩等制度；渤海中京、东京、西京的地位；并寄希望加强渤海的考古学与历史地理相结合的研究方法，注重城址与城市考古的研究，考古痕迹的研究，靺鞨考古各部文化的特点研究，靺鞨文化源流研究等。

下半场的会议由原黑龙江省社会科学院魏国忠研究员主持：首先发言的是大连大学中国东北史研究中心主任王禹浪教授。王禹浪教授的发言题目颇为引人瞩目——他提出应把渤海上京城的历史与文化置于三个层面加以重新审视和定位，以使渤海上京城的历史与文化研究获得新的突破。我们不能仅仅停留在渤海上京城的文化属性、分类、政权性质、民族族属等方面的形而上的思索中，而应该更全面细致地；从宏观到微观对渤海上京城所留下的文化遗产进行认真的梳理和考证。具体的思路就是从三个层面对渤海上京城加以认识，所谓的三个层面实际上就是三个角度、三种视野。即，首先要把渤海上京城的历史与文化纳入东北亚区域国际环境变迁的大背景之下加以研究和思考，也就是说，对于渤海国上京城历史与文化的认识，绝不能脱离当时东亚秩序中东北亚区域的国际环境变迁的历史背景。如何正确地分析和处理好以唐朝为中心所控制的东亚秩序与日本、朝鲜半岛乃至东北亚地域的关系则显得十分重要。如果我们把渤海上京城纳入东北亚区域的都市文明角度去考虑的话，渤海上京城的历史价值和重要意义就会有一种别样的风采。其次，如果把渤海上京城的历史与文化纳入到整个黑龙江流域这个历史空间中加以研究，则会使我们看到渤海上京城的历史与文化属于偌大的地球寒带的大河文明中——黑龙江流域文明最辉煌、最灿烂的古代都市文明的标志。最后，就是从渤海上京城所处的地理位置的角度——牡丹江这个地域来看待这一都市文明诞生、发展、消亡的过程及其意义和作用。概括起来，就是区域、流域、地域三个层面。这样避免了我们对渤海上京研究的思路过于狭窄，开阔了我们的空间视野，使我们研究得出的结论更具深远的意义。接下来发言的是通化师范学院（今长白山大学）高句丽研究所所长耿铁华先生，把高句丽研究和渤海研究做了简单的比较，指出二者在建筑和墓葬方面有许多相似之处，这就使得要想做好渤海或高句丽某一方面的研究就必须也要了解另一领域研究情况，这样才能把高句丽和渤海的研究做好。吉林省社会科学院历史研究所研究员杨雨舒对加强渤海上京文化研究提出了几点思考，首先明确渤海上京文化研究的重大意义，渤海上京文化是整个渤海国文化的核心和代表，要认识、了解、解读渤海文化就必须加强对渤海上京文化的研究，然后建议应该对渤海上京文化研究作出科学的规划，重视信息、资料及出版工作，在研究方法上要综合运用文献学、民族学、人类学、地理学等方面的知识，在研究角度上要宏观和微观相结合，做好渤海上京文化与渤海文化、唐朝文化和高句丽文化的比较研究。黑龙江满族语言文化研究中心的赵阿平介教授绍了渤海国与民族文化关系，指出中华民族是东亚诸多族群以华夏思想理念为共识的一个融合过程，也是其在各历史时期融合的结果，肃慎族系各族逐渐进入中原与各族融合，构成了多元一体的中华民族，确定了中国辽阔的版图，东北地区作为肃慎族系各族的世代繁衍生息地成为中国统一多民族国家疆域的重要组成部分。吉林大学边疆考古研究中心彭善国教授举例介绍了渤海故地辽金文化遗存，发现二者有许多相同之处，从通辽、赤峰北部、呼伦贝尔早期契丹墓葬说起，经历了 10 世纪契丹文化的突变（主要受中原内部和渤海的影响），分别列举了每一时期辽、金的标准器物与渤海主要是出土的陶和瓷器做了对比，便于对不同文化的区分。东北师范大学古籍研究所李德山教授总结了近些年来渤海的大致研究成果，认为在历史文献记载相对较少的情况下，考古发掘对渤海史研究起了重大的作用。而后又对渤海史研究提出了几点建议，将来应把渤海史研究纳入整个东北亚体系中，使我们的研究能得出一些高屋建瓴的结论。此外提出现在应重视年轻一代渤海研究型人才的培养，目前这一领域已经逐渐出现了学术研究人才的断层现象，我们应认识到这一问题的严峻性。

会议在当日中午 12 时准时结束，下午参会人员在渤海上京文物考古工作站站长赵哲夫的引导下首先到达渤海上京城内的兴隆寺，参观了渤海国标志性建筑物——石灯幢。接下来参观了渤海上京博物馆，在博物馆内目睹了舍利函，有石函、漆函、铜函、鎏金铜函、银函、金函，金函内有玻璃瓶但已经破碎，玻璃瓶内部则是舍利子。博物馆内还展出殿阶螭首、泥佛像、铜佛像、鎏金铜佛像、瓦当等一批珍贵的文物。之后又实地考察了渤海上京城的宫城，依次登上了渤海上京宫城的五座殿址，宫殿的殿基保存较好，内部有排列整齐的柱石，专家们在考察渤海上京遗址交换着关于殿址建筑结构的看法。次日，在大会安排下参会专家又实地踏察了位于镜泊湖中部的城墙砬子山城，此山城地势显要，三面临湖，虽已有千年的历史，但城墙大部分仍保存较好，山城依山势走向用石块筑成，在攀登山城的路上看见城墙外部遗留下来的马面，有学者提出此山城为渤海上京路湖州故城，但要断定此山城具体年代和性质还要有待于更多的实地考古发现。

在实地踏察城墙砬子山城之后，本届中国·首届渤海上京文化研究及遗产保护管理学术研讨会正式闭幕。此次大会为国内渤海史研究的专家提供了一次难得的学术交流的机会，专家们各自带来了有关于渤海史研究和考古发掘发现的最新成果，以及对于如何深入研究渤海上京城的历史与文化的理论思考和具体的建议。从区域、流域、地域这三个不同的层面对渤海上京城的历史与文化进行深入研究，预示着渤海史研究将来的发展方向。把渤海史与渤海上京城研究置于整个东北亚视角下的"国际视野"成为本次大会学者们的共识。实际上，这次会议已经成为渤海上京城历史与文化研究的里程碑式的学术成果。

渤海上京城作为古代东亚世界的重要都城之一，具有非常重要的历史价值。目前，关于渤海上京的专门研究主要涉及城市建制和布局、周边历史地理研究及考古研究，由于有关渤海国历史文献记载较少，现有大部分研究成果都以考古资料为基础，特别是渤海上京城大规模发掘之后，基本上弄清了渤海上京城的建制，学界在布局演变、形制渊源上做了深入探讨。

近年来，随着"新史学"的兴起，越来越多的学者把目光投入传统"政治史"以外的领域，其中以社会生活的视角去重新梳理历史，更是成为热门话题。不能忽视的是，人们社会生活的一系列的活动都离不开"空间"的范围，而"空间"所涵盖的框架主要是以聚落为主体。因此，城市这一聚落的高级形态在人们的日常生活中扮演着重要的角色，已经受到了学者们的关注。目前国内唐史学界提出的"长安学"，正是建立在这个事实之上，展开对唐朝长安城之内的政治人物的住宅和宫殿的变迁、居民生活以及社会流动进行全方位的探索。[①] 另一方面，同一时期的渤海上京城的研究与"长安学"相比要逊色很多。分析其中的因素，除了在文献资料方面渤海上京城的历史记载略显单薄外，新理论新方法的引进，也影响着研究趋势与研究热潮。目前渤海上京城留下的丰厚的考古资料为我们的研究提供了"硬件"的保障；"软件"方面，则是我们应该用什么角度去解读它，在剖析资料的过程中该如何引进新的理论与方法，这是亟待解决的问题。"长安学"的研究给我们提供了很好的范式，如何借鉴他们的方法并结合渤海上京城研究趋势与资料的实际情况，还需脚踏实地的探索。笔者在此对于未来渤海上京城研究的新视角有如下几点看法，以求方家指正。

首先，比较研究。渤海上京城和日本平城京是同一历史时期的古代东亚世界重要的都城，而且二者深受唐朝长安城的影响。对比三者之间的关系，除了整体形制比较相似外，细节的地方必因地域因素不同，而表现各异。其中有关唐渤、唐日的都城比较研究，不少先贤时彦已做了深厚的积累，而渤日之间的共同性与差异性比较研究尚且不足。随着研究的深入，这一学术命题必将引起关注。另外，虽然北魏洛阳城与渤海上京城相去甚远，但是前者在中国都城发展史上具有一种上承秦汉下启隋唐的作用。这也意味着，它与渤海上京城有着千丝万缕的联系。要想理清渤海上京城的形制渊源，北魏洛阳城想必也是不可忽略的方面。

其次，把渤海上京城的研究放到一个多边的国际环境下去考察。日本学者妹尾达彦曾指出："由于 7 世纪至 8 世纪东亚各地相继建立国家和都城，而产生了可被称作'都城时代'的同时代现象。因此，此时间、

---

① 参考荣新江《关于隋唐长安研究的几点思考》，载荣新江主编《唐研究·第九卷——长安：社会生活空间与制度运作舞台》，北京大学出版社 2003 年版。

空间成为研究东亚都城史时的一个关键。"① 毋庸置疑，渤海上京城也是这个时代的代表性都城，我们在研究过程中不仅仅从单方面因素去考虑，更应该把它放到东亚的"都城时代"的角度去思考，以及周边因素所发挥的影响。以此，揭示出渤海上京城在8世纪东亚多边关系中所扮演的角色。

最后，以"新史学"方法为纽带，把考古学资料与历史学资料有机的结合。"新史学并不仅仅关注那些具有王宫王陵的重大遗址、遗迹和遗物，而更加关注那些十分普通的涉及大众日常生活的遗址、遗迹和遗物，如普通房屋和居住场所及其内部的布置、古代城市区域的组织、古代的商道、各种各样大大小小的文物，甚至通过航空材料技术获得的中世纪农业和城市史的数据资料，等等。这些资料已经被新史学家们广泛运用到物质文明和精神文明的研究当中"②。如何更合理解读考古学资料，还原渤海上京城的都市文明，"新史学"的方法将会为我们的研究提供更广阔的视角与思维。

五 渤海上京城及周边区域遗迹遗物的考察与新发现

2015年10月25—27日，由时任大连大学中国东北史研究中心主任、现黑河学院远东研究院名誉院长王禹浪教授，内蒙古大学蒙古学研究中心主任齐木德道尔吉教授及夫人，大连民族大学东北少数民族研究院黑龙教授，牡丹江师范学院历史与文化学院院长刁丽伟教授及讲师王丽娜、张欣阳，大连大学人文学部2014级研究生王俊铮组成的渤海国历史遗迹考察团，从大连和哈尔滨出发，对牡丹江师范学院牡丹江流域历史博物馆及渤海上京龙泉府遗址、兴隆寺、镜泊湖南湖西湖岫屯遗址、城子后山城、镜泊湖北湖菱角崴子遗址、三陵坟等渤海国遗址、古城与墓葬，以及牡丹江、镜泊湖、镜泊峡谷等自然景观进行了考察，顺利完成了牡丹江地区渤海国历史遗迹的考察计划。

---

① [日] 妹尾达彦：《东亚都城时代的诞生》，载杜文玉主编《唐史论丛》第14辑，陕西师范大学出版社2012年版。
② 徐善伟：《当代西方新史学与"史料之革命"——兼论中国新史学史料体系的重构》，《史学理论研究》2010年第2期。

（一）牡丹江师范学院博物馆与渤海上京龙泉府遗址的考察

10月25日上午，考察团一行从哈尔滨出发，沿绥（绥芬河）满（满洲里）高速，经过近330千米，历时四小时，于上午11时顺利抵达此次渤海历史遗迹考察之行的第一站——牡丹江市。汽车一路上疾驰着穿行在龙江大地东南部的张广才岭低山丘陵区，在尚志和海林境内分别沿着松花江支流蚂蜒河上游和牡丹江支流海浪河上游的沿河平原行进。沿途经过阿城、尚志、苇河、亚布力、海林等市镇，横穿张广才岭山脉。

牡丹江市因濒临牡丹江而得名。牡丹江在唐代称"忽汗水"，金代称"活罗海川"，元代称"胡里改江"，明代又称"忽儿海河"，清代称"瑚尔哈河"。一般认为牡丹江是满语"穆丹乌拉"的音转，意为"弯曲的河"。牡丹江发源于吉林牡丹岭，其上游干流奔行在张广才岭和老爷岭之间，河谷狭窄，上游中段遂有"小三峡"之美誉。牡丹江干流在宁安县南部被火山熔岩流堵塞，形成了我国最大的高山堰塞湖——镜泊湖，并在吊水楼形成宽约70米、落差达20米的吊水楼瀑布，蔚为壮观。吊水楼瀑布以下至桦林为牡丹江中游，河谷渐宽，形成多个河谷盆地，其中海浪河盆地与宁安盆地是牡丹江流域最肥沃的土地，同时也是牡丹江流域古代文明的聚居地，渤海上京龙泉府就坐落在宁安盆地的中央，这里在唐代已形成繁荣的都市文明。桦林以下为下游，河谷再次变窄，在依兰县长江屯以下进入平原区，形成了依（依兰）勃（勃利）盆地，最终在依兰县城以东注入松花江。牡丹江是松花江右岸最大的支流。牡丹江市位于牡丹江中游西岸，是牡丹江流域的中心城市，同时也是黑龙江省东南部地区的政治、经济、文化中心与交通枢纽，滨（哈尔滨）绥（绥芬河）、牡（牡丹江）图（图们）、牡（牡丹江）佳（佳木斯）三条铁路和鹤（鹤岗）大（大连）、绥（绥芬河）满（满洲里）两条高速公路在此交汇。市区四面环山，地形由东部和西北部向中部和南部倾斜。主城区主要在牡丹江西北岸。

我们首先参观牡丹江师范学院历史博物馆。博物馆分历史、民俗和矿石三个基本陈列。博物馆内展出了一大批牡丹江流域各个时期的精美文物，其中以新石器时代、青铜时代、渤海和金代的文物数量最多、种类最为丰富。新石器时代与青铜时代遗物主要出土于牡丹江市民主西山、小朱家、杨林南山、莺歌岭、葫芦崴子、向前、东康等遗址，杨林南山遗址出土的黑曜石石片、小朱家遗址出土的带孔石刀、团子山汉魏时期遗址出土的绿松石石饰十分精美，特别是黑曜石石片与延边兴城文化遗址中出土的黑曜石制品十分相似，二者之间可能存在着联系。牡丹江地区作为渤海王畿地区和金代胡里改路的统治中心，渤海与金代文物也很丰富。馆藏的大量渤海铁器反映了这一时期牡丹江地区生产力的显著提高，而馆藏的一件渤海时期的小型靺鞨罐则为渤海国主体为靺鞨民族提供了重要佐证。馆藏渤海三足铁锅与后来的女真人使用的铁锅形制相近。丰富的历史文物表现出牡丹江流域的新石器时代开始，直到辽金时期的历史遗迹遗物都异常的丰富，代表着牡丹江流域的文明具有数千年的历史传承。

下午，考察团一行前往牡丹江宁安市渤海镇西北郊外的渤海上京龙泉府遗址。我们从牡丹江市区西北部进入鹤大高速，一路沿着牡丹江向南行进，由于受河流走势影响，高速公路数次穿行于牡丹江的大"S"形的河道上。经过近四十分钟的车程，到达宁安市渤海镇渤海上京城宫城遗址。渤海上京龙泉府坐落在牡丹江中游的冲积平原宁安盆地的中心，土壤肥沃，盆地四周被逶迤绵延的张广才岭和老爷岭群山包围，牡丹江在上京城西、北、东三面流过，形成天然的护城河。上京城因西邻忽汗河（牡丹江），故又称忽汗城或忽汗王城，当地俗称东京城，清朝曾称"古大城"，是渤海五京之首。《新唐书·渤海传》记载："天宝末，钦茂徙上京，直旧国三百里，忽汗河之东。"大钦茂晚年曾一度迁都至东京龙原府，成王大华屿时复迁至上京。十一世王大彝震时"拟建宫阙"，增筑宫室，使上京城规模达到极盛时期，成为名副其实的"海东盛国"。公元926年，大辽攻陷上京城，渤海国灭亡，契丹人在其王城故地建立了隶属于辽的东丹国。上京龙泉府改名天福城，为东丹首府。后因渤海遗民不断反抗契丹统治，辽太宗接受东丹国左相耶律羽之的建议，认为渤海"遗种浸以蕃息，今居远境，恐为后患"（《辽史·耶律羽之传》），于928年将东丹国及其民众南迁至以辽阳为中心的辽河下游，天福城则被大火焚毁。

渤海上京城长期作为渤海国政治、经济、文化中心近160年。该城的建制完全仿照唐都长安城，分为内城、外城和宫城三部分。全城平面呈长方形，外城周长 17.5 千米，城外建有壕沟。外城四面共辟有城门 10 座，城内街道纵横交错，将全城划分为许多规整的长方形里坊区域。内城在外城的北部正中。宫城位于内城的中央，南起午门，穿过五重大殿，经北门出宫城。宫城中轴线正对着整座上京城中轴线——朱雀大街。午门及五重大殿台基均为就地取材的玄武岩砌筑而成，特别是午门与前三重大殿作为外朝，修建得地势高敞，气势恢宏。午门在台基东西两侧开城门，而未在城门正中修凿城门，反映了渤海国与唐朝在等级上的鲜明差异，是唐代在礼制方面对渤海进行节制的表现。两侧门址均有门墩、门道，大型玄武岩石板铺地。渤海尚东，国王从东门进、西门出，臣子则与之相反。午门台基高 5.2 米，其上现保存有础石 45 块，形制略有差异，反映了其上建筑物规格的复杂。午门与 1 号殿址中间空地东西两侧均修建有廊庑，合围成了一个方形广场，后世明清北京城的天安门广场由天安门、正阳门（前门）及东西两侧的千步廊合围而成，其形制与渤海上京城类似。1 号殿址应是《辽史》中记载的"永兴殿"，是渤海国王临朝听政之处。该殿位于午门以北 175 米处，高 3.1 米，现存础石 54 块，台基四壁用玄武岩砌筑，殿址底部有散水。入殿踏道位于殿址南部东西两侧，这与中原王朝都城设入殿踏道于正中的建置迥然有别。北部踏道则设于正中，通往 2 号殿址。2 号殿址规模最大，应是上京城内等级最高的建筑。号称"东北第一井"的渤海八宝琉璃井即位于 2 号殿址东部。古井井口为玄武岩雕琢的八角形，故名八宝琉璃井。这口古井应是当时渤海王室的水源地，上京城名"龙泉府"或与此有关。古井早在清代康熙初年就已见记载，流人张缙彦在其游记散文《东京》篇里写道："三重宫殿……八角石井，雨水渟泓，尚可牛饮。"可知清初时，这口古井尚有甘冽充盈的泉水。经过 2 号殿址是 3 号殿址，其形制及规模与 1 号殿址相近。值得注意的是，在 3 号殿址北部偏东位置，还有一个被圈成的小型方形区域，可能是烟囱或厕所一类的用途。经过三重殿址后，进入作为后宫的 4 号殿址和 5 号殿址，即渤海国王与后妃居住的寝宫。这一区域的建筑台基地势均低于前三座大殿。3 号殿址与 4 号殿址之间用廊庑相连，值得注意的是，相连的廊庑中部向东西两侧各扩展出一个区域，类似耳室，俯瞰3号与4号殿址之间的廊庑庭院，俨然一个"王"字，而这一"王"字正位于宫城外朝与后宫的接合部。近百年来尚未有人发现这一奇妙的建筑设计。据文献记载可知，762年，唐代宗遣使赴渤海正式承认渤海为国，册封大钦茂为渤海国王，加封正一品检校太尉。自此，渤海王由郡王晋升为国王。"王"字庭院的建造正是渤海国业已进入王国阶段的重要佐证，反映了渤海政治地位的历史性转变，也体现了渤海国王对唐朝册封的认可和接受。渤海国王通过对王宫建筑的精巧设计和布局，予以彰显其尊贵地位，是一种王权的象征。5号殿址是宫城中轴线上最后一座大型建筑，亦是中轴线上唯一一座自成院落的宫殿，现存南门址、殿址及东西院墙基址。出5号殿址即到达宫城北门址，位于宫城北墙中部，由东、西门道及东门墩、中央门墩和西门墩构成。东、西门道规制相同，均为黄沙地面，有将军石、门道石、柱洞、门枕石坑等遗迹。中部为大型石板地面，门墩南侧均有石散水。北门与午门同为双门道城门，但北门规模远远小于午门，其上也没有城楼。宫城东侧为御花园遗址，尚存正殿、假山等遗址，还有一个面积近2万平方米的水池，池内北部有两座高大的亭榭遗迹。这一带多有琉璃瓦出土。宫城北门外是外城北门，出外城北门便是烟波浩渺的玄武湖，引牡丹江水汇集而成，是渤海贵族泛舟游水的娱乐休闲场所。

宫城规模宏大，宫城内各宫殿、院墙、亭台、楼榭、水池、水井错落有致，五重大殿及南北两门居中线而坐，气势磅礴。落日余晖洒在饱经沧桑的遗址上，映衬着干枯金黄的枝叶和落英遍地，上京城显得更加雄伟和厚重，这是一种难以用语言形容的沧桑之美，苍凉之美。千百年来，渤海辉煌文明的密码已被掩藏于遗址上生长的荒草间，当年盛极一时的东北亚"海东盛国"就孕育于这片黑土地和用火山岩精心打造的建筑基址之上。宫殿遗址上巨大的柱础石和形制复杂的廊庑建筑诉说着其上曾有多么雄伟高大、结构复杂的建筑。上京城遗址为我们再现了灿烂辉煌的渤海国文明，让我们在东北极边地区依然能够感受到如此令人叹为观止的都市文明。然而，渤海的文明最终被契丹人的一把大火彻底焚毁，在宫城遗址内至今仍可见被大火高温烤炙后留下印记，遍地的碎瓦被剥落了绚烂的琉璃，玄武岩柱础石被高温烘烤得泛白、变形，宫殿基址附近还可见泛着红色的烧土。历史的脚步虽已走过了千载光阴，但当年那火与血的惨烈却仍力透遗址表层的尘埃，让今人历历在目。

　　清代流人即已对上京城展开了研究，张贲的《东京记》、吴兆骞的《秋笳集》、高士奇的《扈从东巡日录》、张缙彦的《宁古塔山水记》、杨宾的《柳边纪略》等均对上京城予以著录。清末曹廷杰首次考证出东京城即是渤海上京城。20 世纪初，白鸟库吉、鸟居龙藏、包诺索夫等日俄学者相继来到上京城遗址进行调查和试掘，获得了一批珍贵的遗物。1933—1934 年，日本东京帝国大学教授原田淑人等对上京城部分宫殿殿址、门址、寺庙遗址等进行大规模发掘，并于 1939 年出版了发掘报告《东京城》。中华人民共和国成立后，我国学者又对其进行了多次调查。1964 年，中国科学院考古研究所与朝鲜社会科学院组成中朝联合考古队，对上京城部分遗址进行了钻探和发掘。1966 年，朝鲜单方面发表了部分发掘成果。1971 年，中朝联合考古队朝方队长朱荣宪依据中朝联合发掘成果，出版了《渤海文化》（朝鲜社会科学出版社 1971 年版）一书。我国对此次发掘获得的成果直至 1997 年，才在中国社会科学院考古研究所编著的《六顶山与渤海镇》（中国大百科全书出版社 1997 年版）一书中全面系统的发表出来。1981—1985 年，黑龙江省文物考古研究所又对宫城午门台基、第一号殿址、廊庑址和部分宫墙进行了全面清理。20 世纪 90 年代后期至今，以黑龙江省文物考古研究所、吉林大学考古学系、牡丹江市文物管理站组成联合考古队，对上京城宫城的各类遗存进行系统勘探和发掘，成果主要是对外城第 11 号门址、内城夹墙址、第 8 号路基址、塔基址、外城北墙中央门址及宫城 2 至 5 号殿址的发掘。相关研究工作也已取得了重要进展和丰富的成果，一批有价值的论著相继面世。赵虹光著《渤海上京城考古》（科学出版社 2012 年版）全面系统地记录了 1981—2008 年渤海上京城的考古发掘成果。2009 年由文物出版社出版的《渤海上京城——考古发掘报告书》则是 70 余年来渤海上京城最重要、最翔实的考古发掘材料，具有极高学术价值。刘晓东的《渤海文化研究——以考古发现为视角》（黑龙江人民出版社 2006 年版）、杨雨舒等的《唐代渤海国五京研究》（香港亚洲出版社 2008 年版）、李陈奇与赵哲夫合著《海曲风华——渤海上京城文物精华》（文物出版社 2010 年版）、黑龙江省文物考古研究所编著的《渤海三彩——渤海上京城出土釉陶》（文物出版社2013年版）、赵虹光的《渤海上京城存真》（科学出版社2014年版）等著作亦是近年渤海上京城考古与研究的重要成果。近十年来发表的论文主要有魏存成的《渤海都城的布局发展及其与隋唐长安城的关系》（《边疆考古研究》2003年）、宋玉彬等的《渤海国的五京制度与都城》（《东北史地》2008年第6期）、杨雨舒的《简论唐代渤海国五京》（《东北史地》2009年第3期）、宋玉彬的《渤海都城故址研究》（《考古》2009年第6期）、赵虹光的《渤海上京城宫殿建制研究》（《边疆考古研究》2009年）与《渤海上京城考古发掘随笔》（《北方文物》2012年第2期）、黑龙江省文物考古研究所的《渤海上京城第四阶段考古发掘主要收获》（《文物》2009年第6期）、栗红的《唐代渤海上京龙泉府城址综述》（《黑龙江史志》2012年第5期）等。王禹浪、王宏北编著的《高句丽渤海古城址研究汇编》一书收录了不少关于上京城的研究成果。王禹浪等的《渤海史新考》（哈尔滨出版社2008年版）收录了《黑龙江流域渤海古城研究》《黑龙江流域渤海墓葬文化研究》《黑龙江流域渤海国的历史遗迹与遗物》等研究成果，《近30年来渤海上京城研究综述》（《黑龙江民族丛刊》2012年第6期）、《近十年来渤海五京的考古发现与研究综述》（《黑龙江民族丛刊》2014年第3期）已对渤海上京城研究状况进行了十分翔实的梳理和综述。随着近几十年来渤海上京城田野考古的广泛开展，国内外渤海史学界的研究视野和空间得以大为拓展和深化，取得了显著成绩。

结束渤海上京城的考察后，我们驱车赶往渤海寺院兴隆寺，这里保存着渤海时期的石灯幢、石佛和古井。兴隆寺位于上京城外城南部的朱雀大街东侧，东北距今渤海镇约1千米。寺院始建于唐代渤海国大钦茂时期（737—793），是上京城内规模最大的一座寺院。占地约2万平方米，寺院内保存着渤海时期的石灯幢、石佛、石龟和古井等遗物，另保存有多通清代石碑，其中有乾隆皇帝为他的老师立的石碑、清朝抗俄将领萨布素为其父虽哈纳立的石碑，碑文为满汉文对照，具有较高价值。还有1924年所立《创修宁安县志碑记》，是研究牡丹江流域近代现代史的珍贵资料。兴隆寺三圣殿内至今仍保存着一尊渤海时期的石佛，雕刻古朴，形象敦厚，眉宇之间透露着隐隐禅意。兴隆寺最负盛名的遗物当属渤海石灯幢。石灯幢应是佛教供具石灯台的别称，用于礼佛供斋。这座石灯幢是用玄武岩雕琢叠筑而成，高约 6 米，由 12 节块（层）组成，共用大小石材 40 多块，结构大致可分为幢盖、幢室、幢身、幢基座、刹顶、相轮、仰莲托、覆盆莲座、幢基座和底石等部分。这座石灯幢不仅是渤海国佛教建筑的精品，同时也是渤海国崇佛信佛的重要物件，具有极高的历史价值和艺术价值。站在古意盎然的寺院内，落日余晖透过寒风下摇摆的枝丫和飘零的落叶投射在石灯幢上，令人不禁对渤海国的佛教艺术肃然起敬。

10 月 27 日，考察团部分成员对上京城内城外围遗迹及部分城墙遗址进行了考察。目前，上京城内城东墙外发掘一处渤海寺庙遗址。寺庙遗址规模较大，目测发掘建筑台基规格大约为 20×30 米，残高 1.5—2 米，已可见建筑台基上排列整齐的柱础石及台基底部残存的石条、石砖等。由于天气渐冷，发掘工作告一段落，工地人员正在用塑料布将遗址覆盖。在发掘现场北部，考古工作者仍在进行钻探工作。由于发掘到大量碎瓦和玄武岩残块，当地人将其垒砌成一座别具风格的瓦庙，其旁为瓦堆砌的葫芦状建筑。根据目测规模，这座寺庙规模很大，且紧邻宫城，应是当时渤海国都城内一处渤海国王族的重要宗教场所。该遗址的发掘和研究必将有力地推动渤海国宗教与文化的研究，我们期待着对考古发掘报告的发表。

离开寺庙发掘现场后，我们步行沿着内城东墙外的公路，一路向北，穿过外城北墙的豁口，绕过内城东北角转而向西，到达外城北门外。内城和外城城墙均保存完整，但残高只有 1—2 米。再继而沿公路经玄武湖西岸，到达盛产响水大米的响水村附近。响水大米因生长在火山玄武岩石板地上而得名。经过亿万年岩石火化和腐殖质沉积，在玄武岩石板地上形成了厚 10—30 厘米的土壤，含有丰富的微量元素。响水大米就生长在这种优良的自然环境中，使其成为驰名中外的特产。清代时曾作为贡米，现在仍是人民大会堂的国宴用米。步行约 3 千米，便达到了牡丹江北岸的三陵乡三星村。该地因渤海国三陵坟的发现而闻名于世。三陵坟又称三灵坟，位于三星村东侧、牡丹江北岸约 0.5 千米处的二级阶地上，紧靠村民住宅，是渤海国贵族墓葬区。据《宁安县志》记述，民国十二年（1923）曾有人对墓葬进行了盗掘。此后旅居哈尔滨的八国侨民联合会和哈尔滨东省特区的文化研究机构先后对三陵坟进行了调查，但收获很小。1933—1934年，日本东京帝国大学教授原田淑人等在对渤海上京城进行发掘的同时，也对三陵坟进行了调查，并在发掘报告《东京城》中发表了有关三陵坟的实测图及采集的文字瓦、绿釉瓦等遗物。20 世纪60 年代，中朝联合考古队也对其进行了试掘，但成果均有限。我国学者自80 年代以来，对三陵坟进行了全面系统的调查和发掘。三陵坟1 号墓为石室墓，由墓室、甬道、墓道三部分组成，为玄武岩条石砌筑而成。墓道朝南，墓室呈长方形，南北长约4 米，东西宽约2.19 米，高约2.14 米，墓门宽约1.46 米。墓室南为4 米长的甬道，甬道的南面连接长约8 米的斜坡形墓道，甬道两端各设有石门一重，墓道与甬道相接处是用一整块石料凿成的四级台阶。墓葬平面呈"T"形。墓室四壁由加工完整的玄武岩石块垒砌，墓顶为平行叠垒，状似覆斗。墓室四壁和甬道两壁原涂有很厚的白灰面，其上绘彩色壁画，今已全部剥落，仅存残块。墓地的地表原有覆盆式础石多块，墓葬四周散布着大量瓦砾，推测墓地上原建有享堂、献殿一类的建筑物。墓地南侧出土石狮一尊，雕琢细腻精美。1991 年，在三陵坟1 号墓东北约30 米又发现了三陵坟2 号墓。墓葬形制与1 号墓接近，然而令人疑惑不解的是，2 号墓为多人一次合葬墓，墓中摆放着十五具不同性别、不同年龄的骨架，可能是殉葬者，这说明2 号墓墓主人具有较高地位。墓室四壁、藻井、甬道上均绘有壁画，虽剥落严重，但仍可见人物、花卉等形象，具有明显的佛教文化因素，画面色泽艳丽，颇具盛唐风韵。目前三陵坟已被围栏圈禁，1 号墓之上建有保护顶棚，但墓室裸露，墓道西壁中部已严重坍塌，大量泥沙涌入墓道和墓室，三陵坟保护状况实在堪忧。目前关于三陵坟的系统研究成果还较少，刘晓东、付晔较早论证了三陵坟的年代及墓主人[①]，方启对三陵坟出土人

[①] 刘晓东、付晔：《试论三灵坟的年代与墓主人身份》，《北方文物》1992 年第1 期。

骨进行了体质人类学研究①，刘晓东近年又探索了渤海王陵的相关问题②。三陵坟的发现为我们研究渤海墓葬，进而探索渤海王陵提供了珍贵的线索。

结束对三陵坟的考察后，我们再次返回上京城，展开了对上京城外城北墙东段和东墙北段的考察。城墙外有护城河遗迹，城外地势明显低于城内。城墙无马面，高度1—3米，小部分墙体已几乎完全坍毁与路面齐平。北墙东段有明显豁口一处，位于公路豁口以东10米处，不明显豁口两处。东北城角保存较差，颓毁严重。东墙较北墙保存较好，有豁口两处。但东墙北段北部紧靠村庄，墙基堆积大量生活垃圾。东墙北段南部又紧靠渤海集团工厂，废料堆积已紧靠墙体并有所覆盖，当地村民生活和工业生产活动已对城墙保护造成严重威胁。东墙北段中部有一灌溉水渠横穿城墙。东墙两侧已栽满树木，对城墙进一步颓毁起到一定抑制作用，北墙则树木稀少。整体来看，渤海上京城城墙保护现状亟待改善。

（二）镜泊湖区山城及周边遗迹考察

10月26日的考察行程围绕着镜泊湖展开，主要考察了西湖岫屯遗址、镜泊峡谷、城子后山城、菱角崴子遗址，其中在菱角崴子遗址的考察成果最为丰硕。

1. 西湖岫屯遗址。遗址因临近镜泊湖南湖北岸的西湖岫屯而得名。遗址北起201国道，南至镜泊湖边，南北宽约50米，东西长约100米，面积5000平方米。遗址南侧受湖水侵蚀严重，沿湖断层上可见房址及文化层。该遗址与莺歌岭遗址隔湖相望，在考察中采集到若干夹砂红褐陶片及亚腰型石锄、石锛等莺歌岭下层文化遗物，其年代距今3000年前后。还采集到渤海时期布纹瓦残片、瓦头与明清青花瓷残碗底等遗物。可知该遗址至少有新石器时代晚期和渤海两个文化层。

2. 镜泊峡谷。俗称"牡丹江小三峡"，紧邻火山口国家森林公园，这里保存着大片完整的火山熔岩沉积层，玄武岩地质发育良好，蜿蜒起伏十分壮观。牡丹江流至这一地区后，部分水流转入地下，成为暗河，地

---

① 方启：《黑龙江省宁安县三灵墓地渤海人骨研究》，《边疆考古研究》，2005年。
② 刘晓东：《渤海王陵及相关问题绪论》，《北方文物》2012年第3期。

上河流则在狭窄崎岖的玄武岩沟壑中奔涌，形成"小三峡"的壮美奇观。不仅如此，在第四纪冰川后期，牡丹江河道的冰川融水携带着大量冰碎屑、岩石碎屑等物质，沿着冰川裂隙，以滴水穿石的功力作用于玄武岩层，年深日久遂逐渐形成了类似舂米石臼的冰臼地貌。这种地质在镜泊峡谷中十分常见。深秋的镜泊峡谷虽已水势渐小、草木凋零，但其复杂独特的地质构造仍让人不禁对大自然的鬼斧神工赞叹不已！

3. 城子后山城、重唇河山城、城墙砬子山城与牡丹江边墙。

在镜泊峡谷内的城子后山顶上，至今还保留着一座渤海国始建，东夏国沿用的山城——城子后山城。城子后山海拔高约50米，山城位于城子后山顶端。我们穿过熔岩峡谷后，沿着陡峭的山坡向城子后山城攀缘，经过二十分钟的艰难攀登终于登上了城子后山城。城墙沿着山脊蜿蜒曲折把整座山头围绕起来，城内地势平坦，现已辟为耕地。山城的东、西、北三面均为悬崖峭壁，并被牡丹江水环绕，形成天然的防御系统。山城扼守着镜泊湖的出水口，占据着水陆要冲，地理位置十分险要。经过实测，古城周长近3000米，平面呈不规则形，城内有腰垣一道，将城址分割成南、北两个区域。城墙随山势起伏呈不规则形，城墙上有马面15个。山城外侧有废弃古井三眼，可能为当时城中军民取水设施。山城腰垣北城东部临江一带共发现九座石堆，其用途尚未有定论。其上有礌石、积石墓、烽火台等说法。据民国时期《宁安县志》载，山城内曾出土东夏国天泰十八年的"不匋古阿邻谋克印"官印一方。齐木德道尔吉教授认为"不匋古"可能是女真语"不劳古"（bulaogu）的同音异写，意即为"镜子"。如果这一观点成立的话那么城子后山城的名字则可能就是"镜泊湖"这一地名称谓的开始。"阿邻"或"阿林"女真语意即为"山"，"谋克"则为女真人军政合一的基层组织名称，意即为"百户长"。由此可知"不匋古阿邻"即"镜子山"，而女真人的这个基层军政合一的组织就是以镜子山命名的谋克。此山濒临镜泊湖，因此镜子山的地名很可能是依湖而得名，东夏国的这颗官印的发现为揭示镜泊湖的地名由来提供了重要的依据，笔者认为齐木德道尔吉教授的这一观点具有一定道理。从山城的形制、结构、遗址的特点、出土文物等方面观察，此城应是渤海始建，辽、金、东夏国均沿用。

第四章　黑龙江流域高句丽、渤海古城分布与研究　/　253

图4—7　"不匋古阿邻谋克印"印模（采自《黑龙江古代官印集》）

镜泊湖湖区内，除城子后山城外，还有重唇河山城和城墙砬子山城。

重唇河山城位于今镜泊湖北端西岸的重唇河入镜泊湖畔的山顶上。山城依山势而筑，城址坐落于较为平坦的山间平地上，平面呈不规则形，周长约3000米。山城东部为悬崖峭壁，北部则濒临开阔的湖面，山城充分利用了这里的山河与湖泊的地势。山城城墙有土石混筑、石块垒砌等不同的修筑方法，城垣上开辟有城门三座。其山城城垣极具高句丽山城特征，可能是渤海早期沿用高句丽筑城技术所建。

城墙砬子山城则位于镜泊湖湖区中部西岸的高山峻岭之间，山城东、南、北三面均为镜泊湖水所环绕，西侧则为陡峻悬崖，山城东南隔湖相对即是镜泊湖长城的起点。山城北部地势平坦开阔，并与北部群山相接。城墙修筑在山脊上，城址平面呈不规则形，周长近3000米。北墙系土筑，建有瓮门、马面、护城壕等城防设施，其余三面城墙均为石块砌筑。城内东北侧有一土筑小方城，周长95米，城墙残高1—1.5米，无门，用途不详。城内南门东侧发现一处规模较大建筑基址，地表有序排列着础石遗迹。此城亦带有明显高句丽筑城特色，应是渤海早期筑城。民国时期该城内曾出土一方狮纽铜印，大如碗，刻有朱文"勿汗州兼三王大都督"官印，此印现已无存。王宏北、王禹浪先生在《"勿汗州兼三王大都督"官印初探》一文[①]已对该印进行了深入研究，认为城子后、重唇河和城墙

---

① 王宏北、王禹浪：《"勿汗州兼三王大都督"官印初探》，《北方文物》1996年第2期。

砬子三座山城的规模较为相近,且古城形制修筑方式均为渤海早期,并具有高句丽山城的明显特征。这三座山城无论形制还是地理位置均有一定的相似性,周长均在 3000 米以上,地处依山傍湖之地,高句丽特征明显,三城必有关联。这三座山城正对应"勿汗州兼三大王都督"官印的印文之意,当为三大王的所居之地。城墙砬子山城内筑有一小古城的形制与牡丹江上游地区、图们江流域的支流布尔哈通河流域的一些渤海早期山城均有较为一致的特征,应为三大王的核心或统领之地。吕遵禄撰《镜泊湖周围山城遗址的调查》①一文及王禹浪、王宏北编著的《高句丽渤海古城址研究汇编》一书对此三座城址进行了系统著录。

除上述三座山城外,考古工作者在镜泊湖区还发现了古长城遗址,即牡丹江边墙。这条边墙是 1979 年由牡丹江市文物管理站工作人员发现,前后对其进行了五次调查。目前已知牡丹江边墙长约 100 千米,分为三段:牡丹江段边墙长 50 千米,位于三道关一线,东起江西村西沟北山主峰,向西北经过新峰南岭、蛤蟆塘砬子、三道关、岱王砬子、二人石南岭等山峰,止于西大砬子北坡;江东段边墙长 30 千米,始于宁安镇牡丹江向北转弯处右岸,经老虎洞沟转向东南延伸,止于宁安县良种场东侧;镜泊湖段边墙长 20 千米,起自城墙砬子对岸湖边,越过湖边山脉,穿过 201 国道,在江山娇林场东南侧山上向东南发展。三段边墙均呈西北—东南走向,构成了纵贯南北的三条军事防线,现已发现城堡三座。城墙多用石块垒砌。目前学术界多认为牡丹江边墙应是渤海人为防御黑水靺鞨而建。2011 年,牡丹江边墙已被国家文物局正式认定为中国长城的一部分。关于牡丹江边墙的系统研究成果十分有限,吕遵禄在《镜泊湖周围山城遗址的调查》②一文对牡丹江边墙的镜泊湖段进行了简要的说明。刘晓东、祖延苓在《南城子古城、牡丹江边墙与渤海的黑水道》③通过对牡丹江边墙的分析,对渤海与黑水靺鞨之间的黑水道进行了研究。姜玉珂的《镜泊湖边墙为渤海说兼谈渤海遗迹的甄别》从年代学上将镜泊湖边

---

① 吕遵禄:《镜泊湖周围山城遗址的调查》,《北方文物》1989 年第 1 期。
② 同上。
③ 刘晓东、祖延苓:《南城子古城、牡丹江边墙与渤海的黑水道》,《北方文物》1988 年第 3 期。

墙确定为渤海时期，提出马面在牡丹江上中游地区至迟在渤海时期已经出现，并联系瓮城、角楼，推定三者在渤海时期可能有共生的现象。① 王禹浪的《神秘的东北历史与文化》在第四章第一节"东北的长城与分布"中简要介绍了牡丹江地区的长城遗迹。②

4. 菱角崴子遗址：位于镜泊湖北湖头西岸的宁安市林业有害生物渤海林木种子园十四号监测点附近。《新唐书·渤海传》云："龙原，东南濒海，日本道也。南海，新罗道也。鸭渌，朝贡道也。长岭，营州道也。扶余，契丹道也。"《新唐书·地理志》引贾耽《皇华四达记》云："营州东百八十里至燕郡城，又经汝罗守捉，度辽水，至安东都护府五百里，故汉襄平城也……自都护府东北经古盖牟、新城，又经渤海长岭府，千五百里至渤海王城，城临忽汗海。"营州道是自营州，襄平、盖牟、新城、长岭府至上京城的重要交通要道，并为后世辽、金、元、清等历代沿用。襄平即今辽阳，盖牟一般认为为今沈阳塔山山城，③ 新城为抚顺市区北部、浑河北岸的高尔山山城，④ 长岭府近来已可确证为桦甸苏密城。⑤ 遂知营州道自今朝阳起始，越大凌河、小凌河、辽河至辽阳，转而向东北，溯浑河而上，经今沈阳、抚顺、梅河口等地，直达桦甸苏密城。再由苏密城而东北过敦化，沿牡丹江向北，由镜泊湖左岸经过北湖头而直抵渤海上京城。十四号监测点所在地正是渤海上京通往营州道上的重要驿站。至今营州道沿镜泊湖北湖头地段遗迹尚存，其旁已修有湖西公路。王禹浪教授认为这条古驿道上无险可守，当年契丹人征渤海可能走的就是这条路线，因为这条线路正可以绕过镜泊湖南湖头、城墙砬子、城子后山城等险要路线直捣渤海上京。十四号监测点驿站遗址现仍遗留了三个渤海时期的石臼和一座八宝琉璃井，据当地监测站的工作人员介绍，这一带常发现砖瓦等遗物。我们在现场看到了工作人员在基建时发现的

---

① 姜玉珂：《镜泊湖边墙为渤海说兼谈渤海遗迹的甄别》，《北方文物》2007年第2期。
② 王禹浪：《神秘的东北历史与文化》，黑龙江人民出版社2011年版，第126页。
③ 李文信：《辽宁史迹资料》，辽宁省博物馆，1962年；王绵厚：《高句丽古城研究》文物出版社2002年版，第213页。
④ ［日］渡边三三：《高句丽新城的发现》，《满蒙》第14卷第9期，1993年。
⑤ 李健才：《桦甸苏密城考》，《黑龙江文物丛刊》1983年第2期。

石磨棒，长 7.5 厘米，厚 5 厘米，呈半圆柱形，一面磨平，中部断裂；两个规格完全相同的铁质车钏，外径 7 厘米，内径 5.5 厘米，厚 4 厘米，为渤海时期车马器。在监测站附近的湖滩地还采集到大量渤海布纹瓦残块、残瓦头一件。沿监测站前湖滩地向北行进约 200 米，绕过一道山岗，便到达了菱角崴子遗址。遗址位于镜泊湖北湖西岸的湖滩地和湖岸岗地上。土岗长近 200 米，遗址上散落着新石器时代的夹砂灰褐陶、夹砂红陶、夹砂黑陶、石磨棒、石刀、石斧、石锄、黑曜石镞、石球、砍砸器、研磨器等遗物。还采集到数件黑曜石片。采集的陶器均为夹砂陶器，质地粗糙，烧制火候很低，加之丰水期时陶器多被淹没于水下，长年浸泡导致陶片质地更加疏松。陶器多灰褐陶，少见红陶，器身少见纹饰，多为素面，器物口沿以附加堆纹为主。陶片分属盆、罐、碗、钵等不同器物。石磨棒也大量发现，质地主要有玄武岩和砂砾岩两种，均呈半圆柱形，未见完整器物。由于长期被湖水冲刷，在沿湖土岗的断层剖面中清晰可见多座房址和灰坑，房址规模较大，长度均在 3 米以上，有玄武岩石料大量堆积，以及红烧土和被火烧过的红色石块，可能是房址中的烟道或炕洞的遗迹。值得注意的是，在沿湖畔靠近房址的地方，发现了一块砂砾岩石，其上刻有神秘的正方形图案，凹槽较深。经辨识初步推测该图案有两种可能：一是用于指示方向；二是用于宗教祭祀活动所用之物。遗址中偶见渤海时期的陶片和布纹瓦，可知遗址曾延续较长时期，大致可以分为新石器时代莺歌岭文化下层和渤海两种文化面貌。

（三）考察中所见渤海国遗迹与遗物所体现的文化特征

从黑龙江省的牡丹江市一路向南，越过连绵起伏的山岭进入吉林省地域，这一带正是东北东部广袤的原野。泛着金黄色的玉米地，一眼望不到边际的森林、蜿蜒流淌的大河，许多承载着昔日辉煌的渤海国文明的遗迹，就深藏在这些无际的田野与森林中。在"走读东北"的征途上，我们通过对牡丹江流域渤海历史遗迹的考察，可以窥见渤海国的历史与文化在东北古代民族所创造的历史文明进程中具有如下特征：

其一，牡丹江流域的渤海上京龙泉府以其宏大的规模和丰富的文化内涵为我们述说着渤海时代灿烂的历史文化和繁盛的都市文明，并再现了"海东盛国"的繁荣景象。渤海初以显州即中京显德府为都，后北迁上京龙泉府，期间虽短暂移都东京龙原府，但终渤海之世的大多数时间均以上京龙泉府为都。中京显德府和东京龙原府展现了渤海早期都市文明的及其非都城规模的京城风貌，代表了图们江流域古代文明的巅峰期，而渤海上京龙泉府遗址则集中体现了渤海鼎盛和极盛时代发达的都市文明，是属于黑龙江流域古代文明的典型代表。图们江与黑龙江流域属于两个完全不同的流域文明，黑龙江流域具有更加广阔无垠的土地，图们江则显得偏狭难以容纳"海东盛国"的辉煌之躯。如果从流域文明的角度观察，渤海国实际上所拥有的地域主要是黑龙江流域、图们江流域和鸭绿江流域。

其二，渤海的都城建设在很大程度上参照了唐代长安城的形制，如三重城垣、宫城居中、以朱雀大街为中轴线、设东西两市、宫殿分前朝后寝、外朝三大殿制度等。然而，渤海的王城与宫殿建筑布局也体现了自身特点，如宫城正南门为"中间无驰道，东西两侧为阙门"的独特设计。

其三，三号殿址与四号殿址之间的"王"字形庭院建筑，则是充分表现了渤海郡王升格为渤海国王的王权象征，这是渤海国王的地位在其历史发展阶段中的重要体现，也是渤海国的统治者无比看重渤海郡王升格为国王的最重要的心理反应。建筑是一种凝固的历史文化理念的象征物，我们从中可以理解渤海国王王权与名号之间对于国家性质具有重大转变的意义。

其四，渤海在政治文化上积极效仿唐朝。上京、中京、东京等都城遗址内出土的三彩釉陶、琉璃瓦、汉字文字瓦、铜镜、佛像等遗物及墓葬壁画、墓志等，均融入了大量盛唐文化因素，带有浓厚的汉唐文化气息。然而，渤海莲花纹瓦当则主要是受高句丽人建筑艺术的影响，而文字瓦、三彩釉陶则自成一体，体现了其独特的文化。

其五，渤海国佛教盛行。目前已在上京、中京、东京及俄罗斯远东等地发现了多处渤海时期佛寺遗址，上京城南兴隆寺内的大石佛和石灯幢是目前所见历史价值和艺术水准最高的渤海国佛教遗物，三陵坟二号墓壁画也带有浓厚的佛教文化色彩。近年来，对俄罗斯克拉斯基诺盐州故城和上京内城东墙外佛寺遗址的发掘也取得了一定进展，反映了渤海国的京城与一般的州城中佛教艺术的繁盛局面。

其六，渤海国实行开放包容的对外政策，不仅积极学习唐朝先进的政治制度和文化艺术，更频繁遣使赴日本进行积极的邦交政策，与日本谋求友好往来是渤海国具有独立外交的灵活性。反映了渤海国的政治、经济、文化是多元的特点。渤海东京龙原府不仅是作为渤海政治、经济、文化在东部沿海地区的区域性中心，更担负着对日本外交往来的窗口职能作用，体现了以黑龙江流域为中心的渤海国统治中心区域及图们江流域的渤海"旧国"与东部地区对外开放的历史特点。

其七，牡丹江流域镜泊湖区附近的城子后山城、重唇河山城、城墙砬子山城及牡丹江边墙、延边古长城都反映了渤海早期及其在发展阶段中，对外征战和预防敌人进攻时期的防御体系。镜泊湖诸山城与牡丹江边墙地理位置险要，负山面湖，占据水陆要冲，主要用于防御北部劲敌黑水靺鞨人的侵扰，说明渤海初建或初迁上京这一段历史时期的国家安全局势仍较严峻。延边地区也遗存有渤海时期古长城，其为渤海国先民勿吉人与高句丽人征战时期的产物，后来被渤海国用来防御北方的黑水靺鞨，特别是对拱卫"旧国"地区曾起到过重要作用。总之，无论是牡丹江边墙、镜泊湖边墙，还是延边边墙都曾有多个北方民族的政权利用或沿用过。

其八，西湖岫屯和菱角崴子遗址的发现为研究牡丹江流域新石器时代和渤海国时期的历史文化提供了新的材料。菱角崴子遗址的发现尤为重要，其丰富的文化内涵和大量文物遗存、特别是黑曜石和方形石刻的发现，不仅为今人从宏观上审视牡丹江流域镜泊湖地区新石器时代的文化，完整地理解莺歌岭遗存的内涵与渤海国的文化关系提供了十分重要的实物参考依据。渤海遗存和征集到的铁质车钏又为渤海国的营州道提供了新的依据，尤其是对理解辽朝征伐渤海国的路线提供了更具新颖的历史认识。

其九，渤海国在边疆地方政权中首次实行了五京制。刘晓东在《关于渤海五京制起始年代的说明——兼谈渤海王孝廉访日诗中"上京"一词之所指》一文中指出："似乎中国学者有意无意在把渤海五京制的起始年代拖后，以此来证明渤海的五京制与唐王朝的五京制有关；国外学者有意无意在把渤海五京制的起始年代提前，以此来证明渤海的五京制与唐王朝的五京制无关。"① 在渤海五京制度的源起上，究竟系渤海原创、还是效仿唐朝五京制，抑或是对高句丽五部政治体制的变相继承，目前尚无定论。然而可以肯定的是，渤海五京制度的实行是五行观念的重要体现，魏国忠认为："五行的思想和五方的观念，在我国有着悠久的历史。自战国两汉以来，就以五方的认识设置地方上的行政区划。渤海五京的建置也大体上是上述传统思想的产物。"② 我国传统文化中的五行思想可能是渤海五京的思想渊源之一，但出于现实统治的目的亦不容忽视。渤海五京之上京龙泉府坐落在最肥沃的牡丹江宁安盆地，长期以来作为渤海政治中心；中京显德府地处渤海建国之地东牟山和早期都城显州之所在地，即"旧国"；东京龙原府亦曾短暂为都数年，是渤海对日交往的窗口和日本道的陆路起点；南京南海府靠近新罗，是渤海威慑新罗的前沿大本营；西京鸭绿府则是对唐交往的交通枢纽，朝贡道的陆路起点。五京各承其职，合理有序地分布在渤海疆域的不同方位，全面有效地管控着渤海疆土。渤海五京制的设置意义深远，直接影响了东北古代民族政权中的辽代五京和金代五京的行政建置。

第五节　俄罗斯滨海地区的渤海古城

一　俄罗斯滨海地区的渤海城址

俄罗斯滨海地区以锡霍特山脉为分水岭形成两侧山脉河谷。锡霍特山脉呈东北、西南走向，发源于西北侧的河流注入乌苏里江与黑龙江，发源于东南侧的河流注入日本海。渤海国边境地区的防御设施主要分布在锡霍特山脉东南侧，以山城作为国境线上的主要防御设施。这些山城及小型城堡多处于临近分水岭的山区，位于汇入日本海的河谷地带，或凭借山岬而修建，或修筑在山岗的顶端，地理位置易于防守难于发现。

---

① 刘晓东：《关于渤海五京制起始年代的说明——兼谈渤海王孝廉访日诗中"上京"一词之所指》，《东北史地》2009 年第 3 期。

② 魏国忠：《唐代渤海五京制度考》，《博物馆研究》1984 年第 3 期。

大致可分为两类：

一类是占据山岬的山城。城址伸向谷地并与山岬融为一体。其选择带有陡崖的山岬，借地貌构成敌人难于逾越的障碍，在防御最薄弱的地方，即山岬与山体相接的鞍部，构筑石墙等防御设施，如位于伊利斯塔亚河河谷的戈尔巴斯克城，在城的西部边缘地带修建有木骨泥墙，城内修筑有三道防御城墙；奥德年斯科耶城、奥尔罗夫斯科城、莫纳玛霍夫斯克城在防御薄弱地均构筑有一至两道城墙，而在岬处或陡崖处则未见防御性设施。城墙一般为土石混筑或大石块垒砌而成。整个防御体系有1—3个出口，城门建于缓坡一面，多数山城建有三重防御墙。另有沿河谷分布的小型独立城堡，面积通常在2000—5000平方米，主要分布在滨海地区的东部地区一些汇入日本海的小河河谷地带，用于布置防御部队和守卫山口，如位于伊里斯塔亚河上游的奥特拉德年斯科耶城、位于穆拉韦伊卡河河谷的奥尔罗夫斯克城、位于鲁德纳亚河河谷的莫纳玛霍夫斯克城、位于阿瓦库莫夫卡河谷的来哈依洛夫斯克城堡、位于泽尔卡利纳亚河的戈尔诺列契斯克2号城堡。这些城堡有的构筑有几道防御性城墙，墙外挖有壕沟等防御设施。

一类是占据山岗的山城。多选择在难以攻打的高达40—100米的山岗上。这些山岗在河流谷地中的地理位置非常重要。目前在滨海地区发现这样的遗迹有多处，如鲁达诺夫斯克城，其防御设施修建于平整的台地上，整个城池围绕有三周城墙及壕沟。城门较为独特，东南部的两道城墙高门，在外墙和中墙的掩护下，一条通道可以通向北面防御墙外的山岭。在比较缓的北、东南坡自下而上修筑有护墙，由山下通往山上有盘山道。另有占据高原、山岗顶端或陡崖边缘的小型山地城堡，面积通常在760—1200平方米，形状通常呈椭圆形，具有悬于谷地之上，居高临下，视野开阔特点，多分布在滨海地区的东部地区，担负着军事警戒或观察哨的作用。如位于拉兹多利纳亚河河谷的塔诺夫斯克城堡和康斯坦丁诺夫斯克城堡，位于科托夫亚河与斯捷克良努哈河交汇处的斯捷克良努希斯克城堡、位于泽尔卡利纳亚河与维索卡尔戈片纳亚河交汇处的戈尔片诺列契斯科耶1号城堡等，修筑有城墙和壕沟等防御设施。

从俄罗斯滨海地区整个边境防御布局来看，基本上不见平原城，在整个国境线地带以山城作为主要防御设施。大的大河谷地带通常分布有占据山岬或山岗的山城，并以小型城堡相拱卫，小的河谷地带通常分布有单独的小型城堡，构成滨海地区的防御体系。①

俄罗斯滨海地区及黑龙江流域下游渤海古城如下。②

1. 尼古拉耶夫斯克渤海 1 号城址

尼古拉耶夫斯克 1 号渤海城址位于俄罗斯滨海边疆区伊利斯塔亚河谷地。古城的形制略呈正方形。南部城墙濒临沼泽地，形成天然的防御地带。此处保留的城墙残高仅有 0.5 米，可以推测这道城墙在修筑时不会加固得太高大。在古城东南部城墙外侧，修筑有土筑的辅助城墙设施，可能也是起防御作用的建筑。城址外侧环绕有城壕的痕迹，壕深不超过 1 米，宽 2—3 米。城址四面皆有城门。考古工作者对城址南门进行了发掘，结果表明该城址存在着两种文化堆积，主要是渤海文化堆积，叠压在早于渤海遗迹的克罗乌诺夫卡文化居址的残迹之上，文化层厚达 1.5 米。在东北部发掘区的生土面上有克罗乌诺夫卡文化的房址。该房址揭露了两处窑洞址和一些灰坑，出土了骨器、金属器、陶器、动物骨骸、鱼骨、贝壳等。

2. 尼古拉耶夫斯克渤海 2 号城址

尼古拉耶夫斯克渤海 2 号城址位于俄罗斯滨海地区的伊利斯塔亚河谷地。古城的形制略呈正方形。古城南、西两面有城门，城门设在南墙和西墙的中部，城门结构比较简单，为券门结构，遗址目前现状是在墙体上留下了豁口。城墙周围环绕有壕堑，深不超过 1 米，宽 2—3 米。在古城墙体外东北方向附近，修筑有附加的墙体与城壕，显然是为了增强古城的军事防御功能而专门修筑的。耐人寻味的是，这样的防御设施只修在城墙东北方向，在其他墙体方向上没有。残留的渤海古城遗迹中充分显示，当时渤海人在今远东滨海边疆区的主要防御方向——东北黑水靺鞨人。考古工作者对这座古城进行了发掘，揭露面积 1511 平方米，约

---

① 王禹浪、王宏北编著：《高句丽渤海古城址研究汇编》（渤海卷），哈尔滨出版社 1994 年版，第 879—894 页。

② 同上。

占城址面积的 3.7%。发掘成果显示，这座城址的文化层属于单层堆积，分为两个建筑时期。下层文化建筑属于 8—9 世纪上半期，上层文化层建筑则被确定为 9 世纪下半期至 10 世纪。也就是说，这座古城下层文化的年代属于渤海国时期，上层文化则属于女真时期。说明了这座古城的文化年代具有明显的承继关系。在揭露的遗址中有些地方的文化层厚度可达 2—3 米，表明该城址延续时间较长。在城址中清理出半地穴式房址、生活垃圾性质的灰坑以及冶炼坑等遗址。属于生产设施的遗迹大多位于城址东北部，其中包括冶炼作坊遗址、冶铁窑和锻铁炉。

3. 维索卡耶渤海城址

维索卡耶渤海城址位于俄罗斯滨海地区的伊利斯塔亚河谷地。古城平面呈正方形，东北角外侧修筑有土筑的辅助城墙，显然是增强古城东北部的军事防御设施。此外，东墙濒临湖泊西岸，湖泊则成为古城东部的天然屏障。古城城门设在南墙中部，从南城门到北城墙内侧，有一条宽 30 米的古道把古城分为东西两部分。古城内地势西北高，而东南低，西北高出地面 2—3 米。城墙南门为券门结构，在城墙中部有一豁口，当为券门的痕迹。

该城址的年代被断定为 8—10 世纪。在古城发掘中，发现有文化层的堆积，其中有许多动物骨骸、鱼骨、贝壳等遗物。值得注意的是，在靠近古城的湖岸附近，还发现了与古城同为一个年代性质的遗迹，并在遗迹的文化层中采集到大量带有冶炼痕迹的矿渣伴随着陶器的出土。

4. 斯塔罗列契斯克渤海城址

斯塔罗列契斯克渤海城址位于俄罗斯滨海地区的拉兹多利纳亚河谷地，古城平面呈正方形。城址的大部分已被拉兹多利纳亚河河水所剥蚀，古城东北部还保留有干涸的河床，古城墙的南墙与东墙的北部有城门遗迹。可以推断，在遥远的年代，古城曾利用东北部宽阔的旧河床作为天然的防御屏障。古城东北部的城墙内外都筑有墙体，显然，建筑者对古城东北方向的防御体系十分重视。古城南门的防御系统具有独到之处，尤其是古城门的入口处，设置有一道长 45 米的墙体，这一墙体与古城的墙体截然分开。在城址北部靠近河岸地段，发现有 12 级台阶，可能是古代渤海人修筑的河岸码头的遗迹。此外，城址内东南角有一处高出地面 1

米、规模为 15×30 米椭圆形平台建筑。城址北部修有一段从古城通往河岸的筑堤，其宽度为 15 米，长度为 75 米。古城西部靠近河岸地段，以及南部城墙和东城墙北部城门附近，清理出具有不同年代属性的两层建筑文化遗存：在上层建筑遗址中，发现了带有暖炕以及石块砌筑的台阶地面式房址；在下层建筑遗址的灰坑中，发现了动物骨骸和轮制陶器。古城址的年代被断定为 9—10 世纪，亦即渤海国末期。

5. 克拉斯基诺渤海城址

克拉斯基诺渤海城址，位于俄罗斯滨海地区的埃克斯佩季齐亚湾楚卡诺夫卡河入海口处。古城址形制略呈正方形，面积约为 13 万平方米。古城南、东、西三面均设有城门，城门修建在南墙、东墙和西墙的中部。南门与北门之间有宽达 30 米的古道相连，并把古城分为东、西两部分。城址西墙上修筑有四个接近长方形的土台，应为马面的建筑。这种建筑在营造法式上被称为雉堞，主要是起防御功能和作用。古城内地势西北高而东南低，西北部地势高出地面 2—3 米。考古工作者在该城址西北部发掘到渤海寺庙遗址一处，寺庙的修筑特点及文化因素具有佛教的典型特征，说明渤海时期的佛教文化一直影响到俄罗斯的滨海地区；另外，在距离寺庙遗址不远处，发掘出烧制陶器和砖瓦的窑址，推测这可能是为修建古城而特设的陶制品手工作坊。①

6. 南乌苏里斯克渤海城址

南乌苏里斯克渤海城址位于俄罗斯滨海地区的拉兹多利纳亚河谷地，面积约为 68 万平方米。在古城墙的剖面处，能够清楚地辨认出城墙的墙体，分别为两个不同修筑年代的痕迹，推测该城址曾进行过两次修筑。较早时期的古城墙体高度约为 4 米，是用黑色岩层土修筑而成。较晚时

---

① ［苏联］Э. В. 沙弗库诺夫等，林树山译：《苏联滨海边区的渤海文化遗存》，《东北考古与历史》（第一辑），文物出版社 1982 年版；［俄］B. E. 博尔金，宋玉彬译：《克拉斯基诺城址中的佛教寺庙址》，吉林省文物考古研究所编：《东北亚历史与考古信息》，总第 24 期；［俄］E. И. 格尔曼等，王德厚译：《1998 年克拉斯基诺的考古发掘结果》，载于杨志军主编：《东北亚考古资料译文集·高句丽渤海专号》，北方文物杂志社 2001 年版；［俄］B. E. 博尔金，宋玉彬译：《克拉斯基诺城址四年"一体化"考察》，吉林省文物考古研究所编：《东北亚历史与考古信息》，总第 41 期；［俄］E. И. 格尔曼等，宋玉彬译：《克拉斯基诺古城址发掘》，载于吉林省文物考古研究所编：《东北亚历史与考古信息》，总第 41 期。

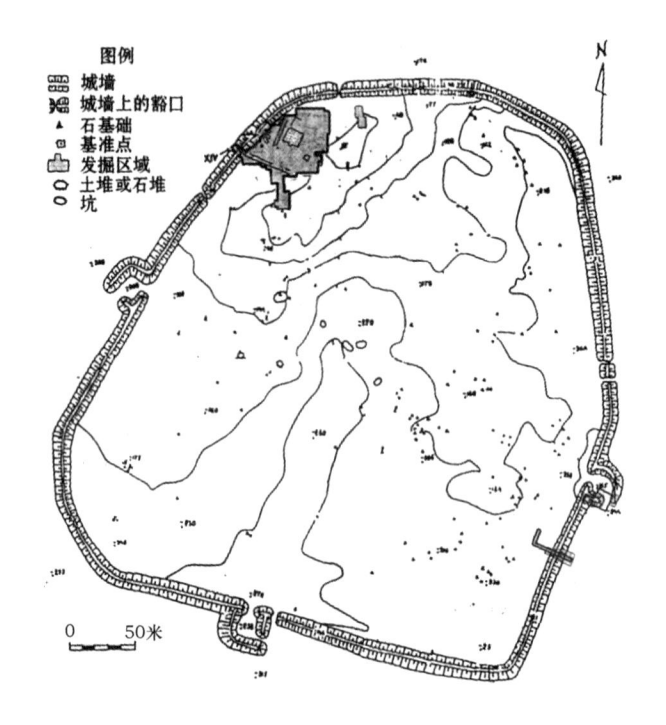

图 4—8　克拉斯基诺古城平面图

来源 А. Л. 伊夫利耶夫、В. И. 鲍尔金著，王德厚译：《克拉斯基诺渤海古城址和滨海地区渤海的考古学研究》，《北方文物》2012 年第 1 期。

期的城墙则为女真时期修筑的，是用黄黏土作为夯层版筑而成，显然女真人修筑的城墙比渤海时期的更为坚固，说明女真人修筑城墙的技术有了很大进步。女真人所修筑的墙体叠压在渤海古城墙体之上，显示出二者之间的叠压关系。女真人在渤海城址的基础上对墙体进行了增高和加宽，在墙体上、下两层之间发现了一些碎瓦和残砖，说明渤海时期古城亦有砖瓦结构的建筑。此外，古城内发现穴居坑等居住址遗迹，并保存有用青砖垒砌而成的牢固的建筑址基座，可能是房屋居住遗址。尤其是这些房基址内散落着许多碎瓦残片，这是房屋顶盖建筑应有瓦檐建筑。古城内每个房址的基础规格都有所不同，其中最大的基础建筑面积为 350 平方米，最小的不足 2 平方米。

山城东南边缘有平原城，沿山坡延伸，长达 570 米，宽达 200 米。平原城亦是因地势而建，其轮廓部分地沿拉兹多利纳亚河干涸的支汊延伸。

平原区充分利用天然水系，开挖沟渠运河连接湖泊和江汊，构建了复杂的水域交通系统。И. С. 蔑尔库洛夫认为古城平原系克拉斯诺亚尔斯克"中世纪都市区"的港口，发挥着航运交通的职能。[1] 俄罗斯学者认为该城即使不是帝王级别的大城，也应是王公级城邑，并将其考订为东夏国上京故址。[2] 古城属女真人筑城址。

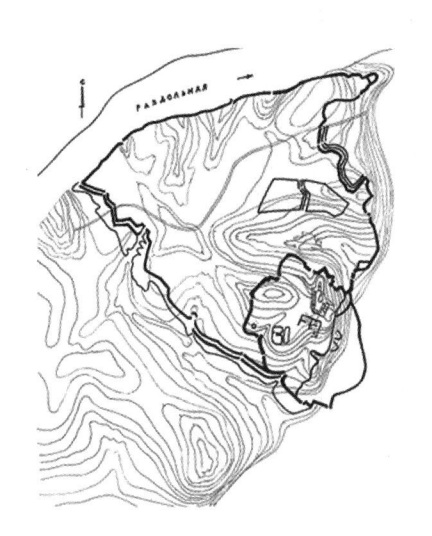

图4—9　克拉斯诺亚尔斯克古城平面图

来源：И. С. 蔑尔库洛夫，http：//www. rezerv. narod. ru/konf/krasnyiar. html。

7. 斯捷克良努欣斯克渤海城址

斯捷克良努欣斯克渤海城址位于俄罗斯滨海地区的什科托夫卡河谷地，面积约9万平方米。这座城址的年代被断定为8—10世纪，存在着两种不同文化堆积：下层文化堆积的年代属于渤海国时期，上层文化则属于女真时期。说明该古城的文化年代具有明显的接续关系。在古城内所

---

[1] Меркулов И. С. О предполагаемом назначении равнинной части Краснояровского городища // Краевая конференция юных археологов "Приморье – история и современность", 7 – 10 января 2011 г. .

[2] Артемьева Н. Г. , Ивлиев А. Л. Новые факты в пользу отождествления Краснояровского городища с Верхней столицей государства Восточное Ся // Дальний Восток России в контексте мировой истории: от прошлого к будущему: Тез. докл. и сообщ. междунар. науч. конф. – Владивосток, 1996. cc. 101 – 102.

揭露的遗址面积中，文化层的厚度达1米余。遗址中出土有陶器、动物骨骸、鱼骨、贝壳等，从文化层厚度推测，该城址延续时间较长。值得注意的是，古城址内保留有两处带有火炕的房址，附近还有一些具有生活垃圾性质的灰坑。除此之外，古城址内的耕土层中还清理出女真人于12世纪制作的铜钱和陶器，古城址地表上还清理出扬科夫斯基文化陶器，由此可以证明，女真人在渤海古城的废墟上建立了自己的生活园地。

8. 尼克拉耶夫斯克渤海城址

尼古拉耶夫斯克渤海城址位于俄罗斯滨海地区的帕尔季赞斯克耶河谷地，面积约为68万平方米。古城址的西墙和北墙濒临帕尔季赞斯卡亚河岸，古城外侧西北部则是由河流汇聚成的一个湖泊，成为古城西部、北部和西北部的天然屏障。渤海人利用了这一有利地形，故没有在北部、西部修筑高大的城墙。不过，由于城址濒临河岸地界的中部地段地势较低，因此在这一地区仅修筑了一段3.25米高的夯土版筑的墙体。古城的南部、东部均修筑有城壕，并与北部和西部、西北部的湖泊、河道相通，形成了天然和人工相结合地环绕在古城周围的壕堑。人工修筑的城壕宽度为20—25米，深度为3—4米，修筑如此宽阔的城壕，显然是为了增强古城的军事防御能力。在古城内东部，保留有一个面积约785平方米的内城遗址。内城墙是夯土版筑，墙体高度为1米左右，不像外城墙修筑的那么高大和坚固。从平面上看，内城形状呈长方形，方向略偏东。在古城址中发掘出内城的拱形正门，它位于内城的南墙中部。内城保存有完整的土台建筑物基址，它们按照南北轴线分成两排，地面上还散落着大量的残砖碎瓦。发掘结果表明，内城存在于12世纪末13世纪初的女真时期，属于佛教寺庙的建筑。值得注意的是，古城内具有多种文化的堆积，其上层的文化堆积较薄，下层的渤海文化堆积很厚。说明此城在渤海时期是一座非常重要的中心城市。到目前为止，在俄罗斯滨海地区所发现较大的渤海古城是非常罕见的。可以推断，这座古城可能是渤海时期设立在滨海沿岸的一座州一级性质的古城建制。

9. 戈尔巴斯克渤海城址

戈尔巴斯克渤海城址位于俄罗斯滨海地区的伊利斯塔亚河谷地。

10. 丘古耶夫斯克渤海城址

丘古耶夫斯克渤海城址位于俄罗斯滨海地区的乌苏里江河流谷地，面积约 9 万平方米。古城墙体分为两个建筑时期：即女真时期和渤海时期。在古城内的西北角处，有一眼古井遗迹，古井井壁均由石块垒砌而成，具有渤海人修筑古井的特征。古城址上部耕土层厚度为 30 厘米，包含有 12 世纪女真时期的遗物。其中有卷沿敞口的大型轮制陶器、青砖、布纹瓦、北宋铜钱等。古城址下部的耕土层保留有一层 5—10 厘米厚的文化层，文化层下部叠压着较厚的渤海时期文化层，厚度可达 60 厘米。考古工作者在古城的渤海文化堆积层中发掘出半地穴式的房址，在房址的回填土中常见有红烧土、动物骨骸以及陶器等文物。

11. 科克沙罗夫卡 1 号渤海城址

科克沙罗夫卡 1 号渤海城址位于俄罗斯滨海地区的乌苏里江河谷盆地中，面积约为 68 万平方米。古城的东、北两面修筑有城门，城门均设在东墙和北墙的中部。东墙城门结构比较简单，为券门结构，遗迹保存的现状是在墙体上留下了豁口。在距离古城北门大约 100 米处，有一处规模为 50×70 米，隆起于地面的长方形平台建筑，在平台建筑的周围，环绕有隐约可见的墙体，可能是一座独立于较大古城之外的卫城。

在科克沙罗夫卡 1 号渤海城址内保留有 5 段不高的横向城墙墙体，根据这些残断的墙体分布的范围推测，可能是一座内城的墙体。说明了这座古城的结构是由内、外城组合而成。在古城外修筑有环绕城墙的壕堑，其深度约为 1—2 米，宽度为 5—7 米，这显然是为了加强古城的军事防御能力而修筑的。总之，这座古城是俄罗斯滨海地区一座较为特殊结构的古城遗址。古城不仅由内、外城组成，而且在古城外还另外筑有卫城，说明了这座古城的重要地位和特殊的防御体系，恐怕这是俄罗斯滨海地区所发现的渤海古城中最为典型的遗址。

12. 科克萨罗夫卡 2 号渤海城址

科克萨洛夫卡 2 号渤海城址，位于俄罗斯滨海地区的乌苏里江谷地，面积约为 9 万平方米。这座古城与科克萨洛夫卡 1 号渤海城址遥遥相对，可能是属于渤海在这一地区所修建的防御体系之一。由于古城面积较小，当为科克萨洛夫卡 1 号渤海城址的另一座拱卫性质的古城。这座古城址濒临干涸的河床和沼泽地带，可以推断，古城在遥远的年代曾经利用宽阔的旧河床作为防御的天然屏障。

13. 马里亚诺夫斯克渤海城址

马里亚诺夫斯克渤海城址位于俄罗斯滨海地区的乌苏里江谷地，面积约9万平方米。城址南面濒临干涸的河床，可推断，古城在遥远的年代曾利用宽阔、纵深的旧河床作为天然的防御屏障。此处保留的墙体残高仅有0.5—1米，可以推测，这道城墙在修筑时不会加固得太高大。在古城南部城墙外侧，修筑有土筑的辅助城墙设施，可能是具有防御性质的建筑。此外，城址外侧环绕有城壕的痕迹，可能是为了提高古城防御的能力。

古城的城墙曾进行过两次修筑，初期修筑的城墙高度为2.4米，后期修筑的城墙高度增加到4米。城墙是用黄土掺杂碎石子和小石块夯筑而成，墙体表面用大石块垒砌饰面。古城底部的墙体是用浅灰黏土夹杂砂土修筑而成，墙体中保留有渤海时期的陶片。值得注意的是，在城址中保存有内部壕沟的遗迹。

考古工作者对城址南门进行了发掘，发现该城址存在着两种文化堆积：上层文化堆积被确定为11—12世纪的女真时期，文化层厚度为20—30厘米；下层文化堆积被确定为8—10世纪的渤海时期，文化层厚度为100厘米，它是古城址的主要文化堆积。渤海文化层为腐质土质，有些地方耕土层下有砂土层夹层。在腐质土层中，保留有涂料晶状体、草木灰、木炭。在生土面上保留有三座半地穴式房址的地基面，呈南北向成排分布。在渤海文化层的上半部，保留有一些规模较大的草木灰圈和烧炼过的涂料。草木灰圈的附近有坩埚残片、熔渣、造渣容器的器片，这是渤海古城中常见的冶炼铁矿或铸造铁器的手工作坊遗址。渤海时期的文化层堆积，主要有两种文化遗存：其一为半地穴式房址，其二为具有生活垃圾性质的灰坑。

这座古城的下层文化年代属于渤海国时期，上层文化则属于女真时期，说明这座古城的文化年代具有明显的接续关系。在揭露的遗址面积中，有些地方的文化层厚度可达1.3米，足以证明该城址的延续时间较长。

14. 戈尔杰耶夫斯克渤海山城址

15. 伊利斯塔亚河上游奥特拉德年斯克耶渤海山城址奥特拉德年斯克耶渤海城址位于俄罗斯滨海地区的伊利斯塔亚河上游谷地。古城的南墙与西墙均开设有城门，城门设在南墙和西墙的中部，在城址的西门和南门均设置有复杂的防御体系，酷似瓮门的设施结构。在城墙外侧的主要防御体系上修建有土筑的堡垒，也就是马面设施。这种马面设施出现在五代十国的后期，辽金时期则成为古城中常见的防御设施。马面的出现与冷兵器的不断进步和发展有关，到目前为止，在渤海时期的古城中尤其是平原城，很少发现有马面的设施。但在渤海时期的山城中则常见修筑有类似高句丽时期的大型平台建筑，实际上那就是一种类似马面的建筑。

这显然是为了提高古城军事防御能力而修筑。古城外的山岬坡地也有人工修整平台状建筑，这是利用山岬的坡度和地势修成的防御设施。考古工作者在此处清理出大量的建筑遗迹。此外，在城门外侧还发现有一些较大的石头垒砌的墩台，这种墩台建筑可能是起到瞭望或烽火台的作用。

16. 奥尔罗夫斯科渤海山城址

17. 莫纳玛霍夫斯克渤海山城址

莫纳玛霍夫斯克渤海城址位于俄罗斯滨海地区的鲁德纳亚河谷。古城址的东、南两面均有城门，城门设在东墙和南墙的中部。古城设有主要的军事防御体系，在通往南城门的古道缓坡上，保留有0.5米高的墙体，它可能是一种防御设施。古城址修建在难以逾越的显要位置，城门结构简单，修筑于防御城墙之上。

18. 萨拉托夫斯克渤海山城址

萨拉托夫斯克渤海城址位于俄罗斯滨海地区的茹拉夫廖夫卡河与乌苏里江交汇处。古城内的特点是，保留有许多直径为3米的穴居坑。有关这座古城的其他情况，尚没有更为详细的资料发表。

19. 戈尔片诺列契斯克耶2号渤海城堡址

戈尔片诺列契斯克耶2号渤海城堡址位于俄罗斯滨海地区的泽尔卡利纳亚河谷地。1968年，考古工作者曾对戈尔诺列契斯克1号城堡进行了部分考察。古城址略呈长方形，修筑有一周的城墙，墙体用石块装饰墙面。城墙周围环绕有壕堑，显然有助于增强古城的军事防御能力。有关这座古城的其他情况，尚没有更为详细的资料发表。

20. 伊兹韦斯特科瓦渤海城堡址
21. 新戈尔杰耶夫斯克渤海城堡址

新戈尔杰耶夫斯克渤海城址位于俄罗斯滨海地区的阿尔谢尼耶夫卡河右岸、阿努钦诺区新戈尔杰耶夫卡镇东北5千米处一座海拔78米的小孤山上，面积为3.25万平方米。古城周围环绕有围墙，在防守较薄弱的北部，墙体内部高达2米，外部则同小山斜坡连在一起，墙体高达13—16米。利用这种山体的斜坡修筑的城墙，都是外侧表现出高大雄伟，而内侧则与古城地面保持基本水平状态。这种古城具有高句丽和渤海时期的典型特征。

古城墙还利用了山体的陡峭部分，依山势分布而不断延伸。在这些地方，虽然也修筑有城墙，但城墙高度不超过0.5米，显然这是利用山体外侧的陡峭程度而修筑的。在古城址东北部城墙外侧的山坡上，考古工作者还发现了能够进入古城的两条古道：两条古道均起始于山脚，一条延伸到达北部城墙与东部城墙结合处；另一条则沿着山坡而上，在山坡处又分成两条小路，其中一条通往城墙东北，另一条小路则沿着斜坡继续向上，一直通向距离山顶不远处的一处古城的要塞。古城的东北和西北角处均修筑有角楼，这是古城墙体上重要的防御设施。

此外，考古工作者还考察了古城墙的北部的另外两处城墙的豁口，但没有发现附加的防御体系和通向豁口的道路。可以推测，这两处豁口很可能是专门为城内排水而修筑的水门遗址。从平面上看，古城址呈五角形，从东到西被24块修整过的台地所切割。这些台地呈阶梯式的分布直到山顶，放眼望去犹如梯田。平台宽度为5—15米。在古城遗址的中心地段，分布着两个宽度超过25米的台地。古城高处和低处落差达65米。古城从北到南的距离最长为230米，从东到西最长为190米。在古城的西南部有一座用矮土墙（高1米）围砌的堡垒，在平面图上呈四方形，规模为20×20米。古城内沿着防卫墙可以探查出古道的痕迹，该遗址与12—13世纪滨海地区的山城相类似，更与分布在中国吉林省延边地区的早期渤海山城的建筑结构和形式接近。

对城址进行发掘后发现，该城址存在着两种文化堆积：上层文化堆积被确定为 11—12 世纪的女真时期；下层文化堆积被确定为 8—10 世纪的渤海时期。根据地层及古城墙设施的遗迹，渤海文化堆积分为两个建筑平面。在下层建筑平面中，发掘有直角形和"T"形的火炕，火炕都带有 2—3 条烟道。在北部城墙的剖面上，清楚地划分出两层建筑平面：上层建筑剖面高度在 2 米以下，属于渤海时期，下层建筑属于女真时期。

22. 戈尔片诺列契斯克耶 1 号渤海城堡址。

戈尔片诺列契斯克耶 1 号渤海城堡址位于俄罗斯滨海地区的泽尔卡利纳亚河与索卡尔戈片纳亚河交汇处。

23. 塔诺夫斯克渤海城堡址

塔诺夫斯克渤海城堡址位于俄罗斯滨海地区的拉兹多利纳亚河谷。该城址发现于 1986—1987 年，考古工作者只进行过调查钻探。钻探结果表明：此处出土了与古城址同一年代性质的铁镞、陶片等遗物，因此，这座古城被初步认定为渤海时期。

24. 斯捷克良努希斯克渤海城堡址。

斯捷克良努希斯克渤海城堡址，位于俄罗斯滨海地区的什科托夫卡河谷地和斯捷克良努哈河交汇处。古城址外修筑有一周的城墙，这将增强古城的军事防御功能。1985 年，А. В. 亚历山大罗夫对斯捷克良努斯克城堡址进行过部分的发掘。

25. 达利涅戈尔斯克（原野猪河码头镇）渤海古城址。

达利涅戈尔斯克渤海古城址位于俄罗斯滨海地区的姆拉莫尔那亚河右岸。

26. 团山渤海古城址

团山渤海古城址位于俄罗斯滨海地区的阿努奇诺区刀毕河上游。

27. 米哈依诺夫斯克渤海城堡址

米哈伊诺夫斯克城址位于俄罗斯滨海地区的阿瓦库莫夫卡河谷地。考古工作者并未对古城址进行发掘。在该城址中未发现任何建筑址，但在古城内的陡坡上能够观察到保存较好的古代道路遗迹，这条古道一直延伸至河谷。

28. 维特卡城址

维特卡城址位于俄罗斯滨海地区的阿瓦库莫夫卡河谷地。由于古城址被破坏得比较严重，所以该城址中未发现任何遗迹。

29. 戈尔诺列契斯克 2 号城址

戈尔诺列契斯克 2 号城址位于俄罗斯滨海地区的泽尔卡利纳亚河谷地。考古工作者并未对古城址进行发掘，只是对戈尔诺列契斯克 2 号城址的四个地点进行了钻探。钻探结果表明，此处出土了与古城址同一年代性质的残瓦碎片、轮制灰陶及轮制褐陶的遗物。在古城区内能够观察到一些不大的穴居址，它们是具有不规则形状的建筑遗迹。

30. 戈尔诺列契斯克 1 号渤海城堡址

戈尔诺列契斯克 1 号渤海城址位于俄罗斯滨海地区的泽尔卡利纳亚河谷地。1968 年，考古工作者曾对戈尔诺列契斯克 1 号城堡进行了部分田野考察。古城堡接近于长方形，修筑有一周的城墙，墙体由石块堆砌而成，同时城外修有壕堑。修筑有附加的墙体与和城壕，显然是为了增强古城的军事防御功能而专门修筑的。

31. 鲁达诺夫斯克渤海城堡址

鲁达诺夫斯克渤海城堡址位于俄罗斯滨海地区的泽尔卡利纳亚河谷地。其上层堆积断代为渤海时期。城址的筑城工事设施修建于平坦的岗顶，城址环绕着三道"半环形"城墙和壕堑，城门辟于城址东南向两道城墙之上，为此，道路在外墙、中墙的掩护下通向防御墙北界山脊。在丘岗地势最平缓的北部、东南部坡地上平整出许多修建房屋用的平台。城址的这部分地段的地界自下而上用城墙隔断，古代的道路蜿蜒地通向城内居住区。

32. 康士坦丁诺夫斯克城堡址

康士坦丁诺夫斯克城堡址位于俄罗斯滨海地区的拉兹多利纳河谷地。古城修筑有一周的城墙，这将增强古城的军事防御功能。

33. 西尼洛夫斯克城堡址

西尼洛夫斯克城堡址位于俄罗斯滨海地区的拉兹多利纳河谷地。古城址修筑有土筑的城墙，高达 1.5—2 米，这显然是为了增强古城的军事防御能力，保证在抵御攻击的同时掩护古城的攻击。

34. 新盖奥尔戈耶夫斯克城堡址

新盖奥尔戈耶夫斯克城堡址位于俄罗斯滨海地区的拉兹多利纳河谷地。古城址的城墙周围环绕有壕堑，显然是为了增强古城的军事防御功能而专门修筑的。

二　俄罗斯滨海地区及黑龙江流域渤海古城的分布特征

到目前为止，我们掌握的俄罗斯远东滨海地区及黑龙江流域的渤海古城大约34座。关于俄罗斯境内渤海古城资料的翻译工作尚没有较全面的论著发表，因此，我们收集的上述滨海地区渤海古城的数据和年代以及数量均有不准确的地方。根据目前所见这一地区的渤海古城的分布地域，我们可以明显地看出俄罗斯境内渤海古城的基本特征，即山城与平原城（或称河谷平原城）两种类型。古城的分布特点也十分明显，大致具有如下特征：

其一，山城与平原城往往地处较为相近的地域，形成两城相对遥相呼应之势。一般来说，山城较小而平原城规模较大，山城与平原城均邻近水源地或在河谷之中，山城上均具有丰富的地下水资源，一般都有几处泉眼构成的小型池塘，所选择的地形往往是易守难攻的兴盛之地。可以看出，当时的渤海人在古城选址时充分考虑了军事防御功能，并且把这种山城与平原城之间相互依存的作用考虑得十分周全。从地理位置和防御重点上观察，山城是作为战争时期临时避难的场所。可能当时的渤海人经常会遭遇来自黑龙江下游或东北部黑水靺鞨人的攻击，无战事时渤海人主要在平原城的河谷之地进行正常的生活和农耕劳作，而一旦战争爆发，生活在河谷平原的平民百姓或达官贵族就要躲避到山城进行御敌。

其二，在俄罗斯滨海地区及黑龙江流域的渤海古城，均具有统一的防御东北方向的特点。这些古城几乎都在城址的东北方向上修筑有坚固的墙体和城墙外部的防御掩体。可以推断，这种防御东北方向的特点是本地区古城中的一个主要特征，可能与当时渤海国军事防御的主要方向有关，即防御黑龙江下游方向的黑水靺鞨人的侵扰而特制修筑的防御工事。

其三，在俄罗斯滨海地区及黑龙江流域的渤海古城，其平原城的平面形式多为正方形或长方形，而山城的特点则呈不规则的形状。平原城的城门在券门的基础之上又出现了具有向瓮门结构过渡形式的"阻断式"墙体，这种墙体一般设在城门口的外侧，酷似高句丽山城中常见的"阻断式"墙体，主要目的是增强城门的防御能力因为城门往往是一座古城中防御最为薄弱的环节。

其四，在俄罗斯滨海地区及黑龙江流域的渤海古城，除了修筑在河谷平原和丘陵以及山丘顶部之外，在河口处常常修建有较大的古城。这种河口处的古城又往往是在两河汇合处的河口。这种古城的地理位置十分重要，一般都是控扼两河交汇的河口处，既守护河口，也控制交通的枢纽。因为古代交通线，主要是以河流的流向为主。

其五，俄罗斯滨海地区的渤海古城的考古文化表现特征，主要是两种考古文化：一是渤海的文化属性；二是女真文化的属性。女真文化往往叠压在渤海文化之上，这两种文化的考古学特征也非常明显地表现出二者的叠压和接续关系。作为渤海与女真之间的关系，虽然历史文献中没有说明这两种文化的直接关系，但考古文化中的叠压关系已经充分说明女真文化传统建立在渤海文化传统之上。当然，二者不能混为一谈，在远东地区和黑龙江流域的这种古城文化特色中，则表现出一种继承关系，这种继承只是文化的继承而不是朝代的继承。这说明了女真文化有许多是深受渤海影响的事实。这种因素导致了后来女真建国之后，在古城的建设中，许多建筑饰件的制作方法和样式都明显带有渤海的特征。

其六，在俄罗斯滨海地区的渤海较大的山城中，其建筑特点往往与黑龙江流域或牡丹江流域、图们江流域的渤海山城有惊人的相似之处。这就是山城在利用山体斜坡时往往铲除斜坡上的山土，叠压在墙体上，使墙体的外部增高，山城内侧则始终与城内保持着平缓的坡度。这样便于山城内部队的自由调动，在战争发生时能充分而灵活地运用城内的兵力。

其七，俄罗斯滨海地区一些较大的平原城，多呈"回"字形特点。如俄罗斯滨海地区拉兹多利纳亚河谷南乌苏里渤海城址、俄罗斯滨海地区帕尔季赞斯克耶河谷尼克拉耶夫斯克渤海城址以及俄罗斯滨海地区科克沙罗夫卡1号渤海城址。这三座古城一般为比较高级的军政建制，分布在滨海地区，古城的建筑规模较大。推想其可能属于渤海时期的边疆地带的州府一级的古城，此类古城的特点与图们江流域发现的早期渤海山城和古城特点有类似特点，我们认为这是今后研究这一地区渤海古城建制方面的重要课题。

其八，俄罗斯滨海地区的古城中所表现出的文化现象，主要是佛教寺庙文化。在许多古城中都发现了佛教文化的寺庙遗址，这说明渤海的佛教文化受到唐朝影响后，随着渤海势力的不断东传，一直渗透到俄罗斯的滨海地区甚至远达日本海的沿岸。滨海边疆区则成为当时由渤海国统治的中心区，即今天牡丹江流域佛教文化传播到日本海沿岸的过渡带。

总之，俄罗斯滨海边疆区渤海时期古城的客观存在与分布事实，充分说明了渤海国在强盛时期所管辖和统领或占有了靠近日本海沿岸的广大领地。渤海人为了打通与日本交往的道路，曾与黑水靺鞨征战了十数年，最终占有了原属黑水靺鞨的滨海地区，并对其进行了有效的统治和管理。这些古城实际上已经成为滨海地区最早的古代城市，通过这些城市、城镇、城堡的修建以及连接这些古城的道路和交通的开辟，使得这一地区的政治、经济、文化、军事等方面都得到了空前的发展。可以说，渤海时期的俄罗斯边疆地区是其古代最发达和繁荣的历史阶段。值得我们深入思考的是，首先，渤海的历史与文化在滨海地区的发展，扩大了汉文化向远东地区的传播，从某种意义上说，汉字的语言文化、佛教文化以及中原内陆成熟的都市文明通过渤海国势力的东扩，得到了前所未有的拓展。其次，渤海国的文化对于这一地区后来形成的女真－金文化的培育、发展起到了十分重要的作用。如果没有渤海文化的先期进入，这一地区何以能够诞生高度发达的女真文明，女真族又何以能够在较短的时间内连续灭亡了称雄于东亚地区的两大帝国王朝（辽、宋王朝）。因此，女真族的领袖完颜阿骨打，之所以在起兵反辽时打出"渤海、女真本同一家"的政治口号，其含义就在于把自己的文化或者说承认自己的文化与渤海有着密切的接续关系。因此，弄清俄罗斯滨海边疆区的渤海古城的内涵与分布状况具有重要的意义与价值。

第五章

黑龙江流域辽金古城分布与研究

第一节 黑龙江流域辽金古城历史地理问题研究综述

一 辽金元明时期黑龙江流域筑城研究综论

我国的学者对于黑龙江流域辽金古城的调查和研究始于清朝。早在清朝中前期编修《大清一统志》时，便已经开展了黑龙江流域辽金古城调查和考证工作。《嘉庆重修大清一统志》中已记载了黑龙江流域重要的辽金古城的行政建制，如对金代蒲峪路的认定，乌骨敌烈部统军司的推定，墨尔根城附近的辽金古城的标注、起源与嫩江右岸莫力达瓦的金代边墙等等。嘉庆年间西清在《黑龙江外记》一书中，又对嫩江右岸的布特哈金代长城起点的古城址有了简单的描述："布特哈有土城因山起伏，西区数千里，直达木兰。"[①]

清代学者张穆撰写的《蒙古游牧记》[②] 不仅是中外研究蒙古史权威性著作，填补了洮儿河流域、嫩江流域辽金、元历史古迹的空白。张穆生前未能完成这部著作，而是在他去世后由其友人何秋涛整理校订，并对后4卷加以补充，历经十年完稿，于咸丰九年（1859）付梓。《蒙古游牧记》一书，对洮儿河流域及嫩江流域的蒙古游牧地区的辽金、元古迹、山川地名的演变等进行了翔实的考证和研究。

清末学者屠寄主修的《黑龙江舆地图》对黑龙江流域许多辽金时期

---

① （清）西清：《黑龙江外记》，黑龙江人民出版社1984年版。
② （清）张穆：《蒙古游牧记》，台北南天书局有限公司1981年版。

的古城均一一标注清楚,并在标注的基础上又详细对照和校雠了《嘉庆重修大清一统志》的记述。《黑龙江舆地图》成为清末学者研究黑龙江流域的历史民族与文化的最重要的参考资料。尤其是对掌握该流域辽金古城的历史坐标和山川地貌,更是不可多得的珍贵史料。屠寄在参考了《嘉庆大清一统志》中黑龙江条目的基础上,又大量地丰富和补充了黑龙江流域的辽金、元、明时期的重要驿站、军镇、路、府、州、县。尤其对金代界壕边堡的绘制,以及辽金城址的标注都为后人的研究提供了科学而精当的依据。此外,屠寄在其所撰写的《蒙兀儿史记》① 中对嫩江流域的金代界壕边堡还专门进行了考证,并对西清在《黑龙江外记》中所记述的布特哈土城进行了确认和考证,认为布特哈衙门的土城就是金代界壕的起点。

曹廷杰于光绪十二年(1886)撰写成《东北边防辑要》② 一书,增加了《征索伦》《平罗刹》两篇,总辑为19篇。光绪十三年(1887)夏,撰《东三省舆地图说》,并将《古迹考》收入此书中。曹廷杰在《东北边防辑要》《东三省舆地图说》中对黑龙江流域部分古今地名的演变,以及黑龙江流域水系进行了详细的辨明,并确认古代的称谓中经常把今天的嫩江、洮儿河(他漏河)、东流段松花江和黑龙江下游看作同一条河流。这一观点对区别今天和古代历史上对这几条江河的认识至关重要。

何秋涛长期研究北疆形势,始著《北徼汇编》六卷。后详订图说,纠集蒙古、新疆、东北及早期中俄关系史料,起汉晋,迄道光,增为80卷,咸丰帝阅后赐名《朔方备乘》③。这部书的学术价值甚高,也是研究黑龙江、松花江流域历史地理的重要著作。

近代学者王国维的《观堂集林》④ 中收录了他的《金界壕考》,这是最早较为系统的考证起源于东北地区金代界壕(又称边墙、金长城)的文章。王国维引经据典,从历史文献中翔实地考证了金代界壕修筑的历

---

① 屠寄:《蒙兀儿史记》,中国书店1984年版。
② 曹廷杰:《东北边防辑要》,出自金毓黻编《辽海丛书》(二),辽沈书社1985年版。
③ (清)何秋涛撰,施世杰辑:《朔方备乘札记》,光绪二十三年会稽施氏刊本。
④ 王国维:《观堂集林》,中华书局2010年版。

史背景，以及与之相关的辽金两朝在西北疆域上的民族分布、建置沿革、历史地理诸问题。如金代蒲峪路问题、东北路招讨司与统军司问题、泰州问题、乌骨部与敌烈部，乌骨敌烈招讨司与统军司、长春州、鸭子河、达鲁骨等一系列的问题。《金代界壕考》一文对后世的影响甚大，许多学者研究黑龙江流域辽金筑城等问题，无不都是从王国维先生的《金代界壕考》入手。

民国时期，杨步墀纂修的《依兰县志》记载："查依兰境内有古城七处。在治城之北江沿俗名曰旧城，相传为五国城之一。在乌斯护（浑）河口之南岸，距县城百里。在东南长青山之南麓，即老秃顶、八尔浪之间，距县城百五十里。在寡拉之北江沿，距县城百里。在九里六屯之正南，倭肯河北，距县城一百九十里。在小碾子沟之正西牡丹江东岸，俗名土城子，距县城九十里。在山嘴子屯北三家子，距县城三十二里。"①《依兰县志》记载了两处牡丹江流域辽金时期古城的地理位置，即五国城和土城子。可知所谓的五国头城当在今依兰县城内，而牡丹江下游右岸的土城子古城可能为金代胡里改路治所。

民国时期的《宁安县志》对牡丹江流域辽金时期的古城也多有记载，包括城墙砬子山城、龙头山古城、萨尔浒古城、镜泊湖边墙等遗址。《宁安县志》古城条记载："南面为陡岸，俗云城墙砬子。"《宁安县志》古城条记载："登此古城，瞻望湖之南岸，有边墙一道，高约五尺余，直达延吉，不详其里数，盖辽金防戍之具。"《宁安县志》对龙头山古城的地理位置也有记载："城在拉古屯东七里，距县城正北六十五里，土堆高三四尺不等，长五百弓。"《宁安县志》对萨尔浒城的地理位置也有记载："城北距宁安城六十里，近萨尔虎屯。明永乐四年，置卫在海林站东南五里。清太祖癸未秋八月，诛萨尔浒诸达鼐喀达，即此地也。城现高丈余，南门有瓮城，周围有土垒十八座，遗迹具在外，有护城壕。内住张姓一家。详察此城形势，以军略论之，洵为用武要隘。"②

最早开始对黑龙江流域辽金筑城进行研究的是俄罗斯学者包诺索夫，

---

① 杨步墀：《依兰县志》，成文出版社1921年版。
② 王世选、梅文昭：《宁安县志》，成文出版社1974年版。

他在20世纪30年代曾经调查了嫩江流域金代界壕边堡内蒙古段,将其定名为"成吉思汗边墙",并撰写了《成吉思汗边墙的初步调查》一文,发表在1942年的《大陆科学院杂志》第五卷第一期。此后,包诺索夫又发表了《北部乌尔科古代边墙》《兴安岭的索伦族》《北满考古学史》等文章和著作。俄罗斯其他学者热列兹雅科夫发表了《兴安省的考古资料》,马科罗夫发表了《北满古城遗址出土的钱币》,兰德格林的《西北满洲和使鹿通古斯》,拜科夫的《满洲北部的狩猎部落》,东省文物研究会撰写的考察报告《通古斯与涅吉达尔部落的过去与未来》,1937年卢卡什金考察了嫩江流域的乌裕尔河附近的五大连池,并发表了《1937年夏季科学研究院五大连池地区探险队副队长简报和日记》,鲍罗巴的《清末齐齐哈尔城六十家大商号》等都从不同的角度调查和研究了嫩江流域的一些重要古迹。

日本学者在对黑龙江流域辽金筑城和辽金时期古族分布研究方面,也取得了一些重大成果。例如白鸟库吉在《东胡民族考》中对乌骨、敌烈部分布的研究具有很高的学术价值。尤其是在白鸟库吉的帮助下,满铁在1908年设立了满洲地理历史调查室,重点研究朝鲜与满洲历史地理,先后刊行《满洲历史地理》(两卷)、《朝鲜历史地理》(两卷)。东京大学接管该调查部后,又出版了《满鲜地理历史研究报告》14册,为日本研究满族及其发祥地的历史奠定了基础。日本在侵占东北期间还编辑出版了《五万分之一的满洲地图》,其中对辽金在东北的历史遗迹、古城、古塔、庙宇等都有清晰的标注。这些资料目前依然具有重要的学术参考价值。

此外,法国学者闵宣化在20世纪20年代考察了东蒙古地区,并对嫩江的部分地区和金代的边墙也有详细记录,他在书中称呼金代边墙为"金源边堡",并著有《东蒙古辽代旧城探考记》一书。书中对东部蒙古地区,尤其是嫩江下游的洮儿河流域的辽代古城有许多记载。

全面开展黑龙江流域辽金筑城的调查工作,实际上是从中华人民共和国成立之后开始的,大致可分为三个阶段:第一阶段为20世纪五六十年代,吉林省博物馆、黑龙江省博物馆分别开展了对各自省份辽金古城的实地调查,调查成果主要集中在两省各市县出版的《文物志》及相关考古调查简报中。黑龙江省博物馆于 1958 年考察了牡丹江流域的三处金代城址，即位于黑龙江省林口县三道通乡的三道通古城、黑龙江省林口县的乌斯浑河古城和黑龙江省依兰县土城子乡的土城子古城。这次考察结果发表在《牡丹江中下游考古调查简报》①一文中。该文对三处古城址的地理位置、规模、形制及出土遗物等都有详细阐述并绘制有平面图。王承礼先生的《吉林敦化牡丹江上游渤海遗址调查记》②一文，认定位于吉林省敦化市敖东城及黑石古城始建于渤海，辽金时期沿用。吕遵禄、孙秀仁在《镜泊湖附近莺歌岭等地考古调查报告》中认为：镜泊湖"南湖头土城子中散布着大量辽金时期布纹瓦片，该城具有常见金代城的共同性和特点，当是一座金代古城"③。第二阶段为 20 世纪 80 年代，东北三省开展的大规模文物普查活动，如《宁安县镜泊湖地区文物普查》一文便著录了镜泊湖沿湖地带辽金古城的调查内容，并对古城的地理位置、规模、形制及出土遗物等进行了阐述。④ 吕遵禄先生的《镜泊湖周围山城遗址的调查》一文对镜泊湖城墙砬子山城、城子后山城及镜泊湖边墙的地理位置、规模、形制及出土遗物进行了详细的阐述。该文认为："东夏国为巩固其统治中心'南京'（今吉林延吉附近的城子山山城）的安全，在北部镜泊湖周围又修筑了城子后山城，城墙（小长城），同时沿用了城墙砬子山城。"⑤ 第三阶段为 20 世纪 90 年代以来，各地均系统开展了对本地区辽金筑城的调查，如牡丹江市文物管理站、吉林大学边疆考古研究中心和吉林省文物考古研究所就对牡丹江流域的辽金古城进行了考古调查活动，特别是对敖东城、城子山山城、永胜古城等筑城址的调查成果最为丰富，对于纠正学术界以往的谬误观点意义重大。敖东城一直被学术界认为是渤海时期古城，甚至有学者认为是渤海旧国所在地。近年来，吉林大学边疆考古研究中心和吉林省文物考古研究所通过对敖东城遗址进行考古调

---

① 黑龙江省博物馆：《牡丹江中下游考古调查简报》，《考古》1960 年第 4 期。
② 王承礼：《吉林敦化牡丹江上游渤海遗址调查记》，《考古》1962 年第 11 期。
③ 吕遵禄、孙秀仁：《镜泊湖附近莺歌岭等地考古调查报告》，《北方文物》1991 年第 3 期。
④ 程松、金太顺：《宁安县镜泊湖地区文物普查》，《黑龙江文物丛刊》1983 年第 2 期。
⑤ 吕遵禄：《镜泊湖周围山城遗址的调查》，《北方文物》1989 年第 1 期。

查，得出了新的结论。他们在《吉林敦化市敖东城遗址发掘简报》一文中称："通过以上出土器物及遗迹形态的对比，可以认为敖东城遗址2002年发掘区遗存年代为金代晚期。"① 永胜古城、城山子山城中也均未发现明确的渤海时期遗存，偶见带有渤海早期特征遗物，绝大多数遗物属辽金时期，且城址形制也与辽金城址十分相似②，说明这些古城可能始建于渤海，后为辽金沿用，应被纳入辽金筑城的研究范畴。干志耿、孙秀仁所著的《黑龙江古代民族史纲》③，谭英杰等著《黑龙江区域考古学》④，吴文衔、魏国忠、张泰相著《黑龙江古代简史》⑤，王禹浪著《金代黑龙江述略》⑥ 等著作均对黑龙江流域辽金古城进行了研究。孙文政、王永成主编的《金长城研究论集》等书则收录了目前学术界所见的金长城研究论文，为研究金长城提供了极大的便利。⑦ 张博泉先生著《金史简编》，⑧，张博泉、苏金源、董玉瑛著《东北历代疆域史》⑨，张博泉、魏存成主编《东北古代民族考古与疆域》⑩、李健才先生著《东北史地考略》⑪，佟冬主编《中国东北史》⑫，杨树森著《辽史简编》⑬ 等书都有对东北地区辽金古城的考证与研究。刘丽萍的《黑龙江省辽金考古发现与研究》⑭、邱

---

① 王培新、傅佳欣、彭善国、王晓明：《吉林敦化敖东城遗址发掘简报》，《考古》2006年第9期。
② 王培新、傅佳欣：《渤海早期都城遗址的考古学探索》，《吉林大学社会科学学报》2003年第3期；吉林大学边疆考古研究中心、吉林省文物考古研究所：《吉林敦化市永胜金代遗址一号建筑基址》，《考古》2007年第2期。
③ 干志耿、孙秀仁：《黑龙江古代民族史纲》，黑龙江人民出版社1986年版。
④ 谭英杰、孙秀仁、赵虹光、干志耿：《黑龙江区域考古学》，中国社会科学出版社1991年版。
⑤ 吴文衔、魏国忠、张泰相：《黑龙江古代简史》，北方文物杂志社1987年版。
⑥ 王禹浪：《金代黑龙江述略》，哈尔滨出版社1993年版。
⑦ 孙文政、王永成主编：《金长城研究论集》，吉林文史出版社2009年版。
⑧ 张博泉：《金史简编》，辽宁人民出版社1984年版。
⑨ 张博泉、苏金源、董玉瑛：《东北历代疆域史》，吉林人民出版社1981年版。
⑩ 张博泉、魏存成主编：《东北古代民族考古与疆域》，吉林大学出版社1997年版。
⑪ 李健才：《东北史地考略》，吉林文史出版社1986年版。
⑫ 佟冬主编：《中国东北史》，吉林文史出版社2006年版。
⑬ 杨树森：《辽史简编》，辽宁人民出版社1984年版。
⑭ 刘丽萍：《黑龙江省辽金考古发现与研究》，《内蒙古社会科学》（文史哲版）1996年第2期。

靖嘉的《吉、黑二省辽金城址考察记》[①]、王禹浪等撰《黑龙江地区金代古城分布述略》[②]、《辽宁地区辽、金古城的分布概要》（一、二、三）[③]、《嫩江流域辽金古城的分布与初步研究》[④]《牡丹江流域辽金时期女真筑城分布研究》[⑤]，以及编著的《东北辽代古城址研究汇编》[⑥]《文明碎片——中国东北地区辽、金、契丹、女真历史遗迹与遗物考》[⑦]《金源文化研究》[⑧]等著作，是近年来东北地区辽金筑城址研究的最新成果，这些论著对东北地区辽金筑城进行了综合阐述和归纳，具有很高的学术价值。此外，20世纪的三次全国性文物普查工作，对于全面了解东北地区辽金筑城分布起到了重要的作用，也对东北各省市地方志、文物志的编写工作具有很高的参考价值。

总之，近百年以来，国内外学者对黑龙江流域辽金筑城的分布、金代边墙、山川历史地名、民族分布、历史地理等诸多问题进行了卓有成效的工作，在调查、梳理、绘图、考证、修志、编辑、研究等方面都为掌握东北地区辽金古城提供了宝贵的资料。

二 辽金元明时期黑龙江流域筑城专题研究综述

由于黑龙江流域辽金古城数以百计，研究成果累累，笔者大致将其归纳为如下几个方面，如有谬误和遗漏，敬请学界同仁指正。

---

① 邱靖嘉：《吉、黑二省辽金城址考察记》，《辽金历史与考古》（第四辑），辽宁教育出版社2013年版。
② 王禹浪、刘冠缨：《黑龙江地区金代古城分布述略》，《哈尔滨学院学报》2009年第9期。
③ 王禹浪等：《辽宁地区辽、金古城的分布概要》（一、二、三），《哈尔滨学院学报》2011年第1、2、3期。
④ 王禹浪、郝冰、刘加明：《嫩江流域辽金古城的分布与初步研究》，《哈尔滨学院学报》2013年第7期。
⑤ 王禹浪、于彭：《牡丹江流域辽金时期女真筑城分布研究》，《满族研究》2014年第3期。
⑥ 王禹浪等：《东北辽代古城研究汇编》（下册），哈尔滨出版社2007年版。
⑦ 王禹浪、都永浩编著：《文明碎片——中国东北地区辽、金、契丹、女真历史遗迹与遗物考》，黑龙江教育出版社2013年版。
⑧ 王禹浪：《金源文化研究》，黑龙江人民出版社2014年版。

(一) 黑龙江流域辽金古城的分布状况的研究

主要有王禹浪等主编的《东北辽代古城研究汇编》一书，其中收录了黑龙江、吉林、辽宁及内蒙古东部地区关于辽代古城研究的文章，涉及辽代古城数十座。如刘景文《科右前旗前公主岭一、二号古城调查》详细地介绍了科尔沁右翼前旗公主岭的一、二号古城。吉林省文物考古研究所发表的《内蒙古科右前旗、突泉县辽金城址调查》一文指出洮儿河上游流经科右前旗和突泉县，其中洮儿河和洮儿河支流归流河主要流经的地区为科尔沁右翼前旗，共发现辽金时期古城30座，包括平原城24座，山城6座，还有两座上文所提的科右翼前旗公主岭一、二号古城，而突泉县境内则为洮儿河另一支流蛟流河所流过，突泉县境内发现平原城7座。王禹浪的《金代黑龙江述略》① 一书，在上编的第八节对金代黑龙江地区的古城做了详细的介绍，共统计出金代黑龙江省地区古城157座。黑龙江省地方志编纂委员会编撰《黑龙江省志·文物志》、吉林省地方志编纂委员会编撰的《吉林省志·文物志》的第二章亦涉及了大量黑龙江流域辽金筑城。王永祥、王宏北《黑龙江金代古城述略》②，以当时的行政区划为线索，将黑龙江地区金代古城划为松花江流域地区、哈尔滨地区、合江地区、牡丹江地区、嫩江、绥化地区。申佐军的《牡丹江地区金代古城述略》一文对牡丹江地区的南湖头古城、城子后山城、西营城子古城、东营城子古城、满城古城、九千米山城、沙虎古城、三道通古城、白虎哨古城、乌斯浑河古城和湖水古城的地理位置、规模、形制及出土遗物等方面进行了阐述。该文认为："牡丹江流域分布大量的金代古城，与金交通路线有较大的联系。"③ 王禹浪、刘冠缨的《黑龙江地区金代古城分布述略》一文指出："金代黑龙江地区是依靠江河的水运和沿江的陆路为主要交通干线来沟通平原与山区，以及路、府、州、县与村镇之间的贸易往来和军事联系，并形成了以大江大河为主干线的交通大动脉网络。"王禹浪在《金代黑龙江述略》一书中认为："随着金都的

---

① 王禹浪：《金代黑龙江述略》，哈尔滨出版社1993年版，第142—167页。
② 王永祥、王宏北：《黑龙江金代古城述略》，《辽海文物学刊》1988年第1期。
③ 申佐军：《牡丹江地区金代古城述略》，《北方文物》2006年2期。

营建, 在围绕着上京周围的拉林河流域, 呼兰河流域, 以及胡里改江(今牡丹江)流域和整个松花江流域, 都修建起许多城堡和城市。"王禹浪等撰《黑龙江地区金代古城分布述略》《辽宁地区辽、金古城的分布概要》(一、二、三)、《嫩江流域辽金古城的分布与初步研究》《牡丹江流域辽金时期女真筑城分布研究》对东北地区相关区域的辽金筑城分布及其特点进行了系统梳理和研究。此外, 黑龙江流域市、县地方志中也有关于该地区辽金古城的记载: 如《北安县志》记载了胜利公社南山湾古城址①,《克东县志》记载了蒲与路古城②,《黑河地区志》记载了伊拉哈古城址③,《嫩江县志》记载了门鲁河古城址,《克山县志》记载了古城镇古城址和北兴古城址④, 等等。

(二) 黑龙江流域辽金古城与交通驿站

王禹浪的《金代黑龙江述略》一书的第四章"金代黑龙江地区的交通驿站"以辽金古城为线索, 将金代黑龙江地区划分出16条交通路线。崔广斌的《金代交通》⑤ 从邮驿、交通工具和运输方式三方面对金代交通做了初步论述。邮驿是国家政治统治的辅助手段, 是军事、行政和社会经济发展的要求和保证, 用来传递国家政令, 在地方还设置驿馆、急递铺等。金代的交通工具主要有车、船、马、牛、驴、骆驼等, 车的使用有严格的等级限制, 此外, 漕运和海运在金代交通中也占重要位置。金代的交通归兵部和工部掌管。交通的建设与管理情况也可从侧面反映一个政权的兴衰。王绵厚、李健才《东北古代交通》⑥ 一书, 论述了中国东北从先秦时期一直到辽金时期的交通状况。其中第五章和第六章为辽金时期的交通路线。辽代主要论述四时捺钵的地址和路线。庞志国、刘红宇《金代东北主要交通路线研究》一文在研读和总结前人成果的基础上,

---

① 北安市地方志办公室:《北安县志》, 1994年, 第660页。
② 王兆明主编:《黑河地区志》, 生活·读书·新知三联书店1996年版, 第906页。
③ 嫩江县地方志编纂委员会编:《嫩江县志》, 三环出版社1992年版, 第60页。
④ 克山县志编纂委员会编:《克山县志》, 中国经济出版社1991年版, 第678页。
⑤ 崔广斌:《金代交通》,《学术交流》1996年第6期。
⑥ 王绵厚、李健才:《东北古代交通》, 沈阳出版社1996年版。

利用历史文献和考古资料全面展示金代东北主要交通路线①。

(三) 黑龙江流域辽金古城历史地理问题

由于该问题内容庞杂繁冗，笔者拟选择几个在学术界争议较大的历史地理问题。

1. 关于泰来塔子城的问题

王峰庆的《塔子城古城考略》②一文认为，泰来塔子城始建于辽代，辽朝为了防御贝加尔湖以东、额尔古纳河上游的黑车子室韦族的干扰，移部东南300千米建立的泰州。金代重修泰州城城池并且继续沿用，金初名将婆卢火长期在此屯田镇守，一直沿用到1185年。泰州的治所南迁，塔子城就此降为金安县，归为新泰州管辖，之后就一直荒废。朱国忱《塔子城调查纪略》③一文，他认为塔子城应属辽泰州辖境，并非是辽代泰州，应为泰州的金山县，而金代沿用，元灭金后继续沿用。孙秀仁在其《再论绰尔城（塔子城）历史地理诸问题》④一文中，首先明确了《辽史·地理志》《金史·地理志》中关于泰州的记载，从史书中大致分析出辽金时期泰州建制的变革，即辽代设置泰州，兵事属于东北统军司。金朝大定二十五年（1185）罢泰州，承安三年又将泰州复置于长春县（辽长春州），即为新泰州，而旧泰州则为金安县。他认为"大安石刻"的出土让证明塔子城或绰尔城即为辽泰州。另外，该文认为乌古迪烈统军司（后改为东北路招讨司）前期驻地为辽泰州。辽长春州、金新泰州即今吉林省洮南市城四家子古城。景爱《黑龙江省泰来塔子城考查记》一文则重复了介绍了作者在1984年到塔子城调查情况，包括大安残刻出土上述对塔子城的叙述和考证。⑤

2. 关于前郭尔罗斯塔虎城问题

李健才的《吉林塔虎城调查简记》一文，详细地介绍了塔虎城的地

---

① 庞志国、刘红宇：《金代东北主要交通路线研究》，《北方文物》1994年第4期。
② 王峰庆：《塔子城古城考略》，出自王禹浪等主编《东北辽代古城研究汇编》（下册），哈尔滨出版社2007年版。
③ 朱国忱：《塔子城调查纪略》，《辽海文物学刊》1987年第2期。
④ 孙秀仁：《再论绰尔城（塔子城）历史地理诸问题》，《求是学刊》1980年第4期。
⑤ 景爱：《黑龙江省泰来塔子城考查记》，《博物馆研究》1985年第9期。

理位置、周边环境及古城的构造、城址的遗迹，以及在调查中采集到犁、镞、铜钱、砖瓦、陶瓷器等文物，并根据古城的角楼、马面、瓮城的形制和出土文物断定此城为辽金时期的古城。① 李健才在另一篇《关于金代肇州和泰州的地理位置在探讨》②一文，通过对学术界有关金代肇州和泰州地望考证的不同观点进行了辨析。并对辽金时期的新旧泰州和金代肇州的地理位置又做了充分的探讨，他认为城四家子古城即辽代旧泰州，塔虎城则为辽代长春州后为金代新泰州。郭珉曾有三篇文章对长春州建立的时间进行了探讨，其中《辽长春州建于何时》③一文，他认为《辽史·地理志》《辽史·兴宗本纪》有关于长春州建立的时间问题存在矛盾。关于这一段记载此前的学者也做了有益的探讨，他认为应取《辽史·地理志》中的兴宗重熙八年，即1039年为准。同时又列举了三条理由，他认为《辽史·兴宗本纪》中的误把长春写成长春州，否定了长春州1022年建立的可能性。李健才则在《关于辽代长春州置于何时的问题的商讨》④认为，辽代的长春州是建于太平二年或是更早，文章主要针对郭珉提出的理由进行了逐一辨析，认为筑城和置州的时间是不同的。在辽圣宗到鸭子河之地前本没有长春宫之地。长春宫应是建于长春宫里的皇宫，而并不是建置于州县境内的行宫。

张殿祥在《辽代长春州遗址——塔虎城》⑤简要介绍了塔虎城的地理位置、古城的规模和形制，认为塔虎城是辽代的长春州。但是作者并没有说明理由和依据。郭珉在《塔虎城为辽代长春州、金代新泰州故址考》⑥一文对塔虎城即为辽代长春州的论据做了进一步的补充。《契丹国志》载："长春路镇抚女真、室韦。置黄龙府兵都部署司，咸州兵马祥稳司，东北路都统军。"说明长春州一定扼守要害之地，塔虎城不失为一处

---

① 李健才：《吉林塔虎城调查简记》，《考古》1964年第1期。
② 同上。
③ 郭珉：《辽长春州建于何时》，《博物馆研究》1997年第2期。
④ 李健才：《关于辽代长春州置于何时的问题的商讨》，《博物馆研究》1998年第1期。
⑤ 张殿祥：《辽代长春州遗址——塔虎城》，孙进己主编：《东北考古集成·东北卷》，北京出版社1997年版。
⑥ 郭珉：《塔虎城为辽代长春州、金代新泰州故址考》，《博物馆研究》2001年第1期。

咽喉要隘。认为塔虎城东墙外不远处有四个相连的大坑,坑内有大量砖瓦遗物,有酒糟味,其实是贮藏粮食的窖穴。如果推测不错,这与《辽史·食货志》中,长春州内有粮仓的史载相合。那海洲、胡玉龙《塔虎城为金代肇州旧址考》① 一文,通过史书关于金肇州的记载,列出了十二条作为金肇州的考证条件,认为塔虎城能够满足这些条件,因此认为塔虎城即为金肇州。

3. 辽金长春州与金代乌古敌烈统军司

张柏忠的《金代肇州、泰州考》② 认为洮南县城四家子古城为辽代长春州、金代新泰州,前郭尔罗斯县塔虎城是辽代的出河店、金代的肇州。而后在其《辽代泰州考》③ 中,认为城四家子古城为辽泰州与史料多不相符,辽代泰州应为泰来塔子城较为合理。郭珉、董玉芬在《辽泰州始建年代析略》④ 一文,认为泰州城建于辽太宗晚期。根据元好问所著《遗山文集》中写到"石晋末,有……从少帝北行者,又自辽阳迁泰州"。其中有泰州字样的记载,而石晋末的年代正当辽太宗的晚期(约为927—947年),因此辽泰州城建立最晚不过947年。郭珉等则根据《辽史·地理志》的记载,认为辽泰州的建立主要是因为"黑鼠族累犯通化州",而泰州建立时也就应该是黑鼠族即黑车子室韦来犯的时间。辽讨伐黑车子室韦应在辽太祖时期,《辽史·太祖本纪》:904年讨"黑车子室韦",因此泰州建立的时间也应该定在904年。宋德辉《城四家子古城为辽代长春州金代新泰州》⑤ 一文根据城四家子古城出土发现一块带有字迹的青砖,进一步断定城四家子古城既是辽代长春州金代新泰州。出土的青砖上的第二行刻有"泰州长春县百户姓刘玮泰。"此砖的发现也是断定城四家子古城的最新佐证。李健才的《吉黑两省西部地区四座古城考》⑥ 一文,认为塔虎城是辽代长春州、金代新泰州的故址。其依据是塔虎城附近的河

---

① 那海洲、胡玉龙:《塔虎城为金代肇州旧址考》,《北方文物》1998年第2期。
② 张柏忠:《金代肇州、泰州考》,《社会科学战线》1987年第4期。
③ 张柏忠:《辽代泰州考》,《北方文物》1988年第1期。
④ 郭珉、董玉芬:《辽泰州始建年代析略》,《北方文物》2001年第1期。
⑤ 宋德辉:《城四家子古城为辽代长春州金代新泰州》,《北方文物》2009年第2期。
⑥ 李健才:《吉黑两省西部地区四座古城考》,《历史地理》1982年第2期。

流、湖泊和文献记载的辽代长春州境内的河流湖泊相符。塔虎城距八里城的距离与金泰州距金肇州的方向和距离相一致。此外，肇东八里城已经确信无疑为金、元肇州城。肇东八里城是金元时代的肇州城，城四家子古城是辽代泰州（金代金安县，旧泰州）遗址，其主要依据是城四家子古城距离金代边墙的遗址符合"泰州去边三百里的记载"。李健才认为塔子城为辽代镇北州、金代乌古迪烈招讨司所在地。王禹浪则考证出嫩江县伊拉哈古城为金初乌古敌烈统军司地望。①

4. 克东县乌裕尔河畔金代蒲峪路古城

蒲峪路，又作蒲与路、蒲屿路。张湘泰的《金代北方重镇蒲峪路城》②认为克东县金城公社古城大队的古城就是金代蒲峪路故城，原因在于：其一，《金史·地理志》记载了蒲峪路的地理位置是"南至上京六百七十里"，金上京故址即今天的哈尔滨市阿城区无疑，而金代蒲峪路的发现地恰与上述金上京城的距离大致相同。其二，"蒲裕"与"乌裕尔"的发音和含义相合，属同音异写，及涝洼地的意思。今蒲峪路故址恰好位于乌裕尔河上游的左岸。其三，在金代蒲峪路古城内曾出土了金代"蒲峪路印"的官印。黑龙江省文物考古研究所的《黑龙江克东县金代蒲峪路故城发掘》③报告介绍了早在20世纪30年代日本福岛一郎、泷川正次郎等考察过此城，日本学者三上次男还发表了文章。黑龙江省文物考古研究所从1975年开始先后对金代蒲峪路古城进行了两次科学的考古发掘，清理了古城的南墙中部、南门瓮城、古城内东北角的官衙址。当时出土了大量陶器、铁器、瓷器、石器、骨器等。在古城内还征集到一些金代文物。如：蒲与路印模、金代带柄人物故事镜、铜带銙、铁马镫、宋辽金时期的货币、铁锁等。通过考古发掘了解到，城墙外表用青砖砌筑，这是金代建筑技术的重大进步。蒲峪路的官衙区与手工业区是严格分开的，古城的南部为官署，北城为商业居民区。

---

① 王禹浪：《金初乌古敌烈统军司地望新考》，《哈尔滨学院学报》2013年第6期。
② 张湘泰：《金代北方重镇蒲峪路城》，黑龙江省文物考古工作队编：《黑龙江省古代文物》，黑龙江人民出版社1979年版，第86—89页。
③ 黑龙江省文物考古研究所：《黑龙江克东县金代蒲峪路故城发掘》，《考古》1987年第2期。

综合来看，学术界目前关于泰来县的塔子城、洮南市的城四家子古城和前郭尔罗斯塔虎城三座古城的行政建制存在极大的争议。李健才认为塔子城为辽代乌古迪烈统军司所在地，属于辽代泰州所辖地区，但不是辽泰州。孙秀仁则认为，塔子城至少在辽金的前期为乌古迪烈统军司所在地，并断定就是辽代的泰州治所所在地。张柏忠曾经认为洮南市城四家子古城即为辽泰州，而后又来又改变了原来坚持的观点，认为塔子城更有可能是辽代泰州城。王峰庆也认为泰来塔子城既是辽代的泰州城所在地。王国维在其《金界壕考》中认为，城四家子古城即为辽泰州，李健才同样也认为辽泰州即城四家子古城。其他还有金毓黻、张博泉、佟冬、日本学者津田左右吉等学者均同意此看法。景爱、干志耿、孙秀仁、冯永谦、那海洲则认为城四家子古城为辽代长春州亦即金代新泰州。关于塔虎城，相比较塔子城和城四家子古城而言，其争论较少，李健才、郭珉、张殿祥均认为塔虎城为辽代长春州、金代新泰州，而李建才、郭珉在辽代长春州建城时间上则存在着争议。此外，那海洲、胡玉龙认为塔虎城为金代肇州。值得注意的是，关于金代蒲峪路的位置则争议较少，学术界普遍认为《重修嘉庆大清一统志》将金代蒲峪路故址确定在克东县乌裕尔河畔的金城古城是正确的。

5. 辽代五国部五国城研究

牡丹江流域在辽代隶属五国部。《契丹国志》记载："女真北与五国为邻，五国之东接大海。"《辽史·营卫志》记载："五国部，剖阿里国、盆奴里国、奥里米国、越里笃国、越里吉国，圣宗时来附，命居本土，以镇东北境，属黄龙府都部署司。"① 于庆东认为越里吉国的都邑为五国头城。② 五国头城位于依兰县已成学术界共识，但也有学者提出不同观点。陈继礼在《五国城故址刍议》一文中认为五国城位于宁安县，③ 有的学者就五国城名称进行分析。如刘文生、张泰湘的《五国城与五国国名的破译》④ 一文，对五国头城越里吉一词的含义进行了破译。还有学者就

---

① （元）脱脱：《辽史》，中华书局2000年版。
② 于庆东：《五国部越里吉国望考》，《北方文物》2008年第1期。
③ 陈继礼：《五国城故址刍议》，《学术论坛》1980年第3期。
④ 刘文生、张泰湘：《五国城与五国国名的破译》，《东北史地》2006年第1期。

五国城的价值进行探讨。李英魁在《辽金五国城丛谈——省级文物保护单位之一》中说："在我省的辽金古城中，五国城建筑较早、规模较大、地理位置重要；在辽金、元三个历史时期中，都于此设置较高级的行政机构，更因宋徽、钦二帝流放于此而闻名遐迩。因此，它对于研究辽金、元时期这一地区的政治、经济和文化等情况，对于研究金、宋关系具有重要价值；同时也是研究辽初城堡的宝贵资料。"①

6. 金代胡里改路治所研究

《金史·地理志》记载金代"建五京，置十四总管府，是为十九路"。上京路是十九路之一。上京路下辖一府、三州、五路、六县和一统军司。胡里改路为上京路下辖的六路之一。《金史·地理志》记载："胡里改路，国初置万户，海陵例罢万户，乃改置节度使。承安三年，置节度副使。西至上京六百三十里，北至边界合里宾忒千户一千五百里。"② 胡里改路的范围包括牡丹江流域、松花江下游乌苏里江中下游及黑龙江下游流域。多数学者认为胡里改路的路治在依兰县土城子古城，如张晖宇、王禹浪的《金代黑龙江地区的行政建制述略》③、李英魁的《金代胡里改路》④都持这种观点。孙秀仁在《黑龙江历史考古述论》中认为："牡丹江下游沿岸有三座较大金代古城，以依兰'土城子'古城较为宏阔……我以为金代胡里改路治很有可能就是这座'土城子'古城。"⑤ 也有少数学者认为胡里改路治所位于五国头城。孙长庆、孙秀仁在《黑龙江地区的古族、方国与古城文化》中认为："如五国头城在金朝为胡里改路治所。"⑥ 殷德明在《黑龙江文物古迹与历史沿革概述》中谓："依兰县五国城是胡里

---

① 李英魁：《辽金五国城丛谈——省级文物保护单位之一》，《黑龙江文物丛刊》1982年第3期。
② （元）脱脱：《金史》，中华书局2000年版。
③ 张晖宇、王禹浪：《金代黑龙江地区的行政建制述略》，《哈尔滨师专学报》2000年第4期。
④ 李英魁：《金代胡里改路》，《北方文物》1994年第3期。
⑤ 孙秀仁：《黑龙江历史考古述论》，《社会科学战线》1979年第1、2期。
⑥ 孙长庆、孙秀仁：《黑龙江地区的古族、方国与古城文化》，《中国考古集成·东北卷（二）》，北京出版社1997年版。

改路故城,辖境东北到鄂霍次克海。"① 笔者支持胡里改路路治在依兰县土城子古城这一观点。

7. 金源地区历史地理研究②

关于金源地区的历史地理研究成果较多:王禹浪《金代冷山考》针对洪皓的流放地冷山进行了详细的考证。此前研究者推断冷山具体位置的依据主要是冷山距上京、宁江州两地的里数和完颜希尹家族墓地,而对冷山地名的由来以及适于流放的地形特点等方面并没有给予应有的注意。王禹浪对吉黑两省交界的山地进行了考古、气象、水文、地理、口碑资料的综合调查,并结合历史文献对冷山的位置进行了认真的研究,最终确认冷山为现今的黑龙江省五常市冲河镇大秃顶子山。③ 王禹浪的《哈尔滨地名含义揭秘》一书列举了哈尔滨蒙语"平地"说、满语"晒网场"说、"扁"说、"锁骨"说、俄语"大坟墓"说、人名说、汉语"好滨"说后,指出这些说法只是从哈尔滨地名发音的角度,去寻找与之相似的少数民族语言进行释义,缺乏深入的研究。王禹浪在书中论述了哈尔滨地名的称谓从金代的"阿勒锦"到元代的"哈剌场"、明代的"海西哈尔分",直到清代的"哈尔滨"的发展历程,其中充分肯定了哈尔滨地方史研究所所长关成和先生所提出的"阿勒锦"说(即女真语"荣誉"之意)在哈尔滨地名研究领域的贡献。王禹浪又立足于关成和先生的研究之上,集十年研究成果,提出"天鹅论",得到了学术界与社会各界的广泛认同。主张哈尔滨的原始语音是"galouwen",即"哈儿温",本意是"天鹅"之意。女真语中天鹅一词是摹声词,天鹅叫起来是"嘎鲁—嘎鲁"即"kalou—kalou",而黑龙江流域、松花江流域的广阔湿地与河流两侧,正是天鹅迁徙时的必经之地。王禹浪采用多学科综合研究手段,由语言学切入,上溯历史语源,又以地理学、文献学、地名学、考古学、民俗学、民族学、语境学等方面的深入考证,以大量历史文献

---

① 殷德明:《黑龙江文物古迹与历史沿革概述》,《黑龙江文物丛刊》1981年第1期。
② 见王天姿:《近三十年金上京研究综述——以历史地理、金源文化研究为中心》,《东北史地》2015年第6期。
③ 王禹浪:《金代冷山考》,《大连大学学报》2003年第5期。

和文物为依据,从而提出"哈尔滨"——女真语"天鹅"说。① 张晖宇、王禹浪的《金代黑龙江地区的行政建制述略》通过对金上京会宁府及蒲与路、胡里改路地区的治所的考证,以及近年来上述两个地区出土的猛安谋克官印的情况,认为金上京会宁府附近地区多以设置府、州、县的建置为主,而蒲与路与胡里改路则以猛安谋克建置为主。② 王禹浪又于2004年第4期的《黑龙江民族丛刊》上发表了《金源地区历史地理考证四则》,对金源地区的曲江县、宜春县、把剌海山谋克城、廖晦城进行了考证。辽金史专家傅乐焕先生在《辽史丛考》中对"纳钵"一词作了十分准确的回答,"冒离纳钵"是金朝初年皇帝的春猎之所,在《金史》和《许亢宗奉使行程录》等文献中均有记载,然而这个重要的地理名词却被研究者们所忽略。③ 王禹浪撰文《金朝初期春水纳钵之地的考察——兼考"冒离纳钵"与"莫力街古城"之谜》从实地调查的角度,结合《许亢宗奉使行程录》与《松漠纪闻》等历史文献,对"冒离纳钵"地理位置进行了详细的考证,认为"冒离纳钵"并非是金代初期的都城,且应在金上京城西方偏北或正西偏南的25—30千米的范围内,最终敲定金代的冒离纳钵之地,即今哈尔滨市香坊区幸福乡的"莫力街"古城。④ 王禹浪与刘冠缨的《黑龙江地区金代古城分布述略》介绍了黑龙江地区金代古城的位置、规模、周长、形状,以及古城所在地的地理环境、城墙附属设施、出土文物,诸如铜钱、铁器、瓷器、金银器、铜镜、官印等,并以此为基础深入了解和掌握金代在黑龙江地区的军镇、行政建制、猛安谋克等相关的布局特点。⑤ 除此之外,王可宾在《女真地理风情——松漠纪闻札记》中对《松漠纪闻》中记载的女真地理和风俗,以及黑水、西

---

① 王禹浪:《哈尔滨地名含义揭秘》,哈尔滨出版社2001年版;王禹浪:《哈尔滨地名与城史纪元研究》,社会科学文献出版社2018年版。
② 张晖宇、王禹浪:《金代黑龙江地区的行政建制述略》,《哈尔滨师专学报》2000年第4期。
③ 王禹浪:《金源地区历史地理考证四则》,《黑龙江民族丛刊》2004年第4期。
④ 王禹浪:《金朝初期春水纳钵之地的考察——兼考"冒离纳钵"与"莫力街古城"之谜》,《黑龙江民族丛刊》2004年第2期。
⑤ 王禹浪、刘冠缨:《黑龙江地区金代古城分布述略》,《哈尔滨学院学报》2009年第9期。

楼等金上京地区的历史地理问题进行了考证。① 景爱的《金上京城的水陆交通》一文,以文献和考古发现为基础,对上京南行驿路、松花江和呼兰河的水路交通、金兀术运粮河等主要交通干道进行了详细的考证。

8. 安图宝马城研究

宝马城位于吉林省延边朝鲜族自治州安图县二道白河镇西北 4 千米处的丘陵南坡上,城南约 0.5 千米宝马河由西向东注入二道白河,通往宝马村的道路在北墙外 10 米处通过。相传唐代一将军在此地得宝马而得名,亦称"报马城"。1978 年,吉林省考古工作队在宝马城普查时发现一些指压纹瓦片,从而断定该城为渤海始建,辽金沿用。学界普遍视宝马城为渤海朝贡道上的重要驿站,《安图县文物志》则将其比定为当时中京显德府下辖的兴州。2013 年 6—7 月,吉林大学边疆考古研究中心开始对其进行局部试掘,结果初步显示该城始建于金代,可能是一处重要的金代高等级建筑址②。赵俊杰先后撰写了《吉林安图发现金代皇家祭祀遗址——宝马城遗址发掘的收获》③《关于宝马城性质的初步研究》④ 认为宝马城与金代州府城相比,城墙低矮,宽度小,无防御作用,不具备承担行政官署的功能,但城内夯土台基上的建筑形制与金上京刘秀屯"朝日殿"大型金代建筑基址相似,出土遗物规格也较高,很可能是金代皇家祭祀长白山的神殿或祭城。近年来该遗址考古发掘取得了丰硕成果。⑤

(四)金上京筑城的研究⑥

金上京是当时东北亚第一座国际大都会,代表辽金时期黑龙江流域乃至东北地区筑城的最高成就。学术界对金上京筑城的相关研究成果十

---

① 王可宾:《女真地理风情——松漠纪闻札记》,《北方文物》1988 年第 1 期。
② 吉林大学边疆考古研究中心、吉林省长白山宝马经济区管委会:《吉林省安图县宝马城遗址试掘简报》,《北方文物》2014 年第 4 期。
③ 赵俊杰:《吉林安图发现金代皇家祭祀遗址——宝马城遗址发掘的收获》,《中国文物报》2014 年 10 月 24 日。
④ 赵俊杰:《关于宝马城性质的初步研究》,《北方文物》2015 年第 3 期。
⑤ 吉林大学边疆考古研究中心:《吉林安图县宝马城遗址 2014 年发掘简报》,《考古》2017 年第 6 期。
⑥ 王禹浪、寇博文:《近三十年金上京研究综述——金上京考古发现与文物研究综述》,《哈尔滨学院学报》2015 年第 10 期。

分丰富。

　　在金上京筑城的研究方面，秦佩珩的《金都上京故城遗址沿革考略》对上京城所处的位置、规模形制、宫殿面积，以及出土文物所在进行详细介绍，描绘了当时上京城的经济、政治条件以及优越的交通优势，并绘制金代上京城郊规划中的宫殿寺观一览表，对宫殿名称以及兴建时间做了系统的梳理与统计。① 许子荣的《金上京会宁府遗址》一文，首先回顾了女真部落发展壮大的历史，上京城发展的历史，而后又对金上京形制、出土文物均进行了详细的介绍。② 景爱的《关于金上京城的周长》分别介绍了鸟居龙藏在《满蒙的探查》中所载的金上京周长、俄国考古学家托尔马乔夫所测、1936 年阿城师范测绘，以及 1963 年阿城县博物馆进行的实测，为便于比较，而列表展示。作者认为 1963 年阿城县博物馆所测数据虽被一些书刊引用，但测量结果在统计上出现了错误。③ 景爱《金上京的行政建置与历史沿革》一文叙述了金上京从黄帝寨到会宁州与会宁府，到金上京定号，再到金上京荒废的百年沧桑。④ 郭长海的《金上京都城建筑考》介绍了金上京城廓、宏伟华丽的皇城宫殿、繁荣的街市，作者又对比宋辽时期，总结出金上京向柔和绚丽的方向转变的皇城内建筑格局及风格。⑤ 赵永军的《金上京城址发现与研究》从梳理文献史料出发，将金上京城的历史分为初建、扩建、毁弃、重建、废弃五个阶段。对金上京城址发现与研究的历史与现状进行总结，指出对金上京城址加强田野考古工作、深入进行考古学研究的必要性和紧迫性。⑥ 王旭东的《中国境内金代上京路古城分布研究》一文系统整理了金代上京路内古城，统计上京路各个行政区金代古城 563 座，并总结金代上京路古城数量多，地域分布不均衡的特点。作者认为，分布不均是由自然环境、辽代

---

① 秦佩珩：《金都上京故城遗址沿革考略》，《史学月刊》1980 年第 2 期。
② 许子荣：《金上京会宁府遗址》，《黑龙江民族丛刊》1982 年第 1 期。
③ 景爱：《关于金上京的周长》，《学习与探索》1985 年第 3 期。
④ 景爱：《金上京的行政建置与历史沿革》，《求是学刊》1986 年第 5 期。
⑤ 郭长海：《金上京都城建筑考》，《哈尔滨职业技术学院学报》2000 年第 1 期。
⑥ 赵永军：《金上京城址发现与研究》，《北方文物》2001 年第 1 期。

已有建城、金代行政建置、经济、交通及军事等多因素影响而造成的。①王禹浪与王宏北的《女真族所建立的金上京会宁府》深入探讨了金上京的地理位置、皇宫布局、"白城"称谓、建制沿革以及金上京城的修建过程及其主要建筑等重要问题。②伊葆力在实地考察了金上京故址周边的金代遗迹后,发表了《金上京周边部分建筑址及陵墓址概述》,对祭天坛址、社稷坛址、皇武殿址、宝胜寺故址、护国林与嘉荫候庙址、老营寺院址、松峰山道教遗址、金太祖完颜阿骨打陵址、胡凯山和陵遗址、桦皮陵墓址、石人沟陵墓址、吉兴陵墓址、上擂木陵墓址、响水陵墓址、西山陵墓址、长胜陵墓址、保安陵墓址等十余处遗址作了详细的调查记录,并进行了初步考证。③段光达的《金上京遗址》介绍了金朝各个时期对上京城的营建,用文学笔法叙述了上京城的兴衰始末。④

在金上京的城市布局上,目前主要有三种观点:第一种观点认为金上京形制受辽上京的影响。王禹浪认为,"金上京城修建时的整体布局,已经脱离了汉唐以来皇城的宫殿区位于城区偏北,且坐落在两翼对称的中轴线上的传统筑法。并与渤海国上京龙泉府城池的整体布局,有着浑然不同的风格。金上京城南北二城的布局,以及中间的隔断式的城垣结构,自西向东流淌的河流方位,都呈现出辽上京城的风格特征,透视出金上京城的修建可能深受辽上京城的影响。"⑤ 韩锋认为,南北二城外郭形制在太宗时期已定型,因而上京城的规划设计是受辽上京临潢府影响的。⑥ 第二种观点认为是受北宋都城汴京影响,李士良《金源故都——上京会宁府》和孙秀仁的《金代上京城》认为金上京是仿照北宋汴京建成,

---

① 王旭东:《中国境内金代上京路古城分布研究》,吉林大学硕士学位论文,2005年。
② 王禹浪、王宏北:《女真族所建立的金上京会宁府》,《黑龙江民族丛刊》2006年第2期。
③ 伊葆力:《金上京周边部分建筑址及陵墓址概述》,《哈尔滨学院学报》2006年第3期。
④ 段光达:《金上京遗址》,《文史知识》2007年第2期。
⑤ 王禹浪、王宏北:《女真族所建立的金上京会宁府》,《黑龙江民族丛刊》2006年第2期。
⑥ 韩锋:《金上京城市建设》,《黑龙江史志》2010年第15期。

布局与汴京基本相同。① 李建勋认为金上京南皇城北汉城的布局是因袭中原王朝前朝后市的规划。② 第三种观点认为金上京的布局同时受辽上京和宋汴京的影响，景爱认为，金上京形成的工商业区、官署区、宫殿区，模仿了北宋汴京城，但南北城布局，则取法于辽上京，是辽朝南、北分治的两重政治体制的延续。③ 郭长海认为，上京城的规划设计者是久居于辽的汉人卢彦伦，他熟悉辽朝的京都建制，尤其了解辽上京临潢府及辽帝"捺钵"行宫，他被委任知会宁府新城事，规划和设计金上京会宁府，在接受辽上京临潢府模式影响的同时，也受到中原地区城市、特别是北宋都城规划和设计思想的影响，是模仿宋、辽京城形制而筑的。④

（五）黑龙江流域辽金古城建置与沿革

王禹浪的《金代黑龙江述略》一书中的专门设有一章："金代黑龙江地区的行政建置"，对金代会宁府、肇州、胡里改路、蒲峪路、会宁县、曲江县、宜春县、始兴县及乌古迪烈统军司，以及涉及的部分金代的猛安谋克的地望进行了考证。⑤ 程妮娜的《古代中国东北民族地区建置史》一书，论述了辽金时期东北民族的地区建置。尤其是对辽金西北部的乌古、敌烈、阻卜的地望都有论述⑥。李薇《关于金代猛安谋克的分布和名称问题——对三上次男先生考证的补订》一文，结合历史文献和近些年的考古资料，对日本学者三上次男先生考证的猛安谋克做了补充。三上次男先生共考证了一百三十八个猛安，四十个谋克的名称。李薇则又补充了二十六个猛安和一个谋克，但当时谋克的数量多达一千七百八十六个，对于这些剩余猛安和谋克的名称和分布还有待于深入研究。⑦ 刘丽萍的《金代猛安谋克在黑龙江地区的主要分布》一文，介绍了上京路及下

---

① 王禹浪、寇博文：《近三十年金上京研究综述——金上京考古发现与文物研究综述》，《哈尔滨学院学报》2015 年第 10 期。
② 李建勋：《金上京史话两题》，《黑龙江农垦师专学报》2000 年第 4 期。
③ 景爱：《金中都与金上京比较研究》，《中国历史地理论丛》1991 年第 2 期。
④ 郭长海：《金上京都城建筑考》，《哈尔滨职业技术学院学报》2000 年第 1 期。
⑤ 王禹浪：《金代黑龙江述略》，哈尔滨出版社 1993 年版，第 41 页。
⑥ 程妮娜：《中国古代中国东北民族地区建置史》，中华书局 2011 年版，第 224—245 页。
⑦ 李薇：《关于金代猛安谋克的分布和名称问题——对三上次男先生考证的补订》，《黑龙江文物丛刊》1984 年第 2 期。

辖蒲与路、胡里改路、恤品路。其中上京路目前所知的十二猛安、五谋克。蒲峪路已知二猛安、四谋克，胡里改路已知有二猛安、一谋克。恤品路已知有七猛安、一谋克。其中大部分猛安和谋克的名称及分布地区都是根据这些年大量的猛安、谋克官印的发现而确定的。此外，该文还对黑龙江地区金代的猛安谋克做了列表。① 李昌宪的《金代行政区划史》对金代各断代年限的路州县沿革进行了综合考证。②

综上所述，目前有关黑龙江流域辽金筑城的研究主要集中在历史地理、行政建制、建城时间、古城名称的问题上。但关于黑龙江流域辽金筑城的综合研究成果还较为有限，视野和研究思路也有待进一步开阔和提升，从古城分布、古代交通、古代城镇化、民族融合、宗教文化、行政建制等视角出发研究这一地域的辽金时期的城市经济与社会则是今后的主要任务和学术方向。

第二节　黑龙江流域辽金古城分布与研究
——以"金源地区"为中心

一　金朝国号与"金源文化"的概念

自20世纪90年代以来，在以哈尔滨市阿城区为中心的金史研究者们的大力宣传和积极推动下，"金源文化"一词已为广大民众及社会各界所接受。其应用范围之广，应用速度之快，应用的效益之大都是前所未有的。在二十多年的时间里，黑龙江省、哈尔滨市、阿城区三级政府在颁发的文件中，提到的"金源文化"就有不下数百份之多。金源文化的概念不仅深入人心，并已作为立法的形式被省、市、区三级人代会确定下来。二十年前，"金源"一词只是作为历史的名词概念深深地被掩埋在多达100余卷的《金史》文献中，只有少数几位学者知道"金源"一词的用意和其历史语言的产生背景。"金源"一词从《金史》中解放出来，并

---

① 刘丽萍：《金代猛安谋克在黑龙江地区的主要分布》，《黑龙江农垦师专学报》1996年第3期。

② 李昌宪：《金代行政区划史》，上海古籍出版社2015年版。

得以复合为"金源文化"一词而得到广泛传播,则是发生在1992年的春季。当时,哈尔滨市社会科学院为准备与阿城市政府、黑龙江省农垦师专(今哈尔滨师范大学阿城分校)联合召开了"首届国际金史学术研讨会",由哈尔滨市社会科学院地方史研究所王禹浪研究员首次正式提出"金源文化"概念。这一倡议很快就被阿城市政府及阿城金史研究者们所接受。从此之后,哈尔滨市与阿城市的金史研究者们,从地域的角度欲论金史,必欲从金源文化谈起。金源文化不仅代表着金一代的黑龙江地方史,更代表着黑龙江人的一种文化理念。尤其阿城人把金源文化当作一种"地母文化"来看待、欣赏和研究,并尽可能把自己的思想和情感以及少有的那种历史情缘与800年前的"金源文化"相联系,用其超乎寻常的激情与热情来关注金史中的"金源文化"。哈尔滨与阿城人从一开始就没有把自己束缚在所谓纯粹的学术研究中,而是一直抱着"学以致用"的原则,努力将金史研究及"金源文化"研究同振兴乡邦文化,启迪地方人文心境,思考经济腾飞之路相贯通。因此,金源文化才得以被各级政府和社会各界所接纳和认可。

我们从"金源文化"一词的诞生过程中,可以深刻地感悟到一个概念和一个名词出现的背景,既是历史的积淀,更是时代召唤的产物,这就是"应运而生"的道理。然而,金源文化绝不仅仅是一种学术名词,或时髦的词组,它从诞生之日起就已经转化为具有实用价值的地域文化符号。也就是说"金源文化"这一特殊的具有历史意义的地域文化符号,已经转化为振兴地方经济的助推器。阿城区政府一直把"金源文化"作为一个最重要的环节加以利用,便是这种历史转化为现实的最有力的证明。也就是说,阿城人民已经把自己最盛大、最隆重的节日定位于"金源文化",这对致力于金源文化研究的学者们来说的确是一件幸事。金源文化节的定位,可以说是哈尔滨人与阿城人长期以来对金源文化研究、宣传的结果。这也充分显示了金源文化的研究方向必须走"学以致用"的道路。无疑,这也是使我们的地方史研究和断代史、区域史的研究走出困惑、大胆创新、勇于实践的光明之路。如今,金源文化已成为一种家喻户晓的哈尔滨地区的古代文化概念的标志。因为阿城已经不属于单列的县级市,而是哈尔滨市所辖的一个区级政府。此外,金源文化是作为满族先民女真人所创造的一种具有地域文化特征区域文化。然而，何谓金源文化？"金源"的含义是什么？金源文化的内涵、性质、范畴究竟应如何解释？等等，诸如这些学术问题，都有待于我们冷静的思考和不断地深入研究。

12世纪初，崛起于白山黑水间的生女真完颜部，在其首领完颜阿骨打的率领下，于1115年正月在今哈尔滨市东南阿城区南郊的阿什河畔称帝建国，并确立了大金国号。阿骨打之所以采用汉语译名，以"金"为国号，是具有特殊的理由和意义的。许多文献都说明了阿骨打选定"金"这一名号的政治目的。

众所周知，辽国以镔铁为号，镔铁虽坚，终有销坏之时，唯金一色最为珍宝，不变不坏，故而取国号"大金"。然而，这仅仅是"金"国号的政治目的，并非是"金国"国号的本义。北宋人徐梦莘在其所编著的《三朝北盟汇编》一书中曾有如下记载："女真人取金为国号的献议者，是出自于辽国的旧臣，即投降阿骨打的渤海人杨朴。他向阿骨打等人献议时说，'女真人完颜部的发祥地有水，名阿禄祖（阿勒楚的同音异写），其本义为金，以水产金而得名，故当以此为国号'。"①

金朝国号起源于女真本土的水产金之说，这符合"人杰地灵、地育圣祖"的心理背景，"金"作为一种神圣的象征，这是一个激动民族之心的名号象征。"金"在"金、银、铜、铁、锡"这五种金属中居首位，"金"能克铁，而"辽"之国号乃为镔铁之意，因此，女真人取"金"为国号当有必取代辽国，或克灭辽朝之深刻含义。这是按照传统的中华故土上的阴阳五行德运图说的相生相克的原理所得出的结论。

阿禄祖水就是清代的阿勒楚喀河，亦即金代的按春水，这条水由于汉语译音的不同曾被同音异写成"按出虎""安出浒""按春水""按车骨""阿术浒""阿禄阻""阿勒楚"等，现写作"阿什河"。今阿城这一地名就是根据阿什河而得名，所以阿城的本义应译作"金城"，因为"按春""按出""阿术""阿什"均为女真语，译成汉语为"金"的意思。

---

① （宋）徐梦莘：《三朝北盟会编》，上海古籍出版社1987年版。

按春水、阿什河的直译即为"金河"或"金水"之意。今北京市天安门前有金水河，金王朝曾在北京市建都。有人考证此金水河可能是女真人在当年由阿什河畔迁都北京后，地名随之侨置于此，以后又经元、明、清沿用至今。因为在金王朝以前的历代王朝的宫城之南很少有金水河之称，所以，今北京天安门的金水河可能源于金代。

女真人根据水名而将国号名金。不仅如此，还把整个阿什河流域看作金国的肇兴之地，故又有"金源"之称。《金史·地理志》载："上京路即海古之地，金之旧土也，国言金曰按出虎，以按出虎水源于此，故曰金源，建国之号盖取诸此。"[①] 女真人入主中原建都燕京之后，遂将今阿什河流域称为"金源内地"。所谓"金源内地"，概指金朝发源于此，而"内地"即为故地，是指金朝南迁后将政治中心确立于燕京之后，反思故里，回溯历史的一种怀旧心境的表露。因此，金王朝还相继册封了一些出身于金源内地的女真贵族，如"金源郡王"、金源郡国夫人等。又如金源郡王完颜娄室、金源郡王完颜忠、金源郡王完颜希尹等，都被冠以金源名号。此外，生活在金上京周边的人，还常自喻为"金源某某"，在阿城金上京故址出土的"宝严大师塔墓誌铭"就有"金源荣昌"的字样，而在阿城市东北松峰山金代道教遗址中出土的曹道士碑中则有"金源杨土才刊"的字样，说明金源一词已被广泛应用。在今黑龙江省、吉林省，以及俄罗斯滨海边疆区所辖的地域内，保留有大量的女真贵族金源郡王的墓葬。1986年前后，在今哈尔滨市与阿城区、宾县的三角地带，发现了一座巨大的女真贵族金源郡王的夫妇合葬墓，墓葬中出土了大量金银器、丝织品及玉器等代表生前奢华生活的物品，其中最为引人瞩目的则是在巨大的石棺上面摆放着的银质鎏金牌，上面嵌刻着"金源郡王完颜晏"的字样。此外，在今阿什河流域还出土了大量刻有"金源"字样的铜镜与碑刻。由此可见"金源"一词早在金代即成为官方对今阿什河流域和拉林河流域的定称。所谓的金源文化，不过是今人从历史与文化地理的角度对今天上述地区内的金代文化的总称。金源文化无疑也是作为以阿什河流域、拉林河流域为中心地区曾经辉煌过的金代文明的代

[①] （元）脱脱等：《金史·地理志》，中华书局1975年版。

表，应该说这是哈尔滨或阿城人的骄傲。更为确切地说，它是一种流域文明，是与江河之水域密切相关的一种文化。当代人将这种历史上的文明统称为文化，并附加在金源一词之后，因此也就有了"金源文化"一词。目前，金源文化已成为众人熟知的词汇。岂不知，这一词汇是古人与今人的复合之作的结果。那么，什么是金源文化呢？金源文化的物质基础究竟是什么呢？这是我们必须要加以回答的问题。

我们认为，要想弄懂什么是金源文化，首先要弄清金源文化的内涵。根据金源文化的内涵才能准确科学地为其定义。有些人喜欢从地理区位的角度为其定义，有些人则从流域文化的角度或历史地名角度为其定位，更有学者从历史行政区划上和民族文化特征的角度为其定位。由于众多的学者从不同的角度理解金源文化的内涵与实质，于是就产生了各自不同的为金源文化定位和界定的理论与观点。迄今为止，有关金源文化的内涵、性质、范畴与概念的界定与定位十分繁杂和混乱。现将其中有代表性的观点兹列如下。

金源文化学者李建勋认为："金源文化，是指 11 世纪至 12 世纪中期以金上京为中心地域的女真民族文化。金源文化保持着女真本族的文化特质，同时又先后吸收契丹、渤海、汉族文化而形成的具有统一的、多元的、过渡的特色文化。与当时的女真族在政治上、军事上的崛起相适应，文化上也呈现出急剧整合的状态。以海陵贞元迁都为界限，前者为金源文化时期，后者则为金代文化时期。金源文化的地域代表类型是金上京会宁府文化；金文化代表类型是金中都及河东南路平阳府地区的文化。"①

我们认为，李先生的上述金源文化观的地域定位，具有一定道理的，但是他将金源文化界定在海陵迁都前后的观点，则是值得商榷的。他认为金源文化是指 11 世纪到 12 世纪中叶，也就是说他把金源文化的初始时间确定在女真族建国前夕的一个世纪。我们认为金源文化应该从金朝确立国号开始直到金朝灭亡。更明确地说，在有金一代的历史上，作为金

---

① 转引自王禹浪《论金源文化》，载于鲍海春、王禹浪主编《金史研究论丛》，哈尔滨出版社 1995 年版。

源故地的一方水土，围绕着金上京为中心的城市文明和文化就是属于金源文化。金源文化不是金代文化，他是金代文化中以金上京为中心的一种极为特殊的区域文化。这种区域文化，必定要有一个文明中心作为它的文化代表，那就是金上京的都市文明。实际上，就文化而言，金上京文明是一种复合文化现象，毋庸置疑的多民族文化的复合体。所以从这个意义上说，它也不是仅具有女真民族文化特性的一种文化。

其次，李成先生则认为，所谓金源文化，"即指以今阿什河畔的金上京会宁府遗址为中心的黑龙江区域内，以女真族为主体兼容周边北方渤海、契丹等族和汉族文化形成的金朝的区域文化，亦即以金源为中心的金初文化向中国北方辐射，对中国南方乃至东北亚产生较大影响的文化。"①

我们认为，金源文化是指金源故地以金上京为中心的一种区域文化的复合体，它不应包括黑龙江的整个区域。这里必须指出的是，所谓的黑龙江区域，究竟是指当代的黑龙江省的行政区域呢，还是指整个黑龙江流域而言呢？无论怎么说，金源文化绝不能包括整个黑龙江流域和当代黑龙江省的行政区域。因为黑龙江流域的概念非常之广泛，包括的地域十分辽阔，今天的松花江、嫩江、牡丹江、乌苏里江、结雅河、石勒喀河、哈拉哈河、克鲁伦河、额尔古纳河等流域均属于黑龙江流域的概念。所以，若以黑龙江流域为范围来确定金源文化，则是一种夸大的说法。此外，若指黑龙江省而言似乎又有些偏狭，因为金源文化的范围还包括拉林河与伊通河流域。因此，"金源文化是指以今阿什河畔的金上京会宁府遗址为中心的黑龙江区域内"的观点显然不妥。

李秀莲同志则认为："金源文化是人类文化的组成粒子，它具有一般文化的共性，构成宽泛而复杂，囊括了以女真民族为核心的诸多民族所创造的物质文化、精神文化并把创造文化行为包括在内。金源文化作为具体的、客观的文化存在深受自然环境影响。""金源文化首先是因地而定名的，金源文化的原生地就是金代发源地的文化。""金源与封号连带昭示着荣誉与尊崇，这是'金源'超出地名的又一层含义……把爵位与

---

① 李成：《"金源文化"简论》，《社会科学战线》1999 年第 2 期。

'金源'列齐已表明女真人追思文化源头的意蕴。"① 李秀莲同志对金源文化原生地含义上的界定，无疑是有积极意义。

靳庶田先生认为："金源文化，是满族先世女真人在其发祥地按出虎水所产生的以游牧渔猎和征战为主要特征，后来又融汇了汉文化的多民族多元文化。小而言之，包括以按出虎水（今阿城地区）为核心的'白山黑水'间的那种以女真完颜部为主体的北方少数民族文化；大而言之，则包括秦岭、淮河以北金朝统治区内以汉文化为主体又独具女真特色的多民族文化。"靳庶田先生还进一步说明："狭义地讲，金源文化是以按出虎水（今阿什河）流域为核心，广泛吸纳白山黑水间各民族文明成果又独具女真完颜部特色的北方游牧渔猎耕战文化；广义地讲，金源文化是金朝统治区内各民族大融合的中华共同文化。前者指以女真本土特色为主流的地域文化，后者指不断被汉化了的渐失女真本色的南北合璧文化。金源文化主要包括基础文化、民俗文化、宗教文化、经贸文化、历史文化和军政文化等。"②

我们认为靳庶田先生的狭义和广义说的金源文化都有些过于宽泛，无论就地域和内容而言，都显得空阔，给人一种金源文化有空中楼阁之感。明显看得出来，靳庶田先生是想把所有的中世纪发生在中国东北和华北地区的文化全部包容在内，并从无限时空中寻找尽可能不遗失的金源文化因素，结果恰恰相反，这种金源文化观愈发令人不解。必须指出的是，靳文还将女真人的所有生产和生活方式以及经济形态也包括在内，把渔捞、农耕、畜牧、狩猎、采集、征战都囊括其间的做法，实则为画蛇添足。

关伯阳先生认为："金源文化是以女真族传统文化的底蕴，广泛吸纳和融汇了中原文化及其他民族、部族文化中的优秀部分，而形成了自己独具时代和地域特点的新北方文化。它是以金上京所在地的阿什河流域为中心形成的，其影响涉及东北乃至中原，但主要影响仍在黑龙江南部和吉林北部。从时间上说，是指完颜部定居安出虎水流域至海陵迁都，

---

① 李秀莲：《略论金源文化的自然意识》，《黑龙江农垦师专学报》1999年第4期。
② 转引自王禹浪《论金源文化》，载于《金史研究论丛》，哈尔滨出版社1995年版。

近百余年所形成的统一多元的过渡型文化。"①

关伯阳同志所界定和理解的金源文化具有一定的说服力,尤其是他把金源文化的地域概念界定在黑龙江南部和吉林北部的做法令人信服,因为这一地域概念大体与金上京会宁府所辖的地域相同。然而,关伯阳同志所提到的"新北方文化"及金源文化的出始时间则是值得深入推敲的。

总之,有关金源文化概念的界定,无论在时空上,还是地域的狭义和广义方面上都存在差异和不同的解释。我们认为:关于金源文化的概念,如果从狭义地理范畴方面去理解的话,金源文化的概念应是以阿什河流域为中心,并以金上京城的都市文明为核心,包括今拉林河流域、呼兰河流域、松花江中游左右两岸。其范围大致是:东至牡丹江、西至第二松花江右岸,北至呼兰河上游,南至吉林市地区。这一地域正与当时金代上京会宁府行政区划所辖的地域大体相当,这是狭义金源文化的空间概念。而广义的金源文化概念,则是以金上京路所辖的区域为范畴,包括今乌苏里江以东的滨海边疆区,松花江下游左右两岸的流域以及嫩江流域,甚至可以包括黑龙江下游地区,这一广大区域也是金代金源郡王的分布区。关于金源文化的时间概念,我们认为它既不等同于女真族文化,也不能等同于金代文化。从时间上看,金源文化应起于金朝建国初期,并一直延续到金朝的灭亡,在金源地域内所发生、发展的金代文化,以及与之相关的人物和历史事件等都属金源文化的范畴,这就是金源文化的时间概念。

我们认为,金源文化的时空概念依如上述,只有在明确了金源文化的时空概念后,我们方能不断地研究和发现它的内涵与文化性质。从金源这一地域所发现和出土的大量文物及文字记录中,我们不难看出:金源文化总体特征是一种多元多流文化的复合体。说明以女真族为统治民族的金王朝在致力于自己的政治统治的同时,对各种先进的文化都表现出了无限崇拜和渴求、占有的欲望。致使在金朝初期的短时间内,女真人能够将原来文化荒漠的阿什河流域迅速转变成了高度发达的文明区域。

---

① 转引自王禹浪《论金源文化》,《金史研究论丛》,哈尔滨出版社 1995 年版。

无论这种转变是以什么方式来完成的，但它毕竟是一种把荒凉改变成为文明的一种转换，并且使这种文明一直在这里延续了近一个多世纪。今天在金上京周边所出土和遗留的众多的文化遗存，都是金源文化的代表。我们从中不难发现，在八百年前这一地区的文化成就是多么的发达，无论是宗教、音乐、诗歌、文字、艺术、雕塑、碑刻、铸造、建筑都显示了古代社会的都市文明空前繁荣的程度。承载着金源文化的历史丰碑，其实就是那些沉睡在金源大地上的女真人的筑城。因此，考察金源文化一定要从认识这些筑城的历史文化遗迹中开始。

二 女真族建立的金上京会宁府

（一）金上京城的位置及其名称的演变

在哈尔滨市东南25千米处的阿什河畔，有一座用夯土修筑的高大雄伟的古老城池，当地群众称之为——"白城"。这就是公元12世纪初，称雄于白山黑水之间由女真族所建立的大金国第一都，史称"上京会宁府"的故址。至今，用黄色黏土夯成的厚重的城垣轮廓仍巍然耸立着。整座城池的周长为11.5千米，古城的整体布局分为南北二城，呈横竖相对之势，南城为横向排列，北城为纵向排列。在南北二城纵横相交之处，又修筑一道城垣隔断了南北二城。位于隔断南北二城的城垣北侧，有一条自西向东流淌的河流，疑为当年人工开凿的护城河遗迹。极为特殊的是，金上京城的宫殿区既没有坐落在北城区，也没有居于上京城的中央位置，而是位于南城的偏西处。这说明，金上京城在修建时的整体布局，已经脱离了汉唐以来的皇城的宫殿区往往位于城区的偏北，且坐落在两翼对称的中轴线上的传统筑法。并与公元8世纪兴起于牡丹江流域的靺鞨人所建立的渤海国上京龙泉府城池的整体布局，有着浑然不同的风格。然而，金上京城南北二城的布局，以及中间的隔断式的城垣结构，自西向东流淌的河流方位，都呈现出辽上京城的风格特征，透视出金上京城的修建可能深受辽上京城的影响。所不同的是辽上京城的宫殿区建在北城区，而金上京城的宫殿区则修筑在南城区。

如从地理环境方面观察，金上京城位于松嫩平原的东端，松花江与阿什河（《金史》称按出虎水）交汇处的大三角地区。这里由于地近张广才岭山区,地势已经由广袤平坦的大平原过渡到丘陵和浅山区地貌特征。起伏的地势犹如波浪围绕在金上京城的周围,而上京城就选择在较为平坦的阿什河西岸的台地上。金上京城的东侧就是《金史》中所称的按出虎水(汉译为"金水河"),所谓的"金源"即取义于此。长白山的余脉张广才岭由南向北横亘在金上京城的东部,并成为金朝初年的皇陵区和贵族墓地。女真人之所以选定这里为其统治中心,不仅具有深刻的民族文化的根脉之恋,更是考虑到进可攻、退可守的战略地势。西进,可直捣辽之上京、中京和东京;东撤,可隐入莽莽林海之中。

女真人凭借自己的聪明才智,从阿什河(按出虎水)畔起步,走出白山黑水,完成了灭辽、亡宋,定鼎中原建立大金帝国的伟大基业。然而,在此后800多年的沧桑岁月中,金上京城的真实名称伴随着昔日的辉煌一起被掩埋在历史的长河里。12世纪初,在阿什河畔诞生的都市文明,于13世纪被蒙古的铁骑踏平后,金上京城的名称就随之销声匿迹于荒野之中,直到19世纪末期,金上京城的名字才被人们从尘封的历史中发现和重新确认。

然而,长期以来金上京城又何以被群众称之为白城呢?关于"白城"称谓的来历,在民众和学者之间曾经有过很多的议论。一种观点认为,白城之名源于女真族的尚白习俗。这种观点最早见于清人萨英额所撰的《吉林外记》:"阿勒楚喀(今阿城市)城南二里许,有金显祖建都故城,俗称白城。"① 萨氏所称的金之显祖,应为献祖之误。因为《吉林外记》成书于清道光初年(1821—1850),所以我们可以确定"白城"之名,当始于道光初年以前。萨氏虽然在《吉林外记》中,指出了金上京城的俗称为"白城",但是却没有对为何称之为"白城"的原因作任何解释。直到清朝末年,著名的历史地理学家曹廷杰先生,在其所撰写的《金会宁府考》一文中对白城之名的来历进行了解释和考证。"至白城之名,虽史无明文,然据《金太祖实录》云:辽以镔铁为号,取其坚也。镔铁虽坚,终有损坏。惟金一色,最为真(珍)宝。金之色白,完颜色尚白,故呼

---

① (清)萨英额:《吉林外记》,卷二,光绪乙未五月渐西村舍刻本。

此城为白城。"①

曹廷杰先生的观点，得到了近代学者金毓黻的支持，他在所撰的《东北通史》一书中，对曹氏观点进行了补充和论证："曹氏所说，当属可信。余在会宁故城，见一家墙垣，以金代旧砖砌成，远望一如白垩，始悟白城之名，得义于此。盖当金世及其亡后，此城内之垣墙，无不色如白垩，故以白城呼之也。余至大宁故城，见其补葺之塔悉用白垩，是即金代遗制而流传至今者。辽宁省之洮安县，旧称白庙子，而东北一隅，地以白庙子名者，更不知凡几，亦缘金代以来之庙，悉用白垩。大抵白城、白塔、白庙者，悉起于金代，即缘完颜氏国号金之色，尚白之故也。"②

曹廷杰所说的"白垩"，实际上就是涂抹在墙壁上的白色石灰，这种使用白石灰涂抹和粉刷墙壁的做法，早在公元 8 世纪前后就已经在东北地区的渤海国中得到了应用。到了辽金时期，则尤为盛行。根据目前在金上京地区出土的大量青砖瓦砾上所发现的白灰痕迹，可以证明曹氏的这种推断有其一定的道理。

除此之外，对金上京城称谓还有"败城"的称呼。1927 年，日本学者鸟居龙藏在对金上京城进行实地考察时，就记录了当地群众称上京城为"败城"的称谓。③ 显然，"败城"之名是来自于对历史知识的幼稚，他们对金上京城屡遭破坏史实的认识较为模糊，并得出了"败城"的概念。当然，这也不排除"败城"与"白城"中，"白"与"败"字音同而义不同的相互音转关系。

另外，20 世纪俄国学者多尔马乔夫根据金上京城是由南北二城组合而成的特点，认为"在北者为旧城，在南者为新城。土人谓北城曰败城。中国人的习惯，对于前朝使用之城，有不复用的迷信习惯，并将此种不用之城视为败城。这种观点与国语中'败北'一词的含义相吻合。"然而，人们并没有坚守住这种传统的观念，而是终于打破了传统习惯的束缚，

---

① 曹廷杰：《金会宁府考》，见《曹廷杰集》，中华书局 1985 年版，第 166 页。
② 金毓黻：《东北通史》，《社会科学战线》杂志社 1980 年版，第 407 页。
③ ［日］鸟居龙藏：《满蒙古迹考》，商务印书馆 1933 年版，第 139 页。

将房子盖进了金上京城里。金上京城内在清朝末年开始出现了村屯，并逐渐形成了今日的所谓白城村落。昔日辉煌的金上京故城，成为阿什流域最适宜农耕的膏腴之地。往日曾经繁荣一时的宫殿、官衙和城坊市井，均被开辟为农田与阡陌。人们在耕作的同时，还能够偶尔在城市的废墟上发现和采集到历史遗物。

总之，作为历史上的金朝第一座都城——金上京城会宁府的称谓，正史的记录与民间的俗称有着很大的差别。人们已经习惯了"白城"的称呼，而对于学者们极力想纠正的金上京城和会宁府的称谓则不以为然。有关白城、败城、北城的民间传说故事，在朱国忱先生所撰写的《金源故都》[①]、景爱先生所撰写的《金上京》[②]两书中，均有详细描述。

其实，金上京城在正式修建之前，也就是完颜阿骨打称帝之时，这里就已经有上京、京师、国都等名称。与此同时，阿骨打的居所还被称为御寨、太子庄等。根据宋人所撰写的《三朝北盟汇编》等书的记载可知，作为女真人的早期政治统治中心，有时被称为"国相寨"或"皇帝寨"。这些称号出现如此之多的现象，表现了金初制度由草创逐渐向成熟转化的历史征兆。

(二) 金上京城的建制沿革

目前，有关金上京会宁府称号的起始时间等问题，学术界有不同的解释。一种观点认为，金上京称号的起始时间是在金朝的天眷元年（1138），即金朝的第三位皇帝，熙宗完颜亶登基之时，也是金朝的"五京之制"完备的历史阶段。另一种观点则认为，金上京称号始于金太祖完颜阿骨打天辅六年（1122）。导致这两种观点出现较大差异的直接原因，是因为史料的记载不同。研究金上京城的营建时间和金上京会宁府的称号等问题，有三部史料是非常重要的。其一，成书于南宋时期的《大金国志》；其二，南宋人徐梦莘所撰写的《三朝北盟汇编》；其三，元朝脱脱等人编写的《金史》。这三部史料前两部均成书于南宋，而后一部则为元朝人所编。显然，元朝所编辑的《金史》要晚于南宋，而《大金

---

① 朱国忱：《金源故都》，北方文物杂志社1991年版，第17页。
② 景爱：《金上京》，生活·读书·新知三联书店1991年版，第9—11页。

国志》与《三朝北盟汇编》两书诞生于南宋，是与金朝同时代的作品，其可信度和史料的原创性价值都是《金史》所不可比拟的。

金朝的第一位皇帝完颜阿骨打于1115年，在阿什河畔的皇帝寨登基，开创了金朝120年历史的基业。所谓的皇帝寨实际上就是女真人草创时期的政治统治中心，也就是金朝京城的雏形。据《大金国志》载："天辅六年春，升皇帝寨曰会宁府，建为上京，其辽之上京改为北京。"所谓的辽上京，即指辽朝的首都上京临潢府。说明早在金太祖完颜阿骨打时期，皇帝寨就已经升为上京。在此之前，天辅四年（1120），女真军就已经攻下了辽朝的上京，因此辽朝的上京改为北京是非常必要的。与此同时，金政权又将辽朝的平州改为南京，辽阳则因袭辽朝旧制仍称为东京，云州（今大同）则在阿骨打死后成为金朝的西京。从金太祖完颜阿骨打到金太宗吴乞买时期，由于金朝的疆域不断扩大，其"五京"的位置也随之发生了变化，加之历史文献的记载相互抵牾甚多，因此造成了金初在金上京与辽上京的称谓上有相互混淆的现象。然而，如果按照《金史》的记载，则与《大金国志》截然相反。

金朝的第二位皇帝金太宗完颜吴乞买登基不久，就把会宁府改为会宁州。据《金史》记载："初为会宁州，太宗以建都，升为府。"并于天会二年（1124），开始修筑皇城与宫殿。这是我们依据文献所能够知道最早的修建皇城的日期，直到太宗死去，也未见将会宁府升为上京的记录。这里的"初为会宁州……后升为会宁府"的记载与《大金国志》中的"升皇帝寨曰会宁府"的记录相互抵牾，究竟是先称会宁府呢？还是先称为会宁州？这是金初历史研究中值得注意的问题。

目前，学者们普遍认为，金上京城的正式称谓应该从金朝的第三位皇帝金熙宗完颜亶的天眷元年算起，据《金史·熙宗纪》记载："天眷元年八月，以京师为上京，府曰会宁，旧上京改为北京。"这里所说的"旧上京改为北京"显然是与《大金国志》中关于天辅六年改辽上京为北京的记载相混淆，当不足为信，而"以京师为上京"的记录则是对太祖天辅六年的改为上京之号的重复。笔者赞成金上京的称号始于金太祖时期的天辅六年，而并非起始于金熙宗的天眷元年。总之，关于金上京称号的起始时间的问题，还有待继续研究。其实，如果仔细地审视《金史》

的记载，我们不难发现，在金熙宗时期，金朝的京府制度已经相当完备。除了把会宁府称为上京，临潢府（辽上京，今内蒙古赤峰市巴林左旗）称为北京外，辽代的中京大定府（今内蒙古赤峰市的宁城）、东京辽阳府、西京大同府、南京析津府的京号依然存在着，也就是说金朝的熙宗时期曾经有过六京制度。其中，金朝在上京、西京、东京均设有皇帝的宗庙、寝殿、御容殿等，说明金朝的西京与东京都处在陪都的位置上。

金朝的第四位皇帝，海陵王完颜亮弑熙宗登上宝座后，于贞元元年（1153）将金朝的都城迁往燕京（即今北京），燕京的地位则从金朝南京的位置升为中京，而开封府则升为南京。1157年，上京之号被削去。海陵王为了实现自己的政治抱负，不仅强行迁都，还把原来金上京之地的祖庙、家庙、宗室、陵寝、宫殿、包括太祖、太宗的陵墓尽数毁掉，并将除熙宗之外的列祖列宗的陵寝全部迁往北京的大房山地区，辟建了新的陵墓区。与此同时，金上京城及其周边地带的女真族的祖庙等都遭到了空前的破坏。不过，这种破坏不是来自于战争和邻族的入侵，而是来自于女真贵族内部的政治斗争。近几年来，北京地区的考古工作队，在大房山的金朝皇陵区进行了一系列的发掘工作，太祖阿骨打的皇陵已经被挖掘出来，出土了精美绝伦的汉白玉的巨型龙凤呈祥的石棺和大批玉雕饰品、金银器、丝织品等文物，令人叹为观止。

1157年，金上京之号被削去后，海陵王在这里只设有上京留守司，由会宁府尹兼任。同时还削去了上京路的设置，改为会宁府路。上京路是金朝19路中最大和最东北部的路，它所管辖的范围大体包括今天的俄罗斯远东、中国的吉林、黑龙江两省。同时遥领辽东半岛上的金州女真人，又称曷苏馆路。

1173年，即金朝的第五位皇帝金世宗完颜雍登基后的第13个年头，诏令天下"复以会宁府为上京"，恢复了金上京之号，上京城升为陪都。撤销会宁路，改为上京路，重新设置会宁府，下设会宁、曲江、宜春三县。自此，上京之号一直沿用到金朝的灭亡。金世宗与金章宗时期，都在金上京设置了重要的诸司机构，如上京都转运司、上京按察司、上京留守司、上京提刑司、上京宣抚司等。金朝末年，在金上京还设置了重要的机构，如上京行省和上京行元帅府。行省是金朝三省六部中的尚书省派出机构，亦即代行尚书省的职权，称作行尚书省，简称为行省。金朝末年，由于内忧外患的加剧，金朝在全国先后设置了近50多个行省。近30年以来，在东北地区出土了20多颗金代上京行省所颁发的官印。金朝的上京行省和元帅府的最后一位地方长官，是蒲察五斤。

（三）金上京城的修建过程及其主要建筑

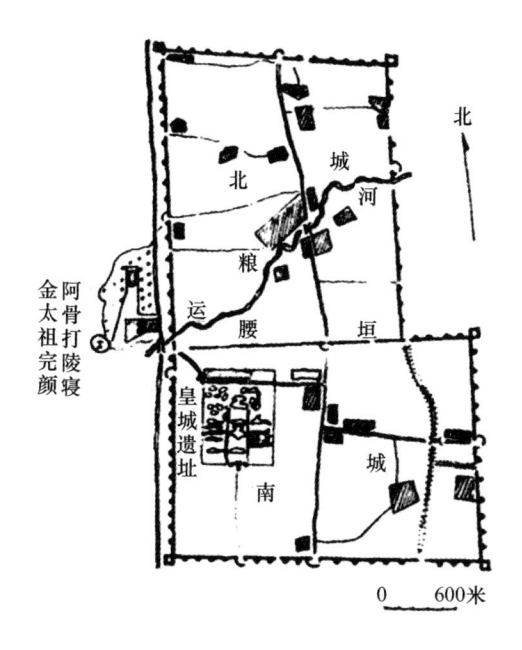

图5—1 金上京会宁府故城平面图①

金上京城第一次扩建，始于金太宗天会二年，当时负责设计修建金上京城的总设计师为辽朝降金的官吏卢彦伦。据《金史》记载：卢彦伦为临潢府人，金军攻陷临潢府后降金。天会二年，被金太宗选派为负责修建和扩建金上京城的"知新城事，彦伦为经画民居、公宇皆有法"。说明卢彦伦在修建金上京新城的民居和扩建宫城的官衙、府邸等方面表现非常出色。目前，金上京城的遗址上，只能够看到整座京城的大致轮廓。

---

① 黑龙江省地方志编撰委员会：《黑龙江省志·文物志》，黑龙江人民出版社1994年版。

南北二城中的所有建筑均已经没有踪迹可寻，如果不进行科学的考古发掘，很难辨别出哪里是官衙和府邸。唯一能够清晰可辨的就是金上京的皇宫区，以及皇宫区内的五重宫殿遗迹和围绕在皇宫区外部的宫墙痕迹。其中的皇城午门遗址高达数米，仍然耸立在田野中。有关金上京城的第一次修建、扩建的详细记录虽没有被保存下来，但是在《三朝北盟会编·许亢宗奉使行程录》中，许亢宗把目睹的金上京城修建和扩建的情景一一作了详尽的记录，这是目前所知金上京城修建过程中最早的历史记录。"又一二里，命撤伞，云近阙。复北行百余步，有阜宿围绕三四顷，北高丈余，云皇城也。至宿门就龙台下马，行入宿闱。西设毡帐四座，各设帐歇定……自山棚东入，陈礼物于庭下，传进入仪……使副上殿，女真酋数十人班于西厢，以次拜讫。近贵人各百余人上殿，以次就坐，余并退。其山棚，左曰桃源洞，右曰紫极洞，中作大牌，题曰翠微宫。高五七尺，以五彩间结山石及仙佛龙象之形，杂以松柏枝，以数人能为禽鸣者，吟叫山内。木建殿七间，甚壮，未结盖，以瓦仰铺及泥铺之，以木为鸱吻，及屋脊用墨，下铺帷幕，榜额曰乾元殿。阶高四尺许，阶前土坛，方阔数丈，名曰龙墀。"

　　许亢宗的记录清楚地告诉我们，当时金上京城皇城的修建应属草创。皇城内的宫殿址已经有"翠微宫"和"乾元殿"两座大型的宫殿建筑，其建筑材料主要是以木结构为主。包括宫殿上部的鸱吻都是用木雕刻而成，这与后来金上京出土的用陶烧制的鸱吻，以及琉璃瓦有明显的不同。尤其是宫殿上的瓦是采取了抹泥仰铺的方式而不是俯铺，这与今日黑龙江流域的许多山林中的民宅铺瓦方法相同。从皇城内的殿址名称上分析，翠微宫与桃源洞、紫极洞的名称似乎与道教有关，尤其是在宫殿内还供奉有仙人和佛像的做法，是否与儒、道、佛三教合流的宗教文化有关呢？然而，在《鄱阳诗集》中记述了汉人彭汝励曾经到过辽朝皇帝的冬季捺钵之所，目睹了辽朝行宫的布局和屋宇的名称。所谓的"捺钵"就是行宫，辽朝皇帝冬季行宫的布局与金朝初期皇城的"翠微宫"的建筑非常相近。行宫"作山棚，以木为牌，左曰紫府洞，右曰桃源洞，总谓蓬莱宫。"可见，金上京皇城内的翠微宫、桃源洞、紫极洞等建筑，均与辽朝的行宫建筑名称有关，显然，卢彦伦在营建金上京皇城的设计上，仿照了辽朝的营造制度。

金上京皇城中所见的最大殿址为"乾元殿",这是一座高出地面1米多的正殿。如参照考古发掘出来的渤海上京城的正殿遗址,几乎同出一辙。所不同的是在台阶前面还修有一座土坛,方阔数丈,十分壮观,曰龙墀,这是专供皇帝用于大典和朝见之所。乾元殿的名称明显是受汉文化的传统影响,"乾"为八卦中的首卦,乾元即代表天子登基临朝执政的处所。金太宗时期,在皇城内还建有庆元宫、听政楼等建筑。金熙宗登基不久,就重新扩建皇城和金上京城附近的皇陵区与行宫。在松花江畔(金称混同江),修建了混同江行宫。又于上京城东北群山之中的胡凯山开辟了皇陵区,而在皇城内则主要是完成了朝殿(又称"敷德殿")、寝殿(又称"宵衣殿"),书殿(又称"稽古殿")等宫殿建筑。这三组宫殿建筑,主要是用于皇帝的朝政、居所和收藏图书典籍的皇家图书馆。熙宗完颜亶是一位熟读"四书五经"和儒家经典的一代女真族帝王,他对太祖、太宗两朝在战争中所获得的辽、宋两朝的大批典籍、书画,以及历史上所保存下来的名人字画特别地珍爱,因此专门修建了这座稽古殿。天眷三年(1140),金熙宗巡幸燕京,当他看到了辽朝所修建的富丽堂皇的陪都燕京(南京)的宫殿建筑之后,感触至深。他说:"上京虽为国中,然亦难与燕京宫室相比。"于是,金熙宗又开始在上京城大兴土木,皇统二年(1142),在皇城内修建了最为宏伟壮观的五云楼、重明殿、凉殿等建筑。五云楼是一座气魄宏大的建筑,建成后金熙宗立即在这里大宴群臣,参加宴会的大臣达数百人之多,足见五云楼的庞大。今天的上京城虽然见不到这些雄伟的宫殿建筑,但是地表上的那些代表着大型宫殿建筑群的绿色琉璃瓦,以及各种青砖瓦砾、建筑饰件则遍地皆是,许多琉璃瓦上被大火烧焦的痕迹印证着历史的沧桑。

皇统三年(1143),金熙宗又命人在皇城内的宫殿之侧专门修建了佛院,即储庆寺,这是一所皇家的专门寺院,说明了当时的金朝虽然灭亡了辽、宋王朝,但是,在文化上依然选择了佛教和儒教作为支撑国家和国民精神生活中的重要依托。在宫殿之侧修建皇家佛院的做法,说明了佛教已经被女真皇室全面接受,并十分盛行。在金上京城的皇城内,除了上述的那些大型宫殿外,《金史》中还记录了熏风殿、武德殿、泰和殿等殿宇名称。这些殿宇究竟是何时修建的，尚无从考证。然而，上京城大兴土木的历史则是在金熙宗时期完成的。

三 黑龙江流域金源地区金代女真人的筑城分布

金王朝建立后，以今阿什河（金代称按出虎水）流域为中心的金源地区的政治、经济、文化都得到了迅猛的发展，尤其是阿什河流域的中下游地区城市的发展达到了空前繁荣的阶段，并形成了以金上京城都市文明为核心的金源文化。遗憾的是历史上有关金源文化的文献记载几乎是寥若晨星。然而，在金上京地区内，其地下与地上的遗存和遗物却异常的丰富，这些丰富的考古文化遗存证明金代"金源内地"文化曾经的辉煌和灿烂。根据考古调查所知，仅在今阿城区即金上京城的周边地域，包括今五常、双城、宾县、尚志、呼兰、肇州、肇源、肇东、方正、木兰、巴彦、通河、依兰、佳木斯、七台河、牡丹江，以及吉林省的扶余、榆树、九台、舒兰、长春、敦化、延吉等县市共发现金代古城 300 余座，其数量之多，规模之大，出土文物之丰富都是令人难以置信的，足见当时女真人在金源地区所创造的城市文化的繁荣程度。

目前为止，仅以阿什河流域及哈尔滨地区的周边已发现和认定的女真人的筑城就已达 170 余座，这些古城以今哈尔滨市阿城区南郊的金上京城为中心，以松花江干流为主线，其左右两岸的大小支流，如呼兰河、木兰河、阿什河、枷板河、蚂蜒河（蜿蜒河）、拉林河、运粮河、马家沟河、何家沟河均分布着大量金代古城，并形成了星罗棋布的城镇文化网络。金上京城平面呈南北横竖对接的形状，周长近 11 千米。这是目前在金源地区内所发现女真人筑城中最大的古城遗址，皇城坐落在南城西北角处。其中有大型的宫殿建筑遗址 5 处，专家们考证其中的第五大殿遗址为女真人所建的大型群晏之所的五云楼遗址。① 女真人曾以此为都 38 年，历经 4 个皇帝，现存有高大的城垣痕迹和都城城墙上的许多附属设施。除此之外，在金上京城的周边还分布着众多的女真人筑城，其周长在 1.5—4 千米的筑城就不下 100 余座。这些筑城内外出土和发现了大量

---

① 李建勋：《金上京史话两题》，《黑龙江农垦师专学报》2000 年第 4 期。

的女真人及金代文物，以及大量代表着金代早期都城文化特点的建筑饰件，如玻璃瓦、瓷砖、布纹瓦片等。走进这些古城，女真人所留下的文明碎片可谓遍地皆是，俯拾可得。从金源地区所发现的这些女真人筑城的规模和城的布局上看，这些古城构筑有高大的城墙，城垣是严格按照宋代流行的标准营造法式修筑而成。不同的等级修筑有不同规模的城墙，城墙修筑的结构与建筑材料均按照等级而划分出夯土版筑、壁成砌成（土墙外面用青砖铺砌）、石块垒砌等多种方法。在较大的筑城周边地域，还广泛的分布着大片的大型街区和宫殿式遗址，显示出金源地区的筑城文化的分布不仅局限在城墙内部，而且在城区的外部也发现了大量的文化遗存，说明女真人的筑城规模随着人口的增加和城市经济的繁荣，其城区的概念已经打破了城垣的界限。金源地区女真人筑城的分布具有鲜明的地域特征，并与地理环境和地貌特征相适应。

影响黑龙江流域金源地区女真筑城分布的主要因素，就是自然地理环境下的地貌特征与政治统治中心的作用。自然地理环境的地区性差异，自然条件的优劣以及自然资源的多寡，会影响到金源地区的筑城分布。一般来说，人们总是要选择那些气候优良、水源充沛、土地肥沃、交通便利、宜于贸易的地区来筑城。因为，在这里人们用同样的劳动可以创造出更多的财富来，同时也更易于人口的繁殖和商品的贸易。金源地区属于黑龙江流域松花江水系范畴，这一水系流经的地区，地形复杂多变，既有巍峨的高山和连绵起伏的丘陵，又有一望无际的平原。各种复杂地形的自然面貌和地理景观，构成了特殊的金源地域的风貌。同时，这种复杂的地理环境，也影响了金代女真人的筑城与分布。从地理环境上看，黑龙江流域金源地区金代女真筑城地理分布大致有如下两个特征。

其一，山地森林地带的筑城分布显得稀少而又分散。在小兴安岭山地的南部与东南部的张广才岭、老爷岭、完达山等地森林区，包括阿什河上游地区的森林地带，都零散地分布着一些女真人修筑的山城。这些山城的规模很小，相互之间的距离较远。女真人把修筑的山城大都选择在山川隘口或水陆交通的要道。显然，这些山城不是作为商业性城镇而修筑的。从山城筑有严密的军事设施上看，这些山城均具有军事要塞的性质。这些山城之所以分布在地广人稀的地方，主要是交通不便和气候恶劣的环境所决定的。尽管如此，在今天上述的深山密林中女真人修筑的山城，足以充分地证明女真人曾对这些山地森林进行了经济开发和军事利用，而并非是自古以来就是人迹罕至的地区。

其二，平原、丘陵与江河湖泊的沿岸筑城分布稠密而又相对集中。在广大黑龙江流域的金源地区，有两大平原、三大湖泊和五大河流，即松嫩平原、三江平原（又称三江湿地）；兴凯湖、镜泊湖、五大连池；黑龙江、松花江、嫩江、乌苏里江和牡丹江，这五大河流均属于黑龙江流域。上述地区土质肥沃，水草资源丰富，气候温和，交通方便，是发展农业、畜牧业、商业的重要地区。女真人在这一地区营建了数百座古城，其分布的密度远远超过了森林地带，约占金代金源文化筑城的百分之九十以上。这一地区的农业耕种面积和牧场面积，以及狩猎面积占黑龙江流域金源地区的百分之八十多。金代女真人充分利用这种有利的自然条件，广泛种植了稻、黍、麦、粟、麻、瓜、果等多种农作物，并利用地势平坦、江河纵横的特点大力发展水陆交通事业和商品贸易。许多筑城就修筑在这些平原靠近河流湖泊的沿岸，不仅交通方便更是商品经济和文化发达的重要地区。女真人在这一地区的筑城密度，也说明了该地区的人口分布密度。从这些筑城中出土的大量铜钱、瓷器、铜器、铁器、陶器、石器、骨器、玉器、金银器、青铜器等丰富的文物上看，这里不仅是金初女真人的生活区，也是金代其他各民族相对比较集中的地区。

其三，由于政治统治中心的作用，导致女真人的筑城以围绕着金上京为核心。从目前金源地区的阿什河流域分布的女真人筑城的最为密集的现象上看，这主要是因为金上京城是女真人最初建立的大金统治王朝的所在地而导致的结果。金上京城是作为金源内地的最重要最发达的都城，无论是在军事上、文化上、经济上，还是政治上，金上京城都是处在统治全国的地位上。因此，以金上京城为中心所形成的一系列城市交通网、诸如驿站、接待各国往来的客栈、各级行政机关、政令往来与传送、商品经济的流通，以及女真贵族的封地，皇家狩猎场、佛教圣地、山陵、祖庙、太庙，还有猛安、谋克户、军事堡垒、商业重镇和榷场等等，都处在金上京城的控制之下。

总之，黑龙江流域金源地区女真人的筑城分布，受地理环境和政治统治中心的影响较大。政治中心、地形、气候、水源等都是影响女真人筑城分布的重要因素。其中尤以水源和政治中心最为重要，金源地区的女真人筑城无论是山城，还是平原城，其大部都建筑在靠近江、河、湖泊的侧畔。女真人在这一地区所建立的山城虽然距离水源较远，但女真人在选择建造山城时，其首要的条件就是在森林山地找到永不枯竭的泉眼。可以看出，女真人之所以依赖江、河、湖泊、清泉等天然水资源，是因为能够为人们的日常生产和生活提供了优越条件，自古以来这一客观规律就影响着黑龙江流域的筑城分布。此外，政治统治中心的确立也是影响筑城的密度和筑城分布的重要原因。

根据目前我们掌握的黑龙江流域金源地区女真人筑城特点与分布，我们把不同形制的筑城进行了梳理和分类，并从中找出这些筑城的基本模式，探讨它们各自的特点与相互的区别。

归纳起来黑龙江流域金源地区的女真筑城的类型大致有如下几种：

其一，正方形筑城或近似正方形的筑城。这是金源地区女真人筑城中最为常见的一种形制，一般都修建在平原、丘陵或靠近江、河、湖畔的平坦地带。其筑城性质属于京、路、府、州县或猛安、谋克的筑城，也是女真人严格按照宋代的营造法式进行的筑城。

其二，长方形筑城。也是一种较为常见的女真人筑城的形制。在数量上仅次于正方形古城，分布的地域与正方形筑城大致相同。其性质多属于交通驿站或具有军事戍守的筑城。

其三，不规则形的筑城。这类古城因受地势影响较大，一般都修建在丘陵或森林山地之处。城垣沿着不规则的山势走向修筑，故形成不规则的筑城形制。不规则筑城的性质属于军事堡垒。

其四，梯形筑城。造成梯形筑城的主要原因，是因为筑城时四边城垣中有一边城垣与其他三面城垣不相等，迫使左右两侧城垣向内收敛，所以导致筑城的形制成为梯形。此类筑城一般都修建在靠近江、河、湖畔的斜坡上。

其五，山地森林筑城。顾名思义，这类筑城是修建在山地顶端的城堡。这种筑城一般都选择在山川隘口之地，山城没有固定的形制，城垣均依山势而修，多分布在金源地区的东部山区和小兴安岭与张广才岭的山地。这些是女真人控制东部地区的胡里改人等其他部族的军事防御或戍守性质的筑城。

其六，带腰垣的筑城。这类筑城在黑龙江流域的金源地区并不多见，目前仅有金上京城和呼兰河流域的孟家乡团山子城址。筑城特点是正中往往再复设一道城垣，所以称为腰垣城。

其七，靴状筑城。因此类城的形状为靴形，故有靴状城之称，这类古城极为少见。

其八，圆形或椭圆形筑城。这类筑城较为常见，一般修筑在靠近湿地和平坦地区或接近山地的丘陵地带，筑城的城垣上没有直角很少修筑有马面或角楼。这类圆形筑城主要分布在金上京地区东部的丘陵地带和嫩江流域。

归纳起来，在上述八种类型的女真人筑城中，有三种类型的筑城最为普遍，即正方形和长方形筑城、圆型筑城和山城。我们把这三种最常见的古城形制确定为金源地区金代古城的基本模式。

第一类，方形筑城包括所有带四个直角边的筑城，无论是长方形还是梯形筑城或带腰垣筑城都包括在此类之中。这类女真人筑城在金源地区的筑城中占多数，并且多分布在平原或较为平整的土地上。方形筑城属于金源地区最基本的筑城模式，建筑形式主要是来自宋代的营造法式，是女真人想学习中原传统的建筑形式。众所周知，中国古代城市的形态，绝大多数为方形，在平原地带，特别是较小的城，形状常呈正方形。这也是黑龙江流域金源地区女真人筑城的基本形制（模式），这类方城的模式也充分说明了中原地区的筑城文化对金源地区产生的巨大影响。

第二类，圆形或椭圆形筑城，包括所有不带直角略呈圆形或近似圆形的筑城，这样的筑城并不多见。在黑龙江流域金源地区发现共有十余处。如伊春市大丰林场圆形筑城，周长 1500 米，位于山顶上。肇源县富兴乡梅信屯城址，周长 750 米；齐齐哈尔碾子山附近沙家子城址，周长

1360米；克东县金城屯蒲与路城址，周长2800米；① 吉林磐石县小梨河乡西梨河村双龙泉屯后虎咀子山城，周长300米，位于虎咀子山上，屯西侧有饮马河；吉林磐石县烟筒山镇余富村西的炮台山山城，周长125米，位于炮台山上。② 此外，在金源地区的核心地域的山地也分布着一些较小的圆形山城。从这些古城的分布来看，其大部分属于山城，且规模较小，可以推测它们都应属于军事防御作用的山城。

第三类，山城。无论是不规则的还是其他类型的，凡修建在山上的筑城均属这一类。在边远地区，或在易于防守的依山傍水的地方修筑的山城，是金源地区山城的一种类型。山城择地而建，一般是选在山顶的上部。山下临河或临江，江河的水位与山城高度位差较大，并形成山城的天然防御线。如双城子山城（又称克拉斯诺亚尔斯克山城），位于今俄罗斯乌苏里斯克南部，周长8000米，面积在200公顷以上。它修建在绥芬河右岸的一个山岗上，山城恰好位于绥芬河转弯处，形成抱月之势。城内建有内城，并有较大的建筑基址和蓄水池。宁安县城子后山城，位于黑龙江宁安县镜泊湖吊水楼瀑布东北约3千米。城修建在牡丹江沿岸高出水面50米的山顶平地上，平面呈大半圆形。牡丹江依山城转折呈半环状，形成该城的天然屏障。城垣用土筑并夹有石块。城墙因山势修筑，故墙之高矮不等，在城之东段陡崖处并未发现墙的痕迹。

从金源地区女真人筑城多建在靠近江河湖泊之侧的特点上看，这对发展经济和沟通金上京城的对外交流是非常有利的，女真人充分利用了金源地区江河纵横的地势特点，发展和疏通了这些江河之间的沟通和水上运输，加强了金上京城与边陲重镇的联系。在繁荣经济方面起到集散转运的作用，同时也便于政令的传输和交通驿站间的传递。

四 黑龙江流域金源地区女真筑城出土的文物及其文化特征

在黑龙江流域金源地区的女真人筑城中的路、府、州、县，以及猛安、谋克城址内出土了大量文物，这是揭示金源地区女真人筑城文化的

---

① 王禹浪：《金代黑龙江述略》，哈尔滨出版社1993年版，第142—167页。
② 吉林省文物志编修委员会：《磐石县文物志》，1987年版，第54—56页。

重要实物资料,也是了解黑龙江流域金源地区女真社会、经济、文化发展的物证。

1. 铁制生产工具及生活用具的广泛使用

在金源地区女真人的筑城中出土了众多的铁制生产工具与生活用具,以金代肇东八里城、金上京城、五常市金代筑城、双城市金代筑城、呼兰河流域的金代筑城出土的铁器最为丰富。铁制生产工具有犁铧、犁镜、镗头、镰刀、垛叉、铁斧、铁锄、铡刀、铁锹等。生活用具有六耳铁锅、铁熨头、铁锁、铁剪刀、铁镬等。其中除铁铧、铁铡刀、铁锹、六耳铁锅等具有女真文化特点外,其他生产生活工具则与辽、宋、元三朝基本相似。此外,吉林前郭尔罗斯塔虎城古城也有大量的铁制生产工具的出土,如铁铧、犁镜、镗头、斧、铡刀等。这些出土金代铁器较多的筑城地区,都属于地势平坦的松嫩平原,宜于农耕和大面积的种植农作物。是当时女真人在灭辽和北宋战争中俘获的大批汉族农业人口的安置区。

在金源地区金代古城遗址中出土的大量铁制生产工具与生活用具,不仅说明了金源地区与中原地区的商品流通与交流的频繁,而且也证明了金代金源地区冶铁业的迅猛发展。从20世纪60年代开始,考古工作者就在属于金源地区中心位置的阿什河流域五道岭一带发现了大量金代冶铁遗址,在这里共发现矿洞一百余处,冶铁遗址数十处,并发现了铁矿灯、铁矿石,开矿用的生产工具等。由于金代冶铁业的发展和铁器的广泛使用,金代社会经济得到迅速的发展。金代是金源地区历史上最为辉煌的时期,冶铁业的发展及铁器工具的广泛使用,促进了经济的发展与城市的繁荣,并使金代走上了区域文明的顶峰。

2. 金源地区女真筑城中出土的兵器

在金源地区肇东县八里城、克东县蒲与路古城址、金代东北路界壕边堡、俄罗斯远东滨海赛加古城址以及黑龙江省阿城、五常、兰西、吉林省的白城、长春等地区均有大量的金代兵器被发现。根据这些兵器的性能,可归类为远射程兵器、长短砍劈性兵器、抛射性兵器和防御性兵器。

远射程兵器主要指铁镞。铁镞是冷兵器时代的产物,也是目前考古发现和筑城中出土数量最多的一种兵器。几乎每座金代古城址都有铁镞出土。克东县蒲与路古城址一次就出土数百件铁镞。阿城双城村辽金墓葬曾出土了数十件铁镞；俄罗斯滨海赛加古城址曾出土过两三千件铁镞。长短砍劈性兵器主要有铁矛、骨朵、流星锤、铁钺、铁斧、铁刀、铁剑等。抛射性兵器主要指金代抛石机上使用的石弹，这种兵器是一种利用杠杆原理制造的兵器，主要用于战争中攻城或护城；防御性兵器主要有铁蒺藜、铁甲片、面具等。总之，金源地区女真筑城中大量铁兵器的发现，说明女真人已经掌握了铁兵器的生产和使用技术，更为重要的是在攻城略地中灵活地使用铁制兵器，在灭辽、灭宋的战争中，为女真人赢得战争都发挥了重要的作用。

3. 金源地区筑城中出土的瓷器

女真建国前后，饮食用具一般使用陶器或木制容器，而宫廷女真贵族有的以金银玉器作为容器，使用瓷器的则很少。女真进入辽、宋地区以后，制造和使用瓷器才逐渐多起来，在金源地区女真人的筑城内的地表上都散布着大量的瓷器残片。这些瓷器残片，除女真人自己烧制的瓷器外，还有大量中原五大名窑和龙泉窑、景德镇窑、建窑（今福建省建阳）、耀州窑、磁州窑的瓷器。吉林前郭尔罗斯塔虎城古城就曾出土定州白瓷、龙泉青瓷、磁州窑瓷片以及钧窑"蚯蚓走泥"纹瓷器和瓷片等，另外还有当地烧造的仿定白瓷、牙黄釉、三彩、白釉铁花、黑釉缸胎等辽金时期的瓷片。[①]

金源地区的瓷器发展大体可以从海陵王迁都起分为前后两个历史阶段。金源地区的前期瓷器主要有以下特点：（1）釉色单调，造型朴拙，缺少装饰并讲求实用。（2）制瓷原料淘洗较差，胎厚色杂，缺乏润泽感。（3）器形较规整，无定式。从整体上看，金代前期瓷器生产水平不高，但也有比较优秀的作品。双城出土的白釉铁花四系瓶，小口细颈圈足，器身施弦纹和草叶纹，用笔自由奔放，显示出金代女真工匠的艺术造诣和金代瓷器的特殊风貌。此外，在瓶、壶或罐上附有双、三、四系耳，也是金代瓷器造型的突出特点。这种便于悬挂的造型特征与女真族早期

[①] 吉林省地方志编纂委员会编：《吉林省志·文物志》，吉林人民出版社1991年版，第254—255页。

的游牧渔猎生活密切相关。

金源地区的瓷器发展后期，主要指的是自海陵王迁都燕京以后的时期，此时金源地区所发现的瓷器制造有了长足的进步。吉林省怀德县秦家屯古城（辽、金时期的信州）、前郭尔罗斯塔虎城古城出土的碗、盘、壶、瓶、注等定窑瓷器，以及黑龙江省绥滨县中兴金代古城，奥里米金代古城出土的定窑白瓷片，胎质细白，釉质润泽多呈乳白色，制作规整精巧。① 比较流行的纹饰为萱草纹和荷花纹。这一时期的瓷器从器形上看多碗、盘、罐、壶等生活用具，讲求实用的特点也比较突出。

4. 金源地区筑城中发现的铜钱

女真建国初期的金源内地，"无市井，买卖不用钱，惟以物相贸易"。女真进入辽、宋地区以后，随着社会经济的发展，货币贸易才逐渐发展起来。金代主要使用宋代铜钱，也有少量的辽、金铜钱同时并用。在金源地区的女真筑城发现的窖藏铜钱中以宋代为最多。几乎在所有的金源地区筑城中都发现了大量的窖藏铜钱，多者十数吨，少者上千斤或数百斤。在同治七年（1868），吉林农安县农安古城发现了一处窖藏铜钱，共2万枚。1966年，出土唐宋铜钱40万枚，此后陆续还有不同时期的铜钱发现。吉林长岭县城郭三队金代遗址发现一处金代窖藏铜钱盛在大型陶瓮里，共2.4万枚。这些铜钱自汉五铢、新莽货币，到唐宋辽金时期各朝代都有，其中以北宋铜钱为最多。② 1983年在哈尔滨市平房区东方红新胜大队第二生产队高家窝堡挖出一个大陶罐，内有铜钱六百多斤。③ 这些铜钱的出土，不仅说明了金源内地商品经济和货币经济的发达，同时还表明了金源地区与中原地区的经济贸易交流的密切关系。

5. 金源地区女真筑城出土的金代铜镜

金源地区的筑城中出土了大量的金代铜镜，这些铜镜从形制上分为圆形、葵花形、菱花形、桃形、方形、亚字形及带柄式铜镜。从纹饰上看，有鱼纹镜、双凤镜、龙纹镜、花草纹镜、禽兽镜、铭文镜、童子镜

---

① 吉林省地方志编纂委员会编：《吉林省志·文物志》，吉林人民出版社1991年版，第254—255页。

② 同上。

③ 鲍海春、王禹浪主编：《金源文物图集》，哈尔滨出版社2001年版，第166页。

和人物故事镜等。也有一些仿古纹饰的铜镜，如神兽镜、葡萄镜、飞鸟瑞云镜等。金代铜镜也有素面的，如金上京历史博物馆就藏有一面制作精美，既可以照人，又可在日光下聚光取火的阳燧镜。但多数都带有各种花纹，而最流行的是双鱼纹铜镜。黑龙江流域金源地区辽金女真筑城出土的铜镜，以金上京城和吉林省前郭尔罗斯塔虎城古城出土的铜镜最为丰富，有双龙镜、双鱼镜、童子戏花镜、昭明镜、"青盖作"镜、瑞兽镜、十二生肖带柄镜、朱雀牡丹镜、湖州镜以及素面镜等多种。金代铜镜还有一些仿唐、宋形制的铜镜。由于金代对铜的使用控制较严，所以金代铜镜统一由官府铸造，并且铜镜的边缘多刻有铸造的地点或官府署名，以证明此镜是官造而不是私造。就是前代铸造的铜镜，也要经过官衙的检验，在铜镜的边缘上刻以签押才能使用。金代铜镜特点是在铜镜的边缘上阴刻有某地某官签押字样。如在金源地区的阿城、哈尔滨、五常、巴彦、呼兰、双城、宾县、榆树、九台、泰来、长春等地出土了大量的代刻款铜镜，说明在金源地区内流通和使用的铜镜是比较严格的。在金源地区的女真筑城中还出土一些中原各地铸造的铜镜，如吉林省农安县榛柴岗乡东好来宝屯出土一面葵花形铜镜，铸有"湖州仪凤桥真正石家一色青铜镜"十四个字。在农安县好来宝乡上台子屯古城出土一面边刻"两京巡院官"几个字（官字后为押记）。在吉林省临江市出土一面葵花形神仙楼阁铜镜，边刻"平州录事司"。吉林省辽源市梨树乡城仁大队征集到一面辽代铸造、金代沿用的铜镜。① 背面纽右侧铸有反书汉字"天庆十年五月记"左侧铸有"高还"二字。镜纽左上角宽边上刻有"朔州马邑县验记官"字样。这些从中原和南宋地区输入的铜镜，是宋、金之间，女真与中原汉族人民之间，进行频繁交流的物证和战争的掠夺品。

6. 金源地区女真筑城中出土的金代官印

黑龙江流域金源内地的女真筑城中还出土了大量的金代官印，这些官印既有表明皇权及各级政府衙门机构、军镇统帅、猛安谋克等官印，也有榷酤官、仓储官、印钞官、驿站官、宗教管理、道观等官印。除此

---

① 吉林省地方志编纂委员会编：《吉林省志·文物志》，吉林人民出版社1991年版，第280页。

之外，就是大量的私人押记等印章。这些官印的出土为研究这些筑城的等级、性质、社会结构、管理机关等都有重要的意义。

总而言之，金源地域内的女真筑城文化是一个新的研究课题。满洲族的先民女真人早在满洲族建立大清王朝的数百年前，就已经进入成熟的封建王朝国家的行列。金源文化的概念，以及金源文化在历史上对后女真时期的所产生的重大影响是无法估量的。我们将不断地梳理这一地区筑城内出土的具有代表性的民族文物特征。尤其是那些铜镜镜背所铸就的各种纹饰、人物故事，以及官印等内容，都是今后研究的重要课题。本节只是揭示了金源地区女真筑城的概貌，这多座筑城已经充分说明了女真人在这一地区曾经创造过的辉煌与繁荣。

第三节　内蒙古呼伦贝尔市、兴安盟地区辽金古城

内蒙古呼伦贝尔市、兴安盟境内分布有大量辽金时期古城，几乎全部地处黑龙江流域嫩江上游。据不完全统计，该地区辽金时期古城60余座，在兴安盟尚有许多与金界壕相关的金代成守性质的城堡。本节仅对该地区辽金古城予以著录，对其的综合分析将在下节"嫩江流域辽金古城的分布与初步研究"中进行论述。

一　内蒙古呼伦贝尔市地区辽金古城

1. 七家子村古城

位于内蒙古莫力达瓦旗尼尔基镇七家子村与后宜卧奇屯之间的111国道旁边，西侧的山坡上，北距金代长城0.5千米；东侧靠近嫩江及尼尔基水库。古城呈正方形，南北长170米，东西长174米，城墙残高6米，城外有护城壕。属于金长城的边堡起点。[①]

2. 凌家沟古城

位于内蒙古莫力达瓦旗乌尔科乡冷家沟村北1.5千米处，西北距金长城0.5千米。古城略呈正方形，东西长170米，南北宽165米，城墙残高

[①] 孙文政：《嫩江流域辽金古城简要介绍》，未刊稿。

3米，有4个角楼，每边墙有2个马面。属于金长城附属边堡。①

3. 煤田古城

位于内蒙古莫力达瓦旗煤田火车站东南1千米处。古城呈长方形，东西墙长156米，南北宽130米，古城外侧有护城壕。②

4. 高台子古城

位于扎兰屯市东南7千米处雅鲁河左岸高台子车站西北300米处。古城呈梯形，城墙为土筑梯形，高约2.5米，没发现夯土痕迹。东墙宽73.70米，南墙长75.70米，西墙77.60米，北墙88米，周长315米，平面呈斜边形。城墙南侧发现灰坑和辽代陶片。城东南角和西北角发现辽代布纹瓦残片，西南角也发现布纹瓦、陶片等。③

5. 九村古城

位于扎兰屯市达斡尔族乡西南1千米处的九村附近，靠近音河右岸的台地上，城墙残高3米，四周有护城壕。周长与城墙建筑结构不详，待查。地面散布着许多布纹瓦。④

6. 西平台古城

位于扎兰屯市浩饶山乡四平台村绰尔河右岸的台地上。古城规模模糊难辨。⑤

7. 王家屯古城

位于扎兰屯市大河湾镇红光村王家屯北偏东2千米处。属辽代边防城。古城分内外两城，墙体为土筑、梯形、西北、西侧濒临悬崖，高30米。东墙长70米，西墙60米，南墙宽65米，北墙宽64米，周长259米。内城长宽各30米，周长120米。城墙残高7米，有护城河。城南侧为金界壕，东墙辟有一城门，瓮城四周有结构，有角楼、马面等。在城内建筑废墟上，可采集到灰沙陶片、布纹瓦残片、铁箭镞。城北距音河

---

① 孙文政：《嫩江流域辽金古城简要介绍》，未刊稿。
② 同上。
③ 同上。
④ 同上。
⑤ 同上。

右岸 700 米，四周有护城壕，城墙上的马面、角楼保存基本完好。①

二　内蒙古兴安盟地区辽金古城

1. 前公主陵嘎查北古城

位于乌兰浩特市前公主陵嘎查北山坡上。古城临近洮儿河上游的发源地附近，城址平面呈长方形，夯土版筑。南城墙长 666 米，北城墙长 650 米，东城墙宽 225 米，西城墙宽 258 米，周长 1799 米。城墙残高 1—3 米。有内城和外城之分，城墙有角楼和马面，四周有护城河。②

2. 前公主陵嘎查东古城

位于乌兰浩特市嘎查东学校旁。古城呈正方形，城墙每边长为 675 米，周长 2700 米。有东西两个城门，东门保存较好，西门遭到破坏，出土过大量辽金文物。③

3. 嘎查古城

位于乌兰浩特市市区东北 23 千米的乌兰哈达苏木嘎查古城正北，西距洮儿河 3 千米。古城呈正方形，边长为 310 米，周长 1240 米。四个角楼，每边墙有 3 个马面，南墙有城门 1 处。④

4. 巨心古城

位于乌兰浩特市居力很乡巨心村北侧，东距洮儿河右岸 300 米。古城略呈正方形，边长为 103 米，周长 412 米。北城墙可辨认，其他三面城墙模糊不清。⑤

5. 吐列毛杜 1 号古城

吐列毛杜 1 号古城遗址位于内蒙古自治区科尔沁右翼中旗吐列毛杜镇西北部，大兴安岭东侧，霍林河之阳，其西北为金代界壕。古城平面呈南北向长方形，东墙长 703 米，南墙长 504 米，西墙长 682 米，北墙长 493 米，周长 2382 米。南墙和东墙中部各开设一门，皆有半圆形瓮城结

---

① 孙文政：《嫩江流域辽金古城简要介绍》，未刊稿。
② 同上。
③ 同上。
④ 同上。
⑤ 同上。

构，东门瓮城直径19米、南门瓮城直径21米。城内采集了大量的兵器、生活用具、生产用具、铜钱等。如兵器铁刀、铁铜、铁矛等，生活用具石臼、石杵定瓷片、釉陶等，生产工具铁锄、铁锹等。①

6. 吐列毛杜2号古城

位于内蒙古自治区科尔沁右翼中旗吐列毛杜镇科尔沁右中旗西北部，2号古城在吐列毛杜1号古城东侧160米。古城呈东西向长方形，东、西墙宽320米，南、北墙长385米。周长1410米。此城四隅皆为直角，城墙残高0.8米，底宽4.5米。北墙偏东处开设一门，有瓮城。东墙开一门，无瓮城，门宽6米，城外有护城河。城内有建筑的台基，发现少量的陶片、瓷片和几块烧骨。②

7. 科尔沁右翼中旗还有8个小型金代古城，应属于金界壕边堡范畴③

8. 前公主岭1号古城

位于科尔沁右翼前旗乌兰哈达镇东方红村前公主岭屯的山坡上，称为前公主岭1号古城。古城处于群山环抱的小盆地中，洮儿河在盆地的山脚下自西向东流过。由此城出发，北通扎赉特旗，南通洮南市，向西沿洮儿河谷可通往好田古城，继续向西可沿归流河谷通往哈拉根古城，其地理位置十分重要。

古城的平面呈长方形，筑有内、外城，外城南墙长666米，东墙宽225米，北墙长650米，西墙宽258米，周长1799米。城内东北隅有一南北宽约180米、东西长208米的长方形内城，周长776米。外城与内城共用一面北墙，内、外城皆为夯土板筑。外城外侧有两道护城河，内城外筑有一道护城河。外城有马面、瓮城，四角。考古工作者曾对1号古城南门外西侧的建筑台基进行过发掘，发现夹杂泥土的碎乱砖瓦下面；是一层大青砖铺砌的地面。还发现加工整齐的长方形石柱础，瓦当2件，残砖1件，滴水、板瓦、筒瓦多件。1号古城修筑坚固，布局井然有序，可能是官府驻地。2号古城台基规模小数量少可能是在1号古城管辖下以

---

① 张柏忠：《吐列毛杜古城调查试掘报告——兼论金代东北路界壕》，《文物》1987年第7期。

② 同上。

③ 孙文政：《嫩江流域辽金古城简要介绍》，未刊稿。

手工业为主的城市。从规模、形制、地理位置和地理形势综合分析；有人认为公主岭 1 号古城可能是辽金重要边防城金山县治所。①

9. 前公主岭 2 号古城

位于科尔沁右翼前旗乌兰哈达镇东方红村前公主岭屯东南的开阔地上，前公主岭 2 号古城与 1 号古城相距 150 米。2 号古城破坏较严重，仅东、西两墙保存较好，平面呈方形，无内城。城墙每边长 675 米，周长 2700 米。东、西两墙开设城门，城墙为夯土版筑，四角有角楼。城墙内侧有半圆形土包，东墙 9 个，南墙 8 个，从断面看土包也是夯土版筑，这种建筑形式较为特殊。2 号古城出土鸡腿瓶等辽金文物、六鋬铁釜、双耳铁鼎、铁炭炉、铁烙锅、陶器座等器物，还出土一枚"皇宋通宝"。②

10. 额尔敦古城

位于科尔沁右翼前旗额尔格图苏木（镇）额尔敦村东 500 米。此地为洮儿河与嫩江支流龙涛河的分水岭。古城东墙长 120 米，南墙宽 120 米。西墙长 130 米，北墙宽 130 米，平面呈长方形，夯土版筑，南墙开设一门，瓮城遗迹难以辨认。城内西南角有一处房基建筑，出土石臼、灰泥陶片、瓷片等。③

11. 呼和马场古城

位于科尔沁右翼前旗呼和军马场四队（连），属于归洮儿河左翼与龙涛河发源地的接合部。东墙长 107 米，南墙宽 101 米，西墙长 139 米，北墙宽 128 米，略呈梯形。夯土版筑。④

12. 哈拉根台古城

位于科尔沁右翼前旗好仁镇好力宝吐村，洮儿河左岸。古城依山面河，东墙长 554 米，南墙宽 554 米，西墙长 594 米，北墙宽 594 米，周长 2296 米，平面呈方形。夯土版筑，瓮门在南墙上，城墙上的马面有 31

---

① 刘景文：《科右前旗公主岭一、二号古城调查》，《东北历史与考古》1982 年第 1 期。
② 同上。
③ 吉林省文物考古研究所：《内蒙古科右前旗、突泉县辽金城址调查》，《考古》1987 年第 1 期。
④ 同上。

个，城外有护城河。①

13. 胜利古城

位于科尔沁右翼前旗斯力很镇胜利村，东距洮儿河右岸 1.5 千米。夯土版筑，东、西墙长 134 米，南、北墙宽 152 米，周长 572 米。有角楼、瓮门，马面共有 13 个。古城内出土铁镞、铁马镫等。②

14. 塔尔干浩特古城

位于科尔沁右翼前旗察尔森水库塔尔干浩特村。古城四面环山，坐落在山坡上。平面呈正方形，每边墙长 170 米，周长 680 米。古城分内、外两城，有角楼、马面、瓮门、护城壕遗迹。古城出土有青砖、布纹瓦、仿定瓷片、铁器、铜钱等。③

15. 乌兰哈达古城

位于科尔沁右翼前旗乌兰哈达镇古城村附近，洮儿河左岸。古城周长 1315 米，东墙 327 米，南 323 米，西 338 米，北 327 米，略呈方形，夯土版筑。瓮门设在南墙、有角楼 4 个、马面 11 个。古城内出土有灰板瓦、布纹瓦、铁锅，辽白瓷残片等。④

16. 浩特营子古城

位于科尔沁右翼前旗哈达那拉镇浩特营子村所在地，坐落在洮儿河支流左岸。东墙长 154 米，南墙宽 161 米，西墙长 191 米，北墙宽 172 米，周长 678 米。平面呈梯形，夯土版筑。古城分为内、外两城，瓮门在南墙位置，有角楼 4 个、马面 1 个。⑤

17. 白音浩特古城

位于科尔沁右翼前旗额尔格图镇白音花屯东南 3000 米处，东距龙涛河发源地很近，西南距洮儿河较远。古城的北、南均为群山阻隔。古城东侧为开阔地，东墙宽 184 米，南墙长 190 米，西宽 188 米，北墙长 230

---

① 吉林省文物考古研究所：《内蒙古科右前旗、突泉县辽金城址调查》，《考古》1987 年第 1 期。
② 同上。
③ 同上。
④ 同上。
⑤ 同上。

米，周长792米。平面略呈方形，夯土版筑，有角楼，南墙有瓮门，马面6个，有护城河。古城内出土灰布纹瓦、青砖、铁镞、石磨盘、铜钱、白瓷片、陶片口沿残片等。①

18. 革命古城

位于科尔沁右翼前旗额尔格图镇革命村附近，地近龙涛河上游，古城北侧依山，南侧为开阔的平原。东墙、南墙为196米，西墙与北墙200米，略呈方形。夯土版筑、分内、外两城，瓮门在南墙，有角楼4个，马面6个、有护城河。古城内出土石磨盘，兽面瓦当，白瓷残片，灰布瓦当，石柱础，六耳铁锅等。②

19. 东风古城

位于科尔沁右翼前旗义勒力特镇，东风村与胜利村之间。古城地处归流河与洮儿河之间的夹角地带。平面呈长方形，夯土版筑。东墙与南墙宽110米，西墙与北墙长180米，南墙、北墙各有城门1个、有角楼4个，古城内有两处建筑台址。城内出土灰布纹瓦、陶片等。③

20. 乌兰古城

位于科尔沁右翼前旗巴达仍贵镇乌兰村南，北距洮儿河右岸500米。远处群山叠嶂，周围沼泽湿地发育。古城呈正方形，每边长100米，周长400米，南墙马面1个，未见城门设置。城内出土灰布纹瓦片等。④

21. 巨兴古城

位于科尔沁右翼前旗居力很镇巨兴村，归流河与洮儿河的汇流处。东墙、南墙长112米，西墙、北墙宽94米，周长412米。平面呈长方形，夯土版筑，有角楼4个，门址不清。城内出土铁镞等遗物。⑤

22. 古恩古城

位于科尔沁右翼前旗额尔格图镇古恩村小学西200米处，坐落在靠近

---

① 吉林省文物考古研究所：《内蒙古科右前旗、突泉县辽金城址调查》，《考古》1987年第1期。

② 同上。

③ 同上。

④ 同上。

⑤ 同上。

洮儿河左岸的湿地中，古城址的南、北、西三面皆为丘陵起伏。平面呈方形，夯土版筑。东墙、南墙宽约 88 米，西墙长 82 米，北墙长 92 米。有角楼 4 个，北城墙有马面 1 个，城内东南角有 1 座高台。[1]

23. 沙力根古城

位于科尔沁右翼前旗察尔森镇沙力根村所在地，古城南、西、北三面为断崖，洮儿河从古城的山脚下流过。东墙长 500 米，南墙、北墙损坏严重，无法测量，西墙残长 150 米。古城依山势而建，呈不规则形。城墙有用石块垒砌和夯土两种方法砌筑，残存马面 6 个，瓮门 1 个，开设在东墙。东墙外侧修有副墙。古城内出土有铁镞、铁车钏、三足平底锅等。[2]

24. 后沙力根古城

位于科尔沁右翼前旗察尔森镇沙力根村西北，古城南为断崖，洮儿河从城下流过。古城依山势而筑，呈不规则形。东、西墙长 300 米，南墙已损坏，北墙长 500 米。城墙土筑，有角楼 4 个、马面 9 个，有护城壕遗迹。[3]

25. 宝地古城

位于科尔沁右翼前旗好仁镇宝地村联合屯西南处，洮儿河从古城东侧绕过，古城西侧为陡壁。平面呈方形，东墙长 261 米，西墙已损坏，南墙 300 米，北墙 250 米。西墙利用陡壁简单修筑，东、南、北三面城墙为土筑，城门在南，有角楼，马面 20 个，有护城壕。[4]

26. 湖南 1 号古城

位于科尔沁右翼前旗大坝沟镇湖南村附近的归流河支流上。古城东、西墙长 105 米，南墙宽 80 米，北墙宽 90 米，周长 380 米。平面呈长方形，夯土版筑，有角楼 4 个，城门已很难辨别。城内出土有灰布纹瓦，

---

[1] 吉林省文物考古研究所：《内蒙古科右前旗、突泉县辽金城址调查》，《考古》1987 年第 1 期。

[2] 同上。

[3] 同上。

[4] 同上。

花纹砖等。①

27. 湖南 2 号古城

位于科尔沁右翼前旗大坝沟镇湖南村一号古城西北 300 米处，濒临归流河支流。古城的东、西墙宽 75 米，南、北墙长 100 米，平面呈长方形。夯土版筑，城门无法辨认，有角楼 4 个。城内出土有布纹瓦、瓦当、沟滴、灰陶片等。②

28. 光明 1 号古城

位于科尔沁右翼前旗归流河镇光明村西北 300 米处。南距归流河 1 千米，古城北部位山地，东、西、南均为平原。东、西墙宽 120 米，南、北墙长 280 米，平面呈长方形。夯土版筑，瓮门开设在南墙，有角楼 4 个，马面等建筑。出土兽面纹瓦当、乳钉纹瓦当、灰布纹瓦、青砖、白瓷片等。③

29. 光明 2 号古城

位于科尔沁右翼前旗归流河镇光明村一号城东侧 250 米处。古城每边墙长 57 米，呈方形，夯土版筑，有护城河。城内出土灰陶片等。④

30. 好田 1 号古城

位于科尔沁右翼前旗阿力得尔镇好田村附近的归流河左岸，古城四面环山。城垣每边长 300 米，周长为 1200 米。平面呈方形，夯土版筑，瓮门设在南墙，马面 11 个，有角楼、有护城河。古城内出土蓖纹陶壶、白瓷片、铁甲片、铜钱等。⑤

31. 好田 2 号古城

位于科尔沁右翼前旗阿力得尔镇好田村附近的归流河左岸，1 号城南侧 1.5 千米处。好田 2 号城址每边墙长 150 米，呈方形。夯土版筑，城门

---

① 吉林省文物考古研究所：《内蒙古科右前旗、突泉县辽金城址调查》，《考古》1987 年第 1 期。
② 同上。
③ 同上。
④ 同上。
⑤ 同上。

开设在南墙。①

32. 伊新 1 号古城

位于科尔沁右翼前旗俄体镇伊新村自安屯。古城三面环山，坐落在山谷中。附近有洮儿河的支流那金河的发源地，古城东墙长 70 米，南墙宽 60 米，西墙长 27.5 米，北墙宽 37.5 米，呈长方形，夯土版筑，西墙设有城门，有马面。城墙东南角外有一圆形穴居坑，出土有灰陶片等。②

33. 伊新 2 号古城

位于科尔沁右翼前旗俄体镇伊新村 1 号城南侧 37 米处。古城每边墙 30 米，呈方形，夯土版筑。西墙设置城门 1 个，城内有一方形高土台遗址。城内西南角有 2 处房基址。城内出土有灰陶片等。③

34. 白辛团结古城

位于科尔沁右翼前旗白辛镇团结村东侧，那金河右岸。古城坐落在山脚下的平野上，古城西侧就是那金河的发源地。东、西墙长 410 米，南北墙宽 380 米，呈长方形，夯土版筑。有角楼、护城河、城门，城内出土布纹瓦、青砖、铜钱等。④

35. 古迹古城

位于科尔沁右翼前旗古迹镇古迹村古迹屯西南的归流河支流巴尔各歹河的上游左岸，古城南侧为群山叠嶂，北侧则是巴尔各歹河支流。东墙长 179 米，南墙宽 150 米，西墙长 176 米，北墙宽 170 米，周长 675 米。平面呈梯形，夯土版筑。有护城壕。城内出土有青砖、灰陶片等。⑤

36. 查干古城

位于科尔沁右翼前旗归流河镇查干村归流河中游左岸的二阶台地上。古城东、西墙宽 56.3 米，南、北墙长 60 米，周长 232.6 米，略呈方形，

---

① 吉林省文物考古研究所：《内蒙古科右前旗、突泉县辽金城址调查》，《考古》1987 年第 1 期。

② 同上。

③ 同上。

④ 同上。

⑤ 同上。

夯土版筑。有护城壕，城内出土有青砖、灰陶罐等。①

37. 乌兰古城

位于科尔沁右翼前旗归流河镇乌兰村东归流河中游左岸的台地上，古城的北、东、西三面环山，南侧为河谷平原。东墙宽25米，南、西、北墙长30米，周长110米，平面呈梯形，城门开设在东墙。城内出土灰布纹瓦、陶纺轮等。②

38. 远光古城

位于科尔沁右翼前旗大坝沟镇远光村归流河下游支流右岸，古城远处有起伏的丘陵。古城的东、西墙宽65米，南、北墙长83米。呈长方形，夯土版筑。城内出土有灰褐陶片等。③

39. 团结古城

位于科尔沁右翼前旗哈拉黑镇团结村东归流河右岸，古城北依群山，南侧为丘陵。东墙59米，南墙53米，西墙51米，北墙50米，周长213米，平面呈方形，夯土版筑。城门在南墙，城内出土灰陶片等。④

40. 巴汗（汉）古城

位于科尔沁右翼前旗归流河镇巴汗（汉）村模范屯所在地。古城西南侧为断崖，归流河从山脚下流过，古城坐落在归流河的左岸台地上。古城东墙长108米，西墙长159米，南墙长104米，北墙长138米，周长509米，平面呈不规则长方形。夯土版筑，城门开设在东城墙上，瓮门结构。有马面8个，城外有两道护城壕。古城内出土有陶片、瓷片、铁箭镞等。⑤

41. 靠山泉古城

位于科尔沁右翼前旗哈拉黑镇民生村东侧，古城北侧为断崖，崖下归流河自西向东流过。古城坐落在归流河右岸的台地上，东墙长180米，南墙长120米，西墙长120米，北墙因河水冲刷已经很难辨认。平面长方

---

① 吉林省文物考古研究所：《内蒙古科右前旗、突泉县辽金城址调查》，《考古》1987年第1期。
② 同上。
③ 同上。
④ 同上。
⑤ 同上。

形，夯土版筑。瓮门开设在南墙，古城分内、外两城，有角楼，马面、护城壕遗迹。①

42. 巴拉各歹古城

位于科尔沁右翼前旗巴拉格歹镇兴安村的东山上，古城西北为断崖，巴拉各歹河自西南流向东北。古城东南为缓坡，山坡前有乡村公路通过。西墙长186米，南、北墙宽125米。平面呈椭圆形，堆土筑城。古城的西、北、东三面墙体均利用断崖的形势而筑，南墙与东南墙为土筑、瓮门在南墙上，马面4个。城内出土有灰陶片、灰陶缸等遗物。②

43. 新艾里古城

位于科尔沁右翼前旗额尔格图苏木新艾里嘎查革命屯东1千米处。古城呈正方形，有内城和外城，外城外侧有护城河，外城周长792米。外城墙有角楼、马面。③

44. 赛音古城

位于科尔沁右翼前旗阿力得尔苏木赛因嘎查（村），归流河左岸的台地上。古城四面环山，城门开设在南墙，四角有角楼、城外13米处有护城河，古城周长1200米。在古城的南侧1500米处；有一正方形的古城，周长为600米。④

45. 联合屯古城

位于科尔沁右翼前旗好仁苏木宝地嘎查联合屯西南7千米处。古城呈方形，周长为811米，东、南、北三面为修筑的城墙，西侧则为悬崖峭壁，利用地势没有修筑城墙。城门开在南墙，古城四角有角楼，有马面20个。⑤

46. 模范屯古城

位于科尔沁右翼前旗归流河镇巴汗嘎查模范屯后山坡上。古城呈长

---

① 吉林省文物考古研究所：《内蒙古科右前旗、突泉县辽金城址调查》，《考古》1987年第1期。

② 同上。

③ 孙文政：《嫩江流域辽金古城简要介绍》，未刊稿。

④ 同上。

⑤ 同上。

方形，周长为522米。城门开在东墙、有瓮城、城外有两道护城河，四面城墙各有马面2个。①

47. 齐家店古城遗址

位于科尔沁右翼前旗巴拉格歹镇兴安村东1千米的齐家店后山上。古城呈椭圆形，东、南两侧有城墙，并附有马面，西、北两侧没有城墙，是利用悬崖峭壁的地势。城门开在南墙，东、南墙体有角楼6个。②

48. 古"锡伯城"古城

位于科尔沁右翼前旗哈达那拉苏木好田嘎查浩特营子屯50米处。古城略呈梯形，周长为678米，城门开在南城墙，东南、西南、西北三个角楼。③

49. 李家店古城

位于科尔沁右翼前旗大坝镇远光村李家店东50米处。古城呈长方形，周长为196米。④

50. 归流河西北古城

位于科尔沁右翼前旗归流河镇光明村西北300米处。古城呈方形，周长为228米，城门开在南面，城外11米处有护城河。⑤

51. 和平古城

位于突泉县杜尔基镇西南6千米蛟流河中游左岸的和平村附近。古城的东、西墙宽160米，南、北墙长225米，周长770米。平面呈长方形，夯土版筑，城门开设在南墙。⑥

52. 新立屯古城

位于突泉县六户镇新立村新立屯南侧蛟流河左岸的台地上。古城东墙因破坏严重，已无法辨认其长度，南墙长230米，西墙残长60米，北

---

① 孙文政：《嫩江流域辽金古城简要介绍》，未刊稿。
② 同上。
③ 同上。
④ 同上。
⑤ 同上。
⑥ 吉林省文物考古研究所：《内蒙古科右前旗、突泉县辽金城址调查》，《考古》1987年第1期。

墙长 230 米，周长约 700 米，呈长方形，夯土版筑，城门已经无法辨认。城内出土铁犁、铁马镫、铁镞等。①

53. 周家屯古城

位于突泉县六户镇西南蛟流河左岸的平原上。城墙四面边长 120 米，周长 480 米。南、北两墙个开 1 门。古城内出土有铁犁、铁马蹬、铁镞、黑油瓷片、石磨。②

54. 陈台屯古城

位于突泉县九龙镇前进村东 1000 米处，古城北墙濒临蛟流河右岸，北部城墙已被冲毁。东墙长 100 米（残），西墙长 20 米（残），南墙长 130 米，夯土版筑。城内出土篦纹陶片、黑釉陶片、铁镞、白、黄、黑瓷器残片。③

55. 学田马站古城

位于突泉县宝石镇周家炉东北蛟流河上游右岸，古城坐落在东、西为山谷，南、北群山叠嶂之间。古城的东、西墙宽 96 米，南、北墙边长 220 米。平面呈长方形，夯土版筑，城门开设在南墙，有角楼、马面 9 个。城内出土过铁刀等文物。④

56. 双城子古城

位于突泉县宝石镇周家炉东北蛟流河上游左岸，距河床 300 米，古城四周为群山怀抱，分为南、北二城。南城较小，长、宽各 252 米，周长 1008 米，北城较大，长宽各 336 米，周长 1344 米。南城为土筑，有门开设在南墙，马面 15 个。北城土筑，开设西门，为瓮门结构。⑤

57. 于家屯古城

位于突泉县六户镇东南 7.5 千米的蛟流河上游。古城呈正方形，四边

---

① 吉林省文物考古研究所：《内蒙古科右前旗、突泉县辽金城址调查》，《考古》1987 年第 1 期。
② 同上。
③ 同上。
④ 同上。
⑤ 张柏忠、孙进己：《辽代春州考》，《内蒙古文物考古》1981 年。

城墙边长为70米。城内出土黑、白、黄瓷片、石臼等。① 此外在兴安盟尚有许多与金界壕相关的金代戍守性质的城堡：

表5—1　　　　　　　兴安盟地区金界壕附近遗迹②

名称	地点	时代	形状、大小	方位、距离
红光城址	科右前旗索伦镇红光村南150米	金代	长方形：长197米、宽183米	北100米是金界壕
宝力城址	突泉县宝石乡宝力村东100米	金代	长方形：长115米、宽90米	西500米是金界壕
乃林1号城址	突泉县宝石乡宝林村内	金代	长方形：长120米、宽80米	北30米是金界壕
乃林2号城址	突泉县宝石乡宝林村内	金代	长方形：长16米、宽14米	北150米是金界壕
佟家街1号城址	突泉县宝石乡宝石村西7.5千米	金代	正方形：边长120米	北距金界壕70米
佟家街2号城址	突泉县宝石乡宝石村西7.5千米	金代	正方形：边长26米	北距金界壕70米
蛤蟆甲林场城址	突泉县蛤蟆甲林场西北1千米	金代	正方形：边长150米	西距金界壕300米
兴隆城址	突泉县宝石乡兴隆村南400米	金代	正方形：边长150米	西距金界壕2千米
周家炉城址	突泉县宝石乡宝乐村西南1.5千米	金代	长方形：长170米、宽160米	北距金界壕500米
新林城址	扎赉特旗新林镇西北9千米	金代	正方形：边长150米	北100米是金界壕
东巴彦乌兰1号城址	扎赉特旗东巴彦乌兰西北2.5千米	金代	正方形边长170米	北距金界壕20米
东巴彦乌兰2号城址	扎赉特旗东巴彦乌兰东北3.5千米	金代	正方形：边长170米	北距金界壕500米

---

① 吉林省文物考古研究所：《内蒙古科右前旗、突泉县辽金城址调查》，《考古》1987年第1期。
② 引自长城保护博文《兴安盟境内的金界壕》，（2009－01－03），http：//blog.sina.com.cn/s/blog_51e2adf20100c6zf.html。

续表

名称	地点	时代	形状、大小	方位、距离
育林城址	扎赉特旗新林镇育林北1千米	金代	正方形：边长180米	北距金界壕20米
山林城址	扎赉特旗新林镇山林村北3.5千米	金代	长方形：长180米、宽140米	北距金界壕30米
吐列毛杜牧场城址	科右中旗吐列毛杜牧场西南500米	金代	正方形：边长190米	北距金界壕300米
老母山城址	科右中旗防火站西3千米	金代	正方形：边长180米	北距金界壕200米
东色音花城址	科右中旗色音花村东北1千米	金代	正方形：边长100米	北墙借助金界壕
色音花城址	科右中旗坤都冷乡色音花南50米	金代	正方形：边长45米	北距金界壕1.5千米
坤都冷城址	科右中旗坤都冷河北屯西50米	金代	正方形：边长47米	东北距金界壕300米
五七马场城址	科右中旗五七马场西8千米	金代	正方形：边长190米	北距金界壕20米
两家子城址	扎旗巴彦乌兰镇两家子乡东北200米	金代	正方形：边长380米	北墙借助金界壕

第四节　嫩江流域辽金古城的分布与初步研究

嫩江流域有着悠久的历史与文化。在嫩江流域的嫩江县域境内和齐齐哈尔的昂昂溪地区曾发现多处新石器时代遗址，并且形成了具有显著地域特点的区域性文化。其早期遗址主要以渔捞和狩猎经济为主，晚期则出现了较为发达的原始农业经济。青铜时代的嫩江流域则以嫩江下游肇源县的白金宝文化最具代表性，当时人们的生产生活仍以渔猎为主，但已普遍开始定居生活，并具有较未发达的制陶业和青铜铸造技术。

嫩江流域则成为东胡族系、扶余族、肃慎族系相互融合碰撞的主要区域，东胡族越过大兴安岭山脉向嫩江流域迁徙，肃慎族则越过小兴安岭沿着平缓的山地和松花江水系向西迁徙，而作为嫩江流域的原始土族的扶余族系则在不同的时间与不同的地域与东西两翼迁徙来的不同民族在嫩江流域聚合融合。辽金时期，嫩江流域的民族成分更加复杂，因此辽金两朝为控制北部疆域上的这些古代民族，在此地设置了大量的军镇和路、府、州、县、猛安、谋克、交通驿站等机构组织。近些年来，地方考古工作者与地方史学者在嫩江流域调查发现了大批的辽金时期古城。这些古城为我们研究嫩江流域的古代城镇化及其建制沿革等历史问题，提供了不可多得的宝贵资料。目前学术界有关嫩江流域辽金时期古城的综合性研究相对薄弱，其实这里曾是辽金时期的军事重地。辽代曾在此屯兵控制丁零等蒙古高原地区的古代民族，金代则专门为安抚乌古部和敌烈部设置了乌古迪烈统军司，《金史·地理志》载："乌古迪烈统军司后改招讨司，与蒲与路近。"金代将领婆卢火在此开始修建金代长城，金朝还在嫩江流域的黑龙江地区主要施行猛安谋克制，不同的民族和文化在此交流融合。但以上诸多问题由于历史资料的缺乏很难做深入的研究。本节旨在对目前有关嫩江流域辽金时期古城的研究成果予以分类整理并以综述的形式提供给学术界，以便使学术界能够清晰地了解嫩江流域辽金时期古城的分布及其研究现状。

一　嫩江流域辽金古城的分布与地理位置

据笔者初步统计，目前在嫩江流域共发现有辽、金时期古城址100余座。其中黑龙江省所辖地区近30座，（包括泰来县1座，肇源县8座，克东县1座，讷河县2座，甘南县3座，齐齐哈尔市4座，克山县3座，龙江县3座，北安市1座，嫩江县4座）。吉林省所辖地区共有11座，（包括洮安县5座，镇赉县4座，白城市1座，前郭尔罗斯县1座）。内蒙古所辖地区共43座，（包括科尔沁右翼前旗35座，突泉县8座）。上述这些辽金时期的古城，主要是分布在嫩江流域的左右两岸的支流隘口之地。其特点是滨水据险、交通便利、扼控高阜、便于机动和瞭望。

这些古城大都分布在内蒙古自治区、黑龙江省、吉林省（区）所属的嫩江流域的上、中、下游；左、右两岸的广大地区，以及邻近嫩江的乌裕尔河流域。为了便于学术界掌握和了解嫩江流域辽、金古城的分布状况，我们查阅了近六十年以来有关嫩江流域的大量考古调查资料和前人的研究成果。尤其对民国时期及 20 世纪 80 年代以来，新中国地方志工作者编辑的黑龙江省、吉林省、内蒙古地区的各市、县、盟、旗的地方志"古迹条目"中的辽金古城，并对这些资料中的辽、金古城按照现行的行政区划和所在的地理位置进行了分类和梳理，共划分出八个区域，即黑龙江省齐齐哈尔地区嫩江流域辽金古城、黑龙江省大庆地区嫩江流域辽金古城、黑龙江省黑河地区嫩江流域辽金古城、吉林省洮南地区嫩江流域辽金古城、吉林省白城地区嫩江流域辽金古城、吉林省松原地区嫩江流域辽金古城、内蒙古自治区呼伦贝尔市地区嫩江流域辽金古城、内蒙古兴安盟地区嫩江流域辽金古城。

（一）黑龙江省齐齐哈尔地区嫩江流域辽金古城

1. 沙家子古城

位于齐齐哈尔市碾子山附近。周长 1360 米，呈椭圆形。[①]

2. 洪河古城

位于齐齐哈尔市富拉尔基区南洪河村 1 千米处。周长 750 米，呈长方形。[②]

3. 罕伯岱古城

位于齐齐哈尔市富拉尔基区南库勒河左岸，东距嫩江 4 千米。周长 800 米，呈长方形。[③]

4. 哈拉古城

古城位于齐齐哈尔市梅里斯区雅尔塞镇，哈拉村哈拉海湿地东部。平面呈长方形，分南北二城，北城东西长 300 米、南北宽 250 米，南城接北城而扩建，南北宽近 130 米，二城共计周长 1360 米，城墙为夯土版筑。城墙底宽 10 米、上宽 1.3 米、残高 2 米，北城南墙靠东侧有一瓮门。城

[①] 王禹浪、刘冠缨：《黑龙江地区金代古城分布述略》，《哈尔滨学院学报》2009 年第 10 期。

[②] 同上。

[③] 同上。

墙四面各有2个马面，四角筑有角楼，墙外有护城河。①

5. 金代边堡

齐齐哈尔市附近有金代边堡26座。②

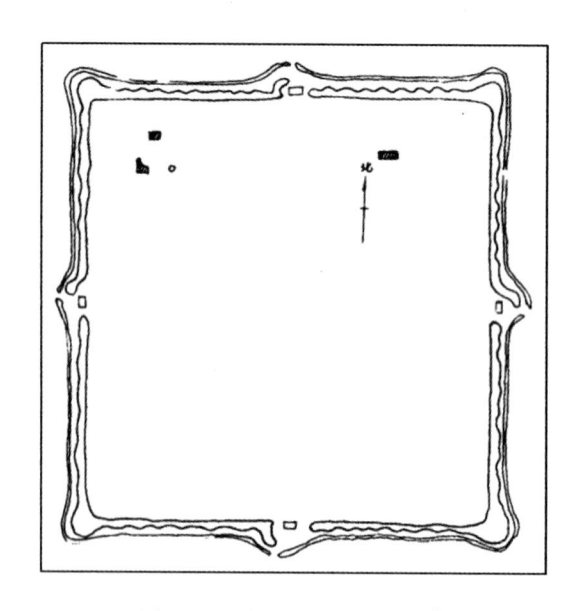

图5—2 塔子城遗址平面图③

6. 塔子城（绰尔城）

位于泰来县城西北约50千米，东去嫩江40千米，嫩江支流绰尔河在其东北10余千米折而东向流去。古城略呈方形，夯土版筑。北墙约为1200米，东墙约1188米，西墙约1200米，南墙约1190米，周长4778米。城墙附有马面，有瓮城，城墙外有两道护城河，有四门，在每面城墙中部。城内出土碑刻题记一块、龟砚、铜钱、砖、板瓦、兽头瓦当、铁佛像、黑釉碗、白釉碗。建于辽代，金元一直沿用。④

---

① 孙文政：《哈拉古城址为金代庞葛城说质疑》，孙文政、王永成主编：《金长城研究论集》（下册），吉林文史出版社2009年版，第448页。
② 孙文政、王永成主编：《金长城研究论集》（下册），吉林文史出版社2009年版，第448页。
③ 黑龙江省地方志编撰委员会：《黑龙江省志·文物志》，黑龙江人民出版社1994年版。
④ 黑龙江省地方志编纂委员会编：《黑龙江省志·文物志》，黑龙江人民出版社1994年，第140页。

7. 蒲峪路古城

位于克东县县城西北7.5千米处的乌裕尔河左岸，由此向北为逐渐升高的小兴安岭西南麓的低缓丘陵。古城北、东两面为沼泽地，乌裕尔河从东北流来，折而西行，把古城半绕起来。城墙依乌裕尔河河道经行方向而筑，保存非常完整，周长2482米，整个城址平面呈椭圆形。城墙残高5—6米，夯筑，有马面40个。城墙上开设有南、北二门，有瓮城，城墙外部掘有城壕。城内出土有城门楼瓦当、铜瓦、板瓦、鸱吻等建筑饰件。城墙残高5—6米，夯土版筑，有马面40个。城内出土有大量的瓷器、铁器、陶器、骨器、金代蒲与路印、带柄人物故事镜、铜带铐、铁马鞍饰等。出土的金代"蒲峪路印"，与《金史》记载的距离金上京城600里相符。①

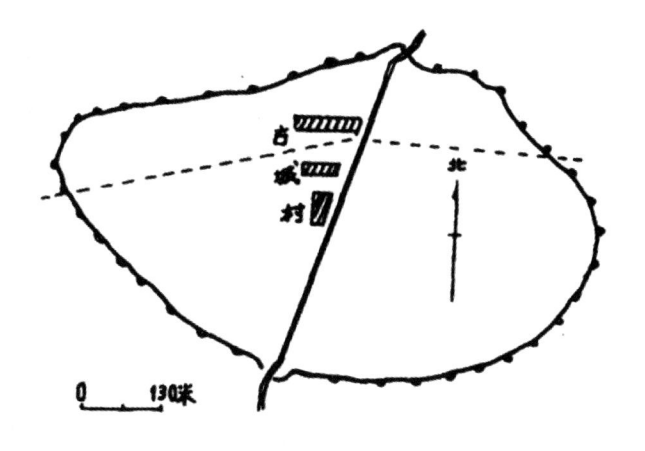

图5—3　蒲峪路古城平面图②

8. 查哈阳古城

位于甘南县东北70千米，查哈阳乡所在地北1千米处，城东面距诺敏河0.5千米，西北距东北路界壕9千米，距界壕内侧诺敏河边堡9千米。古城平面呈长方形，周长1210米，东墙长240米，西墙长220米，

---

① 黑龙江省文物考古研究所：《黑龙江克东县金代蒲峪路故城发掘》，《考古》1987年第2期。

② 同上。

南墙长 370 米，北墙长 380 米，城墙高达 5 米左右。马面现存 10 个，城外掘壕，绕城外东、西、北三面，北墙和西墙外侧有一道浅沟。出土有陶片、定白瓷、仿定瓷残片及铁甲片、铁刀、铁镞等。①

9. 阿伦河古城

位于甘南县城北 10 千米处，距阿伦河右岸 0.5 千米。周长 1310 米，呈方形。②

10. 平安古城

位于甘南县宏建乡平安村西北。古城平面呈方形，周长 280 米，属于军事堡垒性质。③

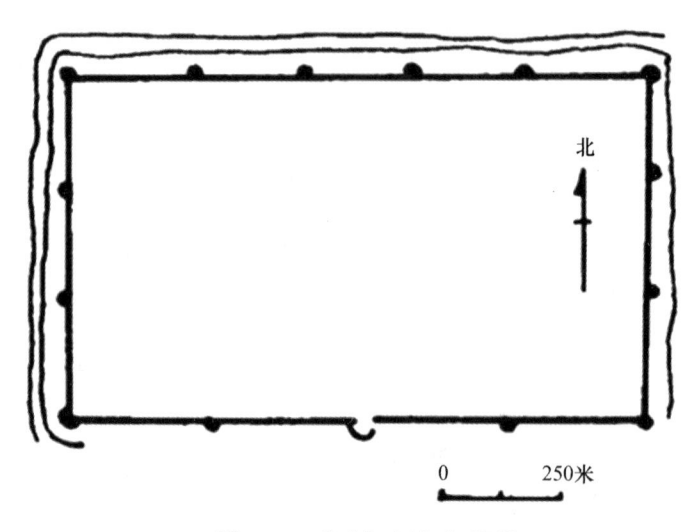

图 5—4　查哈阳古城平面图④

11. 龙河古城

位于讷河市龙河镇勇进村南 1 千米处，南临讷漠尔河，勇进河由南向北流经古城东侧。古城地处讷漠尔河中下游右岸的二级台地上。周长

---

① 王禹浪、刘冠缨：《黑龙江地区金代古城分布述略》，《哈尔滨学院学报》2009 年第 10 期。
② 同上。
③ 孙文政：《嫩江流域辽金古城简要介绍》，未刊稿。
④ 黑龙江省地方志编撰委员会：《黑龙江省志·文物志》，黑龙江人民出版社 1994 年版。

2300 米，呈方形。①

12. 恒地营古城址

位于讷河市恒地营火车站南 500 米处。周长 800 米，呈方形。②

13. 西城镇古城

位于克山县西城镇附近。周长 1200 米，呈方形。③

14. 北兴古城

位于克山县北兴镇民众村附近。古城周长 1000 米，呈长方形。东西墙长 300 米，南北墙长 200 米。古城内出土"开元通宝"和"崇宁通宝"，地表有布纹瓦及灰陶片。属辽金古城。应为金代蒲与路所辖。④

15. 古城镇古城

位于克山县古城镇东南，古城镇粮库东侧，齐齐哈尔至北安铁路从古城遗址中部横穿而过。周长 1500 米，呈方形。⑤

16. 沙家街古城

位于龙江县龙兴镇沙家街北 1 千米处，在雅鲁、齐沁河两河汇流处。雅鲁河由西北向东南流过城东侧，南沁河由西南向东北与北来的麒麟河相遇，在城南侧又折而向东汇入雅鲁河。古城平面呈长方形，周长 1360 米。南、北墙两端略有弧度，各长 440 米，东、西墙各长 240 米，墙附筑有马面 12 个，瓮门开在南墙中间，城墙外面筑有副墙，主墙与副墙中间为护城壕。古城内已垦为耕地，地表散步有灰色陶片、定白瓷与仿定白瓷片，出土有铁锹、铁锯、铁锅残片、铜钱等。出土遗物具有典型金代的特征。⑥

---

① 王禹浪、刘冠缨：《黑龙江地区金代古城分布述略》，《哈尔滨学院学报》2009 年第 10 期。

② 同上。

③ 克山县志编纂委员会编：《克山县志》，中国经济出版社 1991 年版，第 677 页。

④ 同上。

⑤ 王禹浪、刘冠缨：《黑龙江地区金代古城分布述略》，《哈尔滨学院学报》2009 年第 10 期。

⑥ 同上。

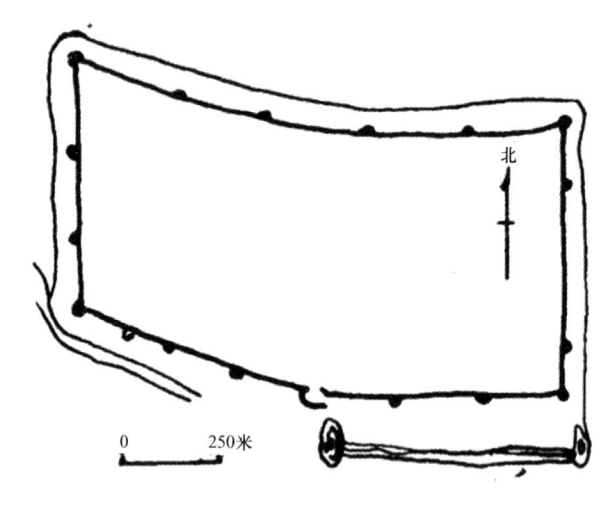

图5—5 沙家街古城平面图①

17. 诺敏河古城

位于甘南县查哈阳北1千米处。周长1216米，呈长方形。②

18. 发达古城

位于龙江县东北18千米，发达乡土城子村西500米处。古城呈椭圆形，周长约2100米。城墙基本夷平，底宽3米，残高1米左右。城内地表散布有较多的轮制泥质灰陶，火候较高，表面纹饰大多以梳篦纹为主，有布纹瓦。③

19. 济沁河古城

位于龙江县济沁河乡境内的小城子村，故又称小城子古城。东北距济沁河乡所在地25千米，距金东北路界壕边堡11千米。城略呈方形，南城墙长410米、北城墙长438米、东城墙长365米、西城墙长339米，周长1543米。城墙现有马面、角楼，城墙开设有南瓮门。城墙残高4米，为夯土版筑，墙外有护城壕。城内的陶片均为泥质灰陶，火候较高，纹

---

① 黑龙江省地方志编撰委员会：《黑龙江省志·文物志》，黑龙江人民出版社1994年版。

② 王禹浪、刘冠缨：《黑龙江地区金代古城分布述略》，《哈尔滨学院学报》2009年第10期。

③ 同上。

饰多为素面。城内出土过铜钱、铁刀、马镫等。①

20. 祥发古城

位于富裕县繁荣乡祥发村。古城呈方形，周长1000余米，50年前城垣清晰可见，古城有4个角楼，东墙有一门，其他三面城墙无门，城墙外有护城河。出土有泥质灰色陶罐和铁锅等。②

21. 大克钦古城

位于富裕县塔哈乡大克钦村，在乌裕尔河右岸。古城呈方形，残高1米，周长6000米，大城西南角有一周长1000米的小城。古城出土有头盔、残砖、马镫等辽金文物。③

22. 龙安桥古城

位于富裕县龙安桥乡雅洲村，周长不详。④

（二）黑龙江省大庆地区嫩江流域辽金古城

1. 望海屯古城

位于肇源县三站镇宏大村望海屯西南约4千米处，松花江左岸的二阶台地上。古城呈方形，周长近3000米，北城墙已不复存在，南城墙和西城墙保存较好，有瓮城。古城内出土有大量新石器时代的遗物，有石斧、石锄、网坠、弹丸，陶器有鼎、罐、翁、壶、钵、碗、杯、豆等。可以推测，此座辽金古城是修筑在新石器时代的遗址之上。⑤

2. 二站古城

位于肇源县二站镇土城子村。周长1200米，呈方形。⑥

3. 他代海古城

位于肇源县民意乡，健民村。周长1240米，呈方形。⑦

---

① 王禹浪、刘冠缨：《黑龙江地区金代古城分布述略》，《哈尔滨学院学报》2009年第10期。
② 孙文政：《嫩江流域辽金古城简要介绍》，未刊稿。
③ 同上。
④ 孙文政：《嫩江流域辽金古城简要介绍》，未刊稿。
⑤ 王禹浪、刘冠缨：《黑龙江地区金代古城分布述略》，《哈尔滨学院学报》2009年第10期。
⑥ 同上。
⑦ 同上。

4. 土城子古城

位于肇源县头台镇仁和堡村。周长760米,呈方形。①

5. 梅信屯古城址

位于肇源县福兴乡义兴村。周长750米,呈圆形。②

6. 西南得根古城

位于肇源县古龙镇永胜村。周长984米,略呈方形。③

7. 新站古城

位于肇源县新站镇新站村。周长946米,呈长方形。④

8. 富强古城

位于肇源县富强乡附近。周长700米,略呈方形。⑤

9. 仁和堡古城遗

位于肇源县头站乡仁和堡村东南200处的岗地上。古城呈方形,周长为1600米,夯土城墙保存较好,南城墙保存较差,残高0.5—1.3米不等。⑥

10. 乌拉尔基古城

位于肇源县新站镇古城村西0.5千米处。此城为辽代所建,疑为辽代混同江行宫。⑦

11. 翻身屯古城

位于肇州托古乡新力村南200米处。古城呈梯形,东城墙长为521米、南城墙长为610米、西城墙长为513米、北城墙长为496米,周长2140米。⑧

12. 民吉古城

位于肇州万宝乡民吉村南。古城呈长方形,其中东城墙残长219米。

---

① 王禹浪、刘冠缨:《黑龙江地区金代古城分布述略》,《哈尔滨学院学报》2009年第10期。

② 同上。

③ 同上。

④ 同上。

⑤ 同上。

⑥ 孙文政:《嫩江流域辽金古城简要介绍》,未刊稿。

⑦ 同上。

⑧ 同上。

由于破坏严重，古城的详细信息已无法得知。①

13. 东土城子古城

位于杜尔伯特蒙古族自治县东土城子村西300米处。古城呈长方形，东西长280米，南北宽140米，周长为840米。城墙夯土版筑，北城墙有3个马面，其他城墙为2个马面，四角有角楼，城门南开，有瓮城。②

14. 波布代古城

位于杜尔伯特蒙古族自治县波布代村南1500米处的土岗上。古城呈长方形，南北长160米，东西宽110米，周长为540米。城墙夯土版筑，四角有角楼，城门南开，有瓮城，城门两侧各有1个马面。③

15. 前新古城

位于杜尔伯特蒙古族自治县前新村东北1500米的山坡上，南距洮儿河口2.5万米，西距嫩江9000米。古城坐落在高地东侧的缓坡上。四角设有角楼，古城附近有大片沼泽。古城东西长120米，南北宽100米，周长440米，城墙残高2米，基宽8米。④

16. 哈拉海古城

位于杜尔伯特蒙古族自治县哈拉海村西1500米处，南距洮儿河口40千米，西距嫩江2000米，坐落在嫩江左岸的岗地上。古城设有角楼、马面，东西城墙长248米，南北墙宽140米，周长776米。城墙残高2米，基宽12米，外包灰砖。城内遗留物较多，有灰砖、布纹瓦、陶片等。⑤

17. 喇嘛仓古城

位于杜尔伯特蒙古族自治县喇嘛仓村沙丘南侧，南距洮儿河110里，西距嫩江8里，坐落在与嫩江滩涂相连接的漫岗上。北侧有数座小沙丘，城墙上设有角楼、马面，东西长380米，南北宽220米，周长1200米。城墙残高3米，基宽9米。城内采集到带柄小铁刀、布纹瓦片、石臼等。⑥

---

① 孙文政：《嫩江流域辽金古城简要介绍》，未刊稿。
② 同上。
③ 同上。
④ 王国志：《金宜春故城考辨》，《北方文物》1998年第3期。
⑤ 同上。
⑥ 同上。

18. 好田格勒古城

位于杜尔伯特蒙古族自治县胡吉吐莫镇好田格勒村北100米处的土岗上，处于嫩江中下游左岸的沼泽地中，实际已接近乌裕尔河流域的尾端。古城墙上设有角楼4个、残存马面2个、南墙有瓮城，东西长240米，南北宽213米，周长910米。城墙残高5米，基宽10米。城内采集到布纹瓦和仿定白瓷片等。①

19. 肇东八里城

位于肇东县四站镇西南约3千米东八里村北300米处的松花江右岸二阶台地上，城址呈方形，周长3681米。东墙964米、西墙923米、南墙903米、北墙891米。因周长接近八里，固有八里城之称。城墙上附设有角楼4个，马面56个，每边墙设立马面14个，瓮门4个，每边墙中间位置开设瓮门。古城内出土大量的铁器、铜器、瓷器、骨器、陶器，尤其是铁器异常丰富。此城为金元肇州故址。②

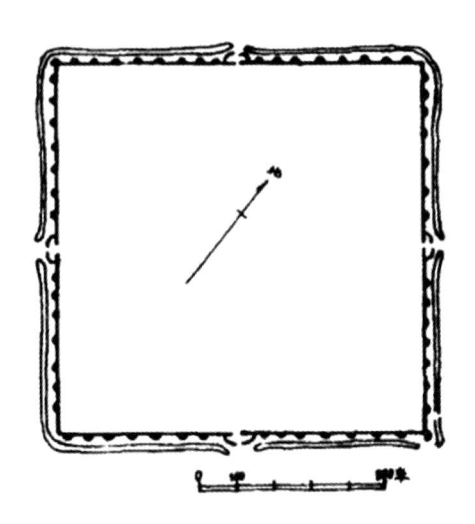

图5—6　肇东八里城平面图③

---

① 黑龙江省地方志编纂委员会编：《黑龙江省志·文物志》，黑龙江人民出版社1994年版，第156页。

② 同上，第161页。

③ 同上。

（三）黑龙江省黑河地区嫩江流域辽金古城

1. 南山湾古城

位于北安市东胜民生村西侧的二阶台地上，南临乌裕尔河右岸的河道。古城为南北向，平面呈方形，周长1200米，城墙高1米，南城垣设一城门，城垣四角存有角楼遗迹，城垣外有近两米深的护城壕。城内出土残瓦片铜镜、铜佛、铜钱、铁镞、小石臼等。附近曾出土金代"曷苏昆山谋克之印"，官印两侧的边款刻有"系蒲与猛安下"及"曷苏昆山谋克之印"等文字，背面右侧还嵌刻"大定十年七月"（1170）、左侧刻有"少府监造"字样。①

2. 庙台子古城

位于北安市石华乡立业村西1000米处。古城呈长方形，长600米，宽200米。城墙残高约0.5米，几乎无法辨认城墙痕迹。古城内散步有陶片和布纹瓦残片。②

3. 门鲁河遗址

位于嫩江县长江乡长江村南2千米处，南距长江村居民住宅100米，距门鲁河口300米。古城东西长100米，南北宽100米，周长400米，呈正方形。古城附近为沟塘，四周杂草丛生，古城城遗迹难以辨认。③

4. 小石碴子城址

位于嫩江县临江乡小石碴子村农机站院内。城墙址为农机站石头墙基础，略高于地面，呈四方形。每边墙近100米，周长400米。④

5. 繁荣城址

位于嫩江县前进镇繁荣村附近，古城东侧50米处为居民住宅，东北距嫩江县20千米。呈方形，每边墙140米，周长560米。古城内采集到铁箭头等遗物。⑤

---

① 北安市地方志办公室编：《北安县志》，内部发行，1993年，第660页。
② 同上。
③ 赵起超等：《嫩江县第三次文物普查档案（国家文物局制）》，2009年。
④ 同上。
⑤ 同上。

6. 伊拉哈城址

位于嫩江县伊拉哈镇红嫩村东北隅，古城与红嫩村毗邻。南距老莱河右岸约 1000 米，齐黑铁路横贯古城东西穿过。古城分内、外二城，均呈方形，外城边长 765.5 米，内城边长 665.5 米，内城位于外城之东南，内城东南墙与外城东南墙重合。如果按照外城边长计算，伊拉哈古城周长近 3000 米，如按内城边长计算，伊拉哈古城周长 2662 米。现城墙残高 1—2 米，内城有角楼，每边墙各有马面 3 个。北墙保存相对完整，南墙因被辟为乡村土路，原来保存有瓮门痕迹，现已无存。古城内出土有大量的金代铜钱、布纹瓦、灰陶罐、定白瓷、放定白瓷残片等。1976 年"一普"确认，1999 年再次确认，属省级文物保护单位。①

7. 海江村古城

位于嫩江县海江镇西孟村，北距科洛河 6 千米。古城呈长方形，东西长约近千米，南北宽约 100 米，周长近 2200 米。出土有布纹瓦、青砖、北宋铜钱、铁锅、定白瓷器等遗物。②

8. 二十里屯古城

位于嫩江县前进乡繁荣村西 50 米处。古城呈正方形，每边墙 140 米，周长 560 米，城墙残稿 1 米。出土有铜锅、铜碗、铁箭头等遗物。③

9. 和安村古城

位于五大连池市和平镇和安村东北约 500 米处。古城东西长 700 米，南北宽 100 米，周长 1600 米，城内有明显的建筑遗迹，1973 年该遗址出土了一面铜镜。④

10. 永远村古城

位于五大连池市双全镇永远村附近，讷谟尔河右岸的台地上。古城内出土有铁器、北宋铜钱，元丰、政和通宝等字样的货币。⑤

---

① 赵起超等：《嫩江县第三次文物普查档案（国家文物局制）》，2009 年。
② 孙文政：《嫩江流域辽金古城简要介绍》，未刊稿。
③ 同上。
④ 同上。
⑤ 同上。

11. 凤凰山古城

位于五大连池市兴隆镇凤凰山农场凤凰山村屯旁的耕地中，古城内出土有铜钺、铁箭头等文物，在附近的五一水库附近发现有金代墓葬。①

（四）吉林省洮南市地区嫩江流域辽金古城

1. 城四家子古城

位于洮南市东北18千米，洮儿河左岸的二阶台地上。古城呈方形，城墙为夯土板筑，周长为5748米，城墙四面有马面，四角有角楼，每边墙各设一门，均为瓮城结构。出土大量的砖、瓦、陶瓷、建筑饰件、铁制生产工具、武器和铜器等。有人把城四家子古城断为辽代泰州城，因此认为城四家子古城始建于辽代，金元明历代沿用。②

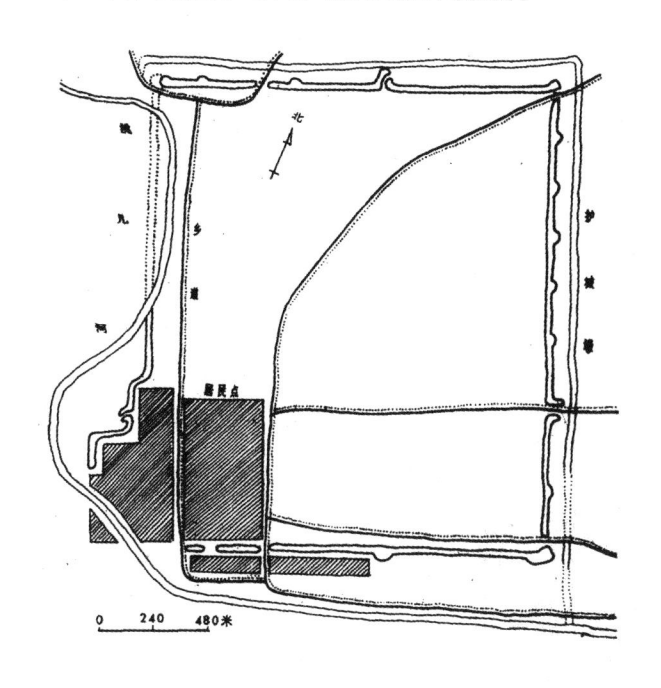

图5—7 城四家子城平面图③

---

① 孙文政：《嫩江流域辽金古城简要介绍》，未刊稿。
② 吉林省地方志编纂委员会编：《吉林省志·文物志》，吉林人民出版社1991年，第68页。
③ 同上。

2. 蒙古屯古城

位于洮南市金祥镇跃进村蒙古屯西南，地处洮儿河左岸的平原之中。古城西距洮儿河5千米。平面呈长方形，周长900米。城墙保存较好，东墙长250米，西墙长200米，门址不详，城外有一道护壕，宽2米。城内遗物丰富，地表散见泥质灰陶片、鸡腿坛残片、布纹瓦片、白色瓷片及青砖等辽、金遗物。①

3. 土城子古城

位于洮南市永胜乡长胜村黄家堡屯内，西距洮儿河6千米。古城周围是广阔平原和耕地，古城平面呈长方形，城墙系黄土与卵石混合夯筑，现在大部分已经被破坏，仅存东墙一段，长约40米。门址不详。城内遗物文化层大约50厘米厚，陶片中多是泥质灰陶，偶见夹砂陶，器表多素面。还常见瓷器残片。②

4. 小城子古城

位于洮南市岭下乡岭下村两家子屯西南约600米处，东距"东大岗"5千米，北距镇西镇3千米，西距洮儿河支流（今已凿成运河）1000米，周围皆平原沃野。城址为长方形，东墙长150米，南墙长110米，北墙长110米，西墙长148米，周长518米。墙高12米，基宽8米，顶宽1.5米至2.5米。城内遗物有青砖、灰色布纹瓦、带有烧烤熏灼痕迹的石材，还有陶瓮、罐、盆、钵等遗物。罐类多为卷沿或大卷沿、广肩，器形较大这些遗物有明显的辽金时期文化特征。③

5. 海城子古城

洮南市兴业镇兴业村海城子屯西北1000米处，地处洮儿河左岸，又名土城子。城址平面呈长方形，南墙长165米、东墙残长130米、西墙残长144米，北墙破坏较为严重，周长约569米。城墙外侧有护城河，城墙四角筑有角楼，城墙上筑有马面，南墙正中有一瓮门。城址内采集到少量泥质灰陶片，有压印纹、篦点纹、附加堆纹等。出土遗物具有辽、金

---

① 陈相纬、李殿福主编：《洮安县文物志》，吉林省文物志编修委员会1982年版，第43页。

② 《洮安县文物志》，1982年，第44页。

③ 同上书，第45页。

时期特征。①

（五）吉林省白城地区嫩江流域辽金古城

1. 闹宝古城

位于白城市林海乡的闹宝村内，北距白城市区11千米。古城坐落在略高于地表的漫岗上，古城南侧是干涸的洮儿河故道。边长300米，周长1200米，城址平面略呈正方形。城墙上无角楼、马面建筑，更无护城河的痕迹。原南墙中部有一城门，为瓮门结构。城内青砖、布纹瓦、陶瓷残片等遗物随处可见。

2. 前二龙山古城

位于大安市联合乡前二龙山村南80米处，城墙为夯土版筑。东西城墙长250米，南北城墙长134米，古城呈长方形。东城墙中间开有一个城门，由于古城破坏严重，其他难以辨认。②

3. 新荒古城

位于大安市新荒乡新荒屯南。城墙为夯土版筑，南墙长219米、西墙长187米、东墙长191米、北墙长195米，周长792米，古城呈方形。③

4. 金善古城

位于大安市两家乡同兴村金善屯南1500处。古城破坏严重，城墙残长215米，高0.5—1.5米不等，城墙为夯土版筑，城门、角楼、马面痕迹无存。④

5. 古城屯古城

位于大安市古城乡古城村所在地。城墙为夯土版筑，东西城墙长203米、南北城墙长120米，周长646米，古城呈长方形。古城出土过石碑，其上刻有"驸马府"字样。⑤

6. 好斯台古城

位于镇赉县坦途乡向阳村好斯台屯的东北侧，南墙距居民住宅仅10

---

① 《洮安县文物志》，1982年，第46页。
② 孙文政：《嫩江流域辽金古城简要介绍》，未刊稿。
③ 同上。
④ 同上。
⑤ 同上。

余米。古城略呈方形，南墙长 244 米，北墙长 240 米，东墙长 276 米，西墙长 279 米，周长 1039 米。城四角建有角楼，城墙为夯土版筑，无瓮门、马面、护城河迹象。城内散布有大量的灰色、黄褐色陶片、绿釉陶片、青砖、布纹瓦、青花瓷片等。根据出土器物和古城形制看，应为辽金时期所建。①

7. 大乌兰吐古城

位于镇赉县丹岱乡大乌兰吐屯西南 300 米处，一条东西走向的沙岗东端。古城南面是开阔的耕地、草原和沼泽地。古城呈不规则梯形，南墙长 125 米，北墙长 230 米，东墙长 143 米，西墙长 151 米，周长 549 米。南墙中部有一座瓮门，宽约 12 米。城墙上无角楼、马面的痕迹，城外无护城河遗迹。城内保存有两处建筑遗迹，散有青砖、布纹瓦、陶片和少量的铁器残片，铜钱、铁箭头等遗物。②

8. 十家子古城古城

位于镇赉县丹岱乡十家子村中，靠近嫩江下游的右岸，距主河道仅两千米。在大乌兰古城东 6 千米。古城呈长方形，城墙为夯土版筑，东西墙均长 50 米，南北墙均长 70 米，古城周长 240 米。辟有东、西、南三门，门宽 6 米，无角楼、马面、护城河等防御设施。现古城内部已被居民住宅所占。出土有白釉瓷片、瓷盘底、黄白釉铁花瓷坛、黄白釉铁花瓷钵，还有少量赤黄色素面夹砂陶片。③

9. 后少力古城

位于镇赉县沿江乡后少力村西北约 250 米的大土岗上，东距嫩江 5 千米，南距月亮泡 4 千米。古城呈长方形，南北墙均长 200 米，东西墙均长 150 米，周长 700 米。为夯土板筑，城四角有角楼，无瓮城、马面、护城河迹象。城内有大量的青砖、布纹瓦残块，有大量的红、绿、黄色的琉璃瓦。④

---

① 吉林省文物志编委员编：《镇赉县文物志》，1985 年，第 106 页。
② 同上书，第 107 页。
③ 同上书，第 108 页。
④ 同上书，第 109 页。

（六）吉林省松原地区嫩江流域辽金古城

1. 井字村古城

位于乾安县余字乡井字村北。古城略呈梯形，城墙夯土版筑，四面城墙各有1个马面痕迹，东城墙196米、西城墙220米、南城墙210米、北城墙215米，周长841米，残高0.5—1.5米不等，四角有城楼，东城墙正中间开1个城门，有瓮城痕迹。①

2. 有字井古城

位于乾安县让字乡有字井村东南500米处。古城呈梯形，城墙夯土版筑，东西城墙150米、北城墙110米、南城墙150米，周长560米。残高0.5—1米，四角有角楼，南城墙西侧开1城门，其他三面城墙各有马面1个，不见瓮城和护城河痕迹。②

3. 羔字井古城

位于乾安县赞字乡羔字村羔字井屯东北1500处。古城呈梯形，东城墙110米、西城墙120米、南城墙140米、北城墙140米，周长510米，残高1.5米，四角有角楼，南墙中间开1城门，没有瓮城、马面、护城河痕迹。③

4. 莫字井古城

位于乾安县兰字乡莫字井屯西南2.5千米处。古城呈梯形，城墙夯土版筑，东城墙110米、西城墙100米、南城墙480米、北城墙500米，周长1190米。在北墙偏东5米处开辟1城门，四角有角楼。没有瓮城、马面、护城河痕迹。④

5. 道字井古城

位于乾安县道字乡道字村道字井屯东300米处。古城呈长方形，城墙夯土版筑，东城墙102米、西城墙117米、南城墙78米、北城墙80米，周长377米，残高0.5米，南城墙偏西开1城门，四角有角楼，没有瓮城、马面、护城河迹象。⑤

---

① 孙文政：《嫩江流域辽金古城简要介绍》，未刊稿。
② 同上。
③ 同上。
④ 同上。
⑤ 同上。

6. 塔虎城古城

位于前郭尔罗斯蒙古族自治县西北50千米的八郎镇北上台子屯北约200米的平原上。城池修筑规整，城垣坚固。古城平面呈正方形，周长为5213米。塔虎城古城址于1961年被吉林省人民委员会公布为第一批省级文物保护单位，2001年被国务院公布为第五批全国重点文物保护单位。是吉林省境内规模较大，保存较为完整的辽金古城。塔虎城文化层堆积厚，遗物亦较丰富。城内出土文物有金代的铁铧、铁蒺藜、铁镞、兽面瓦当；大量的北宋铜钱和少量的唐代"开元通宝"，金代的"大宝通宝"，南宋的"绍兴通宝"；定窑白釉连花碗、莲花盘、双鱼碗、白釉小口瓶、黑釉双系壶、酱釉三流三系壶、绿釉长颈瓶等；以及各个时期的铜镜，如双鱼镜童子纱戏花镜、昭明镜、朱雀牡丹镜、湖州镜和素面镜等。2000年6—10月，长白一级公路拓宽工程施工期间，前郭县文物保护管理所协助省文物考古研究所，在塔虎城遗址内进行考古发掘。发掘面积5400平方米，最深文化层达4米，清理房址64座、灰坑87处、炼炉1处。解剖城门1处，出土文物1500余件，多为辽金时代生活、生产用具。古城西北去大安县城大赉镇10千米，东北2.5千米即为嫩江，西北45千米为大安月亮泡，西南15千米为查干泡，东南10千米有库里泡，这三个泡泽面积较大，历史上一直是著名的产鱼区。塔虎城城墙每边墙有16个马面，古城四角有角楼，每边墙的正中设城门1座，均为瓮城结构。围绕城墙外侧有两道人工开凿的护城河，中间有一土堤相隔，城内现已垦为耕地。城内出土文物相当丰富，出土大量的砖瓦陶器残片，特别是螭首、邸尾、瓦当等。①

7. 哈朋店古城

位于前郭尔罗斯蒙古族自治县哈拉毛都乡哈朋店屯北。古城呈正方形，周长2040米，城墙夯土版筑，残高2米左右，城的东南、西北、东北可见有角楼迹象，没有马面和护城河痕迹。东侧城墙中间开设城门一座。②

---

① 吉林省地方志编纂委员会编：《吉林省志·文物志》，吉林人民出版社1991年版，第71页。
② 孙文政：《嫩江流域辽金古城简要介绍》，未刊稿。

8. 土城子古城

位于前郭尔罗斯蒙古族自治县大山乡大山屯东南250处。古城呈长方形，周长为2140米，城墙为夯土版筑，在东、西城墙南部，各开设有瓮门2个，四角有角楼，没有马面和护城河痕迹。①

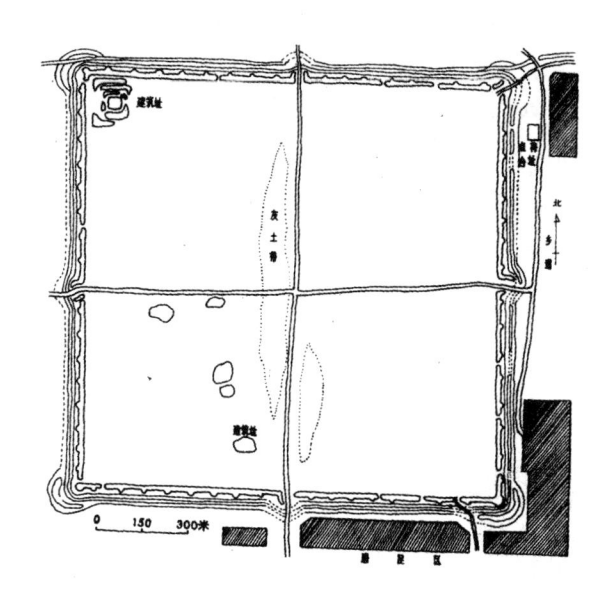

图5—8　塔虎城平面图②

9. 那拉街古城

位于前郭尔罗斯蒙古族自治县王府站乡东那拉街屯东北处。古城呈长方形，城墙夯土版筑，东、西城墙长400米，南、北城墙宽300米，残高2米左右。每边城墙有4个马面，四角有角楼，在东、西城墙中间各开设瓮门1个。③

10. 罕扎布拉格古城

位于前郭尔罗斯蒙古族自治旗吉拉吐乡罕扎布拉格屯东南约30米的山岗上。古城略呈方形，城墙夯土版筑，东城墙长279米、南城墙宽250

---

① 孙文政：《嫩江流域辽金古城简要介绍》，未刊稿。
② 吉林省地方志编纂委员会：《吉林省志·文物志》，吉林人民出版社1991年版。
③ 同上。

米、西城墙长290米、北城墙宽250米,周长1060米,残高为1—1.5米,四角有角楼,在南城墙中间开有1门,没有瓮城、马面和护城河痕迹。①

11. 偏脸子古城

位于前郭尔罗斯蒙古族自治县新丰乡偏脸子屯西南约250米处。古城呈方形,城墙夯土版筑,南城墙长247米、东城墙宽234米、西城墙长247米、北城墙宽250米,周长978米,平面呈梯形。残高3米左右,四角有角楼,南墙、北墙各有1个城门,没有瓮门、马面、护城河痕迹。②

12. 大喇嘛坨子古城

位于前郭尔罗斯蒙古族自治县乌兰图嘎乡好老宝村大喇嘛坨子村东约300米处。古城呈长方形,城墙夯土版筑,南城墙长250米、西城墙宽200米、东城墙宽210米、北城墙长240米,周长900米。残高1—1.5米,四角有角楼,北城墙中间开设有城门1个,没有瓮门、马面、护城河痕迹。③

13. 小城子古城

位于前郭尔罗斯蒙古族自治县查干花乡白音花村小城子屯南约50米处。古城呈正方形,城墙夯土版筑,周长740米,残高1—1.5米不等,四角有角楼,东城墙中间开1个城门,为瓮门结构,墙上有马面痕迹。④

14. 旱龙坑南古城

位于前郭尔罗斯蒙古族自治县深井子乡旱龙坑屯南100米处。古城呈正方形,周长600米,城墙夯土版筑,四角有角楼,在北城墙中间开有城门,外有瓮城痕迹,城墙残高0.5—1米不等。⑤

15. 旱龙坑北古城

位于前郭尔罗斯蒙古族自治县深井子乡旱龙坑北500米处。古城呈长方形,周长700米,城墙夯土版筑,四角有角楼,东城墙正中开1城门,

---

① 孙文政:《嫩江流域辽金古城简要介绍》,未刊稿。
② 同上。
③ 同上。
④ 同上。
⑤ 同上。

外有瓮城，城墙残高 1—1.5 米。①

16. 西哈什坨子古城

位于前郭尔罗斯蒙古族自治县乌兰塔拉乡西哈什坨子屯东约 200 米处。古城呈正方形，周长 400 米，城墙夯土版筑，残高 0.5—1 米不等，四角有角楼，东城墙正中间有城门 1 个。②

二 嫩江流域辽金古城分布的主要特点

从嫩江流域辽、金古城的整体分布上观察，嫩江流域的辽、金古城的分布具有如下几个重要特征：

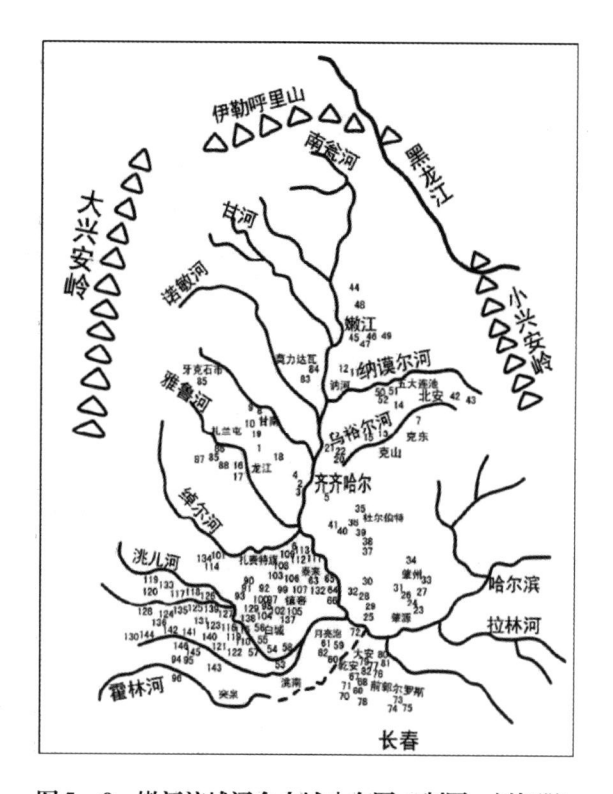

图 5—9 嫩江流域辽金古城分布图（制图：刘加明）

---

① 孙文政：《嫩江流域辽金古城简要介绍》，未刊稿。
② 同上。

其一，嫩江流域辽金古城分布的最为集中的地区，则是嫩江流域下游右岸区域。以内蒙古自治区兴安盟科尔沁右翼前旗、突泉县、科尔沁右翼中旗为主。据不完全统计：这一地区的辽、金古城已经达到57座之多，如果把金代界壕边堡计算在内的话，仅这一地区的辽金古城就有60余座。实际上，兴安盟所处的地理位置恰好在大兴安岭的中段，且处在嫩江、洮儿河、松花江三水汇聚的西侧，嫩江下游右岸的西北方。这里既是多条河流由西向东注入嫩江或洮儿河的浅山区或丘陵之地，也是呼伦贝尔草原上的古代民族，顺着大兴安岭中段被河水切割成的多条道路进入松嫩平原的大通道。由此向南则是辽王朝的京畿之地——辽上京临潢府所在地——今赤峰地区巴林左旗。由此向东南，则是金王朝早期的京畿之地——金上京会宁府的金源内地——今哈尔滨市阿城区。应该说兴安盟这一地域是辽、金王朝拱卫京师，抵御北族侵扰的重要防御方向。因此，在这一地域内辽、金两朝不仅修筑了坚固的长城防线，并且在山川隘口之地修筑了星罗棋布的要塞和戍守的城堡。这些要塞与城堡大多修筑在依山临水的断崖和隘口之地，扼守着从呼伦贝尔草原翻越大兴安岭山脉直达松嫩平原的交通要道上。

其二，嫩江流域的辽、金古城另一个较为集中的区域则是洮儿河左岸、嫩江下游右岸、第二松花江下游左岸的三水汇合地区。这一带地势低洼，经洮儿河、嫩江、松花江水的冲刷形成了广袤的平原和湿地，泡泽遍地、江河纵横、广泛分布着芦苇沼泽和大片的盐碱地。由于这一地域紧邻兴安盟地域嫩江下游右岸的军事防御区，且又是辽、金王朝皇帝的春水捺钵和皇家狩猎游玩之所。因此，辽、金王朝在这里设置了大量的军镇（州）、节度使、统军司、招讨司、皇家临幸之所等重要的机构，以及拱卫、戍守、防御京师的城堡。这一地区包括今天的黑龙江省的齐齐哈尔、大庆，吉林省的白城、洮南、松原地区，辽金古城数量明显的集中。截至目前，这一地区的辽、金古城已经发现80余座（不含金代长城的戍守城堡）。

其三，以嫩江干流左岸为交通线的辽、金古城分布，凸显出具有戍守、镇守、警戒、观察、传递、驿路、交通、调拨、征伐的性质。从嫩江县的嫩江上游、中游、下游的左岸，辽、金时期修筑了一系列排列有序的古城。在这些古城中，较大的城池具有节镇一方，军政合一的性质与功能。金代早期的乌古敌烈统军司和招讨司，就设置在嫩江县地域内的嫩江上游左岸的伊拉哈古城。从嫩江上游的卧都河到嫩江下游的肇州境内，沿着嫩江左岸等距离地排列着有序的辽、金古城，说明辽金两个王朝都格外重视嫩江流域的经营和管辖。这条重要的驿路交通，对于嫩江右岸的辽、金军事防御的城堡和长城也起到了遥相呼应、屯聚粮草驻屯重兵的重要作用。从某种意义上说，嫩江左岸一线的辽、金古城主要是起到了巩固第一道军事防御线的后备力量。

其四，嫩江流域的左岸的辽金古城的布局特点，按照河流的走向可以划分为如下四个亚区，即嫩江县境内的嫩江左岸上游区、讷谟尔河流域区、乌裕尔河流域区、大庆地区的嫩江左岸下游区。在这四个亚区中，辽金古城的数量的空间布局的特点是：从嫩江左岸的下游、中游到上游区，随着纬度的增加而逐渐递减。嫩江流域右岸的辽金古城数量的空间布局的特点，则是以绰尔河、洮儿河、霍林河、第二松花江下游左岸地区为最集中的地区。在嫩江流域 178 座辽金古城中，有三分之二的古城数量分布在这一区域。因此，无论从辽金古城的数量还是人口的数量、军镇、城镇、堡寨的数量都远远超过嫩江流域的左岸或其他地区。这种较为罕见的现象是值得今后深入研究和认真思考的问题——为什么辽、金时期如此重视嫩江流域下游右岸的绰尔河、洮儿河、霍林河，以及第一松花江左岸下游地区呢？

其五，在嫩江流域的辽、金古城中，周长在 5000 米以上共计 3 座，即嫩江左岸中游乌裕尔河流域的大克钦古城、洮儿河流域的城四家子古城、嫩江与松花江汇合口处的嫩江下游右岸的塔虎城古城。周长在 4000—5000 米的辽金古城 2 座，即嫩江下游右岸的黑龙江省泰来县塔子城古城、嫩江下游左岸的肇东八里城古城。周长在 2000—4000 米的辽金古城 12 座，嫩江右岸下游地区共 6 座，嫩江左岸 4 座，乌裕尔河流域 2 座。如果从嫩江流域空间的整体位置上观察，嫩江左右两岸周长在 2000—4000 米的辽金古城各站 6 座，说明了在行政建制军镇设置的布局上，具有相对平衡的考虑。周长在 1000—2000 米的辽金古城共 36 座，其中嫩江右岸 26 座；嫩江左岸 6 座；乌裕尔河流域 4 座。周长 1000 米以下的辽金古城共85座,其中嫩江右岸辽金古城75座,嫩江左岸辽金古城10座。另外,嫩江流域辽金古城尚有6座,由于城墙遭到严重破坏,古城周长不详。嫩江流域共计145座辽金古城。此外,如果加上齐齐哈尔地区金长城的26座边堡,以及内蒙古科尔沁右翼中旗8座金长城的边堡,那么嫩江流域的辽金古城数量当是179座。

总之,嫩江流域的179座辽金古城的数量,并不是最终的结论。今后,随着对嫩江流域辽金古城的深入调查和研究,古城的数量将不断被刷新。嫩江流域这些辽金古城的发现,为我们重新思考和研究嫩江流域的辽、金历史地理问题提供了非常丰富的资料。除此之外,即使在我们已经掌握的嫩江流域辽金古城中,有些古城的周长和具体的地理位置、出土文物,及关于辽金古城的相关信息尚不够精确,甚至还需要进一步的核对和实地踏察。尤其是对这些已知嫩江流域辽金古城的性质的探讨还需要时日,特别是需要考古工作者为我们尽快提供一些科学的解剖和这些古城发掘的第一手资料。因此,对于嫩江流域辽金时期周长在2000米以上的古城的城市文化、城镇化、城市建筑、城市布局、城市生活、城市交通、驿路传递、官衙与民居、宗教信仰、历史地理等方面的研究工作,都是我们今后的重要课题。

三 嫩江流域辽金古城出土文物概述

谭士的《跋黑龙江泰来县塔子城出土辽大安七年残刻》[①]是现存所见的最早的关于塔子城辽大安石刻记载的文章,文章将所拓的文字也同时发表。碑文中有"大安七年""泰州河堤""同建办事塔"等字样,作者认为此残刻应是辽道宗大安七年泰州修河堤之时所建的一块碑记。孙秀仁的《塔子城古城和辽代大安七年刻石》[②]一文介绍了塔子城出土的一些重要文物,通过出土文物简单的分析了当时人们的生活情况。重点论述了"大安七年刻石",认为泰州河堤就是指塔子城附近的绰尔河河堤,刻

---

① 谭士:《跋黑龙江泰来县塔子城出土辽大安七年残刻》,《考古》1960年第8期。
② 孙秀仁:《塔子城古城和辽代大安七年刻石》,黑龙江省文物考古工作队编著:《黑龙江古代文物》1979年版。

石记载与现存历史遗迹相符，因此认为刻石所记载的泰州即为塔子城。王峰庆的《关于塔子城塔倒始末及大安七年残刻的补充》①详细描述了塔子城西南方向的古塔在"九一八"事变后遭到日本人的破坏，并介绍了大安石刻出土的经过。

刘丽萍的《黑龙江省辽金考古发现与研究》②一文，谈及泰来塔子城、肇东八里古城、克东蒲与路古城及东北路界壕边堡和北段遗址。然后又简要介绍了黑龙江地区的重要的辽金墓葬。文章的第三部分重点论述了辽金时期的文物，辽代的铁器大多来源于墓葬，而金代的铁器发现则较为普遍，铜器的数量仅次于铁器。此外，辽代和金代都有官印出土，在泰来塔子城出土属于辽代的"匡义军节度使印"一颗。20世纪70年代，在乌裕尔河左岸克东县城附近的金代蒲峪路故址，曾经出土了金代"蒲峪路印"，遗憾的是古印出土不久下落不明。这是证明嫩江流域金代蒲峪路故址最重要的实物证据。此外，在嫩江流域还出土了为数可观的金代官印。何明的《记塔虎城出土的辽金文物》③详细列出了现今吉林省前郭尔罗斯自治县所辖的塔虎城出土的辽金文物，主要有瓷器、陶器、铁器、铜器、建筑材料等。塔虎城出土的器物辽代的较少，绝大部分属于金代，元代遗物未见，说明此城在元代已经废弃。王峰庆的《黑龙江泰来出土"大辽行省委差句当印"》④则介绍了在1984年文物普查时偶得此印的经过。黑龙江文物考古工作队编《黑龙江古代官印集》⑤中收录了嫩江流域出土的几方金代官印。1977年甘南县嫩江支流中兴乡绿色农场的金代古城出土了一方金代官印，印文为"拜因阿邻谋克之印"。1963年，龙江县龙兴镇西山村金代古城出土"勾当公事月子号印"。1977年，龙江县出土了金代官印"勾当公事之印"。

---

① 王庆峰：《关于塔子城塔倒始末及大安七年残刻的补充》，《辽金契丹女真史研究动态》1984年第3、4期。
② 刘丽萍：《黑龙江省辽金考古发现与研究》，《哈尔滨农垦师专学报》1996年第2期。
③ 何明：《记塔虎城出土的辽金文物》，《文物》1982年第7期。
④ 王峰庆：《黑龙江泰来出土"大辽行省委差句当印"》，《北方文物》1986年第1期。
⑤ 黑龙江文物考古工作队编：《黑龙江古代官印集》，黑龙江人民出版社1981年版，第33、73页。

金代"安抚司经历印",20世纪80年代出土于吉林省洮南县。印通高5厘米。背刻"正隆二年 月 少府监""乃古忒枝浦姑刻特土里记"。正隆为海陵王年号,正隆二年即公元1157年。金代早期官印,多由少府监铸制。此印尾字作"记",刻文风格近似宋印。

曷苏昆山谋克之印:1987年6月,在距离蒲峪路古城仅有20多里的乌裕尔河右岸,今北安市城郊乡长青村的农民李清海、王德江、孙柏林3人,在距村西约1500米的乌裕尔河畔的右岸二级台地上发现了这方金代官印。其印文为九叠篆书"曷苏昆山谋克之印"。关于该方官印的研究成果已较为丰富。官印两侧的边款刻有"系蒲与猛安下"及"曷苏昆山谋克之印"等文字,背面右侧还嵌刻"大定十年七月"(1170年)、左侧刻有"少府监造"字样。印长6.2厘米,宽6.1厘米,高5.1厘米。官印出土地以南不远处即南山湾金代古城。根据黑龙江流域和东北地区所发现的金代古城的周长规模与建制特点,北安市的南山湾古城属于金代谋克一级的古城;曷苏昆山谋克之印的出土地点又与南山湾古城为邻,故可以推断南山湾古城很可能就是曷苏昆山谋克的治所。

图5—10 "曷苏昆山谋克"官印与印模

椀都河谋克印:1995年出土于黑龙江省克山县,最早刊载于《北方文物》2000年第1期,由李桂芹、赵静敏撰写的《黑龙江省克山县发现一枚金代官印》一文。[①] 可知,在1995年,克山县古城镇均乐村村民杨

---

① 李桂芹、赵静敏:《黑龙江省克山县发现一枚金代官印》,《北方文物》2000年第1期。

立武在修建鱼池时发现了金代"椀都河谋克印"。2017年,黑河市人民政府与黑河学院联合组织了"黑河市自然与文明千里行"科考行动,是年6月5日,科考队实地踏察了"椀都河谋克印"出土地均乐村及克山县文管所,进行了走访调查。其调查经过简述如下:

2017年6月5日午后,我们从沿克山县城西大街前往位于县城西南方向的古城镇古城村。根据其地名显示,这一带可能有古代城址。我们沿001乡道前行,在古城镇转而向北,沿054县道前行,地势逐渐抬高。进入均乐村前,经过了一片鱼塘,初步判断这里可能就是"椀都河谋克印"的出土地。进入均乐村后,我们首先来到食杂店询问当地老户,食杂店老板张百军及其夫人向我们大致介绍了情况:杨立武并非均乐村人,而是古城村人,他在发现官印两三年后便去世于古城村。当年杨立武发现官印的地点正是我们来时经过的鱼塘,当地人称之为南沟。我们再度回到鱼塘处,王禹浪教授敏锐地发现这片被当地百姓称为"南沟"的地方是一条古河道,古河道两边地势逐渐抬升形成了二级台地。当年金代军队遭受蒙古大军暴风骤雨式的进攻,金军沿河道一路溃逃,将官印遗失在此。后返回县城,与克山县图书馆馆长、文管所所长张思杰会面,据他介绍,"椀都河谋克印"当时由村民杨立武交于时任克山县文化局局长马少斌,但他也于此后不久去世,官印至今下落不明。

据李桂芹等文,作者认为"椀都"应为《金史·地理志》以及《吉林通志》中所记载的"完都鲁山"。朱国忱先生的《金源故都》一书认为完都鲁山即今完达山。① 因此,椀都河应位于今密山市西北部。笔者以为,位于黑龙江省东部的完达山距离其出土地过于遥远,缺乏合理性,"椀都河"应系嫩江县"卧都河"之同音异写。卧都河所在区域位于金代与蒙古交界之地,且与克山县均乐村相距不算遥远。因此,今卧都河一带应为金代"椀都河谋克"所在。

"汉军万户之印":2002年肇东市博物馆在清理馆藏文物时发现,金

---

① 朱国忱:《金源故都》,北方文物杂志社,1991年。

图 5—11　"椀都河谋克印"印模（采自《北方文物》2000 年第 1 期）

代官印。1985 年在肇东市先进乡征集。印面为正方形，边长 5.4 厘米，厚 1.3 厘米，重 440 克，背有一长方形柱状纽，纽长、高均为 2.6 厘米，纽端刻一"上"字，通高为 3.9 厘米。印体正面为阳文汉字九叠篆书"汉军万户之印"，字形结构严谨，笔画匀称。在印左侧壁刻有阴文楷书"汉军万户之印"，但"之印"二字模糊不清。

"大辽行省委差句当印"：1984 年 7 月，在文物普查中征集。此印出土于黑龙江省泰来县塔子城（辽泰州）正东 42 千米，嫩江支流绰尔河流域右岸土阜上。印文为九叠篆书，三行九字，铜质，重 530 克，正方形，边长 5.5 厘米，通高 4.8 厘米，边厚 1.8 厘米，纽高 3 厘米，长 2.7、宽 1.4 厘米，纽上镌一楷字"上"，印背右侧镌三个楷字"委差印"。

第五节　牡丹江流域辽金时期女真筑城分布研究

一　牡丹江流域辽金时期女真筑城研究综述

（一）历史文献中关于牡丹江流域女真筑城述略

牡丹江流域辽金时期的女真筑城，在历史文献中记录最多的当属五国城。如《宋史》《辽史》《金史》《契丹国志》《大金国志》均有辽金时期"五国城"的记载。其中，《大金国志》卷二十二载："宋二帝自韩州如五国城。"《宋史·徽宗本纪》载："靖康二年二月丁卯，金人胁帝北行。绍兴五年四月甲子，崩于五国城。"①《宋史·高宗本纪》载："夏四月甲子朔，遣孟忠厚为迎护梓宫礼仪使，王次翁为奉迎两宫礼仪使。丁卯，皇太后偕梓宫发五国城，金遣完颜宗贤、刘祹护送梓宫，高居安护送皇太后。"《金史·太宗本纪》记载："徙昏德公、重昏侯于鹘里改路。"②鹘里改路即胡里改路，治所地近五国城。以上文献中关于五国城的记载都与徽、钦二帝被囚禁在五国城这一历史事件密不可分。

上述历史文献所载的与宋徽宗相关的五国城，即五国头城则已成为学界共识。洪皓的《松漠纪闻》记载："后悟室得南人，始造船如中国运粮者，多自国都往五国头城载鱼。"③《元一统志》卷二记载："混同江发源长白山，北流经渤海建州西五十里，会诸水东北流，经上京，下达五国头城北，又东北注于海。"④《辽东志》卷一古迹条载："五国头城，在开原北一千里，自此而东分为五国，故名。旧传宋徽宗葬于此。"⑤《明一统志》卷八十载："五国头城，在三万卫北一千里，自此而东分为五国，旧传宋徽宗葬于此。"⑥

民国时期，杨步墀纂修的《依兰县志》记载："查依兰境内有古城七处。在治城之北江沿俗名曰旧城，相传为五国城之一。在乌斯护（浑）河口之南岸，距县城百里。在东南长青山之南麓，即老秃顶、八尔浪之间，距县城百五十里。在寡拉之北江沿，距县城百里。在九里六屯之正南，倭肯河北，距县城一百九十里。在小碾子沟之正西牡丹江东岸，俗名土城子，距县城九十里。在山嘴子屯北三家子，距县城三十二里。"⑦《依兰县志》记载了两处牡丹江流域辽金时期古城的地理位置，即五国城和土城子。可知所谓的五国头城当在今依兰县城内，而牡丹江下游右岸的土城子古城可能为金代胡里改路治所。

---

① （元）脱脱：《宋史》，中华书局2000年版。
② 同上。
③ （宋）洪浩：《松漠纪闻》，吉林文史出版社1986年版。
④ （元）孛兰肹：《大元一统志》，中华书局1966年版。
⑤ （明）任洛：《辽东志》，辽海书社1934年版。
⑥ （明）李贤：《明一统志》，台湾商务印书馆1977年版。
⑦ 杨步墀：《依兰县志》，成文出版社1921年版。

民国时期的《宁安县志》对牡丹江流域辽金时期的古城也多有记载，包括城墙砬子山城、龙头山古城、萨尔浒古城、镜泊湖边墙等遗址。《宁安县志》古城条记载："南面为陡岸，俗云城墙砬子。"《宁安县志》古城条记载："登此古城，瞻望湖之南岸，有边墙一道，高约五尺余，直达延吉，不详其里数，盖辽金防戍之具。"《宁安县志》对龙头山古城的地理位置也有记载："城在拉古屯东七里，距县城正北六十五里，土堆高三四尺不等，长五百弓。"《宁安县志》对萨尔浒城的地理位置也有记载："城北距宁安城六十里，近萨尔虎屯。永乐四年（1406），置卫在海林站东南五里。清太祖癸未秋八月，诛萨尔浒诺达鼐喀达，即此地也。城现高丈余，南门有瓮城，周围有土垒十八座，遗迹具在外，有护城壕。内住张姓一家。详察此城形势，以军略论之，洵为用武要隘。"①

（二）1949年后对牡丹江流域的考古调查

1949年中华人民共和国成立后，牡丹江流域的考古调查活动可划分为三个阶段：第一阶段为20世纪50年代末，黑龙江省博物馆对牡丹江中下游地区展开的考古调查活动；第二阶段为20世纪80年代，黑龙江省开展的大规模文物普查活动；第三阶段为20世纪90年代以来，牡丹江市文物管理站、吉林大学边疆考古研究中心和吉林省文物考古研究所进行的考古调查活动。1949年以来的考古调查活动，为牡丹江流域辽金时期女真筑城的分布与断代打下了坚实基础，同时，为研究牡丹江流域辽金时期女真筑城提供了宝贵资料。这些考古调查报告多涉及古城的地理位置、形制、规模及出土遗物等内容。

黑龙江省博物馆于1958年考察了牡丹江流域的三处金代城址，即位于黑龙江省林口县三道通乡的三道通古城、黑龙江省林口县的乌斯浑河古城和黑龙经省依兰县土城子乡的土城子古城。这次考察结果发表在《牡丹江中下游考古调查简报》②一文中。该文对三处古城址的地理位置、规模、形制及出土遗物等都有详细阐述并绘制有平面图。王承礼先生的

---

① 王世选、梅文昭：《宁安县志》，成文出版社1974年版。
② 黑龙江省博物馆：《牡丹江中下游考古调查简报》，《考古》1960年第4期。

《吉林敦化牡丹江上游渤海遗址调查记》①一文，认定位于吉林省敦化市敖东城及黑石古城始建于渤海，辽金时期沿用。吕遵禄、孙秀仁在《镜泊湖附近莺歌岭等地考古调查报告》中认为：镜泊湖"南湖头土城子中散布着大量辽金时期布纹瓦片，该城具有常见金代城的共同性和特点，当是一座金代古城"②。

1981年黑龙江省文物考古工作队考察了牡丹江中游的两处辽金古城，即营城子古城与杏花古城。考察结果被记录在《宁安县镜泊湖地区文物普查》一文中。该文对两处城址的地理位置、规模、形制及出土遗物等进行了阐述。③ 吕遵禄先生的《镜泊湖周围山城遗址的调查》一文对镜泊湖城墙砬子山城、城子后山城及镜泊湖边墙的地理位置、规模、形制及出土遗物进行了详细的阐述。该文认为："东夏国为巩固其统治中心'南京'（今吉林延吉附近的城子山山城）的安全，在北部镜泊湖周围又修筑了城子后山城，城墙（小长城），同时沿用了城墙砬子山城。"④

敖东城一直被学术界认为是渤海时期古城，甚至有学者认为是渤海旧国所在地。近年来，吉林大学边疆考古研究中心和吉林省文物考古研究所通过对敖东城遗址进行考古调查，得出了新的结论。他们在《吉林敦化市敖东城遗址发掘简报》一文中称："通过以上出土器物及遗迹形态的对比，可以认为敖东城遗址2002年发掘区遗存年代为金代晚期。"⑤

（三）牡丹江流域辽金时期女真筑城的研究状况

1. 关于牡丹江流域辽代五国部五国城的研究

牡丹江流域在辽代隶属五国部。《契丹国志》记载："女真北与五国为邻，五国之东接大海。"《辽史·营卫志》记载："五国部，剖阿里国、盆奴里国、奥里米国、越里笃国、越里吉国，圣宗时来附，命居本土，以镇东北境，属黄龙府都部署司。"于庆东认为越里吉国的都邑为

---

① 王承礼：《吉林敦化牡丹江上游渤海遗址调查记》，《考古》1962年第11期。
② 吕遵禄、孙秀仁：《镜泊湖附近莺歌岭等地考古调查报告》，《北方文物》1991年第3期。
③ 程松、金太顺：《宁安县镜泊湖地区文物普查》，《黑龙江文物丛刊》1983年第2期。
④ 吕遵禄：《镜泊湖周围山城遗址的调查》，《北方文物》1989年第1期。
⑤ 王培新、傅佳欣、彭善国、王晓明：《吉林敦化敖东城遗址发掘简报》，《考古》2006年第9期。

五国头城。① 五国头城位于依兰县已成学术界共识,但也有学者提出不同观点。陈继礼在《五国城故址刍议》一文中认为五国城位于宁安县,② 有的学者就五国城名称进行分析。如刘文生、张泰湘的《五国城与五国国名的破译》③ 一文,对五国头城越里吉一词的含义进行了破译。还有学者就五国城的价值进行探讨。李英魁在《辽金五国城丛谈——省级文物保护单位之一》中说:"在我省的辽、金古城中,五国城建筑较早、规模较大、地理位置重要;在辽、金、元三个历史时期中,都于此设置较高级的行政机构,更因宋徽、钦二帝流放于此而闻名遐迩。因此,它对于研究辽、金、元时期这一地区的政治、经济和文化等情况,对于研究金、宋关系具有重要价值,同时也是研究辽初城堡的宝贵资料。"④

2. 关于金代胡里改路治所的研究

《金史·地理志》记载金代"建五京,置十四总管府,是为十九路"。上京路是十九路之一。上京路下辖一府、三州、五路、六县和一统军司。胡里改路为上京路下辖的六路之一。《金史·地理志》记载:"胡里改路,国初置万户,海陵例罢万户,乃改置节度使。承安三年,置节度副使。西至上京六百三十里,北至边界合里宾忒千户一千五百里。"⑤ 胡里改路的范围包括牡丹江流域、松花江下游乌苏里江中下游及黑龙江下游流域。多数学者认为胡里改路的路治在依兰县土城子古城,如张晖宇、王禹浪的《金代黑龙江地区的行政建制述略》⑥、李英魁的《金代胡里改路》⑦都持这种观点。孙秀仁在《黑龙江历史考古述论》中认为:"牡丹江下游沿岸有三座较大金代古城,以依兰'土城子'古城较为宏阔……我以为金代胡里改路治很有可能就是这座'土城子'古城。"⑧ 也有少数学者认

---

① (元)脱脱:《辽史》,中华书局2000年版。
② 陈继礼:《五国城故址刍议》,《学术论坛》1980年第3期。
③ 刘文生、张泰湘:《五国城与五国国名的破译》,《东北史地》2006年第1期。
④ 李英魁:《辽金五国城丛谈——省级文物保护单位之一》,《黑龙江文物丛刊》1982年第3期。
⑤ (元)脱脱:《金史》,中华书局2000年版。
⑥ 张晖宇、王禹浪:《金代黑龙江地区的行政建制述略》,《哈尔滨师专学报》2000年第4期。
⑦ 李英魁:《金代胡里改路》,《北方文物》1994年第3期。
⑧ 孙秀仁:《黑龙江历史考古述论》,《社会科学战线》1979年第1、2期。

为胡里改路治所位于五国头城。孙长庆、孙秀仁等人在《黑龙江地区的古族、方国与古城文化》中认为："如五国头城在金朝为胡里改路治所。"① 殷德明在《黑龙江文物古迹与历史沿革概述》中谓："依兰县五国城是胡里改路故城，辖境东北到鄂霍次克海。"② 笔者支持胡里改路路治在依兰县土城子古城这一观点。

3. 牡丹江流域辽金时期女真筑城的综合研究

申佐军的《牡丹江地区金代古城述略》一文对牡丹江地区的南湖头古城、城子后山城、西营城子古城、东营城子古城、满城古城、九千米山城、沙虎古城、三道通古城、白虎哨古城、乌斯浑河古城和湖水古城的地理位置、规模、形制及出土遗物等方面进行了阐述。该文认为："牡丹江流域分布大量的金代古城，与金交通路线有较大的联系。"③

王禹浪、刘冠缨的《黑龙江地区金代古城分布述略》一文，介绍了牡丹江流域的10余座金代古城。该文认为："金代黑龙江地区是依靠江河的水运和沿江的陆路为主要交通干线来沟通平原与山区，以及路、府、州、县与村镇之间的贸易往来和军事联系，并形成了以大江大河为主干线的交通大动脉网络。"④

王禹浪在《金代黑龙江述略》一书中认为："随着金都的营建，在围绕着上京周围的拉林河流域，呼兰河流域，以及胡里改江（今牡丹江）流域和整个松花江流域，都修建起许多城堡和城市。"⑤ 该书还指出围绕牡丹江和镜泊湖一带的河谷平原区是金代黑龙江人口分布较为集中的地区之一。

王禹浪、都永浩主编的《文明碎片——中国东北地区辽、金、契丹、女真历史遗迹与遗物考》一书，⑥ 收录了牡丹江流域辽金时期古城28座，

---

① 孙长庆、孙秀仁：《黑龙江地区的古族、方国与古城文化》，《中国考古集成·东北卷·综述（二）》，北京出版社1997年版，第1742页。
② 殷德明：《黑龙江文物古迹与历史沿革概述》，《黑龙江文物丛刊》1981年第1期。
③ 申佐军：《牡丹江地区金代古城述略》，《北方文物》2006年第2期。
④ 王禹浪、刘冠缨：《黑龙江地区金代古城分布述略》，《哈尔滨学院学报》2009年第10期。
⑤ 王禹浪：《金代黑龙江述略》，哈尔滨出版社1993年版，第23页。
⑥ 王禹浪、都永浩主编：《文明碎片——中国东北地区辽、金、契丹、女真历史遗迹与遗物考》，黑龙江教育出版社2013年版。

包括：敦化市马圈子古城、敦化市横道河子古城、敦化市通沟岭山城、敦化市孙船口古城、敦化市黑石古城、林口县三道通古城、宁安市南湖头古城、依兰县五国头城、海林市萨尔浒古城、海林市满城古城、林口县乌斯浑河古城、林口县古城子古城、林口县新城古城、林口县白虎哨古城、林口县建堂乡古城、林口县大山头古城、牡丹江市龙头山古城、牡丹江市长路山古城、宁安市城子后山城、宁安市西营城子古城、宁安市杏花古城、宁安市营城子古城、依兰县土城子古城、依兰县城古城、敦化市背荫砬子城址、敦化市帽儿山山城、敦化市西北岔山城、宁安市东营城子古城。该书对牡丹江流域辽金时期古城的地理位置、形制、周长及出土文物进行了详细阐述，是研究牡丹江流域辽金古城的重要资料。

二 牡丹江流域辽金时期女真筑城的分布

牡丹江流域辽金时期女真筑城从建城时间上可以划分为两大类：第一，建于渤海时期，辽金女真沿用的古城；第二，建于辽金时期的女真筑城。建于渤海时期，辽金沿用的牡丹江流域的古城有横道河子古城、孙船口古城、黑石古城、通沟岭山城、南湖头古城、城子后山城、城墙砬子山城、龙头山古城。建于辽金时期的牡丹江流域的古城有背荫砬子城址、帽儿山山城、西北岔山城、西营城子古城、营城子古城、东营城子古城、杏花古城、长路山古城、萨尔浒古城、满城古城、沙虎古城、乌斯浑河古城、古城子古城、新城古城、三道通古城、白虎哨古城、建堂乡古城、大山头古城、湖水古城、土城子古城、依兰县城古城、五国头城。

（一）牡丹江流域建于渤海时期，辽金沿用的女真筑城

1. 横道河子古城。位于吉林省延边朝鲜族自治州敦化市秋梨沟镇横道河子村2500米处。平面呈不规则方形，周长1620米，土筑。西墙中设有一门，有瓮城。西墙外又设3道护墙，现高2—4米、宽3—5米，另有宽2米的城壕。东筑长70米石墙一道，城内遗物较少。保存较好。[①]

2. 孙船口古城。位于吉林省延边朝鲜族自治州敦化市沙河沿镇船口

---

① 王禹浪、都永浩主编：《文明碎片——中国东北地区辽、金、契丹、女真历史遗迹与遗物考》，黑龙江教育出版社2013年版，第83页。

村北。1957年调查时发现。城墙系土筑，现仅存城的南墙和西墙部分残基，东、北两墙被河水冲毁，南墙长120米，西墙长170米，城墙系土筑，残高0.5—0.7米。采集有泥质灰陶片、瓦砾等。破坏严重。①

3. 黑石古城。位于吉林省延边朝鲜族自治州敦化市黑石乡北侧。平面呈长方形，周长1.32千米，南北长360米，东西宽300米。城墙系土筑，残高约3米。南设一门并有瓮城，马面13个，有角楼。地表上散布瓦片、青砖、铜钱、瓷片等遗物。破坏较重。②

4. 通沟岭山城。位于吉林省延边朝鲜族自治州敦化市官地镇老虎洞村东山。平面呈不规则形，周长2000米，城墙依山势以土石混筑，东、西、北开三门，北有瓮城，有马面9个、角楼3处，城内有水池等遗迹。发现有铜钱、泥质灰陶片、铁镞等。现保存较好。③

5. 南湖头古城。位于今牡丹江市镜泊湖风景区南部、南湖头经营所东侧的城子村附近的山顶上。西、东、北三面濒临镜泊湖区。山城墙体依山势修筑在山脊上。临湖之侧为陡峭的悬崖，城垣周长432米，墙体为石块及土石混筑而成。平面呈不规则长方形。古城内有灰色布纹瓦等遗物。该城为渤海时期所筑，辽金沿用。④

6. 城子后山城。位于宁安市镜泊湖发电厂西2000米处、牡丹江右岸高出水面50余米的山顶上，西南距镜泊湖瀑布3千米。当地居民称此城所在地为"城子后"。山城的东、西、北三面为陡坡和峭壁，地势险峻，山下被牡丹江环绕，形成一道天然屏障。南面为深谷和起伏的山峦。该城地势复杂，居高临下，易守难攻，可遏制附近的水陆交通要冲。城墙依山势走向修筑，城内地面北高南低，城墙沿着山脊、临江断崖及深谷峭壁的边缘，用土石混筑而成。城筑3道土墙，其中有2道墙是自西而东将整个山城分割为北、中、南3个城区。设门址3处、马面15个，中墙

---

① 王禹浪、都永浩主编：《文明碎片——中国东北地区辽、金、契丹、女真历史遗迹与遗物考》，黑龙江教育出版社2013年版，第84页。
② 同上。
③ 同上书，第83页。
④ 王禹浪、王宏北编著：《高句丽渤海古城址研究汇编》（下编渤海卷），哈尔滨出版社1994年版，第112页。

外（南侧）挖护城壕1道。城呈不规则的多边形，周长约3590米。在山城的东、西、北三面均借助深谷与峭壁之险势，不全筑墙，仅在缓坡处有选择的筑些短墙。城内地表分布有土丘（古代居住址）、石堆、古井等遗迹；遗物有石臼、石球（多以鹅卵石或玄武岩石制成）、馒首状石器、灰布纹瓦片、青砖块、鲤鱼形铁铡刀等。城中曾出土过三足四扳耳铁锅、箭头、铁刀等。据《宁安县志》记载，曾有人在该城中获得一颗古铜印，印背所刻年款为"天泰十八年造"字样。天泰是蒲鲜万奴叛金自立后所建东夏国的年号。铜印当为东夏国遗物。[①]

7. 城墙砬子山城。位于宁安县城西南30千米、镜泊湖中部西岸高山之间。山城东北距湖中的小孤山1千米，南面毗邻湖中的珍珠门，相距0.5千米。1958年、1959年、1964年和1981年，省博物馆、省考古队等单位曾多次进行调查。山城坐落在两山之间，墙依山势走向而筑。东、南、北三面被湖水环绕，西侧为悬崖峭壁，西南面为陡坡，亦是东、西两条山脊的合拢处。北面为缓坡，地势平坦开阔，与湖湾紧紧相连。在山城的东南濊湖对岸是古长城（小长城）址的起点，与山城遥相呼应。山城东北至西南为长，东南至西北为宽，呈不规则的长方形，周长约为3100米。城内地势南高北低，东西两侧为坡地，中间凹陷，形成了南北向的似簸箕状的地势。在城内东北侧发现一座土筑方城，周长95米、墙高1—1.5米，无门址，相传为土牢。其用途尚待考证。在北门内左侧有一圆坑，坑内堆有乱石，有人认为是一处建筑址。城南门址东端，发现一处面积较大的建筑群址基石，排列整齐。城中尚有近现代房屋废墟。城内外已被参天树木遮盖，地表上难以寻找到任何古代遗物。该处山城的年代，应为渤海国时期所建，其后为东夏国（又称东真国）所沿用。[②]

8. 龙头山古城。位于今牡丹江市西南郊区沿江乡小莫村正北，海浪河与牡丹江交汇口处的三角地带的高地上。当地群众俗称此高地为龙头山，古城即因此而得名。龙头山古城的南北东三面临水，被海浪河与牡

---

① 黑龙江省地方志编纂委员会编：《黑龙江省志·文物志》，黑龙江人民出版社1994年版，第129页。

② 同上书，第125页。

丹江环绕，由于江水与河水的冲刷而形成了陡峭的断崖，高出水面为 10 余米。龙头山的西侧与西南侧为渐次升高的山丘相接。古城北面隔海浪河与对面山岭上的山城遥遥相对。古城周长 1680 米，南北两侧无城墙，各以江河断崖为屏障，西南部城垣依山势构筑而成。从残存的城墙上看，古城平面呈椭圆形。在龙头山高地上有两条土筑弧形的城垣，城垣外侧均有护城壕，将台地顶端分割成一大一小两座城池。城垣为土石混筑而成，平面呈扇形。古城控扼着海浪河与牡丹江水面，断崖处亦发现有人工用石头堆筑的遗址，可能是古码头遗址。在古城濒临江河的断崖处，裸露出丰富的文化层堆积，显然这是由于江河水流长年冲刷和切割所致。古城内的地表上散布有许多布纹瓦残片及灰色轮制陶罐残片等遗物。在龙头山古城附近发现了许多渤海时期的墓葬及遗址。从古城的建筑形制及其特点上分析，该城当建于渤海时期，而后曾被女真人沿用。[①]

（二）牡丹江流域建于辽金时期的女真筑城

1. 背荫砬子城址。位于吉林省延边朝鲜族自治州敦化市额穆镇桦树林子村西 1.5 千米处。1983 年调查时发现，城堡坐落于山顶，平面呈圆形，周长 286 米，北临悬崖，土筑城垣，西北设一门，东南有马面 1 个。城内曾出土铁矛、铁镞、铭文铜板等文物，破坏较重。[②]

2. 帽儿山山城。位于吉林省延边朝鲜族自治州敦化市额穆镇西北岔村东北 1 千米处。平面略呈方形，周长约 700 米，土筑城垣，东、西各有一门，西门外有平行的三道墙垣，长达 500 米，中各有门，最外一道有瓮门。城周有马面 3 个，城内曾发现过铁刀、铁镞等。旧址记载明代佛多和寨或即此城。破坏较重。[③]

3. 西北岔山城。位于吉林省延边朝鲜族自治州敦化市额穆镇西北岔村东南 800 米处。平面呈不规则非闭合式城隍，长 1.185 千米，城垣依山势土筑，基宽约 10 米、残高 2 米，转折处设马面，东有一门。曾发现过

[①] 王禹浪、王宏北编著：《高句丽渤海古城址研究汇编》（下编渤海卷），哈尔滨出版社 1994 年版，第 58 页。

[②] 王禹浪、都永浩主编：《文明碎片——中国东北地区辽、金、契丹、女真历史遗迹与遗物考》，黑龙江教育出版社 2013 年版，第 126 页。

[③] 同上。

铁镞、铁刀等。破坏较重。①

4. 西营城子古城。位于黑龙江省宁安市沙兰镇西营城子村南偏东15°约500米处，沙兰河右岸。古城修筑在平缓山丘的南端，地势北高南低。古城平面近似梯形，城墙为夯土版筑，周长611米（又说631米）。东墙长154米、南墙长171米、西墙长134米、北墙长152米。城墙顶宽1米，底宽4—5米，残高1.5—2.5米。全城仅南垣东部有一门址，外有瓮城。南城墙中部有一直径约10米的马面。城墙四角均有高大的角楼向外突出。城墙外有双重护城壕，中间设土堤相隔。古城保存完整，现城内全部为耕地，曾发现有成排柱础的建筑址。城内采集到兽面瓦当、布纹瓦片、石臼、轮值灰陶片等遗物。②

5. 营城子古城。位于沙兰公社营城子村南偏东15°约500米处，地处一平坦丘陵的南坡，城南约700米是较平缓的山嘴，地势较为险要。城址呈梯形，为夯筑土城，周长近531米。东垣长150米，现高1.5—2米；南垣长211米，高2米；西垣长140米，高25米；北垣长130米，高2—25米。城垣现顶宽1米、底宽4—5米。整个古城址保存尚好，仅北城门因取土而遭部分破坏。南城门有一瓮城，周长约70米，瓮城门在东墙中部，现城门及瓮城门仅存缺口，故上部结构不详。北城门遭破坏，现存缺口宽8米。南城墙西段（距西南堞楼约16米）与北城墙西段各存有2—3米宽的小缺口，可能为小型城门址。城墙四角置有堞楼台基，东、西墙中部及南城墙距西南角堞楼60米处各有1座马面。据北城门破坏处的城垣断面来看，夯层厚约5—10厘米。③

6. 东营城子古城。位于黑龙江省宁安市沙兰镇跃进村北约1千米处，沙兰河左岸。古城修筑在浅山地前的山坡上，地势平缓，西高东低。古城平面近似梯形，城墙为夯土版筑，周长672米（又有说710米）。东墙

---

① 王禹浪、都永浩主编：《文明碎片——中国东北地区辽、金、契丹、女真历史遗迹与遗物考》，黑龙江教育出版社2013年版，第127页。

② 王禹浪、刘冠缨：《黑龙江地区金代古城分布述略》，《哈尔滨学院学报》2009年第10期。

③ 王禹浪、都永浩主编：《文明碎片——中国东北地区辽、金、契丹、女真历史遗迹与遗物考》，黑龙江教育出版社2013年版，第113页。

长223米、南墙长138米、西墙长163米、北墙长148米。墙高2.5—4米、墙基宽4.5米。全城只有东垣中部有一门址，门宽5.2米，门外有保存完好的半圆形瓮城，直径30米。全城设马面3个，南、西、北城墙中部各设1个，一般长6米、宽4米。西南角和西北角均有角楼外凸。城外四周有护城壕。城内仍可见当时建筑物所存留的很多凸起的土堆。此城属目前牡丹江流域已知金代城址保存最完整的一处，城内全部为耕地。城内地表散落许多残瓦。1976年在城内出土过一颗"勾当公事之印"。①

7. 杏花古城。位于宁安市卧龙乡杏花村东蛤蟆河右岸的山丘顶上。蛤蟆河发源于杏花村东部及东南部的老爷岭，在杏花村南由东向西北流过宁安市注入牡丹江。古城周长1200米，呈正方形，土筑。城垣南北两墙辟有城门，城内出土过灰色布纹瓦及灰色陶片。该城建于渤海时期，而沿用至辽金时代。②

8. 长路山古城。位于牡丹江市郊长路山的顶端，周长800米，呈不规则形状。③

9. 萨尔浒古城。位于海林市海林镇东南海浪河下游右岸，周长800米，呈正方形。④

10. 满城古城。位于黑龙江省海林市旧街乡满城村，海浪河中游右岸，海拔292米。古城平面为正方形，边长225米，周长900米。城墙为夯土板筑，夯土层次清楚，附有马面。由于满城村坐落于古城之上，城墙损毁严重。现仅存东墙中段70米，北墙东段14米，西墙无存，南墙西段100米，残高1.5—3.5米。城中有隔墙，把城分为东西两部分。城内曾出土过金代铜钱和"军马都提控印""怀火罗合达谋克印"等文物。⑤

---

① 王禹浪、都永浩主编：《文明碎片——中国东北地区辽、金、契丹、女真历史遗迹与遗物考》，黑龙江教育出版社2013年版，第127页。

② 王禹浪、王宏北编著：《高句丽渤海古城址研究汇编》（下编渤海卷），哈尔滨出版社1994年版，第113页。

③ 同上书，第112页。

④ 王禹浪、都永浩主编：《文明碎片——中国东北地区辽、金、契丹、女真历史遗迹与遗物考》，黑龙江教育出版社2013年版，第107页。

⑤ 王禹浪、刘冠缨：《黑龙江地区金代古城分布述略》，《哈尔滨学院学报》2009年第10期。

11. 沙虎古城。位于黑龙江省海林市海南朝鲜族乡沙虎村,海浪河下游南岸,海拔251米。古城平面呈不规则形,除北城墙为弧形外均为直墙,城墙为黄土夯筑,周长971米。北城墙外尚存马面痕迹,南城墙设有双重城墙,南门设有瓮城。现在由于城内为现代村落,城墙破坏严重,仅残存数段,残高1—3.5米。东墙南端存30米左右,北端约20米,南墙东端存50米,西墙北端存30米。城内曾出土金代"合重浑谋克印",铜锅,灰色布纹瓦残片,轮制泥质陶片及唐、宋、金代铜钱等文物。①

12. 乌斯浑河古城。位于林口县乌斯浑河入牡丹江汇流处,周长约2700米。古城呈不规则形,有马面、角楼、瓮门设施。墙体为夯土版筑与堆土混筑而成。②

13. 古城子古城。位于林口县建堂乡乌斯浑河左岸的台地上,周长400米,呈长方形。③

14. 新城古城。位于黑龙江省林口县新城镇南村屯所在地,周长2000米,呈正方形,出土有布纹瓦、铜钱、瓷片与辽金遗物。墙体有马面、角楼、瓮门设施。④

15. 三道通古城。位于林口县三道通乡所在地。古城坐落在牡丹江左岸阶地上,城东隔江与江东屯相望,江水由南向北绕城东侧流过。1958年4月,黑龙江省博物馆调查牡丹江中下游时发现。古城平面呈多边形状,群众称为"靴子城"。城依地势而筑,东和南面被牡丹江环绕,西部为山地,西北是开阔的江岸平原。城周长2900米。墙由夯土与泥坯垒砌,夯层厚10—13厘米。城东南和西南各有一门址。在门外缘设有瓮城,遗迹犹存。墙设马面,现存25个。城各角筑敌楼。墙残高3.9—9.2米、基底阔4.5—11米。在北、东北、西、西南各面墙外掘护城壕一道,宽

---

① 王禹浪、刘冠缨:《黑龙江地区金代古城分布述略》,《哈尔滨学院学报》2009年第10期。
② 同上。
③ 王禹浪、都永浩主编:《文明碎片——中国东北地区辽、金、契丹、女真历史遗迹与遗物考》,黑龙江教育出版社2013年版,第111页。
④ 王禹浪、刘冠缨:《黑龙江地区金代古城分布述略》,《哈尔滨学院学报》2009年第10期。

18米。东和东面依江险为堑，不设壕。城内突出于地面的建筑遗址清晰可见。城中地表散布有较多的泥质灰陶残片及板瓦、筒瓦片、印纹硬质黑陶片和饰有不规则闪纹的硬质光面陶片。并出土过完整的陶罐、铜锅、铜佛和铁箭头、铁铧等遗物。城址形制及出土遗物具有辽、金时期的特征。①

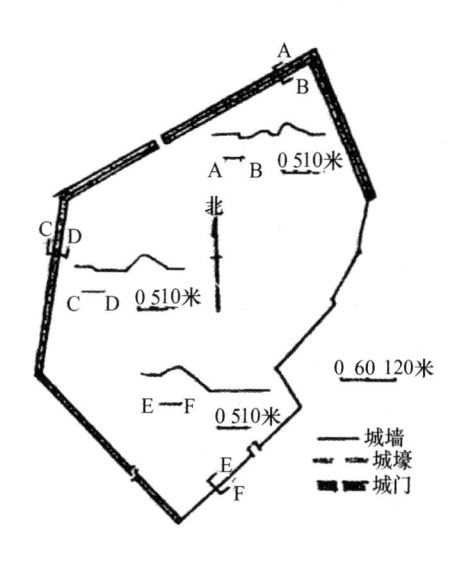

图5—12　三道通古城平面图②

16. 白虎哨古城。位于黑龙江省林口县三道通镇五连山村北2千米（又有说三道通乡曙光村西2千米处），牡丹江左岸的二级台地上，古城分大、小两部分，呈长方形。大城东西长200米，南北宽30米，周长460米。城墙残高1.5米，夯土版筑，夯土层0.07—0.13米不等。小城东距大城12米，南北长30米、东西宽25米、城墙残高2米，墙体为夯土板筑，外侧有3米宽的护城壕。城内采集有夹砂黑陶、夹砂黄褐陶、

---

① 王禹浪、都永浩主编：《文明碎片——中国东北地区辽、金、契丹、女真历史遗迹与遗物考》，黑龙江教育出版社2013年版，第96页。

② 黑龙江省地方志编撰委员会：《黑龙江省志·文物志》，黑龙江人民出版社1994年版。

泥质灰陶及锯齿状花边口沿陶片和酱釉器底瓷片。①

17. 建堂乡古城。位于林口县建堂乡土城子处，周长800米，呈正方形。②

18. 大山头古城。位于林口县新城乡玉林河附近，周长600米，呈不规则形状。③

19. 湖水古城。位于黑龙江省林口县湖水村北端，乌斯浑河左岸。古城呈方形，周长700米。城墙夯土版筑，掘壕起墙，夯层厚0.08—0.1米。由于城内被村落所占，破坏严重，现存东墙北段、北墙西段。东北角有向外突出半圆形角楼遗迹。城内地表采集有布纹瓦残片，出土有宋代铜钱。④

20. 土城子古城。位于依兰县城南30余千米处土城子乡所在地东侧。城坐落在牡丹江右岸的高地上，三面环山，一面濒水，距江岸1.5千米。1958年4月，黑龙江省博物馆在牡丹江中下游进行考古调查时发现。该城是牡丹江下游沿岸地区规模较大的一座古城。城平面呈不规则形状，周长3345米。城墙为内外两重，沿两墙外缘各有一道壕。唯北墙西端因靠近牡丹江支流，不设壕堑。内外两壕中间隆起的土墙，便是外墙。内墙高3米，基底宽9.7米，外墙高2.5米，低于内墙。内壕底宽3.5米，外壕底宽4.6米。内墙全部采用统一规格的大块泥坯筑就，是夯土堆筑而成。马面筑于内墙外侧，其间距为26米、85米、140米不等，土墩高于墙0.2—0.4米，临近墙角的马面间距较小。城门设在西墙和东南墙，每门有里外两道隘口，隘口之间有折曲的露天甬道，甬道两垣的高度不低于内墙。当地人称此类城门为"转角门""三环套月门"，实即瓮门，是加固城防的一种设施。古城内地表及城垣断层中有各种碎瓦和陶片，间

---

① 王禹浪、刘冠缨：《黑龙江地区金代古城分布述略》，《哈尔滨学院学报》2009年第10期。

② 王禹浪、都永浩主编：《文明碎片——中国东北地区辽、金、契丹、女真历史遗迹与遗物考》，黑龙江教育出版社2013年版，第111页。

③ 同上。

④ 王禹浪、刘冠缨：《黑龙江地区金代古城分布述略》，《哈尔滨学院学报》2009年第10期。

有印纹硬质黑陶,并出土过六扳耳铁锅和铜钱等文物。土城子古城修筑坚固,防御设施完备,是金代屯成重兵的城镇之一。有人认为该城可能是金代胡里改路故城址。①

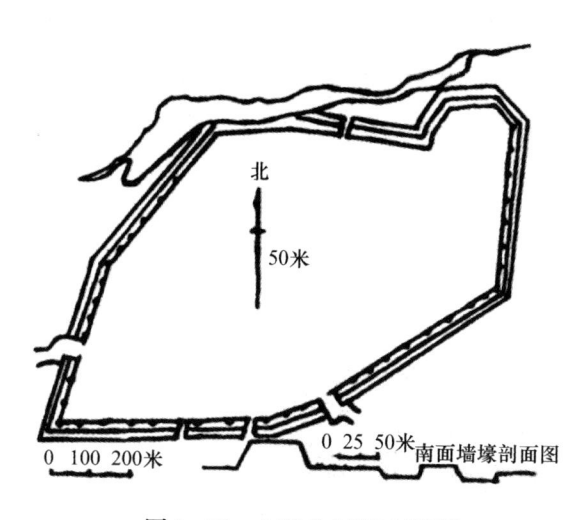

图5—13 土城子古城平面图②

21. 依兰县城古城。位于依兰县所在地,周长2210米,呈长方形。③

22. 五国头城。位于依兰县城北门外,松花江右岸。西濒牡丹江,东临倭肯河,以倭肯河哈达山(俗称东山)和拉哈福山(俗称西山)为东西屏障。南面为牡丹江、倭肯河冲积平原,为水陆交通要冲。五国头城,已面目全非,仅存部分残垣断壁。城平面呈长方形,为南北向,东西长,南北窄,周长约2600米。东西墙长约850米、南北墙长约450米。现存城墙高为1—4米,墙基底宽8米,顶宽1.5米。墙垣以土堆筑,不见马面痕迹,门址已荡然无存。城内已垦为耕田,地表散布有残砖、断瓦及陶瓷片,俯拾皆是。城中出土文物除砖、瓦、础石等建筑材料外,有"青盖盘龙"

---

① 王禹浪、都永浩主编:《文明碎片——中国东北地区辽、金、契丹、女真历史遗迹与遗物考》,黑龙江教育出版社2013年版,第123页。
② 黑龙江省地方志编撰委员会编:《黑龙江省志·文物志》,黑龙江人民出版社1994年版。
③ 王禹浪、都永浩主编:《文明碎片——中国东北地区辽、金、契丹、女真历史遗迹与遗物考》,黑龙江教育出版社2013年版,第124页。

镜、"双鲤鱼"纹镜、带柄镜及铜印，铜钱有宋"崇宁通宝"和金"大定通宝"，还有铁镢、鱼形铡刀、镰、斧、矛、镞和车马具等，以及陶瓷器。此城中出土"监造提控所印"印，系东夏国时期官印。[①]

（三）牡丹江流域辽金女真筑城分布的主要特征

从上述牡丹江流域辽金时期女真筑城的分布状况，我们不难发现，牡丹江流域始建于辽金时期的女真筑城在数量上要多于建于渤海时期、辽金沿用的女真筑城。牡丹江流域建于渤海时期、辽金沿用的女真筑城仅为8座，位于牡丹江上游4座，牡丹江中游4座。位于牡丹江上游沿用渤海时期的女真筑城有横道河子古城、孙船口古城、黑石古城、通沟岭山城；位于牡丹江中游沿用渤海时期的女真筑城有南湖头古城、城子后山城、城墙砬子山城、龙头山古城。牡丹江流域建于辽金时期的古城数量较多，共计22座。其中位于牡丹江上游的有3座，位于牡丹江中游的有8座，位于牡丹江下游的有11座。位于牡丹江上游始建于辽金时期的女真筑城有背荫砬子城址、帽儿山山城、西北岔山城；位于牡丹江中游始建于辽金时期的女真筑城有西营城子古城、营城子古城、东营城子古城、杏花古城、长路山古城、萨尔浒古城、满城古城、沙虎古城；位于牡丹江下游始建于辽金时期的女真筑城有乌斯浑河古城、古城子古城、新城古城、三道通古城、白虎哨古城、建堂乡古城、大山头古城、湖水古城、土城子古城、依兰县城古城、五国头城。

从牡丹江流域辽金古城的规模上来看，最大的周长为3590米。古城周长在2000—4000米的有9座，包括：通沟岭山城、城子后山城、城墙砬子山城、乌斯浑河古城、新城古城、三道通古城、土城子古城、依兰县城古城及五国头城。值得注意的是，位于依兰县的三座古城：土城子古城、依兰县城古城、五国头城，周长都在2000米以上。周长在1000—2000米的古城有6座，包括：横道河子古城、黑石古城、西北岔山城、营城子古城、杏花古城、龙头山古城。周长在1000米以下的古城有15座，包括：孙船口古城、南湖头古城、背荫砬子城址、帽儿山山城、西

[①] 王禹浪、都永浩主编：《文明碎片——中国东北地区辽、金、契丹、女真历史遗迹与遗物考》，黑龙江教育出版社2013年版，第101页。

营城子古城、东营城子古城、长路山古城、萨尔浒古城、满城古城、沙虎古城、古城子古城、白虎哨古城、建堂乡古城、大山头古城、湖水古城。古城周长的大小，决定着古城行政建置等级的差别。

周长在 3000—5000 米的古城多为州或路级的行政治所，周长在 2000—2500 米的古城多为县或猛安一级的行政治所，周长在 1000—1500 米的古城多为谋克一级的行政治所，周长在 400—500 米的古城可能为戍守边堡或交通驿站。根据现有研究成果，牡丹江流域属于路一级的古城治所仅有一座，即依兰县土城子古城。

牡丹江流域辽金古城中平原城的数量多于山城。平原城多建在水陆交通便利的江河沿岸的台地上。山城依山势而筑，利用悬崖峭壁作为天然屏障。牡丹江流域辽金时期的平原城有横道河子古城、孙船口古城、黑石古城、西营城子古城、营城子古城、东营城子古城、杏花古城、长路山古城、萨尔浒古城、满城古城、沙虎古城、乌斯浑河古城、古城子古城、新城古城、三道通古城、白虎哨古城、建堂乡古城、大山头古城、湖水古城、土城子古城、依兰县城古城、五国头城。牡丹江流域辽金时期的山城有通沟岭山城、南湖头古城、城子后山城、城墙砬子山城、龙头山古城、背荫砬子城址、帽儿山山城、西北岔山城。

总之，牡丹江流域的辽金古城的数量已经远远超过了渤海时期所建的古城，虽然牡丹江流域辽金古城的规模没有渤海上京龙泉府遗址的规模大，但是其数量和城址的密集程度已经说明牡丹江流域是辽金时期重要的人口聚集区。其筑城依靠牡丹江水路而发展，这些古城不仅具有链接松花江下游与图们江流域交通运输的功能，更为重要的是对于金上京城的东方起到拱卫和防御的作用。

第六章

黑龙江流域古代民族筑城与历史地理研究

第一节 江岸古城与唐黑水都督府地望考

一 唐黑水都督府研究综述

黑水靺鞨是隋唐时期东北亚一支强大的民族，自隋朝出现，直至渤海国灭亡，以强大的姿态存在着，足见其势力之强大。唐朝为了防止位于黑水靺鞨以南的渤海成为东北亚再度出现的一个强大政权，对黑水靺鞨实行了羁縻制度，即在其活动区域内建置了羁縻府州——黑水都督府，用以牵制渤海。黑水都督府是唐朝在东北边疆地区设置的极为重要的行政管辖机构，在历史上发挥了重要作用。长期以来，学术界对黑水都督府进行了不少研究，但遗憾的是，对其治所位置的考据一直莫衷一是，争论颇多。近年萝北县江岸古城的发现，为寻找唐黑水都督府提供了极有价值的新线索。本节旨在对唐黑水都督府，特别是其治所位置的研究成果予以梳理整合，为日后的学术研究提供参考。

（一）我国历史文献所见唐黑水都督府概述

唐朝设置的黑水都督府是唐朝边疆行政机构中重要的组成部分，也是唐朝中央对羁縻府州制度的重要实践。记载唐黑水都督府相关史实的正史文献是《旧唐书》和《新唐书》。唐黑水都督府建置最早见于《旧唐书》的记载。《旧唐书》成书于五代后晋时期。后晋高祖石敬瑭命张昭远、贾纬等人修撰唐史，由宰相赵莹监修。后晋开运二年（945）成书时因刘昫为相，故该书署名为刘昫所撰。据《郡斋读书志》《直斋书录解题》《宋史·艺文志》等书可知该书原名《唐书》，后为区别北宋欧阳修等人编的《新唐书》而改名《旧唐书》。全书共200卷，包括本纪20卷、志30卷及列传150卷，记载了唐高祖武德元年（618）至唐哀帝天祐四年（907）的史实。《旧唐书》将靺鞨附于《北狄传》中，其中涉及了黑水靺鞨的相关情况。《旧唐书·北狄传·靺鞨》记载："开元十三年，安东都护薛泰请于黑水靺鞨内置黑水军。续更以最大部落为黑水府，仍以其首领为都督，诸部刺史隶属焉。中国置长史，就其部落监领之。十六年，其都督赐姓李氏，名献诚，授云麾将军兼黑水经略使，仍以幽州都督为其押使，自此朝贡不绝。"文献将对黑水靺鞨的羁縻管辖的记述始于开元十三年（725）黑水军的设置，之后又改设黑水府，并赐黑水靺鞨首领即黑水都督府都督姓名为李献诚，赐李姓足见唐朝中央政府对黑水靺鞨的高度重视，又册封其为官位颇高的云麾将军兼黑水经略使。自此黑水靺鞨不断向唐朝朝贡。

　　《新唐书》是北宋时期欧阳修、宋祁、范镇、吕夏卿等合撰的一部记载唐朝历史的纪传体断代史书，作者均为当世散文名家，该书文字功力远胜《旧唐书》。《新唐书》修成后，其主编曾公亮曾上书皇帝，认为《新唐书》"其事则增于前，其文则省其旧"，这是胜过《旧唐书》之处。全书共有225卷，其中包括本纪10卷、志50卷、表15卷、列传150卷。《新唐书》在体例上第一次出现了《兵志》《选举志》，系统论述了唐代府兵、募兵等军事制度和科举制度，这是我国正史体裁史书的一大开创，为以后《宋史》等所沿袭。自司马迁创纪、表、志、传体史书后，魏晋至五代，修史者志、表缺略，至《新唐书》始又恢复了这种体例的完整性，后世史书，多循此制。《新唐书》时已为黑水靺鞨单独设传，置于《北狄传》之下。《新唐书·北狄传·黑水靺鞨》云："开元十年，其酋倪属利稽来朝，玄宗即拜勃利州刺史。于是安东都护薛泰请置黑水府，以部长为都督、刺史，朝廷为置长史监之，赐府都督姓李氏，名献诚，以云麾将军领黑水经略使，隶幽州都督。讫帝世，朝献者十五。大历世凡七，贞元以来，元和中再。"由此可见，《旧唐书》对唐设置黑水都督府一事的记述仅始于开元十三年（725），《新唐书》则向前追溯到开元十年（722）勃利州的设置。在朝贡问题上，《新唐书》记述了黑水靺鞨向唐朝朝贡的次数和时间，补充了《旧唐书》的缺憾。《新唐书·地理志》还记载了"靺鞨州三、府三"，分别为黑水州都督府、渤海都督府和安静都督府。

北宋时期成书的《唐会要》《册府元龟》《文献通考》等史著也对唐黑水靺鞨的设置有所记载。

《唐会要》为北宋学者王溥所撰，全书共 100 卷，是记述唐代各项典章制度沿革变迁的史书，始称《新编唐会要》，现简称《唐会要》，是中国历史上第一部《会要》专著，也是中国最早的一部断代典志体史书。它取材于唐代的实录文案，分门别类地具体记载了唐朝各种典章制度及其沿革，保存了两《唐书》未载的史实，为研究唐代政治、经济、军事、文化等各方面的情况提供了第一手资料。《唐会要》专设靺鞨一栏。《唐会要·靺鞨》云："贞观十四年，黑水靺鞨遣使朝贡，以其地为黑水州。开元十年，安东都护薛泰请于黑水靺鞨内置黑水军。续更以最大部落为黑水府，仍以其首领为都督，诸部刺史隶属焉。中国置长史，就其部落监领之。十六年，其都督赐姓李氏，赐名献诚，授献诚云麾将军，兼黑水经略使，仍以幽州都督为其押使。自此朝贡不绝。"又将事件起始时间向前推至贞观十四年（640）。

《册府元龟》是北宋王钦若、杨亿、孙奭等奉宋真宗之命编纂的一部大型类书，原名《历代君臣事迹》，载录有关政治和体制方面的重要资料，与《太平广记》《太平御览》《文苑英华》合称"宋四大书"，而《册府元龟》的规模，居四大书之首，数倍于其他各书。全书共 1000 卷，分帝王、闰位等 31 部，部下再分门，共有 1100 多门。《册府元龟》将历代君臣事迹，自上古至于五代，按照人物阶层身份，分门别类，先后排列，其在政治、历史、文献、学术史上的崇高地位和巨大价值，为历代学者重视。《册府元龟·外臣部》还对关于唐太宗贞观年间对黑水靺鞨的羁縻州管辖和对其首领的册封有所记述："黑水靺鞨。汉武帝三年，其部酋长突地稽遣使朝贡，以其部置燕州，拜突地稽为总管。贞观初，有功赐姓李氏，封耆国公。突地稽卒，子谨行嗣，封燕国公。"《册府元龟》

对唐朝册封黑水靺鞨酋长突地稽及其子李谨行的记载可与《旧唐书·靺鞨传》相互印证，可知该史料应来源于《旧唐书·靺鞨传》。唐高祖时设燕州，拜黑水靺鞨酋长突地稽为燕州总管。唐太宗时又赐黑水靺鞨酋长突地稽李姓，册封为耆国公。突地稽死后，又册封其子李谨行为燕国公。但该文献对唐玄宗设黑水都督府等史实并无记载。然而不知何故，《册府元龟》将在黑水靺鞨地设置燕州、拜黑水靺鞨酋长突地稽为燕州总管这一历史事件的时间记作"汉武帝三年"，这一记载很明显是错误的。查阅《旧唐书·靺鞨传》可知其时间应为唐高祖武德初年。

《文献通考》为宋元时期著名马端临的考史名著，是一部上至上古时代、下迄南宋宁宗的典章制度通史，也是继杜佑《通典》、郑樵《通志》之后规模最大的典志体史书，与上述两书并称为"三通"。全书分为24门，共348卷。《文献通考·四夷考》记述了唐设黑水都督府的史实。《四夷考》名为"考"，实为对前人文献的摘录整理，内容与两《唐书》《唐会要》等文献基本无异。

《松漠纪闻》是宋人洪皓于宋高宗建炎三年（1129）出使金朝，被金朝扣留期间所做的见闻录，记载了当时金朝的相关历史情况。《松漠纪闻》中也记唐朝设置黑水都督府和册封黑水靺鞨酋长的史实，其文曰："开元中，其酋来朝，拜为勃利州刺史，遂置黑水府，以部长为都督、刺史，朝廷为置长史监之。赐府都督姓李氏，讫唐世朝献不绝。"其内容亦不出正史文献的记载。

综合上述所征引文献，可知唐朝在黑水靺鞨地区设置羁縻府州始于唐太宗贞观十四年（640），这一年黑水靺鞨朝贡唐朝中央，唐太宗在其地设黑水州，这是中原王朝在黑龙江流域首次设置羁縻州。渤海国建立后，黑水靺鞨酋长倪属利稽于唐玄宗开元十年（722）朝贡唐朝，玄宗在其地设勃利州，倪属利稽为黑水靺鞨勃利州刺史。开元十三年（725）以后，唐玄宗在黑水靺鞨活动地域内先设置黑水军，后又改设黑水府，并于开元十六年（728）赐黑水靺鞨首领、即黑水都督姓李氏，名献诚，授予云麾将军，兼任黑水经略使，归幽州都督府管辖。整体说来，唐黑水都督府的设置经过了黑水州—勃利州—黑水军—黑水府的过程。自此以后，黑水靺鞨频繁朝贡唐朝，两大政治实体之间的联系越来越紧密。

关于黑水都督府的设置，《旧唐书》对这一历史事件的记述始于开元十三年（725），《新唐书》则追溯到开元十年（722）勃利州的设置。这说明，唐玄宗在设置黑水府之前，曾向黑水部酋长倪属利稽颁发了勃利州刺史的委任。继之唐安东都护薛泰奏请唐朝政府应在黑水靺鞨部设置黑水府，并以其黑水靺鞨部酋长为都督兼领刺史，黑水靺鞨内部其余各部落首领一律授予刺史官职，同时唐朝政府又在黑水靺鞨部中的最大部落设置黑水都督府，黑水靺鞨诸部刺史统归黑水都督管辖，并在黑水靺鞨部设置长史予以监视。可见唐朝政府在对其进行拉拢册封的同时，还安排唐朝官员进行监视，以防止黑水靺鞨反叛。唐朝政府为了有效控制黑水靺鞨部的上层，将其部落酋长倪属利稽赐为李姓，名献诚。李姓为当时中原王朝最高贵、最显赫的姓氏，是唐朝的皇族之姓。"献诚"的含义更为清楚，"献"为朝献，具有朝贡、贡献之意，而"诚"则是诚惶诚恐臣惧君心的意思。显然，黑水靺鞨部酋长倪属利稽被赐予李姓后，其姓氏就与大唐皇帝有了沾亲带故的关系，而献诚则是唐朝给予他的期望，即永远至诚朝献于大唐的意思。《新唐书》中所提到的开元十年赐予倪属利稽为勃利州刺史一事，实际上是对安东都护薛泰奏请设置黑水都督府的历史缘由的补充。也就是说，早在薛泰上奏之前，唐玄宗就已经赐予黑水靺鞨酋长倪属利稽为勃利州刺史。薛泰为何在三年后提出了一整套的方案来拉拢黑水靺鞨部，如赐予皇姓、改其姓名、置黑水府、增设都督一职、设长史监押、以云麾将军领黑水经略使，隶属于幽州都督节镇，这一系列安排很可能与渤海国的崛起有关。作为唐朝东北边疆前线的高级将领，安东都护薛泰切身感受到了渤海国的日益壮大并与唐朝中央政府疏远，有可能对唐朝产生威胁。此时唐朝的安东都护府已迁址于大凌河畔，唐朝势力已后撤至今朝阳一带。因此，唐朝要借黑水靺鞨急于与唐朝接近的机会，用进一步拉拢黑水靺鞨的方式控制渤海国的后方，使其腹背受敌，限制渤海国的继续做大。值得一提的是，唐朝政府授予黑水靺鞨酋长的官职——云麾将军和黑水经略使。"云麾将军"始见于南朝梁，在唐宋时期为武散官。"经略使"同样是一个临时性的官职，在唐代多由地方藩镇节度使兼任。由此可见，云麾将军和经略使均是没有实际职务和权力的虚封官职，再结合黑水都督府归幽州都督管辖，可见唐朝政府在册封黑水靺鞨酋长这一政治事件中的外交考量，反映了唐玄宗对黑水靺鞨既利用、又防范的复杂心态。①

（二）唐黑水都督府治所位置及其他研究综述

对唐黑水都督府治所位置的考证，早在清朝就已有学者进行了研究。清朝康熙年间流人方式济在其著作《龙沙纪略》中引《广舆记》载："沿脑温江（今嫩江，笔者注），上自海西，下至黑龙江。按后魏有黑水部，唐有黑水府。府治在今开原县，而今之吉林，宁古塔新城隶焉。以黑水名者，因黑龙江尾也。黑水部四至无考，今脑温江在蒙古境内。"②方式济所引文献虽然无法确知黑水部活动地域的四至，但将其定位在黑龙江及嫩江流域是基本正确的，然而他将黑水府治所位置定位在今开原市的说法很显然是错误的，因为开原的地理位置显然已超出了黑水靺鞨地理分布范围。

晚清、民国时期的学者虽少有明确考证出唐黑水靺鞨治所位置者，但对黑水靺鞨的地理分布有许多研究成果，由此可知唐黑水都督府治所位置不出其地理分布范围。曹廷杰的《东三省舆地图说·黑水部考》考证了黑水部的地理分布范围："今瑷珲城以西为古室韦地，则自今黑龙江以东俄界海兰泡，东至庙尔地方（庙尔即庙街，今俄罗斯尼古拉耶夫斯克，笔者注），凡混同江之南北两岸，皆古黑水靺鞨，惟东西地约径三千里，不止一千里也。"③那么唐黑水都督府治所位置必定不出他所圈定的黑水靺鞨分布范围。他在《西伯利东偏纪要·海兰泡图说》便考证了海兰泡，即今俄罗斯布拉戈维申斯克为唐代黑水府所在地："海兰泡地方，居黄、黑二河交汇之间，背北面南，黄河居左，黑河居右，拥二江之水利，为东北之咽喉。先代所置黑水府，或即在斯。"④

景方昶亦在其著作《东北舆地释略》对黑水靺鞨的相关历史给予了

---

① 王禹浪、王俊铮：《我国历史文献中所见黑水靺鞨概述》，《哈尔滨学院学报》2015年第8期。
② （清）方式济：《龙沙纪略》，姜维东、刘立强主编：《中国边疆文库·初编·东北边疆》第8卷，黑龙江教育出版社2014年版，第109页。
③ 曹廷杰：《曹廷杰集》，丛佩运、赵鸣岐编，中华书局1985年版，第155页。
④ 同上书，第133页。

一些阐述，认为"黑水"即黑龙江，黑水靺鞨跨黑龙江南北而居。《东北舆地释略·渤海五京考》云："南北黑水靺鞨在今黑河口以东，跨混同江而有之，以栅为界。《旧唐书》靺鞨传：黑水部分为十六部，部又以南北为称是也。其地距德林石千里，与今图符合。……自黑河口以下始为黑水。"《东北舆地释略·勿吉七部考》："吉林全境在北魏时总称勿吉，其部类分为七种。……六曰黑水部，在安车骨西北，按即今黑龙江左右。其地跨混同江南北，后复分为南北黑水靺鞨是也。"① 晚清由长顺修、李桂林纂的《吉林通志》卷十《沿革志一》："黑水部：今三姓东北及富克锦左右地。"即今依兰东北至富锦一带。又云："黑水部应为今黑龙江，然安车骨西北，仅就其西境而言之，其实黑水分部以南北为栅，则三姓以东、混同江南北之地，皆其部之所在，即皆吉林地也。"②

通过引述前人文献可知，无论曹廷杰、景方昶，抑或编纂《吉林通志》的李桂林，均认定黑水部或黑水靺鞨位于安车骨北或西北，活动地域跨黑龙江南北，特别是《吉林通志》明确指出黑水部位于安车骨西北是"仅就其西境而言之"，并未说明黑水部只分布在安车骨西北。曹廷杰虽然考订出的黑水靺鞨分布地域广大，已延伸至庙尔地方，但将黑水靺鞨之东界定位于海兰泡，还认为该地即是黑水都督府所在地，从而也基本肯定了《隋书·靺鞨传》中黑水部"在安车骨西北"的记载。笔者以为，《吉林通志》的结论是合理的。从《新唐书·黑水靺鞨传》中记载的黑水靺鞨活动区域——"其地南距渤海，北、东至于海，西抵室韦，南北袤二千里，东西千里"中可以看出，黑水靺鞨东起于大海，南与渤海相接，西与室韦为邻，而海兰泡至大兴安岭一线正是黑水靺鞨与室韦活动区域的交界地带。这也证实了至少有一部分黑水靺鞨正是分布于安车骨的西北方向。这也说明唐黑水都督府位置有可能在安车骨之西北。

金毓黻先是在《东北通史》中认为"近人曹廷杰考释较确"③，而后

---

① 景方昶：《东北舆地释略》，见于李兴盛等主编《陈浏集（外十六种）》，黑龙江人民出版社2001年版，第1387页。
② 长顺修、李桂林纂：《吉林通志》卷十《沿革志一》，吉林文史出版社1986年版，第166页。
③ 金毓黻：《东北通史》（上编），五十年代出版社1981年版，第173页。

在《渤海国志长编·地理考》中认为黑水靺鞨在今黑龙江下游与松花江交汇处，进而论述道："余意黑水以在今黑龙江东境及俄领沿海州北部之地而偏北者为近似，故云东北为黑水靺鞨也。惟其西北境尚无明文，若谓与契丹接，则不应远至是地，若谓与室韦接，亦无显证。然考之唐书室韦传，谓其四境，东黑水靺鞨，西突厥，南契丹，北濒海，则其东南与渤海接壤，明矣。"① 也就是说，金毓黻在《渤海国志长编》中以证据不足为由，认为黑水靺鞨西北境尚不可知。然而，后文所引述唐书室韦传又明确记载室韦东临黑水靺鞨，不知金毓黻先生所指"明文""显证"究竟是什么。冯家昇的《述肃慎系之民族》则以伯力以下的黑龙江流域为黑水故地。② 由此可知，金毓黻、冯家昇等学者已将黑水靺鞨地理分布范围缩小至黑龙江中下游一带。如若以此为据，对唐黑水都督府治所位置的考证便要转向黑龙江中下游流域。

近几十年对黑水都督府地理位置的争论尤为激烈，可谓众说纷纭。谭其骧、孙进己等先生均以"勃利"与"伯力"发音接近为据，推定黑水都督府位于黑龙江与乌苏里江交汇处的俄罗斯哈巴罗夫斯克（伯力）附近。③ 赵振才的《松花江畔的突思克》④ 从地名学的角度解析了黑龙江与松花交汇处的同江县乐业公社附近一座名叫"突思克"古城的地名含义。他通过实地走访得知，当地赫哲族人称"突思克"古城为"萨尔霍通"，满语译为"黑城"。据此推断黑城应为黑水城之义，可能是黑水府所在地。张博泉先生考订认为，黑水都督府应在黑龙江下游俄罗斯境内阿纽依河口附近。⑤ 张泰湘的《东北史地新证十题》⑥ 结合古代文献和实地踏察，考证出唐代黑水府应在松花江汇入黑龙江之处，即今同江县图

---

① 金毓黻：《渤海国志长编》，社会科学战线杂志社1981年版，第325页。
② 冯家昇：《述肃慎系之民族》，《禹贡》第3卷第7期（总第31期），1935年。
③ 孙进己、冯永谦：《东北历史地理》（第2卷），黑龙江人民出版社1989年版，第302页；谭其骧：《〈中国历史地图集〉释文汇编（东北卷）》，中央民族学院出版社1988年版，第50—51页。
④ 赵振才：《松花江畔的突思克——黑水府、盆奴里部、考郎古城址》，《求是学刊》1980年第4期。
⑤ 张博泉：《东北地方史稿》，吉林大学出版社1985年版，第209页。
⑥ 张泰湘：《东北史地新证十题》，《黑河学刊》1987年第4期。

思科古城。王禹浪通过详考文献,以渤海定理府即德里府为切入点,结合实地踏查,认为黑龙江省友谊县成富乡凤林村西侧的一座大型古城很可能是黑水都督府所在地。① 张亚红、鲁延召梳理关于黑水部地望诸家之说,推定黑水都督府可能在今松花江与黑龙江交汇处的同江市同江镇②。

除探究黑水靺鞨地理分布外,对黑水都督府的研究也早已系统展开,取得了不少可喜的成果。陈连开的《唐朝渤海黑水两都督府述略》③ 对黑水都督府设置的历史归属、政权归属、历史贡献都有较完整的论述。张国庆的《略论唐初东北少数民族地区羁縻府州的设置》④ 述略了唐朝设置靺鞨羁縻府州的史实。周加胜的《唐朝在东北少数民族地区设立的羁縻府州》⑤ 对唐代在黑水靺鞨设置羁縻府州历史背景、沿袭及经略情况有所考证。宋卿的《唐代东北羁縻府州职官考》⑥ 也论述了唐朝对黑水靺鞨的羁縻统治。程妮娜的重要著作《古代中国东北民族地区建置史》⑦ 详细论述了靺鞨诸部的分布与社会概况,以及黑水都督府的设置与统辖。经其考证可知,唐朝在黑水靺鞨地区设置羁縻府州始于唐太宗贞观十四年(640),先后设置了黑水州、勃利州、黑水军,直到唐玄宗开元十六年(728)正式设置黑水都督府。书中并附有渤海国设置于黑水靺鞨地区七府的今地对照表,非常重要,很有价值。王昊的《关于唐辽时期黑龙江政区地理研究的几点回顾》⑧ 对唐代设置的黑水都督府进行了具体的阐释与分析,辨析了黑水都督府与勃利州并非一地。

此外,吴文衔、张泰湘、魏国忠合著的《黑龙江古代简史》⑨,周喜

---

① 王禹浪:《靺鞨黑水部地理分布初探》,《北方文物》1997 年第 1 期。
② 张亚红、鲁延召:《唐代黑水靺鞨地区思慕诸部地望新考》,《中国历史地理论丛》2010 年第 1 期。
③ 陈连开:《唐朝渤海黑水两都督述略》,《历史教学》1980 年第 3 期。
④ 张国庆:《略论唐初东北少数民族地区羁縻府州的设置》,《黑河学刊》1988 年第 2 期。
⑤ 周加胜:《唐朝在东北少数民族地区设立的羁縻府州》,《黑龙江民族丛刊》2008 年第 3 期。
⑥ 宋卿:《唐代东北羁縻府州职官考》,《北方文物》2009 年第 1 期。
⑦ 程妮娜:《古代中国东北民族地区建置史》,中华书局 2011 年版,第 162—167 页。
⑧ 王昊:《关于唐、辽时期黑龙江政区地理研究的几点回顾》,《世纪桥》2012 年第 5 期。
⑨ 吴文衔、张泰湘、魏国忠:《黑龙江古代简史》,北方文物杂志社 1987 年版,第 105—111 页。

峰、隋丽娟主编的《黑龙江史话》①，吕秀莲的《黑龙江地方简史》② 等黑龙江省地方通史著作均对黑水靺鞨及黑水都督府的设置、职能有简要介绍。

二 "江岸古城"发现的价值及萝北文化发展战略转换的意义

（一）萝北江岸古城发现的经过及其地理位置与环境

据邓树平先生介绍，在 2007 年以前，萝北县文物管理所所掌握的萝北县域地区的主要遗址有："名山镇名山岛遗址、名山镇莲花道班遗址、名山镇油库西遗址、团结镇龙滨遗址、肇兴镇东兴遗址太平沟乡炭窑遗址、延军遗址、延兴遗址、团结镇前卫遗址、苇场乡东胜遗址、苇场遗址、肇兴镇卫东遗址等 12 处遗址。"这些遗址的发现与研究大部分都公布在原鹤岗市文物管理站站长邹晗所著的《黑龙江鹤岗地区古代文化遗存》一书中。③

2009 年春，萝北县第三次文物普查工作队负责人邓树平同志率领萝北县第三次文物普查工作队在短短十几天时间里，仅在萝北地区就发现各类历史遗址五十多处，采集各种文物标本达一千余件。其中，属于隋唐五代时期黑水靺鞨的遗址多达三十余处。考察队在萝北境内还发现了早期古城址五处：即"江岸古城遗址、江岸古城西南卫城遗址、共青石场城遗址、七家子古城遗址、名山农场三队东北山堡寨古城遗址"④。这五处早期城址的发现，不仅填补了萝北县地域古城遗迹的空白，而且为进一步认识和厘清萝北县域的古代城市的起源与鹤岗市古代城史的纪元提供了至关重要的第一手资料。濒临黑龙江中游右岸江岸古城的发现，引起了国内外学术界的广泛关注。迄今为止，在黑龙江中游右岸地区尚没有发现类似萝北江岸古城这般较大规模和如此文化单一的古城遗迹。

---

① 周喜峰、隋丽娟：《黑龙江史话》，黑龙江人民出版社 2006 年版，第 24—25 页。
② 吕秀莲：《黑龙江地方简史》，黑龙江人民出版社 2007 年版，第 40 页。
③ 邹晗：《黑龙江鹤岗地区古代文化遗存》，黑龙江人民出版社 2006 年版，第 6 页。
④ 此前曾有人在调查材料中将此城命名为"小泥河古城"，本书采用邓树平同志所发表在《满族研究》2011 年第 1 期的《黑水靺鞨地域范围与黑水府治所初探》的观点，定名为"江岸古城"。

萝北县委县政府对这一重大考古发现给予了高度的重视，不仅成立了萝北历史文化开发办公室，而且先后与哈尔滨市社会科学院共同建立了"黑水靺鞨文化研究所"，并与大连大学中国东北史研究中心建立了"研究生实习基地"，同时，中国中外文化交流史学会也在此地设立了"黑水靺鞨文化交流中心"，并先后聘请了省内外的数位知名学者对萝北县的江岸古城进行了多次考察，虚心听取专家们的意见。萝北县委县政府在积极发展县域经济与中俄贸易的同时，不失时机地抓住了萝北县域内所发现的这一重要的历史文化资源，把这一重要的历史文化资源作为今后萝北县借助文化之手，助推萝北县域经济大发展的一股新动力。自2014年以来，萝北县委县政府组织召开对萝北江岸古城进行的学术考察、实地踏查、专家鉴定会、学术报告会、工作推进会等已达十余次，在国内外引起了很大的反响，这不仅提高了萝北县的知名度，而且也引发了人们对于唐靺鞨黑水部中心地理位置及唐黑水都督府治所的种种疑惑和再认识。

　　萝北县江岸古城所处的地理位置与地理环境究竟是怎样的情景呢？笔者通过实地踏察与邓树平同志所提供的具体描述以及公开发表的相关数据，初步对江岸古城的地理位置与地理环境进行了梳理。然而，必须强调说明的是，江岸古城的最初发现者是邓树平同志，2009年4月，他在鸭蛋河①注入黑龙江的河口附近寻找石器标本时，偶然发现了这座隐秘

---

　① 鸭蛋河是一条发源于小兴安岭东麓，萝北县境内的由南向北流淌，并注入黑龙江右岸的河流。鸭蛋河，黑龙江中游南岸支流。据新编《萝北县志》载，又称"三坦水""缠坦水"。明代称"集达河"，清初称"鸡坛河"；清末称"获台河"。中华民国初年，更讹为"鸭蛋河"。"人们误认为该河两岸水草丰茂，每年春季野鸭繁殖期，鸭蛋每拾即是，因以为名，乃想当然。"位于萝北县中部。发源于四方山佐武山东侧，南流于地道山折而向东注入黑龙江。全长95千米，河宽5—10米，水深1—5米，流域面积606平方千米。山溪性河流。每年11月上旬至次年4月中旬为结冰期。上游沿岸为林区，产红松、桦、杨等木材。中下游为农垦区，建有大型国有农场。考"鸭蛋河"之名与金代完颜娄室神道碑中所记：完颜娄室先祖曾"徙雅挞濑水"。雅挞濑水之名与鸭蛋河、三坦水、缠坦水之名谐音，疑为一音之转或同音异写之地名。完颜女真皆出自于黑水靺鞨，而黑水靺鞨的重要居地则是今鹤岗市所辖的黑龙、松花二水之间。此间属于鹤岗、绥滨、萝北地域，20世纪70年代以来，此间发现有众多的属于黑水靺鞨文化的古城、遗迹与遗物，当为女真先民之遗迹。《完颜娄室神道碑》出土于长春市石碑岭，清《柳边纪略》《金文最》《全辽金文》《满洲金石志外编》，今人《长春文物志》《金碑汇释》等书皆有收录。

在一片树林中的江岸古城。2009年6月，邓树平同志率领萝北县文物普查队对江岸古城进行了较为详细的初步调查，第一次获得了萝北江岸古城的相关数据和信息。后来在呈报省里的材料中考虑到江岸古城虽濒临黑龙江中游右岸，但是古城的东部、东南、南、西南则是发源于小兴安岭东麓的小泥河、跃进河、鸭蛋河三水相汇注入黑龙江的河口之地，且小泥河沿着古城的东部、东南、南、西南方向贴近台地曲折绕行，故又将江岸古城改写为"小泥河古城"。笔者认为，这座古城的特殊性就是其地理位置，处在濒临黑龙江中游右岸萝北境内的台地上，其古城的命名应该考虑到这条大江的名字，故采用了邓树平同志的意见称之为"江岸古城"。

邓树平同志在《黑水靺鞨地域范围与黑水府治所初探》一文中对江岸古城的描述如下。

> 萝北县的江岸古城遗址，该城址位于延军农场5队东南8华里的黑龙江边，GPS测量该遗址的中心区域为，东经130°57′33.9″，北纬44°42′17.5″，海拔高程为76米。该古城周长1200余米，外有三道城垣围护；城内地表遍布长方形、方形建筑遗迹，以及大约三百个穴居坑。穴居坑大者8×8米，小者5×5米。城垣为堆土砌筑，无马面。北距黑龙江约140米。西距江岸古城西南卫城遗址约300米。南侧有一条东西向的河流距南侧城垣约10米。该古城遗址内遍布天然柞树和人工栽种的针叶松和冬夏常青松树，除北部城垣因军队整修边防巡逻道人为破坏一些外，其余保存良好。从采集到的陶片分析，大多为盘口罐、盘口翘沿罐、筒形罐，饰纹主要为网格纹、竖线划纹、堆纹、口沿饰有锯齿纹等，这都是学术界公认的典型的"黑水靺鞨"文物标本。不仅如此，在该城址西约300米处，还有一座同时代的小城，周长136米，有椭圆形城垣一道，外侧有一条宽约2米的围沟一条，深约60厘米。城垣宽约140厘米，高约80厘米，其地理位置、自然环境以及内含的文化因素都与江岸古城一样，而相互

间的距离又如此之近，故应该是江岸古城的卫城。①

从上述邓树平同志所描述的江岸古城的基本特征来看，这是一座迄今为止在黑龙江流域中游右岸所发现的规模最大且最具黑水靺鞨文化特征的古城。邓文中虽然对江岸古城的基本数据有了较为详细的描述，但是缺少对江岸古城周边地理环境特征的描述。我们认为江岸古城的地理位置与地理环境十分特殊。从古城所处的地理位置与地理环境的角度观之，江岸古城恰好坐落在黑龙江干流中游右岸河道的折角处，此段黑龙江干流由北向南至江岸古城附近突然折而向东，黑龙江在此处形成了一个向南突出的脊状。江岸古城的西北则是黑龙江切割小兴安岭的山体，江水在群山中奔流，两岸形成了奇特的峡谷地貌，俗称为"黑龙江大峡谷"。小兴安岭的余脉顺着黑龙江的流向向东部延伸到江岸古城所处的台地后戛然而止，实际上江岸古城所处的地理位置恰好就是小兴安岭东麓余脉的终点。由于古城地处黑龙江右岸的小兴安岭东端终点的台地上，站在江岸古城之上可以环视眺望大江东去的壮观景象，以及江岸古城的东、南、北三面的低地和湿地。江岸古城的东侧有一条已经干涸的宽阔的河床及蔓延向南的大片湿地。从我国台湾地区出版的《中华民国地图集》第三册《中国东北吉林、合江、松江省地形图》来看，江岸古城东侧的这条干涸的湿地河床，一直向东南延伸并贯通黑龙江和松花江。这片湿地与嘟噜河、梧桐河、鹤立河下游形成的大片湿地，与松花江连接在一起。可见，江岸古城所处的地理位置在历史上是贯通黑龙江与松花江水道的枢纽。今天的江岸古城东侧的地貌与地理环境已经有了较大的改变，民国年间所出版的地图明确标有鸭蛋河的字样，如今则被标注为小泥河、跃进河与鸭蛋河。这种一河多称或一河多流的现象，完全是由于人为的改变河流的流向与现代人为了寻求增加土地面积而导致的结果。因此，我们应该跳出当下的地貌环境与地理特征，根据历史尽可能地恢复江岸古城的历史原貌，这是非常必要的，也是必须要做的。只有恢复了江岸古城周边的历史地理原貌，我们才能对江岸古城产生更加实际和

---

① 邓树平：《黑水靺鞨地域范围与黑水府治所初探》，《满族研究》2011年第1期。

更加敬畏的意识，并从历史地理枢纽作用的角度，去深刻理解江岸古城所处的地理位置是何等的重要和不可思议。

（二）萝北江岸古城发现的重要学术价值

2014年6月21日，为进一步认定和论证黑龙江省萝北县发现的江岸古城遗址的价值和重要意义，萝北县委、县政府专门召开了专家论证会。本次论证会邀请了王绵厚研究员（原辽宁省博物馆馆长，我国著名东北历史地理、考古学家，国务院特殊津贴获得者）、魏国忠先生（黑龙江省哲学社会科学重大委托项目"肃慎—满族系统研究"课题组组长，原黑龙江省社会科学院历史研究所研究员，国内外著名渤海史专家）、杨雨舒研究员（吉林省社会科学院历史研究所副所长，渤海史专家）和王禹浪教授（中国中外文化交流史学会会长、辽宁省历史学会副会长、大连大学中国东北史研究中心主任、国家二级教授、国务院特殊津贴获得者）等四位专家。这四位专家是东北历史地理、民族史、考古、地域文化、专门史等研究领域的优秀代表。

6月21日上午，萝北县委书记陶信顺，副书记孙宇，县委常委组织部长李广军，县委常委、宣传部长范永吉以及县历史文化开发办公室邓树平主任、文物管理所等相关单位，与四位专家对萝北县江岸古城进行了实地考察。当天下午，在萝北县界江宾馆三楼会议室召开了专家现场论证会。四位专家分别对萝北江岸古城发现的学术价值和重要意义进行了科学严谨的论证。专家们一致认为萝北江岸古城遗址当为隋唐时期黑水靺鞨遗址无疑，其作为黑水靺鞨文化的中心地位是可以确立的，可暂定萝北江岸古城为隋唐时期黑水靺鞨都督府治所。所在地具体论证和鉴定的意见如下。

1. 经萝北县历史文化开发办公室主任邓树平等同志的介绍，在萝北县域内进行的历史资源调查中，所发现的地处萝北县境内黑龙江中游右岸的江岸古城，是迄今为止黑龙江干流中游右岸地区濒临黑龙江的一处最重要的黑水靺鞨文化聚落群遗址。这是该次萝北县委县政府所组织的专家论证考察团全体成员的一致意见。仅就发现这处具有黑水靺鞨文化性质的较大古城而言，在学术上属于填补黑龙江流域古代文明中黑水靺鞨文化较大型古城遗迹的重要发现之一。

2. 萝北县江岸古城遗址聚落群面积较大，据初步测定约为东西1000米，南北约200米。① 在如此巨大的聚落群中共发现大型穴居坑三十余处，较大型穴居坑百余处。此外，在聚落群区域内还发现一大一小两座古城，大致呈东西走向。在较大的古城遗址上发现有三重城垣和一座城门（城门开在古城的西南）。这种穴居遗址，以及古城城垣修筑方法均与《旧唐书·靺鞨传》记载相符。其筑城穴居是指黑水靺鞨人居住址的特点，足见江岸古城的文化特征的表象具有与文献相互印证的依据。

3. 从萝北江岸古城所处的地理位置上看，古代萝北的江岸古城具有交通地理枢纽的地位。古城北部濒临黑龙江右岸，是附近地势较为高耸且具有抵御特大洪水的优势。古城的东侧、东南以及南侧则是三条发源于小兴安岭山麓的由南向北流动的河流，即鸭蛋河、跃进河、小泥河，并在江岸古城的东侧归流一处合称鸭蛋河河口与黑龙江汇合。由小泥河在江岸古城及其聚落群的南、西南（在古城南略东和东南并称鸭蛋河）方向形成了宽阔的河口湿地、遍地沼泽，形成了天然的护城河与障碍。古城的西北侧沿着黑龙江中游右岸，受小兴安岭余脉和丘陵地势的影响逐渐抬升并延伸到小兴安岭的山地。在小泥河、跃进河、鸭蛋河的西南部分布着由嘟噜河、梧桐河冲刷而成的大片湿地、丘陵与河谷平原，嘟噜河与梧桐河由北向南流入松花江。值得注意的是，江岸古城东、东南侧的鸭蛋河湿地与河床与嘟噜河、梧桐河下游的湿地形成了一条沟通黑龙江与松花江的古河道，说明鸭蛋河下游曾借助嘟噜河与梧桐河的下游湿地把黑龙江、松花江连接起来。无疑，江岸古城恰好处在这条沟通黑龙江与松花江南北的交通枢纽的重要位置上，这些河流所构成的水路网络则成为江岸古城四通八达的水陆交通中心，江岸古城则是古代黑龙江中游右岸地区最重要的历史地理的枢纽。萝北江岸古城所处的地理位置与地理方位与《旧唐书·室韦传》所记载的南黑水靺鞨方位相符，且古城处在黑龙江与松花江两江夹角相距较近的地域，并与隋唐、辽金时期

---

① 笔者注：此数据来自邓树平先生的推测，故采用约××××米的字样。详细数据正在测绘中，准确数据将由萝北县历史文化开发办公室公布。

"黑水"的地望相合。无论从文献印证、地理空间位置还是历史地理枢纽等因素的综合辩证考虑，江岸古城遗址当为隋唐时期黑水靺鞨的文化中心无疑。

4. 目前，通过对萝北江岸古城遗址调查所采集的陶片标本的陶器类型、胎质、火候、纹饰、造型等方面观察，其陶器的特征明显具有与萝北县已经进行过的科学考古发掘的团结文化类型遗址中出土的陶器以及绥滨同仁文化遗址出土的盘口翘沿陶罐的制作方法、火候、质地、器物的造型等十分相近，可以进一步确认萝北县所地处的黑龙江中游右岸地区是隋唐时期黑水靺鞨分布的重要区域，而江岸古城所表现出的黑水靺鞨文化遗迹、遗物则是最为集中，且规模较大。基于此，专家们一致认为萝北县江岸古城可能是唐代黑水都督府旧址。

5. 关于唐代黑水都督府的府治治所，由于历史文献中没有留下明确的记载，所以始终是一个不解之谜。自从清末民初曹廷杰先生在《东三省舆地图说》中，把黑水都督府的府治推定在今俄罗斯哈巴罗夫斯克（历史上的伯力）之后，国内外许多著作一直沿用这一观点，甚至连谭其骧先生主编的《中国历史地图集》也仍然沿用这一观点。然而，邓树平等同志发现了江岸古城，并在《满族研究》2011年第1期上发文《黑水靺鞨地域范围与黑水府治所初探》，提出了唐代黑水靺鞨都督府治所应在黑龙江省鹤岗市萝北县江岸古城的观点，这在学术界引起了极大的反响和震动。如果可以把江岸古城暂定为唐代黑水都督府府治所在地，其意义和价值不仅是改变了学术界以往对黑水靺鞨分布以及黑水靺鞨都督府设置的认识，更为重要的是能够确认中原王朝的唐帝国时期已经在黑龙江干流中游右岸地区设置了明确的行政建制。①

6. 萝北江岸古城的发现，对于寻找黑龙江干流中游右岸的古代城市的起源有着不可估量的学术价值。如果从区域史和地方史的角度看，鹤岗市的城史纪元或萝北县的城市纪元都应该从江岸古城出发，去思考它的源流与存在的意义和价值。我们可以推测，如此较大规模的古城和如此单一性的文化属性，都说明了江岸古城是进入了一个古

---

① 参见王禹浪、王绵厚、魏国忠、杨雨舒起草的《萝北江岸古城鉴定意见书》（未刊稿）。

代城市的文明期。它是一座被长期掩埋在地下的一种尚未被人们认知的古代文明城市。

7. 如果从地理位置与地理环境角度观察，萝北县江岸古城处在小兴安岭余脉延续的东缘，恰巧与三江湿地或称三江低地的西缘相接壤，江岸古城的位置处在二者的结合部。黑龙江这条大河的走向由此折而向东，而沟通黑龙江与松花江的古河道也以江岸古城为起点由此向南。这一特殊的地理环境与地貌特征是黑水靺鞨人所选择的最为适宜生存的地理空间，无论是进退攻守、利用这些贯通南北东西的纵横交错的复杂的水道，还是退隐山林、进出平原湿地，都可以以江岸古城为核心，自由地回旋于小兴安岭与黑龙江的南北两岸。森林、山地、湿地、丘陵、江河都为黑水靺鞨人的狩猎、渔捞、采集、农耕、畜牧经济提供了保障。黑水靺鞨人的筑城文化表明：沿着黑龙江流域的中游右岸的山地森林文化与三江平原地区的文化，在长期的相互作用下已经融为一体，形成了以江岸古城为代表的一种新型的复合型的筑城文化。或许在江岸古城的地下掩埋着我们尚未知晓的这种文化融合的现象与蛛丝马迹，黑水靺鞨人的先民同样会看中江岸古城这一特殊的地理空间。

（三）萝北江岸古城发现的重要现实意义

江岸古城的发现不仅为萝北的历史与文化的研究和探索提出了新的课题和启示，更重要的是重新唤起了人们对萝北城市起源与古代文明视野再认识的热情。因为江岸古城所揭示的绝不仅仅是萝北县域文明的开端，更为值得注意的是，这是以萝北为中心的黑龙江与松花江的两江并行的夹角地带的城市文明黎明期的发轫。事实上，在这一地区内的古代遗迹与遗物的出土和发现一直没有间断过，从中华人民共和国成立至今已经有众多的考古发现享誉东北亚地域。许多鲜为人知的黑水靺鞨及其先民的墓葬、房屋遗址被考古工作者从地下挖掘出来。① 这些遗迹、遗物的发现与发掘，构成了本地区黑水靺鞨及其先民的乡土住居和聚落，以及人们不断创造出无数具有魅力的陶器、骨器、石器和江岸古城这种如

---

① 参见邓树平《黑水靺鞨地域范围与黑水府治所初探》（《满族研究》2011年第1期）一文对萝北、绥滨地区考古调查与发掘的梳理。

此具有规模城垣的痕迹,曾经被深深地隐藏在莽莽森林与厚厚的土层下的千年城市的再现,得益于那些伟大的发现者。叠土筑墙的痕迹、一片片带有纹饰的陶片、五彩缤纷的细石器石叶与石核,这些文明的碎片为萝北县域文化增添了难以想象的文化活力。我们如何转换观念,对那些过去我们曾经不屑一顾的文明碎片,重新作出理智的判断。这不仅需要勇气,还需要努力学习,以增强我们的历史文化知识储备与区域文化资源的开发利用的辩证思考。如何从发现、整理、思考中运用学以致用的手段,为地方经济振兴和从新的经济增长点的文化模式中找到落脚点,让这些处在静态中的遗迹与遗物述说昔日文明的发生、发展与衰落的历史细节。历史与文化的现实意义,就是现实生活中的问题。过去我们对黑水靺鞨文化只是模糊的感知到它的存在,而今江岸古城的发现则是在深刻认识它曾经拥有过的辉煌。我们要学会与已经消亡的历史展开对话和交流,发挥我们的想象力与历史经验的适应力,尽可能地将过去残存的遗迹还原成历史原貌,使黑水靺鞨文化成为系列的逻辑知识加以阐述,让我们为彻底揭开萝北历史与文化的迷局找到应对的方法。为此,我们认为应从如下几个方面来思考江岸古城的发现对萝北县域历史与文化的冲击力。

其一,以江岸古城的发现为契机,从萝北县的文化理念和历史文明观角度入手,在萝北县进行一场深刻的黑水靺鞨历史与文化补课。萝北县应抛弃边陲意识,树立中心意识,弘扬乡邦文化,积极开展对外文化交流,使萝北人民在深入理解和了解利用历史文化资源的过程中,体会历史与文化对于民众幸福指数的提升有着重要的作用,同时,人的自尊、自爱、自信心也会得到全面的提高。总之,这是培养地域文明程度、启迪人文心境的重要一环。萝北县相关部门应组织人力编写一些短小精悍的普及读物,利用电视台、广播电台等平台,让黑水靺鞨历史文化的基本知识家喻户晓,广为传播。此外,县领导还应与企业家多沟通、交流,增强他们对黑水靺鞨历史文化研究和品牌打造工作的认识,引导他们理解黑水靺鞨的品牌意识。总之,要在全县形成一种热爱家乡、认识家乡、建设家乡的良好氛围,提升萝北县的文化软实力,促进社会主义文化大发展、大繁荣的新局面,带动全县经济与社会发展,为早日实现"明星县"积累正能量。

其二，让萝北人充分认识到黑水靺鞨部在中国历史上所创造的辉煌和起到的重要作用。长期以来，黑水靺鞨的辉煌一直被掩隐在海东盛国——渤海国的辉煌与女真、满洲族入主中原建立强大帝国的成就中。人们的意识中只知道黑龙江流域有渤海国、大金国、大清帝国的灿烂历史，却忘记了黑水靺鞨人才是承上启下的肃慎系统中不可估量的历史上的重要节点。黑水靺鞨出自肃慎—挹娄—勿吉，并与渤海国在黑龙江流域的北部分庭抗礼，最强盛时被唐朝册封为黑水都督，以牵制和威胁渤海国的北部。历史事实清楚地告诉我们，黑水靺鞨的后人才是女真族和满族的正源。《金史》的开篇就告诉我们：完颜女真就来自黑水靺鞨，与萝北毗邻的绥滨县境内的蜿蜒河就是女真完颜部的发祥地。鸭蛋河则是完颜娄室的故乡，即雅达濑水的黑水靺鞨后裔。从某种意义上说，女真建立的大金王朝、满族所建立的大清王朝都是从萝北地域黑水靺鞨入主中原走向世界的。在中国历史上女真族建立的大金王朝占有古代中国的半壁江山，而满族所建立的大清王朝更是定鼎中原统一全国，黑水靺鞨人对促进中华民族的融合与中国东北疆域的形成作出了不可磨灭的贡献。

其三，目前，应继续组织人力、物力、财力，对萝北江岸古城进行进一步测绘和深入的调查研究，这是刻不容缓的。只有拿出较为精准翔实的江岸古城的科学测量数据，才能进一步看清江岸古城的历史真实面貌，才能更深入一步地把江岸古城的科学研究与科学调查相结合；只有了解了江岸古城聚落群分布的实际状况，才能进一步进行科学的研究和估量这处遗址的全面价值。因此，尽快组织专业人员对江岸古城的遗址群进行全面的考古测量和专业的地形地貌测绘。建议相关部门除了要继续扎实、高效地做好田野调查和测量工作外，还应努力与上级文物主管部门、考古部门乃至国家文物局相关部门做好沟通、协调、合作等，尽快拿出令人信服的实测数据来，力争取得上级业务主管部门的支持，尽早对江岸古城进行科学的探测与科学发掘。这是萝北县对江岸古城进行全面工作展开的基础和前提。

其四，在开展对萝北江岸古城进行全面深入的测绘调查和呈报上级主管部门的同时，还应积极开展学术研究工作。在已经取得的学术研究成果的基础上，向黑龙江流域历史与文化的纵深学术领域延伸。利用社会科研力量解决我们自身学术研究力量不足的困难。在时机成熟时组织召开"首届黑水靺鞨历史研究与开发利用学术研讨会"，动员地方民营企业的力量参与黑水靺鞨的学术研究与开发利用。还应与俄罗斯学术机构积极磋商，研究调查黑龙江流域中游左岸的黑水靺鞨文化的遗迹分布状况。积累与黑水靺鞨相关的资料和素材，扩大对江岸古城周边毗邻地区的宏观认识。在尚未对江岸古城科学发掘之前，应积极做好学术研究的准备和积累，充分利用好外力，组织国内外专家进行持续不断的学术研究，并及时把这些学术成果转化为学以致用的历史文化旅游产品和地域文化品牌。

其五，利用黑水靺鞨在历史上曾经存在的地域民族文化品牌，在经贸、农业产品、林业产品、旅游产品、文化产品等领域内全面开展品牌创新意识，改变惯性思维，转换固有观念，更新我们对外贸易的新思路。还要学会重新包装我们自己、重新认识我们自己、重新为县域经济的发展制定文化战略，把文化纳入县域经济整体发展的大宏观战略中。从文化与经济的辩证关系中看到文化与历史将会对我们产生怎样的影响或带来怎样的变化。在条件成熟时，还应考虑举办"黑水靺鞨文化节""黑水靺鞨文化产品展销会"等活动。

其六，当下中俄友好关系是最好的机遇期，如何改善萝北地区中俄之间边境贸易现状，是我们思考创新工作的重要一环。利用黑水靺鞨文化属于跨越中俄国境的特点，从这一难得的软环境——历史与文化入手，借助这个无形却具有巨大潜力的文化之手，去开辟和思考中俄经贸的新的切入点，改变我们单一而固有的经贸模式。在注重萝北与俄罗斯经贸交流的同时，还要加强文化与教育的交流，促进高层人士的往来，让他们了解中国。而萝北县江岸古城正是开创这种新局面的一把历史文化的钥匙，只有用历史与文化的交流，才能逐步改善相互的疑虑和隔阂。因为这是一个相互信赖和相互依存的时代，萝北的未来掌握在理解文化和历史的群体智慧中。

总之，萝北江岸古城的发现，揭开了黑水靺鞨文化研究的新篇章。黑水靺鞨文化绝不仅仅是一种单纯的学术名词或时髦的历史词组，江岸古城发现之日就是要将这一历史文化符号转化为实用价值之时。其历史发现的实际意义，就是要把萝北江岸古城的发现转化为振兴地方经济的助推器，落实鹤岗市委市政府所提出的要打好萝北地方经济发展的四张牌，把江岸古城的发现与黑水靺鞨文化的研究融入其中，借助"石墨产业牌""绿色食品牌""生态旅游牌""对俄开放牌"的新动力，全面推动萝北的文化、经济、产业、生态、贸易发展的新局面。

第二节 金朝初期春水纳钵之地的考察——兼考"冒离纳钵"与"莫力街古城"之谜

一 金初的春水秋山及"冒离纳钵"

"纳钵"又写作"捺钵""纳拔""刺钵""纳宝""奈本"等。"纳钵"一词通用于辽、金、元三朝。"纳钵"当为契丹语，后女真人及蒙古人中一直沿用契丹语，并接受了契丹皇帝出行狩猎的专用词汇，成为女真及蒙古语中专有名词。"纳钵"一词汉译为"行在""顿宿""所在"之意。但这里的"行在""所在"绝非指一般的泛称，而是辽、金、元三朝皇帝出行打猎之专门用语。春天狩猎主要在水边进行，所以称为"春水纳钵"；秋天的狩猎则在山林中进行，称为"秋山纳钵"。久而久之"春水"与"秋山"合成一词，并形成非常动听的词组"春水秋山"。

根据傅乐焕先生的考证："纳钵"之制始于辽代，金、元两朝相袭沿用。辽、金、元三朝均为北方民族所建立的王朝政权，且生活之地理环境与生态环境均属同一地域，具有共同的生活方式与特征。元朝之后的明朝统治者为汉族，所以"春水秋山"活动渐渐无闻。明朝皇帝沉浸于深宫后院的生活，很少像辽、金、元三朝皇帝那样实行四时纳钵制度。但是辽、金、元三朝的春水秋山活动所留下的音乐、舞蹈及脍炙人口的诗篇则一直在明朝的民间盛传着。

辽代的春水纳钵，主要在今洮儿河、嫩江、松花江的三江汇合之处，以及今黑龙江省的所谓三肇地区（肇东、肇源、肇州三县之地）进行。据《辽史·营卫志》载：辽朝皇帝的春水纳钵之地为鸭子河泊，皇帝每年正月上旬起牙帐，约行 60 日方至。此时，天鹅未至，设大帐于冰上凿冰取鱼。待冰消江开，乃纵鹰捕鹅雁，晨出夕归，从事春水狩猎活动。

按傅乐焕先生考证：金朝的春水纳钵大体可分为四个时期：第一个时期，金朝皇帝居上京会宁之时期；第二个时期：以燕京（今北京）为首都时期；第三个时期：以燕京为首都的后期；第四个时期：以汴京（开封）为首都时期。①

在上述四个时期中，金朝开国之初的皇帝所进行的春水纳钵之地，主要是在第一个时期。这一时期金朝早期的四个皇帝：太祖、太宗、熙宗及海陵王均以金上京会宁府（即今黑龙江省哈尔滨市阿城区"白城"）为统治中心。金朝以会宁为都共计38年，太祖、太宗两朝的"春水纳钵"究竟在何处？因史书未载，故难以定论。然而，太宗完颜吴乞买即位之初，北宋使臣许亢宗曾见太宗于"冒离纳钵"。又据《大金国志·熙宗本纪》载："皇统三年七月，主谕尚书省，将循契丹故事，四时游猎，春水秋山，冬夏纳钵。"由此可知，金朝初年至少在金太宗时期已经出现"冒离纳钵"的地名。

以《金史》载之，熙宗即位之当年（天会十三年）即建天开殿于爻剌，自后每年春季，临幸其地。又《金史·地理志》上京会宁府条："行宫有天开殿、爻剌春水之地。"又，会宁有"混同江行宫"等语。

由此，傅乐焕先生提出金太宗即位之初，曾在"冒离纳钵"之地会见过北宋使臣许亢宗等人。遗憾的是治东北史地研究的学者，一直没有注意到傅乐焕先生的这一提示，人们在考证许亢宗一行的行程时，忽视了"冒离纳钵"这个非常重要的地名，还有人一直将"冒离纳钵"与"房庭"误为一地。关于"冒离纳钵"之地究竟在何处，凡治辽金史者无一人考证其详。实际上，当年，金太宗并非在上京城内接见许亢宗一行，而是在"冒离纳钵"之地接见了北宋的使金团。以往的学者没有注意到这个重要的细节，从许亢宗离开"冒离纳钵"又行至上京的事实来看，当时太宗所在的"冒离纳钵"之地，当距金上京不会太远。如从地望诊

---

① 傅乐焕：《近代四时纳本考五篇》，载于氏著《过史丛刊》，中华书局1984年版，第36页。

之，春水纳钵之地必是临近大水边，且水草肥美。距金上京较近者必是阿什河与松花江汇合后的哈尔滨地方无疑。因为此地最适宜天鹅、野鸭等各种水禽栖居。那么"冒离纳钵"之地，不仅是解决了金初太宗时期所临幸的春水之地，更主要的是能够证明今哈尔滨地方可能就是金代的"春水纳钵"之地。

二 "冒离纳钵"与莫力街古城之谜

莫力街古城坐落在今哈尔滨市东郊偏南、成高子火车站北2.5千米处的香坊区幸福乡莫力街村的所在地，东濒阿什河的河漫滩，与俗称高台子的金代遗址紧邻。

从古城的营造方式及其出土的文物上推断，莫力街古城当属金代所建。然而，莫力街地名是否就是这座古城的固定名称呢？这座古城在历史文献与档案资料中有没有被记载下来？有人曾经怀疑这座古城是金代阿勒锦村的推断是否正确？这些疑问直到今天也没有人给予详尽的回答。笔者在20余年前曾带着这些疑惑对莫力街古城进行了三次实地考察。第一次是在1980年春季，同行的有哈尔滨市文物管理站的李亚滨同志和聂启新先生。第二次是在1981年国庆节期间，利用休假的机会，笔者独自踏查了莫力街古城。第三次是在1982年的春季，同行的有已故的王永祥先生（原黑龙江省文物考古研究所研究员）。根据这三次调查的材料，笔者于1982年撰写了一篇极不成熟的文章，题名为《莫力街古城的几点质疑》，主要是想与关成和先生商榷"莫力街古城"并不是金代的养马场。后来笔者觉得对莫力街古城问题的研究缺乏足够的证据，所以这篇文稿一直存放至今也未公布于众。十余年来为了寻找一些蛛丝马迹，并积累了一些资料，现将这些资料归纳成文，以图寻求到莫力街古城的金代原始地名称谓。

笔者认为"莫力街"一词中的"莫力"一词，在女真语或满语中义为"马"。而"街"字如从汉字的角度去理解，则是东北地区地名中的通用词尾，是后来附加上去的。在清末民初之际，莫力街的贸易较为发达，久而久之，人们便在"莫力"一词的专用名词的后面加上了"街"字，便成了"莫力街"。所以"莫力街"一词可能是古已有之，追根溯源，

"莫力"一词的语源是女真语，但是它是否就是这座古城的固有名称呢？想要解决这个问题，就必须从文献上去寻找与"莫力"一词相关的地名。经过多年的探索和研读《金史》，果然在文献中发现了两条与"莫力"一词有密切关系的记载：一条是在《金史·熙宗传》中，另一条在《大金国志》中的《许亢宗奉使行程录》。实际上关于后一条的史料，真正的发现者是我的尊师许子荣先生。1980年9月，一个秋高气爽的季节，我和许子荣老师一起去黑龙江省图书馆地方文献阅览室查阅资料。他在《靖康稗史》中所收录的《许亢宗奉使行程录》里发现了"冒离纳钵"这个十分重要的历史地名。他当即告诉我说："这个'冒离纳钵'很可能就是今天的'莫力街'古城。"于是在我的脑海中深深地记住了"冒离纳钵"这个十分有趣的历史地名。后来于1987年8月我又查阅了由日本学者小野川秀美编辑的《金史语汇集成》，从中找到了"莫勒"一词，继而知道了"莫勒"一词出典于《金史·熙宗传》，也是作为地名被记载下来的。众所周知，金熙宗完颜亶是金朝建国的第三个皇帝，他始终生活在金上京城内。因此，他在出入宫廷内外的御程中所牵涉的地名，必与哈尔滨周边地域有关。

如果我们仅从语音角度去理解，"莫力"与"冒离""莫勒"之间确存在音同而字异的关系。那么，它们三者之间是否存在着必然的联系呢？这个问题颇难回答。为此，必须对"冒离纳钵"和"莫勒"的地名所在地进行认真的考证，方能确定"莫力街"这一地名是否与上述两个地名有一定关系。

《许亢宗奉使行程录》又称《宣乙巳奉使金国行程录》。这个行程录有多种版本流传下来，所以有多种名称。

《三朝北盟汇编》卷首书目写作《奉使金国行程录》，该书卷二又写作《宣乙巳奉使金国行程录》；《大金国志》卷四十则写作《许氏奉使行程录》；在《靖康稗史》中则称为《宣和乙巳奉使金国行程录》。此行程录的时间较早，即"靖康事件"发生以前，就是北宋宣和七年，金太宗天会三年，也就是金太祖阿骨打去世第三年，金太宗吴乞买登基的第三年。当时，北宋与新兴的北方王朝金帝国尚未发生激烈的冲突，宋金之间的和平使者往来频繁。当北宋王朝听说金国新皇帝即位的消息后，立即于宣和七年（1125），派出以许亢宗为团长的庞大使金团，前往金国都城庆贺新皇帝登基。这个行程录就是这次出使金国一路留下来的实录。这种出使的实录在当时又叫作语录，是北宋王朝每一个出使要员回朝后必须写成的一种呈送朝廷的例行公文，主要叙述其出使见闻和应对情况（实际上相当于现代的实地考察报告）。

这个行程录的最大价值就在于对当时金国的交通、地理、民俗及其地名、里程等方面进行了详细的记述，具有非常重要的军事情报作用。这个行程录详细记述了自契丹旧界白沟开始，止于冒离纳钵及金上京周围（包括今哈尔滨地区）的地理方位、地名、民俗、人口、民族等方面的见闻。这些极其珍贵的第一手资料，对于当时北宋了解金国的情况十分重要。当然，对于我们今天研究哈尔滨地区金代早期史来说更具有十分重要的参考价值。

现将《三朝北盟会编》《大金国志》及《靖康稗史》这三种不同的版本中所收录的《许氏奉使行程录》记载的有关"冒离纳钵"的资料原文转录如下。据《三朝北盟会编·卷20》记载："今起自白沟契丹旧界，止于房庭（改作金国）冒离纳钵（改作玛哩纳巴），三千一百二十里，计三十九程。"

同书卷20又载："第三十九程至馆，行二十里兀室（改作乌舍）郎君宅，接伴使，副具状词，馆伴使，副于此相见如接伴礼。房中（改作金国）每差接伴，馆伴，送伴，客省使必于女真，渤海，契丹内（下添选字）人物白皙详缓（删此六字）能汉语者为之，副使则选汉儿读书者为之。复有中使抚问，赐宴并如常仪。毕，又行三十里至馆，馆惟茅舍数十余间，墙壁全密，堂室如（改作加）帘幕，寝榻土床，铺厚毡褥及锦绣貂鼠被、大枕头等。以女真兵数十人佩刀，执弓矢，守护甚严。去房（改作北）庭尚十里余。次是赐酒果，至晚，县使躬来说仪，约翌日赴房（改作北）庭朝见。次日馆伴使副同行，马可六七里，一望平原旷野，间有居民数十百家，遍野纷揉错杂，不成伦次。更无城郭，里巷率皆阴向阳。便于放牧，自在散居。又一二里。命撤伞，云近阙。复北行百余步，有阜宿围绕三四顷，北（并）高丈余，云皇城也。至于宿围门，就龙台下马，行入宿围西，西设毯张四坐，各归帐歇定。客省使副（使）

相见就坐，酒三行。少顷，闻鼓声入，歌引三奏，乐作。门使抵班引入。即捧国书自山棚东入，陈礼物于庭下，传进如仪。赞通拜舞，蹈讫，使副上殿。女真首（酋）领数十人班于西厢，以次拜讫，贵近者各百余人上殿，以次就坐，余并退。"

上述这段记载在《大金国志》《三朝北盟会编》《靖康稗史》的三种版本中，除个别差异外，内容大致相同。然而《大金国志》一书中所收录的《许亢宗奉使行程录》却没有记载"冒离纳钵"这一地名。根据《大金国志》成书时间晚于《三朝北盟会编》和《靖康稗史》的事实，故推断《大金国志》对"冒离纳钵"这一重要地名系属漏记或转抄有误。

值得注意的是，"冒离纳钵"并非金代初期的都城。因为，从"冒离纳钵"即第39程到金国都城尚存20—25千米的距离，所以冒离纳钵应在金上京城西方偏北或正西偏南25—30千米的范围内。为什么说冒离纳钵与金上京之间存在着25—30千米的间距呢？从上述的文献记载中可以看出：许亢宗率领的出使金国的使团在到达第39程冒离纳钵以后，又从这里继续前行10千米至兀事郎君的居住地。兀室又写作悟室，是金代开国元勋完颜希尹的别名，他是欢都的儿子。景祖时期欢都将其家族迁至按出虎水的下游一带（今阿什河下游），而欢都死于康宗十一年（1071），时年63岁。死后葬于自己的家乡，即阿什河下游今哈尔滨市区成高子一带。

由此可知，当时完颜希尹在上京附近的居室亦当在今阿什河下游一带，即今阿城市的杨树乡和新华乡、哈尔滨市的成高子一带。兀室既然是完颜希尹的别名，而郎君当然是对兀室的尊称。因为在女真旧俗中凡属于宗室的男子，不分大小长幼均称为"郎君"。"兀室郎君宅"，系指完颜希尹在金上京附近的宅所或封地。许亢宗一行从完颜希尹的居住地即兀室郎君宅继续前行，约15千米至馆。这里所说的"馆"当不属于私人住宅，而是专门接待客人的金国国宾馆之类的设施。这种馆舍很大，共有十余间草泥结构的房子，墙壁全部是密封的泥墙。屋内则用帷幕隔开，并分成堂屋。室内均为土炕，土炕上面铺上厚厚的毯褥及带有锦绣的貂鼠皮暖被，被褥上面置放着大枕头。室内的这种摆设与今天北京故宫内清皇帝的居室相差不多。馆舍外有几十名女真士兵手拿武器严密防守，从这里去金上京城尚有 5 千米路程。

如果把上述的行程里数累计起来，即可看出，从冒离纳钵去金上京的距离应在 25—30 千米之间。冒离纳钵的方位大致在今阿什河下游的某地。因为冒离纳钵与兀室郎君宅相去甚近，而兀室郎君的住地，则与当年兀室父亲欢都率其家族从按出虎之源迁居于按出虎水下游的某地同在一处。在按出虎下游（即阿什河下游）地方可能有冒离纳钵这个地名。"冒离纳钵"既然靠近松花江又临近金上京，当然也是金朝皇帝在春季狩猎的场所。

众所周知，辽金两朝皇帝的春水之地主要是在今东流段松花江直到今宾县乌河河口的松花江两岸。所以，今哈尔滨成高子火车站北侧的"莫力街"金代古城的性质当与金朝皇帝春水纳钵的历史有关。当时，许亢宗率领的使金团到达的第 39 程"冒离纳钵"的所在地，可能就是金朝皇帝的春猎之所。

可以推想，当年的哈尔滨莫力街地区正处在按出虎水与松花江的交汇下游处，这一带水草肥美，地域开阔，正是天鹅与各种野鸭栖居的理想场所。其优越的地理环境和得天独厚的自然风光，使之成为金初皇帝的春水"纳钵"的理想场所。

金熙宗六年（天眷三年，1140）春季，熙宗曾经驻跸"谋勒"（即冒离纳钵），并进行了春水纳钵击捕天鹅与松花江钓鱼活动。1984 年，黑龙江省博物馆的安路、贾伟民两位同志，在今莫力街古城正南 3.5 千米处，发掘了一批罕见的金代墓葬。尤为引人注目的是，墓葬中出土了两件用汉白玉雕琢成的天鹅纳言玉饰。形象逼真的"天鹅"玉饰，使我联想到距此不远的"冒离纳钵"之地，这不正是当年金国皇帝进行春水纳钵活动的确凿证据吗？"天鹅"玉雕实物的出土，为笔者推断"冒离纳钵"即今日之"莫力街"古城提供了翔实而可靠的证据。它深刻地说明了今天的哈尔滨，当年是天鹅、野鸭、大雁等各种飞禽栖居之地。

关于金初在上京会宁府之地建立"纳钵"制度，较详细的叙述见于傅乐焕先生的《辽史丛考》一书。金太祖时期是否在会宁府附近建立了"纳钵"制度，因史书无载，不敢妄论。然而，金太宗时期许亢宗使金地方始见"冒离纳钵"之语。《松漠纪闻》的作者洪皓在其著作中将"春水秋山"作为当时金代女真人的习惯用语记述下来,可见"纳钵"之制最迟是在金太宗时期便成了惯例。到了金熙宗时期,金代的"纳钵制度"便依照契丹旧制而确定下来。

熙宗即位的当年(天会十三年)便在爻剌之地建立了"天开殿"作为"春水"行宫之地,自此以后每年春季临幸其地。《金史·地理志》中会宁府条记载:"行宫有天开殿,爻剌春水之地。"《金史·地理志》中又载:"会宁有混同江行宫。"行宫即纳钵之地。开天殿与混同江行宫是否一地,尚有待进一步考证。由此可知,金太宗时期的"春水纳钵"之制尚无定知,又无指定地点,是否"冒离纳钵"就是金太宗时期的春水纳钵之地呢?而在金熙宗时期,则将"春水纳钵"金太宗之地移置于靠近混同江边(即今松花江),隶属于会宁府与宜春县接界的爻剌春水之地。"爻剌"是地名,"春水"即春季纳钵的代名词,并在这里建立了"天开殿"。天开殿的大致位置应在东起呼兰河口之松花江,西至嫩江注入松花江口的大曲折处的地段内求证。因为,此段松花江正是松嫩两大水系汇合后,在地势较为平坦的松嫩平原上缓缓东流。松花江两岸水域开阔,落差较小。两岸的河流纵横,泡泽遍野,水草丰美,各种飞禽宜于生息和繁衍,是历史上辽金两朝"春水纳钵"的理想之地。

金熙宗以后,海陵王将都城迁到燕京,会宁境内的诸"捺钵"从而废弃,冒离纳钵从这时起可能也被废弃。然而,作为地名的冒离、莫力则仍然长期被保留下来。1988年,哈尔滨市文物管理站曾经在今哈尔滨市香坊区征集到一颗金代官印,印文为九叠篆书的汉字,为"迷离迭河谋克之印"。据哈尔滨文物管理站的站长尹开屏先生考证:"迷离迭"应是"莫力街"的同音异写(迷离迭 mili die;莫力街 moli jie),这颗金代官印的出土地点距离今莫力街古城较近,想必是二者之间有一定的联系。现在的莫力街金代古城很有可能是冒离纳钵被废弃后,于金世宗时期"实内地"政策时在原来冒离纳钵之地修筑的迷离迭河谋克城。如果这一推定无误的话,那么在莫力街故城附近就应当有一条河流,这条河流很可能就是当年的"迷离迭河"。冒离纳钵之地名以及迷离迭河谋克的称谓也就很可能均是因"河"而得名。

经过实地调查发现,在莫力街古城东南2.5千米处确有一条被人遗忘的几乎干涸的古河道（今称"庙谷沟"）。这条古河道南与金代的运粮河（俗称金兀术运粮河）相接，北与莫力街古城附近的阿什河相通，从南向北流经今成高子火车站附近后，在今哈尔滨市香坊区的民胜村注入阿什河。这条古河道两侧的河床上分布有许多金代遗址。

1980年，笔者在考古调查中还曾在古河道中发现了金代木船的船板及北宋和金代的货币。事实证明，这的确是一条消失在历史岁月中的古河道，由于它地近莫力街古城，因此，很可能就是金代官印中所表明的"迷离迭河"。20世纪初期，由于作为这条河道源头的"运粮河"水源渐渐枯竭，才导致了迷离迭河干涸。

1991年4月初，笔者第四次来到哈尔滨市东南郊的莫力街古城，站在古老的城垣上，缅怀中世纪古代城堡遗迹。这座建造已达八百余年，用一层层夯土筑成结实的城池，如今已成了废墟。然而，城墙、角楼、雉碟（马面）却依稀可辨。古城内的地面上，排列着整齐的建筑遗迹。遗址上散布有各种建筑饰件、青砖、布纹瓦、柱础，等等。还有一些生活用具和陶瓦残片，上面隐隐留着刻有线条花纹的痕迹。据当地的居民讲，古城内还出土过成串的古货币（北宋铜钱），以及各种生活用具。古城的东北200米处有一座人工堆砌而成的高台子，面积30×100米，上面散布有大量的金代遗物、陶器、瓷器残片、青砖、碎瓦、铜钱，等等，俗称高台子。1983年，我来此调查时在南部的断层中（阿什河冲刷所致），发现了一个直径80厘米的铜锅。可以断定，这处高台子遗址是金代建筑无疑。很可能是金朝建国初期，皇帝经常来此（冒离纳钵）进行春水纳钵活动的驻跸场所。因为，高台子遗址上的金代砖瓦显得特别厚重大，想必是当年的大型宫殿遗址。

往事悠悠，昔日景象繁华的城堡，令人神往，置身其中，使人感觉回到800年以前，这里曾经充满着女真文化的气息，不禁发人深思，这座古城的历史地名到底是什么？"迷离迭河谋克印"的发现是否就能揭开莫力街古城的地名之谜。莫力街这一地名究竟是不是金代海陵王迁都燕京，冒离纳钵被废除后，又于此地设置了迷离迭河谋克城堡呢？

"迷离迭"是否就是今天莫力街地名的来历呢？这些扑朔迷离的问题恐怕永远也说不清。

三 《许亢宗奉使行程录》与《松漠纪闻》中的"冒离纳钵"之谜

当我提出《许亢宗奉使行程录》中的"冒离纳钵"之地，为今哈尔滨市成高子火车站北2.5千米处的"莫力街"古城后，势必要引起人们的种种疑虑。因为学术界一直以为，《许亢宗奉使行程录》所记从第36程的句孤孛堇寨，到金上京古城的行程路线与《松漠纪闻》中所记从金上京至涞流水（今拉林河）的行程路线完全一致。所以在考证《许亢宗奉使行程录》所停留的驿站时，往往将不同时代的"行程"路线的驿站和里数，凭借今人的主观臆断等同起来，这种考证方法其实是非常不可靠的。实际上许氏行程与洪皓所记的行程，是完全不同的两条线路。为了消除这种疑虑，有必要对《许亢宗奉使行程录》与《松漠记闻》所记的从句孤孛堇寨（第36程）到金上京这段的行程路线进行重新考证。

首先，根据《许亢宗奉使行程录》所记，"第36程自和里间寨90里至句孤孛堇寨"。和里间寨的所在地，即今天吉林省松原市大三家子乡半拉城子古城。从这里出发东北行40千米（距拉林河1.5千米）至今天黑龙江省双城石家崴子古城（即句孤孛堇寨），恰与上述记载的地望里数相合。关于句孤孛堇寨的位置，过去的考证大都误定在双城的花园古城。直到1981年，笔者和当时的双城县文物管理所的陈家本、五常市文管所的于生、宾县文管所的李柏泉三位同志一起对拉林河右岸二阶台地上的石家崴子古城进行了考察，并认定这就是《许亢宗行程录》所提到的句孤孛堇寨。

《许亢宗奉使行程录》第37程自句孤孛堇寨35千米至达河寨。许亢宗一行从句孤孛堇寨出发继续朝东北方向行进，约70里至达河寨。关于达河寨的位置，史学界一般均从清末学者曹廷杰先生的说法："双城县金钱屯即阿萨尔铺，双城子即达河寨……"笔者不知道曹廷杰先生确定达河寨的根据是什么？然而，从今天的哈尔滨市到阿城市以南的拉林河一带，金代古城不下二十余座，究竟哪座城池属于达河寨的故址呢？我认为求证达河寨故址应该符合如下三个基本条件：第一，从句孤孛堇寨出发，其方位应该向着"冒离纳钵"的方向。第二，古城位置应该距离句孤孛堇寨大约30—35千米。第三，古城的营造方式及其出土文物应与金代相符。符合上述三个条件的古城，恰好是今天双城市境内青岭乡附近的万解古城。所以我认为今天的万解古城，应是许亢宗行程录中所记的第37程从句孤孛堇寨东北行35千米的达河寨故址所在地。

《行程录》载："第38程，自达河寨20千米至浦达寨。"许亢宗从达河寨出发，继续东北行20千米到达"蒲达寨"。当天，金朝的使者前来迎候。依地望诊之，在今天的双城万解古城（达河寨）的东北方约40里的哈尔滨市郊区，亦即平房区工农村附近的一座金代古城。这座古城与许亢宗《行程录》中第38程所记，自达河寨至蒲达寨的里数完全相符，很可能就是金代"蒲达寨"的故址。

又据《行程录》载："第39程，自蒲达寨50里至馆。"（按："冒离纳钵"）在《行程录》的正文里只记载了"第39程自浦达寨至馆"，而没有指明地名称谓。然而，在同书的序篇中则明确记载了第39程"冒离纳钵"这个确切的地名。关于冒离纳钵的位置及地名的由来，已如上述，即今天莫力街古城所在地。从平房区工农村古城东北行至阿什河左岸附近的莫力街古城，恰好是20千米左右，与《许亢宗奉使行程录》中所记正合。许亢宗率领的"使金团"，从冒离纳钵之地开始改变方向，即由原来的东北方向转而东南方向。行至10千米，路过完颜希尹的封地（即兀室郎君宅已如前述）。从地望上看兀室郎君宅所在地应在今哈尔滨市阿城区新华乡附近。这一带正是按出虎水下游左岸与西部平原接壤的开阔地带。据考古调查表明：这里的金代大型居住址十分稠密，与许亢宗所描述的风景大致相同："一望平原旷野，间有居民数十百家，遍野纷揉错杂，不成伦次。更无城郭，里巷率皆背阴向阳。便于放牧，自在散居。"

许亢宗一行经过兀室郎君宅（即今河城新华乡附近的某地），再向东南行约15千米至馆（即今天阿城杨树乡之正东方向的红旗村至杨树林村一带），并宿泊在这里。关于此馆的具体名称，并没有被记录下来，现已无从查考。次日，许亢宗率领的使金团又前行5千米才到达金国皇帝的居住地。

以往的史学界，一直认为冒离纳钵即金都所在之地。笔者对《许亢宗奉使行程录》中所记的第39程的冒离纳钵究竟在何处存在如下几点质疑：

1. 冒离纳钵绝不是许亢宗奉使金国的终点站。

2. 冒离纳钵之地是金代皇帝春猎的场所，不应是皇城所在地。

3. 第 39 程自浦达寨 25 千米至冒离纳钵，与此后行至上京的 30 千米不是一回事。

4. 许亢宗一行从句孤孛董寨出发，行至金上京的全程不是 155 里而是 222 里，与《松漠纪闻》中所记这段行程的距离根本不同。

《许亢宗奉使行程录》（简称《行程录》）与《松漠纪闻》中所记载的行程方向的起始点完全不同。《松漠纪闻》中所载的是自上京到燕京的路线，而《许亢宗奉使行程录》中则是记载了从燕京到金上京的路线。因此，《松漠纪闻》所记载的这段行程与许亢宗所记的行程方向也完全不同。

据《松漠纪闻》卷下载："上京 30 里至会宁头铺，45 里至第二铺，35 里至阿萨尔铺，40 里至涞流河（拉林河），凡 150 里。"又《御寨行程》载："同流馆至没搭孛董来同馆 50 里，来同馆至乌龙馆 70 里，乌龙馆至御寨 30 里，全程共计 150 里。"

由此可见，在《行程录》以后成书的《松漠纪闻》以及《御寨行程》，无论是所记地名还是全程里数均与《行程录》不相符合。因此，可以断定，在这几部行程录中，其各自形成路线虽然大致方向相同，但所经路线与馆舍之地完全不同。长期以来，由于学术界一直没有注意《行程录》中第 39 程之后所记的行程路线，是有别于第 39 程至冒离纳钵的事实，而这两段路程的里数均为 25 千米，因此，被这相差无几的里数所迷惑。这是非常遗憾的。究其原因，《行程录》中对第 39 程至冒离纳钵，冒离纳钵至金庭以后的行程没有明确的说明，所以造成了后人理解上的误解。

然而，《行程录》为什么要绕行于冒离纳钵再折而东南行至上京呢？也许这是个很难解开的历史之谜。或许女真人当时正准备发动南侵北宋的战争，而为了隐蔽其在拉林河沿岸练兵秣马等真相，以至于从某种动机出发，而特意安排许亢宗率领的使金团，绕行至冒离纳钵再折而东南行至御寨这样一条迂回曲折的路线，这是疑点的关键所在。此外，许亢宗使金团一行来到金国之"冒离纳钵"的时间正逢春季，此时，正是金朝皇帝"春水纳钵"的时间。据《三朝北盟汇编》载："于乙巳年（宣和七年）春正月戊戌"出发"使金"。另外，金国皇帝有在纳钵行猎之时召见各国使臣的习惯。如太祖阿骨打曾于春水纳钵行猎中，召见北宋使臣马扩。所以，许亢宗率领的使金团先往"冒离纳钵"之地朝见太宗是可信的。就此问题1991年我曾写信请教了东北历史地理学家李健才先生。李先生在当年5月16日给我的回信中这样写道："关于行程录所说的'今起自白沟契丹旧界，止于房庭，冒离纳钵，三千一百二十里，计三十九程……第三十九程，自布达寨五十里至馆，行二十里至兀室郎君宅……又行三十里至馆……去房庭尚十余里。'终点房当即御寨（后来之上京会宁府），自起点至终点的里程，当包括'冒离纳钵'。但纳钵当是金朝皇帝狩猎之地，所以你的看法是有道理的。"

实际上，笔者是受傅乐焕与李健才两位先生的观点启发，才坚定了我对"冒离纳钵"不能等同于金上京的看法，为笔者的进一步探索"冒离纳钵"之谜奠定了基础。总之，金代的冒离纳钵之地，即今哈尔滨市香坊区幸福乡的"莫力街"古城无疑。

第三节　伊拉哈古城与金初乌骨敌烈统军司地望新考

在《辽史》《金史》等历史文献中，"乌骨敌烈"又常写作"乌古敌烈""乌古迪烈""乌虎里""乌古里""石垒""敌烈底"等。乌骨敌烈，实为两个部族。史籍中有时将乌骨、敌烈分别记述，有时又将乌骨敌烈合二为一。乌骨、敌烈二部一直处在辽、金的北方，且时叛时服。其剽悍、骁勇善战的特长，时常造成辽、金北部边疆的边患不断。因此，辽、金两朝专设统军司或招讨司对其进行招抚和征讨并举的办法加以管控。关于乌骨敌烈部原居住地和民族的族源问题，学术界已经没有太多的争议。然而，有关金初乌骨敌烈统军司，后改为招讨司的地望及其确切的地理位置，则存在较大的分歧。从清末王国维先生的《金界壕考》一文，锁定了金代乌骨敌烈统军司的地望后，几乎国内外的史学界都把金代乌骨敌烈统军司的地望，确定在大兴安岭之东，泰州之北、金代蒲峪路之西这一范围内。本节在充分研究和吸纳自王国维先生以来；有关金代乌古敌烈统军司研究与考证的成果基础上，提出了金初乌骨敌烈统军司地望的新证。其一，王国维先生锁定的金代乌骨敌烈统军司的地望过于宽泛；其二，继王国维先生之后的诸位学者所提出的金代乌骨敌烈统军司的位置和地望又过于拘谨。因为，王国维先生锁定的范围几乎囊括了嫩江左、右两岸的全流域；而诸位学者的考证与推断的金代乌骨敌烈统军司的位置都在金长城的内侧，嫩江之右岸的中、下游范围内，且所推断的地理位置又距离金代蒲峪路过于遥远。

一 金初乌骨敌烈统军司的地望所在及其争议

乌骨敌烈，即乌骨部与敌烈部的合称。辽金时期将其合称的用意主要基于两个原因：其一，乌骨、敌烈同源，均属于塔塔尔的族众属部，塔塔尔后来又称为"鞑靼"，归属于蒙古谱系。辽金的界壕或称边堡、长城，实际上就是防御乌骨敌烈、塔塔尔等部族的不断侵扰而修筑的。其二，辽金两朝在控扼其北部疆域时，其军镇管辖机构的名称时常将乌骨敌烈合并称谓。例如辽朝曾经设置乌骨敌烈统军司、招讨司，金承辽治初设统军司后改招讨司，均把乌骨敌烈两部统一管控。因此，从某种意义上说"乌骨敌烈"既不是部族的自称，也不是同一个部族，而是辽金统治者从政治管控和治理的角度后的合并称谓。目前，有关辽代乌骨敌烈统军司的地望和迁徙地点等问题，学术界已经基本定论。关于金初的乌骨敌烈统军司的地望，及其地理位置和相关的历史地理问题则争议较大。尤其值得注意的是，学术界在考证金初乌骨敌烈统军司的地望设置时，无不都是受到王国维先生《金界壕考》一文的影响："金时乌古迪烈部地，在兴安岭之东、蒲峪路之西、泰州之北，可断言也。"[①] 王国维先生的这一断言，在金代乌骨敌烈统军司的地望考证问题上，几乎影响了我国学术界近一个世纪。因为在王国维之后的学者们，在考证金初乌骨敌烈统军司的地望时，无不都是在"兴安岭之东、蒲峪路之西、泰州之北"，这一范围内求证。所不同的；只是诸家在求证中所认定的辽、金古

---

① 王国维：《金界壕考》，《观堂集林》，中华书局2006年版，第260页。

城的大小、规模、地点、环境等方面有所不同。并将这一范围内所发现的辽、金古城规模，作为确定金初乌骨敌烈统军司所在地的主要依据。事实上，王国维先生只是指出了金初乌骨敌烈统军司的地望所在，而并非确切的地理位置。于是，中华人民共和国成立之后，我国治东北历史地理学者们经过研究和实地考察，在金初乌骨敌烈统军司的地理位置的考证上，可谓众说纷纭，莫衷一是。归纳起来大致有如下几种观点：

1. 泰来县塔子城说：此说见贾州杰《金代长城初议》① 一文，其主要观点是依据金太祖时期，命婆卢火屯田泰州，金熙宗时期婆卢火死于乌骨敌烈地。金海陵年间，将乌骨敌烈统军司改为招讨司，大定年间又将乌骨敌烈招讨司迁往泰州的事实。因此，贾州杰先生认为金初乌骨敌烈统军司当必是金泰州。"金泰州名、地沿辽之旧，是设乌古迪烈统军司和东北路招讨司的地方，也是婆卢火屯田和规划修筑长城戍堡的驻地。"由此，他又确信今天齐齐哈尔市管辖的嫩江下游右岸的泰来县塔子城古城，为金泰州无疑。然而，这里面有两个问题是值得重新思考的：其一，婆卢火在泰州屯田是不可争议的事实，但是婆卢火的死亡地点则是在乌骨敌烈地。这就说明泰州与金初乌骨敌烈统军司并非一地。其二，在《金史·地理志·泰州条》中没有记载"金初乌骨敌烈统军司"与泰州同置的内容。其三，金大定年间，金乌骨敌烈招讨司改称为东北路招讨司，并从乌骨敌烈招讨司之地迁往泰州。此时的金泰州已经不是金初的泰州古城，而是南迁后的金泰州。由此可见，将金初乌骨敌烈统军司和改称后的金代乌骨敌烈招讨司，确定在泰来县塔子城古城是缺乏说服力的。

2. 雅鲁河古城说：见孙进己先生《乌古迪烈部的分布及乌古迪烈统军司的所在》②。雅鲁河是嫩江下游右岸的支流，发源于大兴安岭博克图附近，主要流经呼伦贝尔市牙克石市和扎兰屯市，在黑龙江省龙江县东注入嫩江。雅鲁河古城的周长为1360米，这是孙进己先生依据1961年，

---

① 贾洲杰：《金代长城初议》，载孙文政、王永成主编《金长城研究文集》（上），吉林文史出版社2009年版，第272页。

② 孙进己：《乌古敌烈部的分布及乌古敌烈统军司的所在》，《鹤城政协》2005年第6期。

黑龙江省博物馆发表在《考古》杂志上的《金东北路界壕边堡调查》的数据，确定此城当为金代乌骨敌烈统军司或招讨司之所在地。不过，孙进己先生在最后的结论中，又对雅鲁河古城为金代乌骨敌烈统军司故址又产生了疑虑。"过去我曾疑此城即乌骨敌烈统军司所在。……但1991年，张泰湘等著文，认为乌骨敌烈统军司为齐齐哈尔市郊区的哈拉城，在齐齐哈尔西北四十里，分南北二城，整个周长1960米，比雅鲁河城更大。且发现了大量的辽金时代文物。看来定此城为乌骨敌烈统军司比雅鲁河古城更合适。"有关哈拉古城的周长，在张德臣所撰写的《齐齐哈尔境内金长城防御体系的建立——兼论庞葛城和乌古迪烈统军司治所》中所描述的规模，与孙进己先生上文引述的古城周长有很大差距，张德臣描述的哈拉古城的周长是1660米。辽、金古城的周长是考证和推测、确定古城规模、性质、行政建制级别、称谓等最基本和最重要的参考资料。由于，孙文所引述的哈拉古城周长出现了不确定的数据，故推定哈拉古城为金代乌骨敌烈统军司的依据不足。孙进己先生在结论中所描述的雅鲁河古城的周长是1360米，如此规模的古城与金代统军司或招讨司级别的古城规模不符，所以雅鲁河古城为金代乌骨敌烈统军司之说很难成立。

3. 庞葛城地说：见张泰湘、崔福来先生的《庞葛城考》①，首提齐齐哈尔的哈拉古城即金代的庞葛城和金初乌骨敌烈统军司所在地之说。以后冯永谦先生则在《金代庞葛城——齐齐哈尔建城始源之城丛说》一文中力挺此说，并提出哈拉古城是齐齐哈尔地区规模较大、时代较早的古城。② 孙文政先生撰文对上述推定齐齐哈尔哈拉古城为金代庞葛城、金初乌骨敌烈统军司的观点依据逐条分析，并依据考古调查资料和文献史料的结合进行了较为充分的辩驳，并最终否定了这一说法。③

4. 龙江县发达古城说：见孙文政《哈拉古城址为金代庞葛城质疑》。此说是孙文政先生在质疑哈拉古城为金代庞葛城、金初乌骨敌烈统军司的过程中提出来的。他认为："乌骨敌烈统军司，后升为招讨司，不只是

---

① 张泰湘、崔福来：《庞葛城考》，《东北亚历史与文化》，辽沈书社1992年版。
② 冯永谦：《金代庞葛城——齐齐哈尔建城始源之城丛说》，《理论观察》2004年第6期。
③ 孙文政：《哈拉古城址为金代庞葛城说质疑》，《黑龙江社会科学》2008年第2期。

军事组织，还具有地方行政功能，其治所要比一般的军城大一些。目前嫩江西岸的一些古城，除泰来塔子城之外，只有龙江县发达古城大于其他几座古城。……从其形制来看，与克东蒲峪路故城形制基本一样，都是椭圆形，大小相当。笔者疑此城可能是庞葛城，此城正是在泰州之北。"① 孙文政先生在"泰州之北"的字里行间，已经蕴含了王国维先生对金代乌骨敌烈统军司地望考证的"泰州之北"的含义。但是，孙文政为何没有继续明确断定龙江县的发达古城就是金初乌骨敌烈统军司所在地呢？恐怕笔者还保留了一些余地。因此，他在文中的最后谨慎地谈道："对庞葛城这样的历史地理现象应允许存疑，至于庞葛城是乌骨敌烈部区域内的那座古城，只能通过考古发掘和开展深入研究，才能得出科学的结论。"据初步调查得知，龙江县七棵树镇发达村土城子屯古城，周长在2100米左右，平面近似椭圆形。赞同发达村土城子古城为金代庞葛城、金初乌骨敌烈统军司观点的还有张德臣先生。他在《金乌古迪烈统军司考》中列举了5座嫩江下游右岸的辽金时期古城。其一，甘南县查哈阳村古城，临诺敏河畔，周长1210米。其二，甘南县音河乡阿伦河古城，临近阿伦河支流，周长1310米。其三，龙江县济沁河乡东北沟村古城，邻近乌尔其根河，周长1543米。其四，龙江县龙兴镇雅鲁河与济沁河汇合处的沙家街古城，周长1451米。其五，齐齐哈尔市龙江县七棵树镇发达村土城子古城，临近发达水库及小河，周长2100米。② 张德臣最终的结论是，发达村的土城子古城是金初乌古敌烈统军司所在地，而后期则迁移到沙家街古城。由于这一推论缺乏历史文献作为依据，且发达村古城距离沙家街古城很近，金朝无论如何不会在如此短的距离内，将乌骨敌烈统军司从发达村古城迁址于沙家街古城。

5. 沙家街古城说：见张德臣《金乌古迪烈统军司考》。"乌骨敌烈统军司的治所，开始在龙江县发达村土城子，在升为招讨司以后，迁移到龙江县龙兴镇新功村的沙家街古城遗址所在地。"其实，较早提出沙家街

---

① 孙文政：《哈拉古城址为金代庞葛城说质疑》，《黑龙江社会科学》2008年第2期。
② 张德臣：《齐齐哈尔境内金长城防御体系的建立》，载于孙文政等主编《金长城研究文集》下册，吉林文史出版社2009年版，第493页。

古城为金乌骨敌烈统军司所在地的观点,则见于孙秀仁、孙进己等合著的《室韦史研究》一书中。沙家街古城"位于交通要隘,附近麒麟河至济沁河间南段有墙壕又与其他各段不同……故此城疑即乌古迪烈统军司所在"①。

总之,发达村古城说与沙家街古城说所列举的上述五座辽、金时期古城,均分布在龙江县、甘南县境内,且靠近金代的界壕边堡内侧。如此密集的古城分布,说明此地在辽金时期的人口密度很高,加之邻近金界壕边堡,古城周边的大片湿地、泡泽、河流,不仅不利于农耕,也不利于游牧。其地域狭窄不符合《金史·习古乃传》中所说的"以庞葛城地分授所徙乌虎里、敌烈底二部及契丹人,其未垦者听任力占射"。"任力占射"之语,实际上说明了分授乌骨敌烈部的庞葛城之地,应该是较为辽阔且有着荒芜待垦的广袤土地。如此稠密的城镇、边堡、界壕、居民点,岂能"任力占射"。毫无疑问,发达村古城与沙家街古城的确是两座非常重要的辽金城址,但就其城制规模、性质、功能、名称等问题尚有待继续考证。如果武断地把发达村古城、沙家街古城确定为金代庞葛城或金初乌骨敌烈统军司故址,尚有待商榷和探讨。更何况金代的庞葛城与乌骨敌烈统军司治所究竟是否为一地,也有待考证。因此即使发达村或沙家街古城是金代的庞葛城,也很难将金代乌骨敌烈统军司治所确定于此。

6. 济沁河乡东北沟村古城说:见杜春鹏、李丕华《辽代庞葛城遗址考》。此说把金代庞葛城的初始时间推定在辽代。在通篇考证的论据中却怎么也找不到他们推测的依据究竟是什么?然而,他们却用违背逻辑、直接定义的办法,将金代庞葛城的修筑时间提前到辽代,其理由过于简单和武断。"那么,它必然要具备以下条件:一是该城必定建于辽代。因为当时辽国还未正式灭亡,金国不可能花费很大力气筑新城驻军镇戍降众,而只能是对辽代城址加以修缮利用……"显然,其前提是他们在根本没有说清楚所谓"必然要具备以下条件"的理由和依据,就武断地下此断言,真是令人不可思议。值得庆幸的是,笔者在文中为我们提供了

---

① 孙秀仁等:《室韦史研究》,北方文物志杂社1985年版,第134页。

他们调查该城的数据:"该城周长1547米……乌尔根河在其西南静静流淌。"最终,他们不仅确定这座古城是辽朝始筑,金代沿用的庞葛城,还进一步推定东北沟村古城,曾经是从海拉尔河流域迁往嫩江流域的辽代通化州的新迁址。

7. 雅鲁河与绰尔河流域说:见谭其骧主编的《中国历史地图集释文汇编东·北卷》乌古迪烈统军司条:编撰此条目者据《金史·地理志》《金史·兵志》《食货志》《完颜宗尹传》等文献记载,又据王国维先生的《金界壕考》中对金初乌骨敌烈地望的考证,将金初乌骨敌烈统军司的所在地,暂定在嫩江下游右岸的雅鲁河与绰尔河流域,"乌古迪烈统军司当在今洮安县之北或西北,约为今绰尔河与雅鲁河流域,治所疑即今塔子城"①。编撰者在考证中,再三强调了《金史·海陵纪》与《金史·世宗纪》中对乌骨敌烈统军司地近蒲峪路的记载,似乎是觉察到寻求金乌骨敌烈统军司的所在地,当与文献所记述的"近蒲峪路"的条件相符合。然而,编者仅仅停留在这一求证的正确思路上,而没能继续引申探究下去。实际上,今绰尔河与雅鲁河流域以及塔子城古城距离金代蒲峪路的治所(今克东县金城古城)至少都在250千米以上,与《金史》中"乌骨敌烈统军司地近蒲峪路"的记载不符。此说从地望上看依然没有摆脱王国维在《金界壕考》的影响,其地理位置与蒲峪路位置偏远。

8. 乌骨敌烈统军司、东北路招讨司驻地为同地说:见孙秀仁撰《关于金长城(界壕边堡)的研究与相关问题》,②作者以自己的亲身经历,回顾了自20世纪50年代以来,我国学者对金界壕边堡的调查、研究、考证的过程。孙秀仁先生修订了自己曾在20世纪80年代考证金乌骨敌烈统军司为龙江县沙家街古城的观点。在这篇回顾文章里,孙先生把与金代界壕相关的历史地理问题进行了重新梳理和分析。其中的创新观点就是把金代乌骨敌烈统军司、乌古迪烈招讨司,以及金代东北路招讨司均考证为同一地点,即泰来县塔子城古城。然而,孙先生却忽略了金初乌骨

---

① 谭其骧主编:《〈中国历史地图集〉释文汇编·东北卷》,中央民族学院出版社1988年版,第169页。

② 孙秀仁:《关于金长城(界壕边堡)的研究与相关问题》,《北方文物》2007年第2期。

敌烈统军司、招讨司与金东北路招讨司的设置虽然一脉相承，但是《金史·海陵纪》与《金史·世宗纪》都明确指明了金初乌骨敌烈统军司、招讨司与东北路招讨司并非是同一地点的事实。

9. 科右中旗吐列毛杜古城说：见张柏忠《吐列毛杜古城调查试掘报告——兼论金代东北路界壕》①。截至目前，这是唯一一篇求证金初乌骨敌烈统军司所在地，摆脱了王国维先生旧说的束缚，并提出今天坐落在内蒙古通辽市科尔沁右翼中旗西北部邻近霍林河的吐列毛杜古城，可能是金代乌骨敌烈统军司的治所。张忠柏先生之所以把金代乌古敌烈统军司治所推定在霍林河畔的吐列毛杜古城，其主要依据就是他否定了泰来县塔子城古城为金泰州的观点，而把前郭尔罗斯县的他虎城古城推定为金泰州。其次，张柏忠先生把《金史·地理志》所记载的金界壕边堡的鹤五河，比定为吐列毛杜古城附近的霍林河，这一比定则是有道理的。由此看来，如果他虎城是金泰州，霍林河畔的吐列毛杜古城则在金泰州的西方。且距离金代蒲峪路治所（黑龙江省克东县金城古城）甚远，其直线距离可达数百千米以上。此说不可取。

吐列毛杜古城分为东西两座城池，西城被编为一号古城，东城则编为二号古城。一号古城较大，周长为 2382 米，平面呈长方形。古城中出土了大量的兵器、农业生产工具以铁器为主、生活用具，以及数量较多的金代使用的各种货币。二号古城较小，周长为 1410 米，出土文物很少，城内较平坦、城内东北寓有一小城。小城的东墙和北墙均是利用大城的东、北二墙的墙体，东南角开设一门与大城相通。从古城的规模、形制、出土文物均为金代，以及地望上看这的确是属于州一级的古城。然而，吐列毛杜一号古城并不是金初乌骨敌烈统军司治所，而是辽代从呼伦贝尔地区迁移来的新置通化州，金代则属于州一级的规模建制，应在州或招讨副使的级别中寻求。

10. 金代乌骨敌烈招讨司五地说：此说见于吉林大学硕士研究生王尚

---

① 张柏忠：《吐列毛杜古城调查试掘报告——兼论金代东北路界壕》，《文物》1982 年第 7 期。

的硕士论文《金代招讨司研究》①。她根据《金史·地理志》《金史·兵志》《大金国志》等文献记载，提出金代乌骨敌烈统军司或招讨司应该是四迁五地说，即庞葛城、旧泰州、金山、新泰州、肇州。这是考证和推断金代招讨司治所的一种全新的观点，其重要的学术价值就是依据史料，把金代乌骨敌烈招讨司梳理成五个阶段和五个不同的地点。这对于进一步考证金代乌骨敌烈统军司的初治之地有着十分重要的意义。但是，王尚的论文中在确定金代乌骨敌烈招讨司初治之地时，依然没有脱离以往的乌骨敌烈招讨司的初治治所在金代长城内侧，即今齐齐哈尔市的庞葛城的观点。

总之，上述十种观点基本都是在金代长城内侧寻求金代乌骨敌烈统军司或招讨司的位置，几乎都忽略了金初乌骨敌烈统军司、招讨司邻近金代蒲峪路治所的事实。虽然偶有提及金代蒲峪路，但是由于缺乏实地调查而把嫩江右岸、金代长城内侧的狭窄之地当作求证的地望所在，难免陷入相互抵牾或矛盾的困惑之中。

二 关于金初乌骨敌烈统军司地望的再讨论

王国维在《金界壕考》一文中认为："金之界壕，起于东北路招讨司境，而东北路招讨司，金初为乌古迪烈统军司，海陵时改乌古迪烈招讨司。世宗初，乃改东北路招讨司，又招讨司初治乌骨敌烈部，后治泰州，故欲考东北路界壕之所在，不能不先考乌骨敌烈部及泰州之所在也。"② 反观王国维先生上述所论，欲考金乌骨敌烈统军司所在地，不仅要弄清楚金之东北路界壕和金泰州，还要确定金代蒲峪路的治所所在地，这是求证金初乌骨敌烈统军司或招讨司治所不能绕过的前提条件。经过近60多年的考古调查，金代东北路界壕的走向、分布、结构、军事设施、修筑特点，以及金界壕内侧与外侧的辽金城堡的分布已经基本清楚，故无须再考。金东北路界壕或金代长城的起始地，位于内蒙古莫力达瓦旗嫩江中游右岸的七家子村。这里原来紧邻嫩江，现在已经被尼尔基水库扩

---

① 王尚：《金代招讨司研究》，吉林大学硕士学位论文，2010年。
② 王国维：《观堂集林》，《金界壕考》，中华书局2006年版，第260页。

容后变成了一片汪洋的湖泊景象。金长城的大体走向是由东北向西南倾斜，长城基本是沿着大兴安岭的浅山区与嫩江右岸的河谷平原，顺着大兴安岭的走势而不断向西南延伸。

从金长城的起点向北则是嫩江的上游，左、右两岸分布着广袤的丘陵、浅山区、山地、沼泽、河流等复杂的地貌，其地势较为平坦且交通方便，具有易农、易牧、易渔捞、易游猎的特点。嫩江上游右岸的最大支流——甘河，是连接大兴安岭山地沟通呼伦贝尔内蒙古高原的又一条重要通道。甘河汇入嫩江的地点在今黑龙江省嫩江县城所在地的嫩江对岸。也就是说，嫩江右岸金长城之北的地区实际上成为金代长城外部的空弦之地，也是大兴安岭岭西的蒙古高原各族沿甘河迁入嫩江流域上游的重要通衢。嫩江上游的左岸之地则是临近金代的蒲峪路治所。值得注意的是，在嫩江上游左岸的台地上由北向南排列着具有防御和控制功能的金代古城。这些古城在地理空间上具有防御嫩江右岸，金代长城以北广袤地域的古代游牧民族的军事作用或功能。在辽金时期，这一地域很可能就是金初乌骨敌烈部的游牧地。因为乌骨迪烈部是一个经常迁徙的具有游牧特征的古代民族，他不可能被金代的长城圈在长城内侧的狭窄空间内。金代在嫩江中游右岸的七家子村所修筑的长城，其目的就是要把乌古敌烈部的游牧地控制在长城以外，并设置了统军司后又改为招讨司对其实施管理、控制和招抚。金长城的内侧则主要是由女真人的猛安谋克户对契丹人进行有效和严格的管理。《金史·习古乃传》记载："以庞葛城地分赐乌虎里、迪烈底二部及契丹人，其未垦者听任力占射。"这段史料非常重要，他明确说明了金代的庞葛城是划分契丹人与乌古、迪烈部地域分布的重要标志。然而，许多学者都把庞葛城推定在齐齐哈尔市附近的辽金古城，齐齐哈尔附近地域的辽金古城甚多，且地域狭窄、城池之间几乎没可能"听任力占射"的空间。金朝的统治者为了让乌骨迪烈部的族众分得土地将其游牧的习性变为具有宜农宜牧的特点，而允许他们在嫩江上游地区的左右两岸实行任其臂力之功，以箭射之地为界。显然，这种臂力箭射之地当在广袤的地域内方可能实行。笔者认为金代的庞葛城的地望应该在金长城起点以北的嫩江上游地域的左岸求证，因为左岸之地地近金代蒲峪路，又是管控长城以北地域乌古敌烈部的重地，也是分隔契丹人与乌古敌烈部的军事重镇。当然，在上述学者考证金初乌古敌烈统军司或招讨司的观点中，已经有人把金代庞葛城作为金代最初设置的乌古敌烈统军司的所在地，这一推断无疑具有一定的道理。

王国维先生在《金界壕考》一文中依据《金史·地理志》认为："金代招讨司初治乌骨敌烈部，后治泰州"，说明金代乌骨敌烈部治所与金代泰州治所并非一地。所以他用了"初治"与"后治"的不同概念。为了说明乌古敌烈部与金代东北路界壕的关系，通过对《辽史·营卫志》《道宗纪》《部族表》《圣宗纪》《百官志》《于厥部志》的考察可知"辽时乌古、迪烈，各有国外国内二种。国外者，其本部；国内诸部，则契丹所俘本部之户口别编置或部族则也。其部族各有节度使及详稳，其上又有乌古迪烈都详稳及乌古迪烈统军司；二官颇有重复之嫌疑。都详稳统国外诸部，统军司则统国内诸部也。"① 王国维把所谓国外二部的乌古敌烈部的活动范围，确定在今兴安岭之西，并赞同日本津田左右吉博士的观点。乌古部游牧于喀尔喀河流域（即今中蒙边境的哈勒哈河），敌烈部游牧于乌尔顺河流域。即今日从贝尔湖流出并注入达赉湖又称呼伦池的乌尔逊河。同时他又把所谓的国内乌古敌烈二部的位置推定在兴安岭之东。"寿隆二年九月，徙乌古迪烈部于乌纳水，以当北边之冲。"② 关于"乌纳水"，王国维认为即"桂勒尔"河，有人则解释为"海拉尔"河。其实海拉尔河并不在兴安岭之东，而是在兴安岭之西靠近达赉湖附近，乌纳水的地望应该在兴安岭之东求之则是正确的。今黑龙江省嫩江中上游左岸，内蒙古莫力达瓦所在地的对岸有讷河市，"讷河"之地名即因讷谟尔河流入嫩江而得名。讷谟尔河从嫩江左岸注入嫩江，其河口之对岸则是嫩江右岸的诺敏河口，"诺敏""讷谟尔"与"难河""那水""捺水""乌纳水"实为音转关系，"乌纳水"的快读与重音发生率的变化，导致"乌"音脱落，而演化成"那水、讷河、难水、捺水、讷水"等。讷谟尔河发源小兴安岭西麓五大连池的自然保护区，由东向西流、在莫

---

① 王国维：《观堂集林》，《金界壕考》，中华书局2006年版，第260页。
② （元）脱脱等撰：《辽史·道宗纪》，中华书局1974年版。

力达瓦旗南部注入嫩江。诺敏河发源于大兴安岭东麓，由西向东流，在莫旗南部讷谟尔河入嫩江处下方注入嫩江。王国维先生所推定的所谓辽代国内乌古敌烈部的迁徙地，当在今讷谟尔河，或诺敏河之北，而金初乌古敌烈部的居地则应在金代长城之北求之。因为，这一推论符合《金史》记载："徙乌古迪烈部于乌纳水，以当北边之冲"。今嫩江县境内有科洛河，发源于小兴安岭西麓，由东向西流经嫩江县，并在嫩江县海江镇附近注入嫩江。"科洛河"地名与王国维先生推定的"桂勒尔"河地名相近，因此，我认为王先生所推定的"桂勒尔河"很可能是指今天嫩江县的"科洛尔河"。"科洛河"；清代又称"和罗尔河""加罗尔河""科洛尔河"等。① 值得注意的是；科洛尔河南距嫩江县伊拉哈金代古城较近，伊拉哈古城是嫩江上游地区唯一一座较大的古城，其周长近2000米。从古城规模上观察，伊拉哈古城具有金初乌古迪烈统军司治所的可能。

在考证金初乌古迪烈统军司的过程中，王国维还征引了《金史·海陵纪》的一条史料："天德四年十一月，买珠于乌古敌烈部及蒲峪路。"《金史·地理志》："乌古迪烈统军司后改为招讨司，与蒲峪路近。"② 当时王国维先生尚不知金代蒲峪路治所的确切地点，而是误将金代蒲峪路治所推定在今呼兰河一带。并依据松花江、嫩江、艾晖各江均产珠的特点，认为"金代乌古敌烈部的地望应在兴安岭以东，嫩江流域南，与泰州为邻。故其各分部亦各与泰州近"。他在查阅《金史·兵志》《金史·宗尹传》《金史·宗叙传》中发现："从乌古石垒临潢泰州连言，以及大定二十四年，世宗将幸上京，曰：'临潢乌古里石垒，岁皆不登，朕欲自南道往'。"乌古石垒替代"泰州"字样及乌古石垒与临潢泰州连言的文字记录，是因为乌古敌烈部逼近泰州故也。由此，他又进一步认定："金时乌古敌烈部地在兴安岭之东，蒲峪路西，泰州之北。"无疑，将金初乌古迪烈部及乌古迪烈统军司确定在上述三个方位之间是十分正确的。值得注意的是，王国维先生在考证金初乌古迪烈统军司治所时，只推测了

---

① 天龙长城文化艺术公司编：《大清一统舆图》，清乾隆二十五年铜版印行，全国图书馆文献缩微复制中心2003年版，第83页。

② （元）脱脱等撰：《金史·海陵纪》，《金史·地理志》，中华书局1975年版。

三个方位而独留下北部的一个方位，给人们留下了思考和继续考证的空间。然而，由于这一地望范围过于辽阔，且最终也未能确定金初乌古迪烈统军司的确切位置。以后的学者则多从王国维之说，在齐齐哈尔附近开始寻求金初乌古迪烈统军司的治所，却忽略了齐齐哈尔之地距离金代蒲峪路治所——克东县金城乡古城村古城较远，并距离金代早期泰州（泰来县塔子城）和金长城内侧，以及戍守金长城的猛安谋克城堡较近。更何况金代初置乌骨敌烈统军司的治所，根本不在泰州。长期以来，学术界在理解王国维《金界壕考》所提出的乌骨敌烈统军司治所的地望方面，忽视了"兴安之东、蒲峪路之西、泰州之北"几乎包括了广袤的嫩江流域的左右两岸。尤其是对《金史·地理志》乌骨敌烈统军司条的理解上，对于"乌古迪烈统军司后升为招讨司，与蒲峪路近"的事实没有给予足够的重视。这条史料充分说明了金初乌骨敌烈统军司的治所距离金代蒲峪路治所较近，而《金史·海陵纪》载："天德四年，十一月戊戌，以咸平尹李德固为平章政事。辛丑，买珠于乌古迪烈及蒲峪路，禁百姓私相贸易，仍调两路民夫，採珠一年。"① 在上述史料中，乌古迪烈部与蒲峪路的地理环境具有相同的条件，买珠和採珠的事实说明了这一点。孙进己先生在《乌古迪烈部的分布及乌古迪烈统军司的所在》一文中，不仅丰富了王国维先生的学术观点，还征引了许多重要的史料。尤其是引证的《金史·食货志·四》卷四十九中所记述的"辽金故地滨海多产盐，上京、东北二路食肇州盐，临潢之北有大盐泊，乌古里石垒部有盐池，皆足以食境内之民，尝征其税"②。孙进己先生虽然引证了《金史·卷四十九·食货志》的上述记载，但是并没有引申说明金代乌骨敌烈部地究竟是否有盐池的问题。实际上，金代的东北路就是指与金界壕紧密相联的东北路，亦即后来金代将乌骨迪烈统军司改为东北路招讨司的路一级建制。《金史》中明确说明了金上京与东北路主要食肇州盐，金代肇州即今天的肇东市八里城所在地。金代东北路则主要包括了金长城内侧的齐齐哈尔、泰来、肇州、肇东、大庆等地。在上述《金史》中所

---

① （元）脱脱：《金史·海陵纪》，中华书局 1975 年版。
② （元）脱脱：《金史·食货志》，中华书局 1975 年版，第 1095 页。

说的"乌古里石垒部有盐池，皆足以食境内之民，尝征其税"则是专指乌古敌烈部的居地而言。今天的嫩江上、中、下游两岸均分布着大量的盐碱地，金长城内侧的嫩江流域主要是指中、下游地区，这里的盐池主要是指今天泰来县、齐齐哈尔市的扎龙自然保护区、大庆市、肇州、肇东、杜尔伯特附近地区，均有大片的盐碱地，仅泰来县境内就有盐碱地达60万亩。《金史》所说的乌古里石垒部的盐池则应在嫩江中、下游地区以外或金长城外侧求之。今嫩江上游地区的嫩江县城的对岸，是甘河注入嫩江的大片盐碱滩地和湿地，历史上这里曾经盛产土盐，很可能就是《金史·食货志》中所说的"乌古里石垒部盐池"。按《金史·食货志》卷四十九又载："金世宗大定三年四月，以乌古里石垒民饥，罢其盐池税。""大定十三年三月……复免乌古里石垒部盐池之税。"① 说明乌古里石垒部（即乌骨敌烈部）人，食用自产的土盐，并能够达到自给自足的程度，金政府还经常向乌古里石垒部人征收盐税。由于嫩江上游地区乌古里石垒部人的盐池多靠近嫩江支流的下游和地处低洼之地，一旦遇到洪涝灾害，大片盐池被淹，食盐产量就会大幅下降。因此，金大定年间金政府则根据受灾的情况，连续两次减免了乌古里石垒部人的食盐税。

此外，王国维先生及以往的学术界在考证金初乌骨敌烈部的地望时，几乎都忽略了《金史·兵志》中的另外一段重要的记载：大定十七年（1177），金世宗在与丞相良弼讨论西南、西北路招讨司所辖边地恐契丹人生乱时，提出将契丹人安置于乌古里石垒部及上京之地的计划。"大定十七年，又以西南、西北招讨司契丹余党心素狼戾，复恐生事，他时或有边隙，不为我用，令迁之于乌古里石垒部及上京之地。"同时，金世宗为了稳定北边还告诫宰臣："宜以两路招讨司及乌古里石垒部族、临潢府、泰州等路分定保成。"② 可以看出；金大定年间，为了防备契丹人在金朝的北边生变，将金界壕除东北路之外的二路，即西南、西北两路管控的契丹人，迁往乌古里石垒部与金上京之间的地域加以控制。并部署

---

① （元）脱脱：《金史·食货志》卷四十九，中华书局1975年版，第1095页。
② （元）脱脱：《金史·兵志》，中华书局1975年版，第994页。

西南、西北两路招讨司及临潢、泰州控其西缘，乌古里石垒部控其北缘，金上京控制其南缘，蒲峪路则控制其东缘，即所谓"泰州等路分定保成"合围管控契丹之势。以今天的地望珍之，大定年间契丹人被迁徙、安置在嫩江下游左岸，北不过讷谟尔河、东不越呼兰河、西不过嫩江、南不越松花江这一地域内。目前，围绕着这一地区的周边分布着众多的金代古城，其中很可能就是金大定年间为了控制从西南、西北两路迁来的契丹人而修筑的。由此可以推测，金代的庞葛城很可能也是这一时期为区分乌古敌烈部与契丹人而修建的，"以庞葛城地分赐乌虎里、迪烈底二部及契丹人"与上述契丹人被迁徙到嫩江流域的历史背景有着十分重要的关系。

金大定二十三年（1183），为了更有效地管理金代东北路部族和利用这些部族管控金朝的北边，将不同的部族分别编为乣军。其中就有"乌鲁古部族、石垒部族、萌骨部族等"①。金天德二年（1150）九月，即海陵王时期对金代的北边部族的管理进行了重新编制："改乌古敌烈路统军司为招讨司。"金大定五年（1165），又进行了调整："复罢府，降为统军司。寻又设两招讨司，与前凡三，以镇边陲。东北路者；初置乌古敌烈部，后置于泰州。泰和间，以去边尚三百里，宗浩乃命分司于金山。西北路者置于应州，西南路者置于桓州，以重臣知兵者为使，列城堡濠墙，戍守永为制。"② 由此可知，乌骨敌烈统军司是金初设置的专门从事乌骨敌烈部的军镇。金天德二年，改为招讨司，并从军镇性质转变为包括军事、招抚、管控、纳税、诉讼等包括在内的地方行政一级政府。金大定五年，将乌古迪烈统军司改为东北路招讨司，并与西南、西北两路并称为边镇三路，设立三个招讨司。东北路招讨司初置乌骨敌烈部，后又移置泰州，说明金初的乌骨迪烈统军司、天德二年改为乌骨迪烈招讨司，以及金大定五年，最初设置的东北路招讨司治所与金泰州不是同一地点。金代东北路招讨司所管辖的金界壕段，"东北自达里带石堡子至鹤五河地分"，所谓的达里带石堡子即今天嫩江中游右岸，内

---

① （元）脱脱：《金史·兵志》，中华书局1975年版，第996页。
② 同上书，第1003页。

蒙古莫力达瓦旗尼尔基镇北8千米七家子附近的金代长城起点的城堡，而"鹤五河"地则是今天坐落在内蒙古哲里木市科尔沁右翼中旗西北部，邻近霍林河的吐列毛杜古城。在东北路管辖的金界壕的段落中，属于泰州境内的城堡就有19座之多。

此外，考察金初乌骨烈部统军司的治所和乌骨敌烈部的游牧地，应认真考虑金初宗室的开国名将婆卢火与乌古敌烈部的关系。《金史·婆卢火传》载：金"天辅五年，摘取诸路猛安中万余家，屯田于泰州，婆卢火为都统，赐耕牛五十。婆卢火旧居按出虎水，自是徙居泰州……泰州婆卢火守边屡有功，太宗赐衣一袭。……天眷元年，驻乌古迪烈地，薨。赠开府仪同三司，谥刚毅"①。又《金史·太祖纪》载："天辅五年二月，遣昱及宗雄分诸路猛安谋克之民万户屯泰州，以婆卢火统之，赐耕牛五十。"②《金史·地理志》载："金之壤地封疆……北自蒲峪路之北三千里，火鲁火疃谋克地为边，右旋入泰州婆卢火所浚界壕而西，经临潢、金山。"③ 上述史料，均以金初宗室名将婆卢火为中心，记述了婆卢火与乌骨敌烈部、泰州、蒲峪路、金界壕的关系。婆卢火原为按出虎水（即今哈尔滨阿城区阿什河）人，天辅五年（1121），受太祖阿骨打之命率诸路猛安万余户屯田于金初泰州（今黑龙江省泰来县塔子城古城），并开始修筑金界壕而西，经临潢、金山。天眷元年（1138），即金熙宗时期婆卢火突发疾病死于乌骨迪烈地。值得注意的是：《金史》中对于婆卢火的死，是用了"薨"字，这是不同寻常的。因为"薨"是专指王侯一级的贵族之死。《礼记·曲礼》："天子死曰崩，诸侯曰薨，大夫曰卒，士曰不禄，庶人曰死"。说文释"薨"："公侯卒也。""薨"是中国古代专门针对地位高的人士所用，一般是皇帝的高等级妃嫔和所生育的皇子公主，或者封王的贵族。《唐书·百官制》："凡丧，二品以上称薨。无疑，婆卢火是金初的宗室名将，其死当必享受王侯一级的礼遇。"其次，婆卢火的死亡地——乌古迪烈地与屯田泰州之所并非一地，说明婆卢火是死在巡

---

① （元）脱脱：《金史·婆卢火传》，中华书局1975年版，第1638页。
② （元）脱脱：《金史·太祖纪》，中华书局1975年版，第19页。
③ （元）脱脱：《金史·地理志》，中华书局1975年版，第549页。

边或乌骨敌烈统军司的任上。正如孙文政先生所推测的那样："婆卢火虽是泰州都统，但他在天眷元年（1138）死于乌古迪烈地这段时间里，几乎没有驻泰州，而是率军出征。"① 婆卢火的死于乌骨敌烈地与泰州屯田治所并非一地的细节，是由孙文政先生首次提出的观点，这是考证金初乌古敌烈部统军司治所的重要线索之一。由于婆卢火死于乌骨敌烈统军司的任上，死后被金王朝"赠开府仪同三司，谥刚毅"，给予其宗室王侯一级的较高礼遇。因此，婆卢火的葬地应该具有较高等级。从目前发现的金代贵族墓葬的规律上看，金代王侯一级的贵族墓葬的地表上，都有建筑并在墓前雕刻有石人、石羊、石虎等大型石像生。如果能够在嫩江上游流域寻找到金代大型贵族王侯级墓葬，并将其分布的地理位置与金初乌骨敌烈统军司的地望进行认真的比对，或许可以揭示出金初乌古迪烈统军司的治所之谜。

三 嫩江县伊拉哈古城为金初乌骨敌烈统军司治所

综上所述：金代早期的乌古迪烈统军司治所的故址，当为嫩江县伊拉哈古城。伊拉哈古城位于嫩江县伊拉哈镇红嫩村东北隅，坐落在老莱河右岸的二阶台地上。清代乾隆年间编撰的《大清一统舆图》标记为伊拉喀站，② 清末屠寄绘制的《黑龙江舆图》则标注为"依喇哈"。老莱河古称罗喇喀、鲁哩河，今人讹称为老莱河。③ 伊拉哈古城西距嫩江约30千米，老莱河南流在讷河市附近注入讷谟尔河，讷谟尔河又写成讷黑尔、纳谟尔、那穆里、捏灭尔，与嫩江右岸的诺敏河相错分别注入嫩江。据《嫩江县志》载：伊拉哈古城"分为内外二城，均呈正方形，占地面积367.5亩，朝向近似正南正北；内城实为外城的东南部，内城

---

① 孙文政：《金东北路壕界边堡建筑时间考》，《金代长城研究论集》（下册），吉林文史出版社第458页。
② 中国边疆史志集成：《大清一统舆图》，清乾隆二十五年绘成，由法国人入华耶稣会士蒋友仁指导中国工匠镌制成铜版104块，刷印100部，原名《皇舆全图》，又名《大清一统舆图》，外间称《乾隆内府舆图》，俗名《乾隆十三排图》。《大清一统舆图》，集康熙《皇舆全览图》和雍正《皇舆十排图》之大成，又补充了新疆等地区新测绘的地图，并几经修正改版，至为精详完备。全国图书馆文献缩微复制中心2003年版，第84页。
③ 屠寄绘制：《黑龙江舆图》，辽海丛书附册，辽沈书社1985年版，第25页。

的东、南墙分别与外城的东墙南段、南墙的东段相重合。外城每边墙长495米，周长1980米，内城每边墙长330米，周长1320米，四角均设角楼，每边墙有3个马面突出墙外，南墙中部有一瓮门。古城遗址现已变成农田，内城墙残高1—2米不等，顶宽2—6米不等；外城门址不清，余皆为遗迹。城中发现舂米石臼1个，出土有淳化、祥符、元祐、崇宁等北宋铜钱9000余枚。平头式、分叉式，三棱式铁镞20余件，地面可见大量陶器碎片"①。笔者于2012年8月，在嫩江县委宣传部、文化局的陪同下考察了这座古城。并对古城墙的周边进行了实地勘察，古城的北墙保存基本完好，马面、角楼、城垣均依稀可辨。东墙和西墙墙体尚有残存的墙体，南城墙墙体因乡村土路修筑在城垣上，并成为通往红嫩村村的必经之路，所以城墙破坏严重，几乎寻觅不到墙体的痕迹。站在城垣上可以眺望老莱河逶迤曲折由东北向西南流淌的河床，老莱河盛产白色的细面沙，临河处可见储存着堆砌起来的沙包。古城内经常出土北宋使用的铜钱，村民还在城内发现有灰陶罐和装满铜钱的木箱等。从伊拉哈古城的平面呈"回"字形形制上看，这是一座具有重要的军事防御能力的古城，回字形古城与开设临河的南城墙瓮门的特点上观察，古城的防御方向主要是针对西、西北、北及东北方向。如果从古城规模上推测，此城则具有统军司或招讨司一级规模的古城。遗憾的是，伊拉哈古城的城垣已经被铁路和乡村公路由东向西横断切开，加之古城邻近城墙的大部已经遭到严重的破坏。因此，对其原貌的观察仅仅停留在现状上。

伊拉哈古城东南距金代蒲峪路故址的直线距离约100千米，东南距克山县新发金代贵族墓葬约80千米。墓葬位于克山县河北乡兴发村（新发）河北林场的东北隅，属于乌裕尔河右岸支流鳌龙沟子河的上游山地，南距乌裕尔河约5千米，东南距金代蒲与路古城约15千米。墓地坐北朝南为簸箕形，墓葬坐落在山阳处。在墓葬附近发现有石羊、石虎等石像生，石羊现存放在克山县文物管理所。有人认为这座金代墓葬是金代仆

---

① 嫩江县地方志编纂委员会编：《嫩江县志》，中国三环出版社1992年版，第550页。

散浑坦及其家族墓地。① 其实仆散浑坦既不是女真贵族宗室出身，也不属于王侯，而是一员能征善战的勇猛将军。《金史·仆散浑坦传》载："仆散浑坦，蒲峪路挟懑人也。身长七尺，勇健有力，善骑射。年六十，从其父胡没速征伐。初授修武校尉，为宗弼扎也。天眷二年，与宋岳飞相拒。浑坦领六十骑，深入觇伺，至鄢陵，败宋护粮饷军七百余人，多所俘获。皇统九年，除慈州刺史，再迁利涉军节度使，授世袭济州和术海鸾猛安涉里斡设谋克。贞元初，以忧去官。起复旧职，历泰宁、永定军，改咸平尹。海陵杀浑坦弟枢密使忽土，召浑坦至南京。既见，沈思久之，谓之曰：'汝有功旧，不因忽土得官，以此致罪，甚可矜悯。'遂释之。改兴平军节度使。世宗即位，以为广宁尹。窝斡反，为行军都统，与曷懒路总管徒单克宁俱在左翼，败窝斡于长泺。改临潢尹。贼平，赐金帛。改曷懒路兵马都总管。徙显德军、庆阳尹。致仕。大定十二年，上思旧功，起为利涉军节度使，复以金紫光禄大夫致仕。卒，年七十二。浑坦

---

① 鸿鸣：《新发古墓主人是谁——克山县考古系列之五》，百度搜索，鸿鸣于2004年4月21日发表的散文。在克山县河北乡新发村北300米处的三级台地上，有一个古墓群。据当地群众讲，古墓前有石桌一面，石人、石马、石猪、石猴、石羊各两尊和半截石碑等遗物，至今仍存残损石人、石羊、石猴各一尊，笔者曾亲眼所见，石人是佩剑将军像，头与下身已经残缺。此墓群当年被推土机推平，作为河北林场的存放木材的棱场，后来，有一个墓被挖开，是双人合葬，因墓里有头钗等女人饰物，断定是男女合葬墓。从古墓前石人等饰物看，此古墓应是金代王侯之墓。金代王侯去世后，一般都回原籍安葬，如金朝初期丞相完延希尹死后就回老家冷山安葬。由此可见，新发古墓，也应是原籍在此、又有一定级别的金代王侯之墓。查《金史》等文献资料，具备古墓主人条件的，是金代初、中期著名将帅仆散浑坦。仆散浑坦（约1101—1173年），女真族，仆散部人，以部为氏，本名浑坦，金代最北部的蒲峪路的挟懑河（乌裕尔河支流）人。他16岁即从军参加阿骨打领导的反辽斗争，以"勇健有力，善骑射"。在军中著称，并屡建功勋，初被"授修武校尉"（从八品上）、后加入宗弼军中，参加对宋战争。仆散浑坦在作战中，曾与"宋岳飞拒"。皇统九年（1149）被任命为慈州刺史（正五品），不久又升迁为利涉军节度使（从三品），授世袭济州和术海鸾猛安涉里斡设谋克。海陵贞元元年（1153），以忧去官，后起复为旧职，历泰宁军和永定军节度使，治得体，升迁为咸平尹（正三品），金世宗时期，被任命为临潢地区的临潢尹（正二品）后又改"懒路兵马都总管"。在其晚年，金世宗念他旧功及身体精力还很旺盛，又起用他"为利涉军节度使，复以金紫光禄大夫致仕"。

新发村位于乌裕尔河右岸三级台地上，在发现古墓的同时，在其南500米左右，同时发现有一处古代居民遗址，东西长500米，南北宽100米，地表遍布布纹瓦等遗物，是典型的金代居民遗址。很可能是墓群主人的居住地。同此处相对，乌裕尔河左岸即是金代蒲峪路遗址，因地理环境与《金史》等文献资料中记载的仆散浑坦出生地极为相似，那么此处的金代王侯之墓群，很可能就是仆散浑坦及其家族墓地。

历一十七官，未尝为佐贰。性沈厚有识，虽未尝学问，明于听断，所至有治声云。"① 仆散浑坦为蒲峪路挟懑人，"挟懑"究竟为蒲峪路何地，尚不可知。更何况《金史》中既没有说是挟懑河，也没说挟懑山，因此我们很难确定挟懑这个地名究竟是山川还是村落，有人认为挟懑就是挟懑河则是缺乏根据的推测。其实"挟懑"与"萨满"音近，女真人与黑龙江流域的古代民族均崇信萨满教，这是存留在北亚及东北亚地域最长久的原始宗教。"萨满"直译为巫，是通天地之神，"挟懑"地名很可能与"萨满"的含义有关。我们从《金史·仆散浑坦传》中了解到，仆散浑坦生前被褒赠为金紫光禄大夫，这是个加官褒赠之官，并非属于王侯或女真宗室的贵族。因此，仆散浑坦的品级与克山金代具有石人、石羊等石像生的大型贵族宗室的王侯墓葬的等级极不相符。克山县河北乡兴发（疑为新发）村河北林场东北隅的大型金代贵族墓地，绝非是仆散浑坦的家族墓地，而应该属于更高品级地位的宗室贵族或王侯一级的金代大墓。那么，金代乌裕尔河流域究竟有没有属于女真贵族或王侯一级的人物墓地呢？查考的《金史》结果是，在女真贵族中只有婆卢火于金天眷元年（1138）薨于乌骨敌烈地。乌骨敌烈部的居住地就在乌裕尔河流域之北的嫩江上游，金初管辖乌骨敌烈部的统军司治所，也应该在今嫩江上游区域求之。我们知道，今天的嫩江上游地区较大规模的金代古城就是嫩江县伊拉哈古城，暂定伊拉哈古城为金初乌古迪烈统军司治所是有依据的。《金史·婆卢火传》中对其死亡，采用了"薨"字的用词，这是非常符合王侯一级死去的专用名词。说明，婆卢火的品级已经达到宗室贵族及王侯的等级。此外，婆卢火死后被封赠为"开府仪同三司"。所谓"开府"是指开设府第，设置官吏。"仪同三司"则是说仪仗等同于三司，而三司则是指太尉、司空、司徒，亦称三公。金代的三司则称劝农、盐铁、度支户部三科为三司。婆卢火所统辖的乌骨迪烈统军司的性质，具有劝农、盐税、度支金界壕所需的戍守费用等。如果今嫩江县伊拉哈古城的确是金代乌古迪烈统军司治所的话，那么，婆卢火的葬地被选择在治所东南80多千米的风水宝地，也是符合王侯贵族墓葬所需条件的。

---

① （元）脱脱：《金史·仆散浑坦传》，中华书局1975年版，第1844页。

另外，《金史》中所说的"乌古敌烈部统军司后升招讨司，与蒲峪路近"的记载，也从克山县河北乡新发村的这座金代大型贵族墓地的角度得到了旁证。今克山县河北乡新发村的金代大型墓葬，东南距离克东县金城乡金代蒲峪路故址仅有10余千米，而嫩江县伊拉哈古城则距离克东县金代蒲峪路故址不足100千米。

因此，确定金初乌古迪烈统军司的治所所在地，以及寻求金初乌骨敌烈部游牧地的地望所在，当符合如下几个条件：

其一，金初乌古迪烈统军司的治所所在地，当必然距离金代蒲峪路故址较近。因为，这是《金史·地理志》中反复说明的重要前提。以往的学术界所笼统推断的齐齐哈尔附近，或泰来县附近的金代古城为早期金代乌骨敌烈统军司治所的观点，主要是忽视了《金史》中所强调的"乌古迪烈统军司与金代蒲峪路近"的事实。其次，是没有考虑到齐齐哈尔附近与泰来县的地理位置距离金代蒲峪路较远，约在260千米以上。因此，与蒲峪路近的事实极不相符。

其二，金代早期乌骨敌烈部的游牧地的地望，应在金长城外侧之北的嫩江流域求之。因为，若确定乌骨敌烈部在金长城内侧，则使乌骨敌烈部与女真的猛安谋克户、戍守金界壕的金兵，以及从西南、西北迁徙来的契丹人和其他部族的居地出现重叠的现象。金初的乌骨敌烈统军司是专事管控乌骨敌烈部的重要军镇，当距离金界壕外侧的乌骨敌烈部较近。从金代界壕的起点向北即进入嫩江县界、内蒙古莫力达瓦旗界、鄂伦春自治旗界。这里属于嫩江上游地区和上游与中游的接合部。广袤的嫩江上游地区接纳了左、右两岸的无数条支流，由这些支流冲刷而形成的大片湿地与丘陵、浅山区形成了易于游牧和农耕、采集、狩猎多种经营的自然生态。嫩江的左岸由于小兴安岭向西延伸，造成了地势略高于右岸。因此，在嫩江上游的左岸沿线金朝修筑了一条用城堡连接起来的防御型城池。这些城堡以嫩江县伊拉哈古城为中心，形成了对嫩江右岸乌骨敌烈部的管控、招抚之势。因此，金初的乌骨敌烈部游牧地的地望则在大兴安岭之东，嫩江之西，金界壕之北。这种推测与王国维先生的"兴安岭之东、蒲峪路之西、泰州之北"的地望是吻合的。

其三，金代大定年间，从西南、西北两路迁往东北路的契丹人，被安置在乌古敌烈部与金上京之间。这就为确定金代庞葛城的位置和乌古敌烈部的治所提供了重要线索。尤其是金朝大定年间，为了加强对契丹人的控制，在其周围设置了重重围堵的屏障。并以天然的江河围绕在契丹人的居地周边。其地域范围大致是北至乌裕尔河、讷谟尔河流域、南至松花江、东至呼兰河、西至嫩江。乌裕尔河以北过讷谟尔河即乌古迪烈统军司治所及乌古迪烈部的游牧地。这也是为什么在大定年间将乌古敌烈部、萌骨部族等变为乣军的主要目的之一，很可能就是利用这些部族来防范契丹人填补金军北边的不足。当然，乌古敌烈部的乣军很可能就成了契丹人在东北路北边的一道重要防线。

其四，《金史·习古乃传》："以庞葛城地分赐乌虎里、迪烈底二部及契丹人，其未垦者听任力占射。"这里既说明了乌古敌烈部的居地与契丹人的居地是以庞葛城为分界，同时也证明了乌古迪烈部的地望具有"任力占射"的广阔地域。齐齐哈尔、泰来县境内都属于金界壕的内测，其地域狭窄，不足以容纳乌古敌烈部的"任力占射"。庞葛城既是乌古迪烈与契丹的分界，也很可能是金初乌骨迪烈统军司的治所。因此，确定金代庞葛城的位置，对于弄清金初乌骨迪烈统军司的治所具有积极的意义。

其五，以《金史·食货志》诊之，金初的乌古敌烈部盛产食盐，不仅可以供本部族食用，而且还经常与周围部族进行交易。为此，金政府常征其盐税。众所周知，嫩江的中下游地区两岸有着大片的盐碱地，历史上曾经产可食用的土盐。然而，嫩江下游的产盐区并不属于金初乌古迪烈统军司或乌古敌烈部所拥有，而是属于金肇州、泰州、东北路、上京的食盐专属区。在《金史》中明确记载了乌骨迪烈部有自己的产盐专属区。如果排除泰州、肇州境内的嫩江流域的产盐区，那么乌骨迪烈部的产盐区就不在嫩江的中、下游两岸，而应在嫩江上游与中游接合部的位置去寻找。今嫩江县城的对岸就是嫩江上游右岸的甘河流域的下游，这一带现在依然呈现出大片的盐碱地，很可能就是金代乌骨敌烈部的产盐区。

其六，考察金代早期乌骨敌烈部统军司的治所及乌古敌烈部的游牧地，应认真考虑金初宗室开国名将婆卢火其人与乌骨敌烈部的关系。尤其是要认真分析婆卢火的死亡地，以及婆卢火的埋葬地，这对于考证金初乌古迪烈统军司的治所至关重要。婆卢火虽是泰州的都统，但是他却死于巡查或驻守乌古敌烈部统军司的任上。当时金初的乌骨迪烈统军司尚没有搬迁到旧泰州，而是在距离金代蒲峪路较近的地域内。今乌裕尔河之北的嫩江上游地区的左、右两岸，唯有嫩江县伊拉哈古城规模较大，且有两道城垣呈"回"字形。疑此城当是金代早期乌古迪烈统军司的治所。查伊拉哈古城的周围嫩江上游及乌裕尔河流域地区仅发现了一处具有金代王侯贵族一级的大型墓葬。这座墓葬坐落在距离伊拉哈古城东南80千米，风景秀丽的小兴安岭西麓的山脉中，即克山县河北乡新发村附近，墓地有石人、石羊、石虎等石像生。如果把婆卢火的死亡地和埋葬地与伊拉哈古城、克山县河北乡金代大型墓葬相联系，那么我们就可以看出伊拉哈古城是婆卢火的死亡地，就是金代的庞葛城，亦即金初乌古迪烈统军司的治所。当然，克山县河北乡的金代大型墓葬，还有待今后科学的考古发掘，方能最终确定其墓葬主人的身份。

其七，从地域出产珍珠的特点上观察，金初乌古迪烈统军司治所之地，亦即伊拉哈古城无疑。《金史·地理志》《金史·海陵纪》均记载：乌骨敌烈统军司地与金代蒲峪路均盛产珍珠，金朝经常指派官员监督乌骨敌烈部与蒲峪路的采珠事宜。今嫩江上游的支流、乌裕尔河流域、讷谟尔河流域、科洛河流域、老莱河流域在历史上均为出产珍珠的河流。今伊拉哈古城恰好位于讷谟尔河流域支流的老莱河附近，与《金史》记载的地方特产的珍珠相合。

总之，符合上述七个综合条件的嫩江上游流域的金代古城，唯有嫩江县伊拉哈金代古城。故推断伊拉哈金代古城当为金初乌古迪烈统军司的治所，而金代乌古敌烈部的游牧地就是金界壕外侧，伊拉哈古城以北、以西，今嫩江上游的左、右两岸之地。需要说明的是，本节主要是考证和确定金初乌骨敌烈统军司的治所，理清金代乌骨敌烈部与金界壕的关系，梳理自王国维先生以来对金代乌骨敌烈统军司及乌古敌烈部的学术推测与考证。因此，对于金代乌古迪烈统军司多次迁徙的历史沿革和过程，将有另文发表。由于金代的乌骨敌烈统军司治所，在金朝屡有变化。从金初到金末，有人把乌骨敌烈统军司治所的迁徙变化，分为"五地四迁"，即庞葛城、旧泰州、金山、新泰州、肇州。其中庞葛城与金初乌古迪烈统军司治所的地望所在的认定，则是较为模糊和困难重重的。因此，本节选择了《金初乌古迪烈统军司治所新考》这个选题。

第四节　黑河地区古代民族筑城初步研究

一　黑河地区的自然地理环境与地理空间

黑河地区位于黑龙江省东北部、小兴安岭北麓，黑河城区距黑龙江省会哈尔滨市594千米，其北接大兴安岭地区呼玛县，西接内蒙古呼伦贝尔市，西南部与齐齐哈尔市毗邻，南接绥化市，东南部与伊春市接界。

黑河是中俄两国4300千米边境线上最大的城市，也是唯一的地市级城市。黑河市与俄罗斯远东联邦区阿穆尔州首府布拉戈维申斯克市隔江相望，系唯一一座与俄联邦主体首府相对应的距离最近、规模最大、规格最高、功能最全、开放最早的边境城市，两市遂成为中俄界江文化带上唯一一对"双子城"，黑河也因此被誉为"中俄之窗""欧亚之门"。

黑河市辖境广阔，下辖爱辉区、北安市、五大连池市、嫩江县、孙吴县、逊克县，共计一区两市三县。黑河地处黑龙江干流上游和中游的分界节点，隔江对岸即黑龙江左岸最大支流结雅河与黑龙江交汇口。黑河西部为大兴安岭余脉伊勒呼里山向南延伸的低山丘陵，中部和东部为黑龙江右岸沿江平原，南部则为小兴安岭余脉。自北向南有托牛河、法别拉河、额泥河、石金河、公别拉河、逊比拉河、库尔滨河等多条较大河流汇入黑龙江。其中石金河又称什建河、什锦河、锦河。石金河蜿蜒穿行在小兴安岭山区中，将山体切割出深达100米的壮丽峡谷，即锦河大峡谷，现已开发为旅游景区。石金河即历史文献中记载的"室建河"，这一地名相当古老，当与室韦族关系密切。石金河注入黑龙江口南部不远处即是卡伦山。1985年，文物部门曾对卡伦山古墓群进行了科学考古发掘，获得了一大批珍贵的文物资料。但在关于卡伦山古墓的族属问题上尚存争议。我们认为很可能是辽代室韦某部遗存。公别拉河系黑河爱辉区南部最大的河流，又称坤河，"公"系"坤"的同音异写，"别拉"即"毕拉"，满语河流之意。《黑龙江志稿·地理志·山川》记载："县南二十二里。源出坤安岭北麓。东北流二十五里，右受盘当沟。又东北流，折东南流三十里，右受一水。折东流五里，阿林河自额勒克尔山，挟布尔噶里河东南流四十里，经六座窑山南来注之。又东流三里，右受一小水。又九里，经萨哈连乌拉站，即坤河南，托尔河挟莫色河来注之。又东流十三里，经曹家屯北，达鲁木河东北流来会。折东北流二十里，经县南，注于黑龙江。"注云："《盛京志》、《纪略》作昆河，蒙古语，昆，人也。《提纲》作尼河。"① 公别拉河全长141千米，发源于小兴安岭北段大黑山，河流由西向东流经锦河农场、西岗子镇等，在坤河达斡尔族满族乡注入黑龙江。该河河道蜿蜒曲折，上游穿行在小兴安岭北段山区中，植被茂密，遍布森林和湿地，位于黑河市爱辉区罕达汽镇境内的公别拉河国家级自然保护区就拥有丰富的湿地生态系统和原生性沼泽植被。下游为靠近黑龙江的丘陵低地和平原，土壤肥沃，农业发达。公别拉河流域左岸的老羌城在民国九年（1920）出版的《瑷珲县志》中即有记载，自20世纪80年代至今，历经多次考古调查活动，具有较高研究价值。

今黑河爱辉区东南部沿黑龙江沿岸为孙吴县和逊克县，即逊比拉河流域和库尔滨河流域。《黑龙江志稿·地理志·山川》载："逊河，县南二百八十里，源出东兴安岭，合数支渠东北流，折而东南流三百二十里，与占河合。折东流三十里，有乌都里河北流八十里来注之。折东北流三十里，有小岔河二源东南流来注之。小岔河左岸产金。又东北流二十里，经毕拉尔协领署南。又东北三十里，经奇克特镇东。又北分为二道，北流二十里注于黑龙江。自源至占河口，河东北属县，西南属龙镇。自占河至入黑龙江口，河北属县，河南属乌云。逊河南北岸，皆鄂伦春行帐。"注云："逊，奶浆也。即逊必拉。《纪略》作孙河，古肃慎氏所居之水。语讹为双顺，俗亦称泡子河。因其流经库穆尔窝集，亦曰库穆尔河。"② 逊比拉河简称逊河，今逊克县即因合并逊河县和奇克县而得名。逊比拉河和库尔滨河均发源于小兴安岭北部，蜿蜒穿行于山区复杂的地形和茂密的植被中。扼守逊比拉河与黑龙江汇合口的逊克干岔子乡河西古城是迄今为止黑河地区唯一经过科学考古发掘的古代民族筑城。该城

---

① 万福麟监修、张伯英总纂：《黑龙江志稿》（上），黑龙江人民出版社1992年版，第182页。
② 同上书，第183页。

占据水路要冲的制高点，并通过四道城垣加以拱卫，足见其战略价值之高。

嫩江县、五大连池市、北安市所在的黑河地区南部和西南部为嫩江流域和乌裕尔河流域。嫩江县毗邻内蒙古呼伦贝尔市加格达奇，位于发源于伊勒呼里山的科洛河、发源于大兴安岭的甘河与嫩江干流交汇的三岔河口。该地区处于松嫩大平原向大兴安岭地区过渡的平原丘陵区的中心部位，水陆交通便利，区位优势明显，能够有效管控黑龙江上游、大兴安岭地区及蒙古高原东部，因此古代民族筑城也较为密集，其中不乏如"回"字形的高等级大型城址——伊拉哈古城。该古城不仅是金初乌古迪烈统军司治所，很可能也是唐代室韦都督府、辽代室韦国王府治所之所在。北安市地处我国第二大内流河——乌裕尔河流域上游，地理特征以海拔300—500米的山地为主，均为小兴安岭向西延伸的余脉。随着乌裕尔河自东向西流淌，地势也随之降低。讷谟尔河、通肯河也是北安市境内重要的河流。"乌裕尔"即"凫臾""夫余""扶余""蒲裕"的同音异写。这一地区正是夫余族先世北夷索离国地理分布的中心区域以及金代蒲峪路治所辖区，是黑龙江流域古代城市文明相对繁荣的地区之一。五大连池市是嫩江支流讷谟尔河流域的中心城市之一，讷谟尔河横贯市辖区中部。五大连池市北部系小兴安岭西侧山前火山熔岩台地，第四纪以来断裂带的多次火山喷发形成了五大连池火山群，是我国著名火山风景区和矿泉疗养地。五大连池地区受火山群地质地貌的影响，人口稠密区自古以来始终分布在市辖境西南部的讷谟尔河两岸。

二 黑河地区古代民族筑城形制、遗存与研究综述

据笔者不完全统计，黑河地区现存古代民族筑城共计18座，其中黑河爱辉区（原爱辉县）3座、北安市2座、五大连池市3座、嫩江县6座、孙吴县1座、逊克县3座。学术界对黑河地区古城的研究尚处在对古城进行著录的阶段，对古城形制、内涵及相关古代民族及其历史地理问题等的研究还相当缺乏。综合性著录主要见于如下成果：

郝思德等《黑龙江省黑河地区发现的古城址》①发表于《北方文物》1991年第1期，著录了北安南山湾古城、庙台子古城、孙吴四方城古城、逊克何地营子古城、新兴山城、石砬子山城、嫩江繁荣古城、门鲁河古城、小石砬子古城、伊拉哈古城，共计10座古城，并绘制有古城平面简图与地理分布简图。逊克何地营子古城即河西古城。该文亦是目前所见最翔实的黑河地区古代筑城资料。孙文政《嫩江流域辽金古城简要介绍》（未刊稿）、王禹浪等的《文明碎片——中国东北地区辽、金、契丹、女真历史遗迹与遗物考》②及《嫩江流域辽金古城的分布与初步研究》③等亦对黑河地区古城有所著录，但偏重于嫩江流域，且有所遗漏。截至目前，关于黑河地区古代民族筑城的研究成果均未收录爱辉老羌城。但由于关于逊克河西古城的考古学材料较丰富，故对其著录尤详。近年王禹浪对嫩江县伊拉哈古城给予了相当大的关注，经过多次实地调查并结合文献，将其考订为金初乌骨敌烈统军司治所。④

笔者综合《嘉庆重修大清一统志》《黑龙江志稿》、民国九年（1920）《瑷珲县志》⑤、1986年《爱辉县志》⑥、1994年《北安县志》⑦、1992年《嫩江县志》⑧、1991年《逊克县志》⑨等方志文献，以及近数十年来学术界的研究与著录成果、调研记录等，对黑河地区古代民族筑城的形制、遗存及研究情况予以梳理和综述。

（一）黑河市古代民族筑城

1. 老羌城：位于黑龙江省爱辉区西岗镇西沟达斡尔民族村南16千米，故又称西沟古城，民间称老羌城或老枪城，有大、小之分。老羌城

---

① 郝思德、张鹏：《黑龙江省黑河地区发现的古城址》，《北方文物》1991年第1期。
② 王禹浪、都永浩编著：《文明碎片——中国东北地区辽、金、契丹、女真历史遗迹与遗物考》，黑龙江教育出版社2013年版。
③ 王禹浪、郝冰、刘加明：《嫩江流域辽金古城的分布与初步研究》，《哈尔滨学院学报》2013年第7期。
④ 王禹浪：《金初乌古迪烈统军司望新考》，《哈尔滨学院学报》2013年第6期。
⑤ 孙蓉图修、徐希廉纂：《瑷珲县志》，成文出版社有限公司1920年版。
⑥ 爱辉县修志办公室编：《爱辉县志》，北方文物杂志社1986年版，第613页。
⑦ 北安市地方志编撰委员会编：《北安县志》，内部发行1994年版，第660页。
⑧ 嫩江县地方志编纂委员会编：《嫩江县志》，中国三环出版社1992年版，第549页。
⑨ 逊克县地方志编纂委员会编：《逊克县志》，黑龙江人民出版社1991年版，第527页。

的北、东、南（偏西）坡 30 余千米被公别拉河环抱。西沟古城距黑龙江直线距离为 24.702 千米，海拔高度有三个高点，东北角海拔为 251 米，北部中间高点海拔为 3535.2 米，西北角海拔为 368.8 米。南墙开一城门，门道外是一条弧形城墙，形成瓮门，门高 40—50 厘米，宽约 1 米之内。城门内南侧是 1 条 300—400 米长的土城墙，城高在 1.5—2.5 米之间，城墙基宽 2—2.5 米，顶部宽 1.5 米左右。城墙每隔 40—50 米之间有一马面。城墙为堆筑，墙外有护城壕。城墙内距城墙 5 米左右或 10 米处，有一排不规则的土包或探险坑，推断为住所、垒灶（灰坛）遗址。1976 年 5—7 月，黑龙江省考古队、黑龙江省博物馆、哈尔滨师范大学三单位联合组成"黑河地区文物普查队"对老羌城进行了文物普查，初步定为金代古城。

关于老羌城的地方志文献记载，在民国九年（1920）《瑷珲县志》与 1986 年《爱辉县志》均有记载，兹附之如下。

民国九年（1920）《瑷珲县志》："西沟迤西有古围一处，四门、周墙土迹确在，四面，均在十余里，地方人民俗称老羌城。想系康熙以前俄人占据之地。"笔者按，考古调查只发现南门一处，其余墙段未见城门。是文载当地俗称"老羌城"之"羌"恐与清前期俄罗斯人有关，即哥萨克入侵黑龙江。

1986 年由爱辉县修志办公室编撰的《爱辉县志·文物古迹篇》记载："1981 年文物普查，大西沟古城，西沟大队西南 20 里，待考。小西沟古城，西大队西南 16 里，待考。"[①] 笔者按，"大西沟古城"与"小西沟古城"即老羌城、小羌城。

黑河市图书馆馆员吴边疆提供了 1976 年、1981 年，文物工作者先后两次踏查老羌城的调查记录。

（1）1976 年第一次全国文物普查开始，原爱辉县文化馆馆长白长祥与方伦荣（上海知青）对西沟古城进行了踏察，他们一行两人，由林业站检查员勾成海（当年 58 岁）做向导，于 6 月 13 日对老羌城进行了初步调查。

---

① 爱辉县修志办公室：《爱辉县志》，北方文物杂志社 1986 年版，第 613 页。

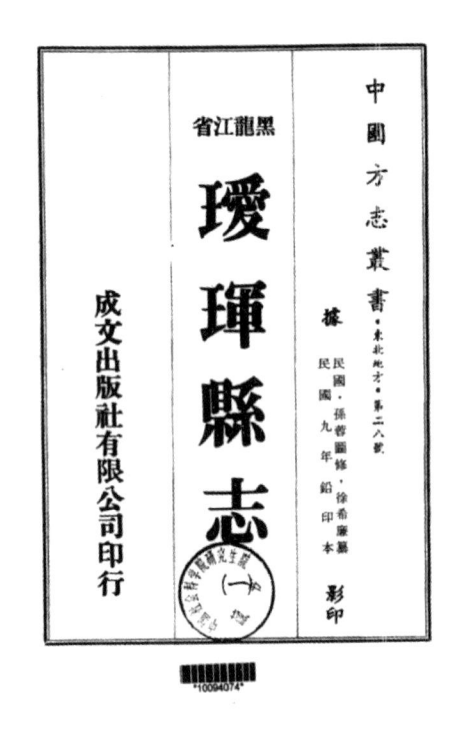

图6—1 《瑷珲县志》对"西沟古城"的著录

白长祥调查笔录记载：

　　大羌城位于西沟大队西南的三十余华里的老羌城山上，东端是老羌城山陡峭的山崖，崖下是公别拉河，西端是小窟窿沟，二面有河水所环绕，城墙东西长约550米，城墙底宽6米，顶端2—3米，高2—2.5米，有大小城门四个，城楼三个都已经塌陷，在东端城墙头上向南眺望，可隐约看到陡沟子村，在距城墙内侧2米处每30—40米，有一个土包，共计4个，直径5.5米，其中第三个为炮台遗址。在离城墙内侧3米处有一条约200米长的壕沟，城内有9个土坑。我们在老羌城遗址拍了五张照片，在大城门和城堡已塌陷的土坑中，我们试掘了几处红烧土，尚未发现其它的遗物。随后我们又步行15里到小羌城遗址进行调查。
　　小羌城位于西沟大队西南，东南山下是公别拉河，此处，地势险要，居高临下，难攻易守，在小羌城里有一道壕沟，约200余米，还发现两山头各有壕沟一条，大小土坑20余个，似是炮台遗址，在这里拍了照片。

在西沟大队，我们走访了几位老人询问这一遗址有关问题，看法不一，众说纷纭。一说，光绪二十六年跑反（海兰泡惨案），老毛子（俄国人）从齐齐哈尔回来建的。又说，清康熙以前，大岭这一带都是老毛子的地方，康熙皇帝派兵把老毛子赶走了。

从我们实地调查来看，两处城堡虽位于山顶，但是，从老羌城至小羌城之间有约15里长的小岗，地势平坦，适于农耕，山林茂密，野兽踪迹很多，又适合狩猎，其次山下是公别拉河，至今尚有人在这里捕鱼，适于人类居住，难怪现在有人曾计划在此开辟村落。

由于时间仓促，准备工作不充分，没有进行深入细致的发掘，没有发现文物，因此，这一遗址是何人、何时所建，目前尚难以断定。建议对这古城遗址作进一步的踏查和细致发掘。（爱辉分队1976年6月19日）

（2）1981年秋，第二次全国文物普查开始，黑河地区文管所张鹏，黑河地区文工团杨军、朱东利，爱辉县图书馆副馆长王春复、馆员吴边疆，西岗子文化站站长刘复成等五人对西沟古城进行考古踏查，当时上山只有荒草丛生的山道，如无人带领。当时村里派了一姓勾的老人，耳朵背，当地人戏称其为"勾聋子"，即白长祥说的勾成海。他带着猎枪和一条狼狗上了山，带领我们，走了两三个小时，穿越了荆棘遍地的野地和耕地羊肠小道，才来到古城，当时古城外表与现在的情形没有太大变化，只是现在修了上山的防火路。开越野车能直接开到古城边。古城东北是悬崖峭壁，东北方向是夹皮墙。公别拉河水从东边环绕古城北部。

2016年9月18日，正值由黑河学院中俄边疆历史文化与社会发展研究中心主办的"首届黑龙江流域文明暨俄罗斯远东历史文化与社会发展论坛"刚刚闭幕，由原大连大学中国东北史研究中心主任王禹浪教授、黑河学院中俄边疆研究中心主任谢春河教授带队的考察团对老羌城进行了一次全新的实地调查，对古城城墙形态、马面、穴居坑等进行了系统调查。2017年4月，黑河市文物爱好者吴边疆、刘忠堂对老羌城、小羌城进行了寻访和航拍，确定了城墙轮廓，对该城的研究取得了较大进展。我们初步认定，该城至少为辽金时期修筑。

图 6—2 经略使司之印（瑷珲历史陈列馆藏，王俊铮拍摄）

值得特别注意的是，黑河市瑷珲历史陈列馆陈列有一方于 1979 年，采集于爱辉西岗子镇西沟村古城的"经略使司之印"。该印边长约 7 厘米，印文为九叠篆，长把印纽上刻有一字"上"。该官印为一方金代官印，是金朝末年边镇军事机构的印鉴。边镇军事机构最初设置于唐朝，宋依唐制，设有经略使或经略安抚司，机构官职由节度使担任，属于准省级机构。目前，全国出土的金代经略使司之印总共有四方，黑河市爱辉区西岗子镇西沟古城出土的金代经略使司之印是第四方经略使司之印。王禹浪教授等考证认为，黑河市爱辉区西沟古城作为金代末期的经略使司所在地，可以证明黑河市的准省级建置在历史上并不是自清朝开始的，而是在金代就设置了省级的行政机构。这个角度来说，出土"经略使司之印"的黑河西沟古城，不仅使黑河市的城史纪元被提前了近 500 年，而且具有了确定城史纪元的直接证据，又为黑龙江流域的金代建置填补了空白。①

---

① 王禹浪、谢春河：《黑河市西沟古城发现金代经略使司之印研究》，《哈尔滨学院学报》2017 年第 10 期。

截至目前,对于老羌城的研究尚处于起步期,其背后隐藏的历史还远远没有被揭开。我们应该从古代族群活动的地理分布以及古代行政建制沿革的角度,重新梳理这一地区历史谱系,并从宏观视野中对老羌城进行比较研究和断代分析,进而为其定性提供重要参照。

2. 小羌城:位于老羌城以西约 7 千米处山顶,东南山下为公别拉河,地势险要。城内有壕沟,约 200 余米,大小土坑 20 余个。古城现为耕地,遗迹已难寻。该城可能为拱卫老羌城的卫城或卫星城。

3. 黑河卡伦山古城:位于黑龙江省黑河市郊区卡伦山上,周长 1.4 千米,呈正方形。1985 年,文物部门曾对卡伦山古墓群进行了考古发掘,共计发掘墓葬 19 座。考古报告将其定为辽代女真人墓葬。① 该说法有待商榷,我们认为可能是室韦人墓葬。卡伦山古城与卡伦山古墓之间显然存在一定关联。

(二) 北安市古代民族筑城

1. 庙台子古城:辽金时期古城,位于黑龙江省北安市东南约 58 千米,石华乡立业村西 1000 米处的通肯河支流六道沟台地上。古城平面呈长方形,长约 600 米,宽 200 米,周长 1.6 千米。城垣残高 0.4 米,墙基宽 5 米。古城外西北方向 200 米处有一土石混筑方形高台,面积约 25 平方米。当地百姓称其为庙台子。古城破坏严重,在城内采集和征集的文物有泥质轮制灰陶片、布纹瓦、青灰砖、残磨石、铜镜、铜佛、铜人配饰、铜钱、铜饰件、铁锅、铁刀、铁鱼叉、铁甲片、陶器人塑像等。

2. 南山湾古城:辽金时期古城,位于黑龙江省北安市胜利乡民生四屯西侧的漫土岗上,地近乌裕尔河与闹龙河交汇处。古城为南北向,平面呈方形,周长 300 米,城墙高 1 米。南城垣设一城门,城垣四角尚存角楼遗迹,城垣外有近 2 米宽的护城壕。在城内曾发现陶片、残瓦片、铜镜、铜佛、铜钱、铁镞、石臼等。古城东南 700 米处发现居住址一处,地表散布铜钱、铁镞、青砖、布纹瓦等遗物。古城附近曾出土金代"曷苏昆山谋克之印",官印两侧的边款刻有"系蒲与猛安下"及"曷苏昆山谋

---

① 郝思德、李陈奇:《黑河卡伦山古墓葬发掘的主要收获》,《黑河学刊》(地方历史版) 1986 年第 1 期。

克之印"等文字，背面右侧还嵌刻"大定十年七月"（1170）、左侧刻有"少府监造"等字样。① 可知该城应系蒲峪路下辖曷苏昆山谋克城之所在。该印系黑河地区目前所见唯一一方明确表明行政建置名称的古代官印。

（三）五大连池市古代民族筑城

1. 和安村古城：辽金时期古城，位于五大连池市和平镇和安村东北约 500 米处。古城东西长 700 米，南北宽 100 米，周长 1600 米，城内有明显的建筑遗迹，1973 年该遗址出土了一面铜镜。

2. 永远村古城：辽金时期古城，位于五大连池市团结乡永远村附近，讷谟尔河支流石龙河右岸台地上。古城内出土有铁器、北宋"元丰通宝""政和通宝"等字样的铜钱。

3. 凤凰山古城：辽金时期古城，位于五大连池市兴隆镇凤凰山村旁的耕地中，古城内出土有铜钺、铁箭镞等遗物，在城址附近的五一水库（即今凤凰山水库）附近发现有金代墓葬。

（四）嫩江县古代民族筑城

1. 门鲁河古城：辽金时期古城，位于嫩江县长江乡长江村南 2 千米处，南距长江村居民住宅 100 米，距门鲁河口 300 米，西距嫩江 2.5 千米。古城呈正方形，边长 100 米，周长 400 米。城墙残高约 1 米，四角设有角楼，南城墙中部有一豁口，应为城门遗迹，城门宽约 7 米。古城附近为沟塘，四周杂草丛生，现已遗址难辨。

2. 小石砬子古城：辽金时期古城，位于嫩江县临江乡小石砬子村农机站院内，东北 1 千米处为嫩江。城墙址为农机站石头墙基础，略高于地面，系夯筑而成，但夯土层不明显。城墙残高 1 米，基宽 8 米，无角楼和马面，南、北、西墙各有一个豁口，可能为城门。古城为方形，边长近 100 米，周长 400 米。小石砬子古城坐北朝南，背靠一座海拔 60 余米的小山，城前有干涸的河道。

3. 繁荣古城：辽金时期古城，位于嫩江县前进镇繁荣村附近，北距嫩江近 1 千米。古城东侧 50 米处为居民住宅，东北距嫩江县 20 里。古城平面呈方形，每边墙 140 米，周长 560 米。东、北两面城墙已遭到一定破

---

① 北安市地方志编撰委员会：《北安县志》，内部发行，1994 年，第 660 页。

坏，西城墙残高 2 米，底宽约 10 米，南城墙残高 1.7 米。城址西北和东南角上各有一个凸出部分，可能是角楼遗存。据当地村民反映，原在东城墙中部有个豁口，是否为城门遗迹，现已难辨。古城内采集到铁箭镞、铁锅、铁碗等遗物。

4. 伊拉哈古城：位于嫩江县伊拉哈镇红嫩村东北隅，古城与红嫩村毗邻。南距老莱河右岸约 1000 米，齐黑铁路横贯古城东西穿过。古城分内、外二城，均呈方形，外城边长 765.5 米，内城边长 665.5 米，内城位于外城之东南，内城东南墙与外城东南墙重合。伊拉哈古城外城周长近 3000 米，内城周长 2662 米。城墙现残高 1—2 米，内城有角楼，每边墙各有马面 3 个。北墙保存相对完整，南墙原有瓮门遗迹，现被辟为乡村土路，已无存。古城内出土有大量的金代铜钱、布纹瓦、灰陶罐、定白瓷、仿定白瓷片等。1976 年"一普"确认，1999 年再次确认，属省级文物保护单位。王禹浪将其考订为金初乌古迪烈统军司治所。①

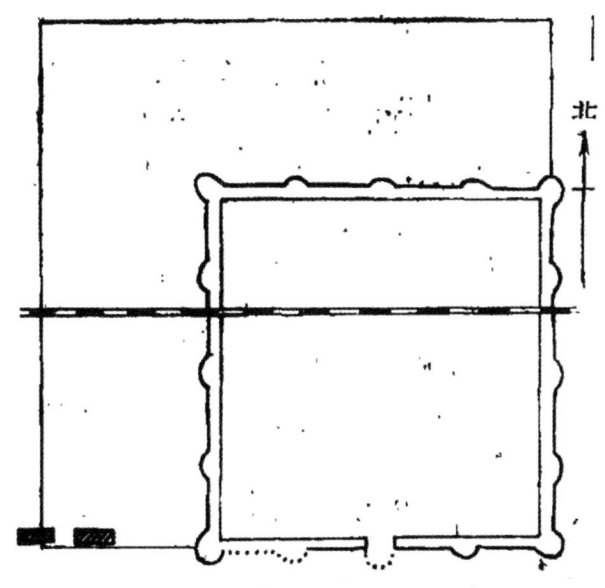

图 6—3 伊拉哈古城平面示意图②

---

① 王禹浪：《金初乌古迪烈统军司地望新考》，《哈尔滨学院学报》2013 年第 6 期。
② 郝思德、张鹏：《黑龙江省黑河地区发现的古城址》，《北方文物》1991 年第 1 期。

5. 海江村古城：辽金时期古城，位于嫩江县海江镇西孟村，北距科洛河 6 千米。古城呈长方形，东西长近千米，南北宽约 100 米，周长近 2200 米。出土有布纹瓦、青砖、北宋铜钱、铁锅、定白瓷器等遗物。

6. 兴安城：古城位于嫩江县塔溪乡光明村六屯西北近 1 千米处，西南距县城约 75 千米。古城位于山岗坡地，西、北、南三面均为山丘所围。城墙平面呈不规则长方形，长约 115 米，宽约 110 米。城墙现多已不存。城内散见青砖、石块、白灰等居住址遗迹。

（五）孙吴县古代民族筑城

四方城古城：位于孙吴县东北约 35 千米的沿江乡西屯村西北近 2 千米处的方形山丘上。古城西北距黑龙江近约 3 千米。古城方位基本为南北向，城址近方形，周长约 420 米。城墙挖土堆筑而成，底宽约 8 米，残高 1.5 米。城角系漫圆状，未见瓮城、马面、角楼等附属建筑。仅在古城东南角有一道向外延伸的小土岗，长约 30 米。城内分布众多穴居坑，直径 4—5 米，深约 0.5 米。据群众反映，这里曾发现过铁锹镞、陶网坠、残瓦等遗物。

（六）逊克县古代民族筑城

1. 河西古城：位于逊克县干岔子乡河西村南约 5 千米，黑河与孙吴交界处的一架山至逊必拉河河口的弯月形山脉中部，马鞍山西北海拔 293 米的第二高峰上。城址以北 8 千米为黑龙江，南 10 千米为逊必拉河，西北 90 千米为结雅河与黑龙江汇合口，东 105 千米为布列亚河与黑龙江汇合处。当地人俗称"老前城"。

古城依山势而建，平面呈不规则的倒三角形，东西最长处约 480 米，东北至西南最宽处约 250 米。城东南北均有 30°左右的陡坡。西部马鞍形缓坡处筑有四道城墙，东南部有一天然形成的台阶，在上、下台阶边缘各筑一道城墙，东北部有一条狭窄的山脊直通山下。

由西向东排列，第一道城墙建在主峰与西侧峰相接处，长 167 米，由外侧挖土向内堆筑，城壕最宽处 5 米，深 0.5 米，墙基宽 5 米，高于地面 0.7 米。城墙两端为陡崖，城门宽 5 米，城门外有壕，距城北端 62 米。第二道城墙建在主峰脚下，走向为北偏东 30°，长 123 米，两侧挖土堆筑，外壕宽 7 米，深 0.2 米；内壕宽 5 米，深 0.5 米，墙基宽 6 米，高出地表 0.8—2 米，南北两端与陡崖相接，南端有一座角楼或马面。城门在城墙中部，宽 8 米。第一、第二道城墙北端间距 110 米，南端间距 28 米，城门间距 130 米。第三道城墙在主峰山腰下，长 261 米，两侧挖土堆筑，外壕宽 8 米，深 1 米；内壕宽 8 米，深 1.5 米；墙基宽 7 米，高出地表 1.5—2 米；墙体北端有半圆形构筑。第三道墙与第二道墙垂直高差约 3 米；两墙在南部缓坡处间隔 55 米，在北部陡坡处间隔 2 米。城门距墙北端 97 米，宽 4 米，壕沟无隔断，西南距二道城门 25 米。第四道墙建在山腰上部，由外侧挖土堆筑，壕宽 6—11 米，深 1.5 米；墙基宽 8 米，高出地表 3 米，全长 283 米；有两个城门，南门距墙南端 29 米，宽 6 米；北门距墙北端 35 米，宽 8 米，两门壕沟均无隔断。三墙与四墙间距南端 80 米，北端 2 米，垂直高差 3—5 米。

在城东南自然两层台阶垂直高差 15 米，边缘均筑城墙。山腰一道墙长 247 米，城门宽 9 米，第二层台阶城墙与山腰墙平行，长 103 米，两道墙都是基宽 8 米，高 1.5 米。城北部山缘向北城拇指状突出的山脊内折角处，有人工修建的马面状建筑。

城内分布 209 个方形坑，1976 年曾出土 3 件凿形铁镞及少量灰陶片。1990 年城内圆形灶坑出土陶罐和铁镞。城内遗物有铁渣、素面泥质灰陶罐、夹砂黄褐陶素面单耳罐。

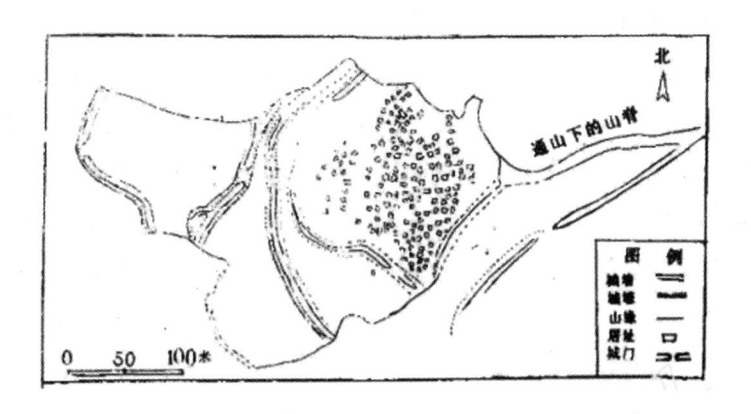

图 6—4　河西古城平面图（采自《北方文物》1995 年第 3 期）

河西古城发现于1976年，1990年因受黑龙江水电站淹没区影响再度被文物普查队复查。1992年5月，由黑龙江省文物考古研究所黑河分所、黑河博物馆、逊克文管所、孙吴文管所组成的联合考古队第三次对该古城进行了调查和测绘，发表了《黑龙江省逊克县河西古城第三次调查简报》①，并被收录进王禹浪等主编《东北辽代古城研究汇编》②中。今人对河西古城的认识几乎完全来自于该简报。简报认为该城尚未掌握瓮城、马面技术，年代应晚于同仁文化，早于金界壕边堡。并认为该城的修建与剖阿里国叛辽事件有关。

笔者初步研究，认为逊必拉河之"逊"即是黑水靺鞨思慕部之"思慕"的快读，二者实为同音异写。因此，构造复杂、拥有四道城垣的河西古城可能为黑水靺鞨思慕部筑城。《新唐书·靺鞨传》云："初，黑水西北又有思慕部……"河西古城及其所处之逊必拉河流域正位于唐黑水都督府故址萝北江岸古城之西北方位。因此，河西古城很可能为思慕部中心城址，逊必拉河即思慕河。河西古城四道城垣的筑城形制及城内发现的铁箭镞显然与当时的战争形势有关。

事实上，今黑河地区正处在黑水靺鞨与室韦的交界与杂居地带，这充分体现在室韦"造酒食咮"、养猪、以猪皮（即韦）为衣、与靺鞨同语言等习俗、文化与满族先民十分相似，表现了室韦与黑水靺鞨的接触与融合。

2. 新兴山城：山城位于逊克县新兴乡新兴村西南约15千米的乌松干河和库尔滨河交汇河口，古城西、北临库尔滨河，南临之乌松干河从古城所在山脚下流过，东流汇入库尔滨河。古城西北距逊克县45千米，四周均为丘陵和沼泽。古城修筑在海拔100米的山岗之上，西、南、北三面均为陡崖，唯有南部地势较为平缓。城墙修筑于城东部，有城墙一道，残长约150米，残高近2米，中设一门。山城周长近700米。城内发现200余个穴居坑。

---

① 张鹏、于生：《黑龙江省逊克县河西古城第三次调查简报》，《北方文物》1995年第3期。

② 王禹浪、薛志强、王宏北、王文轶编：《东北辽代古城研究汇编》，哈尔滨出版社2007年版。

3. 石砬子山城：《逊克县志·文物志》将其定名为"古居住地（古土城）"。山城位于逊克县城西南4千米的大石砬子山岗上，东南距边疆乡石砬子村200米，北距黑龙江2千米，南临黑龙江一条小支流，隔小河对岸为一片开阔河滩地，西靠陡峭的石砬子，成为古城的天然屏障，东面为一处平缓山岗，并向东北延伸直至奇克镇。山城依山势而建，呈椭圆形，周长约800米。城墙垒土而成，残高1—2米，城外设有3道护城壕，壕宽约12米，间距近1米。城墙东北、西南各有一豁口，应为城门所在，可知古城为东北—西南走向。城内地表发现30多个鱼鳞坑，呈扇形分布，前后两排，前排17个，后排16个。穴居坑长约5米，宽约3米，深1—2米。山城内散见夹砂陶片、石器和红烧土、木炭、骨骼等遗物。《逊克县志·文物志》记载，黑河地区文物考察队将其认定为原始社会新石器时代晚期居住址。① 石砬子山城内可能存在新石器时期遗物，但城墙与鱼鳞坑显然晚于新石器时期，并应同属于一个时代。

民国五年（1916），奇克特县佐陶炳然辑撰《黑龙江奇克特志略》，其文"胜迹城址"条云："奇克特迤西五里许，有西山焉，与三峰山相近，山有土城一座，广约二里许，城中土井一，深可数丈，询诸土人，皆无知者。相传为前清中叶时代所筑，用以防御俄人者。其城垣半多倾颓，最高处仅及人肩，前面临江，下视绝壁千寻，后倚山势设险，推其形势，以抽象的推测之，似一兵垒，昔人屯兵之所也。其所谓井者，以具体的观察之，或为军需储藏所亦未可知。或谓此城昔时为鄂伦春人所筑，聚处以避野兽者，而近时鄂伦春人尚未甚开化，当时能富于理想，有此建筑殆亦有人焉。"②

三　黑河地区的古代行政建制沿革与交通

战国至汉代，今黑河地区南部的乌裕尔河流域和嫩江流域为夫余族先世北夷索离国的地理分布范围。"乌裕尔"即"凫臾""夫余""扶

---

① 逊克县地方志编纂委员会：《逊克县志》，黑龙江人民出版社1991年版，第527页。
② 见《逊克县志》，1991年，第601页。

余"的同音异写。索离王子南下建立夫余国后,《后汉书·东夷传》记载了其疆域范围:"夫余国,在玄菟北千里。南与高句丽,东与挹娄,西与鲜卑接,北有弱水。地方二千里,本濊地也。"可知夫余位于玄菟郡以北一千里的地方,疆域东、南、西三面分别与挹娄、高句丽、鲜卑接壤,北部则有弱水。对"弱水"的探索是学界一个热点话题。学界也有多种说法,日本学者白鸟库吉、张博泉等认为弱水即黑龙江[1];李健才认为夫余"北有弱水"是指今东流松花江的西段,而挹娄"北极弱水"则是指通河以东的第一松花江和黑龙江下游[2];林沄先生认为弱水在古代文献中均指西流之河,这里的弱水应是指第二松花江西流[3]。李东在综合诸家之说后对林沄先生的"第二松花江西流说"较为认可,同时他还提出,"弱水"还可能指嫩江上游一带,因为这一地区是夫余源头之一的索离国文化分布地区。[4] 朱国忱等则考据"弱水"应是一个较为模糊的概念,系指今三江平原以挠力河为主的湿地沼泽区。[5] 冯恩学则认为唯有作为内流河的乌裕尔河符合"弱水"河水逐渐减弱、河道逐渐消失的特征,故"弱水"应为乌裕尔河。[6] 总之,今黑河地区南部正是夫余国北部疆界通过的范围。夫余国灭亡后,一部分夫余族众又北迁回索离故地,建立了豆末娄王国,其中心区域也在今黑河地区南部。魏晋南北朝时期,黑河地区还是鲜卑、乌洛侯、失韦(即后来的室韦)的活动区域。由此可知,该地区长期以来为古代族群和王国分布区,始终未有成熟的行政建制。

黑河地区成熟的行政建制应始于唐代室韦都督府的建置。孙进己和

---

[1] [日]白鸟库吉:《弱水考》,《史学杂志》(第七编第11号)1890年;张博泉:《夫余史地丛说》,《社会科学集刊》1981年第6期;张博泉:《夫余的地理环境与疆域》,《北方文物》1998年第2期。

[2] 李健才:《夫余的疆域与王城》,《社会科学战线》1982年第4期;李健才:《东北史地考略》,吉林文史出版社1986年版,第17页。

[3] 林沄:《夫余史地再研究》,《北方文物》1999年第4期。

[4] 李东:《夫余国研究》,吉林人民出版社2006年版,第59—60页。

[5] 朱国忱、赵哲夫、曹伟:《关于弱水与大鲜卑山》,《东北史研究》2014年第1期。

[6] 冯恩学:《夫余北疆的"弱水"考》,《中国边疆史地研究》2015年第4期。

冯永谦认为室韦都督府的地理位置应在嫩江流域。① 孙玉良依据《唐会要》记载，唐德宗贞元八年（792）"室韦都督和解热素等十一人来朝贡"。唐文宗大和九年（835）"室韦大都督阿朱等三十人来朝贺"，开成四年（839）"上御麟德殿，对入朝贺正室韦阿朱等十五人。其年十二月室韦大都督轶虫等三十人来朝贡"，证实了室韦都督府的存在。而关于史籍中称"阿朱"和"轶虫"为大都督，孙玉良认为是都督府升为了大都督府。另外他根据上述史料，分析一年中有两位室韦大都督入朝，推测室韦中不止一个都督府，而关于室韦都督府的具体情况仍旧是个谜。② 关于室韦都督府的诸多方面无从考究，王德厚称虽然室韦都督府的建立具体时间地点无法确定，但唐朝设置室韦都督府毋庸置疑。史籍中提到的室韦都督和室韦大都督，特别是室韦大都督不知根据为何，两者之间应有区别，不同之处仍待考据。③ 但张国庆则依据《唐会要》的记载，认为唐朝应是设置了室韦都督府和室韦大都督府两个都督府。④ 程妮娜认为唐朝在落后的地区不会设置规格很高的羁縻大都督府，因此，室韦大都督只是室韦都督府长官的称号而已。⑤

《辽史·百官志》记载辽朝设有"鞑靼国王府""铁骊国王府""高丽国王府""日本国王府""吐谷浑国王府""室韦国王府""濊貊国王府"等，将其均视为辽朝属国。辽朝对黑龙江中上游及嫩江流域的室韦设立室韦国王府予以管辖。但"室韦国王府"的名称并不意味着室韦此时建立了"室韦国"。所谓"室韦国王府"即室韦部族活动的中心城邑。

蒲峪路与乌骨敌烈统军司的设置是金代黑河地区重要的行政建制。蒲峪路又做"蒲与路""蒲屿路"。金代上京地区设上京路，蒲峪路为其下辖五路中最大的一路。《金史·地理志》载："（蒲峪路）南至上京六百七十里，东南至胡里改一千四百里，北至边界火鲁火疃谋克三千

---

① 孙进己、冯永谦主编：《东北历史地理》，黑龙江人民出版社1989年版。
② 孙玉良：《唐朝在东北民族地区设置的府州》，《社会科学战线》1986年第3期。
③ 王德厚：《东魏至唐时期室韦与中原皇朝及毗邻民族的关系》，《民族研究》1994年第3期。
④ 张国庆：《略论唐初东北少数民族地区羁縻府州的设置》，《黑河学刊》1988年第2期。
⑤ 程妮娜：《古代中国东北民族地区建制史》，中华书局2011年版，第167页。

里。"可知今黑河大部分地区归属于蒲峪路管辖。学术界现已达成共识，今克东县金城乡古城村古城系金代蒲峪路故城无疑。距蒲峪路故城不远的黑河北安市南山湾古城附近曾出土金代"曷苏昆山谋克之印"，官印两侧的边款刻有"系蒲与猛安下"及"曷苏昆山谋克之印"等文字。可知该城系金代蒲峪路下辖曷苏昆山谋克城。该城也成为目前黑河地区唯一一座建制称谓明确的古代民族筑城。蒲峪路辖境西至嫩江流域与乌骨敌烈统军司毗邻。辽金乌古部即原室韦乌素固部，迪烈部族源尚有待于进一步研究，可能与蒙古草原丁零有关。但可以肯定的是，乌古迪烈统军司治所范围内应有相当数量的已融入契丹族和女真族中的室韦后裔。2012年8月，王禹浪教授在嫩江县委宣传部、文化局同志的陪同下实地调查了黑河市嫩江县伊拉哈古城。古城北墙保存基本完好，马面、角楼、城垣均依稀可辨。古城东方的老莱河蜿蜒曲折由东北向西南流淌。笔者通过综合考察乌骨敌烈统军司与蒲峪路故城、金界壕、金代庞葛城、金初开国名将婆卢火死亡和埋葬地等的关系，认为唯有伊拉哈古城最符合上述条件，当为金初乌骨敌烈统军司治所之所在。而金代乌骨敌烈部的游牧地，就是金界壕外侧，伊拉哈古城以北、以西，今嫩江上游左、右岸之地。我们还初步认定，今黑河嫩江县伊拉哈古城可能为唐室韦都督府、辽室韦国王府治所，后为金初乌骨敌烈统军司所沿用。黑河市瑷珲历史陈列馆馆藏金代"经略使司之印"，则表明黑河市爱辉区西沟古城应为金代末期经略使司治所，是当时的准省级建置。有关该问题，还有待进一步论证。

在辽上京临潢府和辽中京大定府与室韦国王府之间，有一条漫长的交通线，即沿着大兴安岭东麓、松嫩大平原西部的平原，经宁州、泰州、长春州等地到达嫩江流域。金代的金界壕其实也是沿着这条交通要道修筑的。

从金上京会宁府出发至今黑河，也有一条交通大动脉。《金史·地理志》载："（蒲峪路）南至上京六百七十里，东南至胡里改一千四百里，北至边界火鲁火疃谋克三千里。"即由今克东县金城乡古城村蒲峪路故城向北三千里，直至火鲁火疃谋克（大致在外兴安岭南麓的结雅河上游）在内的区域皆属大金国北部疆域。蒲峪路地处金上京会宁府与火鲁火疃谋克之间，其三者大致呈南北一线。金上京所在的阿什河与松花江左岸支流通肯河注入松花江河口相距甚近，两大支流与松花江主河道几乎形成了天然的大十字路口。这条交通大动脉自金上京出发，沿阿什河流域，越过松花江进入通肯河流域，继而到达乌裕尔河流域上游的蒲峪路。黑河公别拉河流域正处在以克东县、黑河北安市为中心的乌裕尔河流域及嫩江流域上游至俄罗斯结雅—布列亚平原的过渡交界区域和交通要道必经之地，地理位置十分重要。因此，从地理空间的角度来看，老羌城显然具有很高的战略地位。值得注意的是，在俄罗斯西阿穆尔地区还分布着一座年代大致在7—12世纪的帽子山古城。古城建有系统的防御体系，城墙的建筑方法为黏土掺杂腐殖土和草皮堆砌。建筑物内有典型的火炕，出土了宋代钱币等遗物。① 该古城与老羌城堆筑城墙的建造方法十分相似，其年代也有重合，其二者之间很可能存在一定联系。这也说明了黑河爱辉地区、特别是公别拉河流域在黑龙江流域古代历史上是民族交错、融合与交往的"地理枢纽"，特别是沟通了黑龙江流域与嫩江流域以及黑龙江左右两岸的族群往来。

元代曾在东北北部边疆水达达女真聚居区设置了若干军民万户府，《元史·地理志》记载："合兰府水达达等路，土地旷阔，人民散居。元初设军民万户府五，抚镇北边。一曰桃温，距上都四千里。一曰胡里改，距上都四千二百里、大都三千八百里。……一曰斡朵怜。一曰脱斡怜。一曰孛苦江。"谭其骧曾做过辨析，认为该处"合兰府水达达路"应为"女真水达达路"之误。② 事实上，水达达路除了统辖上述桃温等五大军民万户府，见诸《元文类》《元史》《析津志》等文献的军民万户府名称还有吾者野人乞列迷万户府、失宝赤万户府、塔海万户府等。程尼娜综合前人研究，将元代东北北部诸军民万户府地望制表，③ 兹引用附录如下：

---

① ［苏联］С. П. 涅斯捷罗夫等，刘宇译：《俄罗斯黑龙江中游左岸的帽子山古城》，《黑河学院学报》2016年第1期。
② 谭其骧：《元代的水达达路和开元路》，《历史地理》创刊号1981年。
③ 程尼娜：《元朝对黑龙江下游女真水达达地区统辖研究》，《中国边疆史地研究》2005年第2期。

表6—1　　　　元代东北北部诸军民万户府地望制表

军民万户府	地望
桃温军民万户府	黑龙江省汤原县固木纳古城
胡里改军民万户府	黑龙江省依兰县喇嘛庙
斡朵怜军民万户府	黑龙江省依兰县牡丹江对岸马大屯
脱斡怜军民万户府	黑龙江省桦川县万里霍通古城
孛苦江军民万户府	黑龙江省富锦市西南古城
吾者野人乞列迷万户府	俄罗斯远东阿纽伊河入黑龙江口处附近
失宝赤万户府	黑河爱辉县南霍尔莫津屯
塔海万户府	黑龙江省依兰县西北大古洞村

谭其骧主编《中国历史地图集》（以下简称"谭图"）将失宝赤军民万户府考订在今黑河爱辉县南霍尔莫津屯。失宝赤军民万户府未见《元史》，而见诸《析津志》《元文类》。元人熊梦祥出任崇文监期间，考究古籍，遍访元大都（即辽南京析津府）周边山川形势，撰《析津志》一书。后是书亡佚。今北京图书馆善本组从《永乐大典》等古籍中将相关内容辑佚成《析津志辑佚》一书。是书《天下站名》记载了自元大都向四方辐射的交通驿站及路线、区间里程。该文献记载，洋州"至北分三路：一路正北肇州转东北至吉答。一路北行转东至唆吉"。依谭图"辽阳行省图"，吉答位于齐齐哈尔市以西、龙江县以东的嫩江右岸一带。① 至吉答后，"至此分二路：一路东行至失宝赤万户，一路西行至吾失温，其西接阿木哥"。吉答至失宝赤一线，依次经过牙剌站、捻站、苦怜站、奴迷站、失怜站、和伦站、海里站、果母鲁站、阿余站。其路线即沿着嫩江上溯至今嫩江县，转而向东北进入公别拉河流域，最终到达黑河地区。《元文类》卷四一引《经世大典》"鹰房捕猎"条云："国制，自御位及诸王皆有昔宝赤，盖鹰人也。""昔宝赤"即"失宝赤"，为管鹰人的万户府。《〈中国历史地图集〉释文汇编·东北卷》考证："按自辽、金以来，黑龙江下游是出产'海东青'的地区。失宝赤万户府在吉答以东十

---

① 谭其骧主编：《中国历史地图集》（第七册），中国地图出版社1996年版。

站处。从这些情况看，这条驿站线应在松花江以北，约自今黑龙江省齐齐哈尔东北行而东，与另一条沿松花江至奴儿干的驿路相平行，一北一南。清代黑龙江驿站中有一路经齐齐哈尔东北行达瑷珲城，其'活鲁儿驿'即元代'和伦站'，其'枯母黑驿'即元代'果母鲁站'，'厄育勒驿'当即元代的'阿余站'。失宝赤万户（府）在阿余站下，应位于现在黑龙江右侧逊河上流之东，约当现在的霍尔莫津地方，霍尔莫津可能是失（昔）宝赤的音讹。"①

明代东北为辽东都司和奴尔干都司管辖，其中今辽宁省东部、吉林省大部、黑龙江省、蒙古东部及俄罗斯远东南部尽为奴尔干都司辖境。该地区明代卫所设置最集中的地区位于第一松花江及黑龙江下游沿岸，与之相比，黑龙江中游和上游卫所寥寥无几，今黑河地区成为一个行政管辖相对缺失的区域。唯有墨尔根即今嫩江县设木里吉卫，"墨尔根"与"木里吉"系同音异写。谭图中还标注了1449年，在今黑河、孙吴、逊克三市县相邻的沿黑龙江地带曾设巴忽鲁卫。但随着明中期以后奴尔干都司建置的名存实亡，黑河地区卫所行政体系也不复存在。

清代黑河归黑龙江将军衙门及其下辖的瑷珲副都统衙门管辖。瑷珲即"黑龙江城"，又称"艾浑"。康熙十三年（1674）建瑷珲旧城于黑龙江左岸江东六十四屯地，为吉林水师营驻地。康熙二十二年（1683），黑龙江将军衙门进驻瑷珲旧城。康熙二十四年（1685），"因居江左，来往公文一切诸多不便"②，遂将黑龙江将军衙门迁往黑龙江右岸瑷珲城。中俄雅克萨之战后，雅克萨城废，瑷珲逐渐成为黑龙江流域中上游第一重镇。清代在黑河又设置了萨哈连乌拉站、坤站等驿站机构，用以沟通黑河与外界的联系。

黑河地区南通嫩江流域，西抵蒙古草原，北连黑龙江上游及大兴安岭山区，东与结雅—布列亚平原隔江相望，东南延伸为小兴安岭。因此，黑河地区是黑龙江流域古代文明史上民族交错、融合的重要区域，亦是

---

① 谭其骧主编：《〈中国历史地图集〉释文汇编·东北卷》，中央民族学院出版社1988年版，第206页。

② 民国九年《瑷珲县志·历史》。

各民族迁徙移动及水陆通衢的大十字路口。黑河地区古代民族筑城正是黑河古代文明最重要的历史注脚。但学术界对该地区古城的研究还相当薄弱，其背后所隐藏的城市文明的发展与古代族群的分布还远远没有被揭开。

后　　记

　　《黑龙江流域古代民族筑城》的研究，是已故恩师李健才先生在三十年前给我指明的一个研究方向。后来，他在病危期间还不忘嘱托我："无论遇到什么样的困难；都要坚持弄清楚黑龙江流域古代民族筑城的分布状况"，我把恩师的话牢牢的记在心上。数十年来，我始终没有放弃对整个东北地区古代民族筑城的踏察与研究，无论是教学、科研，还是外出参加会议，只要有机会我都会借机考察几座古城，这已经成为我的习惯。尤其是工作调转到大连大学创立东北史研究中心以后，在做研究生导师的过程中也一直以东北古代民族筑城为中心指导学生们进行实地踏察和收集资料工作。古代民族筑城是代表着这一区域的文明与文化的独特成就。并为此坚持实地踏察与研究，发表和出版了数十篇论文和几部重要的书稿。2018 年，中国社会科学出版社出版了我的《东北古代民族筑城研究》一书，我经过数十年的积累过程算是告一段落。特别是作为全职特聘教授来到黑河学院工作后，我就开始全身心地投入到本书的工作中。在此期间，我的研究生王俊铮在黑河对岸的俄罗斯阿穆尔国立大学就读博士研究生，开始帮助我收集整理我多年来发表和积累的研究成果，同时也把他的硕士论文中的一些新的成果加入此研究项目中，黑河学院文化旅游学院讲师王天姿博士则从其博士论文《高句丽辽东安市城、建安城研究》的角度，重点修改了黑龙江流域靺鞨人的古代民族筑城分布，并编辑黑龙江流域古代民族筑城研究目录等工作。黑河学院远东研究院院长谢春河教授则从出版经费、校对书稿等方面也给予了大力支持。

　　作为中俄蒙三国界河的黑龙江流域面积极其广袤，其古代民族的筑城史自濊、索离、东胡、夫余、肃慎、挹娄、靺鞨、契丹、女真筑城直至清，在长达2000多年的历史长河中不绝如缕，几乎未有间断。索离、夫余圆形土城和三江平原挹娄、勿吉时期的汉魏古城群则证实黑龙江流域的古代民族已在很早时期便迈入文明社会，创立了早期国家，开创黑龙江流域古代历史上灿烂的城邦筑城文化。无论是肃慎筑城、夫余筑城、挹娄筑城、勿吉筑城，其筑城的特点都具有鲜明的地域特色。靺鞨人建立的渤海国不仅继承了高句丽的石城修筑传统，还承袭了肃慎早期、夫余筑城，以及中原汉唐时期都市文明的筑城设计理念与技术，开始大量修筑土筑的平原城，并进入复杂而庞大的京城设计与建设的历史阶段，建设了辉煌的渤海上京龙泉府。渤海国的筑城被以后的由契丹、女真、蒙古建立的辽、金、元三朝所沿用，特别是辽、金两代的契丹、女真筑城全面继承了渤海国的筑城文化并有所发展。在这一时期，东北古代民族筑城的所有主要类型——大城与小城、石城与土城、方城与圆城、山城与平原城均已被整合在了辽金时期的女真筑城体系中。渤海国的上京龙泉府城址、金上京会宁府城址都是黑龙江流域古代都市文明的重要标志。渤海国和金朝的筑城成为黑龙江流域民族筑城史上大都市文明的高峰。不仅如此，由于渤海国和金帝国建立了完善的行政管辖体系，大量城址的修筑推进了黑龙江流域的城镇化进程和城市文明的发展。

清代东北流人便对黑龙江流域的古代民族筑城进行了颇多著录和考据，留下了一批珍贵的文献资料。近代曹廷杰、屠寄、景方昶、李桂林、金毓黻等地方志学者则从地志学和舆图学的视角对这些古城进行了踏察和考究。20世纪80年代以来，随着《中国历史地图集》《东北历史地理》等历史地理学著作的编修和出版，黑龙江流域的古城研究引起了学术界的颇多关注。也正是在这样的时代背景下，笔者很早便投入了对包括黑龙江流域在内的东北亚古代民族筑城的研究。数十年来，笔者在黑龙江流域坚持田野调查，先后踏察了数百座不同历史时期、不同族属和不同形态的古代城址，积累了一批丰富的一手调查材料，并对这些古城的年代和性质进行了考据和研究。同时，还以历史地理学人地关系和流域文明的视角，对古城群在流域单元中的地理分布特征进行了详细的爬梳和分析，基本建构起了黑龙江干流右岸、嫩江、松花江、牡丹江、乌苏里江、乌裕尔河等流域古代民族城址的时空分布体系，进而为探索东北古族的分布、发展、演化的历史提供了可靠的实物载体。2016年7月以来，在原黑河学院党委书记曹百瑛教授、校长贯昌福教授、黑河学院副校长丛喜权教授、远东研究院院长谢春河教授的大力支持下，我们得到了黑河学院对黑龙江流域古代民族筑城研究的专项资金支持，特别是依托于"黑河市自然与文明千里行"科考项目，开展了对以瑷珲西沟古城为中心的黑河地区古代城址的实地踏察和资料收集，进而对黑龙江流域古城及其分布进行了系统整理和研究。本书便是目前笔者在相关研究领域中最重要的一部阶段性成果。

本书分为六章，第一章全面阐述了黑龙江流域的地理时空概念，即对孕育了黑龙江流域古代民族和古代文明的自然地理环境予以说明，分别对自洛古河村至俄罗斯尼古拉耶夫斯克入海口的黑龙江干流及主要支流——松花江、嫩江、乌苏里江、牡丹江，以及黑龙江流域范围内最大的内流河乌裕尔河流域的自然地理环境、地貌特征、行政区划进行详细阐述，深度解读黑龙江流域古代文明起源与发展的自然基础及相应的"人地关系"。第二、三、四、五章采取编年体，对夫余时期、三江平原汉魏时期、高句丽与渤海时期、辽金时期等几大阶段的古城及其分布特点进行全面爬梳，特别是对夫余王城、三江平原凤林古城与炮台山古城、渤海上京、金上京等王城与都市的建造背景、形制、规模、布局、功能、遗迹、遗物进行综合分析和研究，并将其试图置于历史时期地理单元内城镇体系和城市化进程中予以考察。事实上，上述四大发展阶段也代表了黑龙江流域古代历史上的四座绮丽的文明高峰。在第二章"黑龙江流域夫余王城研究"中，本书将历史文献与考古发现充分结合，通过历史地理学和城市史的研究方法对夫余国初期王城及两汉时期夫余王城进行了细致入微地考据和论证，认为作为夫余族源的"北夷"索离国王城应在今巴彦县王八脖子遗址；夫余国初期王城在今宾县庆华堡寨遗址；两汉时期夫余王城在今吉林市东郊沿江地带，以南城子古城为宫城，以东团山山城、龙潭山山城为军事卫城，以帽儿山墓地为王城公共墓地，王城周边的吉林市泡子沿、永吉学古东山、农安田家坨子、蛟河新街和福来东、榆树老河深等卫星聚落为共同拱卫夫余王城的"邑落"，并探讨了

"濊城"与夫余王城在今吉林市一带的政权嬗代。在第三章"黑龙江流域三江平原汉魏古城群研究"中，本书综合论证了三江平原汉魏古城群的性质和特点，着重分析了其中心城址——凤林古城和炮台山古城，进而认为其早期的滚兔岭文化、蜿蜓河类型、凤林文化前期族属应系挹娄族，凤林文化后期融入南部绥芬河、图们江流域团结文化元素及其他考古学文化元素，其族属当为勿吉族。在第四章"黑龙江流域高句丽、渤海古城分布与研究"中，本书著录了黑龙江流域松花江上游、辉发河、蛟河等流域的高句丽古城，以今吉林市一带最为集中，渤海古城则是黑龙江流域古代筑城文明的一大高峰，在继承前代古城的基础上，积极引进中原王城筑城理念，建造了规模宏大的都城。本章节以渤海上京城为核心，将研究视野置于上京城所在的牡丹江流域，继而扩大至黑龙江流域及俄罗斯滨海边疆区，对上述区域渤海古城予以综合梳理和研究。第五章"黑龙江流域辽金古城分布与研究"对相关历史地理问题及黑龙江流域、嫩江流域、呼伦贝尔与兴安地区、牡丹江流域辽金古城形制及其分布特征进行了论述，特别是对金上京为中心的金源地区古城群和城镇化体系的关注着墨较多，力图更加立体化展现大金帝国"金源内地"城市文明的繁荣景象。第六章"黑龙江流域古代民族筑城与历史地理问题研究"立足于历史地理学与考据学，择取了萝北县江岸古城、哈尔滨莫力街古城、拉林河流域营城子古城、嫩江县伊拉哈古城、黑河地区古代城址群等具有重要历史地理坐标意义的黑龙江流域古代民族筑城，对其进行了翔实的历史地理考据，论证了其古代行政建制和历史定位，并探讨了其对当代地方经济发展、文化开发的重要意义与价值。本书第六章第四节是黑河市政府与黑河学院联合主办的"黑河市自然与文明千里行"的部分成果，同时也是"黑河地区古代文明探源工程"的阶段性成果。

本书系第一部全面系统地研究黑龙江流域古代民族筑城的专著，也是第一部立足于古代城址开展研究的黑龙江流域历史地理学专著，是对东北乃至东北亚区域历史地理学研究的重要补充。全书内容主要以黑龙江右岸为主要地域范围，同时涉及了整个黑龙江流域，包括中、俄、蒙三国，具有鲜明的地域特色和国际化特征。黑龙江流域古代民族筑城作为该地区古代民族历史文明的结晶和政治、经济、文化最重要的载体，承载着古代民族诞生、发展、壮大、融合、迁徙、分化、消亡、对外交往、手工业技艺、社会生活及其神灵崇拜、宗教信仰等精神世界的大量珍贵信息，对其之研究，对于深化黑龙江流域古代文明、推动中国东北边疆史研究、东北亚区域史研究及古代民族研究均具有十分重要的意义与价值。

目前，笔者对黑龙江流域古代民族筑城的研究仍在进行之中。值得一提的是，我们与俄罗斯阿穆尔国立大学宗教学与历史教研室主任、俄罗斯科学院西伯利亚分院民族学与考古学研究所首席研究员扎比亚科·安德烈·帕夫洛维奇教授建立了良好的合作关系，多次开展了中俄两国学者对黑龙江左岸的结雅河下游古代城址进行的联合科考调查，获得了丰硕成果。扎比亚科教授承担的黑河学院"俄罗斯远东智库"重点课题"黑龙江中上游左岸及下游古城研究"，将为这一研究领域带来全新的学术成果。同时，我们对黑龙江上游的蒙古国东部地区、俄罗斯后贝加尔地区以及与黑龙江流域相邻的辽东半岛、朝鲜半岛、俄罗斯滨海地区、萨哈林等地区的古代城址研究也始终保持着高度关注。

本书在组稿与成书的过程中，在王禹浪教授已有研究的基础上和悉心指导下，谢春河、王俊铮、王天姿三位作者各有分工、通力合作，最终完成了这部数十万字的书稿。我们尤其要感谢对本书的成书付梓提供了巨大帮助和支持的黑河学院原党委书记曹百瑛博士，现任黑河学院党委书记王刚博士、黑河学院校长贯昌福博士、黑河学院副校长丛喜权博士。特别是中国社会科学出版社安芳编辑，不辞辛劳，数次奔波于北京与黑河之间，为书稿殚精竭虑，一丝不苟地审校，并提出了宝贵的建议与意见，令人感佩至深！此外，参与黑河市自然与文明千里行的吴边疆，刘中堂先生，大连大学中国东北史研究中心讲师王文轶博士，以及近年来我的硕士研究生刘述昕、孙军、刘冠缨、孙慧、树林娜、程功、刘加明、王海波、于彭、寇博文、马振祥、翟少芳同学也为本书付出了辛勤的劳动，在此一并致以最诚挚的感谢。

黑河学院远东研究院名誉院长，特聘教授

王禹浪

2019 年 8 月 27 日